MW01676223

USA Südwesten

Arizona · California (South) · Colorado · Nevada · New Mexico · Utah

www.baedeker.com

Verlag Karl Baedeker

TOP-REISEZIELE ★★

Was für die ganzen Vereinigten Staaten gilt, trifft nicht minder für den Südwesten zu: Im Land der unbegrenzten Möglichkeiten haben Sie die Qual der Wahl zwischen den Naturspektakeln der Nationalparks, den Spielhöllen in Nevada oder den traumhaft schönen Badestränden an der Pazifikküste.

Grand Canyon
Ein Muss bei jedem Besuch im Südwesten

15 ✶✶ Aztec Ruins National Park
In der Ruinenstadt kann man die einzige rekonstruierte Kiva der Vereinigten Staaten besichtigen. ▸ Seite 382

16 ✶✶ Grand Canyon
Die Schlucht der Schluchten kann man z. B. auf dem Rücken eines Maultiers erkunden. ▸ Seite 142

17 ✶✶ Taos
Seit dem 12. Jh. wohnen im Taos Pueblo, bei der Indianer- und Künstlerstadt Taos, ausschließlich Indianer. ▸ Seite 426

18 ✶✶ Chaco Culture Nat. Hist. Park
Wer die Kultur der Anasazi kennen lernen möchte, darf ihr geistiges und kulturelles Zentrum nicht verpassen. ▸ Seite 389

19 ✶✶ Santa Fe
Die Hauptstadt New Mexicos prägt vor allem Adobe-Architektur. ▸ Seite 411

20 ✶✶ Los Angeles
Schlendern Sie auf dem »Walk of Fame«, auf dem sich fast 2000 Hollywoodstars verewigt haben. ▸ Seite 214

21 ✶✶ Sedona • Red Rock Country
Den roten Felsten in der Umgebung von Sedona werden magische Kräfte zugesprochen. ▸ Seite 186

22 ✶✶ Petrified Forest National Park
Angesichts versteinerter Bäume aus dem Erdmittelalter schlagen nicht nur Geologenherzen höher. ▸ Seite 168

23 ✶✶ San Diego
Lange Sandstrände laden zum Spazieren und Sonnenbaden ein. ▸ Seite 238

24 ✶✶ Carlsbad Caverns
Eine Viertelmillion Fledermäuse verlassen in der Dämmerung die Tropfsteinhöhlen. ▸ Seite 385

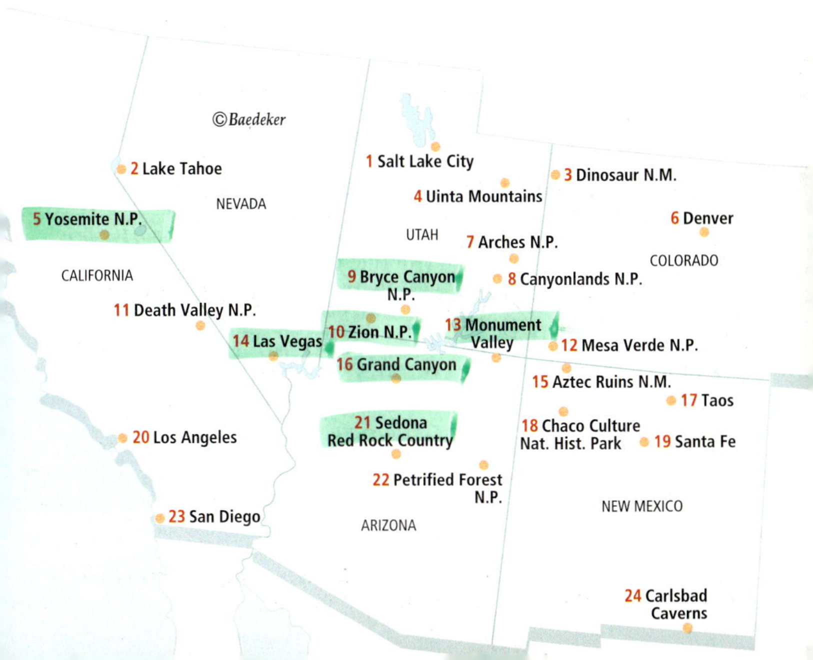

DIE BESTEN BAEDEKER-TIPPS

Von allen Baedeker-Tipps in diesem Buch haben wir hier die interessantesten für Sie zusammengestellt! Erleben und genießen Sie den Südwesten der USA von seiner schönsten Seite.

Reisen wie die alten Siedler
Im Südwesten kann man noch an vielen Orten in den »wilden Westen« eintauchen.

! »Arcosanti«
Der italienische Architekt Paolo Soleri baut seit 1970 auf einem kleinen Tafelberg nicht weit von Wrights Taliesin West zwischen Phoenix und Flagstaff seine Traumstadt. ► **Seite 47**

! Golden Eagle Pass
Beabsichtigt man den Besuch mehrerer Nationalparks, so sollte man den Kauf eines »Golden Eagle Pass« in Erwägung ziehen. ► **Seite 88**

! Mitbringsel
Wenn Sie den Lieben zu Hause etwas Originelles mitbringen möchten: Wie wär's mit Kaktusmarmelade oder Wildblütenhonig? ► **Seite 94**

! Wilder Westen live!
Lernen Sie Lasso werfen in der nachgebauten Westernstadt Rawhide bei Phoenix oder besuchen Sie einen stilechten Saloon. ► **Seite 180**

! Verde Canyon Railroad
Ein unvergessliches Erlebnis ist die Fahrt auf der historischen Route ab Clarkdale. ► **Seite 189**

! Flandrau Planetarium
Wer nach den Sternen greifen möchte, sollte ins Flandrau Planetarium auf dem Gelände der Universität von Tucson kommen. ► **Seite 195**

! Studiobesuche
Im wahrsten Sinne des Wortes einen Blick hinter die Kulissen kann man bei Führungen der Columbia Broadcasting Systems und auch der Paramount Pictures in Los Angeles werfen. ► **Seite 223**

Kakteen mal anders
Als Marmelade im Glas lassen sie sich sogar mit nach Hause nehmen!

Edle Tropfen
In verschiedenen Kellereien kann man die Weine Colorados verkosten.

Startklar
Eine Fahrt mit dem Heißluftballon bleibt ein unvergessliches Erlebnis
▸ **Seite 104**

HINTERGRUND

Preiskategorien

▸ **Hotels**
Luxus: ab 120 $
Komfortabel: 80–120 $
Günstig: bis 80 $
Für eine Übernachtung im Doppelzimmer

▸ **Restaurants**
Fein & Teuer: ab 25 $
Erschwinglich: 15–25 $
Preiswert: bis 15 $
Für ein Hauptgericht

PRAKTISCHE INFORMATIONEN VON A bis Z

Ein Ständchen ...
des Parkrangers beweist die fantastische Akustik in den Lehman Caves.
► **Seite 331**

TOUREN

REISEZIELE VON A bis Z

Double Arch
Wind, Sand und Wasser haben grandiose Monumente aus den Felsen geschliffen.
▸ **Seite 439**

Hintergrund

AUCH MIT NÜCHTERNEN ZAHLEN UND HINTERGRUND-INFORMATIONEN KANN MAN SICH DEM MYTHOS SOUTHWEST NÄHERN. DER FASZINATION ÜBER DIE REGION IM SÜDWESTEN DER USA WIRD ES NICHT SCHADEN.

MAGIC SOUTHWEST

Keine andere Großlandschaft auf unserem Planeten übt eine solch magische Anziehungskraft aus wie der Südwesten der USA. Touristen verspüren eine merkwürdige Sehnsucht nach dem »Wilden Westen« – wer einmal hier war, kommt meist wieder.

Es gibt sie wirklich: Rostrote Felstürme und bizarre Sandsteinbögen, die in der Abendsonne leuchten, jähe Canyons, in deren Abgründen wilde Wasser tosen, gelbbraune Sand- und Steinwüsten, deren einzige Farbtupfer mannshohe Kakteen und seltsam anmutende Baumyuccas sind. Und auch das gibt es wirklich: Indianer, die in buntem Federschmuck Tänze aufführen, und verwegene Cowboys, die lassoschwingend über Stock und Stein reiten. Western-, Natur- und Werbefilmer werden seit Jahrzehnten von den flammenden Felsburgen in ihren Bann gezogen. Vor gewaltiger Kulisse drehte John Ford seinen Western-Klassiker »Der schwarze Falke« mit John Wayne in der Hauptrolle und Walt Disney sein Epos »Die Wüste lebt«. Jeder Kinogänger kennt das »Marlboro Country«, wo man nach abenteuerlichen Wildwasserfahrten, Mountainbike- und Jeep-Touren über glatte Felswände am Lagerfeuer sitzt und einen erlebnisreichen Tag Revue passieren lässt.

Rote Farbe *dominiert in der Painted Desert in Arizona.*

Der Mythos Southwest lässt aber auch die Augen von New Agern und Esoterikern leuchten, die gerne einmal über die glühenden Steine des Red Rock Country von Sedona gehen oder sich von Hopi- und Navajo-Indianern in die Geheimnisse der Naturmedizin einführen lassen wollen.

Hochgebirgswelt

Doch es sind nicht nur die flammenden Felsburgen und Canyons, sondern auch die Hochgebirgszüge der Rockies, deren schneebedeckte Gipfel ebenso im Sonnenlicht gleißen wie die weißen Salzflächen und Gipssanddünen in den einsamen Weiten Utahs oder New Mexicos. Ebenso wie in den Schluchten des Coloradoplateaus oder in den Kakteengärten der Sonora-Wüste kann man den Traum von Freiheit und Abenteuer in der Hochgebirgswelt der Rocky Mountains oder

Adobe-Architektur
Die Kirche von Chimayo ist ein Musterbeispiel dieser alten Bauweise.

Indianermädchen
Allerorten im Südwesten trifft man auf die Nachfahren der alten Stämme und auf Spuren ihrer Geschichte.

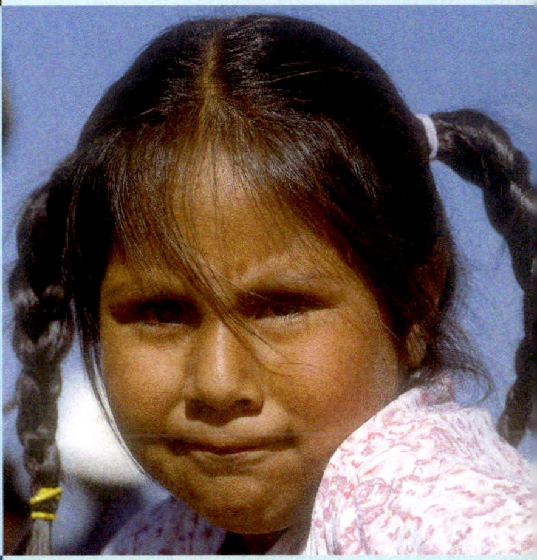

Naturparadiese
Über die bunt gefärbten Wälder erheben sich bizarre Felsformationen, von Erosionskräften in Jahrmillionen modelliert.

Die Schlucht der Schluchten
Der Grand Canyon gehört zu den spektakulärsten Naturwundern der Erde.

Sonne und Ozean
An den Stränden von Los Angeles treffen sich die Schönen und Reichen aus aller Welt.

Frühe Mitteilungen
Am Newspaper Rock haben indianische Stämme seit 2000 Jahren Zeichnungen hinterlassen.

im Tonto National Forest erleben. Weltbekannt sind die tollen Skipisten von Aspen und Vail und im berühmten Champagne Powder der Wasatch Range wurden im Jahre 2002 olympische Abfahrtswettbewerbe ausgetragen.

Kultur im »Wilden Westen«

Geschichts- und kulturbeflissene Touristen besuchen die Felsnester und Pueblos, in denen die Vorfahren der heutigen Navajo und Hopi gelebt haben, z. B. die weltberühmten Lehmhäuser in Taos oder die sog. »Cliff Dwellings« unter den Felsüberhängen der Mesa Verde. Und sie verfolgen die Spuren von spanischen Kolonisten und anderen europäischen Einwanderern, die sich an vielen Orten im Südwesten niedergelassen haben, z. B. im historischen Stadtkern von Los Angeles oder in der Hauptstadt des Mormonenstaates Utah, Salt Lake City. Selbstverständlich kann man jene Plätze erkunden, an denen es zur Zeit des Wilden Westens besonders wild zugegangen ist. So z. B. den Silberbergbauort Tombstone, wo Wyatt Earp auf die Clantons traf, und das Goldgräberstädtchen Telluride, wo Butch Cassidy seinen ersten Bankraub beging.

Glitzer und Glamour

Nach wie vor spielen Gold und Geld eine wichtige Rolle im Südwesten. Man denke nur an die Glitzerpetropole Las Vegas oder an deren »kleine Schwestern« Reno oder Laughlin. Dass man mit Glücksspiel sehr reich werden kann, haben mittlerweile auch die indianischen Ureinwohner erkannt, die in einigen Reservaten eigene Spielkasinos betreiben. Gegen die unliebsame Konkurrenz kämpft man in Las Vegas mit Show und Magie. Dafür stehen die großen Unterhaltungsprogramme in den Hotelcasinos z. B. mit Celin Dion oder David Copperfield. Magic Southwest in jeder Hinsicht.

Stadt der Superlative
In Las Vegas pulsiert das Leben Tag und Nacht.

Sport

Beste Voraussetzungen bietet der Südwesten für Aktivurlauber aller Art. Ob Kanutrips oder Floßfahrten durch die rauschenden Flüsse und Seen, ob Wandern oder Klettern, Angeln, Reiten, Wintersport oder Surfen am Meer, den sportlichen Aktivitäten sind kaum Grenzen gesetzt. Höchstens freilich der Platz für Sportgeräte im Koffer.

Fakten

Auf welche gefährlichen Tiere muss man aufpassen bei einer Reise durch den Südwesten? Welche Minderheiten leben hier? Und wo wird »Weißes Gold« gefördert? Im Folgenden finden Sie Antworten auf diese und noch viele andere Fragen.

Natur

Vier Mal Deutschland

Als Südwesten der USA bezeichnet man im Allgemeinen die Bundesstaaten Arizona, Colorado, Nevada, New Mexico und Utah. Betrachtet man den geografischen und klimatischen Großraum, sind auch Teile von Kalifornien und Texas hinzuzurechnen. Dieser Landschaftsraum bedeckt eine Fläche von ca. 1,5 Mio. km², was ungefähr ein Siebtel der Gesamtfläche des Landes bzw. das Vierfache der Fläche von Deutschland ausmacht. Von den fünf Kernstaaten ist New Mexico mit einer Fläche von 194 556 km² der größte und Utah mit 135 856 km² der kleinste.
Bei einer Gesamteinwohnerzahl von rund 15 Millionen ergibt sich eine theoretische **Bevölkerungsdichte** von knapp 10 Einw./km² (Bundesrepublik Deutschland: 230 Einw./km²). Die geringe Bevölkerungsdichte ist ein Indiz dafür, dass der Südwesten der USA kein günstiger Siedlungsraum ist: Steppen, Halbwüsten und Wüsten prägen über weite Strecken das Landschaftsbild. Gerade darin aber liegt der besondere Reiz des Südwestens vor allem auch für Besucher aus Mitteleuropa, denn dem an üppiges Grün von Wiesen und Wäldern gewohnten Auge präsentieren sich nur spärlich von Pflanzen bedeckte Gesteinsformationen in allen Schattierungen von Rot, Gelb und Weiß in einer atemberaubenden Formenvielfalt.

Großräume

Unterschiede zu Europa

Der Südwesten der USA erstreckt sich von den westlichen Randgebieten der Great Plains, die bis in den Osten der Bundesstaaten Colorado und New Mexico hineinreichen, bis zur Sierra Nevada im Westen bzw. den kalifornischen Küstengebirgen. Bei Betrachtung der Landkarte fällt ein wesentlicher Unterschied in den naturräumlichen Gegebenheiten gegenüber Mitteleuropa auf: Während in Mitteleuropa die Alpen weitgehend von West nach Ost verlaufen, zeigen die Kordilleren eine nord-südliche Ausrichtung. Diese für die USA **typische sog. meridionale Anordnung** der Naturräume ist die Ursache für zahlreiche Phänomene, die man in Europa nicht kennt – an dieser Stelle sei nur auf solch »stürmische« Ereignisse wie Tornados und Blizzards hingewiesen. Aber auch für die Erschließung des Kontinents von den Küsten aus stellten die von Nord nach Süd verlaufenden Gebirge eine **natürliche Barriere** dar. Ein weiterer Unterschied zu Mitteleuropa ist die Größe der Naturräume. So weist das Colorado Plateau einen Durchmesser von 600 km auf, was in etwa der Entfernung vom Bodensee bis zur ostfriesischen Nordseeküste entspricht. Gerade diese Weite der Landschaft ist für viele Mitteleuropäer ein besonderes Erlebnis.

← Die Maultierhirsche in Nevadas einzigem Nationalpark erkennt man gut an ihren großen Ohren.

Great Plains Die Great Plains sind Teil der riesigen Flachlandregion des Zentralen Tafellands zwischen den Rocky Mountains im Westen und den Appalachen im Osten. Durch eine deutliche **Geländestufe** grenzt sich die Plateaulandschaft der Great Plains von dem östlich gelegenen zentralen Tiefland ab. Sie legt sich als ein 200–700 km breiter Streifen östlich an die Rocky Mountains und dehnt sich vom Rio Grande im Süden nordwärts bis zum Flussdelta des Mackenzie River in der kanadischen Arktis aus. Die Great Plains sind hauptsächlich aus nahezu horizontalen Schichten des Erdmittelalters (Mesozoikum; 230–65 Mio. Jahre vor heute) aufgebaut, die leicht nach Osten abfallen und durch Schichtstufen gekennzeichnet sind. **Meeresablagerungen** wie Sand-, Mergel-, Ton- und Kalksteine sowie Schiefer, Konglomerate und sogar Braunkohle bestimmen den geologischen Aufbau und Formenschatz dieses ausgedehnten Flachlandes. Im Südosten von Colorado und im Nordosten von New Mexico bedecken an einigen Stellen erdgeschichtlich jüngere Lavadecken die Oberfläche. Dieses widerständige Gestein bildet »Mesas« (Tafelberge) aus, die von »Canyons« (Kerbtäler mit gestuftem Profil) zerschnitten sind.

Flora ► Die Great Plains gehören zu den ausgedehnten **Graslandformationen** der zentralen Flachlandregion. Der zum Südwesten zählende Bereich der Great Plains ist als Kurzgrassteppe ausgebildet. Dominante Arten sind das Gramagras und das sehr dürrebeständige Büffelgras (Buffalo grass). Mit zunehmender Trockenheit treten auch Sagebrush und Beifußgewächse auf.

Rocky Mountains Die Rocky Mountains heben sich markant über die Great Plains im Osten und den Zwischengebirgsbereich im Westen empor. In ihrer gesamten Ausdehnung erstrecken sie sich über 4500 km vom Südwesten der USA bis in die Brooks Range im Norden Alaskas. Die südlichen Rockies setzen sich aus einer ganzen **Reihe von Gebirgszügen** zusammen, die örtlich weit über die 4000-m-Höhenmarke hinaufreichen. Die Rocky Mountains bilden die **Hauptwasserscheide** zwischen Pazifik und dem Golf von Mexiko bzw. dem Atlantik.

◄ Flora

Das Pflanzenkleid der Hochlagen und Gebirgsregionen ist keineswegs einheitlich. Es ändert sich mit zunehmender Höhe und je nach Lage im feuchteren Osten oder im trockenen Westen. Auf den **trockeneren Standorten** im Gebirge (1800–2700 m ü. d. M.) dominiert die Gelbkiefer (Ponderosa pine), auf den **feuchteren Standorten** dieser Höhenlage ist es hingegen die Douglasie (Douglas fir). In den tieferen Berglagen ist der Wald parkartig licht und kaum geschlossen, Wiesen lockern das Vegetationsbild auf. Bäume wie die Zitterpappel (Quaking Aspen) und die sommergrüne Lärche (Larch) verleihen der Landschaft im Herbst ein farbenprächtiges Antlitz. Die Blaufichte (Blue spruce), Staatsbaum von Colorado, ist vor allem in den Rockies häufig anzutreffen. Im subalpinen Gelände bildet die Drehkiefer (Lodgepole pine) in Gesellschaft mit der Engelmannsfichte (Engelmann spruce) größere Bestände. Zur Baumgrenze aufsteigend tritt dann vermehrt die Felsengebirgstanne (Alpine fir) in den Vordergrund, und in den **Hochlagen** bis 3500 m ü. d. M. bestimmt schließlich die Weißstämmige Zirbelkiefer (Whitebark pine) das Bild. Oberhalb der Baumgrenze breiten sich alpine Matten mit zahlreichen Blütenpflanzen aus, darunter als zwei typische Hochgebirgsblumen die Akelei (Rocky Mountain columbine) und die Gebirgssonnenblume (Alpine sunflower).

Herbstliche Pracht in den Boulder Mountains in Utah

Typische Bewohner der Halbwüste: Sauaro-Kaktus und Teddybear Cholla

Colorado Plateau

Das Colorado Plateau ist ein typisches, erst in geologisch junger Zeit emporgehobenes **Schichttafelland**, das sich aus einer Vielzahl einzelner Hochflächen zusammensetzt und durchschnittlich 1800–2000 m hoch ist. Seine Fläche von rund 250 000 km² entspricht in etwa der Ausdehnung der alten Bundesrepublik Deutschland. Charakteristisch für das Coloradoplateau sind seine Höhe, seine sehr markant in Erscheinung tretenden Schichtstufen sowie weiträumige, flache Landschaften, die von tief eingeschnittenen Kerbtälern, den Canyons, unterbrochen sind. Im Süden bilden in erster Linie mächtige, zum Teil sehr **farbenprächtige Sedimentgesteine** des Erdaltertums den geologischen Unterbau. Die Abfolge der einzelnen Gesteinsschichten lässt sich vor allem im Grand Canyon sehr gut beobachten. Dort hat sich der Colorado bis in den präkambrischen kristallinen Untergrund eingeschnitten.

Basin & Range Province (Great Basin)

Die Basin & Range Province bildet im Südwesten der USA zusammen mit dem Colorado Plateau den **Zwischengebirgsbereich** der Kordilleren. Natürliche Grenzen sind die Sierra Nevada im Westen und die Rocky Mountains im Osten. Das sehr niederschlagsarme Gebiet hat gewaltige Ausmaße: Mit nahezu 500 000 km² Fläche ist es ungefähr doppelt so groß wie das Colorado Plateau und umfasst ganz Nevada sowie Teile von Arizona, New Mexico und West-Texas. Man unterteilt die Basin & Range Province in das eigentliche **Great Basin**, das Hochland von Arizona und New Mexico und die **Sonora-Wüste**, zu der auch die Gila-Wüste im Südwesten von Arizona gehört. Charakteristisch sind einerseits zahlreiche, bis über 3000 m hohe Gebirgszüge, andererseits bestimmen zum Teil abflusslose Becken das Landschaftsbild. Das bekannteste dieser Becken, das Death Valley im Grenzraum von Nevada und Kalifornien, liegt an seinem tiefsten Punkt 86 m unter dem Meeresspiegel.

◄ Pflanzen der Trockengebiete

In den verhältnismäßig trockenen Beckenlandschaften dominieren sog. **Xerophyten** (Trockenpflanzen). Sie schützen sich gegen Verdunstung u. a. durch kleine Blätter mit dickerer Außenwand und kleinen Spaltöffnungen oder gar nur mit als Dornen ausgebildeten Blättern.

Auf besondere Weise haben sich die sog. **Sukkulenten** (Wasser speichernde Pflanzen) der Dürre angepasst, die man nach den jeweiligen Speicherorganen in Blatt-, Stamm- oder Wurzelsukkulenten einteilt. Typische Stammsukkulenten sind die Kakteen, dazu gehören der Saguaro- und der Orgelpfeifen-Kaktus (Organ pipe), die sehr oft in Gemeinschaft mit den plüschigen Teddybear Chollas auftreten.

Bis zur unteren, durch Trockenheit bedingten Baumgrenze (1500–1800 m ü. d. M.) finden sich niedriges Buschwerk aus Wacholder und Nusskiefer (Juniper-Pinyon-Woodland) sowie der Wermutstrauch (Sagebrush) und buschiges Gramagras. Diese Vegetationsformation wird als **Trockenbusch** bezeichnet und ist im gesamten Zwischengebirgsgebiet verbreitet.

Weitere charakteristische Arten der Halbwüsten im Süden sind der sog. Kerzenstrauch (Ocotillo) und verschiedene **Yucca-Arten**, darunter der eindrucksvolle Joshua Tree (Baumyucca), von dem besonders schöne Exemplare im Grenzgebiet zwischen Südkalifornien und Arizona gedeihen.

Nach ergiebigen Niederschlägen blühen in den Trockenräumen wundervolle **Blumenteppiche** auf. Samen und Zwiebeln überdauern die Trockenheit im Boden und treiben innerhalb von sechs bis zehn Wochen Blüten.

Fauna

Anpassung an die Trockenheit

Die Tierwelt des Südwestens ist ebenso wie die Pflanzenwelt bestens an die trockenen Verhältnisse angepasst. Dies äußert sich z. B. darin, dass zahlreiche Arten **nachtaktiv** sind. Dort, wo tagsüber alles karg und ausgestorben erscheint, findet nachts ein hektisches Fressen und Gefressenwerden statt. Einige Arten haben sich raffiniert an die extremen Lebensbedingungen angepasst.

Vögel

Besonders vielfältig ist die Vogelwelt des Südwestens. Ein weit verbreiteter Greifvogel ist der Präriefalke. Mitunter sieht man Steinadler, die Flügelspannweiten bis zu 2,3 m aufweisen können, in den Lüften kreisen. Weitere häufig vorkommende **Greifvögel** sind der rotgesichtige Truthahngeier und der Rabengeier mit silbergrauem Kopf.

Im Gegensatz zu den imposanten Raubvögeln nimmt man die **kleineren Vögel** kaum wahr. Dazu gehört beispielsweise der kleine Dreifarbenkolibri, der sich von Blütennektar ernährt. Auch der extreme Lebensraum der Kakteen wird von einigen Vögeln bevorzugt. So nisten z. B. Kaktuszaunkönig und die Krummschnabel-Spottdrossel mit Vorliebe in Opuntien. Der Gila-Specht und der Goldspecht hingegen »hämmern« ihre Nisthöhlen in die mächtigen Saguaros, in deren Astgabeln auch der Amerikanische Uhu oder der Wüstenbussard ihre Nester bauen. »Staatsvogel« von New Mexico ist der Roadrunner (Rennkuckuck, Erdkuckuck), der vielen Lesern als schlaue Comicfigur bekannt ist. Wie der Name vermuten lässt, ist er ein hervorragender Läufer, der bis zu 25 km/h schnell sein kann. Gelegentlich sieht man auch das leuchtend blaue Federkleid eines Diademhähers, während die Einsiedlerdrossel durch ihren melodiösen Gesang auf sich aufmerksam macht. Andere häufig zu beobachtende Arten im Trockenbusch sind Buschhäher, Helmwachteln, Krummschnabel-Spottdrossel, Louisianawürger und verschiedene Schwalbenarten.

? WUSSTEN SIE SCHON ...?

- ... dass die kleine Taschenmaus (Pocket Mouse) und die Ord-Kängururatte (Ord's Kangaroo Rat) Wasser aus ihrer Nahrung extrahieren, die in erster Linie aus Pflanzensamen besteht, und als Urin eine wasserarme Paste ausscheiden, um sich an die Trockenheit anzupassen?

Fledermäuse Eine weitere fliegende Besonderheit ist allerdings kein Vogel, sondern ein Säugetier: die Fledermaus. Allein in einer für Besucher gesperrten Nebenhöhle der **Carlsbad Caverns** (► S. 385) lebt eine 300 000 bis 400 000 Tiere zählende Kolonie der Guano-Fledermaus, die jeden Abend einer dunklen Wolke gleich die Höhle verlässt und auf Insektenjagd geht.

Nagetiere Unter den Nagetieren sind vor allem zwei Hörnchenarten zu nennen, der kleine **Chipmunk** (Streifen- oder Backenhörnchen) und der **Ziesel**, ein typisches Steppentier, das in selbst gegrabenen Erdhöhlen lebt. Auch die selteneren **Präriehunde** zählt man zu den Hörnchen. Weitere sehr häufig vorkommende Nagetiere sind Ratten und Mäuse wie die weit verbreiteten **Kängururatten** (Ord's Kangaroo Rat) und **Taschenmäuse** (Great Basin Pocket Mouse), die sich hüpfend vorwärts bewegen. Die **Kaktusmaus** (Cactus Mouse) wohnt in umgestürzten Kakteen, vornehmlich in Saguaros, und ernährt sich von deren Früchten, während die **Pinienmaus** (Pinyon mouse) sich auf die nussartigen Samen der Nusskiefer (Pinyon pine) spezialisiert hat.

Murmeltiere
Baumstachler
Hasen ►

Vor allem in den Rocky Mountains sind die Murmeltiere zu Hause. Ebenfalls in den bewaldeten Bergregionen kann man des Öfteren nordamerikanische Baumstachler (Baumstachelschwein) sehen, die ebenfalls zu den nachtaktiven Nagetieren gehören. An Hasenarten gibt es Pfeifhasen, Eselhasen, Schneehasen und das kleinere Audubonkaninchen.

Raubtiere An großen Säugetieren sind vor allem Raubkatzen zu nennen. Ein exzellenter Jäger ist der inzwischen ziemlich selten gewordene **Puma** (Berglöwe), der in den dünn besiedelten Felsregionen und Berggebieten lebt. Der **Rotluchs** ist dagegen im Südwesten weit verbreitet, doch bekommt man auch ihn nur selten zu Gesicht, weil er tagsüber gut verborgen schläft. Das wohl bekannteste Tier des Südwestens ist der **Kojote** (Präriewolf), dessen Geheul noch recht häufig zu vernehmen ist. Der Gegenspieler von »Roadrunner« (s. oben) frisst Kleintiere und Aas, wird aber dem Menschen kaum gefährlich. Gelegentlich kann man auch **Graufuchs** und **Rotfuchs** beobachten. **Silberdachse**, die sich auf die Ziesel-Jagd spezialisiert haben, leben vor allem im Felsengebirge. Kleinere und ziemlich häufig vorkommende Raubtiere sind **Langschwanzwiesel** und **Fichtenmarder**.

Bären

Ein Allesfresser ist der **Schwarzbär**, der in den Wäldern des Südwestens verbreitet ist. Während es jedoch unwahrscheinlich ist, einem Schwarzbären zu begegnen, sind die Chancen, kleinere Arten zu beobachten, wesentlich größer. Dies gilt insbesondere für den **Waschbär** mit seiner hübschen Zeichnung der Augenpartie, für den **Katzenfrett** mit seinem schwarz-weiß gestreiften Schwanz und für den **Nasenbär**, der lediglich im Süden des hier vorgestellten Reisegebietes vorkommt.

Jeder fürchtet sie: die Klapperschlange

Als weitere große Säugetiere des Südwestens sind **Großohrhirsche** und **Rothirsche** zu nennen. Sie trifft man auch oft in waldreichen Nationalparks an Parkplätzen an. Die robusten Dickhornschafe leben vorwiegend in den kühleren und feuchteren Hochlagen. Vor allem in den Rocky Mountains kann man gelegentlich einen imponierenden Hirsch bestaunen.

So possierlich sie aussehen – der im Südwesten hauptsächlich vorkommende Fleckenskunk ähnelt einem Marder –, um **Stinktiere** sollte man einen großen Bogen machen, denn sie versprühen bei Bedrohung aus ihren Afterdrüsen ein übel riechendes Sekret, das, wenn man es ins Auge bekommt, sogar zu einer vorübergehenden Erblindung führen kann.

Die Halsbandpekaris (**Nabelschweine**) erinnern an Wildschweine. Sie haben mit Stinktieren eines gemeinsam: Sie verbreiten bei Erregung ähnlich übel riechende Düfte.

Typische Bewohner der Trockengebiete des Südwestens sind Schlangen. Sehr gefürchtet sind die besonders giftigen **Klapperschlangen** (Rattle snakes), von denen im Südwesten der USA gleich mehrere Arten anzutreffen sind. Ihren Namen verdanken sie beweglichen Hornringen am Schwanzende, mit denen sie bei Gefahr oder Bedrohung ihr charakteristisches Rasseln erzeugen. Allergrößte Vorsicht ist auch vor der sehr giftigen **Arizona-Korallenschlange** geboten, die man im bunten Gestein kaum erkennt.

Echsen und Kröten

Das bis zu 50 cm große **Gila-Monster** gehört zu den Krustenechsen. Das schwarz-gelb gemusterte Tier sieht nicht nur recht unfreundlich aus, es ist auch sehr giftig. Eine unachtsame Begegnung kann für Menschen lebensgefährlich werden. Häufig sieht man im Südwesten auch Glattechsen (Skinke), Rennechsen (Whiptails) und Leguane (bes. Gitterschwanzleguan, Halsbandleguan und Wüsten-Stachelleguan) sowie bis zu 40 cm lange Chuckwallas. Unter strengem Naturschutz stehen die wenigen noch lebenden **Wüstenschildkröten**.

Spinnen und Skorpione

Unter den zahlreichen Spinnenarten ist die große und stark behaarte **Tarantel** die bekannteste. Entgegen anderen Behauptungen ist sie aber nicht besonders aggressiv. In Acht nehmen muss man sich vor giftigen Skorpionen, von denen es im Südwesten mehrere Arten gibt.

Eine Traumlandschaft entsteht

Entstehung der Gebirge und Canyons

Das Faszinierende an einer Reise durch den Südwesten der USA ist das Erlebnis einer in ihrer Formen- und Farbenvielfalt einzigartigen Felsen- und Wüstenlandschaft, wie sie die Kräfte der Natur im Laufe von Jahrmillionen geformt haben. Der grandiose Grand Canyon, der bizarre Bryce Canyon und Wüsteneien wie Death Valley entstanden mit der Herausbildung der nordamerikanischen Kordilleren, die das Ergebnis von **plattentektonischen Bewegungen** sind. Seit Milliarden von Jahren schiebt sich die Pazifische Platte unter die Nordamerikanische Platte. Folge dieses »Untertauchens« (Subduktion) der einen Großplatte unter die andere ist zum einen die deutlich sichtbare Ausbildung der Kordilleren, zum anderen Vorgänge wie Vulkanismus, Überschiebungs-, Falten- und Bruchschollentektonik. Die Hauptphase der Gebirgsbildung auf der Erde ereignete sich gegen Ende des Erdmittelalters (Mesozoikum) und zu Anfang des Tertiärs, also vor 70–50 Mio. Jahren. Dabei wurden Strukturen älterer Gebirgsbildungen aus dem Erdaltertum (Paläozoikum; vor 570–230 Mio. Jahren) und der Erdfrühzeit (Proterozoikum; älter als 570 Mio. Jahre) umgeformt. Ihre heutige Gestalt verdanken die Rocky Mountains jedoch einer **Hebungsphase** im späten Tertiär, etwa zur selben Zeit, als in Europa die Alpen herausgehoben wurden. Die jüngste Hebungsphase vollzog sich gegen Ende des Tertiärs, also vor 20–5 Mio. Jahren. Damit verbunden war und ist eine außerordentlich starke Erosion. Die Flüsse schnitten sich tief ein und bildeten die heute als Naturwunder bestaunten Canyons.

! *Baedeker* TIPP

Four Corners Region

Besonders imposant und außerordentlich farbenfroh – vor allem durch das rote Eisenoxid – sind die Canyons in der »Four Corners Region« ausgefallen, in der die vier Bundesstaaten Utah, Colorado, New Mexico und Arizona aneinander grenzen. Hier finden sich einige der attraktivsten Naturlandschaften der gesamten USA – u. a. Grand Canyon, Bryce Canyon und Zion Canyon – auf recht engem Raum.

Entstehung der Basin & Range Province

Der spättertiären Hebungsphase verdankt auch die Basin & Range Province ihre Strukturen. Hier erfolgte eine **Dehnung der Erdkruste**, die ihrerseits tiefe Brüche und Störungen verursachte. Es entstanden Horste und Gräben, die heute als nahezu parallel verlaufende Gebirgszüge und Becken im Landschaftsbild erkennbar sind.

Einflüsse der Eiszeit

Von den Gletschervorstößen der vor 2 Mio. Jahren beginnenden und bis vor ca. 10 000 Jahren dauernden Eiszeiten sind nur die **Hochgebirgslagen** des Südwestens betroffen. Vor allem in den Rocky Mountains findet man die ganze Palette des eiszeitlichen Formenschatzes: Gletscher, Kare, Trogtäler, Moränen, Flussschotterablagerungen usw.
Von großer Bedeutung für die während der letzten Eiszeiten nicht vergletscherten Gebiete waren die im Vergleich zu heute wesentlich höheren Niederschläge und die Schmelzwässer aus den Gebirgen. Ein Überbleibsel aus jener Zeit ist der **Große Salzsee** in Utah, der einstmals als 50 000 km² großer Lake Bonneville auch die Große Salzseewüste bedeckte.

Bevölkerung · Politik · Wirtschaft

Entwicklung

In den fünf Kernstaaten des Südwestens der USA leben etwa 15 Mio. Menschen, was 5,5% der Gesamtbevölkerung der USA ausmacht. Dies erscheint auf den ersten Blick gering, doch sollte man nicht außer Acht lassen, dass der Südwesten, insbesondere die zum **»Sun Belt«** zählenden Bundesstaaten New Mexico und Arizona, zu den am schnellsten wachsenden Regionen der USA gehört.
Allein Arizona hat seit den 1950er-Jahren seine Bevölkerungszahl um das Fünffache gesteigert. Allerdings ziehen die Meisten weniger neuer Jobs wegen in den Südwesten, sondern weil sie im angenehmen Klima ihren Lebensabend verbringen wollen – der Anteil der **Pensionäre** an den Zuziehenden ist außergewöhnlich hoch. So wurde Anfang der 1960er-Jahre Sun City, Vorort von Phoenix, AZ, eigens für Rentner erbaut und hat mittlerweile über 50 000 Einwohner.

Früh übt sich: eine Schule der Navajo

Die Verteilung der einzelnen ethnischen Gruppen auf die fünf Bundesstaaten ist sehr unterschiedlich. In allen Staaten dominieren aber **»Whites«** europäischer (»Anglos«) oder mittelamerikanischer Herkunft

Zahlen und Fakten USA Südwest

Lage

- 42°–31° nördlicher Breite (= von Rom bis Kairo)
- 120°–102° westlicher Länge

Fläche

- ca. 1,5 Mio. km²
- maximale Nord-Süd-Ausdehnung: 1600 Kilometer
- maximale West-Ost-Ausdehnung: 1200 Kilometer

Einwohnerzahl

- ca. 15 Mio., im Vergleich: Deutschland: 80 Mio.
- Arizona: 5,1 Mio.
- Colorado: 4,3 Mio.
- Nevada: 2,0 Mio.
- New Mexico: 1,8 Mio.
- Utah: 2,2 Mio.
- Bevölkerungsdichte: 10 Menschen pro km² (Deutschland: 231 pro km²)

Bevölkerungsgruppen

- Weiße europäischer oder mittelamerikanischer Herkunft
- Afroamerikaner
- First Nation (Indianer)

Sprachen

- Englisch, Spanisch, verschiedene Indianersprachen

Politische Strukturen

- Die USA ist eine präsidiale Bundesrepublik.
- Die einzelnen Bundesstaaten haben oft unterschiedliche Gesetzgebungen.
- An der Spitze jedes Bundesstaates steht ein Gouverneur.
- Kongress: Senat und Abgeordnetenhaus

Wirtschaft

- Arizona: Bergbau, Herstellung von Flugzeugen und Maschinen, Baumwolle
- Colorado: Standort vieler Forschungseinrichtungen und hochtechnologischer Unternehmen
- Nevada: Glücksspiel, Gold- und Silbergewinnung, Kupfer und Eisen. Wenig Landwirtschaft
- New Mexico: Erdöl- und Erdgasförderung, Bergbau, Viehzucht.
- Utah: Nahrungsmittelindustrie, Bergbau

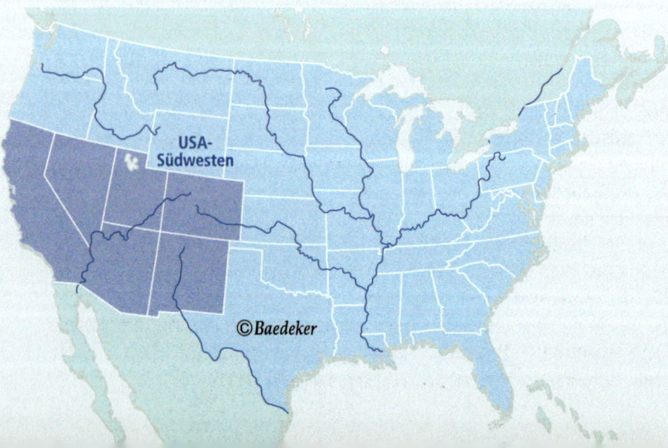

(»Hispanics«, ▶ Baedeker Special S. 28), besonders signifikant in Utah, wo die »Anglos« ca. 90% der Bevölkerung stellen. Generell ist auch festzustellen, dass die **»Afro-Americans«** – etwa im Gegensatz zu den Südstaaten oder den Großstädten des Nordostens – in keinem der Staaten einen hohen Bevölkerungsanteil erreichen. Dagegen verzeichnen New Mexico mit rund 40% und Arizona mit rund 20% den größten Anteil an **»Hispanics«**, die vor allem im Tal des Rio Grande, um Tucson und Santa Fe leben.

◀ First Nation

Die **indianische Bevölkerung** (Indianer) – über die Hälfte Navajo sowie Hopi, Apache, Pueblo, Havasupai, Hualapai und Tohono O'odham – ist in Reservationen in den sog. Four Corners (Grenzgebiet AZ-NV-CO-NM), im Südwesten von New Mexico und Nordosten Arizonas konzentriert. Beide Staaten haben mit 9% (204 000 Menschen) bzw. 6% (140 000) auch den mit Abstand höchsten Anteil an indianischer Bevölkerung der fünf Staaten und stehen damit nach Oklahoma und Kalifornien landesweit an dritter und vierter Stelle.

? WUSSTEN SIE SCHON ...?

- Die Nachrichteneinheit der US-Marineinfanterie (Navajo Code Talkers) im Zweiten Weltkrieg bestand nur aus Navajos und benutzte einen Code, der auf der Navajo-Sprache basierte. Die Japaner konnten diesen Code nie knacken.

Sprachen

Auch in den Sprachen spiegelt sich die Verteilung der Bevölkerungsgruppen wider. Jeder Reisende kann es selbst feststellen, wenn er im Süden von New Mexico oder Arizona das Radio anstellt und unweigerlich einen der vielen spanischen Sender empfängt. In diesen beiden Staaten sprechen 35,5% bzw. 20,8% außer **Englisch** noch eine zweite Sprache, überwiegend **Spanisch**, viele aber auch eine **indianische Sprache**. Wie z. B. Navajo klingt, hört man in den Four Corners im indianischen Sender KTTN auf Mittelwelle 660.

Religion

In allen fünf Bundesstaaten des Südwestens überwiegt das Christentum, wobei zwei Besonderheiten auffallen. Im Süden von Arizona und New Mexico ist dank der hispanischen Bevölkerung die **römisch-katholische Kirche** stark vertreten, während Utah gar aus dem Gottesstaat »Deseret« hervorgegangen ist: Hier geben nach wie vor die **Mormonen** den Ton im religiösen und öffentlichen Leben an (▶ Baedeker Special S. 496).

Indianische Religionen haben mit Sicherheit einige Zehntausend Anhänger. So verschieden wie die Stämme, so unterschiedlich sind auch die Religionsformen, die sich einem von außen kommenden Betrachter kaum erschließen. Dies ist weniger ein Problem der Sprache und des Einfühlungsvermögens, sondern eher darauf zurückzuführen, dass Indianer ihre Religion – etwa Tänze und Rituale – als **nur für sie selbst bestimmt** betrachten und in den allerwenigsten Fällen Beobachter zulassen. Sollte man als Tourist dennoch in die seltene Lage kommen, z. B. einem Tanz beiwohnen zu können, dann sollte man unbedingt die strengen Verhaltensregeln beachten.

DIE HISPANICS KOMMEN

Die Kombination von Chili, Türkisschmuck und Rodeo macht den Reiz des Südwestens aus. In diesem einzigartigen Nebeneinander von indianischer, spanischer und angloamerikanischer Kultur dominieren bislang die Anglo-Amerikaner – die »Bleichgesichter« europäischer Abstammung ohne spanischen Familiennamen. Mittlerweile sind jedoch in den Grenzstaaten zu Mexiko die Hispanics auf dem Vormarsch.

Die Mehrzahl der »Chicanos«, wie sich die US-Amerikaner mexikanischer Abstammung selbst nennen, lebt im Südwesten. Nach der schwarzen Bevölkerung sind sie die **zweitgrößte nationale Minderheit** in den USA.

Eine kleine Gruppe der Mexican-Americans leitet ihre Abstammung stolz auf die spanischen Kolonisatoren des amerikanischen Südwestens zurück. Diese so genannten Hispanics leben im nördlichen Teil New Mexicos und sind mit der Geschichte des Landes tief verwurzelt. Das Leben ist bestimmnt vom **katholischen Kulturerbe**. Wunderglaube, Familienfeiern und Heiligenverehrung werden beispielsweise noch nach alter Väter Sitte praktiziert. In den abgelegenen Dörfern der Sangre de Cristo Mountains gibt es noch spanische Ausdrücke, die in Europa seit 300 Jahren nicht mehr in Gebrauch sind.

Im Gegensatz zu den Indianern wurden die spanischen Siedler wegen ihres **christlichen Glaubens** in der damals noch jungen Union als Bürger akzeptiert, doch von Anfang an unterlagen sie in wirtschaftlicher Hinsicht

Gebäude in spanisch und indianisch geprägter Adobe-Bauweise dominieren in New Mexicos Hauptstadt Santa Fe.

den Anglo-Amerikanern. Schon früh lieferte die verarmte Landbevölkerung den »Anglos« das nötige Arbeiterpotential. Für den Bau der Eisenbahn, in den Minen und auch in der Landwirtschaft waren die **»Persons of Spanish Origin«** unentbehrlich.

Illegale Einwanderung

Mexiko ist arm, die USA sind reich. Es fehlt an Arbeit, in den hochentwickelten Agrarstaaten des Südwestens der USA dagegen an »Braceros«, wie die Erntehelfer und **billigen Arbeitskräfte** auf den kalifornischen Plantagen und Ranches genannt werden. Hier nimmt der Anteil der mexikanisch-stämmigen Bevölkerung jährlich zu, zumal jeder Mensch, der auf amerikanischem Boden geboren wird, auch amerikanischer Staatsbürger ist. Zwischen 1910 und 1939 und ab 1942 kamen Millionen Mexikaner als legale **Saisonarbeiter**. Die illegale Einwanderungswelle begann mit dem **Verfall des mexikanischen Pesos** in den 1980er-Jahren. Nacht für Nacht kommen seitdem zwischen San Diego und Brownsville Menschen über die Grenze, oder sie schwimmen über den Rio Grande.

Angst vor der »Überfremdung«

Von der Agrarindustrie und im niedrigen Dienstleistungsgewerbe sind die »Chicanos« nach wie vor gern gesehen, doch in der einstigen Nation aus Fremden wächst allmählich die Angst vor der »Überfremdung«.

Längst haben die Hispanics die **politische Macht** in vielen Landkreisen entlang der Grenze gewonnen. In Arizona, New Mexico und Südkalifornien lässt sich keine Wahl ohne die Stimmen dieser Bevölkerungsgruppe gewinnen. In Arizon, Colorado, Kalifornien und New Mexico stellen die Chicanos die stärkste ethnische Minorität.

Einkommen Die Einwohner von Arizona gehören zu den einkommensschwächsten Amerikanern. Ihr jährlicher Pro-Kopf-Verdienst wird nur noch von Mississippi unterboten. Betrachtet man den Anteil der unter der **Armutsgrenze** Lebenden, ist allerdings New Mexico mit einem Anteil von über 25% gar das Schlusslicht in den gesamten USA. Von der Armut sind vor allem die »Hispanics« und die Indianer betroffen. Andererseits findet man Nevada auf einem der vorderen Plätze in der US-Einkommensstatistik – Las Vegas sei Dank.

Unterschiedliche Gesetze Verfolgt man auf einer Landkarte mit eingezeichneten Längen- und Breitengraden den **Grenzverlauf** der Staaten des Südwestens, wird deutlich, dass die Grenzziehung in vielen Fällen am Reißbrett erfolgt ist. Oft verläuft die Grenze zweier Bundesstaaten (z. B. Nevada und Utah oder Colorado und New Mexico) ungeachtet naturräumlicher Gegebenheiten entlang von Breiten- oder Längengraden. Die **föderale Struktur** der Vereinigten Staaten erschwert es, Gegebenheiten in den Bundesstaaten zu verallgemeinern. Verglichen mit den Kompetenzen der deutschen Bundesländer reichen die der amerikanischen Bundesstaaten erheblich weiter. Bei der Weite des Landes bleibt die Notwendigkeit einer starken lokalen Entscheidungsgewalt bestehen. So gibt es z. B. von Staat zu Staat verschiedene Verkehrsvorschriften, Steuergesetzgebungen und Regelungen zum Alkoholgenuss.

Wirtschaft

Ranching und Mining Der Traum vom eigenen Stück Land zog die weißen Siedler im 19. Jh. in den Südwesten. Was sie oft genug fanden, waren trockene Landstriche, auf denen **Ackerbau** nur mit künstlicher Bewässerung möglich war und allenfalls eine meist bescheidene **Viehzucht** mit Rindern oder den anspruchsloseren Schafen hergab. Das karge Dasein zwang die Mehrzahl der Kleinrancher zur Aufgabe. Gewinner waren die großen Rinderbarone, deren Kampf untereinander um Wasser und Weideland für das Vieh zum Thema vieler großer Westernfilme geworden ist. Wer aber aufgegeben hatte, zog weiter oder suchte sein Glück im **Bergbau**, denn der Südwesten ist reich an Erzen. »Ranching and Mining« waren daher noch bis weit in das 20. Jh. hinein die Haupterwerbsquellen des Südwestens. Beide Bereiche gehören auch heute noch zu den wichtigsten Wirtschaftszweigen.

? WUSSTEN SIE SCHON ...?

- ... dass sich aus der großen Rinderzeit immer noch Gesetze im Südwesten der USA gehalten haben? Rancher haben z. B. das Recht, ihr Vieh auf öffentlichem Grund weiden zu lassen und dafür nur ein Viertel dessen zu bezahlen, was sie auf privatem Land entrichten müssten.

Wirtschaftlicher Wandel Rinderzucht in Verbindung mit Cowboyromantik existiert im Wesentlichen nur noch als Fernsehmythos oder auf sog. **Dude Ranches**, wo der Tourist einen Schnellkurs im Viehtreiben erhält. Der Acker-

bau profitierte von den groß angelegten **Staudammprojekten** in der ersten Hälfte des 20. Jh.s, die einen intensiveren, jedoch aufwändig bewässerten Anbau möglich machten.
Die **Industrie** erhielt einen großen Schub durch den Zweiten Weltkrieg, als die US-Regierung die Wüsteneien des Südwestens zum idealen Testgelände für ihr Atombombenprogramm erkor und viele Firmen der Rüstungs- und Flugzeugindustrie herziehen ließ. Speziell Arizona erlebte – wie manch anderer Bundesstaat im **Sun Belt**, jenem klimatisch begünstigten Streifen im Süden der USA zwischen Pazifik und Atlantik – in den Siebzigerjahren einen Aufschwung dank der Ansiedlung wachstumsorientierter Industrien. Einen Sonderweg ging Nevada schon in den 1920er-Jahren, indem man das Glücksspiel freigab – was die »gamblers« heute in Las Vegas, Reno und anderswo liegen lassen, macht den Löwenanteil am Wirtschaftsaufkommen des Bundesstaats aus. Eines allerdings haben alle fünf Bundesstaaten gemeinsam: Die meisten Menschen arbeiten im **Handels- und Dienstleistungsbereich**, wobei Utah mit über 77% aller Beschäftigten in diesem Sektor die Spitze hält.

Landwirtschaft

Ungünstige Faktoren

Die fünf Bundesstaaten haben auf dem Gebiet der Landwirtschaft mit großen **Standortnachteilen** zu kämpfen. Das kontinentale Klima mit heißen, trockenen Sommern und sehr kalten Wintern und das sehr ungünstige Relief mit weit verbreiteten Becken- und Höhenlagen machen die Landwirtschaft in dieser Region zu einem recht mühevollen Unternehmen. Große Probleme bereitet vor allem die ungünstige Wasserversorgung, da in weiten Gebieten Niederschläge nicht in ausreichender Menge fallen.

Viehzucht und Fleischproduktion

Im gesamten Raum ist **extensive Weidewirtschaft** vorherrschend, doch macht die geringe Tragfähigkeit der Weiden große Betriebseinheiten notwendig. Der Trend zu immer weniger Betrieben mit immer größeren Herden ist nicht zu übersehen: 40 000 bis 50 000 Stück Vieh pro Betrieb und Ranches von weit über 1000 Hektar Fläche stellen keine Seltenheit dar. In jedem der fünf Bundesstaaten sind die Einkommen aus der **Rindfleischproduktion** die führende Einnahmequelle der Landwirtschaft.

Ackerbau

Im äußersten Osten reichen noch Ausläufer des nordamerikanischen Weizengürtels mit dem Anbau von Winterweizen in die Staaten Colorado und New Mexico hinein, ansonsten ist **Getreideanbau** eher von untergeordneter Bedeutung.
Der **Trockenfeldbau** mit künstlicher Bewässerung hat im Südwesten große Tradition. Bereits die Hohokam, Mogollon und Anasazi betrieben Trockenfeldbau und erreichten durch ausgeklügelte Techniken eine optimale Nutzung des wenigen zur Verfügung stehenden Wassers. Heutzutage spielt der **Bewässerungsfeldbau** eine zumindest re-

gional nicht zu unterschätzende Rolle. Auf den urbar gemachten Flächen können im Süden neben Obst und Gemüse sogar Baumwolle und Zitrusfrüchte angebaut werden, im Norden herrschen Kartoffeln und Zuckerrüben vor.

Wasser ist Mangelware

Der immer größer werdende Bedarf der Bewässerungswirtschaft schafft ein großes Problem für die Wasserversorgung überhaupt. In den nächsten Jahren erwartet man große **Engpässe**, und ein Streit über eine Neuverteilung von Wasserrechten ist vorprogrammiert. Brisanz gewinnt dieses Problem noch dadurch, dass eine Stadt wie Las Vegas einen exorbitant hohen Wasserverbrauch verzeichnet (1200 Liter Wasser pro Tag und Kopf der Bevölkerung), was die um Wasser konkurrierenden Landwirte verständlicherweise nicht einsehen wollen und sie deshalb umgehende Sparmaßnahmen fordern lässt.

Bodenschätze

Fossile Brennstoffe

Der Bergbau profitiert von reichen Vorkommen an fossilen Brennstoffen. Die **Öl-, Gas- und Kohlevorkommen** entlang der Rocky Mountains ziehen sich bis nach Mexiko hinein. Viele der Vorkommen liegen auf dem Gebiet der Navajo-Nation, so dass die Indianer Abbaulizenzen verkaufen können.

Erze

In Utah und Arizona befinden sich große **Kupfervorkommen**. Arizona ist der wichtigste Kupferproduzent der USA; in der Nähe von Salt Lake City befindet sich die größte Kupfermine der Welt, die im Tagebau betrieben wird.
In der Four Corner Region gibt es bedeutende **Uranvorkommen**, die rigoros und unter großen Umweltbelastungen ausgebeutet werden, was immer wieder zu Zwischenfällen mit der Indianerbevölkerung führt, die eine Zerstörung ihrer Reservate befürchtet. Die **Gold- und Silbervorkommen** in Colorado waren schon im 19. Jh. Anlass für einen Goldrausch, doch sind sie heutzutage nicht mehr sehr ergiebig. Die Verhüttung von Metallen spielt im gesamten Südwesten mit Ausnahme des Südens von Arizona eine eher untergeordnete Rolle. Von regionaler Bedeutung ist die Salzgewinnung aus den Salzseen in Utah.

Industrie

Vorteile durch Wachstumsindustrien

Das bedeutendste industrielle Zentrum der genannten fünf Bundesstaaten ist **Denver**. Neben so traditionsreichen Wirtschaftszweigen wie Maschinenbau und Lebensmittelindustrie sind es auch hier viele Wachstumsbranchen, die für Beschäftigung sorgen. Vor allem im Bereich der elektronischen Geräte und des elektronischen Zubehörs für die Luft- und Raumfahrt, aber auch in der Computerbranche werden große Zuwächse verzeichnet. Neben Denver ist noch **Phoenix** als

Aus den Salzseen von Utah werden erhebliche Mengen des »Weißen Goldes« gewonnen.

Zentrum zu nennen, in geringerem Maße sind aber auch Albuquerque, Tucson und Salt Lake City von Bedeutung. Alle diese Orte haben gemeinsam, dass sie nicht durch die Krisen der Schwerindustrie belastet sind, sondern dass es hauptsächlich »saubere« Wachstumsindustrien sind, die den Wohlstand bringen.

Rüstungsindustrie

Auch der militärische Bereich ist von großer Bedeutung. Zum einen wird sehr viel Zubehör hergestellt und an die Rüstungsfirmen des nahen Kalifornien geliefert, zum anderen bietet der Südwesten ideale Räume für **Versuchszwecke**. Große Areale sind häufig unter größter Geheimhaltung militärischer Nutzung vorbehalten, vor allem in Nevada oder Utah. Auch die Ausbildung deutscher Piloten findet beispielsweise unter anderem in Phoenix statt.

Tourismus

Die einzelnen Bundesstaaten des Südwestens profitieren unterschiedlich vom Tourismus. Während es in Nevada hauptsächlich die Städte Reno und Las Vegas sind, die vor allem inländische Touristen wegen ihrer **Spielcasinos** anziehen, profitiert Colorado in den Rocky Mountains von einem boomenden **Wintersporttourismus**. In Utah und Arizona stehen die unzähligen **Naturwunder** an erster Stelle des Besucherinteresses, vor allem bei Europäern. In den letzten Jahren hat man die Aufmerksamkeit der Touristen vermehrt auf die Indianer und ihre Kultur gelenkt, wovon hauptsächlich New Mexico mit seinen **vielfältigen Pueblos** und **unzähligen Ruinenstätten** Nutzen zieht. Insgesamt nehmen in allen Bundesstaaten des Südwestens seit geraumer Zeit die Übernachtungszahlen und die Ausgaben der Touristen zu.

Geschichte

Die Bekanntschaft mit der indianischen Geschichte und Kultur zählt sicherlich zu den nachhaltigsten Erlebnissen bei einer Reise in den Südwesten der USA. Denn viele Traditionen und Zeugnisse der Vergangenheit haben sich bis heute gut erhalten, man muss sie nur aufspüren.

Indianische Besiedlung

12.–10. Jt. v. Chr.	Clovis- und Folsom-Kulturen
7000 v. Chr.	Beginn der Choise-Kultur
200–1450	Indianische Hochkulturen: Hohokam, Mogollon und Anasazi
1300–1600	Einwanderung shoshonischer und athapaskischer Stämme aus dem Norden

Erste Jägerkulturen

Die amerikanischen Ureinwohner wanderten auf einer Landbrücke von Sibirien aus über die **Bering-Straße** hinweg nach Alaska ein und verbreiteten sich von dort über den amerikanischen Doppelkontinent. Allerdings ist sich die Wissenschaft über den Zeitraum nicht einig. Kürzlich wurde in Mexiko ein archäologischer Sensationsfund gemacht: Fußspuren in versteinerter Vulkanasche belegen, dass die ersten Einwanderer wohl schon vor rund 40 000 Jahren kamen.

Folsom- und Clovis-Kultur

Ende der 1920er-Jahre fand man in New Mexico nahe den Ortschaften Clovis und Folsom steinzeitliche Pfeil- und Speerspitzen. Diese auf ein Alter von 11 000 (Clovis) bzw. ca. 9000 Jahre (Folsom) datierten Funde gelten als **erste gesicherte Spuren** menschlicher Besiedlung des Südwestens, die höchstwahrscheinlich jedoch schon früher begonnen hat. Die steinzeitlichen Jäger stellten Mammuts nach.

Cochise-Kultur

Nach dem Ende der Eiszeit und dem Aussterben der Mammuts sind einige Übergangskulturen nachweisbar. Die bekannteste davon ist die von ca. 7000 v. Chr. bis 500 n. Chr. existierende und nach ihrem **Fundort Cochise County** in Arizona benannte Cochise-Kultur. Diese Menschen jagten Hirsche und andere kleinere Säuger mit dem »atlatl« (Speerschleuder) und flochten Körbe zur Nahrungsaufbewahrung und -zubereitung. Nach wie vor waren sie jedoch Nomaden.

Erste Hochkulturen

Sesshafte Kulturen

Seit dem zweiten und dritten nachchristlichen Jahrhundert etablierten sich im Südwesten erstmals sesshafte Kulturen, die teilweise einen **hohen Grad an Zivilisation** erreichten. Sie alle – Hohokam, Mogollon, Anasazi und Sinagua – gingen jedoch um 1400 auf letztlich nicht geklärte Weise unter; ihr Erbe lebt u. a. unter den Hopi, den Pueblo-Indianern und den Pima weiter.

Hohokam

Die Hohokam bewohnten zwischen 300 und 1450 die Wüstengebiete im Südosten Arizonas. Sie waren **Meister der Bewässerung**, eine Kunst, die sie möglicherweise aus Mexiko mitgebracht haben. Salt,

← *Hubbel's Trading Post in der Navajo Reservation.*

»Cliff dwellings«

- Am besten zeigt sich der hohe Entwicklungsstand verschiedener indianischer Kulturen an ihren gut erhaltenen Siedlungen, z. B. im Mesa Verde National Park oder in den Aztec Ruins. Dort haben Anasazi ganze Siedlungen hoch über dem Grund eines Canyons unter Felsüberhänge gebaut. Diese »cliff dwellings« bestehen aus ineinander verschachtelten Ziegelgebäuden mit insgesamt mehr als 100 Räumen, erreichbar mittels in den Fels gehauenen Treppen oder mit Leitern. Die Siedlungen waren untereinander durch ein Straßensystem verbunden.

Gila und Verde River wurden angezapft, um die Maisfelder mit Wasser zu versorgen. Im Lauf der Jahrhunderte entwickelten sie ihre Behausungen von einfachen, mit einer Holz-Lehm-Konstruktion abgedeckten Erdhütten zu bis zu mehreren hundert Quadratmetern großen Plattformen, die sowohl oben mit Wohnungen bebaut als auch im Inneren für Vorratszwecke ausgehöhlt waren. Gegen Ende der Kultur entstanden mehrstöckige Gebäude aus Adobeziegeln, wie sie im Casa Grande National Monument erhalten sind. Auch Keramik und Schmuck zeugen von der **hohen Kunstfertigkeit** der Hohokam.

Mogollon Demgegenüber zeigt sich die Mogollon-Kultur um einiges einfacher. Dieses Volk lebte von 200 bis 1450 überwiegend im Südwesten des heutigen New Mexico, doch erstreckte sich das Siedlungsgebiet auch bis nach Arizona und in die mexikanischen Bundesstaaten Sonora und Chihuahua hinein. Die frühen Mogollon blieben in erster Linie **Jäger und Sammler** und betrieben nur wenig Landwirtschaft. Ihre Dörfer aus einfachen Erdhütten, später oftmals mit »kivas« ergänzt, bauten sie bevorzugt auf einsamen Felsrücken. Eine solche späte Siedlung stellen die Gila Cliff Dwellings dar, die jedoch auch schon den Einfluss der Anasazi-Kultur zeigt, von der die Mogollon-Kultur höchstwahrscheinlich aufgesogen wurde.

Anasazi Die Anasazi haben die **fruchtbarste indianische Kultur** im Südwesten hervorgebracht und auch die meisten und anschaulichsten Bauwerke hinterlassen. Sie besiedelten zwischen 200 und 1300 das Colorado Plateau rund um die »Four Corners«. Die frühen Anasazi kultivierten Mais und Getreide und sammelten ihre Erträge in Körben (»basketmakers«); zudem zeichneten sie sich durch ausgeklügelte Treibjagdtechniken aus. Ab ca. 700 setzte eine Periode ein, in der zunächst die Töpferei immer bedeutender wurde und sich bald die Architektur weiterentwickelte. Seit ca. 1100 entstanden wahre Städte. Am beeindruckendsten sind die sog. »cliff dwellings«, in den Fels gehauene Siedlungen. Neben Töpferei und Schmuck haben die Anasazi auch zahlreiche **Felszeichnungen** hinterlassen. Ab 1350 gaben sie aus unbekannten Gründen ihre Städte und Dörfer auf und wanderten in die Mesas von Arizona und das Tal des Rio Grande, wo sie in der dortigen Bevölkerung aufgingen.

Sinagua und andere Kulturen

Die Sinagua traten erst um 600 in Erscheinung. Sie lebten in einem recht kleinen Gebiet in Nordwest-Arizona, eingekeilt zwischen den Mogollon und den Anasazi. Zu den Letzteren pflegten sie sehr enge Beziehungen, wie sich auch an ihrer Bauweise zeigt, etwa im Wupatki National Monument.
Kleinere indianische Kulturen im Zeitraum bis 1400 waren die Hakataya in West- und Zentral-Arizona, wo auch die Salado zu Hause waren, sowie die Fremont-Kultur in Süd- und Zentral-Utah.

Neuankömmlinge

Ein Großteil der im heutigen Südwesten lebenden Indianer geht nicht – wie etwa Hopi und Pueblos – auf die frühen Kulturen zurück, sondern stammt von Zuwanderern ab, die zwischen 1300 und 1600 das Land zwischen Rio Grande und Großem Salzsee erreichten. In den meisten Fällen verdrängten sie aber nicht gewaltsam die Nachfahren der Anasazi und anderen Kulturen, sondern lernten von ihnen z. B. Ackerbau, Töpferei und Weben, während sie ihre Fähigkeiten als Jäger weitergaben. Die Neuankömmlinge rekrutierten sich aus zwei verschiedenen indianischen Sprachgruppen, den **Shoshonen bzw. Athapasken**. Zu den Shoshonen zählen die heute in Utah ansässigen Ute, Goshutes und Paiutes, die sich an die Kultur der Prärieindianer anlehnten. Athapaskische Stämme zogen im 16. Jh. von Kanada aus in den Südwesten. Zu ihnen gehören die Navajo, die sich im ehemaligen Gebiet der Anasazi niederließen, und die Apache, die sich sehr bald in einzelne Stämme wie Mescalero oder Jicarilla aufteilten und wenig miteinander zu tun haben wollten.

Europäer und Südamerikaner

1540	Expedition des Francisco Vásquez de Coronado
1680–1692	Aufstand der Pueblo-Indianer unter Po-Pé
1803	Louisiana Purchase
1846–1848	Mexikanisch-amerikanischer Krieg
1848	Friede von Guadalupe Hidalgo: Mexiko tritt den gesamten Südwesten an die USA ab.

Spanische Konquistadoren

Etwa zur selben Zeit, als die Stämme des Nordens in das heutige Arizona und New Mexico vordrangen, kam von Süden ein ganz anderer Menschenschlag: die spanischen Konquistadoren. Angestachelt vom

Beispiel der Cortez und Pizarro, die immensen Reichtum in Mexiko und Peru scheffeln konnten, und dem Phantom der **»Sieben goldenen Städte von Cibola«** hinterherhetzend, machten sich die Spanier von Mexiko aus auf den Weg. Die erste bedeutende Expedition von 336 Spaniern, über 1000 mexikanischen Indianern und einer großen Zahl von Pack- und Reittieren führte im Jahr 1540 Francisco Vásquez de Coronado an. Nachdem die Truppe kein Gold fand, kehrte sie enttäuscht und ausgezehrt zurück.

Expedition des Francisco Vásquez de Coronado ►

Erst über ein halbes Jahrhundert später wurde ein neuer Versuch unternommen. 1598 marschierte eine von Juan de Oñate geführte Expedition den Rio Grande hinauf. Diese Route, Camino Real genannt, sollte die **Hauptverbindungsstrecke** zwischen Mexiko und den neuen Gebieten werden. Der Konquistador nahm das Land als »Neu-Mexiko« für die spanische Krone in Besitz.

Juan de Oñate eröffnet den Camino Real ►

Missionierung auf Spanisch

Wie schon in Mittel- und Südamerika zwangen die Spanier den Indianern den christlichen Glauben mit Gewalt auf. Folter, Mord und Zerstörung waren an der Tagesordnung. Schließlich erhoben sich 1680 die Pueblo-Indianer unter dem Schamanen Po-Pé. Es gelang ihnen, Santa Fe, seit 1609 Hauptstadt von Neu-Mexiko, zu erobern und die zu dieser Zeit ca. 2500 Spanier bis zum Rio Grande zurückzudrängen. Erst zwölf Jahre später konnten die Spanier ihre Hauptstadt zurückgewinnen und ihre Herrschaft in Neu-Mexiko wiederherstellen. Immerhin aber war der **Aufstand der Pueblo** der erfolgreichste, den je ein nordamerikanischer Indianerstamm gegen die weißen Eindringlinge durchführte.

? WUSSTEN SIE SCHON ...?

- Bei ihren Missionierungsbemühungen gingen die Spanier äußerst brutal vor. Es gab aber auch friedliche Beispiele. Der Franziskanerpater Eusebio Kino wanderte 1687 bis ins heutige Arizona zu den Pima und Papago und errichtete 22 Missionsstationen, darunter die heute noch existierende San Xavier del Bac südlich von Tucson.

Die Kolonie Neu-Mexiko war für die Spanier zwar kein gutes Geschäft – Gold und andere Schätze gab es nicht, Landwirtschaft konnte nur mit großem Bewässerungsaufwand betrieben werden – trotzdem zogen viele über den Camino Real in das neue Land, um eine bescheidene Existenz führen zu können. Die Beziehungen zu den Indianern entspannten sich, man lernte voneinander: Die Spanier brachten neue Ackerfrüchte wie Zwiebeln und Tomaten, ferner neue Haustiere wie das Schaf; die Indianer wiederum lehrten die Spaniern Bewässerung und ihre traditionelle Bauweise. Allerdings brachten die Europäer noch etwas anderes mit: **Krankheitserreger**, gegen die die Indianer nicht immun waren und denen wahrscheinlich 80% der Urbevölkerung zum Opfer fielen.

Ein neuer Nachbar

Im Jahr 1803 verkaufte **Frankreich** seine Kolonie La Louisiane an die Vereinigten Staaten. Mit dem Erwerb dieses riesigen Gebiets, das vom Mississippi-Delta im Süden bis an die heutige kanadische Grenze im Norden reichte, verdoppelten die USA auf einen Schlag ihr Territorium, und das spanische Neu-Mexiko hatte plötzlich einen neuen Nachbarn. Bald brachen **amerikanische Soldaten** und Trapper recht ungeniert auf, die Gegend westlich der neuen Grenzen zu erkunden, was dazu führte, dass die Spanier jeglichen Handel zu unterbinden trachteten. Auf solchen Vorstößen entdeckte der Trapper James Bridger 1823 den Großen Salzsee; 1843 erkundete John C. Fremont u. a. große Teile des Great Basin und Colorados.

Mexikanisches Zwischenspiel

Mexiko wird unabhängig

Die Mexikaner errangen 1821 nach elfjährigem Kampf ihre Unabhängigkeit von Spanien. Ihnen lag an guten Beziehungen zu den USA, und so wurde der Händler William Becknell freudig begrüßt, als er im Unabhängigkeitsjahr mit seinem Wagentreck von Independence, Missouri, aus Santa Fe erreichte. Damit hatte er den berühmten **Santa Fe Trail** eröffnet, auf dem jahrzehntelang Händler, Fallensteller und Siedler in den Südwesten strömen sollten.

Mexikanisch-amerikanischer Krieg

◂ Frieden von Guadalupe Hidalgo

Das friedliche Nebeneinander von Mexikanern und US-Amerikanern war beendet, als 1836 von Sam Houston angeführte Siedler die mexikanische Armee schlugen und die **Republik Texas** ausriefen. Der Streit eskalierte in der Annexion von Texas durch die USA im Jahr 1845 und der Kriegserklärung an Mexiko ein Jahr darauf. Im Frieden von Guadalupe Hidalgo 1848 mussten die unterlegenen Mexikaner den gesamten Südwesten an die USA abtreten. Die bis heute gültige Grenze zwischen den beiden Staaten kam 1853 zustande, als die USA von Mexiko im sog. **Gadsden Purchase** einen Streifen Land im südlichen Arizona und New Mexico erwarben.

Vom Wilden Westen bis heute

1864–1912	Arizona, Colorado, Nevada, New Mexico und Utah werden Bundesstaaten der USA.
1886	Kapitulation von Geronimo: Ende der Indianerkriege
1924	Eingeschränkte Bürgerrechte für die Indianer
16. 7. 1945	Zündung der ersten Atombombe
bis 1957	Gewährung des Wahlrechts für Indianer
2002	Olympische Winterspiele in Salt Lake City

Aus Territorien werden Staaten

Bis aus den neuen US-Gebieten Bundesstaaten wurden, dauerte es noch ein Weile. Zunächst erklärte die Regierung in Washington, DC, das heutige Arizona und New Mexico zum ihr unterstellten **Territo-**

rium New Mexico und das heutige Nevada und Utah zum **Territorium Nevada**. Nevada und Utah wurden 1861 in selbständige Territorien aufgespalten, New Mexico entstand 1863 aus einem Teil Arizonas als Territorium. Als Erstes trat Nevada 1864 der Union bei, Utah folgte 1896 erst, nachdem die Mormonen bereit waren, auf die Vielehe zu verzichten, und für Arizona und New Mexico sollte es bis 1912 dauern, bis auch sie sich als vollwertige US-Bundesstaaten erklären konnten.

? WUSSTEN SIE SCHON ...?

- Ausgerechnet der heute weltberühmte Grand Canyon war einer der letzten unerforschten Flecken der USA. Erst 1869 befuhr ihn John Wesley Powell mit einer Bootsexpedition und kartierte dieses unzugängliche Gebiet.

Die neu gewonnenen Territorien zogen alsbald zahllose Menschen auf der Suche nach einem Stück Land an. Sie schlossen sich zu Wa-

Siedlertrecks

gentrecks zusammen und benutzten hauptsächlich den Santa Fe Trail, der im Old Spanish Trail von Santa Fe über Utah und Nevada weiter nach Los Angeles seine Fortsetzung fand.

Postkutschen ►

Bereits 1849 wurde auf dem Santa Fe Trail eine Postkutschenlinie eröffnet, 1858 verband die Butterfield Overland Mail Company St. Louis mit San Francisco via Tucson und Yuma – eine Reise von 25 Tagen, die auch den Passagieren alles abverlangte.

Eisenbahn ►

erste transkontinentale Eisenbahnlinie ►

Die Ära der Trecks und Postkutschen ging zu Ende, als die Eisenbahn den Südwesten eroberte. Die größte **Pioniertat** der Eisenbahnbauer war die Vollendung der ersten transkontinentalen Eisenbahnlinie am 10. Mai 1869 bei Promontory Point in Nord-Utah, die gebührend mit dem Einschlagen eines goldenen Nagels gefeiert wurde. Von Osten erreichte man von 1879 an Santa Fe über Atchison und Topeka, 1883 verband die Atlantic und Pacific Railroad Albuquerque mit Nord-Arizona und Los Angeles. Aus dem Westen stieß 1884 die berühmte Southern Pacific Railroad von Los Angeles über Yuma nach Tucson vor und schloss so die zweite transkontinentale Verbindung.

Territoriale Entfaltung der USA

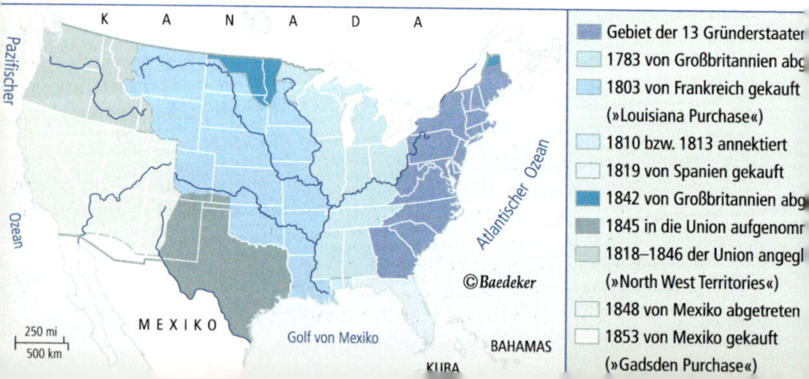

Die Eisenbahn brachte aber nicht nur neue Siedler und Waren, sie ermöglichte es auch den Viehzüchtern, ihre Herden schneller in die Schlachthöfe des Nordens zu bringen. Damit war auch die Zeit der ganz **großen Viehtriebe** über enorme Entfernungen – der Goodnight Loving Trail führte von Texas über New Mexico nach Colorado, der Chisum Trail zweigte von ihm nach Arizona ab – vorbei, die in den 1860er- und 1870er-Jahren ihren Höhepunkt erlebt hatten.

◂ Viehtrieb

Vertreibung und Vernichtung der Indianer

Indianerkriege

Mit der siedlungs- und verkehrstechnischen Eroberung einher ging die Vertreibung und teilweise Vernichtung der Indianer. Bereits 1851 hatte der Kongress mit dem **Indian Appropriation Act** die Einweisung der Indianer in Reservate verfügt. Besonders grausam traf es die **Navajo** im Jahr 1864. Sie hatten den Vorschlag von Colonel Kit Carson abgelehnt, ihr Stammesgebiet zu verlassen und in die Bosque Redondo Reservation bei Fort Sumner am Pecos River zu gehen. Daraufhin brannten Carsons Truppen die Dörfer nieder, töteten das Vieh und vernichteten die Felder. Ungefähr 9000 Navajo wurden auf dem »Langen Marsch« 500 km weit von Arizona nach Bosque Redondo getrieben; ca. 500 von ihnen starben unterwegs an Erschöpfung oder wurden erschossen. In der Reservation trafen die Navajo auf 400 **Mescalero-Apachen**, die bereits 1862 hierher gebracht worden waren. Das von den Weißen gedachte Experiment, dass beide Stämme sich vermischen sollten, schlug fehl, und der Widerstand der Indianer gegen die **unmenschlichen Lebensbedingungen** im Reservat wurde so groß, dass die Navajo 1868 und die Mescaleros 1873 in Reservate in ihren Stammesgebieten zurückkehren konnten. 2000 Navajo allerdings überlebten Bosque Redondo nicht.

◂ Langer Marsch der Navajo

Pueblo-Indianer um 1900

Als **zähester Gegner** der Weißen erwiesen sich die Chiricahua-Apachen, die laufend Siedler und Soldaten überfielen. Sie hatten sich bereits Spaniern und Mexikanern nicht unterworfen, und ihre Häuptlinge Mangas Coloradas, Cochise, Victorio und Geronimo dachten nicht daran, sich nun den Amerikanern zu ergeben. Vor allem **Geronimo** widersetzte sich mit seiner Guerillataktik jahrelang den US-Truppen und kapitulierte erst 1886, nachdem seine Familie nach Florida deportiert worden war.

◂ Guerillataktik der Chiricahua-Apachen

Menschen zweiter Klasse ►

Noch jahrzehntelang wurden die Indianer als Menschen zweiter Klasse behandelt. **Religiöse Zeremonien** und lange Haartracht für Männer waren verboten, die Kinder gingen in Schulen, in denen sie Englisch lernen und bei Strafe ihre Muttersprache vergessen sollten. Erst 1924 wurden alle Indianer in den USA als Bürger anerkannt, doch das **Wahlrecht** erhielten die Indianer in Arizona und New Mexico erst 1948, in Utah gar erst 1957. Der Indian Self Determination and Education Assistance Act von 1975 schuf die gesetzliche Grundlage für die **Selbstverwaltung der Reservate**.

Rauchende Colts

Gold- und Silberrausch

Als zwischen 1860 und 1880 laufend Gold und Silber entdeckt wurde, schossen die Siedlungen wie Pilze aus dem Boden. Bis 1893 dauerte der Boom, dann zerfielen viele Neugründungen wieder zu **Geisterstädten**, manche aber – wie Silver City, New Mexico – bestehen noch heute. In vielen Städten gab es mehr Saloons und Bordelle als sonstige Häuser, denn die Glücksritter, Schurken und Revolverhelden wollten mit Vergnügen versorgt sein. Zu verdienen gab es genug, denn es fand sich immer ein Goldsucher oder ein Cowboy, den man übers Ohr hauen oder ausrauben konnte. Eine **Staatsmacht**, die Recht und Ordnung durchsetzen konnte, schritt kaum ein, denn die meisten Sheriffs versuchten entweder ihre Haut zu retten oder machten selbst krumme Geschäfte. So ist denn auch die Biografie zweier legendärer Wildwesthelden – Billy the Kid und Wyatt Earp – vom Wechsel zwischen Recht und Unrecht gekennzeichnet.

Lincoln County War

Beide waren jeweils die Protagonisten in den **spektakulärsten Schießereien** des Westens. Der Lincoln County War im Juli 1878 in New Mexico war Höhepunkt einer langen Auseinandersetzung zwischen einer korrupten Politikerclique einerseits und einigen Ranchern andererseits, den über 300 Männer mit dem Leben bezahlten. Auf Seiten der »guten« Rancher kämpfte **Billy the Kid**, der danach zum Outlaw wurde und 1881 von seinem ehemaligen Weggefährten Sheriff Pat Garrett erschossen wurde. Wahre Legenden haben sich auch um die Schießerei am O. K. Corral in Tombstone, Arizona, gebildet. Hier schossen am 26. Oktober 1881 die Gebrüder Wyatt, Virgil und Morgan Earp sowie Doc Holiday auf Billy Clanton und die Gebrüder McLaury. Warum, weiß bis heute keiner so genau – für die einen waren die **Earps** die lauteren Vertreter des Rechts, für die anderen war es lediglich die finale Auseinandersetzung zwischen zwei konkurrierenden Gangsterbanden.

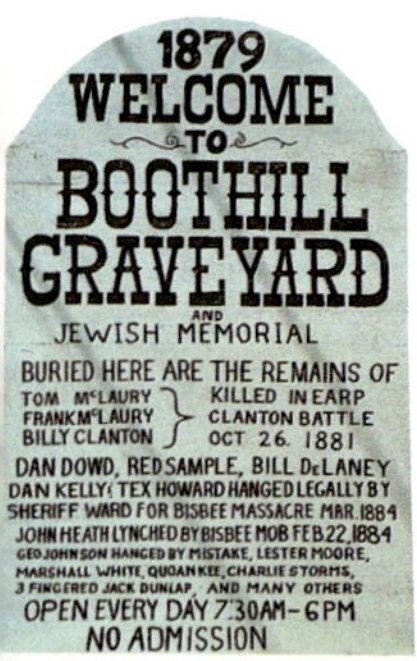

Mit dem Rückgang der Minenerträge und stärkerer Präsenz der Staatsgewalt kehrte auch allmählich wieder Ruhe ein. Die letzten legendären Outlaws – **Butch Cassidy und Sundance Kid** – flohen 1901 nach Südamerika, die Pinkerton-Detektive an ihren Fersen.

20. Jahrhundert

Wasser

Die vielleicht größte Aufgabe des 20. Jh.s war die Zähmung der großen Flüsse und die Sicherstellung der Wasserversorgung. Der **Reclamation Act** von 1902 schuf die Grundlage für den Bau riesiger Staudämme, deren Erster der 1911 vollendete Theodore Roosevelt Dam am Salt River war. Bald brach jedoch Streit zwischen den Bundesstaaten über die Wasserrechte aus. Vor allem über die Nutzung des Colorado konnte man sich lange nicht einigen, bis US-Wirtschaftsminister Herbert Hoover 1922 den **Colorado River Compact** zustande brachte. Er ermöglichte den Bau mehrerer Stauwerke entlang des Colorado, darunter den von 1931 bis 1936 errichteten **Hoover Dam**, der mit dem Lake Mead das größte Süßwasserreservoir der USA aufstaut. Als Letztes wurde 1966 der **Glen Canyon Dam** vollendet, der den Lake Powell schuf.

Die Zündung der ersten Atombombe hat das Gesicht der Welt verändert.

Das Zeitalter der Eisenbahn wurde abgelöst durch die **Ära der Automobile**. Es brachte mehr und mehr Touristen, die einmal selbst das Land und die Geisterstädte sehen wollten, die ihnen die Wildwestfilme von John Ford und Kollegen in den Dreißigerjahren ins Kino brachten. Die große Stunde von Las Vegas schlug, als der Bundesstaat Nevada 1931 das **Glücksspiel** legalisierte und sich damit eine Einnahmequelle allererster Güte eröffnete – dass die Ostküstenmafia dabei gewaltig mitmischte, danach fragt heute kaum jemand mehr.
Nach dem Ausbruch des Zweiten Weltkriegs entdeckten auch die Militärs den Südwesten, dessen Wüsten sich vorzüglich für die Erprobung von Waffen eignete. In Los Alamos in New Mexico wurde 1940 das **Manhattan-Projekt** angesiedelt, das die Entwicklung der Atombombe zur Aufgabe hatte. Sie wurde erstmals in der Geschichte der Menschheit am 16. Juli 1945 in der Wüste von Alamogordo gezündet. Rüstungsindustrie und Militär blieben auch nach dem Ende des Kriegs und sind heute noch eines der wirtschaftlichen Standbeine der Industrie im Südwesten.

Zukunft

Die wirtschaftlichen Möglichkeiten von **High-Tech-Industrie** und **Tourismus** locken nach wie vor viele Menschen in den Südwesten. Städtische Gebiete dehnen sich hemmungslos und ohne Rücksicht auf natürliche Gegebenheiten aus – mit Klimaanlagen, billigem Strom und Wasser aus der Leitung wird man ja überall versorgt. Doch für die Zukunft des Südwestens wird es von allergrößter Bedeutung sein, das Problem der Wasserversorgung und vor allem die **Wasserverschwendung** in den Griff zu bekommen.

Kunst und Kultur

Was Kultur betrifft, stellt sich der Südwesten besonders spannend auf dem Gebiet der Architektur dar. Ob Grubenhäuser, Cliff Dwellings oder Pueblos, überall finden sich eindrückliche Beispiele traditioneller Bauweisen. Auch auf den Gebieten der Felsbildkunst, der Holzschnitzerei oder beim Schmuck und in der Textilkunst können wir zahlreiche Kunstwerke bewundern.

Architektur

Höhlen, Abris und Pithouses

Es mag an Karl May liegen, dass man bei Indianern zuerst an die nomadisierenden Jäger der nordamerikanischen Prärien denkt, die mit ihren Zelten den Büffelherden folgten. Weit weniger bekannt in Europa ist dagegen die Lebensweise der Indianerstämme des Südwestens, die zum großen Teil **sesshafte Feldbauern** waren und seit etwa 3000 Jahren Mais, Bohnen, Kürbisse, Baumwolle und Tabak kultivierten. Aus dieser Sesshaftigkeit erwuchsen ganz andere Kulturen als die der Sioux oder Cheyenne. Dieser kulturelle Unterschied spiegelt sich zum Beispiel im Kunsthandwerk wider, insbesondere aber in der Architektur.

Dauerhafte Wohnstätten

Im Gegensatz zu den Apachen, die in transportablen Zelten namens Tipi wohnten, oder den Papagos, die sich in Wickeyups (Grashäuser) einrichteten, bauten die Pueblo-Indianer dauerhafte Wohnstätten. Höhlen oder Abris (Felsüberhänge) wie die Sandia-Höhle in New Mexico oder die Ventana-Höhle in Arizona gehören zu den frühesten bekannten Behausungen der Pueblos. Um 1000 v. Chr. entstanden die ersten **Grubenhäuser** (pithouses). Über einer Erdeintiefung von unterschiedlichem Grundriss wurde mit dicken Ästen, Gestrüpp und Fellen eine stabile Hütte errichtet. Im Innern waren die Grubenhäuser mit einer Feuerstelle und einem in den Boden eingelassenen Vorratsspeicher ausgestattet. Bis weit in das erste nachchristliche Jahrtausend hinein dominierte im Südwesten der USA dieser Bautypus.

? WUSSTEN SIE SCHON ...?

- ... dass die Anasazi im 10. Jh. das größte Wohnhaus der Welt errichteten? Sie bauten im Chaco Canyon das Pueblo Bonito, ein Großhaus auf D-förmigem Grundriss mit 37 Kivas und über 650 Räumen, in denen etwa 1000 Menschen lebten.

Pueblos und Felsstädte

Um 700 n. Chr. wurden aus den Pithouse-Bewohnern richtige **Städtebauer** – die Kultur der Pueblos (pueblo = Dorf), wie die Spanier die Indianersiedlungen nannten, begann (►3 D Pueblo S. 48). Träger dieser Kultur waren vor allem die Anasazi, ein Volk, das um diese Zeit im amerikanischen Südwesten siedelte. Die »Alten«, so die Übersetzung des Begriffs aus der Navajosprache, sind die Ahnen heutiger Pueblo-Indianer. Zwischen 1100 und 1300, in der **Blütezeit der Anasazi-Kultur**, als der Handel mit Türkis aus ihren Bergwerken den Indianern Wohlstand brachte, entstanden die imposanten Siedlungen in der »Four-Corner-Area«, wie das Grenzgebiet von Utah, Colora-

← So bizarr wie die Landschaft ist manchmal auch die Kunst im Südwesten: Skulptur in Rhyolite, Nevada.

Cliff Palace im Mesa Verda National Park ist eine der frühen Indianersiedlungen.

do, New Mexico und Arizona genannt wird. Außer den etwa dreißig noch heute bewohnten Pueblos legen zahlreiche Ruinen Zeugnis ab von der architektonischen Kunstfertigkeit der Anasazi (z. B. Pueblo Bonito im Chaco Canyon). Sie errichteten ihre Dörfer und Städte auf geschützten Talböden, in Felsnischen oder auf sicheren Tafelbergen.

Bauen mit Lehm Voraussetzung für die Anlage großer Pueblos, von denen die meisten im Rio-Grande-Gebiet New Mexicos liegen, war die fortschrittliche Bautechnik mit luftgetrocknetem Lehm, die unter dem Begriff **Adobe** auch bei anderen indianischen Kulturen anzutreffen ist. Das charakteristische Erscheinungsbild der Pueblos ergibt sich auch dadurch, dass die kastenförmigen Hauseinheiten nicht isoliert stehen, sondern zu lang gestreckten Reihenhäusern aneinander gebaut oder zu mehrstöckigen, terrassenförmigen Strukturen verschachtelt wurden.

Cliff Dwellings An Felsüberhängen entstanden die so genannten **Klippensiedlungen** (Cliff Dwellings), eine Mischung aus den frühen Felswohnstätten (Abris) und den Pueblos. Die beeindruckenden Anlagen (z. B. der Cliff Palace auf der Mesa Verde) wurden mit Sandsteinplatten oder Adobe-Ziegeln und Lehmmörtel in die natürlichen Höhlungen der Felswände eingepasst. Der einzige Zugang zu den Häusern dieser kleinen Stadtstaaten mit einigen hundert bis tausend Bewohnern waren meist nur aufeinandergesetzte **Leitern** – so beispielsweise auch am Montezuma Castle in Arizona. Um zu ihren Cliff Dwellings zu gelangen, hatten die Indianer mehrfach fußgroße Treppenstufen in den Fels gehauen. Die gigantischen »Schwalbennester« wie White

House Ruin, Betatakin und Keet Seel in Arizona, die Gila Cliff Dwellings in New Mexico oder das Balcony House in Colorado dienten wahrscheinlich als **Flucht- und Verteidigungsorte**.

Wechselwirkung mit der spanischen Kolonialarchitektur

Entwicklung der Pueblos in der Kolonialzeit

Mit dem Beginn der spanischen Kolonialzeit setzte in der Architektur ein **Austausch** zwischen Spaniern und Pueblo-Indianern ein. Einige Pueblos existierten bereits, als die Spanier im Jahre 1539 ins Land kamen, manche wurden erst später errichtet, so beispielsweise das meistbesuchte: Taos Pueblo am Fuße der Sangre de Cristo-Berge. Erste Häuser gab es an dieser Stelle zwar schon seit etwa 1350, das heutige Pueblo entstand jedoch um 1700. Von den Spaniern übernahmen die Indianer nicht nur die Anlage um eine zentrale Plaza, sondern auch die Hornos genannten, kuppelförmigen Backöfen, die diese nach Amerika mitgebracht hatten. Unter dem Einfluss der Spanier verwendeten die Indianer nun auch **Lehmziegel** und statteten ihre Pueblos mit Fenstern und Türen aus.

Kolonialstädte und Missionsstationen

Die spanischen Eroberer nutzten ihrerseits manche Errungenschaften der Indianer – so zum Beispiel die Lehmbauweise – und verbanden sie mit ihrer eigenen Bautradition. Die Missionsstationen und Verwaltungssitze tragen sowohl den Stempel regionaler wie auch spanischer Architektur und sind in der Regel um einen rechteckigen Platz, **die Plaza**, oder um Innenhöfe, sog. Patios, gruppiert. Die Plaza ist auch »Herzstück« der schachbrettartig angelegten Kolonialstädte. Hier befanden sich mit Kirche und Gouverneurspalast die wichtigsten öffentlichen Einrichtungen, und hier wurde auch regelmäßig **Markt** abgehalten. Als Mittelpunkt des städtischen Lebens fungiert die Plaza in den Städten des Südwestens immer noch – dies gilt selbst für Metropolen wie San Diego oder Los Angeles.

> ! *Baedeker* TIPP
>
> **»Arcosanti«**
>
> Der italienische Architekt Paolo Soleri baut seit 1970 unter Mithilfe vieler Studenten und freiwilliger Arbeitskräfte auf einem kleinen Tafelberg nicht weit von Wrights Taliesin West zwischen Phoenix und Flagstaff seine Traumstadt. In der Idealstadt »Arcosanti« finden Veranstaltungen statt; man kann auch übernachten in einem der pithouses nachempfundenen Kuppelbauten.

Adobe und die Moderne

Heute hat auch in der indianischen Architektur der Pluralismus Einzug gehalten. Einerseits gibt es Bemühungen, traditionelle Bau- und Lebensweisen zu erhalten, andererseits experimentieren selbst Alteingesessene mit alternativen Do-it-yourself-Techniken der Wegwerfgesellschaft (z. B. »Dosenhütten« in Taos). Im Zeichen von **Mobilität** und sich auflösender sozialer Zusammenhänge sind für viele »mobile home« und Wohnwagen zur adäquaten Wohnform geworden.

INDIANER-PUEBLO

Etwa um 700 n. Chr. änderten sich im Südwesten der USA die Behausungen der Indianer. Die zu dieser Zeit hauptsächlich hier ansässigen Anasazi lebten nicht mehr in unterirdischen Grubenhäusern, sondern begannen, oberirdische Städte anzulegen, so genannte pueblos (= Dorf), wie die Spanier diese Siedlungen nannten. Heute gibt es etwa noch 30 bewohnte Pueblos im Südwesten.

Verhaltensregeln
Nicht alle noch bewohnten Pueblos sind zugänglich, besonders bei religiösen Zeremonien. Die Mitnahme von Kameras wird oft nur gegen Gebühr erlaubt. Man sollte in jedem Fall fragen, wenn man Menschen fotografieren möchte.

Bauweise: Adobe-Architektur
Die Adobe-Backsteine werden traditionell in Holzmodeln von 45 x 13 x 20 cm aus Tonerde, gemischt mit Wasser, Stroh und Sand geformt und unter der Sonne ausgehärtet.

Der zentrale Platz: Plaza
Er bildet den Mittelpunkt eines Pueblos. Um ihn gruppieren sich mehrstöckige, zu terrassenförmigen Strukturen verschachtelte Wohnhäuser. Auf der Plaza befinden sich auch die Kult- und Versammlungsstätten, die Kivas.

Die Kultstätte: Kiva
Die kreisrunden Kivas sind unterirdisch angelegt. Jede ist mit einer Feuerstelle und einem Luftschacht ausgestattet. Ein Loch im Boden, der Sipapu, symbolisiert den Eingang zur Unterwelt.

1 Leitern
Da die einzelnen Räume eines Wohnhauses anfänglich keine Seitentüren hatten, waren sie nur über Leitern duch eine Öffnung in der Decke zugänglich. Erst später baute man Türen und Fenster ein.

2 Dach und Wände
Das Dach ruht auf kräftigen Pinienstämmen (»vigas«), über die im rechten Winkel dünnere Träger aus Pinien-und Espenholz (»latillas«) mit einem Geflecht aus Zweigen und Rinde gelegt sind. Mit einer dicken Erdschicht ist es isoliert. Die Wände sind mit einer dicken Lehm- oder Mörtelschicht bestrichen.

3 Wohnräume
Bis zu fünf Stockwerke mit mehreren Wohnungen Seite an Seite und übereinander konnten die Wohnhäuser hochgebaut werden. Die Innenräume sind vergipst und gekalkt.

Taos Pueblo. Der Lehm verleiht den mehrstöckigen Häusern ihr charakteristisches Aussehen.

Vo
gro
sch
luf
un
ka
Fu
Ad
che
rat

©B

Unter diesen Umständen ist die aktuelle Architektur von Werken einzelner Persönlichkeiten geprägt, die die Tradition regionaler Architektur aufgreifen. Sie übernehmen Formen der Indianer, verwenden althergebrachte Materialien und passen sich den vorgefundenen natürlichen Gegebenheiten an.

Frank Lloyd Wright

Der berühmteste Protagonist solchen Bauens im Einklang mit der Umgebung war Frank Lloyd Wright. In Taliesin West, bei Scottsdale, AZ in der Sonora-Wüste, begann er 1937 ein **Camp** zu bauen, aus dem sich ein verzweigter Komplex aus niedrigen Gebäuden, Höfen und Terrassen entwickelte. Wright verwendete für die Mauern Natursteine der Gegend und reduzierte Innen- und Außenwände auf ein Minimum. So durchdringen sich Landschaft und Architektur. Heute residiert hier die Frank Lloyd Wright-Foundation, die angehenden Architekten ein unakademisches Lernen in und an diesem nie ganz abgeschlossenen Bau ermöglicht.

Zeitgenössische Architektur

Antoine Predock, ein zeitgenössischer Architekt, der in Albuquerque (New Mexico) lebt und arbeitet, passt seine Bauten ähnlich wie die Anasazi den naturräumlichen Voraussetzungen des Standortes an. Sein Ende der 1980er-Jahre gebautes »Nelson Fine Arts Center« der Arizona State University in Tempe präsentiert sich wie ein fantasievolles Pueblo mitten in der Wüste.

Auf dem gleichen Campus steht die bemerkenswerte **»John J. Ross – William Blakley Law Library«**, die 1991–1993 von Scogin, Elam & Bray gebaut wurde. Die Brüche und Zerschnitte dieses Gebäudes erhalten ihre Berechtigung nicht aus dekonstruktivistischen Konzepten, sondern aus der Nähe zu den optischen Täuschungen der heißen Wüstenatmosphäre.

Ebenfalls in Arizona, in der Hauptstadt Phoenix, entstand in den Jahren 1988–1995 nach den Plänen des 1946 geborenen **Will Bruder** die städtische Zentralbibliothek. Wie bei Predock und Scogin, Elam & Bray reflektieren Kargheit der Materialien und Monumentalität der Formen die Landschaft des Südwestens.

Bart Prince, ein aus New Mexico stammender Architekt, sollte bei einem Überblick über zeitgenössische Architektur des Südwestens nicht unerwähnt bleiben. Die vielfältigen Wellenformen seiner zahlreichen Privathäuser – z. B. die 1993 fertig gestellte Mead/Penhall Residence in Albuquerque – entlehnen ihre Gestalt weitgehend dem Formenschatz der südwestamerikanischen Landschaft.

Als einen Nachkommen indianischer Baumeister kann man auch den italienischen Architekten **Paolo Soleri** begreifen. In Cave Creek, Arizona, errichtete er – nach seinen »Lehrjahren« bei Frank Lloyd Wright – zusammen mit Mark Mills ein von verschiebbaren Kuppeln überwölbtes so genanntes »Dome House«, das eine augenfällige Verwandtschaft zu den alten Grubenhäusern der Anasazi besitzt. In den Fünfzigerjahren begann Soleri dann, sich mit utopischen Stadtmodellen zu beschäftigen.

Indianisches Kunsthandwerk

Kunst im Alltag

Seit jeher haben die amerikanischen Ureinwohner Alltagsgegenstände wie Keramik, Körbe, Schmuck, Kleidungsstücke und andere Textilien ausgesprochen kunstvoll gestaltet, und nirgendwo in den USA ist die handwerkliche und **künstlerische Tradition** der Indianer noch so lebendig wie im Südwesten. Produziert wird nicht mehr für den Eigenbedarf, sondern für Sammler, Museen und Touristen. Weben und Korbflechten, vor allem aber die Töpfer- und die Silberschmiedekunst erfuhren zu Beginn des 20. Jh.s eine Renaissance, als unter dem Einfluss archäologischer Ausgrabungen die alten Techniken und Stile wiederentdeckt wurden. Die **systematische Vermarktung** hat allerdings auch dazu geführt, dass die Formen und Muster stark standardisiert werden und die Qualität der Produkte nachlässt, da die Gegenstände nur noch ästhetischen Anforderungen genügen müssen.

Flechtkunst

Die Korbflechterei hat die **längste Tradition** unter den einzelnen Kunsthandwerken. Für die gemusterten Körbe, Matten und die scheibenförmigen »Plaques« stehen unterschiedliche Techniken zur Wahl, so z. B. das ein- oder mehrzöpfige Flechtwerk, die Köper-, Schling- oder Spiralwulsttechnik. Als Material dienen Weidenruten,

Das Weben von Decken ist traditionelles Handwerk. Früher wurde die Wolle ausschließlich mit Pflanzenextrakten gefärbt.

gebleichte Yucca-Fasern oder Gräser. Die aufwändige Flechtkunst pflegen heute nur noch wenige Stämme. Außer den **Hopi**, die beispielsweise Körbe in Spiralwulsttechnik herstellen (auf der Zweiten Mesa) sind vor allem die **Papago** im südlichen Arizona für ihre Flechtwerke bekannt.

Webkunst Schon im 8. Jh. übertrugen die Indianer die abstrakt-geometrischen Muster der Flechtarbeiten auf die Textilkunst. Zunächst verwendeten sie gesponnene Baumwolle, später, nach der Einführung der Schafzucht durch die Spanier, Wolle für ihre gewebten Decken und Tücher. Bis heute sind die Navajo-Frauen unbestrittene **Meisterinnen der Teppichweberei**. Immer noch fertigen sie die dünnen Decken und die schweren Rugs auf Handwebstühlen. Die Farben wurden früher aus Pflanzensäften gewonnen, doch diese werden heute nur noch für besonders teure Teppiche verwendet, da das Färben mit Pflanzen sehr fein abgestufte Töne ermöglicht. Doch ebenso wie die kräftigeren Anilinfarben die »natürlichen« Farben verdrängten, wurden die Muster mehr und mehr standardisiert und die Farbzusammenstellungen bunter.

? WUSSTEN SIE SCHON ...?

- ... dass bei den Pueblo-Indianern das Weben Männersache war? Die Navajos dagegen übernahmen die Weberei von den Pueblo und machten es zu einer typisch weiblichen Beschäftigung.

Töpferkunst Die Töpferkunst der Pueblo-Indianer hat eine mehr als **2000-jährige Tradition**. Die ältesten Töpferwaren, die man im US-amerikanischen Südwesten gefunden hat, stammen von den Hohokam aus der Zeit um 300 v. Chr., aber auch die Mogollon und die Anasazi, die unmittelbaren Vorfahren der Pueblo-Indianer, fertigten Gefäße aus Ton. Charakteristisch für die Töpferware der Anasazi war zum einen die hellgraue Färbung des Tons, die Vorliebe für Dekorationsfelder und die zeichnerisch präzise Wiedergabe der Motive. Während der »Großen Pueblo-Zeit« zwischen 1150 und 1300 erlebte auch die präkolumbianische Keramik ihren Höhepunkt. In diese Zeit fällt auch die nach ihrem Fundort im **Mimbres-Tal** (New Mexico) benannte Keramik (ca. 1050–1200), deren hoch entwickelte geometrische Muster und charakteristische Menschendarstellungen bis heute nachwirken.

Silberschmuck Silberschmuck, die **jüngste der indianischen Handwerkskünste**, ist zugleich auch die bei Touristen begehrteste. Die Navajo und Zuni begannen im vorigen Jahrhundert, aus Eisen, Kupfer und Messing Schmuckstücke herzustellen. Als erster Stamm im Südwesten erlernten um 1853 die Navajos den Umgang mit dem Edelmetall von mexikanischen Silberschmieden. Lehrmeister für die Zuni war der Navajo Alsidi Chon, der 1872 mit Silber und Stanzen ins Zuni Pueblo kam. Der Silberbedarf wurde seinerzeit noch aus Dollars und mexikanischen Pesos gedeckt.

Kachina-Puppen wurden früher zur Erinnerung an die Geister hergestellt. Heute dienen sie hauptsächlich als Souvenirs für Touristen.

Kachinas

Der Kachina-Kult hat eine zentrale Bedeutung in den religiösen Zeremonien der Pueblo-Indianer, im Besonderen bei den Hopis. Kachinas sind **Geister**, die in Fruchtbarkeitsritualen beschworen werden. Bei diesen Ritualen treten maskentragende Tänzer auf, die während eines Tanzes selbst zu Kachinas werden. Die rituellen Tänze mit den Kachina-Masken sind bei den Hopis ausschließlich Männern vorbehalten. Auch die gleichnamigen Puppen (Kachina Dolls), die ursprünglich aus der Wurzel des Cottonwood geschnitzt wurden und den maskierten Tänzern nachempfunden sind, durften früher nur Männer herstellen. Sie dienten ursprünglich dazu, Hopi-Kindern die komplizierten Zusammenhänge dieses **Kultes** zu erklären und die rund 300 verschiedenen Kachinas kennen zu lernen. In den Zeiten, in denen keine Kachina-Tänze stattfanden, wurden die Holzpuppen in oder an den Häusern aufgehängt, um an die Geister zu erinnern.

Sandgemälde

Eine Kunstform, die vor allem bei den Navajos gepflegt wurde, ist die Sandmalerei. Sandgemälde entstehen meist im Zusammenhang mit einer **mehrtägigen Zeremonie** mit unterschiedlichem Anlass (z. B. Krankheit). Je nach Anlass wird die Geschichte eines mythischen Helden herangezogen und daraus einzelne Szenen in Gemälde umgesetzt. Dafür wird der Sandboden des Hauses geglättet und darauf das »Farbpulver«, meist Holzkohle, Gips und kolorierter Sandstein sowie Mehl und Pollen, gestreut. Die Art der Darstellung ist durch **Traditionen** vorgegeben und darf nicht frei interpretiert werden. Bei den Navajos kennt man bis heute etwa 1000 unterschiedliche Sandgemälde, die zu verschiedenen Anlässen angefertigt werden.

Revolverhelden und Saloongirls

Am Anfang war das Monument Valley ...

Kaum ein Filmgenre lebt so sehr von der Faszination einer großartigen Naturkulisse wie der Western, und es wundert daher nicht, dass große Western oft auch überragende Landschaftsfilme sind. **John Ford**, der berühmte Westernregisseur, hat diesen Zusammenhang als einer der Ersten entdeckt, als er 1938 Schwarz-Weiß-Aufnahmen vom Monument Valley zu Gesicht bekam. Bereits kurze Zeit später drehte Ford in dem malerisch-bizarren Sandstein- und Felsambiente seinen ersten Western, der 1950 unter dem Titel **»Höllenfahrt nach Santa Fe«** auch die europäischen Kinos eroberte.

Kultorte der Western-Industrie

Vermutlich ohne es zu ahnen hatte Ford eine Lawine losgetreten. Von der Sonne ausgedörrte Landstriche im Südwesten waren von nun die ideale Naturkulisse für Wildwestfilme. Und nicht nur das: Früher verschlafene Orte wie **Grafton** (Drehort für den Kultwestern »Butch Cassidy und Sundance Kid«), **Moab** (»Westlich von St. Louis«, »Indiana Jones und der letzte Kreuzzug«) oder **Kanab** an der Grenze von Arizona zu Utah sind samt ihrer Umgebung heute touristische **Wallfahrtsorte** für Westernfans jeden Alters.

Nur wenig weiter nordöstlich, im Gebiet des Johnson Canyon, liegt **Dodge City**, eine der vielen Geisterstädte des Westens, über zwanzig Jahre lang Drehort für die Serie »Rauchende Colts«. Auf Ponderosa Ranch bei **Incline Village**, Nevada, wurde die legendäre Bonanza-Serie gedreht. Die originale Filmfarm der Cartwright-Familie samt Vergnügungspark zieht jährlich eine Viertelmillion Besucher an das Nordostufer des Lake Tahoe.

? WUSSTEN SIE SCHON ...?

- ... dass viele Wildwestfilme im Monument Valley gedreht wurden? Schon 1939 nahm John Ford hier den Western »Stagecoach« auf, in dem John Wayne die Hauptrolle spielte. Später folgten Aufnahmen für »Billy the Kid«, »Spiel mir das Lied vom Tod«, »Fort Apache« und »Der schwarze Falke«.

Ob hier oder in den anderen Ghost Towns und Regionen des Südwestens – es ist die Verbindung von realer Historie, Sagen und mythischer Landschaft, von Pioniergeist und Heldentum, Heimat und Heimatlosigkeit, welche die **Faszination des Westerns** und des Westens ausmachen. In den Felslandschaften und im Wüstenstaub begegnen dem Reisenden Geschichte und Geschichten. Von den Helden kennt man vor allem Buffalo Bill Cody und Jesse James, Wyatt Earp und Doc Holliday, Billy the Kid und Pat Garrett, von den Helden der Leinwand John Wayne, Robert Mitchum, Gary Cooper, Henry Fonda, James Stewart oder Kevin Costner. Schließlich sind da noch jene, die die Mythen des Westens auf Zelluloid bannen: der legendäre John Ford etwa, Sam Peckinpah, Howard Hawks, Clint Eastwood und viele andere. Bis heute verkörpert der Western **Idee und Mythos** eines Landes, gewaltige Geschichte und geschichtliche Gewalt.

Ward Bond und John Wayne »in action« – doch nicht nur aus den großen Produktionshäusern kommen gute Filme, wie das Festival in Utah beweist.

FILMKULTUR JENSEITS VON HOLLYWOOD

Wenn von amerikanischem Kino die Rede ist, denkt man unweigerlich an die Filmfabrik Hollywood. Doch Amerikas Filmproduktion ist beileibe nicht auf den kalifornischen Cinema-Giganten begrenzt. Filme, die nichts mit Hollywood zu tun haben, sind z. B. auf dem Sundance Film Festival in Park City zu sehen.

Kein Geringerer als der Hollywoodstar **Robert Redford** persönlich managte das Film Festival in Utah. Der Schauspieler und Regisseur gründete 1981 in den Wasatch Mountains nordöstlich von Provo das »Sundance Resort«, eine Art **Nachwuchsschule** für die Filmbranche, und übernahm dort zusammen mit Kollegen die Leitung des Filmfestivals, das sich dem nichtkommerziellen Kino verschrieben hatte. Innerhalb von zehn Jahren mauserte sich das Festival, das seit 1985 unter dem heutigen Namen firmiert, zu einer Drehscheibe des unabhängigen Films, die seit dem Erfolg von Steven Soderberghs 1989 entstandenem Streifen **»Sex, Lies and Videotape«** auch ins Blickfeld der großen Verleiher gerückt ist. Dazu verhalf freilich in erster Linie der Name Redford. Unabhängige, ohne die Unterstützung großer Produzenten entstandene Filme gibt es schon immer, aber nur die wenigsten schaffen es in den internationalen Verleih und damit in die Kinos. Der **steinige Weg zum Erfolg** braucht Idealisten und Förderer, und wenn diejenigen, die für unbekannte Talente eine Lanze brechen, bereits zum erlauchten Kreis der Berühmten und Etablierten gehören – umso besser.

Was als Insidertreff begonnen hatte, ist zum Medienereignis avanciert und steht seinerseits im Verdacht, sich dem Mainstream-Geschmack angepasst zu haben. Die »wahren« Unabhängigen jedenfalls treffen sich in Park City nun zur Gegenveranstaltung mit dem beziehungsreichen Namen Slamdance Festival ...

Berühmte Persönlichkeiten

Wer kennt sie nicht, die großen Westernhelden Billy the Kid oder Wyatt Earp, die nicht nur den Südwesten der USA in Atem hielten, sondern auf Zelluloid gebannt auch unsere Wohnzimmer eroberten? Aber wissen Sie auch, wer Geronimo war oder was den Naturforscher John Wesley Powell bekannt gemacht hat?

Billy the Kid (1859–1881)

Outlaw

William H. Bonney, genannt Billy the Kid, wurde am 23. November 1859 in New York City geboren. Mit 18 Jahren soll er bereits elf Menschen getötet haben, und als im Juli 1878 in Lincoln, New Mexico, der berühmte **»Lincoln County War«** ausbrach, hatte Billy seinen ersten Job als Outlaw. In einer fünftägigen Schießerei rächte er seinen Chef und Mentoren, den Rancher John Tunstall, der von Killern des korrupten Sheriffs Brady umgebracht worden war. Erst die US-Kavallerie konnte das Massaker beenden. Billy aber floh als Kopf einer Bande, die, nach dem Mord an einem Sheriff und einem Deputy, gnadenlos gejagt wurde. Der Jäger war **Pat Garrett**, ein ehemaliger Freund von Billy. 1881 gelang es Garrett, Billy zu fassen. Er wurde zum Tode verurteilt, konnte fliehen, doch drei Monate später, am 15. Juli 1881, stellte Garrett ihn erneut in Fort Sumner, New Mexico, und erschoss ihn. Billy the Kid soll insgesamt 21 Menschen umgebracht haben; weshalb er dies letztlich tat, konnte auch Garrett nicht so recht klären, der 1882 die erste Biografie über ihn veröffentlichte. Zahllose weitere, teils verklärende Bücher und Filme sollten folgen.

Kit Carson (1809–1868)

Legendärer Wildwestheld

Kit Carson, geboren am 24. Dezember 1809 in Kentucky und auf den Namen Christopher getauft, ist einer der legendärsten Wildwesthelden. Im Jahr 1828 kam er zum ersten Mal in den Südwesten nach New Mexico und begegnete in Taos dem Trapper Ewing Young, der ihn auf Pelztierjagd in die Rocky Mountains und bis nach Kalifornien mitnahm. 1842 besuchte er in Missouri seine Verwandten und machte dabei eine weitere schicksalhafte Begegnung: Er traf **Leutnant John Charles Fremont**, der ihn für seine ersten beiden Expeditionen in den Westen als **Scout** einstellte. Von nun an rief ihn immer wieder die US-Regierung. Nach der Teilnahme am Krieg gegen Mexiko wollte er in Taos ein ruhiges Leben genießen, doch ständige Kämpfe mit Apachen, Navajos, Comanchen und Utes sowie Scoutdienste für die Armee ließen es nicht dazu kommen, zumal Carson von 1854 bis 1861 auch noch **Indianeragent** war. Als der Bürgerkrieg ausbrach, meldete er sich freiwillig für die Armee der Nordstaaten. Als Colonel war er 1864 verantwortlich für die Vertreibung der Navajo aus ihrem Stammesgebiet. Carson starb am 23. Mai 1868 in Fort Lyon, Colorado.

? WUSSTEN SIE SCHON ...?

- Kit Carson wird noch heute als amerikanischer Held gefeiert, der seine Loyalität zum Vaterland durch sein schonungsloses Vorgehen in den Indianerkriegen bewiesen hatte. Die Tatsache, dass seine erste Frau eine Arapaho-Indianerin war und dass er lange mit einer Cheyenne-Frau zusammenlebte, wird dabei gern verschwiegen.

← *Große Helden der Leinwand, verewigt in einem Wandgemälde.*

Butch Cassidy (1866 bis ??)

Letzter echter Bandenführer

Am 13. April 1866 wurde in Beaver, Utah, ein Knabe geboren, der einmal der letzte echte Bandenführer des Westens werden sollte. Sein Name war Robert LeRoy Parker, und bekannt werden sollte er als Butch Cassidy. Diesen Namen übernahm er von seinem Vorbild Mike Cassidy, der ihn zwischen 1884 und 1887 in der »Kunst« des **Rinder- und Pferdediebstahls** und im Schießen unterrichtet hatte. Nach einem Intermezzo als Cowboy und einer ersten Bekanntschaft mit dem Gefängnis startete er 1896 seine wahre kriminelle Karriere. Gemeinsam mit seinem Freund Elzie Lay und nach dessen Verhaftung 1899 mit Harry Longabaugh, besser bekannt als **Sundance Kid**, überfiel er als Anführer der »Wild Bunch« Banken und Eisenbahnzüge und stahl mit Vorliebe Pferde. Die **»Wild Bunch«** wurde berühmt und berüchtigt, und alsbald hefteten sich Sheriffs und Pinkerton-Detektive an ihre Fersen. Butch Cassidy, seine Freundin Etta Place und Sundance Kid flohen 1901 nach Südamerika. Dort lebten sie von 1902 bis 1906 als Rancher in Argentinien, dann zogen sie wieder – ohne Etta, die 1907 in die USA zurückkehrte – Banken und Züge überfallend durch mehrere südamerikanische Länder. Ihr Ende ist nicht geklärt. Pinkerton-Leute behaupteten, die beiden 1909 in Bolivien gestellt und Sundance erschossen zu haben; Butch soll sich umgebracht haben. Andere sind überzeugt, dass sie 1911 bei einem Bankraub in Uruguay von Soldaten erschossen worden sind. Wieder andere wollen wissen, dass zumindest Butch in die USA zurückgekehrt und 1937 irgendwo im Nordwesten gestorben ist.
Butch Cassidy, aus einer streng religiösen Mormonenfamilie stammend, gilt noch heute als **»Gentleman Outlaw«**, da er zumindest auf unnötiges Blutvergießen verzichtete, keinen Alkohol trank und Frauen gleichberechtigt behandelte – ein Bild, das auch die Verfilmung seines Lebens mit Paul Newman und Robert Redford etwas verklärend vermittelt.

Cochise (1812? bis 1876)

Indianerführer des Südwestens

Der neben Geronimo berühmteste Indianerführer des Südwestens und quasi dessen Vorgänger im Kampf gegen die Weißen war der **Chiricahua-Häuptling** Cochise. Zunächst allerdings bekämpfte er in den 1850er-Jahren zusammen mit dem Mimbrano-Apachen Mangas Coloradas nur die Mexikaner, doch als man ihn fälschlich der Entführung eines amerikanischen Kindes bezichtigte und verhaftete, rief er nach gelungener Flucht seine Krieger zusammen und lieferte, mit gerade 200 Männern und wiederum gemeinsam mit Mangas Coloradas, den US-Truppen ständig Gefechte. Mit seinem legendärsten Kampf im September 1861 verzögerte er am Apache Pass den Marsch von Nordstaatentruppen von Kalifornien in das von Konföderierten gehaltene New Mexico. Im September 1871 akzeptierte er ein Friedensangebot der US-Regierung gegen die Garantie des Chiricahua-Territoriums. Doch kurz darauf wurde sein Stamm in ein weit entferntes **Reservat** verbracht. Cochise grub wieder das Kriegsbeil aus; er starb aber friedlich im Jahr 1876.

Wyatt Earp (1848–1929)

Protagonist der berühmtesten Schießerei

Eine der schillerndsten Figuren des Wilden Westens, Held zahlreicher Filme und Protagonist der berühmtesten Schießerei in der Geschichte des Westens war Wyatt Earp, geboren am 19. März 1848 in Monmouth, Illinois. Jedoch weiß man heute noch nicht so recht, ob er nun **Revolverheld oder Mann des Gesetzes** war – jedenfalls müssen er und seine beiden Brüder Virgil und Morgan auf dem Weg von Kansas (wo sie nachweislich in mehreren Städten für Recht und Ordnung gesorgt haben) nach Arizona auch die Grenze zwischen aufrechtem Marshal und Outlaw überschritten haben. Das Ereignis nämlich, das Earp zur Legende werden ließ, der berühmte **»Gunfight at the OK Corral«** am 26. Oktober 1881 in Tombstone, Arizona, ist in seinen Hintergründen bis heute nicht geklärt. In weniger als einer Minute erschossen die Earps und Doc Holliday Billy Clanton und die Brüder McLaury. Beide Parteien hatten sich zuvor des Viehdiebstahls bezichtigt. Wyatt Earp überlebte diese und noch manch folgende Schießerei und starb am 13. Januar 1929 friedlich in Los Angeles; Doc Holiday wurde das Opfer von Schwindsucht und Suff.

Geronimo (1829–1909)

Sein indianischer Name Goyathlay bedeutete »Jener, der gähnt«, berühmt aber wurde der Medizinmann, Prophet und Häuptling der Chiricahua-Apachen unter seinem spanischen Namen Geronimo. Als 1858 mexikanische Truppen seine Mutter, seine Frau, seine drei Kinder und viele andere Angehörige seines Stammes ermordeten, schwor er Rache. Er führte jahrelang einen erbitterten **Guerillakrieg**, bis er sich endgültig im August 1886 General Nelson A. Miles ergab. Damit endete der bis dahin längste Feldzug der US-Armee. Der Häuptling blieb drei Jahre lang inhaftiert, bis man ihn mit seinen Schicksalsgenossen in die Reservation von Fort Sill in Oklahoma schaffte. Als Berühmtheit, die er nun war, reichte man ihn zu verschiedenen Anlässen herum. So besuchte er die Weltausstellung in St. Louis und war Gast bei der Amtseinführung von Präsident Theodore Roosevelt im Jahr 1905. Er starb am 17. Februar 1909 in Fort Sill.

Medizinmann, Prophet und Häuptling

R. C. Gorman (geb. 1932)

Maler R. C. Gorman ist Angehöriger des Navajo-Stammes und gilt als der erfolgreichste Maler indianischer Herkunft in den USA. Der Nachfahre des Häuptlings Manuelito und Enkel des als Silberschmied bekannt gewordenen Peshlaki studierte Literatur an der Arizona State University und Kunst am Mexico City College. Als einer der ersten indianischen Künstler entdeckte er die Lithografie. Gorman, zu dessen bevorzugten Motiven Navajo-Frauen gehören, betreibt in Taos, New Mexico, die Navajo Gallery.

? WUSSTEN SIE SCHON ...?

- ... dass R. C. Gorman auch als »Picasso der Indianerkunst« bezeichnet wird?

María Martínez (188? bis 1980)

Töpferin Dank María Martínez und ihrem Mann Julian ist das Pueblo San Ildefonso im Rio-Grande-Gebiet für seine **Töpfereiprodukte** berühmt geworden. Die beiden Pueblo-Indianer entwickelten 1919, abweichend vom traditionellen polychromen Stil, einen Schwarz-auf-Schwarz-Stil und signierten erstmals ihre Werke, was die Sammler anzog und eine Renaissance indianischer Töpferware zur Folge hatte. Nach dem Tod von Julian arbeitete María Martínez mit ihrer Schwester und ihren Kindern weiter. Sie starb im hohen Alter von mehr als 90 Jahren; die Töpferei ernährt mittlerweile fast das ganze Dorf, und ihr Enkel Tony gilt als einer der begabtesten Töpfer und Maler.

D. H. Lawrence (1885–1930)

Schriftsteller Das unstete Leben, das der im englischen Eastwood am 11. September 1885 geborene Schriftsteller David Herbert Lawrence führte, bescherte ihm in den Jahren 1922 bis 1925 auch mehrere Aufenthalte in New Mexico. Dort, nahe Taos, hatte die Mäzenin Mabel Dodge Luhan seiner Frau eine Farm geschenkt. Seinen immer wieder unterbrochenen Aufenthalt hielt Lawrence in **»Mornings in Mexico and Etruscan Places«** fest; Mabel Dodge Luhan beschreibt ihn in »Lorenzo in Taos«. Nach seiner Rückkehr nach Europa veröffentlichte er seinen größten Erfolg, den lange Zeit nur in gekürzter Fassung erhältlichen Roman **»Lady Chatterley's Lover«**. D. H. Lawrence starb am 2. März 1930 in Vence bei Nizza an Tuberkulose; seine Asche aber ist auf der Ranch in Taos, New Mexico, beigesetzt.

Georgia O'Keeffe (1887–1986)

Malerin Die von tiefen Canyons und bewaldeten Bergrücken durchzogene Hochebene von New Mexico hatten bei der jungen Künstlerin Georgia O'Keeffe bereits bei ihrem ersten Besuch im Jahr 1917 einen tiefen Eindruck hinterlassen. Gefesselt von der geheimnisvollen Landschaft, ließ sich Georgia O'Keeffe, die sich mit ihren **Blumenbildern** bereits einen Namen in der New Yorker Kunstszene gemacht hatte, 1945 endgültig in Abiquitú nieder und inspirierte sich von nun an an der kargen Gegend mit ihren bizarren Felsen, den Farben und Pflanzen. Sie engagierte sich zusammen mit Künstlern wie dem Maler Bert Harwood und dem Fotografen Anselm Adams in der Taos Society of Artists. Georgia O'Keeffe, deren **surrealistisch** anmutende Landschaftsbilder und Naturmotive in allen wichtigen Museen der Welt zu bewundern sind, starb am 6. März 1986 in Santa Fe.

Robert J. Oppenheimer (1904–1967)

Atomphysiker

Zwar hat der am 22. April 1904 in New York City geborene Atomphysiker Robert J. Oppenheimer nicht einmal vier Jahre seines Lebens im Südwesten verbracht, doch in dieser Zeit hat er mit seiner Arbeit die Welt verändert. Oppenheimer, 1927 bei Max Born in Göttingen promoviert und seit 1929 Lehrer an der University of California in Berkeley, wurde im Juli 1943 Leiter des **»Manhattan Project«** in den Forschungslaboratorien in Los Alamos in New Mexico. Dahinter verbarg sich nicht weniger als der Bau der ersten Atombombe, die am 16. Juli 1945 in der Wüste von Alamogordo gezündet wurde. Seitdem gilt Oppenheimer als **»Vater der Atombombe«**. Bereits 1947 verließ er New Mexico und ging an die Universität von Princeton, New Jersey, hatte aber als Mitglied der Atomenergiebehörde weiterhin Einfluss. Als er sich gegen den Bau der Wasserstoffbombe aussprach, wurde er 1953 – auf dem Höhepunkt der McCarthy-Hysterie – als Kommunist diffamiert und verlor den Zugang zu Staatsgeheimnissen. Erst 1963 ist er rehabilitiert worden; er starb am 18. Februar 1967 in Princeton.

Po-Pé (16?? bis 1690)

Häuptling und Schamane

Nachdem sich die Spanier seit ca. 1610 endgültig in ihrer Kolonie Neu-Mexiko etabliert hatten, begannen sie mit der planmäßigen Besiedlung und Christianisierung nach »bewährtem Muster«: Gewalt, Ausrottung und Zerstörung. So führten sie auch 1675 einen Feldzug gegen die Pueblo-Indianer, deren Kivas sie in Brand steckten, wichtige Zeremonialobjekte zerschlugen und viele Menschen töteten. Letztlich war dieser Zug der Grund für den fünf Jahre später stattfindenden Aufstand der Pueblo-Indianer unter der Führung des Häuptlings und Schamanen Po-Pé. Immerhin dauerte es zwölf Jahre, bis die Spanier Santa Fe zurückeroberten und noch einmal vier, bis sie endgültig die Kontrolle über die ganze Kolonie wiedererlangten. Po-Pé aber, der bereits 1690 gestorben war, kann für sich in Anspruch nehmen, Anführer des erfolgreichsten **Widerstandskampfes** gewesen zu sein, den ein nordamerikanischer Indianerstamm gegen europäische Kolonisatoren geführt hat.

John Wesley Powell (1834–1902)

Naturforscher

John Wesley Powell, am 24. März 1834 im Staat New York geboren, war der Erste, der den **Grand Canyon** bezwang und damit die letzte große Expedition ins Unbekannte auf dem nordamerikanischen Subkontinent durchführte. Die Expedition startete im Mai 1869 in Green River, Wyoming, und erreichte nach drei Monaten und 1450 Kilometern oft lebensgefährlicher Fahrt den Ausgang des Grand Canyon. Seine Erlebnisse und wissenschaftlichen Erkenntnisse beschrieb er im 1875 erschienenen »Exploration of the Colorado River of the West and Its Tributaries«. Danach erforschte er zehn Jahre lang das **Colorado Plateau**, seine Bewohner und deren Kultur. Powell hatte Freunde unter den Indianern und sprach mehrere indianische Sprachen. Von 1879 bis zu seinem Tod am 23. September 1902 in Haven, Maine, leitete er das Büro für indianische Völkerkunde, von 1880 bis 1894 war er Chef des Geologischen Forschungsamts der Regierung. Als Mitbegründer der National Geographic Society legte er den Grundstein für die topografische Erfassung der USA.

Baron Walter von Richthofen (1848–1898)

Rinderzüchter

Als er im Jahr 1870 zum ersten Mal mit der Postkutsche durch die Prärie nach Denver, Colorado, fuhr, witterte der im schlesischen Kreisenitz geborene Walter von Richthofen das große Geschäft, das mit der bislang von Siedlern unbeachtet gebliebenen »Großen Amerikanischen Wüste« möglich war. Der schlesisch-preußische Aristokrat ließ sich auf der Karlovitz Ranch bei Denver nieder und machte in harter Arbeit die karge Gegend zu dem, was er prophezeit hatte, nämlich zum **»Fleisch produzierenden Mittelpunkt der Welt«**. Damit nicht genug, züchtete der rührige Baron außer Rindern auch Pferde, organisierte Trabrennen, eröffnete eine Molkerei, spekulierte mit Grundstücken, baute sich eine Raubritterburg, zeichnete Landkarten, gründete die Denver Circle Railroad und die Stadt Montclair und betrieb noch einen Biergarten, den er standesgemäß-preußisch »Sans Souci« taufte. Landesweit großes Aufsehen aber erregte sein 1885 erschienenes Buch »Cattle Raising on the Plains of North America«, in dem er erstmals in nüchternen Zahlen belegte, dass die Rinderzucht das sicherste und beste Geschäft war. Walter von Richthofen starb am 5. August 1898 nach einer Blinddarmoperation.

Rosa Maria Segale (1850–1941)

Ordensschwester aus Italien

Ohne Zweifel hatte die am 23. Januar 1850 bei Genua geborene kleine Ordensschwester Rosa Maria Segale Mumm: Sie hielt indianische Krieger und Outlaws in Schach, baute mit eigenen Händen eine Schule und segnete hart gesottene Revolvermänner. Im Alter von vier Jahren war sie mit ihrer Familie nach Amerika gekommen. Mit sechzehn trat sie in Cincinnati, Ohio, in den Orden der Sisters of Charity ein und erhielt den Namen Schwester Blandina. Als sie jedoch 1872 nach Trinidad in Colorado entsandt wurde, dauerte es nicht lange, und man nannte sie **Schwester Courage**, denn bald nach ihrer Ankunft musste sie ihren Mut beweisen, als die Utes das Kriegsbeil ausgegraben hatten. Danach setzte sie in dieser Stadt voller Outlaws und Revolverhelden ein neues Schulhaus durch und rettete Trinidad durch beherzte Verhandlungen gar vor einem Apachenangriff. 1877 schickte ihr Orden sie nach Santa Fe, wo sie das **erste große Hospital** im Südwesten bauen ließ und ein **Waisenhaus** gründete. Ihre letzte Station war Albuquerque, wo sie in einem halben Jahr, nur unterstützt von dem Navajo José Apodaca, die St. Vincent's Academy für Mädchen entwarf und eigenhändig baute. Rosa Maria Segale starb hochbetagt in Cincinnati.

Brigham Young (1801–1877)

Mormonenführer

Das zweite Oberhaupt der Mormonen, Brigham Young, wurde am 1. Juni 1801 im Staat Vermont als neuntes von elf Kindern einer methodistischen Familie geboren. 1832 schloss er sich den Mormonen an, und bereits 1835 ernannte man ihn zum »Apostel«. Er führte u. a. von 1839 bis 1841 die Mission in England durch, das erfolgreichste mormonische Missionsunternehmen außerhalb der USA. Als Sektengründer Joseph Smith am 27. Juni 1844 ermordet wurde, übernahm Young, zu diesem Zeitpunkt Senior-Mitglied und Präsident der Apostelschaft, die Leitung der Kirche. Er zog mit der angefeindeten und verfolgten Anhängerschaft durch Iowa nach Winter Quarters in Nebraska, wo im Winter 1846/1847 600 Menschen verhungerten. Am 7. April 1847 machte er sich mit einer kleinen Vorhut in das heutige Utah auf. 1848 erreichte die Gruppe von 143 Männern, drei Frauen und zwei Kindern den Großen Salzsee. Mit den berühmten Worten »This is the Place« (► Baedeker Special S. 496)) soll Young den trostlosen Ort zur neuen Heimat der Mormonen bestimmt haben. Über 3000 Menschen folgten rasch, oft nur mit Handkarren ausgerüstet, und errichteten binnen kurzem den Gottesstaat Deseret und die Stadt Salt Lake City. 1850 und 1854 wurde Young zum Gouverneur des Territoriums Utah ernannt. In dieser Zeit schaffte er es, 70 000 Menschen aus den USA und Europa in das streng am mormonischen Glauben ausgerichtete Territorium zu holen und eine fest in Kirchenhand befindliche wirtschaftliche Grundlage aufzubauen. Auch nachdem er 1858 nicht wieder zum Gouverneur ernannt worden war – längst war sein autokratisches Regime der US-Regierung ein Dorn im Auge –, blieb er der wahre Herrscher im Land. Der Einfluss von Brigham Young endete erst mit seinem Tod in Salt Lake City am 19. August 1877.

? WUSSTEN SIE SCHON ...?

- ... dass der polygame Mormonenführer Brigham Young mit seinen 27 Frauen insgesamt 56 Kinder gezeugt hat?

N5567J

Praktische Informationen

WAS BEKOMME ICH, WENN ICH IM RESTAURANT BAKED POTATO BESTELLE? WIE VIEL IST 1 FOOT ODER 1 GALLON? UND WO KANN ICH WELCHE SPORTART AM BESTEN AUSÜBEN? WER DAS NICHT WEISS, LIEST EINFACH HIER NACH.

Anreise · Reiseplanung

Anreisemöglichkeiten

Mit dem Flugzeug

Die wichtigsten **Zielflughäfen** im Südwesten sind Albuquerque, Denver, Las Vegas, Los Angeles, Phoenix, Salt Lake City, Tucson und eingeschränkt auch San Francisco. Diese Destinationen können täglich problemlos von allen wichtigen mitteleuropäischen Flughäfen erreicht werden. Die Flughäfen sind bestens an das jeweilige regionale und überregionale Straßennetz sowie an das öffentliche Nahverkehrsnetz angebunden und es gibt Autovermieter. Ein **Direktflug** von Deutschland in den amerikanischen Südwesten dauert ca. 11 Stunden.

Flugtarife ▶ Die Preisgestaltung der einzelnen Gesellschaften ist sehr unterschiedlich. Man erkundige sich nach Sondertarifen, die nicht nur von einzelnen Fluggesellschaften, sondern auch von Reiseveranstaltern (z. B. Airtours, DER, Meier's Weltreisen, NUR, TUI) und Reisemittlern (u. a. Aeroworld, Atlas, First) angeboten werden. Sehr preisgünstige Flugtickets bekommt man auch bei **Spezial- und Last-Minute-Anbietern** wie L'tur, Mc Flight, Travel Overland und anderen.

Airpässe ▶ Die US-amerikanischen Fluggesellschaften (u. a. American Airlines, Continental, Delta Air Lines, United, US Airways) bieten Rundflugtickets bzw. Airpässe für **Inlandsflüge** an. Auf diese Weise kann man größere Distanzen preiswert per Flugzeug überwinden. Diese Airpässe müssen jedoch bereits in Europa erworben werden. Auch die vor Ort operierenden Fluggesellschaften (u. a. Southwest) halten preisgünstige Rundflugtickets bereit.

Mit dem Schiff

Per Schiff kann man auf zweierlei Arten in den Südwesten der USA reisen. Viele an der amerikanischen Westküste operierende **Kreuzfahrtschiffe** steuern die Häfen von San Francisco, Los Angeles (Long Beach) und San Diego an. Genaue Auskünfte erhält man in guten Reisebüros.Eine andere Möglichkeit ist die Passage auf einem **Frachtschiff**, das für mitfahrende Passagiere eigene Kabinen und einen entsprechenden Service bietet.

Ein- und Ausreisebestimmungen

Vorab-Information

Wer eine Reise in die USA plant, sollte vorab unbedingt die tagesaktuellen Informationen der US-Regierung von der US-Botschaft im jeweiligen Heimatland (▶Auskunft, Botschaften) einholen.

Reisedokumente

Grundsätzlich benötigt man für die Einreise in die USA einen Reisepass und ein Visum. **Deutsche, österreichische und schweizerische Staatsangehörige** nehmen am Visa Waiver Program (VWP) der USA teil und **können als Touristen oder Geschäftsreisende im Regelfall bis zu einer Dauer von 90 Tagen ohne Visum in die USA einreisen**, sofern sie mit einer regulären Fluglinie oder Schifffahrtsgesellschaft einrei-

WICHTIGE ADRESSEN ANREISE

FLUGGESELLSCHAFTEN

► **American Airlines**
Tel. (01 803) 24 23 24
www.aa.com

► **America West**
www.americawest.com

► **British Airways**
Tel. (0 18 05) 26 65 22
www.british-airways.com

► **Continental**
www.continental.com

► **Delta Air Lines**
Tel. (0 18 03) 33 78 80
www.delta.com

► **Deutsche Lufthansa**
Tel. (0 18 03) 80 38 03
www.lufthansa.com

► **KLM/Northwest Airlines**
Tel: (0 18 05) 21 42 01
www.klm.com

► **Swiss**
Tel. (0 18 03) 00 03 37
www.swiss.com

► **United Airlines**
Tel. (0 69) 50 07 03 87
www.unitedairlines.de

► **US Airways**
www.usairways.com

► **Gebührenfreie Flugauskunft in den USA**
Am. Airlines: 1-8 00-4 33-73 00
America West: 1-800-2 35-92 92
British Airways: 1-800-AIRWAYS
Continental:1-800-5 25-02 80
Delta Air Lines: 1-800-2 21-12 12
Lufthansa: 1-800-6 45-38 80
KLM: 1-800-2 25-25 25
Swiss: 1-800-2 21-47 50
United Airlines: 1-800-2 41-65 22
US Airways: 1-800-4 28-43 22

SCHIFFSGESELLSCHAFTEN

► **Hapag-Lloyd Kreuzfahrten**
Tel. (0 40) 30 01 46 00
www.hlkf.de

► **Frachtschiff-Touristik**
Kapitän Peter Zylmann
Exhöft 12, D-24404 Maasholm
Tel. (0 46 42) 96 55-0
www.zylmann.de

BAHNREISEN

► **in Deutschland**
alle DER-Reisebüros
MESO Amerika-Kanada-Reisen
Tel. (0 30) 8 81 41 22

► **in den USA**
Amtrak Hot Line:
Tel. 1-8 00-USA-RAIL.

BUSREISEN

► **Greyhound/Trailways**
Tel. (2 14) 8 49-81 00
www.greyhound.com

sen und ein Rückflugticket, gültig für den Zeitraum von maximal 90 Tagen ab der ersten Einreise in die USA, vorweisen können. Alle Reisenden, die für das Visa Waiver Program der USA qualifiziert sind, können auch Transits vornehmen.

Neuer Pass erforderlich

- Ab dem 26. Oktober 2006 werden von den US-Behörden nur noch maschinenlesbare Pässe mit elektronisch gespeicherten (biometrischen) Merkmalen akzeptiert.

Für die Einreise in die USA benötigt jeder Reisende einen eigenen maschinenlesbaren Reisepass. Dies gilt auch für Kinder, denn Kinderausweise oder entsprechende Einträge in den Dokumenten der Eltern werden nicht mehr akzeptiert.

Fingerabdruck und Porträtfoto ▸

Bei der Einreise wird von jedem Reisenden ein digitaler Abdruck der Zeigefinger sowie ein digitales Porträtfoto angefertigt. Bei der Ausreise erfolgt dieselbe Prozedur, um abzugleichen, dass eine Identität zwischen der ein- und ausreisenden Person besteht.

Festlegung der Aufenthaltsdauer ▸

Die tatsächlich erlaubte Aufenthaltsdauer wird individuell festgelegt und soll dem Reisezweck entsprechen. Eine spätere Verlängerung der Aufenthaltsgenehmigung ist nur für Personen möglich, die mit Visum eingereist sind. Der Tag, an dem man spätestens die USA wieder verlassen muss, wird bei der Einreise in den Pass eingestempelt.In vielen Fällen ist bei der Einreise in die USA ein Visum erforderlich. Dazu gehören u.a.: Personen, die nicht mit einem regelmäßig verkehrenden Verkehrsmittel einreisen, Personen, die eine Ausbildungsstätte besuchen wollen, Teilnehmer an Austauschprogrammen und Personen, die in den USA eine (auch nur vorübergehende) Tätigkeit ausüben wollen (auch Journalisten und Au-Pair-Mädchen!).

Visumpflicht ▸

Ausreichende Finanzmittel

Bei der Grenzkontrolle müssen genügend finanzielle Mittel nachgewiesen werden. Diese müssen ausreichen, um einen USA-Aufenthalt bestreiten bzw. ein Weiter- oder Rückreiseticket besorgen zu können.

Impfbestimmungen

Ein Impfzeugnis wird nur dann verlangt, wenn man aus gefährdeten Gebieten einreist. Es ist ratsam, sich vor Reiseantritt beim zuständigen Konsulat über die neuesten Vorschriften zu erkundigen.

Haustiere

Wer einen Hund mitnehmen will, hat ein tierärztliches Gesundheits- und Tollwutimpfzeugnis vorzulegen, das mindestens einen Monat bzw. maximal 12 Monate vor der Abreise ausgestellt sein muss und nicht länger als ein Jahr gilt. Für alle anderen Haustiere wird ein tierärztliches Gesundheitszeugnis verlangt. Vorschriften teilen die US-Botschaften mit.

Nationaler Führerschein

Wer in den USA selbst ein Auto steuern will, muss einen gültigen nationalen Führerschein vorweisen können. Der nicht unbedingt notwendige, aber oft hilfreiche internationale Führerschein wird nur in Verbindung mit dem nationalen Führerschein anerkannt.

Zollbestimmungen

Einreise in die USA

Bei der Einreise sind eine Zollerklärung und ein Formular für die Einreiseerlaubnis (permit) auszufüllen.

Zollfrei eingeführt werden dürfen Gegenstände des persönlichen Bedarfs (u. a. Kleidungsstücke, Toilettenartikel, Schmuck, Fotoapparate, Filme, Fernglas, tragbares Radio-, Tonband- und Fernsehgerät, Sportausrüstung). Erwachsene können 1 l alkoholische Getränke, 200 Zigaretten oder 50 Zigarren oder 2 kg Tabak einführen. Zusätzlich können pro Person Geschenke bis zum Gegenwert von 100 US-$ mitgebracht werden. Die Einfuhr von **Nahrungsmitteln** (besonders Obst, Gebäck, Fleisch- und Wurstwaren) ist **nicht gestattet**.

Wiedereinreise in EU-Staaten

Zollfrei sind alle bereits in die Vereinigten Staaten mitgenommenen persönlichen Gebrauchsgegenstände (vgl. oben), zudem 200 Zigaretten oder 100 Zigarillos oder 50 Zigarren oder 250 g Tabak, 1 l Spirituosen mit über 22 Vol.-% Alkoholgehalt oder 2 l Spirituosen unter 22 Vol.-% Alkoholgehalt oder 2 l Schaumwein. Ferner 2 l Wein, 500 g Kaffee oder 200 g Kaffee-Extrakt (Pulverkaffee), 100 g Tee oder 40 g Tee-Extrakt, 50 g Parfüm, 0,25 l Toilettenwasser (Tabakwaren und Alkohol nur bei Personen über 17 Jahre, Kaffee nur bei über 15-jährigen). Andere Waren und Geschenke dürfen nach Deutschland bis zu einem Wert von 170 Euro zollfrei eingeführt werden.

Wiedereinreise in die Schweiz

Für die Schweiz gelten folgende **Freimengengrenzen**: 250 g Kaffee, 100 g Tee, 200 Zigaretten oder 50 Zigarren oder 250 g Tabak, 2 l Wein oder andere Getränke bis 15 Vol.-% Alkoholgehalt oder 1 l Spirituosen mit mehr als 15 Vol.-% Alkoholgehalt. Souvenirs dürfen in die Schweiz bis zu einem Wert von 100 sfr zollfrei eingeführt werden.

Reiseplanung innerhalb der USA

Mit der Bahn

Der Bahnverkehr obliegt in den USA dem Service-Unternehmen **Amtrak**.Für das Streckennetz und das rollende Material tragen aber nach wie vor unterschiedliche Eisenbahngesellschaften Verantwortung. Amtrak bietet verschiedene Rundreisepässe an, die 15 oder 30 Tage Gültigkeit besitzen. Mit dem **»North America Rail Pass«** kann man das gesamte nordamerikanische Streckennetz (USA und Kanada) befahren. Der **»National Rail Pass«** gilt für das gesamte Streckennetz in den USA, der **»West Rail Pass«** für alle Bahnstrecken westlich einer Linie Chicago–New Orleans. Mit dem preiswerten **»Far West Rail Pass«** kann man alle Bahnstrecken zwischen Denver bzw. Albuquerque und der Pazifikküste befahren, also praktisch den gesamten Südwesten der USA.

◂ Rail Pässe

Rundreisepässe

- Die verschiedenen Rail Pässe von Amtrak sowie der »Ameripass« des Busunternehmens Greyhound können nur außerhalb der USA zu günstigen Tarifen erworben werden!

Mit dem Mietwagen

Wer die USA individuell erkunden will, kommt um das Anmieten eines Wagens nicht herum. Einige Autovermieter bieten ihre Fahrzeuge zu interessanten Preisen an, wobei die **Wochenpauschalen** besonders günstig sind. Wer ein

Fahrzeug anmieten will, muss **mindestens 21 Jahre** alt sein. Fahrzeuge werden von den Mietwagenfirmen nur gegen eine **Kaution** abgegeben, die bei den meisten Vermietern durch Vorlage einer Kreditkarte als geleistet gilt. Mit Bargeld kommt man hier nicht weit bzw. man müsste horrende Summen vorleisten.

! *Baedeker* TIPP

Mieten von zu Hause aus!

Generell gilt: Wer einen Mietwagen schon von zu Hause aus bestellt, zahlt deutlich weniger als bei der Miete erst nach der Ankunft.

Die Autovermieter bieten ein Wirrwarr unterschiedlicher **Versicherungen** an, die alle abzuschließen nicht unbedingt nötig ist. Nachstehend eine kleine Begriffsklärung:

CDW ▸ Collision Damage Waiver: Haftungsbefreiung für Unfallschäden am Fahrzeug (empfehlenswert).

LDW ▸ Loss Damage Waiver: Haftungsbefreiung bei Verlust des Fahrzeugs.

PAI ▸ Personal Accident Insurance: Insassenunfallversicherung.

PEC ▸ Personal Effect Coverage: Reisegepäckversicherung.

LIS/SLI ▸ Haftpflicht-Zusatzversicherung, mit der die Haftpflichtsumme der ohnehin bestehenden gesetzlichen Haftpflichtversicherung erhöht wird.

Mietwagen-Firmen

Alle namhaften Autovermieter unterhalten **gebührenfreie Telefondienste** (Hotlines), deren Nummern aus den aktuellen Telefonbüchern vor Ort ersichtlich sind. Über diese 800-Nummern kann man Reservierungen vornehmen lassen. Fast alle Firmen unterhalten Vertretungen auf den internationalen Flughäfen, in großen Hotels sowie in den Innenstädten und Urlauberzentren.

Die Grenze zwischen Mexiko und den USA bleibt den meisten Mexikanern verschlossen.

Wer einen **Ausflug nach Mexiko** unternehmen will, muss folgendes beachten:. Bei der **Einreise nach Mexiko** wird die Vorlage eines Dokumentes verlangt, aus dem die Staatsbürgerschaft ersichtlich ist. Besucher aus Mitteleuropa müssen einen noch mindestens sechs Monate gültigen Reisepass vorlegen. Wer nach Mexiko einreisen will, benötigt zudem eine **Touristenkarte**, die von den mexikanischen Einwanderungsbehörden kostenlos abgegeben wird.

Wer mit dem Pkw nach Mexiko einreist, muss diesen gebührenpflichtig anmelden und benötigt darüber hinaus eine **spezielle Fahr-**

erlaubnis. Bei Fahrten ins Landesinnere wird diese überprüft. Außerdem hat man mit **Gepäckkontrollen** zu rechnen. Im Ausland hergestellte Wertgegenstände (z. B. Kameras) sollten vor der Ausreise nach Mexiko deklariert werden.

◄ Rückreise in die USA

USA-Touristen, die einen Ausflug nach Mexiko unternommen haben, müssen bei der Wiedereinreise in die USA einen gültigen Reisepass bzw. Kinderausweis vorlegen und ein **Einreiseformular** ausfüllen, für dessen Bearbeitung eine Gebühr erhoben wird. Außerdem müssen ggf. ausreichende finanzielle Mittel bzw. ein Weiter- oder Rückreiseticket ins Heimatland vorgelegt werden können. Pro Person können innerhalb 30 Tagen mexikanische Waren bis zu einem Wert von 100 US-$ zollfrei in die USA eingeführt werden. Viele Waren, besonders wertvolles Kunsthandwerk, Schmuck etc. sind von dieser Regelung ausgenommen. Man erfrage aktuelle Bestimmungen vor der Ausreise bei den US-Behörden.

Auskunft

www.usa.de

Seit März 2004 ist usa.de, das **deutschsprachige USA Reiseportal**, online. Die USA sind seit Mitte der Neunzigerjahre nicht mehr mit einem Fremdenverkehrsbüro in Deutschland vertreten. Auf über 2000 Internetseitenbietet bietet usa.de umfangreiche Informationen.

Regionalvertretungen

Inzwischen sind auch einige Bundesstaaten und wichtige touristische Regionen des Südwestens in Deutschland durch Informations- und Service-Büros vertreten.

WICHTIGE ADRESSEN

AUSKUNFTSSTELLEN IN DEUTSCHLAND

► **www.usa.de**
Über 2000 Internetseiten bieten umfangreiche Informationen zu Staaten, Regionen und Städten sowie zahlreiche Reisetipps und praktische Informationen rund um den USA-Urlaub.
Zusätzlich offeriert das Portal Online-Buchungsmöglichkeiten von Flügen, Hotels, Mietwagen, Campern, Ferienwohnungen und Ferienhäusern sowie Pauschalangeboten.

► **Arizona Tourism**
Neumarkt 33, 50667 Köln
Tel. (02 21) 23 36-4 08
Fax 23 36-4 50
arizona@getitacross.de

► **California Tourism Information Office**
Marketing Services International
Johanna-Melber-Weg 12
60599 Frankfurt am Main
Tel. (0 69) 6 03 20 23
Fax 62 92 64

▸ **Colorado Tourism**
Neumarkt 33
50667 Köln
Tel. (02 21) 23 36-4 07
Fax 23 36-4 50
colorado@getitacross.de

▸ **Las Vegas Convention & Visitors Authority**
Mangum Management GmbH
Herzogspitalstraße 5
80331 München
Tel. (0 89) 23 66 21 30
Fax 23 66 21 90

▸ **Los Angeles Inc.**
The Convention & Visitors Bureau
AKR marketing services
In den Siepen 6
D-34454 Bad Arolsen
Tel. (0 56 91) 8 06 63 88
Fax 8 06 63 99
www.seemyLA.com

▸ **New Mexico und Utah Tourim**
Neumarkt 33
50667 Köln
Tel. (02 21) 23 36-4 06
Fax 23 36-4 50
newmexico@getitacross.de
utah@getitacross.de

AUSKUNFTSSTELLEN IN DEN USA

▸ **Arizona Office of Tourism**
1110 West Washington
Suite 155, Phoenix, AZ 85007
Tel. (6 02) 3 64-37 00
(8 66) 2 75-58 16
www.arizonaguide.com

▸ **California Division of Tourism**
P.O. Box 1499
Sacramento, CA 95812-1499
Tel. (8 00) 8 62-25 43
www.gocalif.ca.gov/

▸ **Colorado Travel & Tourism Authority**
P.O. Box 3524
Englewood, CO 80155
Tel. (3 03) 8 32 -61 71
(8 00) 2 65-67 23
www.colorado.com

▸ **Nevada Commission on Tourism**
Capitol Complex
Carson City, NV 89701
Tel. (7 75) 6 87-43 22
(8 00) NEVADA-8
www.travelnevada.com

▸ **New Mexico Department of Tourism**
Lamy Building, Room 106
491 Old Santa Fe Trail
Santa Fe, NM 87503
Tel. (8 00) 7 33 63 96
www.newmexico.org

▸ **Texas Department of Commerce, Tourism Division**
P.O. Box 12728
Austin, TX 78711
Tel. (5 12) 4 62 91 91

▸ **Utah Travel Council**
Council Hall, Capitol Hill,
300 N. State St.
Salt Lake City, UT 84114
Tel. (01) 5 38 10 30
(8 00) 2 00-11 60
www.utah.com

i Welcome Center

- Die einzelnen Bundesstaaten unterhalten in Grenznähe sog. Welcome Centers. In diesen Begrüßungs- und Informationszentren an den wichtigen Überlandverbindungen kann man sich mit vielerlei Informationsmaterial (bes. aktuelle Straßenkarten) eindecken.

DIPLOMATISCHE UND KONSULARISCHE VERTRETUNGEN

US-VERTRETUNGEN IN DEUTSCHLAND

▸ **Botschaft der USA**
Neustädtische Kirchstraße 4–5
10117 Berlin
Tel./Fax (0 30) 2 38 62 90
Zuständig die Bundesländer Berlin, Brandenburg, Mecklenburg-Vorpommern und Sachsen-Anhalt

▸ **Generalkonsulat der USA**
Kennedydamm 15–17
40476 Düsseldorf
Tel. (02 11) 4 70 61 23
Fax 43 14 48
Zuständig für das Bundesland Nordrhein-Westfalen

▸ **Generalkonsulat der USA**
Siesmayerstraße 21
60323 Frankfurt am Main
Tel. (0 69) 75 35-0
Fax 75 35-23 00
Zuständig für die Bundesländer Baden-Württemberg, Hessen, Rheinland-Pfalz und Saarland sowie den Regierungsbezirk Unterfranken des Freistaates Bayern

▸ **Generalkonsulat der USA**
Alsterufer 27–28, 20354 Hamburg
Tel. (0 40) 41 17 10
Fax 41 17 12 22
Zuständig für die Bundesländer Hamburg, Bremen, Schleswig-Holstein, Niedersachsen

▸ **Generalkonsulat der USA**
Wilhelm-Seyfferth-Straße 4
04107 Leipzig
Tel. (03 41) 2 13 84-0
Fax 2 13 84-17
Zuständig für die Bundesländer Sachsen und Thüringen

▸ **Generalkonsulat der USA**
Königinstraße 5, 80539 München
Tel. (0 89) 28 88-0, Fax 2 80 23 17
Zuständig für den Freistaat Bayern (außer Regierungsbez. Unterfranken)

US-VERTRETUNGEN IN ÖSTERREICH

▸ **Botschaft der USA**
Boltzmanngasse 16
A-1090 Wien
Tel. (02 22) 31 55 11

▸ **Botschaft der USA, Konsularabteilung**
Gartenbaupromenade 2/4
1010 Wien
Tel. (02 22) 3 13 39

▸ **Generalkonsulat der USA**
Gisela-Kai 15, 5020 Salzburg
Tel. (06 62) 2 86 01

US-VERTRETUNGEN IN DER SCHWEIZ

▸ **Botschaft der USA**
Jubiläumsstrasse 93
3005 Bern
Tel. (0 31) 43 70 11

▸ **Generalkonsulat der USA**
Zollikerstrasse 141
8008 Zürich
Tel. (01) 55 25 66

DEUTSCHE VERTRETUNGEN IN DEN USA

▸ **Botschaft der BRD (Embassy of the Federal Republic of Germany)**
4645 Reservoir Rd. N.W.
Washington, DC 20007-1998
Tel. (2 02) 2 98-81 40/40 00
Fax 2 98-42 49, 3 33-26 53

▸ **Deutsches Generalkonsulat**
6222 Wilshire Blvd.
Suite Nr. 500
Los Angeles, CA 90048
Tel. (2 13) 9 30-27 03
Fax 9 30-28 05

▸ **Deutsches Generalkonsulat**
1960 Jackson St.,
San Francisco, CA 94109
Tel. (4 15) 7 75-10 61
Fax 7 75-01 87

▸ **Honorarkonsulate**
In folgenden Städten des Südwestens gibt es deutsche Honorarkonsulate:
Albuquerque, NM; Las Vegas, NV; Phoenix, AZ; Salt Lake City, UT; San Diego, CA.

ÖSTERREICHISCHE VERTRETUNGEN IN DEN USA

▸ **Botschaft der Republik Österreich (Embassy of Austria)**
3524 International Court N.W.
Washington, DC 20008
Tel. (2 02) 8 95-67 00
Fax 8 95-67 73

▸ **Generalkonsulat der Republik Österreich**
11859 Wilshire Blvd., Suite 501
Los Angeles, CA 90025
Tel. (3 10) 4 44-93 10, 4 73-47 21
Fax 4 77-98 97

▸ **Honorarkonsulate**
In folgenden Städten des Südwestens gibt es österreichische Honorarkonsulate: Denver, CO San Francisco CA.

SCHWEIZER VERTRETUNGEN IN DEN USA

▸ **Botschaft der Schweizerischen Eidgenossenschaft (Embassy of Switzerland)**
2900 Cathedral Ave. N.W.
Washington, DC 20008-3499
Tel. (2 02) 7 45-79 00

▸ **Generalkonsulat der Schweizerischen Eidgenossenschaft**
11766 Wilshire Blvd., Suite 1400,
Los Angeles, CA 90025
Tel. (3 10) 5 75-11 45
Fax 5 75-19 82

▸ **Honorarkonsulate**
In folgenden Städten des Südwestens gibt es schweizerische Honorarkonsulate: Denver, CO; Phoenix, AZ; Salt Lake City, UT.

Mit Behinderung in den USA

Hinweis — Öffentliche Gebäude, Gehwege, Verkehrsanlagen wie z. B. Flughäfen und Bahnhöfe, öffentliche Verkehrsmittel sowie Beherbergungsbetriebe und Restaurants sind **in einem größeren Ausmaß behindertengerecht** ausgestattet als etwa in Deutschland. Auch die zahlreichen Attraktionen (Museen, Vergnügungsparks usw.) bieten spezielle Dienste für Körperbehinderte an. Überall gibt es besonders ausgewiesene Behindertenparkplätze.

WICHTIGE ADRESSEN

INFORMATIONEN

▶ **Information Center for Individuals with Disabilities**
Fort Point Place, 1st floor
27–43 Wormwood St.
Boston, MA 02210
Tel. (6 17) 7 27-55 40
Auskünfte über alle Fragen, die Reisen in den USA von und mit Behinderten betreffen

▶ **Mobility International USA**
P.O. Box 10767
Eugene, OR 97440
Tel. (5 41) 3 43-12 84

UNTERKÜNFTE

▶ **»Handicapped Reisen – Ausland«**
Fremdenverkehrsmarketing, Postfach 1547, D-53005 Bonn
Der Hotel- und Reiseratgeber für Urlauber mit Handikap enthält Adressen von behindertengerecht eingerichteten Unterkünften.

▶ **Motelkette »Red Roof«**
Tel. 1-8 00-8 43-76 63
Die Kette bietet behindertengerecht eingerichtete Zimmer an.

REISEBEGLEITUNG

▶ **BSK-Reisehelferbörse**
Altkrautheimer Straße 17
D-74238 Altkrautheim/Jagst
Tel. (0 62 94) 6 80 bzw. 6 81 12
Der deutsche Bundesverband Selbsthilfe für Körperbehinderte (BSK) vermittelt Reisehelfer und organisiert Gruppenreisen.

Elektrizität

Spannung 110 Volt

In den USA werden 110 Volt Wechselstrom in die Leitungen eingespeist. Weiterhin ist zu beachten, dass die Frequenz im Gegensatz zu Deutschland (50 Hz) bei 60 Hertz liegt. Mitgebrachte elektrische Geräte, die nach europäischer Norm (220 Volt Wechselstrom) ausgelegt sind, müssen also auf 110 Volt umschaltbar sein. Zudem braucht man einen **Adapter**, den man am besten schon zu Hause kauft. In den USA sind diese Zwischenstecker in einschlägigen Geschäften (Abteilung »Appliances«) erhältlich.

Essen und Trinken

Essen aus aller Welt

In den für den Tourismus erschlossenen Gebieten der Vereinigten Staaten gibt es nicht nur eine ungewöhnlich große Zahl von Restaurants, sondern auch eine überraschend breite **Palette von ethnischen**

Küchen. Neben Lokalen, die »amerikanische« Küche servieren – die wesentlich mehr als nur Hamburger und Hot Dogs zu bieten hat, weil sie von vielen anderen Küchen beeinflusst ist –, findet man häufig Lokale mit italienischer und chinesischer Küche, »Tex-Mex«-Restaurants mit texanischen bzw. mexikanischen Spezialitäten und auch Gourmet-Tempel mit französischer Küche. Daneben gibt es natürlich auch Lokale mit deutscher, schweizerischer, österreichischer, koreanischer, vietnamesischer, thailändischer, japanischer, brasilianischer, argentinischer und arabischer Küche; selbstverständlich gibt es auch koschere und vegetarische Küche. Wer an der **Küste** Urlaub macht, sollte es nicht versäumen, eines der zahlreichen auf Fisch, Schalen- und Krustentiere (Seafood) spezialisierten Restaurants zu besuchen. Auch sollte man die z. T. sehr guten **Weine** aus Kalifornien und New Mexico probieren.

Meeresfrüchte schmecken am besten an der Küste.

Mahlzeiten

Das Frühstück nimmt man am besten in einem **»coffee shop«** oder in einem der zahllosen **Schnellrestaurants** zu sich. Zum normalen amerikanischen Frühstück gehören ein Glas Ananas-, Grapefruit- oder Orangensaft, Kaffee, Ei (gekocht, gebraten als Spiegel-/ »sunny side up« bzw. Rührei/»scrambled« oder Omelette), gebratene Speckscheiben (»bacon«) oder Bratwürstchen (»sausages«), Bratkartoffeln (»hashbrowns«), Maisgrießbrei (»grits«), Pfannkuchen mit Ahornsirup (»pancakes«) und natürlich Toastbrot mit Butter und diversen Konfitüren (»jam«). Auf vielen Frühstücksbüfetts findet man Cornflakes und Milch, auch frisch zubereitetes Müsli, frisches Obst und diverse Joghurtsorten.

Breakfast

Brunch An Sonn- und Feiertagen ist der Brunch (Verbindung von Frühstück und Mittagessen) sehr beliebt, bei dem meist ab 11.00 Uhr große und vielfältig bestückte Büfetts auf die Hungrigen warten.

Lunch Zur Mittagszeit wird gewöhnlich ein leichtes Essen (»lunch«) eingenommen, z. B. Salate, Kurzgebratenes und Gemüse.

Dinner Die tägliche **Hauptmahlzeit** ist das Abendessen (»dinner«). Es kann recht opulent ausfallen: Diverse Fleisch- und Fischgerichte mit allerlei Beilagen und Garnituren stehen auf dem Speiseplan. In einigen Lokalen versucht man, die Gäste mit abwechslungsreichen »dinner shows« zu unterhalten.

Speisen und Getränke

Fleischgerichte

T-Bone Steak, Porterhouse Steak und Sirloin Steak sind neben dem allgegenwärtigen Hamburger die wichtigsten Fleischgerichte. Geradezu ein Zeremoniell ist das **Barbecue** (BBQ), bei dem allerlei Fleisch auf dem Holzkohlengrill gegart wird. Beliebt sind aber auch Hühnchenfleisch (u. a. »chicken fingers« = gebackene Hühnerbruststücke) und Schweinefleisch (»pork«, z. B. als »prime rib«).
Dazu gibt es fast immer wahlweise eine »baked potato« (Pellkartoffel mit Crème fraîche) oder Pommes frites (»french fries«). Ein traditionelles Festtagsessen – vor allem am Thanksgiving Day – ist **Truthahn** (»turkey«).

i Reservierung

- Tischbestellungen empfehlen sich in den teureren Lokalen vor allem an verlängerten Wochenenden und in der Hauptreisezeit.
- In den meisten guten Lokalen wartet man auf eine Platzzuweisung durch das Personal.
- Sehr oft wird man gefragt, ob man Raucher oder Nichtraucher ist.

Fischgerichte

Es gibt nicht nur Meeresfrüchte, sondern auch **Süßwasserfische** aus den zahlreichen Flüssen und Seen. Besonders lecker sind Forelle (trout), Lachs (salmon), Krebse, Krabben, Garnelen (shrimps), Muscheln, Austern (oysters) und Hummer (lobster), aber auch Äschen, Barsche und Schnapper.

Ethnische Küchen

Neben Steaks, Chicken und Chef's Salad kann man auch Köstlichkeiten **aller in den USA lebenden Völker** probieren. Die Palette reicht von der italienischen Küche über spanisch-mexikanische bis zu den verschiedenen Küchen Asiens. Auch die koschere Küche ist bestens vertreten.

Süßspeisen

Beliebt sind der »Cheese Cake« (eine Art Käsekuchen) und der »Blue Berry Cake« (Blaubeerkuchen). Allerorten werden »Doughnuts« (Schmalzkringel) und »Muffins« (kleine Rührkuchen) angeboten.

Obst und Gemüse

Auch im Südwesten der USA gibt es das ganze Jahr über frisches Obst und Gemüse. Dies gilt in besonderem Maße für Zitrusfrüchte und leicht zu verarbeitende Gemüsesorten (z. B. Gurken, Tomaten, Avocados).

Kaffee

US-amerikanischer Kaffee ist in der Regel schwach geröstet und oft sehr dünn gebrüht. Man bekommt ihn überall und reichlich angeboten; einmal bestellt, wird er immer nachgeschenkt. Wo viele Italiener oder Latinos leben, besteht Hoffnung auf einen kräftigen Espresso. Auch ist in den letzten Jahren eine **»Kaffeewelle«** über die USA geschwappt. In den Fußgängerzonen vieler Städte und touristischer Zentren sind zahlreiche Cafés bzw. Straßencafés nach europäischem Muster entstanden.

Bier Das stets eisgekühlte Bier (»beer«) wird in den USA nicht nach dem **deutschen Reinheitsgebot** gebraut, obwohl es häufig aus ursprünglich von Deutschen gegründeten Brauereien stammt. Es enthält deutlich weniger Alkohol als vergleichbare deutsche Biere (3–3,5 Vol.-%). Immer beliebter werden »Light«-Biere mit 1–1,5 Vol.-% Alkohol. Bars halten in der Regel mehrere Flaschen- und Fassbiere (»draft«) bereit. Im Südwesten werden **einheimische Marken** wie »Budweiser«, »Busch«, »Miller«, »Michelob« und »Coors« sowie mexikanische Marken wie »Corona« und »Dos Equis« getrunken. Importiertes europäisches Bier ist ungleich teurer als US-Marken.

Wein Die USA gehören seit einiger Zeit zu den **führenden Weinproduzenten der Erde**. Etwa vier Fünftel der US-Rebfläche liegen in Kalifornien. Gute Weine werden aber auch in New Mexico und selbst in Utah (!) bei Moab ausgebaut. Hinweis: Wein (selbst Rotwein!) wird in den USA oft gekühlt serviert.

Spirituosen (Liquor) Bevorzugte Spirituosen, die jedoch nur in bestimmten Geschäften (»liquor store«) erhältlich sind und in Bars nur zu bestimmten Zeiten genossen werden dürfen, sind Whisky (»whiskey«; Bourbon, Scotch, Canadian, Rye, Irish, Blended), Gin, Wodka, Brandy (Branntwein), Rum, Wermut (»vermouth«) und Likör (»cordial«).

Sonne im strahlenden Süden sorgt für süße Saftspender.

Ein eisiger Margarita-Cocktail mit Salzrand ist der häufigste Aperitif im Südwesten, aber auch viele andere mixed drinks mit Tequila, Rum oder Whiskey werden in den Bars gemixt.

Gesetze zum Alkoholkonsum

Die Gesetze und Bestimmungen zum Alkoholkonsum sind Sache der einzelnen Bundesstaaten und Counties. Sie variieren entsprechend. In **öffentlich zugänglichen Anlagen**, wozu auch sog. Recreation Areas und State Parks gehören, darf kein Alkohol getrunken werden. Alkoholkonsum auf der Straße ist ebenfalls verboten.
Autofahren unter Alkoholeinfluss wird streng bestraft: Die Grenze liegt je nach Staat und County zwischen 0,0 und 1 Promille! Es ist auch untersagt, angebrochene oder leere Flaschen bzw. Dosen von alkoholischen Getränken im Auto (auch im Kofferraum) mitzuführen. In einigen Counties des Bundesstaates **New Mexico** kann man sonntags Alkohol weder in Restaurants erhalten noch in Shops kaufen. Zudem ist es verboten, alkoholische Getränke in die Indianerreservationen mitzunehmen.

i Alkohol-Gesetze

- Im Südwesten sind die Gesetze zum Alkoholkonsum besonders restriktiv. In Utah z. B. ist aufgrund des starken Einflusses der Mormonen Alkohol als Droge verpönt. Nur in ganz wenigen Lokalen und Hotelbars können Bier und Wein geordert werden.

Southwestern Cuisine

Etwa seit den Siebzigerjahren entwickelt sich im US-amerikanischen Südwesten eine eigenständige innovative Küche, die inzwischen weithin als »Southwestern Cuisine« gerühmt wird. In New Mexico nimmt sie ihre Anregungen vor allem aus der **mexikanischen** und teils **indianischen Küche**, in Arizona lehnt sie sich mehr an die wegweisende **California Cuisine** an. Kreative Küchenchefs aus aller Welt ergänzen sich mit heimischen Traditionalisten oft ausgezeichnet. Sie kreieren nicht selten verwegene Kombinationen und ausgefeilte Design-Kunstwerke. Die neue leichte Küche verwendet so weit wie möglich Produkte aus der Region wie z. B. Piñonkerne und Kaktusscheiben, verschiedene Salate, indianisches Pikibrot aus blauem Mais als Beilage, Kürbisse und vielerlei Bohnenarten.

Chilis

Eine wichtige Zutat in der Küche des Südwestens sind natürlich die grünen und roten Chilischoten, die es in **über 300 Arten** und in unterschiedlicher Schärfe gibt. Sie werden frisch, eingelegt, getrocknet, geräuchert, zerkleinert und zerrieben verwendet. Die Einheimischen essen die Chilis selten pur, sondern verarbeiten sie in Soßen, die man in fast allen Mahlzeiten findet. Rote Soße besteht aus getrockneten Chilis, grüne aus frischen Schoten. Chilis werden in Girlanden oder Bündeln zum Trocknen, aber auch zur Dekoration aufgehängt; diese **»Ristras«** sieht man in New Mexico fast überall an den Häusern. Sie sind eines der wichtigsten Anbauprodukte des Bundestaates. Der nördlich von Santa Fe im Raum Chimayo kultivierte Chili gilt als bester des Landes.

Feiertage, Feste und Events

Nur wenige Feiertage

In den USA gibt es relativ wenige offizielle Feiertage (public/legal holidays), und selbst an diesen sind mit Ausnahme von Thanksgiving Day, Ostersonntag, Weihnachten und Neujahr viele Geschäfte geöffnet. Banken, Behörden, Schulen und sogar einige Restaurants bleiben allerdings geschlossen. An hohen christlichen Festen (Ostern, Pfingsten, Weihnachten) gibt es keine zweiten Feiertage. Fällt ein Feiertag auf einen Sonntag, so ist der darauf folgende Montag frei.

FESTKALENDER

FEIERTAGE

▸ **Landesweit**

New Year (1. Januar)
Martin Luther King Jr. Day (3. Montag im Januar)
President Day (3. Montag im Februar)
Karwoche: Good Friday (Karfreitag; nur regional)
Memorial Day, Heldengedenktag (letzter Montag im Mai)
Independence Day, Unabhängigkeitstag (4. Juli)
Labor Day, Tag der Arbeit (erster Montag im September)
Columbus Day, Kolumbus-Gedenktag (2. Montag im Oktober)
Election Day, Wahltag (erster Dienstag im November, nur im Wahljahr)
Veteran's Day, Veteranentag (11. November)
Thanksgiving Day, Erntedankfest (4. Donnerstag im November)
Christmas Day, Weihnachten (25. Dezember)

▸ **Regional**

Pioneer Day, Utah (24. Juli)
Colorado Day (erster Montag im August)
Halloween, in manchen Gegenden (31. Oktober)

FESTE UND EVENTS

▸ **Januar**

Tempe, AZ: Fiesta Bowl (Endspiel im College-Football am Neujahrstag mit anschließender festlicher Parade)
Denver, CO: National Western Stock Show & Rodeo
Park City, UT: Sundance Film Festival

▸ **Februar**

Flagstaff, AZ: Winter Festival
Crested Butte, CO: Extreme Skiing Championship (Skirennen)
Tucson, AZ: La Fiesta de los Vaqueros & Rodeo
Steamboat Springs, AZ: Carnival (ältester Karneval westlich des Mississippi)
San Francisco, CA: Chinese New Year Festival & Parade

▸ **März**

Phoenix, Tempe, Scottsdale, Tucson, AZ: Spring Training (Frühlings-Training der bekanntesten Baseball-Mannschaften der USA in verschiedenen Stadien Arizonas)

▸ April
Las Vegas, NV: World Series of Poker (mehrwöchiges Poker-Turnier in Binion's Horseshoe Casino; Mindesteinsatz: 10 000 US-$)

▸ Mai
Arizona, NM: Cinco de Mayo (an dem Wochenende, das dem 5. Mai am nächsten liegt; vielerorts wird der mexikanische Unabhängigkeitstag mit Festlichkeiten, viel Musik und Märkten gefeiert)

▸ Juni
Paysan, AZ: Junior Rodeo (Mitte Juni)
Telluride, CO: Bluegrass Festival (Country-Musik-Festival)
Acoma, Cochiti, Taos, NM: San Juan Fiesta (24. Juni; Festlichkeiten aus Anlass des Johannestages)

▸ Juni bis September
Aspen, CO: Aspen Music Festival.
Cedar City, UT: Utah Shakespeare Festival

▸ Juni/Juli
Greely, CO: Greely Independence Stampede & Rodeo

▸ Juli
Provo, UT: Freedom Festival (4. 7., Parade, Aufstieg von Heißluftballons und Feuerwerk aus Anlass des amerikanischen Unabhängigkeitstages)
Logan, UT: Festival of the American West (Fest zur Erinnerung an die ersten Siedlertrecks der Pionierzeit)
Santa Fe, NM: Spanish Market (Ende Juli)

Bei den Festen werden oft traditionelle Tänze aufgeführt.

▸ August
Gallup, NM: Inter-Tribal Indian Ceremonial (mehrtägige Festlichkeiten der Indianer im Red Rock State Park mit Tanzvorführungen, Rodeos und kunstgewerblichem Markt)
Carlsbad Caverns, NM: Bat Flight Breakfast (Höhlenfest bei Sonnenaufgang, wenn die Fledermäuse in die Höhle zurückkehren)
Brigham City, UT: Railroaders Festival (zweiter Samstag im August; Eisenbahnerfest an der Golden Spike National Historic Site mit originellen Wettbewerben)

▸ August/September
Window Rock, AZ: Navajo Nation Fair (mit Powwow und Rodeo)

September
Aspen, CO: Aspen Leaf Tour (Tour durch Geisterstädte und vorbei an aufgelassenen Goldminen)
Reno, NV: National Championship Air Races (Flugsportliche Veranstaltung)
Südliches New Mexico: Hatch Chile Festival (Anfang September; Feier aus Anlass der Chili-Schoten-Ernte)
Bonneville Salt Flats, UT: World of Speed Races (Automobil-Geschwindigkeitsrekorde in der topfebenen Salzwüste)
Taos, NM: Fiesta de San Geronimo (Indianerfest mit rituellen Tänzen und diversen Wettbewerben)

Oktober
Albuquerque, NM: Kodak Albuquerque International Balloon Fiesta (hunderte bunte Heißluftballons steigen über der Stadt auf)
Moab Fat Tire Festival (letzte Oktoberwoche; internationales Treffen der Mountainbiker)
Phoenix, AZ: Arizona State Fair (zweite Monatshälfte; Messe mit abwechslungsreichem Beiprogramm und diversen musikalischen Darbietungen)

November
Lake Havasu, AZ: Classic Outboard World (Ende November; Speedboat-Rennen auf dem Colorado-Stausee)

Dezember
Las Vegas, NV: National Finals Rodeo (Anfang Dezember; Endausscheidung der besten Rodeo-Sportler)
Salt Lake City, UT: Christmas Lighting at Temple Square (Adventszeit; weihnachtliche Beleuchtung im Herzen der Mormonenstadt; täglich Freiluft-Konzerte des weltberühmten Tabernacle Choir)
Aspen, CO, Telluride, CO, Santa Fe, NM: Christmas Parades

Geld

Währung Die Währungseinheit der USA ist der US-Dollar (US-$). Außer Geldscheinen im Nennwert von 1, 2, 5, 10, 20, 50, 100 US-Dollar (im internen Bankverkehr gibt es auch größere Noten) sind Münzen im Wert von 1 (Penny), 5 (Nickel), 10 (Dime), 25 (Quarter) Cents, seltener von 50 Cents (half-dollar) und 1 Dollar im Umlauf.

Devisenbestimmungen Die Ein- und Ausfuhr ausländischer und amerikanischer Zahlungsmittel unterliegt allgemein **keinen Beschränkungen**. Eine Deklaration ist erforderlich, wenn mehr als 10 000 USD (US-$) oder Gegenwert eingeführt werden. Dies gilt auch für gemeinsam reisende Familien.

Geldwechsel Es empfiehlt sich, schon **vor dem Abflug** Geld zu tauschen und sich vor allem auch mit ausreichend Kleingeld (Münzen und kleine

Scheine) einzudecken, denn der Wechselkurs ist in Europa günstiger als in den USA. Im Übrigen ist in den USA ausländisches Bargeld (Euro, Schweizer Franken) wenig willkommen, so dass man seine Reisekasse möglichst aus Kreditkarte, Dollarreiseschecks und einigen Dollars in bar für den Anfang zusammenstellen sollte. Dennoch gibt es in den **internationalen Flughäfen** Bankfilialen, in denen man Devisen gegen US-Dollar eintauschen kann. Auch in Touristenzentren akzeptieren Banken ausländisches Bargeld. In Hotels sollte man nach Möglichkeit kein Geld tauschen, da der Wechselkurs dort erheblich schlechter als bei den Banken ist.

Wechselkurse

- 1 USD = 0,82 EUR
- 1 EUR = 1,20 USD
- 1 USD = 1,27 CHF
- 1 CHF = 0,08 USD (Stand: 6/2005)

Reiseschecks

Es wird empfohlen, vor dem Abflug Dollar-Reiseschecks (Traveller Checks) zu kaufen, die wie Bargeld gehandhabt werden und in aller Regel anstandslos von Hotels, Restaurants und Geschäften gegen **Vorlage des Reisepasses** oder des Führerscheins akzeptiert werden.
Bei Diebstahl oder Verlust der Schecks kann man bei den Filialen der ausstellenden Firmen unter Vorlage entsprechender Kontrollblätter sofort Ersatz für die verloren gegangenen Schecks erhalten. Eurocheques werden nicht akzeptiert.

Kreditkarten (Credit cards), Bargeld (Cash)

Das **häufigste Zahlungsmittel**, sei es in Hotels, Restaurants und allen Arten von Geschäften, ist die Kreditkarte. Beim Mieten von Autos ist sie zur Kautionsleistung unerlässlich. Wer die USA besucht, sollte sich auf jeden Fall eine der gängigen Karten anschaffen. Am weitesten verbreitet sind Mastercard (Eurocard), Visa, American Express, Diner's Club und Carte Blanche. Wer eine Kreditkarte mit Geheimnummer (PIN) besitzt, kann an Geldautomaten (ATM = Automatic Teller Machine) problemlos Geld abheben. Trotz des nahezu universell einsetzbaren Plastikgeldes kann man überall ohne Schwierigkeiten auch mit Barem bezahlen, wenn der Betrag nicht allzu hoch ist. An Geldautomaten mit dem blau-roten **Maestro**-Signet kann man auch mit der heimischen Bankkarte abheben.

Karte verloren?

- Seit 1. Juli 2005 gibt es eine einheitliche Notfall-Nummer für alle sperrbaren Kreditkarten, aber auch Handys: **Tel. 00 49/11 61 16**. Bitte prüfen Sie vor Antritt der Reise, ob Ihr Karteninstitut dort bereits angeschlossen ist.

Banken

Fast in jedem großen Einkaufszentrum und an Flughäfen findet man zumindest eine Bankfiliale bzw. einen Geldautomaten. Die Banken sind im Allgemeinen montags bis freitags von 10.00 bis 15.00 Uhr, donnerstags oder freitags örtlich sogar bis 18.00 Uhr geöffnet. An Wochenenden und Feiertagen sind nur die Bankschalter in den internationalen Flughäfen geöffnet.

Gesundheit

Ärzte • Zahnärzte • Krankenhäuser

Das US-amerikanische medizinische Versorgungssystem ist gut ausgebaut. Dies gilt nicht nur für die Zahl und Kompetenz der niedergelassenen Ärzte und Zahnärzte, sondern auch für die Krankenhäuser (Hospitals). Probleme haben europäische Touristen nicht selten mit den **hohen Kosten**, die ein Arztbesuch oder Krankenhausaufenthalt verursachen kann. Die Arztkosten müssen vor Ort bezahlt werden, was auch mit Kreditkarte möglich ist. Die Rechnungen können anschließend bei der heimischen Versicherung zur Erstattung eingereicht werden.

Um böse Überraschungen auszuschließen, sollte man in jedem Falle vor einer USA-Reise mit seiner Kranken- und Unfallversicherung Rücksprache halten, wie weit sich deren Schutz auch bei einem USA-Aufenthalt erstreckt. Der Abschluss einer **Reisekrankenversicherung** in ausreichender Höhe und auch einer **Reise-Unfallversicherung** wird angeraten.

> **i Notfall**
>
> - Außerhalb der normalen Öffnungszeiten gibt es keinen speziellen Nachtdienst. Im Notfall rufe man über die Telefonnummern »1« (Operator) oder »911« (landesweiter Notruf) Hilfe herbei oder wende sich an das nächstgelegene Krankenhaus, das über eine eigene Apotheke verfügt.

Medikamente

Auch die Versorgung mit Medikamenten ist in den USA bestens organisiert. USA-Touristen, die regelmäßig ein bestimmtes Medikament einnehmen müssen, sollten eine **Rezeptkopie** mitführen, damit ein amerikanischer Arzt das Rezept notfalls erneuern kann.

Drugstore und Pharmacy ▸ Amerikanische Drugstores und Pharmacies ähneln eher unseren Drogerien oder kleinen Kaufhäusern. Ihr Angebot ist **sehr vielfältig** und geht weit über den Verkauf von Medikamenten hinaus. Viele Kaufhaus- und Supermarktketten (z. B. Wal Mart, Biggs, Safeway, K-Mart) haben eigene Pharmacies. Frei zugänglich in Regalen findet man darüber hinaus zahlreiche Medikamente, die in Deutschland verschreibungspflichtig sind.

Öffnungszeiten ▸ Die Drugstores bzw. Pharmacies sind in der Regel von 9.00 bis 18.00 Uhr geöffnet. Einige sind auch bis 21.00 Uhr oder noch länger dienstbereit. Rund um die Uhr sind die entsprechenden Fachabteilungen in den durchgehend geöffneten Supermärkten zugänglich.

Knigge

Formelle Kleidung

Im Geschäftsleben, in guten Restaurants und Hotels, beim Konzert- oder Theaterbesuch und auch in vielen Nachtklubs wird formelle Kleidung (Jackett mit Krawatte, Abendkleid) erwartet. Man erkundige sich nach der Kleiderordnung schon bei der **Tischreservierung**.

Rauchen

Rauchen ist in den Vereinigten Staaten seit einiger Zeit **sehr verpönt**. Die Fluggesellschaften haben bereits Rauchverbote verfügt, auch in vielen öffentlichen Einrichtungen darf nicht mehr geraucht werden. In den meisten Restaurants sind Raucher- und Nichtraucherplätze getrennt; beim Betreten wird man gefragt, ob man einen Raucher- (»smoker«) oder Nichtraucherplatz (»non smoker«) haben möchte.

Trinkgeld (Tipping)

Im Gegensatz zu europäischen Ländern ist in den USA das Trinkgeld nur ganz selten im Endpreis enthalten und muss **gesondert gegeben** werden. Angestellte in Restaurants und Hotels haben oft sehr geringe Löhne und sind auf Trinkgelder angewiesen.

i Trinkgeld

- Restaurant: 15 % des Rechnungsbetrages
- Hotel: 1 $ pro Gepäckstück, das aufs Zimmer gebracht wird; 2 $ pro Tag für das Zimmermädchen; 1 $ für das Parken des Wagens sowie für das Besorgen eines Taxis
- Taxi: 15 % des Betrages, den der Taxameter anzeigt
- Friseur: 15–20 %

In den USA geht es weit weniger förmlich zu als in Europa. Bei der Begrüßung wird nur in Ausnahmefällen die Hand gereicht. Ohne Berücksichtigung des Status redet man sich rasch mit dem Vornamen an, was aber nicht mit dem hierzulande manchmal üblichen Duzen zu vergleichen ist. Auffallend ist auch die **Freundlichkeit**, mit denen etwa das Personal im Restaurant den Gast behandelt. In Bars kommt man sehr schnell ins Gespräch – oft aber auch sehr rasch wieder davon ab, denn die Zwanglosigkeit und das Interesse am Fremden geht auch mit etwas **Oberflächlichkeit** einher. Bei solchen Gelegenheiten ausgesprochene Einladungen zum Besuch sollte man nicht allzu wörtlich nehmen.

Literatur und Film

Sachbücher

Arens, Werner; **Braun**, Hans-Martin (Hg.): Die Indianer. Geschichte und Kultur der nordamerikanischen Indianer von der präkolumbischen Zeit bis zur Gegenwart. C. H. Beck, München 2004.

Granfield, Linda: Die Cowboys, Wahrheit und Legende. Hanser, München, 1994

Waters, Frank; **Honaw**, Kacha: Das Buch der Hopi. Zum ersten Mal brechen die Hopi-Indianer ihr Schweigen und erzählen von ihren Mythen, ihrer Geschichte. Droemer Knaur, München 2000.

Saladini, Albert; **Szymezak**, Rascal: Route 66. Auf der Traumstraße mit der Harley-Davidson. Heel Verlag, Königswinter 2000.

Reisebuch

Neumayer, Werner: Wanderungen im Südwesten der USA. Bergverlag Rother, München 1995.

Belletristik **Hillerman**, Tony: Autor einer ganzen Reihe von Ethnothrillern um zwei Navajo-Cops, für die er mit dem Edgar Allan Poe Award und dem Grandmaster Award ausgezeichnet wurde, u. a. »Das Tabu der Totengeister«, »Wer die Vergangenheit stiehlt«, »Tod am heiligen Berg« und viele mehr (alle bei Rowohlt, Reinbek).

Filme »**Butch Cassidy und Sundance Kid**«: Kultwestern mit Paul Newman und Robert Redford. »**Warlock**«: Westernklassiker mit Henry Fonda. »**Falling Down**«: Michael Douglas läuft Amok in Los Angeles. Film über das Amerika der 1990er-Jahre und seiner rassischen, sozialen und wirtschaftlichen Probleme. »**Traffic**«: Drogen-Drama mit Catherine Zeta-Jones und Michael Douglas

Maße · Gewichte · Temperaturen

▶ Längenmaße

1 inch (in; Zoll) = 2,54 cm
1 cm = 0,39 in
1 foot (ft; Fuß) = 30,48 cm
10 cm = 0,33 ft
1 yard (yd; Elle) = 91,44 cm
1 m = 1,09 yd
1 mile (mi; Meile) = 1,61 km
1 km = 0,62 mi

▶ Flächenmaße

1 square inch (in^2) = 6,45 cm^2
1 cm^2 = 0,155 in^2
1 square foot (ft^2) = 9,288 dm^2
1 dm^2 = 0,108 ft^2
1 square yard (yd^2) = 0,836 m^2
1 m^2 = 1,196 yd^2
1 square mile (mi^2) = 2,589 km^2
1 km^2 = 0,386 mi^2
1 acre = 0,405 ha
1 ha = 2,471 acres

▶ Raummaße

1 cubic inch (in^3) = 16,38 cm^3
1 cm^3 = 0,061 in^3
1 cubic foot (ft^3) = 28,32 dm^3
1 dm^3 = 0,035 ft^3
1 cubic yard (yd^3) = 0,765 m^3
1 m^3 = 1,308 yd^3

▶ Flüssigkeitsmaße

1 gill = 0,118 l; 1 l = 8,474 gills
1 pint (pt) = 0,473 l; 1 l = 2,114 pt
1 quart (qt) = 0,946 l; l = 1,057 qt
1 gallon (gal) = 3,787 l
1 l = 0,264 gal

▶ Gewichte

1 ounce (oz; Unze) = 28,35 g
100 g = 3,527 oz
1 pound (lb; Pfund) = 453,59 g
1 kg = 2,205 lb
1 stone = 6,35 kg
10 kg = 1,57stone

▶ Temperaturen

Die Temperatur wird in den USA in °F (= Fahrenheit) gemessen.
Umrechnung:
°C = 5 x (°F–32) / 9
°F = 1,8 x °C + 32
Umrechnungstabelle (Kelvin, Celsius, Fahrenheit):
Siedepunkt:
373 K = 100 °C = 212 °F
Körperwärme:
310 K = 37 °C = 98,6 °F
Gefrierpunkt:
273 K = 0 °C = 32 °F

Medien

Rundfunk

Über die zahlreichen regionalen und lokalen Rundfunksender, die hauptsächlich auf UKW (FM) einen **»Wellensalat«** ohnegleichen verursachen, werden hauptsächlich Konservenprogramme (je nach Tendenz E- und U-Musik) ausgestrahlt, die häufig von Werbespots und Nachrichten in Schlagzeilen unterbrochen werden.
Einige Sender wenden sich an ethnische Gruppen (Indianer, Hispanics usw.) oder Religionsgemeinschaften, andere bringen den ganzen Tag über Nachrichten, Sportmeldungen und Musikprogramme mit und ohne Hörerbeteiligung. Auf **Mittelwelle** (AM) können oft Sender empfangen werden, die touristische und Verkehrsinformationen ausstrahlen. Diese lokalen Sender und ihre Frequenzen werden häufig durch Schilder am Straßenrand angekündigt.

Fernsehen

Die USA sind das Land des Fernsehens schlechthin. Kaum ein Hotelzimmer ohne Fernsehapparat. Rund um die Uhr wird eine **Unzahl von Programmen** ausgestrahlt – vom Science-Fiction-Sender über Nachrichtensender (u.a. CNN), Musiksender (u.a. MTV) und Sportsender bis zur christlichen Heilsverkündung –, die aber meistens immer wieder durch Werbespots unterbrochen werden.

Zeitungen, Zeitschriften

In den einschlägigen Verkaufsstellen liegt eine breite Palette von Tageszeitungen und sonstigen Periodika für jeden Geschmack aus. Tageszeitungen haben in den Wochenendausgaben Beilagen mit **Veranstaltungskalendern** sowie Fernseh-, Radio- und Kinoprogrammen.
Wichtige Wochenzeitschriften sind die **Nachrichtenmagazine** »Time« und »Newsweek« sowie die Wirtschaftsmagazine »Business Week« und »Forbes«. Die führenden überregionalen Tageszeitungen sind »Wall Street Journal«, »USA today«, »New York Times« und »Los Angeles Times«.

Deutschsprachige Blätter

Deutschsprachige Tageszeitungen und Illustrierte sind selten zu bekommen – mit einigem Glück in wenigen gut sortierten Kiosken auf den internationalen Flughäfen und in den wichtigsten Touristenzentren, doch kommen sie in den USA meist mit erheblicher **Verspätung** auf den Markt.

Nationalparks

Naturschutzgebiete

In den Vereinigten Staaten von Amerika stehen zahlreiche Flächen unter besonderem Schutz. Dabei wird unterschieden in **Naturparks bzw. Naturschutzgebiete** (National bzw. State Park, National bzw. State Forest usw.), **denkmalgeschützte Flächen** (National bzw. State

! *Baedeker* TIPP

Golden Eagle Pass

Beabsichtigt man den Besuch mehrerer Nationalparks, so sollte man den Kauf eines »Golden Eagle Pass« in Erwägung ziehen. Ein solches Dokument kostet derzeit 50 $ und gewährt freien Eintritt in alle Nationalparks während eines Kalenderjahres. Dieser Pass ist an den Parkeingängen bzw. in den Besucherzentren (Visitor Centers) erhältlich.

Monument, Historic Site, Archaeological Site) und **Erholungspark** (National bzw. State Recreational Area). In diesen Gebieten ist die Landnutzung eingeschränkt, und die Besucher haben sich entsprechenden Regelungen zu unterwerfen. Die Schutzgebiete werden von speziell ausgebildeten **Parkaufsehern** (Park Ranger) betreut. Wer auf eigene Faust ein solches Gebiet erkunden will, kann dies nur mit Erlaubnis oder Betreuung der Park Ranger tun. Die geschützten Areale sind meist gut markiert. Vielerorts sind mitunter recht **hohe Eintrittsgebühren** (4–20 $ pro Person bzw. Fahrzeug!) zu bezahlen.

Die meisten der National Parks, National Monuments und National Recreation Areas sind im Internet unter folgender Adresse zu finden: **www.nps.gov**.

Übernachtung

In vielen National bzw. State Parks bestehen Übernachtungsmöglichkeiten in Motels, Lodges und Cabins (»Hütten«). **Rechtzeitige Reservierung** wird in jedem Fall empfohlen.

Verhalten in geschützten Gebieten

In Nationalparks und geschützten Gebieten ist es nicht erlaubt, die vorgeschriebenen Wege und Straßen zu verlassen. **Campen** und **Feuermachen** ist nur an den dafür ausgewiesenen Plätzen gestattet; Abfälle dürfen nicht liegen gelassen und Wildtiere nicht gefüttert

Durch die berühmteste Schlucht der Welt kann man mit Maultieren reiten.

werden. **Jagen** ist verboten, **Angeln** nur mit Erlaubnis möglich. Es versteht sich von selbst, dass man keine Pflanzen oder gar Tiere mitnimmt.

Notrufe

Entlang der Interstate Highways sowie weiterer Fernstraßen sind Notrufsäulen aufgestellt.

NOTRUF IN DEN USA

- **Erste Hilfe, Polizei, Feuerwehr**
  Tel. 9 11

- **US-amerikanischer Automobilklub AAA**
  Tel. 1-8 00-AAA-HELP

- **ADAC-Notrufstation in Orlando, Florida**
  Tel. 1-8 88-2 22-13 73

NOTDIENSTE IN DEUTSCHLAND

- **ACE-Notrufzentrale Stuttgart**
  Telefon aus den USA:
  Tel. 00 49/18 02/34 35 36

- **ADAC-Notrufzentrale München**
  Telefon aus den USA:

  Tel. 00 49/89/22 22 22
  (rund um die Uhr besetzt; Beratung nach Unfällen)

  Tel. 00 49/89/76 76 76
  (Ambulanzrückholdienst und Telefonarzt)

NOTDIENSTE IN DER SCHWEIZ

- **Schweizerische Rettungsflugwacht Zürich**
  Tel. 00 41/1/14 14
  bzw. 3 83 11 11

Post · Telekommunikation

Post

Die U. S. Mail ist nur für die Brief- und die Paketbeförderung (auch Geldsendungen) zuständig. Der Telefon- und Telegrammdienst ist privaten Gesellschaften übertragen.

◀ Posttarife

Das Porto für Briefe innerhalb der USA beträgt 32 Cents je Unze (28 g); Postkarten nach Europa kosten 50 Cents. Für einen Brief nach Europa zahlt man 1 USD (maximal 1 Unze/28 g), für ein Aerogramm sind 50 Cents zu entrichten.

◀ Postämter

Die durch eine ausgesteckte US-Flagge gekennzeichneten Postämter sind zu folgenden Zeiten geöffnet: Mo. bis Fr. 9.00–17.00 bzw. 18.00, Sa. 8.00–12.00 Uhr.

WICHTIGE NUMMERN

INNERHALB DER USA

▶ **Innerhalb eines Telefonbezirks**
1 + Teilnehmernummer

▶ **Landesweit**
1 + Vorwahl (Area Code) + Teilnehmernummer

INTERNATIONALE GESPRÄCHE

▶ **Von Privatanschlüssen**
0 11 + Länder- und Ortsnetzkennzahl ohne 0 + Teilnehmernummer
(Vorwahl nach Deutschland: 0 11 49; nach Österreich: 0 11 43; in die Schweiz: 0 11 41)

▶ **Landesweit**
1 + Vorwahl (Area Code) + Teilnehmernummer

▶ **Von öffentlichen Telefonen**
0 oder 01 (Operator)

▶ **Vom Ausland in die USA**
001

▶ **Connect Service nach Deutschland (Kostenfreie Zugangsnummern)**
AT & T: 1-8 00-2 92-00 49
MCI: 1-8 00-9 27-00 49
SPRINT: 1-8 00-7 66-00 49
Die Abrechnung des anschließend geführten Gesprächs erfolgt dann über das eigene Telefonkonto.

Postlagernde Sendungen ▶ Postlagernde Sendungen sind folgendermaßen zu adressieren: Name des Empfängers, c/o General Delivery, Main Post Office, Name des Ortes, Name des US-Bundesstaates.

Briefkästen ▶ Die amerikanischen Briefkästen sind an ihrer blauen Farbe mit der weißen Aufschrift »US Mail« und einem stilisierten Adler zu erkennen.

Private Telefongesellschaften Die Telefonnetze werden in den USA von privaten Gesellschaften betrieben. Im täglichen Gebrauch macht sich dies kaum bemerkbar mit Ausnahme von **internationalen Gesprächen von Telefonzellen** aus, bei denen man den »Operator« einschalten muss.

Telefonzellen ▶ Die öffentlichen Telefonzellen funktionieren mit Münzen zu 25 Cents (»Quarter«), 10 Cents (»Dime«) und 5 Cents (»Nickel«) sowie mit Telefonkarten.

Gebührenfreie Nummern ▶ Gespräche mit 8 00- oder 8 88-Nummern können **nur innerhalb der USA** geführt werden und sind gebührenfrei. Sie sind nicht mit 9 00-Nummern zu verwechseln, hinter denen sich oft teure kommerzielle Dienste verbergen

Buchstaben ▶ Die Telefon-Wähltasten sind auch mit Buchstaben belegt, so dass viele Nummern als leicht zu merkende **Kennworte** angegeben sind. (z. B. landesweite Pannenhilfe: 1-8 00-AAA-HELP).

Gebührenfreie Telefonauskunft ▶ Im ausgelegten Telefonbuch der in Frage kommenden Telefongesellschaft findet man die Hinweise zur Telefonauskunft.

◄ Telefongebühren

Ein Ortsgespräch kostet am Münztelefon 35 Cents. Ein Dreiminutenferngespräch nach Mitteleuropa kostet je nach Tageszeit über 10 $. **Überseegespräche** sollten sinnvollerweise nur von solchen Automaten aus geführt werden, die größere Münzen (25 Cents) annehmen oder an denen Telefon- bzw. Kreditkarten benützt werden können.

◄ Billigtarife

Leicht ermäßigte Telefontarife gelten in der Zeit zwischen 17.00 und 23.00 Uhr, **stark ermäßigte Tarife** zwischen 23.00 und 8.00 Uhr morgens sowie an Wochenenden.

◄ Kartentelefone

Zahlreiche Telefongesellschaften bieten Telefonkarten bzw. Calling Cards an, die **bargeldloses Telefonieren** von öffentlichen Fernsprechern aus ermöglichen. Diese Karten mit einer im Voraus bezahlten Anzahl von Einheiten können in vielen Geschäften, an Automaten, Tankstellen usw. erworben werden.

◄ Telefonieren mit Kreditkarte

An etlichen touristischen Brennpunkten, so auf internationalen Flughäfen und in den Lobbys größerer Hotels sowie an den Rastanlagen einiger Interstates bzw. Highways gibt es auch **Kartentelefone**, die sehr einfach mit gängigen Kreditkarten (American Express, Visa, Mastercrad) bedient werden können. Die anfallenden Gebühren werden über das Kreditkartenkonto abgerechnet.

Mobiltelefon

In den USA benötigt man ein Triple-Band-Mobiltelefon (Triple Band Handy) für 1900 MHz. Ein flächendeckender Netzzugang besteht nicht. Mit vielen europäischen Geräten kann man in den USA nicht telefonieren. Genaueres erfährt man bei den Service-Unternehmen. Mobiltelefone nennt man in den USA »mobile« oder »cell phone«.

Preise

WAS KOSTET WIE VIEL?

3-Gang-Menü
ab 15 $

Einfaches Essen
ab 3 $

Eine Tasse Kaffee
ab 1 $

Mietwagen
ab 30 $
pro Tag

Benzin
1 Gallon
ab 1,80 $

Einfaches Zimmer
ab 20 $

Reisezeit

Klimabestimmende Faktoren

Die beiden entscheidenden klimabestimmenden Faktoren im Südwesten der USA sind die **geografische Breitenlage** sowie die **Ausdehnung der Rocky Mountains**. Die von Norden nach Süden streichenden Gebirgsketten sorgen für eine rasche Abnahme der Niederschlagshäufigkeit und -intensität von West nach Ost. Erst jenseits des 100. Längenkreises, der die **klimatische Trockengrenze** in den USA markiert, wird es wieder feuchter. Der Südwesten zählt somit komplett zur trockenen Westhälfte des Landes. Zudem fungieren die Gebirgsstränge als »Rutschbahnen« sowohl für weit nach Süden vorstoßende polare Kaltluftmassen als auch für weit in den Norden ziehende tropisch-feuchte Warmluftmassen. Nicht selten kommt es daher zu **abruptem Wetterwechsel**.

> **i Beste Reisezeit**
>
> - Die sehr hohen Temperaturen im Sommer und zuweilen recht tiefen Temperaturen im Winter machen den Frühling und den Herbst zu den bevorzugten Reisezeiten.

Generell weist der nördliche Teil des Südwestens ein eher kühlgemäßigtes Klima auf, während die Südhälfte eher der warmgemäßigten Zone zuzuschreiben ist – abgesehen von den Höhenlagen, denn die südlichen Rocky Mountains und weite Bereiche des Hochlandes von Arizona und New Mexico verzeichnen ein leicht feuchtes und kühlgemäßigtes Klima.

Arizona, Südkalifornien, Süd-Nevada, Südwest-Utah

In den tiefer gelegenen Gebieten Arizonas (Raum Phoenix), Südkaliforniens (Mojave-Wüste, Death Valley) und Süd-Nevadas (Las Vegas – Death Valley, Coloradotal) kann es manchmal schon im Frühling **unerträglich heiß** werden. Im Sommer steigen die Temperaturen oft über die 35 °C-Marke. In den tiefen Schluchten und Canyons sind 40 °C und mehr keine Seltenheit. Die angenehmsten Jahreszeiten sind der Frühling und der Herbst, wenn die Höchsttemperaturen normalerweise nicht über 28 °C steigen. Schwieriger sind die Verhältnisse im Winter. Dann sind viele Straßen in den höheren Lagen – so beispielsweise auch an den Rändern des Grand Canyon – wegen Schnee und Glatteis nicht passierbar. Noch im Mai hat man hier oben mit Nachtfrösten zu rechnen.

New Mexico

Ähnlich wie in Arizona stellt sich die Situation im östlich benachbarten Bundesstaat New Mexico dar. Auch hier tragen die hohen Berge bis weit in den Frühling hinein **dicke Schneekappen**. Andererseits ist es im Sommer in den Hochlagen sehr angenehm. Wenn beispielsweise das Thermometer unten in Albuquerque schon weit über die 30 °C-Marke gestiegen ist, kann man sich oben in Santa Fe oder Taos über Temperaturen von 25 °C freuen. Nicht selten entladen sich in den Sommermonaten **heftige Gewitter**, die zwar für willkommene

Abkühlung sorgen, deren Sturzfluten aber Bergwanderer, Mountainbiker, Wildwasserfahrer etc. in höchste Gefahr bringen können. Die schönsten Jahreszeiten sind der Frühling und der Herbst. Allerdings hat man mit empfindlich kühlen Nächten zu rechnen.

USA Südwesten Klimastationen

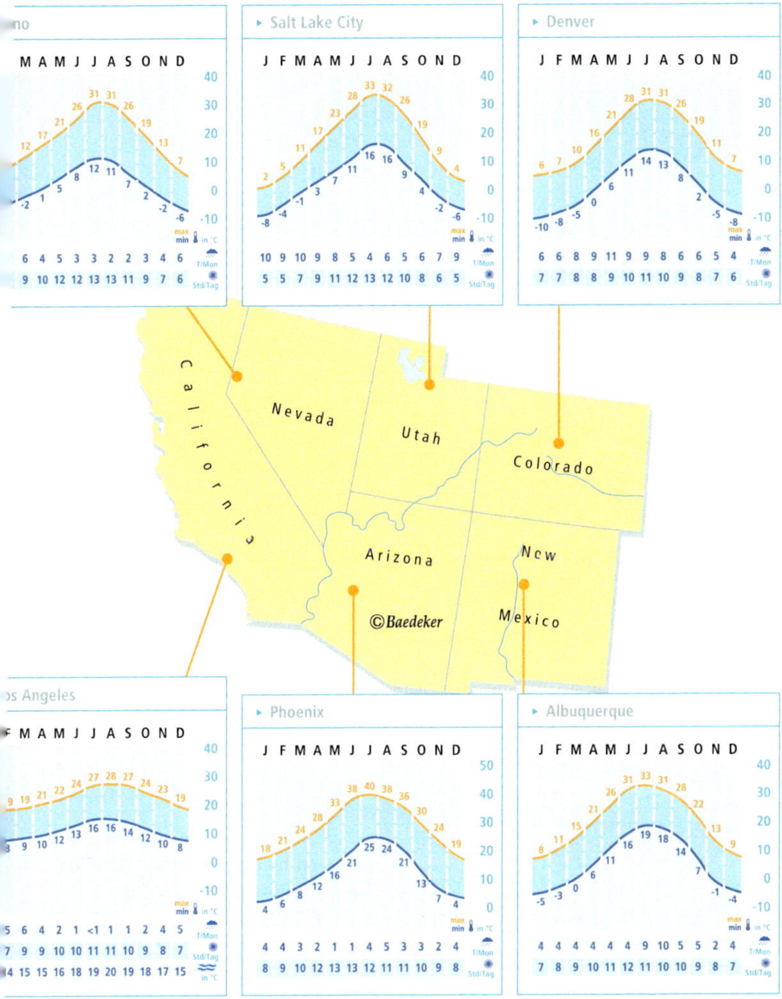

Utah, Nevada Im Norden Utahs und Nevadas fallen vor allem in Luvlagen der Hochgebirge überraschend **reichliche Niederschläge**. Auch ist es in den höheren Lagen das ganze Jahr über relativ kühl. Die tiefer gelegenen und zumeist steppen- bis wüstenhaften Gebiete zeichnen sich hingegen durch geringe Niederschlagsmengen, hohe Tagestemperaturen und erstaunlich niedrige Nachttemperaturen im Sommer aus. Im Hochsommer ziehen **heftige Gewitter** vor allem über das von vielen Canyons zerfurchte Colorado-Plateau und bringen Mensch und Tier in Gefahr. In dieser Zeit sollte man auf die Begehung von sog. Slot Canyons verzichten. In manchen Teilen Nevadas und Utahs muss man sogar im Hochsommer gelegentlich mit Bodenfrost rechnen.

Colorado Im gebirgigen Westen von Colorado hat man von November bis April mit zum Teil sehr **ergiebigen Schneefällen** zu rechnen. Selbst im Mai treten noch Spätfröste auf. Es folgt ein relativ kurzer Bergsommer, der von Juni bis August dauert. Bereits im September setzt der **Indian Summer** ein, der sich durch eine besonders intensive Laubfärbung auszeichnet und – je nach Höhenlage – ca. drei bis vier Wochen anhält.

Ganz anders ist die Situation im Lee der Front Range, also im Raum Denver – Colorado Springs. Hier ist es im Sommer ziemlich trocken und warm. Nur gelegentlich ziehen Gewitterstürme mit sintflutartigen Regenfällen übers Land.

Shopping

Mall, Marketplace, Galleria Einkaufsstraßen im europäischen Sinne gibt es nur in den Zentren einiger größerer Städte und in touristischen Brennpunkten des Südwestens. Ansonsten sind die Einkaufsmöglichkeiten »downtown« recht beschränkt. Jeder Ort aber, der etwas auf sich hält, hat mindestens eine »Mall«, einen »Marketplace«, eine »Galleria«, einen »Flea Market« und einen Fabrikverkauf aufzubieten. Die **örtlichen Fremdenverkehrsbüros** bzw. Chambers of Commerce halten entsprechendes Informationsmaterial bereit. Mehrmals im Jahr finden **Ausverkäufe** (sales) statt, wobei die Preisnachlässe teils erheblich sind.

Anders sieht es in ländlichen Regionen aus: Die Versorgung ist hier zwar gesichert, aber das Angebot ist beschränkt. In vielen abgelegenen Orten gibt es lediglich einen kleinen Laden (General Store), in dem man Dinge für den täglichen Bedarf, allerlei technische Gerätschaften und manchmal sogar Benzin kaufen kann.

! *Baedeker* TIPP

Mitbringsel

Wenn Sie den Lieben zuhause etwas originelles mitbringen möchten: Wie wär's mit Kaktusmarmelade oder Wildblütenhonig? Und für die Heißblütigen vielleicht scharfe Chilisoßen!

Geschäfte haben in der Regel Mo. bis Fr. 10.00–18.00 Uhr geöffnet, die größeren Shopping Malls stehen Mo. bis Sa. 10.00–21.00 Uhr offen. Einige Geschäfte haben auch sonntags (längstens bis 18.00 Uhr) geöffnet. Manche Supermärkte sind die ganze Woche über rund um die Uhr geöffnet.

Shopping Malls

Bei Einkäufen in den USA ist zu beachten, dass viele Waren einer regionalen Verkaufssteuer (sales tax) unterliegen, die – je nach Bundesstaat – zwischen **4% und 15%** liegt und auf den ausgezeichneten Preis aufgeschlagen werden muss.

Steuern (sales tax)

Ziemlich preiswert kann man bisweilen in den Factory Outlets einkaufen, wo verschiedenste Firmen ihre **Markenprodukte**, vor allem Kleidung, direkt an die Kundschaft verkaufen. An manchen Orten sind regelrechte »Outlet Centers« ausgebildet, in denen gleich mehrere Dutzend Anbieter ihre fabrikneuen Erzeugnisse feilhalten. In der Regel sind die Fabrikverkaufsstellen von den eigentlichen Produktionsbetrieben getrennt.

Fabrikverkäufe (Factory Outlets)

An der Olvera Street im Pueblo de Los Angeles geht's ziemlich bunt zu.

Sehr beliebt sind Erinnerungen an Besuche in den großen Vergnügungsparks und **Souvenirs** wie Sweatshirts und Mützen aus den Shops der Nationalparks und Museen. Relativ preiswert sind **Elektronikartikel** (Achtung: 110 Volt!), vor allem Telefone, Anrufbeantworter, Computer sowie Foto- und Videogeräte, zudem CDs. Preisgünstig sind darüber hinaus **Oberbekleidung**, besonders Jeans, Kinderkleidung, Wäsche, Lederwaren, Schuhe und Sportartikel.

Zu den schönsten Souvenirs aus dem Südwesten gehören die kunsthandwerklichen Arbeiten der Indianer, die man nicht nur in Museumsläden, Handelsposten (trading posts) und Galerien in den Reservaten und in größeren Städten kaufen kann, sondern auch an Ständen entlang der meistbefahrenen Touristenrouten. Dazu gehören vor allem **Silberschmuck, Türkis, Webteppiche, Töpferware, Flechtarbeiten** und wunderschöne **Sandmalereien** mit geheimnisvollen Symbolen, Mustern und Zeichen. Sehr beliebt als Mitbringsel sind **Kachinas**, jene geschnitzten und hübsch verzierten Holzpuppen der Hopi. In Santa Fe, Taos, Sedona und einigen anderen Orten haben sich etliche Künstler angesiedelt, deren z.T. herausragende Werke man in örtlichen Galerien erwerben kann.

KONFEKTIONSGRÖSSEN

Herrenbekleidung

Anzüge:

USA	36	38	40	42	44	46	48
BRD	46	48	50	52	54	56	58

Hemden:

USA	14	14½	15	15½	16	16½
BRD	36	37	38	39	40	41

Schuhe:

USA	6½	7½	8½	9	10	10½
BRD	39	40	41	42	43	44

Damenbekleidung

Kleider:

USA	6	8	10	12	14	16	18
BRD	36	38	40	42	44	46	48

Strümpfe:

USA	8	8½	9	9½	10	10½
BRD	0	1	2	3	4	5

Schuhe:

USA	5½	6	7	7½	8½	9
BRD	36	37	38	39	40	41

Westernartikel Gern gekauft werden auch Westernartikel wie Stetsonhüte, Hemden, Jeans, Cowboystiefel, Westernkrawatten und Gürtel. In jeder größeren Stadt findet man ein Geschäft für »western wear«.

Konfektionsgrößen In den Vereinigten Staaten werden Kleidungsstücke und Schuhe in anderen Größen als hierzulande markiert. Oft sind sie nur mit den relativ wenig aussagekräftigen Größen »S« (von »small« = klein), »M« (von »medium« = mittel), »L« (von »large« = groß) und »XL« bzw. »XXL« (von »extra large« = übergroß) ausgezeichnet.

Sicherheit

Kriminalität Scharf ausgeprägte soziale Gegensätze, Drogenhandel und die Problematik der illegalen Einwanderung aus dem mittel- und südamerikanischen Raum haben vor allem in Großstädten wie Los Angeles, Phoenix, Albuquerque und Las Vegas die **Kriminalitätsrate** emporschnellen lassen. Selbst in kleineren Städten muss man nach Einbruch der Dunkelheit in bestimmten Gegenden, z. B. in Parkanlagen, besondere Vorsicht walten lassen. In Notsituationen wende man sich unbedingt an die nächste Polizeidienststelle (Tel. 9 11).

Tipps zum richtigen Verhalten Bei Dunkelheit meide man bestimmte Gegenden wie **Parkanlagen**, **große Haltestellen** öffentlicher Verkehrsmittel und **zwielichtige Stadtbezirke**. Auch schwach besetzte Nahverkehrsmittel zu nächtlicher Stunde können Gefahren bergen. Man sollte sich nicht scheuen, im Hotel oder bei Bekannten zu fragen, welche Gegenden man besser nicht betreten sollte (»no-go-areas«). Spätheimkehrer sollten ein Taxi benutzen und nach Möglichkeit nicht allein unterwegs sein.

Im Äußeren und im Verhalten gebe man sich nicht offensichtlich **als Tourist** zu erkennen und Kameras sowie Schmuck trage man diskret. Ungeniertes Fotografieren in problematischen Bereichen ist besser zu unterlassen.
Wertgegenstände und größere Bargeldmengen sollte man nie mit sich führen, sondern im **Hotelsafe** deponieren. Statt Bargeld kann man Dollar-Reiseschecks und Kreditkarten mit sich nehmen; andererseits kann eine kleinere Menge Bargeld (10–50 US-$) im Fall der Fälle schon ausreichen, um einigermaßen ungeschoren davonzukommen. Statt Schulter- oder Gelenktaschen trage man lieber **feste Gürteltaschen**. Im Hotel sollte man niemals Wertsachen auf dem Zimmer lassen. Wer sich von anderen Personen verfolgt fühlt, sollte vom nächsten sicheren Platz aus die Polizei verständigen.

Sicherheitstipps für Autofahrer

Es empfiehlt sich, die Fahrtroute im Voraus zu studieren. Hat man sich verfahren und sucht Rat, steuere man einen Parkplatz vor einer Tankstelle oder einem Geschäft an.
Wird man von hinten oder von der Seite angefahren, ist Vorsicht geboten: Nach Möglichkeit nicht sofort anhalten, sondern den nächsten gut **ausgeleuchteten und einsehbaren Parkplatz** einer Tankstelle oder eines Ladengeschäftes ansteuern, um von dort aus die Polizei (Tel. 9 11) zu rufen.
Von der Mitnahme von **Anhaltern** ist dringend abzuraten. Man parke sein Fahrzeug nur auf gut ausgeleuchteten und einsehbaren Plätzen. Übernachten im Auto sollte man tunlichst unterlassen.

Sprache

Unterschiede im Sprachgebrauch

Das amerikanische Englisch unterscheidet sich vom britischen Englisch und vom deutschen Schulenglisch nicht nur ein wenig in Aussprache und Betonung, sondern vor allem auch im Wortschatz.

AMERIKANISCHES ENGLISCH

Deutsch	American English	British English
anrufen, telefonieren	to call, to phone	to ring up
Aussichtsturm	observatory	view tower, belvedere
Bahnsteig	track	platform
Benzin	gas, gasoline	petrol
Brille	eyeglasses	spectacles
Bürgersteig	sidewalk	pavement
Drogerie	drugstore	chemist
Einfache Fahrt	one way ticket	single ticket
Eisenbahn	railroad, railway	railway

Eisschrank	icebox	refrigerator
Erdgeschoss	first floor	ground floor
erster Stock	second floor	first floor
Fahrstuhl	elevator	lift
Ferngespräch	long distance call	trunk call
Film (im Kino)	movie	film
Gang, Durchgang	aisle	gangway
Garderobe, Gepäckraum	checkroom	cloakroom
Gefährte, Kerl	guy	fellow, chap
Gepäck	baggage	luggage
Geschäft	store	shop
Herbst	fall	autumn
Hosen	pants	trousers
Keks	cookies, crackers	biscuits
Kinder	kids	children
Kino	movie(theatre)	cinema
Konservendose	can	tin
Kühlerhaube	hood	bonnet
Lastwagen	truck	lorry
Mais	corn	maize
nach (zeitlich)	after	past
Polizist	cop, officer	bobby, policeman
Post	mail	post
Postleitzahl	zip code	postcode
Rechnung	check	bill
reparieren	to fix	to repair
Rückfahrkarte	round trip ticket	return ticket
Schrank	closet	cupboard
Schraubenschlüssel	wrench	spanner
Schuhputzmittel	shoeshine	boot polish
Sommerzeit	daylight saving time	summertime
Stoßstange	bumper	buffer
Straßenbahn	streetcar	tram
Taschenlampe	flashlight	torch
Toilette	restroom	lavatory
Unterführung	underpass	subway
Urlaub, Ferien	vacation	holidays
U-Bahn	subway	underground
Verabredung	date (Rendezvous), appointment (geschäftlich)	appointment
Vorname	first name	Christian name
Wohnung	apartment	flat
Wohnwagen	trailer	caravan
Zuname	last name	surname
zweiter Stock	third floor	second floor
14 Tage	two weeks	fortnight

Übernachten

Hotels

Die eigentlichen Hotels finden sich meist in den Innenstädten bzw. in den touristischen Zentren. Die größeren und bedeutenderen Häuser unterhalten **Zubringerdienste** zu den nächsten Flughäfen. In den größeren Hotels gibt es neben Restaurants auch Coffee Shops, Snack Bars, kleine Geschäfte, Kosmetik- und Friseursalons sowie Büros von Mietwagenfirmen und Fluggesellschaften.

Resorts

Als luxuriöse Ferienanlagen mit allen erdenklichen Freizeit- und Sportmöglichkeiten bieten sich die Resorts an. Diese oft im **Stil von Ferienklubs** geführten Hotelkomplexe verfügen über eigene Badestrände, Tennis- und Golfplätze, Pferdekoppeln usw., bieten Unterhaltung der gehobenen Art und sind in der Regel sehr teuer.

Motels

Auf die Bedürfnisse von Autotouristen sind Motels (d. h. »motorist's hotels«) zugeschnitten. Sie werden meist an Ausfallstraßen errichtet, verfügen über Autoparkplätze in Zimmernähe und je nach Komfort auch über Swimming Pools und Sportplätze.

Bed & Breakfast

Man darf sich von der Bezeichnung nicht täuschen lassen: Bed & Breakfast ist in den USA eine relativ **teure Angelegenheit** und hat nur sehr wenig mit der vielleicht aus Großbritannien oder Irland bekannten, eher preiswerten Übernachtungsmöglichkeit bei Familien zu tun. In den USA beginnen die Preise bei ca. 70 $ und können bis zu 200 $ reichen – dafür kommt man aber auch in einem kleinen Hotel unter, das oftmals in einem denkmalgeschützten Gebäude untergebracht ist und nur wenige, aber meist sehr geschmackvoll eingerichtete Zimmer besitzt. Rechtzeitige **Reservierung** ist angezeigt. Adressen erhält man bei der Association of American Historic Inns (► S. 103).

? WUSSTEN SIE SCHON ...?

- ... dass Frühstück nur selten im Übernachtungspreis inbegriffen ist? In vielen Hotels wird auch der Garagenplatz extra berechnet.

Steuern

Zu den Übernachtungskosten muss man die in den einzelnen Bundesstaaten geltenden Steuern und Abgaben rechnen, die **bis zu 15%** des Nettobetrages ausmachen können. Für Kinder, die im selben Zimmer mit den Eltern wohnen, fallen keine weiteren Kosten an; für zusätzliche Erwachsene beläuft sich der Zuschlag auf 8 bis 20 $.
Viele, auch sehr luxuriöse Hotels bieten **Wochenendtarife** an, die z. T. erheblich unter den Normalpreisen liegen – nachfragen lohnt!
Es ist ratsam, Hotel- bzw. Motelübernachtungen **im Voraus** über die 800-Nummern zu buchen, die die meisten Hotels besitzen. **Unterkunftsverzeichnisse** (Accomodation Guide) können auch bei den örtlichen Fremdenverkehrsbüros angefordert werden.

Hotel- und Motelketten

Die großen amerikanischen Hotelketten Best Western, Days Inn, Hilton, Holiday Inn, Howard Johnson, Ramada und TraveLodge unterhalten an vielen attraktiven Plätzen in den USA Beherbergungsbetriebe. Diese Unternehmen haben **Vertretungen** in Deutschland, Österreich und in der Schweiz, bei denen **Übernachtungsgutscheine** (Vouchers; Mindestabnahme: fünf Gutscheine) zu günstigen Tarifen angefordert werden können. Auch über Reisebüros können Hotelgutscheine bezogen bzw. Zimmer im Voraus gebucht werden.

i Preiskategorien

- Luxus: ab 150 USD
- Komfortabel: 80–150 USD
- Günstig: bis 80 USD
  für ein Doppelzimmer pro Nacht
  ohne Frühstück

- Hotels und Pensionen ►Reiseziele von A bis Z

Jugendherbergen

»schwarze Schafe«

Wie überall gibt es auch unter den Jugendherbergen »schwarze Schafe«, die in keiner Weise den **HI-AYH-Normen** entsprechen und dem Verband auch nicht angehören. Die echten Jugendherbergen erkennt man am dreieckigen HI-Logo mit dem Haus- und Baum-Symbol.

Hostelling International – American Youth Hostels

Der US-amerikanische Jugendherbergsverband Hostelling International – American Youth Hostels (HI-AYH) ist dem Internationalen Jugendherbergsverband angeschlossen und stattet seine Häuser nach dessen Normen aus. Sie sind in aller Regel von 7.30–10.00 und 16.30–23.00 Uhr geöffnet, in Großstädten länger.
Die Preise bewegen sich zwischen 10 und 20 $ pro Nacht. Ein **internationaler Jugendherbergsausweis** wird nicht immer verlangt, um sicher zu gehen, sollte man sich dennoch einen solchen besorgen.

YMCA · YWCA

Etwas teurer

In allen größeren US-amerikanischen Städten können sich junge Menschen in Sachen Unterkunft an die christlich orientierten, dem deutschen CVJM entsprechenden Verbände YMCA (Young Men's Christian Association) und YWCA (Young Women's Christian Association) wenden, deren Beherbergungsbetriebe jedoch **meist ausgebucht**, mitunter auch nicht ganz preiswert sind.

Studenten- und Dozentenwohnheime

Hinweis

Während der **Hochschulferien** kann man verschiedenenorts oftmals recht preisgünstig in Studenten- und Dozentenwohnheimen logieren. Detaillierte Informationen halten die Fremdenverkehrsstellen bzw. die Hochschulverwaltungen der jeweiligen Orte bereit.

Ranchaufenthalt

Immer mehr Mitteleuropäer, die in den Südwesten der USA reisen, möchten wenigstens ein paar Tage so leben, wie sie es in ihren Karl-May-Büchern gelesen oder in diversen Westernfilmen und Zigarettenwerbespots gesehen haben: Wilde Pferde, lassoschwingende Cowboys, eine grandiose Felswüste und riesige Steaks am Lagerfeuer unter einem sternefunkelnden Firmament. Dass man mit der Erfüllung solcher Wünsche Geld verdienen kann, haben inzwischen nicht nur einige **rührige Rancher** und Farmer in Arizona, Colorado etc. erkannt, sondern auch verschiedene Reiseveranstalter. Sie bieten Aufenthalte auf so genannten Dude Ranches, auf denen das touristische Angebot im Vordergrund steht, an, oder auf preiswerteren Working Ranches, auf denen die Möchtegern-Cowboys mithelfen müssen.

◀ Informationen

Ausführliche Informationen zum Thema erhält man bei den Auskunftsstellen der einzelnen Bundesstaaten (▶ Auskunft). Auch gute Reisebüros halten Informationsmaterial und Angebote bereit.

Camping

Campgrounds

◀ private Einrichtungen

In den USA gibt es zahllose Campingplätze. Standard ist dabei eine Parzelle mit Stellplatz, Tisch, Bank und Feuerstelle. Auf privaten Campingplätzen sind **gepflegte sanitäre Anlagen** selbstverständlich. Oft sind zusätzliche Einrichtungen wie Lebensmittelmärkte, Snack Bars, Waschräume, Fernsehräume, Swimming Pools und Saunen vorhanden. Auf vielen Plätzen kann man auch kleine Blockhütten mieten.

Die Stadt mit den meisten Unterkünften: Las Vegas.

WICHTIGE ADRESSEN

HOTEL- UND MOTELKETTEN

- **Best Value Inns/Sundowner/ Superior**
  Tel. (8 00) 3 22-80 29
- **Best Western International**
  Tel. (8 00) 5 28-12 34
- **Budgetal Inns**
  Tel. (8 00) 4 28-34 38
- **Choice Hotels International**
  Tel. (8 00) 2 28-50 50
- **Clarion Hotels & Resorts**
  Tel. (8 00) 2 28-92 90
- **Days Inn**
  Tel. (8 00) 3 29-74 66
- **Econo Lodge**
  Tel. (8 00) 4 46-69 00
- **Hilton**
  Tel. (8 00) 4 45-86 67
- **Holiday Inn**
  Tel. (8 00) 4 65-43 29
- **Hyatt**
  Tel. (8 00) 2 33-12 34
- **Inter-Continental**
  Tel. (8 00) 3 27-02 00
- **Marriott**
  Tel. (8 00) 2 28-92 90
- **Motel 6**
  Tel. (8 00) 4MOTEL6
- **Preferred Hotels**
  Tel. (8 00) 3 23-75 00
- **Quality Inns**
  Tel. (8 00) 2 28-51 51
- **Radisson Hotel Corp.**
  Tel. (8 00) 3 33-33 33
- **Ramada Inns**
  Tel. (8 00) 8 54-78 54
- **Red Lion Inns**
  Tel. (8 00) 5 47-80 10
- **Red Roof Inns**
  Tel. (8 00) THE-ROOF
- **Regal Inns**
  Tel. (8 00) 8 51-88 88
- **Regent International Hotels**
  Tel. (8 00) 5 45-40 00
- **Residence Inn by Marriott**
  Tel. (8 00) 3 31-31 31
- **The Ritz-Carlton**
  Tel. (8 00) 2 41-33 33
- **Rodeway Inns**
  Tel. (8 00) 2 28-50 50
- **Sheraton Hotels & Motor Inns**
  Tel. (8 00) 3 25-35 35
- **Sleep Inns**
  Tel. (8 00) 7 53-37 46
- **Sonesta Hotels**
  Tel. (8 00) SONESTA
- **Super 8 Motels, Inc.**
  Tel. (8 00) 8 00-80 00
- **TraveLodge Hotels**
  Tel. (8 00) 5 78-78 78
- **Treadway Inns Corp.**
  Tel. (8 00) 8 73-23 92

- **Trusthouse Forte Hotels**
  Tel. (8 00) 2 25-58 43
- **Vagabond Inns, Inc.**
  Tel. (8 00) 5 22-15 55
- **West Coast Hotels**
  Tel. (8 00) 4 26-06 70

BED & BREAKFAST

- **Association of American Historic Inns**
  P.O. Box 336, Dana Point
  CA 92629.

JUGENDHERBERGEN

- **HI-AYH National Office**
  733 15th Street NW., Suite 840
  Washington, DC 20005
  Tel. (2 02) 7 83-61 61
  Fax 7 83-61 71

YMCA

- **YMCA/YWCA Central Office**
  291 Broadway
  New York, NY 10010
- **CVJM**
  Im Druseltal 8
  D-34131 Kassel
  Tel. (05 61) 3 08 70

CAMPING

- **National Association of RV Parks & Campgrounds**
  8605 Westwood Center Dr.
  Suite 201, Vienna, VA 22182
  Tel. (7 03) 734-30 00
- **Kampgrounds of America**
  P.O. Box 30558
  Billings, MT 59114
  Tel. (4 06) 2 52-31 04

◄ Staatliche Einrichtungen

Auf staatlichen Campingplätzen, beispielsweise in National Parks und State Parks, kann man **sehr preiswert** und zudem meist in schöner Umgebung übernachten. Dafür müssen manchmal allerdings erhebliche Abstriche bezüglich Ausstattung und Komfort hingenommen werden.

Dringend reservieren!

Die Campingplätze werden vor allem in den Hauptferienzeiten sowie an verlängerten Wochenenden stark frequentiert. Eine rechtzeitige Buchung von Stellplätzen wird dringend angeraten. Freies oder **wildes Kampieren** ist verboten. Ausnahmebewilligungen müssen bei den in Frage kommenden Kommunalverwaltungen beantragt werden

Urlaub aktiv

Zuschauersport

Allgemeines

Die beliebtesten Zuschauersportarten im Südwesten sind Football, Baseball und Basketball. Der europäische Fußball ist trotz der 1994 in den USA abgehaltenen Weltmeisterschaft weit davon entfernt, eine Massensportart zu sein. Wenn sich die Gelegenheit bietet, sollte man ein Football- oder Basketballspiel nicht versäumen.

American Football Der mit Abstand größte Publikumsrenner ist American Football, dessen kompliziertes Regelwerk für Europäer nicht leicht zu begreifen ist – was fasziniert, sind die Dynamik und die taktischen Feinheiten dieses aus dem Rugby hervorgegangenen Mannschaftssports. Höhepunkt der Saison ist im Januar das Spiel um den **Super Bowl**, die Krone des Football.

Baseball Auf Platz 2 der Beliebtheitsskala rangiert Baseball, aus dem englischen Cricket entstanden und noch schwerer zu durchschauen als Football. Spitzenteams aus dem Südwesten sind u. a. die **San Diego Padres** und die **Los Angeles Dodgers**.

Basketball Dank Superstars wie Charles Barkley, Shaquille O'Neal, Scottie Pippen und vor allem Michael »Air« Jordan, aber auch wegen des deutschen Spielers Dirk Nowitzki in Dallas ist Basketball bei den Amerikanern sehr beliebt. Mit den Los Angeles Lakers und den Phoenix Suns kommen auch zwei Spitzenteams aus dem Südwesten.

Im Land der Cowboys darf natürlich das Rodeo nicht fehlen.

Starke Publikumsmagneten sind **Boxveranstaltungen**, wobei sich Las Vegas inzwischen zum Mekka von Freunden dieser Sportart entwickelt hat. Denn hier finden regelmäßig große Titelkämpfe statt.

Weitere beliebte Zuschauersportarten sind Automobilrennen (in erster Linie Stock Car Races), Pferderennen, Tennis, Ringen, Golf, Lacrosse (aus dem baskischen Pelota abgeleitet) und natürlich das Rodeo.

Aktivsport

Ballooning (Ballonfahren) Schön zum Anschauen, aber auch zum Mitfliegen sind Heißluftballons, die an vielen Orten im Südwesten aufsteigen. Ein Flug über die Wüsten und Gebirge New Mexicos oder über das Colorado-Plateau mit seinen grandiosen Felskulissen ist ein unvergessliches Erlebnis. Höhepunkt im Leben eines Ballonfahrers ist die Teilnahme am **Ballon Festival**, das alljährlich im Oktober in Albuquerque stattfindet.

Angeln Angeln ist eines der größten Freizeitvergnügen der Amerikaner. Die lokalen Fremdenverkehrsstellen halten z. T. sehr umfangreiche Broschüren bereit, die interessierten Sportanglern geeignete Reviere zeigen. Wer angeln will, muss in einigen Counties eine **Angellizenz** (meist gebührenpflichtig) vorweisen können.

SPORTLICHE AKTIVITÄTEN

ANGELN

- **Colorado und Utah**
  Flüsse und Seen in den Hochgebirgsregionen

- **Big Thompson River**
  Estes Park, CO

  Informationen bei den Auskunftstellen der Bundesstaaten (►Auskunft)

WANDERN (TREKKING)

- **In den Nationalparks**
  Informationen bei den Nationalparkverwaltungen oder bei:
  American Hiking Society
  101531st St. NW,
  Washington, DC 20007

KLETTERN

- **Rocky Mountains**
  Hochgebirgszüge (Front Range, Wasatch Mountains u. a.)

- **Colorado-Plateau**
  Felsburgen, Felstürme und Canyonwände

  Informationen bei den Auskunftstellen der Bundesstaaten

REITEN

- **Grand Canyon**
  Maultierritte

- **Bryce Canyon, Canyonlands National Park, Canyon de Chelly, Monument Valley**
  Informationen bei den Parkverwaltungen

MOUNTAINBIKING

- **Colorado-Plateau**
  zahlreiche Canyons mit steilen Pfaden und glatten Slickrocks

- **Moab, UT**
  Gemini Trail im Canyonlands National Park oder Slickrock Trail

- **Crested Butte, CO**
  Trails aller Schwierigkeitsgrade

  Informationen bei den Nationalparkverwaltungen und bei den Auskunftstellen

WASSERSPORT

- **Lake Powell, Lake Mead, Lake Havasu**
  an den Colorado-Stauseen kann man Strandurlaub machen, Hausboote mieten oder Wasserski fahren.

RAFTING

- **Colorado River**
  In Grand Junction, CO beginnen Flussexkursionen am Oberlauf des Colorado River (beste Zeit: Mai bis August).

  In Moab starten Touren durch den Westwater Canyon und durch den Cataract Canyon.

  In Lee's Ferry (unterhalb des Glen Canyon Dam) beginnen Touren durch den Marble Canyon und den Grand Canyon (beste Zeit: April bis Oktober).

- **Green River**
  In Vernal, UT starten Wild-wasserfahrten durch den Deso-lation Canyon und den Gray Canyon (beste Zeit: Mai und Juni).

  Im Städtchen Green River gehen auch Rafting-Touren los.

Golf Die Vereinigten Staaten von Amerika sind ein **Mekka für die Freunde des Golfsports**, denn im Gegensatz zum deutschsprachigen Raum gilt Golf in den USA durchaus als Volkssport. Selbst mitten in der Wüste werden Golfplätze mit höchstem Aufwand bewässert und gepflegt. Viele Golfklubs lassen auch Mitglieder ausländischer Klubs auf ihren Plätzen spielen. Die Fremdenverkehrsstellen der einzelnen Bundesstaaten (► Auskunft) halten ausführliche Broschüren zum Thema Golf bereit.

Tennis Im **»gelobten Land« des Tennissports** haben schon etliche deutsche »Cracks« wie Boris Becker, Michael Stich und besonders Steffi Graf ihren Ruhm gemehrt. Wer selbst gern Tennis spielt, kann dies praktisch das ganze Jahr über auf zahlreichen, oftmals hoteleigenen Plätzen tun. Auf vielen Plätzen hat man zudem Gelegenheit, als Zuschauer hochkarätig besetzten Ausscheidungskämpfen beizuwohnen.

Wandern, Trekking Zum Wandern (Trekking) sind die verschiedenen **National Parks, State Parks** und **Recreational Areas** bestens geeignet. Zu den schönsten und interessantesten Punkten solcher Gebiete führen gut markierte Pfade und Wege. Die Park- und Forstverwaltungen verfügen über eigene Besucherzentren und Informationsbüros. Vor Antritt einer längeren Wanderung sollte man sich hier eingehend beraten lassen. In den meisten Nationalparks werden geführte Wanderungen angeboten, wobei man **fachkundige Informationen** über natur- und kulturlandschaftliche Eigenheiten erhält.

Reiten Dass man im Lande der Indianer und Cowboys gern reitet, versteht sich von selbst. Das Reiten steht in allen **Guest Ranches** auf dem Programm.

Die neuesten Angebote auf diesem Sektor heißen **Cattle Drive** und **Horse Drive**. Dabei helfen die Gäste einer Ranch, die gerne Amateur-Cowboys sein möchten, den richtigen Cowboys bei ihrer Arbeit, d. h. sie helfen mit, eine Rinderherde oder eine Herde von Pferden von Ranch zu Ranch zu treiben. Auch auf manchen Rodeos werden Touristen, die gerne reiten, zu Späßen wie »Barrel Racing« Und »Team Penning« animiert.

Der allerletzte Schrei ist eine sog. **Posse Week**. Echte Western-Fans unter den Touristen schwingen sich dann für mindestens eine Woche auf Pferde, nehmen die Rolle des Gesetzlosen (Outlaw) oder des Gesetzeshüters (Posse) an und versuchen – wie zu Zeiten von Billy the Kid – entweder den Verfolgern zu entkommen oder die Bösen einzufangen.

Rafting Die relativ wasserreichen Flüsse Colorado, Green River, Virgin River, San Juan River, Escalante River, Animas River (bei Durango, CO) und nicht zuletzt der Rio Grande sowie einige seiner Nebenflüsse ziehen mit ihren wilden Schluchten abenteuerlustige Wildwasserfahrer aus aller Welt an.

►dort Wintersport

Vergnügungsparks

Die zahlreichen kleinen und großen Vergnügungsparks sind für Amerikaner eine Attraktion ersten Ranges. Sie finden regen Zulauf nicht nur von Eltern mit Kindern, auch Erwachsene allein verbringen hier einen großen Teil ihrer Freizeit inmitten von Spaß, Abenteuer und einer gehörigen Portion Kitsch und heiler Welt. Nachfolgend sind einige der meistbesuchten Vergnügungsparks aufgelistet:

AUSWAHL

CALIFORNIA

► **Disneyland**
1313 Habor Blvd., Anaheim
Tel. (714) 781-4565
Öffnungszeiten: ganzjährig,
Sommer tgl. 8.00–1.00,
Winter tgl. 10.00–18.00 Uhr

► **Sea World**
Sea World Dr., San Diego
Tel. (619) 226-3901,
1-(800) 325-3150
Öffnungszeiten: ganzjährig tgl.
9.00 Uhr bis zur Dämmerung

► **Universal Studios**
Hollywood Freeway
Universal City
Tel. (818) 508-9600
Öffnungszeiten:
Sommer tgl. 7.00–23.00 Uhr,
Winter tgl. 9.00–19.00 Uhr

► **Six Flags Magic Mountain Amusement Park**
Santa Clarita, am I-5, nördlich von
San Fernando (Los Angeles)

COLORADO

► **Arcade Amusement**
Manitou Springs
(bei Colorado Springs)
Tel. (719) 685-9815
Öffnungszeiten:
erstes Wochenende im Mai bis
Labour Day tgl. 10.00–24.00 Uhr

► **Lakeside Amusement Park**
Sheridan Blvd., Denve
Tel. (303) 477-1621
Öffnungszeiten:
Mai Sa., So. 12.00–23.00,
Juni bis Labour Day
Mo. bis Fr. 8.00–23.00,
Sa., So. 12.00–23.00 Uhr

NEW MEXICO

► **Cliff's Amusement Park**
4800 Osuna Rd. NE., Albuquerque
Tel. (505) 881-9373
Öffnungszeiten:
Mai Sa. 12.00–24.00;
Memorial Day bis Labour Day Di. bis Fr. 18.00–22.00, Sa. 12.00–22.00, So. 13.00–21.00;
Sept. Sa. 12.00–21.00,
So. 13.00–19.00 Uhr

UTAH

► **Lagoon Amusement Park**
Pioneer Village & Water Park
Farmington
Tel. (801) 451-8000
1 (800) 748-5246
Öffnungszeiten: Juni bis Aug.
tgl. 11.00–20.00 Uhr

Verkehr

Verkehrsvorschriften

Unterschiede zu Europa Jeder Staat in den USA hat neben bundesweiten auch eigene Verkehrsgesetze. Gegenüber den Bestimmungen in Europa sind folgende Unterschiede unbedingt zu beherzigen:

Vorfahrt Trotz Rechtsverkehr hat an ungeregelten Kreuzungen derjenige Vorfahrt, der zuerst da war – man muss sich also nötigenfalls verständigen.

Schulbusse Auf einer Straße mit Gegenverkehr (ohne Barriere in der Mitte)muss **jeglicher Verkehr** anhalten, wenn ein signalgelber Schulbus ein- und aussteigen lässt. Verstöße gegen diese Vorschrift werden äußerst streng geahndet.

Ampeln hängen oder stehen hinter (!) der Kreuzung. Rechtsabbiegen trotz roten Ampelsignals ist nach vorherigem vollständigen Anhalten und bei Beachtung der Vorfahrt erlaubt. Verboten wird das **Rechtsabbiegen** bei Rot durch das Verkehrsschild »No turn on red«.

i max. Geschwindigkeiten

- Zentren, Wohngebiete:
  15 mph (24 km/h) bis 35 mph (56 km/h)
- Ausfall-, Überlandstraßen mit Gegenverkehr:
  45 mph (72 km/h)
- Gebiete mit Wildwechsel:
  bei Nacht 35 mph (56 km/h)
- Highways, Interstates:
  meistens 55 mph (88 km/h)

Abblendlicht In der Zeit des Sonnenauf- und -untergangs, bei Sichtweiten unter 300 m sowie auf langen geraden Straßen mit Gegenverkehr muss mit Abblendlicht gefahren werden. In einigen Staaten muss bei Betätigung der **Scheibenwischer** ebenfalls das Licht eingeschaltet werden.

Parkverbot An **Fernverkehrsstraßen** außerhalb von geschlossenen Siedlungen darf nicht geparkt werden. Zu einem **Hydranten** sind immer 4 m Abstand zu halten.

Rechts überholen Auf Straßen **mit vier und mehr Spuren** ist das Überholen auf der rechten Spur gestattet. Beim Spurwechsel nach rechts ist daher dieselbe Vorsicht angebracht wie beim Wechsel nach links.

Rush-Hour-Spuren Auf mehrspurigen Straßen in Ballungsräumen ist des Öfteren eine Spur durch ein Schild mit der Aufschrift **»HOV -2« oder »HOV -3«** gekennzeichnet. Dies bedeutet, dass während der morgendlichen und abendlichen Stoßzeiten diese Spur nur von Fahrzeugen mit mindestens zwei bzw. drei Insassen befahren werden darf (HOV = »High Occupancy Vehicle«; in manchen Staaten andere Bezeichnungen). Die Polizei ahndet Verstöße.

Das englische Wort »Crossing« (dt. = kreuzen, überqueren) wird in den USA sehr oft mit **»Xing«** abgekürzt. Ein Verkehrsschild mit der merkwürdigen Aufschrift **»Ped Xing«** (Abkürzung für »Pedestrian Crossing«) kündigt einen Fußgängerüberweg an, nach dem Schild **»Cattle Xing«** muss man mit Viehtrieb rechnen.

Geschwindigkeiten Umrechnungsskala

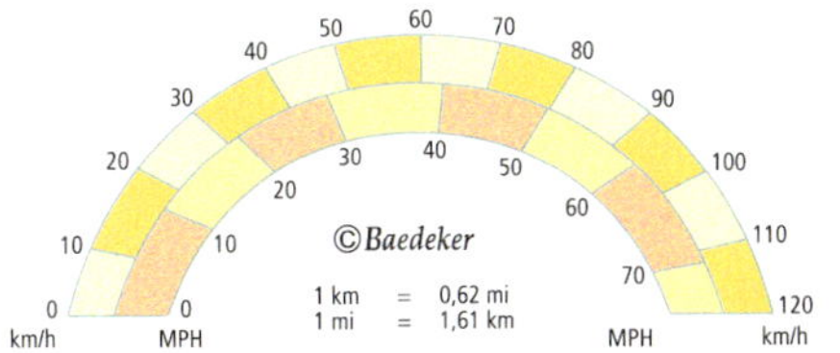

Highways und Interstate Highways

Straßennetz In einem vom Auto bestimmten Land wie den USA ist das Straßennetz selbstverständlich hervorragend ausgebaut und weitgehend **gebührenfrei**. Wichtige Überlandverbindungen und Stadtautobahnen sind mehrspurig und kreuzungsfrei angelegt und ermöglichen einen raschen Verkehrsfluss. Für die Benutzung einiger Straßen, Brücken und Tunnels ist eine Straßengebühr (»Toll«) zu entrichten.

Interstate Highways Die **kreuzungsfreien** mehrspurigen Interstate Highways entsprechen den deutschen Autobahnen. Sie sind durch ihre blau-weiß-rote Beschilderung leicht von normalen Highways zu unterscheiden.

Chromblitzende Trucks in der Mojave-Wüste

Entfernungen im Südwesten der USA

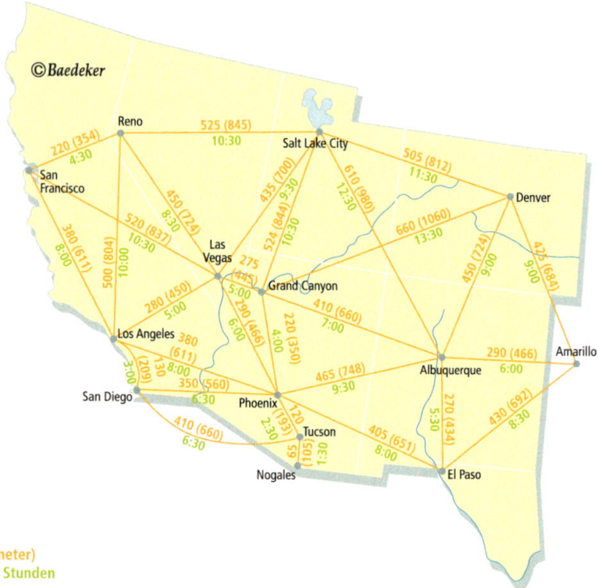

Meilen (Kilometer)
Fahrzeiten in Stunden

Highways Highways sind ihrer Kategorie nach das Pendant zu den deutschen Bundesstraßen, im Gegensatz zu diesen aber meist **mehrspurig ausgebaut**. Weiße Schilder kennzeichnen sie als Bundes- (z. B. US 89) oder Staatsstraße (State Roads, z. B. AZ 87). Auch bei ihnen definiert die Nummer die grobe Himmelsrichtung. Mit »ALT« (»alternative«) oder »BUS« (»business«) werden Ortsumgehungen bezeichnet. Der wichtigste Unterschied zwischen den Highways und den Interstates besteht darin, dass die Erstgenannten – als mehrspurige Straßen – **nicht kreuzungsfrei** sind: Bei Einmündungen und beim Linksabbiegen ist daher Vorsicht geboten!

Tankstellen

Tenkstellennetz Das Tankstellennetz ist **sehr dicht** geknüpft. Angeboten wird fast ausschließlich bleifreies Benzin (»unleaded«) in den Sorten »Regular« (Normal) und »Premium« (Super). Um die Zapfsäule betriebsbereit zu machen, muss ein Hebel umgelegt oder eine Halterung nach oben gezogen werden. An sehr vielen Tankstellen wird vor allem abends und nachts **Vorauskasse** verlangt. Bei Bezahlung mit einer Kreditkarte hat man gelegentlich noch einige Cents pro Gallone zusätzlich zu entrichten; häufig gibt es verschiedene Zapfsäulen für das Tanken mit Bedienung und für die (billigere) Selbstbedienung.

Autohilfe

AAA (»Triple A«)

Der AAA ist der **größte Automobilklub der USA** mit dem dichtesten Netz von Büros, in denen man Broschüren, Karten, Unterkunftsverzeichnisse und sonstige Auskünfte erhält. Mitglieder großer Automobilklubs im deutschsprachigen Raum (u. a. ADAC, ÖAMTC, TCS) können die Dienste von »Triple A« zu günstigen Konditionen in Anspruch nehmen.

Notruf
Pannenhilfe

Entlang einiger Highways sind **Notrufsäulen** aufgestellt. Ansonsten erhält man Hilfe jeglicher Art unter Tel. 1-8 00-AAA-HELP.
Polizei und Ambulanz erreicht man unter Tel. 9 11.
Wer mit einem Mietwagen eine Panne hat, sollte sich zuerst mit der in Frage kommenden Mietwagenfirma in Verbindung setzen.

AUTOMOBILCLUBS

ZENTRALE

▸ **American Automobile Association AAA Headquarter**
1000 AAA Drive
Heathrow, Fl 32746-5063
Tel. (4 07) 4 44-70 00

REGIONALBÜROS

▸ **AAA, Arizona**
3144 N. 7th Ave.
Phoenix, AZ 85013
Tel. (6 02) 2 74-11 16

▸ **AAA, Colorado**
4100 E. Arkansas Ave.
Denver, CO 80222
Tel. (3 03) 7 53-88 00

▸ **AAA, Utah**
560 E. 500 South
P. O. Box 1079
Salt Lake City, UT 84110
Tel. (8 01) 3 64-56 15
(8 00) 5 41-99 02

WEITERE CLUBS

▸ **American Automobile Touring Alliance (AATA)**
Bayside Plaza
188 The Embarcadero
San Francisco, CA 94105
Tel. (415) 777-40 00

▸ **Automobile Club of Southern California**
2601 S. Figueroa St.
Los Angeles, CA 90007
Tel. (2 13) 7 41-36 86

Unterwegs im White Sands National Park

Wintersport

Skilaufen Man glaubt es kaum, und doch entspricht es der Wirklichkeit: Die **besten Skireviere** der Vereinigten Staaten liegen im Südwesten. Aus diversen TV-Sportübertragungen kennt man die Weltklasse-Pisten von Aspen und Vail in Colorado, die Abfahrten im Mormonenstaat Utah, wo im Jahre 2002 die **Olympischen Winterspiele** ausgetragen wurden, die Pisten in Mammoth und Squaw Valley in der Nähe des Lake Tahoe. Auch vom Taos Ski Valley in New Mexico und von der Snowbowl in Arizona haben begeisterte Ski-Freaks schon etwas gehört. Nirgendwo sonst auf der Welt ist der Schnee so trocken und locker, so leicht und luftig **wie Champagner**, als in den Bergen von Colorado, Utah, New Mexico und Arizona.

DIE BESTEN SKIGEBIETE

COLORADO

▸ Aspen
Aspen Highlands
(2451–3559 m ü. d. M.;
8 Liftanlagen)
Aspen Mountain
(2422–3417 m ü. d. M.;
1 Seilschwebebahn, 7 Lifte)
Buttermilk
(2398–3018 m ü. d. M.; 7 Lifte)
Snowmass
(2473–3813 m ü. d. M.;
18 Liftanlagen)
Auskunft: Aspen & Snowmass Skiing Company
Tel. (9 70) 9 25-12 20

▸ Vail
Vail Ski Mountain
(2475–3490 m ü.d. M.;
1 Seilschwebebahn, 29 Lifte)
Beaver Creek
(2255–3488 m ü. d. M.;
1 Seilschwebebahn, 14 Lifte)
Auskunft: Vail Resort

▸ Summit County
Arapahoe Basin
(3290–3980 m ü. d. M.;
5 Liftanlagen)
Breckenridge
(2928–3964 m ü. d. M.; 19 Lifte)
Copper Mountain
(3011–3817 m ü. d. M.; 21 Lifte)
Keystone (2835–3719 m ü. d. M.)
Auskunft: Breckenridge Resort
Tel. (9 70) 4 35-50 00; Keystone Resort, Tel. (9 70) 4 68-23 16

NEW MEXICO

▸ Taos
Taos Ski Area
(2762–3602 m ü. d. M.;
11 Liftanlagen)
Auskunft: Taos Ski Valey Inc.
Tel. (5 05) 7 76-22 91

UTAH

▸ Wastach Mountains
Park City Ski Arena
(2103–3049 m ü. d. M.;
14 Liftanlagen)
Ski Resort
(2195–2865 m ü. d. M.;
15 Liftanlagen)
Snowbird Ski Arena
(2365–3353 m ü. d. M.; 7 Lifte)
Auskunft: Ski Utah
Tel. 1-8 00-SKI-UTAH

Der Skilanglauf , das Skiwandern und auch das Tourengehen sind in den letzten Jahren stark in Mode gekommen. In allen Wintersportorten, die etwas auf sich halten, werden viele Loipenmeilen gespurt. Auch in einigen **National und State Parks** bzw. Recreation Areas hat man ein Herz für Skilangläufer. Am Bryce Canyon sind beispielsweise jeden Winter Tausende von Langläufern unterwegs. **Skilanglauf, Skiwandern**

Sehr beliebt, aber nicht sehr naturnah, sind auch winterliche Ausflüge mit dem Snow Mobil genannten geländegängigen Motorschlitten.

Zeit

Zeitzonen Das Gebiet der räumlich zusammenhängenden Vereinigten Staaten von Amerika erstreckt sich über **vier Zeitzonen**. Eigene Zonen gelten für Alaska und Hawaii.

Für die in diesem Reiseführer behandelten Gebiete gelten die Mountain Time bzw. die Pacific Time.

Sommerzeit Die Sommerzeit (Daylight Saving Time), während der die Uhren um eine Stunde vorgerückt sind, gilt in der Regel vom ersten Aprilsonntag bis zum letzten Oktobersonntag. Achtung! In **Arizona** gibt es keine Sommerzeit.

a.m./p.m. Die Stunden von 0.00 Uhr früh bis 12.00 Uhr mittags werden mit a. m. (ante meridiem) bezeichnet, ab 12.00 Uhr mittags bis Mitternacht mit p. m. (post meridiem).

Zeitzonen in den USA

Touren

DER EINE BEWUNDERT DIE MANNIGFALTIGEN NATURWUNDER IM SÜDWESTEN DER USA WIE DIE IN JAHRTAUSENDEN EINGEGRABENEN SCHLUCHTEN ODER DIE FARBENPRÄCHTIGEN GESTEINSFORMATIONEN, DEN ANDEREN ZIEHT'S IN DIE SPIELERSTÄDTE NEVADAS ODER AN DIE STRÄNDE KALIFORNIENS.

TOUREN DURCH DEN SÜDWESTEN

Schon die klimatischen Bedingungen decken den »Tisch der Urlaubsarten« im Südwesten der USA überaus reichhaltig. Vom Wintersport in den Rocky Mountains über Badespaß am Pazifik oder am Lake Havasu bis hin zu Wüstentouren etwa durch die Sonora-Wüste in Arizona ist alles möglich in den sechs Bundesstaaten. Für den schnellen Überblick sollen die folgenden Seiten sorgen.

TOUR 1 **Route 66**
Wenn sich der viel besungene »Kick« auf der Straße nicht einstellt, dann mit Sicherheit in den Sehenswürdigkeiten entlang der legendären Route 66: u. a. Grand Canyon, Petrified Forest und Los Angeles. ► **Seite 120**

TOUR 2 **Indian Country**
Imposante, farbenprächtige Felsgebilde im Monument Valley, in den Fels gehauene Wohnungen präkolumbischer Indianer im Mesa Verde National Park oder Zockerstimmung in Las Vegas: für Abwechslung ist gesorgt bei dieser Tour. ► **Seite 122**

TOUR 3 **Cactus Country**
An der Pazifikküste baden oder surfen, Wüstengebiete mit Kakteen wie Orgelpfeifen durchqueren oder in Downtown Phoenix schlendern, das und noch vieles mehr können Sie bei dieser Tour hauptsächlich durch Kalifornien und Arizona. ► **Seite 124**

Stars und Sternchen haben sich auf dem Walk of Fame verewigt.

TOUR 4 **Canyon Country**
Im Wunderland der Felsformationen und Schluchten fühlen sich nicht nur die Geologen wohl. ► **Seite 126**

TOUR 5 **Basin & Range**
Die längste der ausgewählten Touren verläuft durch das Tal des Todes, entlang der »Loneliest Road in America« quer durch die Große Salzwüste und durch die bekanntesten Nationalparks im Südwesten. Also viel Wasser und angenehme Begleitung mitnehmen! ► **Seite 128**

TOUR 6 **Rockies**
Wer die Berge liebt, der sollte sich dieser Tour anschließen. Die Hochgebirgswelt der Rocky Mountains bietet die unterschiedlichsten Möglichkeiten für Wintersportler oder Wanderer, aber auch Wildwasserfahrten oder Ausritte sind sehr beliebt. ► **Seite 130**

Am Lake Powell treffen sich die Wassersportler.

Glutrot leuchten die Klatschbasen im Arches National Park.

»If you ever plan to motor west … get your kicks on Route 66.«

Aufrecht wie Soldaten stehen die Felsen im Chiricahua-Schutzgebiet.

Unterwegs im Südwesten

Hauptmotiv einer Reise in den Südwesten der USA ist die **grandiose Natur**, die sich hier in Flora und Fauna, in Landschaften, Formen und Farben so vielfältig wie nirgendwo sonst darstellt. Eisige Gletscher, wasserlose Wüsten sowie gigantische Canyons und tosende Wasserfälle machen das Land der unbegrenzten Möglichkeiten zu einem großartigen Erlebnis. Wer sein Reiseziel auf **sportliche Art und Weise** »erobern« will, hat ebenfalls eine breite Palette an Möglichkeiten zur Auswahl: Wandern, Wassersport, Reiten, Skifahren oder Golfen, um nur einige davon zu nennen. Und auch auf **kulturellem Gebiet** steht der Südwesten der USA dem Rest des Landes in nichts nach. Felszeichnungen, Ruinenstädte und Pueblos zeugen vom indianischem Erbe, während spanische Missionen und englische Forts den europäischen Vorstoß in den »Wilden Westen« dokumentieren.

Flugzeug Die meisten europäischen Besucher kommen im Südwesten der USA per Flugzeug an. In die größeren Städte, Denver, Phoenix, Las Vegas

Schnurgerade führt die Straße zum verschneiten Wheeler Peak.

> ! **Baedeker TIPP**
>
> **Greyhound »Ameripass«**
>
> Der preisgünstige »Ameripass« von Greyhound, wahlweise gültig für 4, 7, 15 und 30 Tage, ist auch für Busrundreisen durch mehrere Bundesstaaten erhältlich. Dieser Pass kann nur außerhalb der USA erworben werden.

und Los Angeles, fliegen täglich Linienflüge aus Mitteleuropa. Von hier aus starten auch unsere Touren und folgen in der Regel weniger stark frequentierten Highways. Alle Flughäfen sind bestens an das jeweilige **regionale und überregionale Straßennetz** angebunden. Von allen größeren Flughäfen fahren zahlreiche Taxis, Autobusse (»Airport Shuttle«) oder sonstige öffentliche Verkehrsmittel in die nächstgelegene Stadt bzw. in wichtige Orte des Hinterlandes. An jedem einigermaßen bedeutenden Flughafen unterhalten zumindest die großen **Autovermieter** Niederlassungen, so dass man problemlos zu einer individuellen Autoreise durch den Südwesten aufbrechen kann.

Auto

Wie auch der Rest der USA ist der Südwesten sehr gut ausgebaut für das Auto. Über die großen **Interstate Highways** kommt man sehr schnell voran, Staus sind nur rund um die Zentren zu erwarten. Die Interstate Highways entsprechen unseren Autobahnen, die **Highways** dagegen den Bundesstraßen, wobei sie meistens auch mehrspurig ausgebaut sind.

Bus

Die im allgemeinen gut ausgestatteten Autobusse der Firma **Greyhound/Trailways Inc.** erlauben ein bequemes Reisen. Sie verbinden alle wichtigen Städte und Touristenzentren der USA miteinander.

Eisenbahn

Obwohl die Wirtschaftsgeschichte der USA und damit auch die Entwicklung des Fremdenverkehrs untrennbar mit der Eisenbahn verbunden ist, spielt sie im Personenverkehr heute nur noch eine **untergeordnete Rolle**. Wegen mangelnder Rentabilität hat man in letzter Zeit den Passagierdienst auf etlichen Strecken eingestellt. Auf anderen Strecken verkehren die Züge nur mehr in größeren Zeitabständen. Mit dem preiswerten »Far West Rail Pass« kann man alle Bahnstrecken zwischen Denver bzw. Albuquerque und der Pazifikküste befahren, also praktisch den gesamten Südwesten der USA.

◄ »Far West Rail Pass«

Auch in den USA hat in den letzten Jahren die Eisenbahn-Nostalgie um sich gegriffen. An etlichen Orten haben sich Initiativen gebildet, die alte Normal- und Schmalspurstrecken reaktivieren, Bergbau- und Holzindustriebähnchen restaurieren und Eisenbahnmuseen einrichten. Auf einigen Strecken verkehren **bewirtschaftete Züge** (»dinner trains«), von denen manche phantasievoll ausgestattet und zusammengestellt sind.

◄ Eisenbahn-Nostalgie

Wohnwagen

Besonders beliebt sind die Weiten des amerikanischen Westens bei Wohnmobil-, bzw. Wohnwagenfans. Die meisten Ziele, besonders die Nationalparks, sind gut ausgerüstet für Camper aller Art.

Tour 1 Route 66

Start

Länge der Tour: 1200 mi/1930 km **Tourdauer:** ca. 3 Wochen

Bereits seit 1926 gibt es die legendäre Route 66, jenen ersten transkontinentalen Highway mit Allwetterstraßenbelag, der durch Nat King Cole und dessen Interpretation des Bobby-Troup-Songs »Get your kicks on Route 66« weltberühmt geworden ist.

Wer die Route 66 im Südwesten befahren will, beginnt am besten in der texanischen Stadt ❶ **Amarillo**, die durch die »Cadillac Farm« bekannt geworden ist. Dann geht es westwärts nach ❷ ★ **Albuquerque**,

Jugend, Fitness und schöne Körper bestimmen die Szenerie am Venice Beach.

Prozession in der Altstadt von Albuquerque

Farbenfroh sind die Painted Desert-Hügel.

Indianisches Kunsthandwerk in Gallup

Vorbilder? Jack Nicholson, Peter Fonda, Dennis Hopper

wo sich ein Abstecher nach 3 ★★ **Santa Fe** und 4 ★★ **Taos** lohnt. Weiter westlich erreicht man 5 ★ **Gallup** und die 6 ★ **Navajo Indian Reservation** mit dem Canyon de Chelly.

Später durchquert man den 7 ★★ **Petrified Forest National Park** und kommt nach 8 ★ **Flagstaff**, in dessen Umgebung besonders der 9 ★★ **Grand Canyon** und das 10 ★★ **Monument Valley** zum Besuch einladen. Westlich von Flagstaff, zwischen Williams und Kingman, bietet sich die Route 66 noch wie anno dazumal dar. Hinter Kingman steigt sie über den Sitgreave Pass ins alte Goldgräberstädtchen Oatman hinunter, wo Hollywood-Charmeur Clark Gable seine Hochzeitsnacht mit Carole Lombard verbracht hat. Jenseits des Colorado fährt man durch die 11 ★ **Mojave Desert** und passiert das gottverlassene Nest Bagdad, wo Szenen des Kultfilms Out of Rosenheim (mit Marianne Sägebrecht) gedreht worden sind.

Schließlich geht es via Barstow in die San Bernardino Mountains und hinüber nach 12 ★★ **Los Angeles**. Die alte Route 66 (heute CA 66) endet in Santa Monica am Pazifik.

✓ NICHT VERSÄUMEN

- Die indianischste aller Städte: Santa Fe
- Der versteinerte Wald in der Painted Desert
- Scenic Drive entlang des South Rim im Grand Canyon
- Blick hinter die Kulissen in den Universal Studios in Los Angeles

Tour 2 Indian Country

Start

Länge der Tour: 2000 mi/3200 km **Tourdauer:** ca. 4 Wochen

Während dieser Rundfahrt durch New Mexiko und Westarizona lernt man den alten Siedlungsraum der Puebloindianer kennen, in dem heute deren Nachkommen leben. Auch spektakuläre Naturwunder gibt es zu sehen.

Ausgangspunkt ist 1 * **Phoenix**, von wo aus man dem Apache Trail (US 60) ostwärts bis Globe folgt. Dann geht es in nordöstlicher Richtung weiter durch die Fort Apache Indian Reservation und hinauf zum 2 * **Mogollon Plateau**. Via Show Low und Concho (AZ 61 bzw. US 180) erreicht man den spektakulären 3 ** **Petrified Forest National Park**. In der 4 * **Navajo Indian Reservation** passiert man das Canyon de Chelly National Monument, wo über 100 altindianische Siedlungsplätze entdeckt wurden.

Ab Mexican Water, von wo aus ein Abstecher ins westlich gelegene 5 ** **Monument Valley** zu empfehlen ist, folgt man dem US 160 ostwärts bis zur Navajosiedlung Teec Nos Pos und zum Four Corners Point, an dem die vier US-Bundesstaaten Arizona, Utah, Colorado und New Mexico aneinander grenzen.

Im 6 ** **Mesa Verde National Park** »kleben« Wohnungen präkolumbischer Indianer wie Schwalbennester unter den Felsüberhängen der waldbedeckten Gebirgstafel. Nun geht es in südlicher Richtung weiter via Shiprock (US 666) und dann auf dem US 64 ostwärts bis Bloomfield, von wo aus man das 7 ** **Aztec Ruins National Monument** besucht. Ab Bloomfield folgt der Rundkurs dem NM 44 in südöstlicher Richtung. Unterwegs bietet sich ein Abstecher (NM 57) zum 8 ** **Chaco Culture National Historical Park** an, der für seine reichhaltigen Zeugnisse der Anasazi-Kultur berühmt ist. Über das Atomforschungszentrum 9 * **Los Alamos** erreicht man schließlich 10 ** **Santa Fe**, das Zentrum indianischer und spanischer Kultur, und im weiteren Verlauf 11 ** **Taos**.

Der US 64 führt über die Sangre de Cristo Range bis Cimarron, wo der NM 58 zum weiter östlich verlaufenden I-25 abzweigt. Auf diesem fährt man südwärts bis 12 **Las Vegas** bzw. Romeroville, von wo der US 84 in südöstlicher Richtung zunächst nach Santa Rosa und dann nach Fort Sumner führt, wo Billy the Kid begraben ist.

Wen alles Außerirdische fasziniert, der sollte sich 13 **Roswell** nicht entgehen lassen. Hier soll 1947 ein UFO gelandet sein. Wesentlich realere »Flugobjekte« sieht man in den 14 ** **Carlsbad Caverns**, wenn in der Dämmerung Millionen von Fledermäusen den Höhleneingang durchflattern.

Ab El Paso führt der US 54 nordwärts nach Alamogordo und anschließend ins 15 * **White Sands National Monument**. In 16 * **Silver City** lohnt ein Abstecher zu den altindianischen Gila Cliff Dwel-

Navajo-Frau bei der Arbeit vor ihrer Wohnhütte

Moderne Adobe-Architektur sieht man oft in Santa Fe.

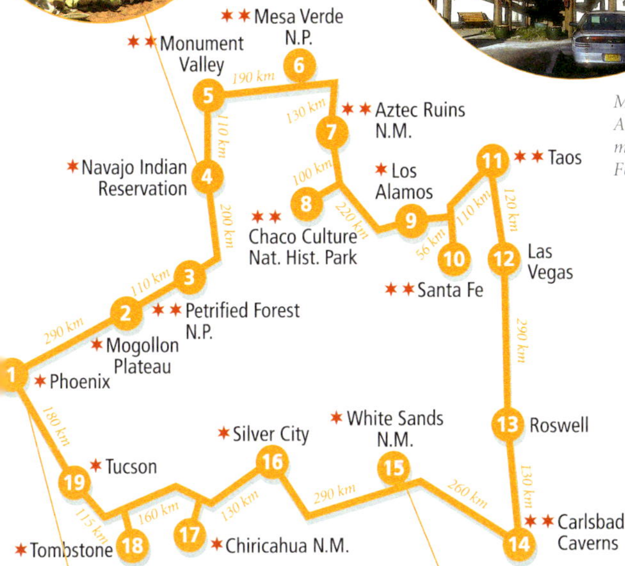

Phoenix ist eine grüne Oase inmitten der Wüste.

Die Dünen in White Sands werden bis zu 80 m hoch.

lings. Ab Silver City fährt man in südöstlicher Richtung (NM 90) weiter nach Lordsburg, in dessen Nähe die beiden Geisterstädte Shakespeare und Steins sehenswert sind. Wanderer und Kletterer finden besonders im 17 * **Chiricahua National Monument** ideale Bedingungen vor. Bei Benson bietet sich ein Abstecher ins Wildweststädtchen 18 * **Tombstone** an. Schließlich erreicht man 19 * **Tucson** mit seiner interessanten Umgebung (u. a. Saguaro National Park, Biosphere 2). Von hier führt der AZ 79 als reizvolle Alternative zum I-10 zurück nach Phoenix.

Tour 3 Cactus Country

Start

Länge der Tour: 2000 mi/3200 km **Tourdauer:** ca. 4 Wochen

Während dieser Rundreise lernt man die schönsten Reiseziele in Südkalifornien, im südlichsten Zipfel von Nevada sowie in Arizona kennen: Von Los Angeles über den Grand Canyon bis Las Vegas.

Von 1 ** **Los Angeles** gehts in südöstlicher Richtung zunächst nach Anaheim (Disneyland) und dann nach 2 ** **San Diego**, wo man die kilometerlangen Sandstrände entlangschlendern kann. Anschließend fährt man auf dem I-8 ostwärts. Unterwegs lohnt ein Abstecher in den Anza-Borrego State Park. Südlich von Ajo, im 3 * **Organ Pipe National Monument** sehen die nur hier vorkommenden Kakteen tatsächlich wie Orgelpfeifen aus. Durch die Reservation der Papago-Indianer gelangt man nach 4 * **Tucson** und weiter nach 5 * **Phoenix**. Man passiert die Rentnerstadt Sun City und erreicht das alte Goldgräberstädtchen Wickenburg. Ab hier folgt man dem AZ 89 bzw. AZ 89A nordwärts nach 6 * **Prescott** und weiter ins 7 ** **Red Rock Country**, wo Esoteriker und Normalsterbliche neue Lebenskraft tanken können.

Im Sea World von San Diego führen Meeressäuger Kunststücke vor.

Von 8 * **Flagstaff** aus lohnen Ausflüge in den Walnut Canyon, zum Meteor Crater, zum Sunset Crater und ins Wupatki-Schutzgebiet. Wenn man die großartige Landschaft des 9 ** **Grand Canyon** durchlaufen bzw. durchritten hat, kann man sich am 10 * **Lake Powell** erholen, bevor man die wüstenhafte Schichtstufenlandschaft der 11 * **Grand Staircase** mit ihren in allen Rottönen leuchtenden Felsformationen bewundert. Man passiert den Ort Kanab, der durch diverse Wildwestfilmproduktionen bekannt geworden ist. Nordwestlich lohnt ein Abstecher in den Coral Pink Sand Dunes State Park.

Joshua Trees im Nationalpark blühen zwischen März und Mai.

Die »City of Sunshine«, Tucson, macht ihrem Namen alle Ehre. Durchschnittlich 350 Sonnentage im Jahr zählt man hier.

NICHT VERSÄUMEN

- Die Hafenstadt San Diego mit ihren Stränden
- Das Red Rock Country, möglichst im Herbst
- Ausritt oder Wildwasserfahrt im Grand Canyon
- Spaziergang über den Strip in Las Vegas

In Mount Carmel Junction biegt der UT 9 links zum ⓬ ** **Zion National Park** ab. Wer sein Glück versuchen will, hat dazu in ⓭ ** **Las Vegas** Gelegenheit. Von der Spielerstadt bieten sich Abstecher zum ⓮ * **Lake Mead**, bzw. zum Hoover-Staudamm und ins Valley of Fire an. Nun fährt man auf dem US 95 südwärts. Unterwegs zweigt der NV 163 in die am Colorado-Westufer gelegene Spielerstadt ⓯ * **Laughlin** ab. An den schönen Stränden des ⓰ **Lake Havasu** kann man sich vom »anstrengenden« Zocken ausruhen. Besonderes Kennzeichen im ⓱ * **Joshua Tree National Park** sind die riesigen Baum-Yuccas. Südwestlich des Nationalparks liegt der weltberühmte Wüstenkurort ⓲ * **Palm Springs**. Via I-10 geht es dann zurück nach Los Angeles.

Tour 4 Canyon Country

Start

Länge der Tour: 2000 mi/3200 km **Tourdauer:** ca. 4 Wochen

Die imposantesten Landschaften und bekanntesten Nationalparks des Südwestens werden auf diesem Rundkurs erkundet. Von Las Vegas aus schlägt man den oftmals als »Grand Circle« beschriebenen Bogen durch Südutah, die Südwestecke Colorados, die Nordwestecke New Mexicos und den Norden Arizonas.

Von ❶ ** **Las Vegas** fährt man auf dem I-15 in nordöstlicher Richtung und darf auf keinen Fall einen Abstecher ins Valley of Fire versäumen. Ab der bereits in Utah gelegenen Mormonenstadt ❷ * **St. George** folgt man dem UT 9 zu den schroffen Felsbastionen des ❸ ** **Zion National Park**. Der UT 9 windet sich hinauf zur Checkerboard Mesa und mündet bei Mount Carmel in die Nord-Süd-Magistrale US 89. Man fährt auf dieser Hauptstraße nordwärts durch den Dixie National Forest. Vor Panguitch zweigt der UT 12 (Escalante Highway) in östlicher Richtung ab und führt hinauf zum ❹ ** **Bryce Canyon**. Von Cannonville lohnen Abstecher in den Kodachrome Basin State Park bzw. in den Paria Canyon. Hinter Henrieville geht es in den Kernraum des ❺ * **Grand Staircase – Escalante National Monument**. Vor der Auffahrt auf den Boulder Mountain sollte man unbedingt dem Anasazi Indian Village einen Besuch abstatten, bevor man den unbekannteren ❻ * **Capitol Reef National Park** erkundet. Bei Hanksville zweigt der UT 95 als landschaftlich ebenfalls sehr reizvolle Strecke in südlicher Richtung zum ❼ * **Lake Powell** bzw. Glen Canyon ab.

Wer einen Outdoor-Urlaub plant, kann das Städtchen 8 ✶ **Moab** als Ausgangspunkt nehmen. Denn von hier aus erreicht man gut die Nationalparks 9 ✶✶ **Canyonlands** und 10 ✶✶ **Arches** sowie über Cortez den 11 ✶✶ **Mesa Verde National Park**. Weitere interessante Ziele in der Umgebung von Cortez sind das Anasazi Heritage Center und das Schutzgebiet Hovenweep National Monument.
Von Cortez geht es nunmehr auf dem US 160 in südwestlicher Richtung weiter zum Four Corners National Monument, wo die Bundesstaaten Arizona, Utah, Colorado und New Mexico aneinander gren-

In den Casinos von Las Vegas gibt es fast alle Arten von Glücksspiel.

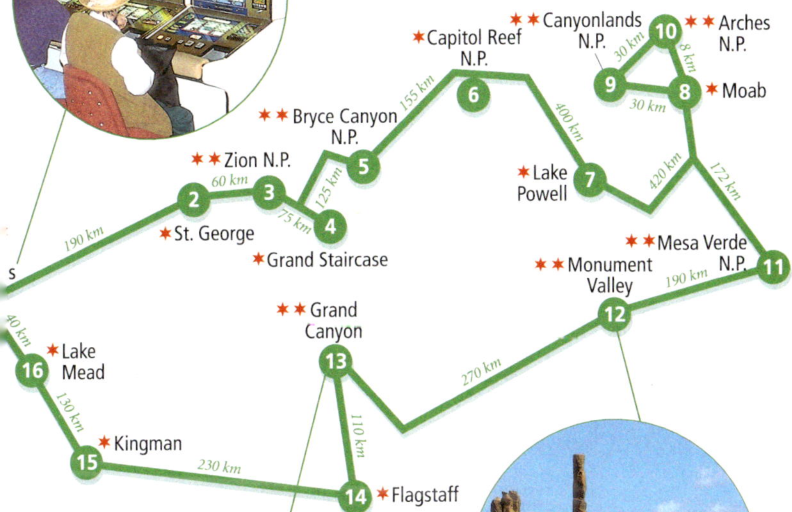

Dampfzug zum Grand Canyon

Der Sandstein-Totempfahl ist Wahrzeichen des Monument Valley.

zen. Abseits erhebt sich der Shiprock als weithin sichtbare Landmarke. Der US 160 führt in südwestlicher Richtung weiter nach Kayenta. Von hier sind es nur wenige Minuten bis ins ⑫ ✶✶ **Monument Valley**. Nach einem Besuch im ⑬ ✶✶ **Grand Canyon** fährt man auf dem US 180 südwärts nach ⑭ ✶ **Flagstaff**, von wo aus Abstecher zum Sunset Crater, zum Wupatki National Monument und zum Meteor Crater empfohlen werden.
Ab Flagstaff folgt die Hauptroute der alten Route 66 (►S. 128) nach Westen bis ⑮ **Kingman**. Von hier lohnt ein Abstecher an die Arizona West Coast (Coloradotal). Der vom gewaltigen Hoover-Damm aufgestaute ⑯ ✶✶ **Lake Mead** bildet die Grenze zwischen Arizona und Nevada. Über Boulder City geht es zurück nach Las Vegas.

Tour 5 Basin & Range

Start

Länge der Tour: 2200 mi/3600 km **Tourdauer:** ca. 4 Wochen

Den nordwestlichen Teil des im vorliegenden Reiseführer beschriebenen Gebietes erschließt die Basin & Range Tour. Sie führt von Las Vegas aus durch das Death Valley, an Salt Lake City vorbei und wieder zurück durch die bekanntesten Nationalparks im Südwesten der USA.

Von ① ✶✶ **Las Vegas** aus geht es durch den ② ✶✶ **Death Valley National Park** bis zum ③ ✶ **Mono Lake**. Hier sollte man einen Abstecher in den ④ ✶✶ **Yosemite National Park** einplanen. Am traumhaft schön gelegenen ⑤ ✶✶ **Lake Tahoe** fühlen sich die Wassersportler besonders wohl. Von Carson City fährt man zur berühmten Goldgräberstadt ⑥ ✶ **Virginia City** und weiter in die Spielerstadt ⑦ **Reno**. Hier sollte man noch mal auftanken, denn jetzt geht's entlang der »Loneliest Road in America« (US 50) quer durch Nevada und die Große Salzwüste nach Utah hinein bis zum hübschen Städtchen ⑧ ✶ **Ely**, das in einer vom Gold-, Silber- und Kupferbergbau geprägten Landschaft liegt. Östlich von Ely wartet der ⑨ ✶ **Great Basin National Park** auf Besucher. Über ⑩ ✶ **Ogden** und ⑪ ✶✶ **Salt Lake City** gelangt man in den Wintersportort ⑫ ✶ **Park City**, wo 2002 olympische Abfahrtsläufe stattfanden. In der Gegend von ⑬ **Vernal** warten großartige Natursehenswürdigkeiten wie die ⑭ ✶✶ **Uinta**

✔ NICHT VERSÄUMEN

- Blick von Dante's View oder Zabriskie Point im Death Valley
- Ski fahren im Squaw Valley südwestlich vom Lake Tahoe
- Den Präparatoren im Dinosaur National Monument zusehen
- Die grandiosen Felsbildungen in einem der National Parks Arches, Canyonlands oder Bryce Canyon

Aufgrund des großen Salzgehalts schwebt man im großen Salzsee quasi durchs Wasser. Schwimmen überflüssig!

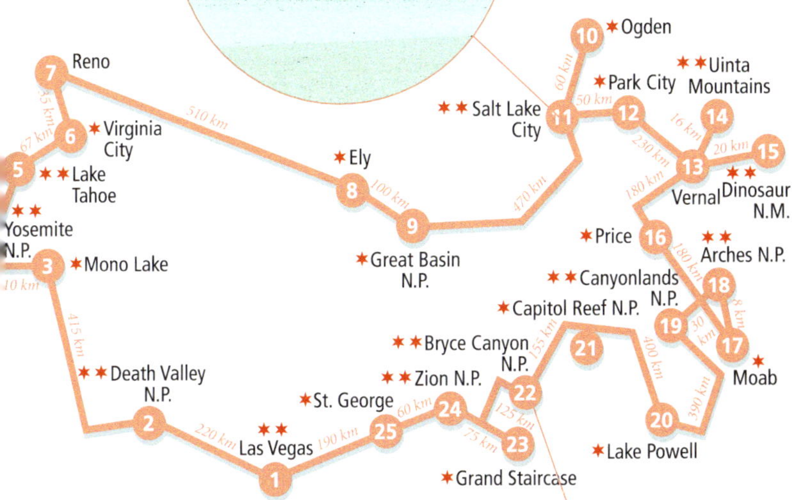

Las Vegas: »City of Neon Lights«

Wer das nötige »Sitzfleisch« hat, kann im Bryce Canyon ausreiten.

Mountains, die grandiosen Schluchten des Green River und des Yampa River, der Stausee in der Flaming Gorge und natürlich das 15 ✶✶ **Dinosaur National Monument** darauf, von Touristen entdeckt zu werden.

Von Vernal geht's auf dem US 40 wieder retour bis Duchesne, wo der US 191 in südwestlicher Richtung abzweigt. Diese Straße führt durch den Ashley National Forest und über die Bad Land Cliffs nach 16 ✶ **Price**, von wo man Ausflüge ins Castle Valley, auf das Wasatch Plateau und zum Nine Mile Canyon unternimmt.

Das Städtchen 17 ✶ **Moab** eignet sich gut als Standort für Ausflüge in den 18 ✶✶ **Arches National Park** und den 19 ✶✶ **Canyonlands National Park**. Südlich von Blanding biegt man rechts auf den UT 95 ab, der in nordwestlicher Richtung – vorbei am Natural Bridges National Monument – zur Hite Marina am 20 ✶ **Lake Powell** führt.

Jenseits des Stausees zieht der US 95 am Ostabfall der Henry Mountains entlang und mündet in Hanksville in den UT 24 ein. Der Rückweg nach Las Vegas erfolgt über den 21 ✶ **Capitol Reef National Park**, 22 ✶ **Grand Staircase – Escalante National Monument**, den 23 ✶✶ **Bryce Canyon National Park**, 24 ✶✶ **Zion National Park** und 25 ✶ **St. George.** Dieser Streckenabschnitt ist bereits in Tour 4 in umgekehrter Richtung beschrieben.

Tour 6 Rockies

Länge der Tour: 1600 mi/2600 km **Tourdauer:** ca. 3 Wochen

Während dieser Rundfahrt lernt man die Hochgebirgswelt der Rocky Mountains in den Bundesstaaten Colorado und New Mexico kennen.

Von 1 ✶✶ **Denver** geht es auf dem US 36 in nordöstlicher Richtung zum 2 ✶ **Rocky Mountain National Park** hinauf. Über den Muddy Pass kommt man nach 3 **Steamboat Springs**. Nun geht es im Tal des Yampa River abwärts bis Craig, von wo aus man einen Abstecher ins 4 ✶✶ **Dinosaur National Monument** unternimmt.

Bei 5 ✶ **Grand Junction** lohnt u. a. das Colorado National Monument einen Besuch. Im 6 ✶ **Black Canyon of the Gunnison National Park** kann man sich 1,7 Milliarden Jahre altes Urgestein anschauen. Ab Montrose folgt man dem US 550 südlich bergauf in die San Juan Mountains.

Von 7 ✶ **Ouray** geht's auf dem »Million Dollar Highway« hinüber nach Silverton und dann hinunter nach 8 ✶ **Durango**. Von dort fährt man auf dem US 160 westwärts und erreicht den 9 ✶✶ **Mesa Verde National Park**, der für seine »Cliff Dwellings« bekannt ist. Via Cortez, Four Corners National Monument und Bloomfield fährt man nach 10 ✶ **Los Alamos** und 11 ✶✶ **Santa Fe**.

Wer gerne in Dünen wandert, der sollte einen Abstecher in das 12 ✶ **Great Sand Dunes National Monument** machen. Wenn man die Sangre de Cristo Mountains überquert hat, erreicht man das Städtchen Walsenburg, von wo aus man auf dem I-25 in nördlicher Richtung weiter nach 13 ✶ **Pueblo** fährt. Hier empfiehlt sich ein Abstecher nach Westen in die Royal Gorge bei Canon City. Von Pueblo geht es in nördlicher Richtung weiter bis 14 ✶ **Colorado Springs**, in dessen Umgebung der Garden of The Gods und der Pikes Peak lohnende Ausflugsziele sind. Über den I-25 gelangt man zurück nach Denver.

Gewaltige Mengen Sand sind in den Great Sand Dunes angeweht worden.

Im Bandelier National Monument kann man altindianische Wohnungen bewundern.

Santa Fe gilt auch als Kunststadt.

Reiseziele von A bis Z

KAUM EINE REGION IN DER WELT IST SO VIELFÄLTIG WIE DER SÜDWESTEN DER USA: DIE HOCHGEBIRGSWELT DER ROCKY MOUNTAINS, DIE WÜSTEN IM SÜDEN ODER DIE KILOMETERLANGEN STRÄNDE AN DER PAZIFIKKÜSTE. ABWECHSLUNG GARANTIERT!

ARIZONA

Fläche: 295 260 km²
Hauptstadt: Phoenix
Beiname: Grand Canyon State
Bevölkerungszahl: 5,7 Mio.
Zeitzone: Mountain, keine Sommerzeit!

Der Name des sechstgrößten Bundesstaates der USA kommt vom indianischen »arizonac«, was so viel wie »Land der kleinen Flüsse« bedeutet. Zwei Drittel der Staatsfläche sind Steppen- und Wüstengebiete. Im Norden hat der Bundesstaat Anteil am Colorado-Plateau, das durch zahlreiche Canyons zerfurcht ist, wobei der bis zu 2000 m eingeschnittene Grand Canyon der bekannteste ist.

Steppe und Wüste

Im Süden grenzt Arizona an Mexiko, im Osten an den Bundesstaat New Mexico, im Norden an Utah, im Nordwesten an Nevada und im Südwesten bildet der Colorado die Grenzlinie zu Kalifornien. In den San Francisco Mountains befindet sich mit 3681 m (Humphreys Peak) die **höchste Erhebung Arizonas**. Im Süden liegt das steppenhafte Gebiet der Basin & Range Province, das im Südwesten in die Gila Desert, Ausläufer der großen Sonora-Wüste, übergeht. Riesenkakteen, Yuccabäume, vielerlei Sträucher und diverse Hartgräser sowie Wacholder und Pinyonkiefern sind charakteristisch für die Vegetation im Süden von Arizona. In den östlichen Hochlagen findet man hauptsächlich Kurzgrassteppen, wohingegen die Gebirgshänge und die Hochlagen des Nordens großenteils mit lichten Nadelwäldern bedeckt sind.

Einige Gebiete Arizonas gehören zu den **am längsten besiedelten Räumen Nordamerikas**. Eine kontinuierliche Besiedlung existiert seit über 10 000 Jahren. Schon ungefähr 3000 Jahre vor unserer Zeitrechnung begann die Maiskultivierung, und es bildete sich die Cochise-Wüstenkultur heraus, die als Mutterkultur der Hohokam im Süden Arizonas und der Mogollon im Südwesten New Mexicos gilt. Im Norden des Siedlungsgebietes der Hohokam ließen sich ab dem 5. Jh. v. Chr. die Anasazi in der Four Corners Region nieder. Bis zum 14. Jh. entwickelten sie eine **blühende Pueblo-Kultur** (► Kunst und Kultur). Ähnlich wie bei den Hohokam und Mogollon ist das Verschwinden ihrer Kultur zu Beginn des 14. Jh.s ungeklärt. Die Nachfahren dieser altindianischen Bevölkerung sind vermutlich die Ahnen der heute hier lebenden Stämme der Zuni und Hopi.

← *Sehr farbenfroh geht es beim sommerlichen Festival of Native American Arts in Flagstaff zu.*

Kolonisation ► Vom 16. Jh. an rückten die Spanier von Mexiko aus nach Norden vor, und im Jahr 1540 betrat Francisco Vásquez de Coronado **als erster Weißer** auf der Suche nach Gold das Land. Missionierende Franziskaner und Jesuiten folgten und gründeten 1692 die ersten Missionsstationen im Süden des heutigen Bundesstaates. Im 19. Jh. wurde das Gebiet des heutigen Arizona erst mexikanisch, dann amerikanisch, später dann zusammen mit New Mexico selbständiges Territorium. 1863 trennte man Arizona von New Mexico ab und ernannte Prescott zur Hauptstadt des neuen Territoriums. Verhältnismäßig spät, nämlich erst im Frühjahr 1912, wurde Arizona als **48. Bundesstaat** in die Union der Vereinigten Staaten aufgenommen.

? WUSSTEN SIE SCHON ...?

- ... dass man den Navajos gemeinsam mit den Hopi-Indianern in Arizona ein Reservat zugewiesen hat, was bis heute große Probleme aufwirft? Die Hopi erhielten zwar 1882 ein eigenes Schutzgebiet, doch dieses liegt mitten in der Navajo-Reservation.

Die **Bevölkerung** in Arizona ist während der letzten vier Jahrzehnte sprunghaft angestiegen: Im Jahr 1950 waren es noch 750 000 Einwohner, bei der Volkszählung 1990 bereits 3,665 Mio. Einwohner. Mittlerweile sind es bereits 5,7 Millionen. Allein zwischen 1980 und 1990 wurde ein **Bevölkerungszuwachs** von 35,3% registriert – das ist nach Nevada und Alaska der dritthöchste Wert in den Vereinigten Staaten. Mit 19 Einwohnern pro km² ist der Staat aber immer noch dünn besiedelt.

Minderheiten ► Die beiden größten Minderheiten in Arizona sind Indianer (6%) und Hispanos (20%). Der letzten Volkszählung zufolge gibt es in Arizona 204 000 **Indianer**, davon sind mehr als die Hälfte Navajo. Die 23 Reservate, in denen hauptsächlich Navajo, aber auch Apachen und Hopi leben, nehmen ein Drittel der Staatsfläche ein. Allein das Navajo-Reservat mit rund 170 000 Bewohnern ist mehr als 67 000 km² groß. Zahlenmäßig spielen die **Hispanos** bzw. »Chicanos« eine bedeutende Rolle. Die meisten von ihnen stammen aus Mexiko. Eine weitere Minderheit bilden die Afro-Amerikaner, deren Anteil an der Gesamtbevölkerung allerdings unter 5% liegt. Die Hauptstadt Phoenix ist mit mehr als 1,4 Mio. Einwohnern die größte Stadt des Staates.

Wirtschaft In der Landwirtschaft hat die **Weidewirtschaft** (bes. Rinderzucht) eine Schlüsselstellung. Außerdem werden Baumwolle, Zitrusfrüchte, Gemüse und Getreide angebaut. Das nötige Wasser wird aus großen Stauseen auf die Felder gepumpt. Ein weiteres Standbein der Wirtschaft ist der **Bergbau**. Neben Molybdän, Gold, Silber, Zink, und Blei wird vor allem Kupfererz gefördert. Kontroverse Meinungen gibt es über den Abbau der großen Vorkommen an Kohle, Erdöl und Erdgas in den Reservaten der Hopi und Navajo: Einerseits befindet sich das Land im Kollektivbesitz der Stämme, andererseits wird es treuhänderisch von der Bundesregierung in Washington verwaltet. Besonders Kohle, die sehr günstig oberflächennah gefördert werden kann, ist für Arizona von großer Bedeutung. Zurzeit werden bereits 40% des elektrischen Stroms aus Navajo-Kohle gewonnen. Die ebenfalls im Bereich des Reservates befindlichen Uranvorkommen werden nicht mehr ausgebeutet, da sich die Kontaminierung mit schadstoffreichen Abwässern als Problem erwiesen hat. Wirtschaftlich von Bedeutung sind außerdem die **Metall- und Elektronikindustrie**.

◄ Tourismus

Immer wichtiger wird der Tourismus für den Wüstenstaat. Spektakuläre Naturräume wie der Grand Canyon, das Red Rock Country, das Mogollon Plateau mit seinem Steilabfall und die Saguaro-Kakteengärten haben sich ebenso als Publikumsmagneten erwiesen wie die zahlreichen Siedlungen und Ausgrabungsstätten verschiedener Indianerkulturen. Als Beispiele sollen das Monument Valley, die Navajo und die Hopi Reservation, die Casa Grande Ruins und Montezuma Castle erwähnt werden.

★ Flagstaff

K 8

Region: North Central
Einwohnerzahl: 56 000
Höhe: 2142 m ü. d. M.
Telefonvorwahl: 520

Die Universitätsstadt Flagstaff an der legendären Route 66 ist Mittelpunkt eines weiten Umlands und vor allem Ausgangspunkt für Touren zu weltberühmten Sehenswürdigkeiten wie dem ► Grand Canyon National Park, dem Red Rock Country (► Sedona) oder der ► Navajo Indian Reservation. Auch Wintersportler kommen gerne in das Städtchen zu Füßen der San Francisco Mountains.

Geschichte

Als erste Weiße kamen im frühen 19. Jh. die sog. **Mountain Men und Goldsucher** in die San Francisco Mountains. Erst in den Siebzigerjahren des 19. Jh.s gelang es weißen Farmern und Viehzüchtern, sich gegen den Widerstand der hier ansässigen Indianer (u. a. Apachen) niederzulassen. Bereits 1882 erreichte die Eisenbahn den Ort, der sich bald zu einem Handelsplatz und Verkehrsknotenpunkt entwickelte. Rasch aufwärts ging es mit Flagstaff in den Zwanzigerjahren, als die Route 66 gebaut und Tankstellen, Snack Bars und Motels wie Pilze aus dem Boden schossen.

? WUSSTEN SIE SCHON ...?

- ... dass 1930 im Lowell Observatory in Flagstaff nach langen Vorarbeiten der 9. Planet Pluto entdeckt wurde?

Sehenswertes in Flagstaff

★ Museum of Northern Arizona

Die interessanteste Sammlung, die es in Flagstaff zu besichtigen gibt, ist das am nordwestlichen Stadtrand an dem zum Grand Canyon führenden US 180 gelegene Museum of Northern Arizona (Öffnungszeiten: tgl. 9.00–17.00 Uhr). Berühmt geworden ist das Mu-

FLAGSTAFF ERLEBEN

AUSKUNFT

Flagstaff Visitors Center
In the Historic Train Station
at One E. Route 66
Tel. (928) 774-9541, Fax 556-1308
www.flagstaffarizona.org

VERANSTALTUNGEN

Alljährlicher Höhepunkt des Veranstaltungskalenders ist das sommerliche Festival of Native American Arts im Coconino Center.

ESSEN

► Erschwinglich

The Cottage Place Restaurant
126 W. Cottage Avenue
Tel. (928) 774-8431
Ausgezeichnete, internationale Küche und erlesene Weine.

Brix Grill
801 South Milton Rd.
Tel. (602) 779-5117
In dem freundlichen und nicht übermäßig teuren Speiselokal gibt es typisch Amerikanisches, aber auch Chilies, Pasta, Ratatouille und sehr guten Wein.

Auch die Kleinen werden zu Häuptlingen beim Festival of Native American Arts.

► Preiswert

Brandy's Restaurant and Bakery
1500 E. Cedar Ave. 40
Tel. (928) 779-2187
Hier legt man Wert darauf, dass alle Speisen ausschließlich mit naturbelassenen Zutaten zubereitet werden.

ÜBERNACHTEN

► Luxus

The Inn at 410 Bed and Breakfast
410 N. Leroux Street
Tel. (928) 774-0088
www.inn410.com
Die luxuriösen Zimmer und Suiten im 1894 erbauten Haus sind individuell eingerichtet, vom viktorianischen Stil über Romantik bis hin zu mexikanischen Einflüssen.

► Komfortabel

Best Western Woodland's Plaza
1175 W. Route 66
Tel. (520) 773-8888, Fax 773-0597
Direkt an der historischen Route 66 gelegen, empfiehlt sich das Haus als Stützpunkt für Ausflüge in die an Natursehenswürdigkeiten reiche Umgebung von Flagstaff. Die Zimmer sind zweckmäßig ausgestattet.

► Günstig

Comfort Inn Flagstaff
2355 S Beulah Blvd
Tel. (928) 774-2225
www.travelsouthwest.com/flagstaff
Das komfortable, verkehrsgünstig gelegene Hotel bietet freundliche, geräumige Zimmer, einen beheizten Außenpool und ein Kaminzimmer.

Noch gut erhalten sind die Felsbehausungen, in denen die Sinagua-Indianer bis Mitte des 13. Jh.s wohnten.

seum durch seine vielen Exponate aus den **verschiedenen Kulturstufen der Pueblo-Indianer**. Töpferware, Flechtarbeiten und Korbwaren gehören ebenso dazu wie Waffen (u.a. Wurfhölzer und Speere), Schmuck, Spielzeug und Kachinapuppen. Während der Hauptreisezeit zeigen Navajo und Hopi aus der Umgebung ihre kunsthandwerklichen Fertigkeiten und führen traditionelle Tänze auf.

◄ Coconino Center for the Arts

Auf der Strecke zum Museum of Northern Arizona liegt das Coconino Center for Arts, das sich der **regionalen Kunst, Theater- und Musikkultur** verschrieben hat (Öffnungszeiten: tgl. 9.00–17.00 Uhr).

✶ Lowell Observatory

Auf dem Mars Hill am westlichen Stadtrand steht jene Himmelsbeobachtungsstation, die im Jahre 1894 vom Astronomen Percival Lowell gegründet worden ist. **Himmelsbeobachtungen** sind Mi., Fr., Sa. 20.00–22.00 Uhr möglich, Führungen gibt es Mo. bis Sa. 10.00, 13.30 und 15.30 Uhr.

Riordan State Historical Park

Am südwestlichen Stadtrand wurde das Anwesen einer wohlhabenden weißen Siedlerfamilie des 19. Jh.s zum Museum umfunktioniert. Das äußerlich eher unscheinbare Herrenhaus überrascht seine Besucher mit einer kostbaren Innenausstattung.

Umgebung von Flagstaff

San Francisco Mountains, Humphreys Peak

Nördlich der Stadt erheben sich die San Francisco Mountains. Höchster Gipfel dieses durch Vulkanismus entstandenen Gebirgsmassivs ist der Humphreys Peak, der mit 3854 m zugleich der höchste Punkt Arizonas ist. Ein **Sessellift** bringt Ausflügler nach oben (Zufahrt zur Talstation ab US 180 nordwestlich von Flagstaff). Ca. 15 mi/24 km nordwestlich von Flagstaff erreicht man die Arizona Snowbowl, von Dezember bis April ein gut besuchtes und erschlossenes Skigebiet.

◄ Arizona Snowbowl

★ **Walnut Canyon National Monument**

Etwa 10 mi/16 km östlich von Flagstaff verläuft der 36 km lange und 122 m tiefe Walnut Canyon (Walnuss-Schlucht), in dem sich rund **300 Felsbehausungen** der altindianischen Sinagua-Kultur verstecken. Das 9 km² große Siedlungsareal steht seit 1915 unter Denkmalschutz und kann das ganze Jahr über (außer am Thanksgiving Day und am Ersten Weihnachtsfeiertag) besucht werden. Wegen der extremen Hitze sollte man am besten früh morgens in die Schlucht hinabsteigen. Vom aussichtsreich gelegenen Visitor Center (Öffnungszeiten: tgl. 8.00–17.00 bzw. 18.00 Uhr) am Rande der Schlucht gelangt man über 240 Treppenstufen hinunter zu den 56 m tiefer gelegenen Felswohnungen. Der Island Trail (Gehzeit ca. 1 Std.) führt in den Talgrund hinunter. Dabei kommt man an zwei Dutzend Felswohnungen vorbei. Der Canyon Rim Trail (Gehzeit ca. 1 Std.) verläuft entlang der Abbruchkante zu einigen guten Aussichtspunkten sowie zu Siedlungsresten aus der Zeit der Sinagua.

★ **Sunset Crater National Monument**

Eine nahezu im Urzustand erhaltene, **bizarre Vulkanlandschaft** kann man im Sunset Crater National Monument in Augenschein nehmen. Das etwa 12 km² große Naturschutzgebiet liegt 15 mi/24 km nordöstlich von Flagstaff im Bereich des San-Francisco-Vulkanfeldes. Mittelpunkt des National Monument ist der 305 m hohe Aschenkegel des Sunset Crater, des jüngsten Vulkans in Arizona. Das Naturschutzge-

Rostrot leuchten die Ruinen des altindianischen Wupatki-Pueblo, wenn sie von der tief stehenden Abendsonne angestrahlt werden.

biet ist das ganze Jahr über zugänglich. Im Visitor Center wird die Naturgeschichte dieser Gegend dokumentiert (Öffnungszeiten: im Sommer tgl. 8.00–18.00, im Winter 8.00–17.00 Uhr). Eine **seismografische Station** ist hier ebenfalls eingerichtet. Beim letzten Ausbruch des Sunset Crater im Jahr 1250 spuckte der Vulkan Lava aus, die rot und gelb oxidierte und bis heute den Kraterrand bedeckt, der seitdem wie im Licht eines permanenten Sonnenunterganges erstrahlt.

Scenic Drive

Vom Scenic Drive, der das Gelände erschließt, bieten sich imposante Ausblicke auf die dunkle Vulkanlandschaft. Nicht nur für Geologie-Fans interessant ist ein Spaziergang auf dem vulkanologischen Lehrpfad (Gehzeit ca. ¾ Std.), der durch das Bonito-Lavafeld mit Schlackenkegeln und Gaskratern führt. Die Eishöhle ist wegen Einsturzgefahr geschlossen.

★ **Wupatki National Monument**

30 mi/48 km nordöstlich von Flagstaff erreicht man über den US 89 oder die Parkstraße des Sunset Crater National Monument das Wupatki National Monument mit mehr als **2000 Wohnstätten der altindianischen Sinagua-Kultur**. Das 142 km² große, 1924 unter Schutz gestellte Gebiet erstreckt sich in einer öden Wüstenlandschaft am Westrand der Painted Desert bzw. am Oberlauf des Little Colorado River und kann das ganze Jahr über besucht werden. Das Besucherzentrum ist tgl. von 8.00 bis 17.00 Uhr geöffnet. Die frühen Sinagua-Puebloindianer lebten in diesem Landstrich von etwa 500 bis ca. 1400 n. Chr. Während der Ausbrüche des nahen Sunset-Crater-Vulkans verließen sie ihre Siedlungen vorübergehend. Eine im 13. Jh. einsetzende Dürreperiode zwang die Sinagua erneut zur Abwanderung. Um 1400 verließen sie ihre Wohnstätten endgültig.

In der Nähe des Besucherzentrums liegen die Ruinen des **Wupatki Pueblo** aus dem 12. und 13. Jh. Zu dieser Anlage gehören ein Amphitheater und ein ovaler Platz für zeremonielle Ballspiele. Das dreistöckige Pueblo hatte über 100 Räume, die über ein ausgeklügeltes System von Wand- und Bodenöffnungen belüftet bzw. beheizt werden konnten. Weitere Siedlungsreste sind auf dem Areal des National Monument verstreut und über die Parkstraße sowie kurze Wanderwege zu erreichen.

? WUSSTEN SIE SCHON ...?

- ... dass Astronauten im Meteor Crater die Landung auf dem Mond trainieren? Nur für alle Fälle ...

★ **Meteor Crater**

Etwa 45 mi/72 km östlich von Flagstaff erreicht man den südlich abseits des I-40 gelegenen Meteor Crater. Hier schlug vor etwa 20 000 Jahren eine relativ kleine **»Bombe aus dem All«** auf die Erdoberfläche. Sie drang in die Erdkruste ein und riss einen knapp 180 m tiefen Krater mit rund 1300 m Durchmesser auf. Im Visitor Center (Öffnungszeiten: tgl. 9.00–17.00 Uhr) sind kleinere Bruchstücke des Meteors ausgestellt.

★★ Grand Canyon National Park

J/K 7

Region: Northwest
Fläche: 4934 km²
Höhe: 730–2683 m ü. d. M.
Gründungsjahr: 1919

Als »die großartigste von Gottes irdischen Stätten« bezeichnete der Naturforscher John Muir seinerzeit den Grand Canyon. Die vom Colorado geschaffene Schluchtenlandschaft im Nordwesten Arizonas gehört zu den spektakulärsten Naturwundern der Erde. Unbeschreiblich ist der Blick über die gewaltige Schlucht mit ihren bunten Felsformationen, die je nach Tages- und Jahreszeit in blaugrauen, gelblichen und rötlichen Farbtönen leuchten.

Entstehungsgeschichte

Seit Jahrmillionen bahnt sich der Colorado seinen Weg von den Rocky Mountains in den Golf von Kalifornien. Er folgt dabei **geologischen Störungslinien**, die sich im Laufe der Erdgeschichte durch dynamische Prozesse in der Erdkruste (Gebirgsbildung, Vulkanismus, Sedimentation) gebildet haben. Besonders kraftvoll hat der Colorado sein Bett in den letzten 9 Mio. Jahren tiefer gelegt. Auf einer Länge von knapp 450 km windet sich der Colorado durch eine **Schichtstufenlandschaft**, in die er eine 6–30 km breite Schlucht (Luftlinie) gegraben hat. 1500 bzw. 1800 Höhenmeter liegen zwischen dem oberen Rand des Canyons und dem Fluss, der sich im Bereich der Phantom Ranch auf 730 m ü. d. M. seinen Weg bahnt.

Kulturgeschichte

Zahlreiche Funde belegen, dass der Grand Canyon bereits vor mehr als 4000 Jahren besiedelt war. Die am meisten beeindruckenden Kulturzeugnisse sind **Felswohnungen**, die die Anasazi vor etwa 1000 Jahren angelegt hatten. 1540 kamen die ersten Europäer in diese Gegend. Es waren Mitglieder der von Francisco Vásquez de Coronado geführten Expedition, die den Landweg von Mexiko nach Kalifornien erkundete. Schon damals müssen die Wohnstätten der Anasazi bereits geraume Zeit verlassen gewesen sein. 1869 wagte Major John Wesley Powell (▶ Berühmte Persönlichkeiten) eine Bootsexpedition, die ihn durch die vom Green River und vom Colorado geschaffenen Schluchten führen sollte. In seinem Reisetagebuch hat er das Naturwunder Grand Canyon ausführlich beschrieben. Schon in den Achtzigerjahren des 19. Jh.s begann die **touristischen Erschließung** der Schlucht; 1892 entstand das erste Hotel. Wenige Jahre später konnte man per Bahn anreisen. Nachdem 1919 der Grand Canyon National Park gegründet war, nahm die touristische Attraktivität weiter zu. Bereits vor dem Zwei-

? WUSSTEN SIE SCHON ...?

- Wer von der obersten Abbruchkante des Grand Canyon zum Colorado River hinuntersteigt, wandert durch 1,7 Milliarden Jahre Erdgeschichte!

Die Schlucht des Colorado River ist eineinhalb Kilometer tief.

ten Weltkrieg wurden jährlich mehr als 100 000 Besucher gezählt. Im Jahre 1965 waren es 1,6 Millionen, und 2004 besuchten über 4,3 Mio. Touristen den Nationalpark.

Anreise zum Canyon-Südrand

Die meisten Besucher kommen an den Südrand (South Rim) des Grand Canyon. Hier gibt es die **schönsten Aussichtspunkte**. Die touristische Infrastruktur ist bestens ausgebaut (Visitor Center, Hotels, Motels, usw.). Ab Kingman führt der AZ 64 nordwärts zur der am Parkeingang gelegenen Touristensiedlung Tusayan (58 mi/93 km). Ab ► Flagstaff gelangt man über den US 180 nordwärts nach Tusayan (81 mi/130 km).

◄ Grand Canyon Railway

Von der am I-40 gelegenen Ortschaft Williams fährt von Juni bis September täglich und von Oktober bis Mai nur an Wochenenden ein **Museumsdampfzug** zum Grand Canyon. Aufgrund der großen Nachfrage ist eine rechtzeitige Reservierung (Tel. 1-800-843-8724, www.thetrain.com) dringend angeraten.

◄ South Rim Shuttle Bus

Der Individualverkehr auf der am Südrand des Canyons entlangführenden Panoramastraße ist in den letzten Jahren stark eingeschränkt worden, dafür fahren aber Busse die Sehenswürdigkeiten an.

Anreise zum Canyon-Nordrand

Zum Nordrand (North Rim) gelangt man via US ALT 89 (Alternativverbindung Kanab – Page, ► Lake Powell). Von Jacob Lake führt der 45 mi/72 km lange AZ 67 auf das Kaibab Plateau und durch den Kaibab National Forest zum North Rim. Obwohl North und South Rim nur 16 km (Luftlinie) auseinander liegen, muss man über 300 km fahren, um vom South Rim durch den Marble Canyon hinüber zum North Rim zu gelangen.

GRAND CANYON

★★ Die berühmteste Schlucht der Erde überwältigt den Besucher in erster Linie durch ihre Ausmaße, ihre Farbenvielfalt und ihre in Millionen von Jahren vom Colorado River geschaffene Schichtstufenlandschaft. Kaum einer kann sich in emotionaler Hinsicht diesem spektakulären Naturwunder entziehen, obwohl freilich alle Naturphänomene der gigantischen Schlucht wissenschaftlich zu erklären sind.

Öffnungszeiten Visitor Center South Rim:
Sept. bis Mai tgl. 8.00–17.00 Uhr,
Juni bis Aug. tgl. 7.30–20.30 Uhr

Paläozoikum
Der Colorado River hat sich zunächst in die jüngeren, sehr flach lagernden Gesteinsschichten des Colorado-Plateaus eingegraben. Diese unterschiedlich zusammengesetzten Kalk- und Sandsteinschichten sind vor 570–225 Mio. Jahren abgelagert worden und an den Stufen des Canyons gut zu erkennen.

Proterozoikum
Diese Sedimentgesteinsschichten wurden im Erdmittelalter und im Erdaltertum angelegt, also vor 1 Mrd. bis 570 Mio. Jahren.

Archäozoikum
Zuletzt hat sich der Fluss in das präkambrische Urgestein eingekerbt. Wer also von der obersten Abbruchkante zum Fluss hinuntersteigt, wandert durch 1,7 Milliarden Jahre Erdgeschichte.

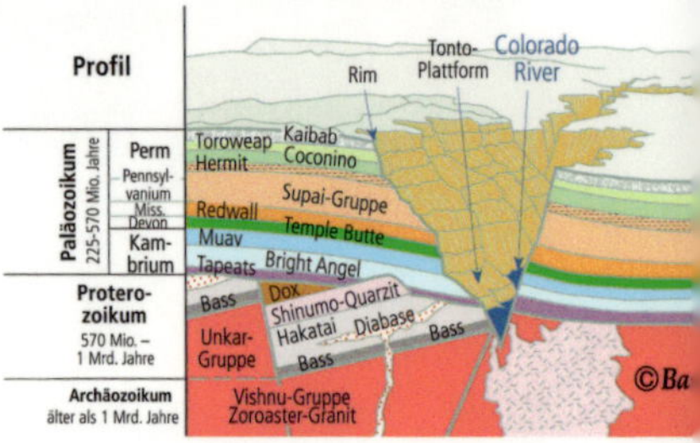

1 2
South Rim und North Rim
Von der südlichen und der nördlichen Abbruchkante der Schlucht bieten sich atemberaubende Ausblicke. Die Nordkante ist etwa 350 m höher als der Südrand, deshalb kann man dort noch ein bisschen weiter sehen.

3 Tusayan Ruins
Zahlreiche Funde belegen, dass der Grand Canyon bereits vor mehr als 4000 Jahren besiedelt war. Die Tusayan Ruins sind Überreste eines indianischen Pueblos. Heute ist hier ein kleines Museum zur eingerichtet.

4 Colorado River, Inner Gorge und Phantom Ranch
Auf dem Grund der Schlucht bietet die Phantom Ranch Möglichkeiten zur Übernachtung. Unbedingt vorher reservieren (Grand Canyon Park Lodges, Tel. 9 28/6 38-26 31)!

5 Tonto Platform

6 Walhalla Platform

7 Bright Angel Gorge

8 Supai-Gruppe
Interessante Gesteinsformation u.a. aus Esplanade Sandstone

Am höchsten Punkt der Südkante steht seit 1932 der Desert View Watchtower.

Auc
Rüc
tiere
den
steig
sind
und

Unterwegs im Grand Canyon

Der Nationalpark ist das ganze Jahr über zugänglich. Am besten besucht man den Canyon jedoch in der Zeit von **Ende März bis Anfang Juni bzw. von September bis Mitte November**. Im Sommer kann es hier ziemlich heiß werden, vor allem aber sind die Parkeinrichtungen in dieser Zeit stark überlaufen. Der Nordrand des Canyon liegt im Winter unter einer dicken Schneedecke, ein Teil der Straßen und Wege ist von Mitte November bis weit in den Frühling gesperrt.

Reservierungen ▶ Wer im Nationalpark übernachten will – sei es im Hotel oder auf dem Campingplatz –, ist gut beraten, schon Monate im Voraus zu reservieren. Dies gilt auch für **Maultierritte** in den Canyon und für geführte Canyon-Wanderungen. Selbst um die sog. Back Country Permits für eigenverantwortlich unternommene Wanderungen im Bereich des Grand Canyon muss man sich schon Wochen im Voraus bemühen.

Wanderungen in den Canyon ▶ Großartig ist das Erlebnis einer Canyon-Wanderung. Insgesamt gibt es mehr als **drei Dutzend Pfade und Wege**, die mit großem Aufwand unterhalten werden. Der Abstieg in den Canyon und vor allem der Wiederaufstieg sind äußerst kräftezehrend – schließlich hat man am Südrand einen Höhenunterschied von über 1500 m und am Nordrand von rund 1800 m zu bewältigen! Ein solches Unterfangen sollten nur **geübte Bergwanderer mit entsprechender Ausrüstung** wagen.

Maultierritte ▶ Von beiden Canyon-Rändern kann man auf Maultieren in die Schlucht hinunterreiten. Aufgrund der starken Nachfrage müssen solche Ausflüge, falls sie an Feiertagen oder in der Hauptreisezeit stattfinden sollen, mehrere Monate im Voraus gebucht werden.

Wildwasserfahrten ▶ Die schöpferische Gewalt des Colorado River können Abenteuerlustige auf Wildwasserfahrten in robusten Schlauchbooten erleben. **Erfahrene Anbieter** von ein- und mehrtägigen Wildwassertouren gibt es in Grand Canyon Village, Flagstaff, Page, Kanab, Moab und Green River.

Busausflüge ▶ Entlang des South Rim Scenic Drive fährt eine **Straßenbahn** zu den Sehenswürdigkeiten. Auch Ausflüge hinüber zum North Rim werden angeboten. Am North Rim verkehren Busse zwischen der Grand Canyon Lodge und dem Aussichtspunkt Cape Royal.

Rundflüge ▶ Man kann den Grand Canyon auch aus der Vogelperspektive kennen lernen. Kleinflugzeuge und Hubschrauber starten von Flugplätzen, die am Südrand der Touristensiedlung **Tusayan** liegen. Aus Naturschutzgründen ist der Flugverkehr im Bereich des Grand Canyon streng reglementiert worden.

Besucherdienst ▶ Die Nationalparkverwaltung unterhält am South Rim ein Visitor Center (Öffnungszeiten: September bis Mai tgl. 8.00–17.00, Juni bis August tgl. 7.30–20.30 Uhr). Am North Rim gibt es in der Ranger Station der Nationalparkverwaltung sowie in der Grand Canyon Logde alle wichtigen Auskünfte. Informationen aus erster Hand erhält man von den **Park Rangern**, die täglich Vorträge und geführte Wanderungen anbieten.

✶ South Rim

Scenic Drive

Nahe der südlichen Abbruchkante erschließt eine Panoramastraße (Scenic Drive) die schönsten Aussichtspunkte. Zur Hauptsaison ist die Straße für den Individualverkehr gesperrt, aber es verkehrt eine Straßenbahn. Ihr Westflügel, der knapp 9 mi/12 km lange West Rim Drive, führt vom Visitor Center in westlicher Richtung bis zu Hermits Rest. Als Erstes erreicht man den Aussichtspunkt Yavapai Point. Hier ist auch ein kleines **Museum** eingerichtet, das sich mit der Naturgeschichte des Grand Canyon befasst. Es folgen weitere Aussichtspunkte. **Grandiose Ausblicke** kann man von Trailview Overlook, Maricopa Point, Hopi Point, Mohave Point und Pima Point genießen. Der West Rim Drive endet bei Hermits Rest (Souvenirs, Imbiss), wo man ebenfalls mit schönen Ausblicken rechnen kann.

Tagestour in die Tiefe: Nur wer eine Erlaubnis hat, darf im Canyon übernachten.

Der 25 mi/40 km lange **East Rim Drive** führt vom Visitor Center zum östlichen Parkeingang. **Überwältigende Ausblicke** bieten sich vom Yapi Point (2213 m ü. d. M.) und vor allem vom Grand View Point (2256 m ü. d. M.). Vom Moran Point sieht man hinunter zu den Hance Rapids genannten Stromschnellen des Colorado. Kurz danach folgt der Zuni Point (2218 m ü. d. M.).
Danach führt ein Abstecher zu den **Tusayan Ruins**, den Überresten eines **indianischen Pueblo**, in dem Ende des 12. Jh.s einige Dutzend Anasazi gelebt haben. Wie die meisten Niederlassungen in der Grand-Canyon-Region wurde auch diese Siedlung im 13. Jh. wieder verlassen. Ein kleines Museum informiert über die Geschichte und die Lebensweise der Anasazi und ihrer heutigen Nachfahren, der Hopi.
Vom Lipan Point hat man einen hervorragenden Blick auf den östlichen (oberen) Grand Canyon. Schließlich gelangt man zum Navajo Point und weiter zum 2267 m ü. d. M. gelegenen Aussichtspunkt Desert View mit dem Indian Watchtower, einem steinernen Feuerwach- und Aussichtsturm aus dem Jahr 1930. Der Panoramablick von hier oben ist besonders spektakulär. Er reicht über den Ostteil des Grand Canyon hinüber zum Kaibab Plateau. Außerdem sieht man im Osten die in vielen Farben leuchtende Painted Desert (»Bemalte Wüste«; ► Petrified Forest National Park).

South Rim Nature Trail

Der South Rim Nature Trail ist ein bequemer, etwa 5 km langer **Panoramaweg** vom Yavapai Museum am Canyonrand entlang zum Maricopa Point. Ein Teilstück dieser Strecke ist als Naturlehrpfad hergerichtet.

✶ North Rim

✶✶ Bright Angel Point

Der Nordrand des Grand Canyon ist etwa 300–380 m höher als sein Südrand. Von hier bieten sich daher ganz andere Perspektiven. Der beliebteste Aussichtspunkt am North Rim ist der Bright Angel Point nahe der Grand Canyon Lodge (am Südende des AZ 67, ► S. 150). Die **Aussichtsplattform** liegt hoch über der Schlucht des Bright Angel Creek und eröffnet einen grandiosen Panoramablick über den Grand Canyon.

Grand Canyon National Park Orientierung

★★ Imperial Point Cape Royal

Einige Autominuten nördlich der Grand Canyon Lodge führt eine Stichstraße zu den Aussichtspunkten Point Imperial und Cape Royal. Der 2683 m ü. d. M. gelegene Point Imperial ist der **höchste Punkt im Nationalpark**. Hier geht der Blick weit über den östlichen Grand Canyon, in den Marble Canyon und hinüber zur Painted Desert. Über das Walhalle Plateau kommt man südwärts zum Cape Royal.

★ Transept Canyon Trail

Bei der Grand Canyon Lodge beginnt ein etwa 3 km langer Wanderweg, der in den Transept Canyon hinunterführt und am North Rim Inn endet.

★ North Kaibab Trail

Der North Kaibab Trail beginnt wenige Meilen nördlich der Grand Canyon Lodge am Beginn des Roaring Springs Canyon. Aus der Höhe von 2512 m ü. d. M. steigt er hinunter in den Bright Angel Can-

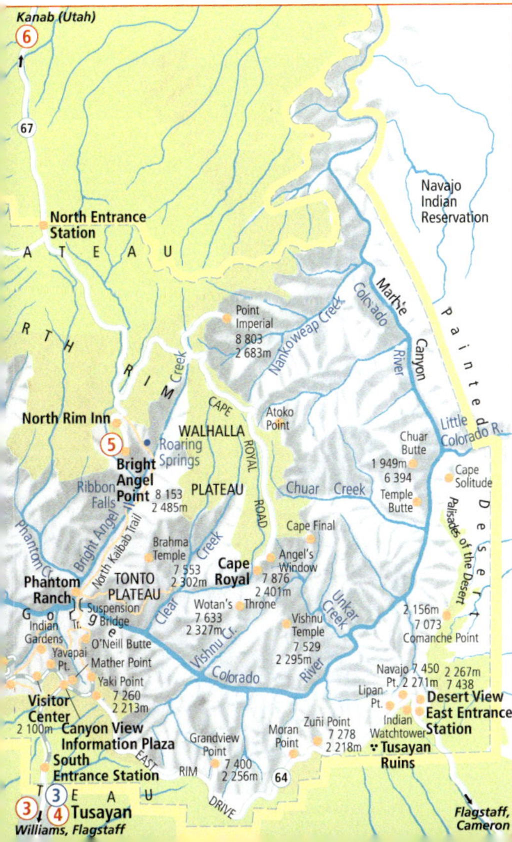

Übernachten

① El Tovar Hotel
② Bright Angel Lodge
③ Holiday Inn Express Hotel
④ Grand Hotel
⑤ Grand Canyon Lodge
⑥ Kaibab Lodge

Essen

① El Tovar Dining Room
② Bright Angel Restaurant
③ The Steakhouse

GRAND CANYON ERLEBEN

AUSKUNFT

Grand Canyon National Park
P.O. Box 129, Grand Canyon
AZ 86023
Tel. (9 28) 6 38-78 88
Fax 6 38-77 97
www.nps.gov/grca

WANDERUNGEN IN DEN CANYON

Gute Vorbereitung ist nötig, wenn man in den Canyon wandert. Unbedingt einzuplanen ist eine Zwischenübernachtung in der Phantom Ranch auf dem Grund der Schlucht (rechtzeitige Reservierung unbedingt erforderlich). Canyon-Wanderer sollten reichlich Trinkwasser mitnehmen und auf ausreichenden Sonnenschutz achten. Das gesamte Nationalparkgelände ist »Rattlesnake Country«. Man achte also stets auf die gefährlichen Schlangen. Wer eine Tour in oder durch den Canyon plant, sollte sich zuvor beim Park Ranger über den Zustand der Wege bzw. über mögliche Gefahren informieren.

ESSEN

► Fein & Teuer

① *El Tovar Dining Room*
am U.S. 180 (South Rim)
Tel. (3 03) 2 97-27 57, Fax 2 97-31 75
Erstklassiges Restaurant im historischen El Tovar Hotel. Vom Dining Room hat man einen grandiosen Blick über den Canyon.

► Preiswert

② *Bright Angel Restaurant*
Highway 64, South Rim
Tel. (3 03) 2 97-27 57
Das Restaurant befindet sich im Bright Angel Hotel. In der angeschlossenen Lounge gibt es von Mittwoch bis Samstag Livemusik.

③ *The Steakhouse*
An der Ostseite der AZ 64
Tel. (9 28) 6 38-27 80
Köstliche Fleischgerichte werden hier über dem offenen Feuer gegrillt.

ÜBERNACHTEN

► Luxus

① *El Tovar Hotel*
am U.S. 180 (South Rim)
Tel. (3 03) 2 97-27 57, Fax 2 97-31 75
Das traditionsreiche Haus am Grand Canyon – es besteht seit 1905 – hat schon manch illustren Gast beherbergt.

► Komfortabel

③ *Holiday Inn Express Hotel*
Tusayan (South Rim)
Tel. (5 20) 6 38-30 00, Fax 6 38-01 23
Gleich neben dem Grand Canyon IMAX Theater steht das Holiday Inn Express, dessen Zimmer im »Southwest Decor« eingerichtet sind.

④ *Grand Hotel*
Tusayan (South Rim)
Tel. (9 28) 6 38-33 33, Fax 6 38-31 31
Das 1998 eröffnete Haus am Südeingang zum Grand Canyon National Park bietet rustikale, aber dennoch modern eingerichtete Fremdenzimmer.

Baedeker-Empfehlung

⑤ *Grand Canyon Lodge*
am AZ 67 (North Rim)
Tel. (5 20) 6 38-26 11
Die gemütliche Lodge ist vor allem in den Sommermonaten sehr gefragt. Eine rechtzeitige Reservierung wird dringend empfohlen.

⑥ ***Kaibab Lodge***
HC 64, P.O. Box 30
Tel. (9 28) 6 38-23 89, Fax 6 38-98 64
www.kaibab.org
Das 1926 in ca. 2500 m Höhe erbaute Haus mit 29 Zimmern ist von Mitte Mai bis Mitte Oktober geöffnet.

► **Günstig**

② ***Bright Angel Lodge***
Highway 64, South Rim
Tel. (3 03) 2 97-27 57, Fax 2 97-31 75
Im westlichen Teil des historischen Grand Canyon Village steht dieses 1936 erbaute Haus mit 73 Zimmern und rustikalem Charme.

von und passiert die 1220 m ü. d. M. gelegene Cottonwood Campsite. Schließlich gelangt man zur Phantom Ranch (Übernachtungsmöglichkeit, rechtzeitige Reservierung angeraten) und weiter hinunter zu den **Stromschnellen** des Colorado (Pegel: 730 m ü. d. M.).

Sehenswertes in der Umgebung

Havasupai Indian Reservation

Etliche Meilen östlich von Grand Canyon Village dehnt sich die Havasupai Indian Reservation aus. Abgeschieden wohnen einige Hundert Indianer in einem südlichen, ebenfalls tief eingekerbten Seitental des Grand Canyon. Das **»Volk am blaugrünen Wasser«** lebt vom Ackerbau und vor allem vom Fremdenverkehr. In ihrem geradezu paradiesischen Tal hat der Havasu Creek gleich mehrere imposante Wasserfälle (Navajo Falls, Havasu Falls, Mooney Falls) und Travertinbecken geschaffen, die zum Baden einladen.

Von Grand Canyon Village kann man mit dem Helikopter zum Indianerdorf **Supai** fliegen. Auf dem Landweg ist die Siedlung über den Native American Highway 18 erreichbar, der an der Historic Route 66 etwa 7 mi/11 km östlich von Peach Springs (zwischen Kingman und Seligman) beginnt. Die Straße endet nach 60 mi/96 km am 1700 m hohen Hualapai Hilltop. Danach kommt man nur zu Fuß oder hoch zu Pferd bzw. Maultier weiter. Wer im Gebiet der **Havasupai-Indianer** Wanderungen und Ausritte unternehmen will bzw. dort übernachten möchte, sollte sich rechtzeitig mit folgender Organisation in Verbindung setzen: Havasupai Tourist Enterprise, Supai, AZ 86435, Tel. (602) 4 48/21 21.

12 mi/16 km südöstlich von Peach Springs kann man die **Grand Canyon Caverns** mit ihren eindrucksvollen **mineralischen Formationen** besichtigen.

Malerisch präsentieren sich die Wasserfälle im Land der Havasupai-Indianer.

Kingman · Historic Route 66

G 8

Region: Westcoast
Einwohnerzahl: 30 000
Höhe: 1018 m ü. d. M.
Telefonvorwahl: 520

Die Nostalgiewelle um die legendäre Überlandstraße Route 66 machte aus dem Wüstennest Kingman eine Kleinstadt mit gut ausgebauter touristischer Infrastruktur. Sowohl in Kingman als auch einige Meilen vor und hinter der Stadt wurden die alten Tankstellen und Snack Bars renoviert, so dass man heute wieder einen Eindruck von den Gründerzeiten jener Straße erhält.

Verkehrsknotenpunkt

In der wüstenhaften Landschaft zwischen den Cerbat Mountains im Norden und den über 2500 m hoch aufragenden Hualapai Mountains im Süden liegt Kingman, das seit seiner Gründung in den Achtzigerjahren des 19. Jh.s ein wichtiger Verkehrsknotenpunkt ist, durch den die legendäre Route 66 verläuft. Der »richtige« Verkehr rauscht über die West-Ost-Magistrale I-40 und über den von Norden nach Süden führenden Highway US 93, die sich bei Kingman kreuzen. An der Peripherie der Stadt sind riesige **»Truck Stops«** bzw. Autohöfe entstanden, an denen nicht nur die »Kapitäne der Landstraße«, sondern auch Touristen und Geschäftsreisende Station machen.

KINGMAN ERLEBEN

AUSKUNFT

The Powerhouse Tourist Information & Visitor Center
120 W. Route 66 , Kingman AZ, 86401
Tel. (9 28) 7 53-61 06, Fax 7 53-61 56
www.kingmantourism.org

ESSEN

► Erschwinglich

Hubb's Café
315 E. Andy Devine Ave
Tel. (9 28) 7 18-18 00
Französische und kontinentale Küche im historischen Brunswick-Hotel.

► Preiswert

Dambar Steakhouse
1960 E. Andy Devine
Tel. (9 28) 7 53-35 23
Beliebtes Restaurant mit rustikaler Atmosphäre.

ÜBERNACHTEN

► Komfortabel

The Brunswick Hotel
315 E Andy Devine Ave.
Tel. (9 28) 7 18-18 00
Fax 7 18-18 01
www.hotel-brunswick.com
Das Hotel liegt an der legendären Route 66.

Best Western A Wayfarer's Inn And Suites
2815 E Andy Devine Avenue
Tel. (9 28) 7 53-62 71
Fax 7 53-96 08
www.bestwesternarizona.com/hotels/kingman/awayfarersinn
Das Hotel wurde 2004 komplett renoviert und bietet seinen Gästen u.a. einen beheizten Außenpool und kostenlosen Internet-Zugang.

Die legendäre Route 66 wird heute touristisch vermarktet.

Geschichte

Schon zu Zeiten der Hohokam, also vor etwa 1300 Jahren, war die Gegend um Kingman besiedelt, wie diverse Funde zeigen. Die altindianischen Hohokam und auch ihre Nachfolger, die Navajo, suchten und fanden hier begehrte **Türkise**. Die Gründung der heutigen Siedlung erfolgte im späten 19. Jh. im Rahmen des Eisenbahnbaus. Der Überlandverkehr sollte daraufhin zum wichtigsten Motor für die Entwicklung der Stadt werden.

Sehenswertes in Kingman und Umgebung

Downtown

Durch die Stadt führt die inzwischen historische Route 66. Mit viel Liebe zum Detail hat man hier einige in den Zwanziger- und Dreißigerjahren erbaute Tankstellen, Motels und Snack Bars restauriert.

◀ Mohave Museum of History & Arts ⌚

Mit den Lebensverhältnissen der indianischen Urbevölkerung macht die Sammlung des Mohave Museum of History & Arts vertraut (400 W Beale St.; Öffnungszeiten: Mo. bis Fr. 10.00–17.00, Sa. und So. 13.00–17.00 Uhr). Besonders sehenswert ist die umfangreiche Kollektion von Türkis-Schmuck. Natürlich wird auch an den **Westernfilmhelden Andy Devine** erinnert, der aus Kingman stammt.

Hualapai Mountain

Von Kingman führt eine Bergstraße südwärts in den Hualapai Mountain Park. Vom 2567 m hohen Hualapai Peak hat man einen schönen Ausblick.

★ **Historic Route 66**

Von Kingman aus lohnen zwei Ausflüge auf der alten Route 66. Unterwegs erinnern noch einige verlassene Tankstellen und Rastanlagen, alte Straßenschilder und andere »Versatzstücke« an die Zeit, als auf der Route 66 noch die amerikanischen Straßenkreuzer fuhren.
Die erste Tour folgt der historischen Route 66 und heutigen AZ 66 in nordöstlicher Richtung bis **Seligman**. Die landschaftlich schöne Strecke führt zunächst schnurgerade durch das Hualapai Valley, berührt dann die Peacock Mountains und die Cottonwood Cliffs und erreicht schließlich den Ort Peach Springs. Wenige Meilen weiter östlich

zweigen Stichstraßen zur Reservation der Havasupai-Indianer sowie zu den Grand Canyon Caverns (►Grand Canyon National Park) ab. In Seligman erreicht die alte Route 66 ihren modernen Nachfolger, den Interstate Highway 40.

Der zweite Ausflug führt in südwestlicher Richtung durch das **Sacramento Valley** hinauf zu den Black Mountains. Jenseits des 1113 m hohen Sitgreaves Passes gelangt man nach Oatman, das bis in die Vierzigerjahre ein florierender Bergbauort war. Heute erhofft man sich hier ebenfalls, vom Route-66-Tourismus zu profitieren. Die alte Fernstraße führt hinter Oatman hinunter zur Colorado-Talschlucht mit dem Lake Havasu und erreicht schließlich den Brückenkopf Topock, wo heute der I-40 und die Eisenbahn den Fluss überbrücken.

? WUSSTEN SIE SCHON ...?

- ... wie die London Bridge nach Lake Havasu City kam? Der Stadtgründer, der glaubte, die Tower Bridge erstanden zu haben, ließ die 137 Jahre alte ehrwürdige Brücke Stein für Stein abtragen und hier wieder aufbauen.

Lake Havasu Ein See mitten in einer ausgetrockneten, wasserarmen Landschaft, ein kleines, zum **Erholungsresort** aufgestiegenes Städtchen mit einer weltberühmten Brücke, Jachthafen und Ferienappartements aller Kategorien – das sind Lake Havasu und der gleichnamige Ort an seinem Ostufer. Entstanden sind die blau-grünen Fluten des Lake Havasu durch den 1938 fertig gestellten Parker Dam, mit dem der Colorado-River hier aufgestaut wurde.

Weitere Ziele Bullhead City (►Nevada, Laughlin), Lake Mead (►Nevada), Lake Powell (►Utah)

Früher war sie eine Sehenswürdigkeit in London, heute ist die London Bridge eine Attraktion in der Wüste.

★ Montezuma Castle National Monument

K 9

Region: Central Territory **Gründungsjahr:** 1906

Das Montezuma Castle National Monument umfasst zwei bedeutende, am Ostrand des Verde Valley gelegene Zeugnisse indianischer Siedlungskultur. Es sind dies das Montezuma Castle, das zu den am besten erhaltenen sog. Cliff Dwellings im Südwesten gehört, und der Quellteich Montezuma Well.

Siedlungsgeschichte

Die ersten Siedler im fruchtbaren Verde Valley waren Angehörige der **Hohokam-Kultur**, die hier um 600 n. Chr. lebten. Sie wohnten in einräumigen Pfahlbauten aus Lehm am Talhang oberhalb ihrer Felder, auf denen sie Getreide, Kürbisse, Bohnen und Baumwolle anbauten. An den Berghängen und auf den Plateaus jenseits des Tales siedelten zur gleichen Zeit Angehörige der **Sinagua-Kultur** (von span. »ohne Wasser«). Die Sinagua lebten zunächst in Erdhöhlen und betrieben Trockenfeldbau. Um 1125, als ein Teil der Hohokam das Verde Valley verließ, begannen die Sinagua das Tal zu besiedeln. Die ersten größeren Behausungen, so auch das Montezuma Castle, bauten sie ab 1150 auf Bergkuppen und in Felsnischen. Ihre maximale Ausdehnung erreichten die Siedlungen im 14. Jh.; im frühen 15. Jh. verließen die Sinagua aus unbekannten Gründen das Tal. Die ersten Weißen, die hierher kamen, glaubten Bauwerke der Azteken entdeckt zu haben.

▶ MONTEZUMA CASTLE

AUSKUNFT

Montezuma Castle Visitor Center
2800 Montezuma Castle Road
Camp Verde, AZ 86322
Tel. (9 28) 5 67-33 22
www.montezumacastle.areaparks.com

Der Quellteich **Montezuma Well** befindet sich in einer ehemaligen Karsthöhle, deren Decke vor rund 11 000 Jahren eingestürzt ist. Mit Hilfe eines ausgeklügelten Systems von Kanälen und Rinnen leiteten die Indianer das Wasser von diesem Quellsee auf ihre Felder. Einige Reste der altindianischen Bewässerungsanlagen kann man im Rahmen einer kurzen Wanderung erkunden. Auch Ruinen altindianischer Felswohnungen wurden hier entdeckt.

★★ Montezuma Castle

Eindrucksvoll ist allein schon die Lage der Felswohnungen des Montezuma Castle: Sie wurden in die Nische einer steilen, 30 m über dem Beaver Creek aufragenden Felswand aus porösem Sedimentgestein gebaut. Der gut geschützte **Felswohnplatz** umfasst 20 Räume, die sich auf fünf Ebenen verteilen und nur über Leitern erreichbar waren. Die etwa 700 Jahren alten gemauerten Wände sind im Origi-

Das in die Felsen »geklebte« Montezuma Castle ist schwer zugänglich

nalzustand erhalten. Unterhalb dieser Cliff Dwellings sind auch die Reste des sog. »Castle A« zu sehen, das mit 45 Räumen und sechs Stockwerken noch größer war als Montezuma Castle selbst. Nähere Informationen über die Erbauer der Felswohnungen erhält man im Visitor Center (Öffnungszeiten: im Sommer tgl. 8.00–19.00, im Winter tgl. 8.00–17.00 Uhr).

Camp Verde Südlich des Montezuma Castle erreicht man den Ort Camp Verde, der im 19. Jh. als US-Militärposten zum Schutz der weißen Siedler gegründet worden war. Das gut erhaltene Fort ist heute ein **Freilichtmuseum** (Fort Verde State Historic Park; Öffnungszeiten: tgl. 8.00 bis 17.00 Uhr). Ganz in der Nähe des Forts kann man die San Domingue Winery besichtigen (mit Weinprobe). Eine weitere Attraktion ist die Cliff Castle Lodge mit ihrem Spielkasino.

*** Mogollon Plateau** Östlich von Montezuma Castle beginnt das Mogollon Plateau, eine noch **wenig erschlossene Hochfläche**, die in einer spektakulären, felsigen Steilstufe, dem sog. »Rim«, etwa 400–600 m tief nach Süden ins Tonto Basin abfällt. Das Plateau bzw. der Steilabfall zieht sich über mehr als 450 km in einem weiten Bogen bis hinüber in den Bundesstaat New Mexico. Die ausgedehnten Nadelwälder verleihen diesem Plateau ein für die Breitengrade eher **unerwartetes Landschaftsbild**, bei dessen Anblick man sich schon beinahe an die Wälder Skandinaviens oder Kanadas erinnert fühlt. In dieser Landschaft entwi-

! *Baedeker* TIPP

Mogollon Scenic Drive

Wer das Mogollon Plateau genauer kennen lernen möchte, dem sei eine Fahrt auf dem AZ 260 empfohlen, der von Camp Verde (I-17) nach Osten führt. Nach 26 mi / 42 km erreicht die Straße das Mogollon Rim. Eine Forststraße folgt dem Steilabfall.

ckelte sich ca. 200 v. Chr. eine Indianerkultur, die eine enge Verwandtschaft mit den mesoamerikanischen Keramikern und Bodenbauern jener Zeit aufweist. Im 8. bzw. 9. Jh. nahmen die Mogollon Einflüsse der weiter im Norden lebenden Anasazi auf, wie man an den Grabungsfunden in einigen alten Siedlungsplätzen feststellen kann. Die Mogollon-Kultur ging vermutlich im frühen 16. Jh. unter.

★ Monument Valley

L/M 7

Region: Canyonlands **Höhe:** 1294–2072 m ü. d. M.

Im östlichen Grenzgebiet der Bundesstaaten Utah und Arizona erstreckt sich das Monument Valley mit seinen imposanten Felsgebilden, die wie Denkmäler aus einer weiten Steppen- und Wüstenniederung ragen. Das Farbenspiel der in lachsrot bis violett leuchtenden Szenerie ist am frühen Morgen und bei Sonnenuntergang von größtem Reiz.

Entstehung

Noch zu Beginn der Tertiärzeit, also vor ca. 70 Mio. Jahren, war das heutige Monument Valley von einem Ausläufer des damaligen Golfes von Mexiko bedeckt. Mit der **Heraushebung der Rocky Mountains** erfolgte ein Rückzug des Meeres, das eine von Sedimenten erfüllte Ebene zurückließ. Im Laufe der Jahrmillionen wurde das Land auf etwa 2000 m ü. d. M. angehoben. Dabei entstanden Verwerfungen, Spalten und Klüfte, an denen die gesteinszermürbenden Kräfte von Sonnenhitze, Eiseskälte, Wasser und Wind ansetzen konnten. Die oberen Sedimentschichten wurden nach und nach abgetragen. Letztendlich blieben nur jene bizarren Felsgebilde stehen, die heute als 300–610 m hohe Monolithen in Gestalt von Tafelbergen, Felsburgen, -nadeln, -zinnen und -bögen hervortreten.

Die Felsenburgen des Monument Valleys sind Kulisse für zahlreiche Western.

Das Monument Valley ist trotz seiner Kargheit schon seit Jahrtausenden den **Jagd- und Siedlungsgebiet der Indianer**. In den Sechzigerjahren des 19. Jh.s nahmen die von den immer weiter nach Westen vorrückenden Weißen bedrängten Paiute und Navajo das Monument Valley in Besitz. Zwei Jahrzehnte später entdeckten hier zwei Prospektoren Silber. Sie wurden jedoch von den hier ansässigen Indianern getötet.

Monument Valley • Navajo Tribal Park *Orientierung*

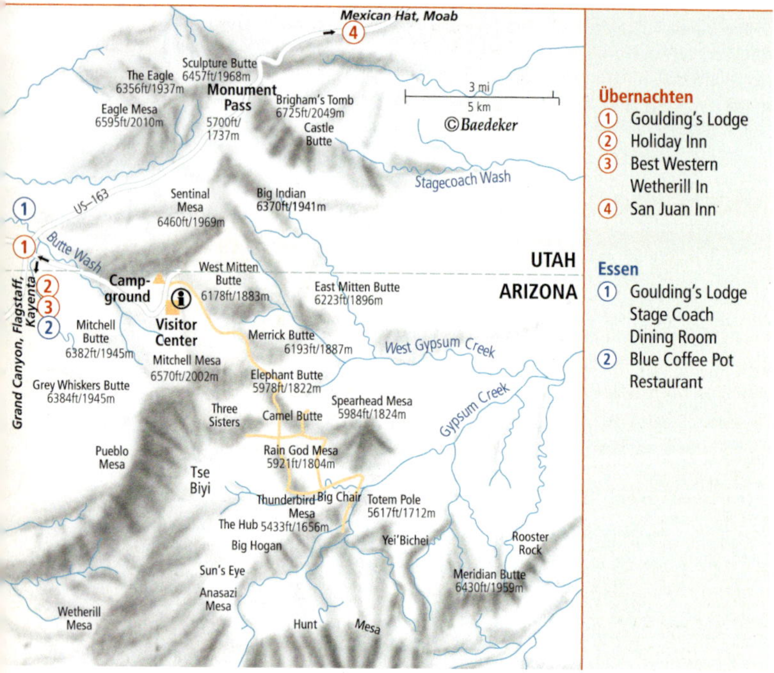

Goulding's Trading Post & Museum

Westlich abseits des U.S. 163 hat Harry Golding in den Zwanzigerjahren einen Handelsposten errichtet, der ab den späten Dreißigerjahren zum **Stützpunkt der Westernfilmemacher** aus Hollywood wurde. Nach und nach wurde die Anlage ausgebaut. Heute gibt es hier eine Lodge mit 62 Zimmern und einem beliebten Dining Room, einen größeren Campingplatz und Geschäfte, in denen man schönes indianisches Kunsthandwerk bekommt. Im Museum wird nicht nur an die Anfangszeit des Handelsposten erinnert, sondern vor allem auch an die Zeit, als hier die großen Westernfilme produziert worden sind. Außerdem kann man interessante Artefakte der Anasazi und traditionelles Kunsthandwerk der Navajo sehen.

Monument Valley Navajo Tribal Park

Schutzgebiet

Seit 1960 steht der landschaftlich überaus reizvolle **Kernraum des Monument Valley** unter besonderem Schutz. Die Parkverwaltung obliegt dem Volk der Navajo. Wer das Gebiet besuchen will, muss eine Gebühr entrichten. Fotografen haben Anweisungen zu beachten. Abseits ausgewiesener Fahrwege und Wanderpfade dürfen sich Touristen nicht bewegen.

Etwa 24 mi/39 km südwestlich von Mexican Hat (Utah) bzw. 28 mi/45 km nordöstlich von Kayenta (Arizona) liegt das **Besucherzentrum der Navajo** östlich abseits des US 163. Hier ist ein Museum eingerichtet, welches über die Natur- und Kulturgeschichte dieser Landschaft informiert (Öffnungszeiten: tgl. 8.00–17.00, im Sommer bis 20.00 Uhr).

Navajo Visitor Center & Museum

MONUMENT VALLEY ERLEBEN

AUSKUNFT

Monument Valley Navajo Tribal Park
P.O. Box 360289
Monument Valley, UT 84536
Tel. (4 35) 7 27-33 53 oder 32 87
www.navajonationparks.org/monumentvalley.htm

Das Visitor Center liegt ca. 6 km östlich des US 163 an der Monument-Valley-Zufahrtstraße.

ESSEN

► Erschwinglich

① ***Goulding's Lodge Stage Coach Dining Room***
P.O. Box 360001
Monument Valley, Utah
Tel. (4 35) 7 27-32 31
Das Restaurant in der Goulding's Lodge serviert Gerichte nach amerikanischer und Navajo-Art.

► Preiswert

② ***Blue Coffee Pot Restaurant***
Highway 160, Kayenta
Tel. (9 28) 6 97-33 96
Gute mexikanische und indianische Küche.

ÜBERNACHTEN

► Komfortabel

① ***Goulding's Lodge***
P.O. Box 360 001
Monument Valley, Utah
Tel. (4 35) 7 27-32 31
www.gouldings.com
Die einzige Übernachtungsmöglichkeit direkt im Monument Valley. Der Anlage angeschlossen ist ein Campingplatz.

③ ***Best Western Wetherill Inn***
Highway 163, Kayenta
Tel (9 28) 6 97-32 31, Fax 6 97-32 33
www.bestwestern.com
Ebenfalls in Kayenta und ca. 30 km vom Monument Valley entfernt befindet sich dieses komfortable Hotel mit ganzjährig geöffnetem Pool und 54 geräumigen Zimmern.

► Günstig

② ***Holiday Inn***
Junction Highway 160 & 163
P. O. Box 307, Kayenta
Tel. (9 28) 6 97-32 21
Fax 6 97-33 49
www.holiday-inn.com
Das Hotel, das in ca. 35 km Entfernung vom Monument Valley in Kayenta liegt, bietet 160 saubere und freundliche Zimmer sowie einen Pool.

④ ***San Juan Inn***
Mexican Hat, Utah
Tel. (8 00) 4 47-20 22
Fax (4 35) 6 83-22 10
www.sanjuaninn.net
Das San Juan Inn liegt in Utah, 30 km nördlich vom Monument Valley am San Juan River, direkt gegenüber dem Navajo Indian Reservat. Neben einem Privatstrand verfügt das Hotel über ein Restaurant.

Der San Juan River schlängelt sich durch den Fels.

Monument Valley Scenic Drive ★ Beim Visitor Center beginnt ein 17 mi/27 km langer **Rundkurs**, der an die aus vielen Westernfilmen und Werbespots bekannten Monolithen heranführt. Die unbefestigte Wüstenpiste kann von 8.00 bis 17.00 Uhr auf eigene Gefahr benutzt werden.

Navajo & Monument Valley Tours ★ Vom Visitor Center des Navajo Tribal Park und von Goulding's Trading Post aus kann man **geführte Ausflüge** in die Wohngebiete der Navajo unternehmen. Dabei lernt man die aus Holz, Reisig und Lehm erbauten und »Hogans« genannten Behausungen kennen. Einige Navajo betreiben im Monument Valley noch Schafzucht und Feldbau. Mit etwas Glück darf man beim Teppichweben sowie bei der Anfertigung von Silberschmuck und Sandmalereien zuschauen.

Ausflugsziele in der Umgebung

Mexican Hat Am nordöstlichen Eingang zum Monument Valley liegt die kleine Ortschaft Mexican Hat (Utah). Ihr Wahrzeichen ist eine Felsskulptur, die wie ein versteinerter Sombrero aussieht. In Mexican Hat lassen abenteuerlustige Wildwasserfahrer ihre Boote zu Wasser. Von hier aus geht es durch die engen Canyons und Stromschnellen des San Juan River hinunter zum ►Lake Powell · Glen Canyon (Utah).

? WUSSTEN SIE SCHON ...?

- ... welche Sage hinter dem Wahrzeichen von Mexican Hat, einer Felsskulptur mit der Form eines versteinerten Sombreros, steckt? Ein mexikanischer Hirte soll sich in eine junge Indianerin verliebt haben, die jedoch schon mit einem Medizinmann vermählt war. Der eifersüchtige Medizinmann verzauberte seinen Nebenbuhler kurzerhand in jene hutähnliche Steinfigur.

Etwa 9 mi/15 km nordwestlich von Mexican Hat liegt ein kleiner State Park auf einem felsigen Hochplateau. In dieses hat der San Juan River im Laufe von 300 Mio. Jahren in spektakulärer Weise seine über 450 m tiefen und wie Schwanen- bzw. Gänsehälse gebogenen **Flussschlingen** eingefräst. Dieser Abschnitt des San Juan River ist die eindrucksvollste Landschaftserscheinung ihrer Art in ganz Nordamerika.

★★ Goosenecks State Park

Ca. 8 mi/13 km nördlich von Mexican Hat beginnt das Valley of the Gods, das bekannt ist für seine mit interessanten Namen versehenen Felsfiguren. Eine unbefestigte Wüstenpiste erschließt diese **»göttliche« Felslandschaft**.

★ Valley of the Gods

Etwa 25 mi/40 km nordwestlich von Mexican Hat erstreckt sich die Grand Gulch Primitive Area, die nur zu Fuß oder hoch zu Ross aufgesucht werden kann. In diesem **Felsenlabyrinth** kann man Siedlungsreste der Anasazi erkunden, die hier vor etwa 1000 Jahren gelebt haben. Außerdem findet man zahlreiche altindianische Felsritzungen und -zeichnungen.

Grand Gulch Primitive Area

★ Navajo Indian Reservation

L/M 7/8

Bundesstaaten: Utah, Arizona, New Mexico

Fläche: 70 875 km²

Die 1868 gegründete Navajo Indian Reservation ist das bei weitem größte der insgesamt 244 Indianerreservate der Vereinigten Staaten von Amerika. Das großenteils wüstenhafte und deshalb ziemlich unfruchtbare Tafelland mit seinen vielfarbigen Sandsteinformationen und bizarren Felsbildungen ist von tiefen Canyons durchzogen.

Der größte Teil dieses Schutzgebietes liegt im Nordosten des Bundesstaates Arizona. Im Osten erheben sich die bis fast 3000 m hohen Chuska Mountains. Im Westen dagegen erstreckt sich die in allen Farben leuchtende Painted Desert (►Petrified Forest National Park). Im Herzen der Navajo Indian Reservation befindet sich die knapp 2500 m hohe Black Mesa, in deren Bereich die fast 1500 km² große **Hopi Indian Reservation** ausgewiesen ist.
Die landschaftlich und kulturgeschichtlich interessantesten Gebiete, so auch das ►Monument Valley und der Canyon de Chelly, sind zumindest teilweise als Tribal Parks bzw. National Monuments organisiert und geschützt.

Navajo Nation

Geschichte

Der Stamm der Navajo (auch Navaho, sprich »nwáho«; indian. »Diné« = »Volk der Erde«) ist mit mehr als 300 000 Angehörigen der **volkreichste Indianerstamm der USA**. Die ursprünglich halbnomadischen Navajo wanderten etwa um die Mitte des 16. Jh.s aus dem kanadischen Westen in den Südwesten der heutigen USA. Hier stießen sie auf die bereits seit langer Zeit ansässigen Puebloindianer, von denen sie den Anbau von Feldfrüchten (bes. Mais und Bohnen) und vor allem kunsthandwerkliche Fertigkeiten wie das Teppichweben übernahmen. Von den kolonisierenden Spaniern lernten die Navajo nicht nur den Gebrauch von Schusswaffen und verschiedenen Werkzeugen, sondern auch die Schaf- und Ziegenhaltung. Gegen die in den Südwesten vordringenden Weißen wehrten sie sich nach Kräften, mussten jedoch 1864 unter ihrem Häuptling Manuelito den Widerstand aufgeben, nachdem Kit Carson (► Berühmte Persönlichkeiten) mit seinen Leuten ihre Felder, Weiden und Behausungen niedergebrannt hatte. In einem Gewaltmarsch, der weitere Tote forderte, wurden sie in das 500 km entfernte Bosque Redondo bei Fort Sumner in New Mexico zwangsübersiedelt und dort jahrelang unter erbärmlichen Umständen gefangen gehalten. 1868 schließlich durfte der auf 8000 Menschen dezimierte Stamm unter der Auflage, sich nicht mehr gegen die Weißen aufzulehnen, in das Gebiet zwischen dem Chaco Canyon und dem Glen Canyon zurückkehren.

Religiöses und kulturelles Erbe

Viele Navajo sind noch in traditionellen Glaubensvorstellungen verwurzelt und halten auch an ihrer **überlieferten Sozialordnung** fest. Im Städtchen Window Rock tritt der 74-köpfige Stammesrat der Navajo Nation zusammen. Abgesehen von einigen Steinzeichnungen sind keinerlei schriftliche Zeugnisse aus der Frühzeit der Navajo überliefert, doch mehrere Hundert Indianerlegenden und zeremonielle Vorschriften wurden mündlich tradiert. Man hat sie in jüngerer Zeit zumindest teilweise auch schriftlich fixiert bzw. auf Tonträgern festgehalten.

Die meisten Indianer im Canyon de Chelly führen ein einfaches Leben.

Lebenssituation der Navajo heute

Die wirtschaftliche und soziale Situation der Navajo ist alles andere als erfreulich. Obwohl das Land der Navajo reich an Bodenschätzen ist, leben viele Familien am Rand des **Existenzminimums**. Die Erdöl-, Erdgas- und Kohlevorkommen werden von großen US-Konzernen ausgebeutet, und die Navajo erhielten dafür in der Vergangenheit lediglich geringfügige Entschädigungen. Inzwischen findet zumindest ein Teil der Stammesangehörigen Beschäftigung in der Rohstoffprospektion und im Bergbau. Die einzige Einkommensquelle ist für viele Bewohner des Reservates der **Tourismus**. An den Hauptdurchgangsstraßen verkaufen sie kunstgewerbliche Artikel, insbesondere handgewebte Teppiche, Silberschmuck und Sandbilder, sowie Edelsteine, Mineralien und Fossilien. Andere betreiben Hotels, Restaurants und Supermärkte oder arbeiten als Fremdenführer. Dennoch – fast jeder zweite erwerbsfähige Navajo ist arbeitslos. Daran haben auch massive Finanzhilfen der Bundesregierung bislang nicht viel ändern können. Ein großes Problem ist ferner der Alkoholmissbrauch, dem man vor allem in den größeren Siedlungen der Reservation begegnet. Viele Indianer suchen angesichts der Perspektivlosigkeit Zuflucht im Alkohol. Als positives Zeichen wird die Tatsache gewertet, dass es heute in der gesamten Reservation weit über 100 größere und kleinere Schulen gibt und fast alle Navajo-Jugendliche neben ihrer Stammessprache auch Englisch sprechen. Als höhere Bildungseinrichtung steht das **»Navajo Community College«** zur Verfügung.

Im Navajo-Reservat wachen Sicherheitskräfte aus den eigenen Reihen.

Siedlungsbild

In der Navajo Reservation gibt es nur **drei größere Siedlungen**: Kayenta, Window Rock und Hotevilla im Hopi-Schutzgebiet. In Kayenta bestimmen schmucklose Fertigbauten das Bild, in anderen Siedlungen leben die Navajo zum Teil in traditionellen »Hogans«, d. h. in Wohnhütten, die aus Holz, Reisig und Lehm geformt sind, zum Teil in modernen Mobilhomes bzw. Wohncontainern.

Window Rock

Ganz im Südosten der Reservation und nur wenige Meilen von der Stadt Gallup (New Mexico) entfernt liegt Window Rock (4000 Einw.), der **Hauptort der Navajo Reservation**. Er ist benannt nach einem Sandsteinfelsbogen am Nordrand der Siedlung. Hier kann man die Navajo Nation Council Chambers mit ihren Wandgemälden besichtigen. Beachtenswert ist auch das hiesige Navajo Tribal Museum (Öffnungszeiten: Mo. bis Fr. 8.00–17.00 Uhr), das die Geschichte des großen Indianerstammes aufzeigt. Ferner sind hier vielerlei kunsthandwerkliche Exponate ausgestellt. Am östlichen Ortsrand liegt der **zoologisch-botanische Garten** der Navajo Nation.

NAVAJO INDIAN RESERVATION ERLEBEN

AUSKUNFT

Navajo Tourism Department
P.O. Box 663
Window Rock, AZ 86515
Tel. (9 28) 8 71-64 36

HINWEIS

Im nahe gelegenen ►Monument Valley gibt es weitere Restaurants und Übernachtungsmöglichkeiten.

ÜBERNACHTEN

► **Komfortabel**

Quality Inn
48 West Highway 264, Window Rock
Tel. (928) 871-4108, Fax 8 71-54 66
www.choicehotels.com
Freundliches Hotel in zentraler Lage, von dem aus alle Sehenswürdigkeiten bequem erreichbar sind.

Westlich außerhalb von Window Rock kann man sich in der 1898 etablierten St. Michael's Mission über die Arbeit der in der Reservation tätigen Franziskanermönche informieren.

Hubbel Trading Post

Etwa 30 mi/48 km westlich von Window Rock erreicht man den Hubble Trading Post (Öffnungszeiten: tgl. 8.00–17.00 Uhr), der als **National Historic Site** ausgewiesen ist. Der Handelsposten wurde Ende der Siebzigerjahre des 19. Jh.s von John Lorenzo Hubbel gegründet. Die heutigen Bauten und Einrichtungsgegenstände stammen aus der Zeit um die Jahrhundertwende. Sehenswert ist die ethnografische Sammlung, die sehr schöne Webarbeiten und sonstiges Kunsthandwerk der Navajo umfasst. Natürlich lassen sich hier auch viele schöne Souvenirs wie Decken, Teppiche, Silber- und Türkisschmuck finden.

✶ Canyon de Chelly

Rote Felswände

Ca. 37 mi/60 km nördlich vom Hubbel Trading Post liegt der Ort Chinle, von dem aus man den Canyon de Chelly (sprich »di schej«) erkundet. Im Visitor Center (Öffnungszeiten: tgl. 9.00–18.00 Uhr) erfährt man alles Wissenswerte über die Natur- und Kulturgeschichte dieser Landschaft. Hier beeindrucken die roten Felswände und -türme der bis zu 300 m tiefen Canyons. Wie ein Spinnenbein markiert die 243 m hohe Felsnadel des Spider Rock die Einmündung des Monument Canyon in den vom Rio de Chelly ausgewaschenen Hauptcanyon.

Altindianische Siedlungsplätze

In den Canyons hat man über 100 altindianische Siedlungsplätze entdeckt, darunter auch zahlreiche **Grubenhäuser** (pithouses), die von Angehörigen der Basketmaker-(Korbmacher-)Kultur ab dem 4. Jh. angelegt worden sind. Einige Zeit später, etwa ab dem frühen 8. Jh., entstanden die ersten Pueblos aus einfachen und miteinander verbundenen oberirdischen Behausungen. Zwischen 1100 und 1300 zogen sich die Indianer in nur sehr schwer zugängliche Felsbehausungen zurück, die sie wie **Schwalbennester in Felsnischen** »klebten«. Eine lange Dürreperiode um das Jahr 1300 veranlasste die präkolumbischen Bewohner des Canyon de Chelly, diesen zu verlassen. In der Folgezeit kamen nomadisierende Hopi in diese Schluchtenlandschaft und bauten verschiedene Feldfrüchte an. Ab dem frühen 18. Jh. zogen Navajo in den Canyon de Chelly. Von hier aus attackierten sie die neuen spanischen Niederlassungen in der heutigen Four Corners Region. Auch die späteren Landherren, Mexikaner und US-Amerikaner, wurden von den Navajo immer wieder angegriffen. 1805 kam es zu einem wüsten Gemetzel zwischen einem spanischen Expeditionskommando und einer Schar von Navajo-Kämpfern, die sich in einer Felsfestung im Canyon de Muerte verschanzt hatten. 1864 ging die von Kit Carson (► Berühmte Persönlichkeiten) geführt US-Kavallerie massiv gegen die Navajo vor.

? WUSSTEN SIE SCHON ...?

- Die letzte Verteidigungsbastion der Navajo gegen die US-Kavallerie war die sog. Navajo Fortress. Hier wurden über 300 Indianer belagert und ausgehungert. Dieser Platz ist heute geheiligt und darf von Weißen nicht mehr betreten werden.

Scenic Drives

Das Schutzgebiet wird von zwei **Ausflugsstraßen** (North Rim Drive, South Rim Drive) erschlossen, die am Nord- und am Südrand des Hauptcanyon entlangführen. Vom White House Overlook führt ein Weg (ca. 1 Std.) zur White House Ruin. Dieser Überrest einer Anasazi-Felswohnung ist nach dem leuchtend weißen Baumaterial benannt. Einer der spektakulärsten Wohnplätze im Canyon de Chelly

Blick in den Canyon de Chelly mit der sagenumwobenen Felsnadel namens Spider Rock.

ist die sog. **Mummy Cave**, die vom 4. Jh. bis zum frühen 14. Jh. als Wohn- bzw. Kultstätte und Bestattungsplatz (Mumienfunde) genutzt worden ist. Das Antelope House ist benannt nach einer Zeichnung, die ein Navajo-Künstler vor rund 150 Jahren geschaffen hat. Im Canyon del Muerto zeigen Navajo-Felsbilder ein spanisches Reiterheer und eine blau-weiße Kuh.

Besonderer Hinweis

Mit Ausnahme des White House Ruin Trail dürfen Wanderungen nur mit Erlaubnis der Parkverwaltung und in Begleitung eines Navajo-Führers unternommen werden.

Weitere Sehenswürdigkeiten im Navajo-Siedlungsgebiet

►Grand Canyon National Park (AZ)
►Lake Powell (UT)
►Monument Valley (AZ)
Hovenweep National Monument ►Mesa Verde National Park, CO

Hopi Reservation

Volk und Geschichte

Mitten in der Navajo Reservation liegt eine kleinere Reservation, in der etwa 10 000 Angehörige des Volkes der Hopi (indian. »Moki« = friedfertige Leute) leben. Die Hopi gehören zu den sesshaften Puebloindianern und unterscheiden sich in ihrer Lebensweise erheblich von den Navajo. Sie sehen sich als Nachkommen der Anasazi und wohnen seit über 1000 Jahren zurückgezogen auf oder in der Nähe der drei großen Tafelberge First Mesa, Second Mesa und Third Mesa in Nordostarizona. Bis heute haben sie ihr **jahrhundertealtes kulturelles Erbe** erhalten können. Bei ihnen gibt es auch einen Stammesrat, doch die einzelnen Orte verwalten sich weitgehend selbst unter Führung eines Häuptlings. Die Hopi leben in erster Linie vom Trockenfeldbau. Wichtige Einnahmequellen sind ferner der Tourismus und der Kohlebergbau.

Die Hopi stellen wunderschöne Korbflechtarbeiten, Silberschmuck und Töpferwaren her. Besonderer Beliebtheit erfreuen sich die aus Pappelwurzeln geschnitzten und bemalten **Kachinapuppen**. Die Kachinas sind die Verkörperung der Geister verschiedener Lebenskräfte. Sie stellen die Verbindung der Menschen zu ihrem Schöpfer her. Auch die Sandmalerei wird noch sehr häufig ausgeübt. Bei diesem Ritual streut der Medizinmann magische Symbolbilder aus farbigem Sand, die nach der Zeremonie wieder verwischt werden.

! *Baedeker* TIPP

Verhaltensregeln bei den Hopi

Gegenüber Fremden verhalten sich die meisten Hopi sehr reserviert. Zu traditionellen religiösen Zeremonien haben Fremde normalerweise keinen Zutritt. Die Pueblos der Hopi können nur mit einer besonderen Genehmigung besucht werden. Das Fotografieren und Zeichnen von Menschen und Landschaft wird nicht geduldet, auch Tonaufzeichnungen sind nicht gestattet. Unbedingt zu beachten ist das Alkoholverbot, das von der Stammespolizei streng überwacht wird.

Der Highway US 264 führt quer durch die Hopi Reservation. Entlang dieser Straße liegen auch die wichtigsten für Touristen zugänglichen Stätten und Sehenswürdigkeiten. **US 264**

Der auf der Third Mesa gelegene Ort Old Oraibi besteht seit Mitte des 12. Jh.s und gilt als **älteste ununterbrochen bewohnte Siedlung der USA**. ◂ Old Oraibi

Auf der Second Mesa befindet sich das Kulturzentrum der Hopi mit Museum. Die Sammlung gewährt einen umfassenden Einblick in die **Lebenswelt dieses alten Indianerstammes**. Außerdem kann man hier schönes Kunsthandwerk erstehen. ★ ◂ Hopi Museum & Cultural Center

★ Organ Pipe National Monument

J 11

Region: Old West Country
Fläche: 1336 km²
Höhe: 550 m ü. d. M.
Gründungsjahr: 1976

Das im Südwesten von Arizona an der Grenze zu Mexiko gelegene Naturschutzgebiet umfasst den interessantesten Teil der Sonora-Wüste und ist ein kleines Eldorado für Wüstenpflanzen und -tiere, z. B. die markanten Saguaro-Säulenkakteen, von denen einzelne Exemplare bis 15 m hoch und 200 Jahre alt sind, der ansonsten nur in Mexiko vorkommende Elephant Tree sowie der Senita Cactus.

Das Monument Headquarter liegt 22 mi/35 km südlich von Why. Ausgangspunkt für eine Erkundung des Naturschutzgebietes ist das 35 km südlich von Why an der Staatsstraße AZ 85 gelegene Besucher- und Informationszentrum (Öffnungszeiten: tgl. 8.00–17.00 Uhr). **Besucherdienst**

Wer die Kakteen blühend sehen will, muss **zwischen Mai und Juli** das Naturschutzgebiet aufsuchen. Mit Temperaturen über 40 °C und heftigen Gewitterstürmen ist der Sommer als Besuchszeit weniger angenehm. Am erträglichsten ist es von Oktober bis April, wenn die Tagestemperaturen zwischen 20 °C und 30 °C liegen. Nicht vergessen sollte man bei einer Fahrt in diese abgelegene Landschaft, ausreichend **Kühlwasser und Werkzeug** dabeizuhaben. Bei Wanderungen an Trinkwasser denken! Vor allem in der Dämmerung gilt es, auf Klapperschlangen, Skorpione und Gila-Monster, eine extrem giftige Krustenechsenart, Acht zu geben. **Blütezeit**

▶ ORGAN PIPE

AUSKUNFT

Kris Eggle Visitor Center
10 Organ Pipe Drive, Ajo
AZ 85321-9626
Tel. (5 20) 3 87-68 49, Fax 3 87-71 44
www.nps.gov/orpi

Sehenswertes im Organ Pipe National Monument

Der 85 km lange **Puerto Blanco Scenic Drive** (Fahrtdauer ca. ½ Tag) umrundet die in vielen Far-

Dem Organ Pipe Cactus mit seinen bis zu 7 m langen, an Orgelpfeifen erinnernden Armen verdankt der Park seinen Namen.

ben leuchtenden Puerto Blanco Mountains. Er führt durch typische Sonora-Wüstenlandschaft mit Saguaros, Orgelpfeifenkakteen und Elephant Trees. Über Stichstraßen gelangt man zu einigen **historischen Stätten** – verlassene Ranches, aufgelassene Gold- und Silberminen. Wanderpfade erschließen diesen interessanten Naturraum.

★ **Ajo Mountain Scenic Drive**

Wer nur wenig Zeit hat, dem sei der 34 km lange Ajo Mountain Scenic Drive (Fahrtdauer ca. 2 Std.) empfohlen. Die Straße schlängelt sich entlang der Ajo Mountains durch eine außergewöhnliche Wüstenlandschaft mit regelrechten Wäldern aus riesigen Saguaro-Kakteen.

Oase Quitobaquito

Ganz im Südwesten des Naturschutzgebietes liegt die Oase Quitobaquito, an deren Wasserstelle man über **250 Vogelarten** beobachten kann.

Page

►Utah, Lake Powell

★ Petrified Forest National Park

M 8/9

Region: Indian Country
Fläche: 378 km²
Höhe: 1500–2000 m ü. d. M.
Gründungsjahr: 1962

Der »Versteinerte Wald« im trockenen Nordosten von Arizona gehört zur sog. Painted Desert. In tief eingeschnittenen Tälern und auf breiten Schwemmfächern liegen – wie von riesenhafter Hand wahllos hingestreut – versteinerte Baum- und Pflanzenreste.

Leuchtende Sandsteinformationen

Den Namen Painted Desert, Bunte Wüste, verdankt die Wüstenlandschaft ihren in verschiedenen Farben, vor allem in Rot- und Blautönen, leuchtenden Sandsteinformationen. Sie erstreckt sich in einem 250 km langen und 5–15 km breiten Bogen bis zum ► Grand Canyon. Im Norden des Parks beeindruckt die tief erodierte und bunt schillernde Landschaft der Painted Desert.

Anreise

Man erreicht den Nationalpark am schnellsten über den I-40 (Flagstaff–Gallup). Von Holbrook führt der US 180 knapp 20 mi/36 km in südöstlicher Richtung in den Südteil des Naturschutzgebietes. Der Nationalpark ist das ganze Jahr über zugänglich.

Entstehung der Painted Desert

Vor ca. 225 Mio. Jahren, im Perm, wurden die **Sedimente der sog. Chinle-Formation** abgelagert. Die mit Eisen- und Magnesiumoxiden angereicherten Schichten wurden im Verlauf von Jahrmillionen von anderen, bis zu 500 m dicken Sedimenten bedeckt. Vor ca. 60 Mio. Jahren hob sich das Coloradoplateau und mit ihm das Gebiet des Nationalparks. Die einsetzende Erosion trug die Deckschichten ab und legte die Chinle-Formation wieder frei. In einem **trockener gewordenen Klima** konnten Wasser und Wind die weichen Ton- und Sandsteine tief zerschneiden und farbige Sedimentserien freilegen. Ihre rotbunte Färbung entstand durch die Oxidation der enthaltenen Mineralien. Für die blaugraue bis violette Färbung der Badlands, die mit ihren rundlichen Formen wie überdimensionale farbige Tortenstücke aussehen, sind organische Substanzen verantwortlich. Diese wenig verfestigten Ton- und Sandsteine mit zahlreichen Fossilien und Versteinerungen sind heute noch 90 m mächtig. **Abtragungsraten** von 6 cm pro Jahr sind keine Seltenheit. In den weichen Schichten finden sich neben Knochenresten diverser Saurierarten auch Abdrücke etlicher Fische.

! *Baedeker* TIPP

Steine sammeln verboten!

Wer eine längere Wanderung durch das Gebiet plant, sollte genügend Trinkwasser mitnehmen und sein Vorhaben bei der Parkverwaltung bzw. beim Park Ranger im Visitor Center anmelden. Nach Gewitterregen und Schneestürmen sind Straßensperrungen möglich; Informationen darüber erhält man im Visitor Center. Streng verboten ist es, Versteinerungen aus dem Nationalpark mitzunehmen.

★★ **Versteinertes Holz**

Wo im Süden die Badlands in eine sanfte Hügellandschaft übergehen, befinden sich die **größten und schönsten Versteinerungen** des Petrified Forest, die hier im offenen Gelände liegen.

Entstehung der Versteinerungen ►

Vor 225 Mio. Jahren, also im ausgehenden Perm, war das Gebiet der Painted Desert eine weite, von zahlreichen Flüssen durchzogene Landschaft. In einem subtropischen Klima gediehen **Farn- und Schachtelhalmwälder** und bis zu 75 m hohe Nadelbäume. Nach dem Absterben wurden ihre Reste von Flüssen zu Tal getragen und in einer weiten Sumpflandschaft abgesetzt, wo sie im Morast versanken. Feinsandige und tonige Sedimente bedeckten das Gelände. Die Baum- und Pflanzenreste gerieten unter Luftabschluss. Der immer knapper werdende Sauerstoff hemmte den natürlichen Zerfallsprozess, so dass die organischen Strukturen erhalten blieben. Später wurde diese Region von heftigem **Vulkanismus** betroffen. Der niedergehende Aschenregen fügte den Decksedimenten Schicht um Schicht hinzu. Säurehaltiges Sickerwasser löste silikatische Mineralien aus den vulkanischen Aschen und tränkte damit die tief im Untergrund liegenden Baum- und Pflanzenreste. In den Zellstrukturen kristallisierten die Lösungen aus, bis die heranwachsenden Kristalle alle Hohlräume ausgefüllt hatten. Ein naturgetreues Abbild der ehemaligen Bäume und Pflanzen war entstanden. Wo Insekten oder der natürliche Zerfall größere Risse und Spalten hinterlassen hatten, konnten die Kristalle ihr Wachstum ungehindert fortsetzen. Amethyste, Rauchquarz und andere **Halbedelsteine** reiften zu stattlicher Größe heran. Mineralien wie Eisen oder Magnesium sorgten für die z. T. spektakuläre Färbung der Versteinerungen.

Urzeitliches Holz im Petrified Forest National Park

Siedlungsgeschichte

Erste Siedlungsspuren reichen etwa 2000 Jahre zurück, als nomadisierende **altindianische Stämme** hier sesshaft wurden. Ihre Spuren verlieren sich jedoch im 14./15. Jh. Mitte des 19. Jh.s beschrieben erstmals weiße Landvermesser und Naturforscher die Painted Desert. Ihnen folgten Goldsucher, Viehzüchter und Farmer, die schnell den **kommerziellen Wert** der fossilen Raritäten erkannten und ganze Wagenladungen der Versteinerungen abtransportieren ließen. Es wuchs jedoch auch die Erkenntnis, dass die Schätze der Natur bald ausgeplündert sein würden. Daher stellte man bereits im Jahre 1906 einen Teil der Painted Desert unter Naturschutz. 1962 wurden die Schutzmaßnahmen auf ein noch größeres Areal ausgeweitet, der Petrified Forest National Park war entstanden.

Visitor Center

Am Nordeingang zum Nationalpark befindet sich das Painted Desert Visitor Center, in dem man sich tgl. von 8.00 bis 17.00 Uhr umfassend über die naturgeschichtlichen Besonderheiten dieses Schutzgebietes informieren kann. Ein weiteres Besucherzentrum ist im Rainbow Forest Museum am Südeingang des Nationalparks eingerichtet.

★ Park Road

Die 27 mi/43 km lange Park Road, die den Nationalpark in nord-südlicher Richtung durchzieht, erschließt die **schönsten und interessantesten Punkte** dieser Landschaft. Zunächst fährt man durch einen besonders eindrucksvollen Abschnitt der Painted Desert. Dann erreicht man die Puerco Indian Ruin. So werden die Reste einer bis vor etwa 600 Jahren von Puebloindianern bewohnten Siedlungsstelle bezeichnet.

◄ Newspaper Rock

Unweit südlich gelangt man zum Newspaper Rock, einem mächtigen Sandsteinblock, den **altindianische Felszeichnungen** zieren. Im Bereich der Blue Mesa kann man sehen, wie versteinerte Baumreste durch die Erosion nach und nach freigelegt werden.

◄ Agate Bridge

Wenig später erreicht man die Agate Bridge (Achatbrücke). Dabei handelt es sich um einen **versteinerten Baum**, dessen beide Enden noch im anstehenden Sedimentgestein eingeschlossen sind.

◄ Jasper Forest, Crystal Forest

Weiter südwestlich fällt der Blick in den sog. Jasper Forest (Jaspiswald), ein mit fossilen Baumresten angefülltes Tal. Als Nächstes folgt der sog. Crystal Forest (Kristallwald), der nicht nur für seine fossilen Pflanzenreste, sondern vor allem für seinen Reichtum an Edelsteinen (u. a. Amethyste, Bergkristalle) bekannt ist. Die beiden sog. Flattops sind Überreste jener Sandsteinschicht, die einstmals die ganze Ebene bedeckte.

PETRIFIED FOREST ERLEBEN

AUSKUNFT

Petrified Forest National Park
P.O. Box 2217,
Petrified Forest, AZ 86028
Tel. (9 28) 5 24-62 28
Fax (9 28) 5 24-35 67
www.nps.gov/pefo

ÜBERNACHTEN

► **Komfortabel**

Best Western Adobe Inn
615 W Hopi Drive, Holbrook
Tel. (9 28) 5 24-39 48, Fax 5 24-36 12
www.bestwesternarizona.com/hotels/holbrook/adobeinn/
Das Hotel mit 54 Zimmern befindet sich im Zentrum von Holbrook und bietet seinen Gästen u.a. kostenlosen Internet-Zugang und kostenloses Frühstück.

Rainbow Forest ► Anschließend durchmisst man den sog. Rainbow Forest (Regenbogenwald). Hier liegen mehrere »long logs«, d. h. besonders große versteinerte Baumstämme. Schließlich erreicht man das **Agate House** (Achathaus), eine teilweise restaurierte altindianische Wohnstätte. Am südlichen Parkeingang lohnt das Rainbow Forest Museum einen Besuch. Hinter dem Museum sind einige recht große fossile Baumstämme zu sehen (Öffnungszeiten: tgl. 8.00–17.00 Uhr).

★ Phoenix

J/K 10

Region: Valley of The Sun
Einwohnerzahl: 1,3 Mio.
(Metropolitan Area: 3,3 Mio.)

Höhe: 340 m ü. d. M.
Telefonvorwahl: 602

Phoenix, die Hauptstadt des Bundesstaates Arizona, liegt im Valley of the Sun, dem »Tal der Sonne«, wie das häufig ausgetrocknete Tal des Salt River genannt wird. Moderne Wolkenkratzer neben indianisch und kolonialspanisch geprägter Architektur sowie ein Hauch Wilder Westen verleihen Phoenix seinen besonderen Reiz.

Grüne Oase

Phoenix ist eine grüne Oase inmitten einer wüstenhaften Landschaft, die jedoch nur durch **künstliche Bewässerung** am Leben erhalten werden kann. Dazu hat man in den nördlich und östlich aufragenden Bergen, vor allem im Bereich des Tonto National Forest, ganze Treppen von Stauseen angelegt; schon seit langem gedeihen um die Wüstenstadt Baumwolle, Weintrauben, Südfrüchte und Gemüse. Das angenehme trocken-warme Klima lockt in den Wintermonaten viele Sonnenhungrige an. Die Vorstadt **Scottsdale** ist nicht zuletzt deswegen zu einem exklusiven Ferienort geworden, auch die **Seniorenstadt Sun City** entstand nicht zufällig an der Peripherie von Phoenix.

trocken-warmes Klima ►

Freizeitangebote ► Das gesamte Valley of the Sun wurde in den letzten Jahren zu einer Region mit enormem Freizeitwert ausgebaut – allein 140 Golfplätze (von 250 im gesamten Bundesstaat Arizona) und mehr als 1000 Tennisplätze warten auf Besucher. In der näheren Umgebung kann man wildwasserfahren, segeln, mit dem Heißluftballon fliegen, Ausritte in Westernmanier unternehmen und sogar Gold waschen. Phoenix wird heute aber auch gern als Musterbeispiel einer **wirtschaftlich florierenden Stadt** im sog. Sun Belt vorgestellt. Dies bestätigen vor allem die zahlreichen Forschungs- und Entwicklungslabors sowie mehrere Hightech-Firmen, die sich in den letzten Jahren hier niedergelassen haben.

? WUSSTEN SIE SCHON ...?

- Einer der ersten Siedler gab Phoenix seinen Namen und sagte voraus, dass eine großartige Stadt aus den Ruinen der einst hier siedelnden Hohokam-Indianer entstehen würde, gleich der Legende des Vogels Phoenix, dem nachgesagt wird, dass er aus seiner eigenen Asche hervorgegangen ist.

seit 200 v. Chr.	Altindianische Hohokam siedeln im Valley of the Sun.
13./14. Jh.	Die Hohokam verschwinden aus unbekanntem Grund.
um 1860	Weiße Pioniere siedeln sich an.
1889	Phoenix wird Hauptstadt von Arizona.
1911	Der Roosevelt-Staudamm wird fertig gestellt.
1926	Phoenix wird ans Eisenbahnnetz angeschlossen.

Die ersten nachgewiesenen Siedler im Valley of the Sun, die altindianischen Hohokam, verstanden es schon damals, die Wüste durch **Bewässerung** fruchtbar zu machen. Den Hohokam folgten die Pima, die später von den aus Mexiko vorrückenden Spaniern bedrängt wurden. In den Sechzigerjahren des 19. Jh.s ließ sich hier ein weißer Pionier nieder, und kurze Zeit später wuchs über den Überresten einer längst versunkenen indianischen Kultur eine Siedlung heran. Entscheidende Entwicklungsschübe in der Hauptstadt des neu geschaffenen Bundesstaates Arizona bewirkten die Fertigstellung des Roosevelt-Staudammes und der Eisenbahnanschluss. Einen erneuten Schub verzeichnete Phoenix, als in den Sechzigerjahren ein wahrer Ansturm auf die im Sunbelt gelegene Stadt einsetzte. Vom Zweiten Weltkrieg bis heute hat sich die Einwohnerzahl im städtischen Ballungsraum Phoenix mehr als verzehnfacht!

Phoenix boomt und wächst immer mehr in die Breite.

Downtown

Arizona State Capitol Museum ✶ Am Westrand von Downtown steht das alte State Capitol (1700 W. Washington St.; Führungen Mo. bis Fr. 10.00 u. 14.00 Uhr), das um die Jahrhundertwende erbaut worden ist. Bis 1974 tagten hier die **Volksvertreter Arizonas**. Heute fungiert das stattliche Bauwerk mit seinen repräsentativen Räumen als Museum, in dem man sich über die Geschichte des Bundesstaates informieren kann.

Arizona Mining & Mineral Museum Das Bergbaumuseum beschäftigt sich mit den natürlichen **Grundlagen und der Entwicklungsgeschichte des Bergbaus** im rohstoffreichen Staat Arizona. Edelsteine, in allen Farben schillernde Mineralien und Gesteinsproben (bes. erzhaltiges Material) versetzen fachlich versierte Besucher und Laien in Erstaunen (1502 W. Washington St.; Öffnungszeiten: Mo. bis Fr. 9.00–17.00, Sa. 13.00–17.00 Uhr).

Phoenix Orientierung

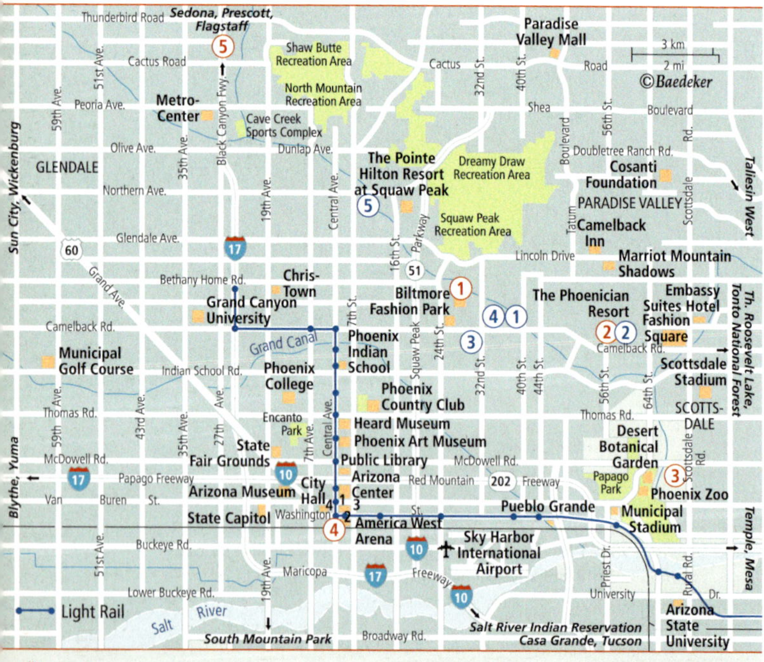

Übernachten

1. Arizona Biltmore
2. Phoenician
3. Best Western Papago Inn & Resort
4. Wyndham
5. Best Western Bell

Essen

1. Vincent Guerithault on Camelback
2. Mary Elaine's
3. Elévé
4. Tarbell's
5. Carlos O'Brien's

1 Herberger Theater, Symphony Hall
2 Civic Plaza
3 Arizona Science Center
4 Orpheum Theater

Weiter stadteinwärts gelangt man zu der 1908 erbauten ehem. Carnegie-Bibliothek (1101 W. Washington St.; Öffnungszeiten: Mo. bis Fr. 9.00–17.00 Uhr). Hier wird heute an **berühmte Persönlichkeiten** erinnert, die sich um den Bundesstaat Arizona verdient gemacht haben.

Arizona Hall of Fame

An der City Hall vorbei erreicht man den modern gestalteten Patriots Square, auf dem es vor allem in den Wintermonaten und abends recht lebhaft zugeht.

Patriots Square

Am Phoenix Civic Center Plaza steht die **America West Arena**, in der u.a. die Phoenix Suns in der NBA antreten.

Phoenix Civic Plaza

Im Herzen der Stadt, wo die Monroe Street die 6th Street und die 7th Street kreuzt, weitet sich der Heritage Square. Dieser umfasst einige traditionsreiche **Bauten aus der Gründerzeit**, die in den letzten Jahren liebevoll restauriert worden sind. Ein sehr elegantes, im viktorianischen Stil errichtetes Baudenkmal ist das Rosson House (6th St. & Monroe St.), das 1896 fertig gestellt worden ist. Im altehrwürdigen Stevens House ist seit einiger Zeit ein beachtenswertes Puppen- und Spielzeugmuseum untergebracht.

✶ Heritage Square

Das Phoenix Museum of History (614 E. Adams St.; Öffnungszeiten: Mi. bis So. 11.00–16.00 Uhr) zeigt rund 2000 Jahre alte **paläoindianische Artefakte**, die Archäologen im Stadtgebiet von Phoenix gefunden haben.

Phoenix Museum of History

Wer sich über neueste Erkenntnisse der **Naturwissenschaften** informieren will, sollte ins Arizona Science Center (147 E. Adams St.; Öffnungszeiten: Mo. bis Sa. 9.00–17.00, So. 13.00–17.00 Uhr).

Arizona Science Center

Central Avenue

Die Central Avenue, die Downtown Phoenix in nord-südlicher Richtung durchmisst, hat sich in den letzten Jahren immer mehr zur attraktiven **Kulturmeile** entwickelt.

An der Kreuzung Central Avenue/McDowell Road, sorgt die hypermoderne Public Library auch heute noch für Aufsehen. Dieser Zweckbau ist 1988–1995 nach Entwürfen des Architekten Will Bruder entstanden. Ein System von gespannten Segeln über der verglasten Südfassade sorgt dafür, dass nicht zu viel Sonnenlicht ins Innere dringt. Bemerkenswert sind weiterhin ein als »Crystal Canyon« bezeichnetes Atrium sowie der riesige, 4000 m² große Lesesaal.

✶ Public Library

Nördlich benachbart ist das Phoenix Art Museum (1625 N. Central Ave.; Öffnungszeiten: Di. bis Sa. 10.00–17.00, Mi. bis 21.00, So. 12.00–17.00 Uhr), in dem nicht nur Kunst aus dem amerikanischen

✶ Phoenix Art Museum

PHOENIX ERLEBEN

AUSKUNFT

Greater Phoenix Convention & Visitors Bureau
400 E. Van Buren Street
Suite 600, Phoenix, AZ 85004
Tel. (6 02) 2 54-65 00, Fax 2 53-44 15
www.phoenixcvb.com

SHOPPING

Zwischen Van Buren Street und Filmore Street steht das gewaltige Arizona Center. Vom Civic Plaza hat man Zugang zum quirligen Mercado, wo man schön einkaufen und gut speisen kann. Unweit nördlich vom Civic Plaza liegt das sehr elegante Arizona Center. In Scottsdale muss man ins Scottsdale Center.

ESSEN

► Fein & Teuer

① ***Vincent Guerithault on Camelback***
3930 E. Camelback Rd.
Tel. (6 02) 2 24-02 25
Küchenchef Vincent Guerithault gehört zu den herausragenden Vertretern der neuen »Southwestern Cuisine«. Wundervoll seine Lamm- und Geflügelgerichte. Aber auch Fisch wird hier bestens zubereitet.

② ***Mary Elaine's***
6000 E. Camelback Rd.
Tel. (6 02) 4 23-25 30
Das Restaurant im Weltklasse-Hotel »The Phoenician« wird von vielen Gästen schon allein wegen seines großartigen Panorama-Rundblicks besucht. Die Küche ist für ihre ausgezeichneten Fischgerichte bekannt. Außerdem bekommt man hier sehr bekömmliche Kreationen der »Southwestern Cuisine« geboten.

► Erschwinglich

③ ***Elévé***
3118 E. Camelback Rd.
Tel. (6 02) 9 52-07 33
Moderne, leichte Küche in angenehmer Atmosphäre. Die Menüs wechseln jeden Monat.

④ ***Tarbell's***
3213 East Camelback Road
Tel. (6 02) 9 55-81 00
Das Restaurant bietet eine ausgezeichnete Weinkarte. Das Speisenangebot wird je nach Saison erweitert.

Passagen und Restaurants: das Arizona Center

► **Preiswert**

⑤ ***Carlos O'Brien's***
1133 East Northern Avenue
Tel. (6 02) 2 74-58 81
Mexikanisches Restaurant, in dem viel Wert auf Service gelegt wird.

ÜBERNACHTEN

► **Luxus**

① ***Arizona Biltmore***
24th St. & Missouri Ave
Tel. (6 02) 9 55-66 00, Fax 3 81-76 00
Nach wie vor das erste Haus am Platz. Es wurde 1929 nach Plänen von Albert Chase McArthur inmitten einer wundervollen subtropischen Parkanlage errichtet. Edle Hölzer, Marmor und viel Glas verleihen dem Interieur aristokratische Noblesse.

② ***The Phoenician***
6000 E. Camelback Rd.
Tel. (4 80) 9 41-82 00, Fax 9 47-43 11
580 Zimmer und Suiten, mehrere Restaurants, Lobby, Bar, mehrere Swimming Pools, Fitness Center mit Sauna, Schönheitssalon, Business Center, Shopping-Arkade, Kindergarten, Golf, Tennis. Das Hotel liegt in einer wunderschönen Parklandschaft.

► **Komfortabel**

③ ***Best Western Papago Inn & Resort***
7017 E. McDowell Rd.
Tel. (6 02) 9 47-73 35, Fax 9 94-06 92
120 Zimmer und Suiten, Restaurant, Bar, Swimming Pool, Sauna, Boutique. Das ruhige und freundliche Haus liegt nur wenige Minuten von Downtown Scottsdale entfernt.

④ ***Wyndham Hotel***
50 East Adams Street
Tel. (6 02) 3 33-00 00
www.wyndhamphoenixhotels.com
530 komfortable und geräumige Zimmer und Suiten in zentraler Lage.

► **Günstig**

⑤ ***Best Western Bell Hotel***
17211 N Black Canyon
Tel. (6 02) 9 93-83 00, Fax 8 63-21 63
www.bestwestern.com
Verkehrsgünstige Lage. In jedem Zimmer stehen den Gästen u. a. Internet-Zugang und Fernseher zur Verfügung.

Westen, sondern auch aus Fernost ausgestellt ist. Ferner sieht man hier einige herausragende Werke europäischer Renaissance- und Barockkünstler.

★★ **Heard Museum**

Weiter nördlich erreicht man das Heard Museum (22 E. Monte Vista Rd.; Öffnungszeiten: Mo. bis Sa. 9.30–17.00, Mi. 9.30–21.00, So. 13.00–17.00 Uhr), das zu den besten Sammlungen seiner Art gehört. Es widmet sich ganz und gar der **Kunst und Kultur der Indianer des Südwestens**. Das Museumsgebäude ist im landestypischen Spanish Mission Style errichtet. Neben traditionellen Korbflechtarbeiten, Töpferwaren und Textilien fällt wunderschöner Türkis- und Silberschmuck ins Auge. Besondere Beachtung verdient die umfangreiche Kollektion von Kachina-Puppen.

Squaw Peak Park

Der Park um den schütter bewaldeten Squaw Peak ist **Erholungsgelände**. Man kann hier wunderschöne Wanderungen und Spaziergänge unternehmen.

Pueblo Grande · Papago Park

✶ **Pueblo Grande Museum**

Östlich von Downtown, wo der Grand Canal vom Salt River abzweigt, kann man die **Ruinen einer Siedlung** erkunden, die bis Mitte des 15. Jh.s von altindianischen Hohokam bewohnt war. Auch Reste eines von den Hohokam gebauten Bewässerungssystems sind hier noch auszumachen. Das ganze Gelände ist als Cultural Park hergerichtet, zu dem auch ein kleines, aber sehr informatives Museum (4619 E. Washington St.) gehört.

✶ **Hall of Flame**

Das **größte Feuerwehrmuseum der Welt** (6101 E. Van Buren St.; Öffnungszeiten: Mo. bis Sa. 9.00–17.00, So. 13.00–17.00 Uhr) zieht Besucher in seinen Bann. Die ältesten Ausstellungsstücke stammen aus dem 18. Jh. Neben alten und z. T. recht kuriosen Löschgeräten sieht man hier etliche blitzblanke Oldtimer-Feuerwehrautos.

Papago Park ►

Nördlich der Hall of Flame weitet sich der große Papago Park mit seinen stark frequentierte Naherholungseinrichtungen.

✶ **Phoenix Zoo**

In den ausgedehnten Grünanlagen ist auch der renommierte Phoenix Zoo angesiedelt. Er gehört zu den wenigen Tierparks auf der Erde, in denen die **Nachzucht von Sumatra-Tigern und Orang-Utans** gelungen ist.

✶ **Desert Botanical Garden**

Im benachbarten botanischen Garten kann man die Pflanzenwelt praktisch aller großen **Wüstenregionen** der Erde studieren. Hochinteressante Anschauungsobjekte sind die vielgestaltigen Kakteen. In ihrer ganzen Farbenpracht bietet sich die Flora des botanischen Gartens im Frühjahr dar, wenn der Blütenzauber quasi explodiert.

Scottsdale

Schwesterstadt

Nördlich vom Papago Park erstreckt sich die Schwesterstadt Scottsdale, die heute zu den besonders noblen **Wüstenferienorten** der USA gehört. Luxuriöse Resorts, darunter das berühmte »The Phoenician«, modernste Kureinrichtungen, Restaurants der Spitzenklasse, wunderschöne Golf- und Tennisplätze, attraktive Freizeiteinrichtungen und Shopping-Möglichkeiten (u.a. Biltmore Fashion Park, Scottsdale Fashion Square, Paradise Valley Mall) ziehen vor allem in den Wintermonaten wohlhabende Erholungssuchende aus aller Welt an.

✶ **Old Town**

Wie aus dem Bilderbuch bietet sich die Altstadt dar mit ihren hübsch **restaurierten Bauten** aus dem frühen 20. Jh. Beachtung verdient das 1909 erbaute alte Schulhaus, das heute das Scottsdale Historical Museum (7333 Scottsdale Mall; Öffnungszeiten: Mi. bis Sa. 10.00–17.00, So. 13.00–17.00 Uhr) beherbergt.
Gleich in der Nachbarschaft lädt das Scottsdale Center for the Arts (7383 Scottsdale Mall; Öffnungszeiten: Mo. bis Sa. 10.00–17.00, So. 13.00–17.00 Uhr) kunstbeflissene Touristen zum Besuch ein.

Zu Füßen des Camelback Mountain sind luxuriöse Feriendomizile angelegt.

Scottsdale Galleria

Nordwestlich der Old Town, an der 5th Avenue, kann man in der mondänen Scottsdale Galleria Shopping Area flanieren.

★ Camelback Mountain

Das Gebiet um den Camelback Mountain ist als **Erholungsraum** ausgewiesen. Der Aufstieg auf den Berg ist zwar recht beschwerlich, von oben bietet sich aber ein schöner Ausblick. Zu Füßen des Berges verläuft die Camelback Road, über die man gleich zu mehreren exklusiven Resorts (u.a. »Camelback Inn«, »The Phoenician«) und gepflegten Golfplätzen gelangt. Auch das noble Einkaufszentrum »Scottsdale Fashion Square« ist hier angesiedelt.

Cosanti Foundation

Ca. 5 mi/8 km nördlich der Old Town erreicht man via Scottsdale Road die Cosanti Foundation (6433 Doubletree Ranch Rd.). Sie ist Wirkungsstätte des zeitgenössischen **Architekten Paolo Soleri**, der schon vor einiger Zeit durch seine futuristisch anmutende und ökologische Gesichtspunkte beachtende Siedlung Arcosanti (► Prescott) bekannt geworden ist.

★★ Taliesin West

Taliesin West, das inzwischen weltberühmt gewordene **Wüstenrefugium** des großen Architekten Frank Lloyd Wright (1869–1959), ist seit einiger Zeit als nationales Baudenkmal ausgewiesen und kann im Rahmen von Führungen (Juni bis Mitte Sept. tgl. 8.00–11.00, Mitte Sept. bis Mai tgl. 10.00–16.00 Uhr) besichtigt werden. Auf dem Gelände befindet sich auch eine namhafte Schule für Architektur.

Fleischer Museum

Nördlich vom Scottsdale Municipal Airport lohnt das Fleischer Museum (17207 North Perimeter Drive; Öffnungszeiten: täglich 10.00–16.00 Uhr) eine Visite. Dieses Kunstmuseum zeigt vor allem Werke **amerikanischer Impressionisten**.

! Baedeker TIPP

Wilder Westen live!

In der nachgebauten Westernstadt Rawhide fühlt man sich in die 1880er-Jahre zurückversetzt, als im Raum Phoenix noch raue Sitten herrschten. Hier gibt es natürlich auch einen stilechten Saloon, ein richtiges Steakhouse und eine Schmiede. Man kann sich in die Kunst des Lasso-Werfens einweisen lassen. Außerdem führen Stuntmen täglich wilde Schießereien auf, wie man sie aus einschlägigen Cowboyfilmen bestens kennt (www.rawhide.com).

Im Süden von Scottsdale lässt der **McCormick Railroad Park** (7301 E. Indian Bend Rd.; Öffnungszeiten: tgl. 10.00–17.00 Uhr) die Herzen der Eisenbahn-Fans höher schlagen.

Tempe

Südöstlich von Phoenix liegt die Vorstadt Tempe, die als Standort der namhaften Arizona State University bekannt ist. Den malerischen alten Siedlungskern erkundet man am besten zu Fuß. Beachtung verdient das **Tempe Historical Museum**. Es ist im Peterson House untergebracht, einem im Queen-Anne-Stil errichteten Gebäude, das heute unter Denkmalschutz steht.

Arizona State University

An der renommierten Arizona State University sind derzeit über 40 000 Studierende eingeschrieben. Sie ist die mit Abstand **größte Hochschule im Südwesten**. Auf dem Campus befinden sich einige sehenswerte Ausstellungen.

★★ Nelson Fine Arts Center

Architektonischer Höhepunkt auf dem Campus ist das Nelson Fine Arts Center, das 1986–1989 nach den Entwürfen des renommierten Architekten Antoine Predock entstanden ist. Der vielgestaltige Gebäudekomplex, dessen besonderes Charakteristikum kleine, an Schießscharten erinnernde Fensteröffnungen sind, bietet sich wie ein organisch gewachsenes modernes Pueblo dar. Das Kulturzentrum beherbergt nicht nur die umfangreichen Kunstsammlungen der Universität (Öffnungszeiten: Mi. bis Sa. 10.00–17.00, So. 13.00–17.00 Uhr), sondern auch ein Theater mit 500 Sitzplätzen sowie mehrere Tanz- und Theaterstudios.

William Blakley Law Library

Ein zweites architektonisches Highlight auf dem Universitätscampus ist die William Blakley Law Library (Bibliothek der juristischen Fakultät), die 1991–1993 nach Plänen von Marc Scogin, Merril Elam und Lloyd Bray entstanden ist. Die **Stahlskelett-Konstruktion** ist mit Metall und synthetischem Putz verkleidet. Die Farbgebung ist der Wüstenlandschaft angepasst.

Geology Museum

Natürlich kommen auf dem Universitätscampus von Tempe auch Freunde schöner Mineralien und spektakulärer Fossilien auf ihre Kosten. Im Geologischen Museum (McAllister & University Dr.; Öffnungszeiten: Mo. bis Fr. 9.00–12.00 Uhr) können sie Angst einflößende Saurierskelette, aber auch wunderschöne Edelsteine, Sandrosen etc. bestaunen.

Wer ein feuchtes Vergnügen sucht, ist im Big Surf Waterpark gut aufgehoben. Es gibt hier Riesenwasserrutschen, ein Wellenbrandungsbad und sogar ein Strandbad.

Big Surf Waterpark

Mesa

In der östlich von Tempe auf einem Plateau gelegenen Vorstadt Mesa informiert das Mesa Southwest Museum (53 N. McDonald St.; Öffnungszeiten: Di. bis Sa. 10.00–17.00, So. 13.00–17.00 Uhr) über die alten Kulturen der hiesigen Indianerstämme.

Mesa Southwest Museum

Im Museum der Mesa Historical Society (2345 N. Horne Ave.; Öffnungszeiten: Mo. bis Sa. 10.00–16.00 Uhr) wird an jene Zeit erinnert, als sich die ersten weißen Pioniere auf dem Plateau niederließen.

Mesa Historical Society Museum

Das wohl spektakulärste Bauwerk in Mesa ist der Mormon Temple (525 E. Main St.), der jedoch nicht öffentlich zugänglich ist. Im Visitor Center der Mormonen kann man sich genauer über das Gotteshaus informieren.

Mormon Temple

Hauptattraktion von Mesa ist das Champlin Fighter Museum (4643 Fighter Aces Dr., Falcon Field; Öffnungszeiten: tgl. 10.00–17.00 Uhr), in dem **Kampfflugzeuge** aus den beiden Weltkriegen sowie aus dem Korea- und dem Vietnamkrieg zu sehen sind. Auch Maschinen, die beim ersten Irakkrieg nach der Besetzung Kuwaits (»Desert Storm«) im Einsatz waren, werden ausgestellt.

✶ Champlin Fighter Museum

Sehenswertes in der Umgebung

Knapp 12 mi/20 km nordwestlich von Downtown Phoenix ist in den Sechzigerjahren die **Rentnerstadt** Sun City entstanden. Und gleich in der Nachbarschaft wächst seit 1978 die Schwestersiedlung Sun City West heran. In der mit Abstand größten Seniorenkolonie der Vereinigten Staaten leben heute rund 70 000 überwiegend gut situierte Senioren. Sun City ist das Musterbeispiel einer Siedlungsform, die in den letzten Jahren ihren Siegeszug durch den sog. Sun Belt angetreten hat.

✶ Sun City

? WUSSTEN SIE SCHON ...?

- ... dass die Sun Cities nur zum Wohnen gedacht sind? Es gibt keine Kindergärten und Schulen, geschweige denn Industriebetriebe. Dafür kann man gleich um die Ecke Golf spielen oder sich an einem künstlich geschaffenen See sonnen.

Ca. 40 mi/64 km nordwestlich von Phoenix ist der Agua Fria River zum Lake Pleasant aufgestaut. Im **zweitgrößten Stausee** von Arizona kann man Wassersport treiben und angeln oder mit dem Vergnügungsdampfer »Desert Princess« fahren.

✶ Lake Pleasant

★ **Wickenburg**

Über den US 60 erreicht man die 54 mi/87 km nordwestlich von Phoenix gelegene alte und recht fotogene **Goldgräbersiedlung** Wickenburg, die sich heute ganz und gar dem Tourismus verschrieben hat. Sie liegt im einigermaßen grünen Tal des Hassayampa River, das hier die Grenze zwischen dem Gebirge und der Sonora-Wüste markiert. Hübsch herausgeputzt ist die Frontier Street mit ihren zu Beginn des 20. Jh.s errichteten Gebäuden. Das Massacre Monument erinnert an blutige Auseinandersetzungen im Jahre 1871. Damals lieferten sich Apache-Indianer und US-Kavallerie Kämpfe, denen auf beiden Seiten zahlreiche Menschen zum Opfer fielen. Hauptattraktion von Wickenburg ist das Desert Caballeros Western Museum, in dem man **Western-Atmosphäre** schnuppern kann. Saloon und General Store sind ebenso vorhanden wie eine alte Schmiede. Westlich außerhalb von Wickenburg kann man einige alte Goldminen besichtigen (u.a. die Vultur Mine.

Desert Caballeros Western Museum ►

Joshua Forest

Ca. 30 mi/48 km nordwestlich von Wickenburg trifft man auf einen der größten Bestände von uralten Joshua Trees, die gleichsam die **Charakterpflanzen** der Lower Sonoran Desert sind.

★ **Pioneer Arizona Museum**

Auf dem Weg nach ►Flagstaff ist ein **Freilichtmuseum** (Öffnungszeiten: Okt. bis Mai Mi. bis So. 10.00–17.00 Uhr) mit zwei Dutzend historischen Gebäuden angelegt. Das ganze Jahr über wird »Living History« geboten und man erfährt ganz hautnah, wie sich das Leben in der Pionierzeit abgespielt hat.

★ **Tonto National Forest**

Etwa eine Autostunde nordöstlich und östlich von Phoenix bedeckt der Tonto National Forest das gebirgige Hinterland, das vom Rio Verde und vom Rio Tonto entwässert wird. Zwischen den beiden Flusstälern erheben sich die **Mazatzal Mountains**, die im 2405 m hohen Mazatzal Peak gipfeln. In den letzten Jahrzehnten hat man im Einzugsbereich der beiden genannten Flüsse ein ganzes System von Stauseen angelegt, um die Wasserversorgung der stürmisch wachsenden Phoenix Metropolitan Area sicherzustellen. Praktisch als Nebenprodukt dieser Maßnahmen ist ein Erholungsraum entstanden, in dem man nicht nur erlebnisreiche Bergwanderungen unternehmen, sondern auch Wassersport treiben kann.

Out of Africa Wildlife Park

Der Out of Africa Wildlife Park (Öffnungszeiten: Di. bis So. 10.00–17.00 Uhr) ist kein gewöhnlicher Tierpark, sondern hier werden richtige **Shows** mit Raubkatzen, Bären, Reptilien usw. geboten.

★ **Canyon Lake**

Die **beliebtesten Ausflugsziele** im Tonto National Forest erreicht man von Apache Junction aus über den AZ 88. Diese Straße führt als landschaftlich besonders reizvolle Strecke zunächst zur sehenswerten Goldfield Ghost Town und am Lost Dutchman State Park vorbei zum Canyon Lake, auf dem »Dolly's Steamboat« verkehrt, und weiter zum Apache Lake.

Nach 39 mi/62 km erreicht man den gewaltigen Theodore Roosevelt Dam, der bereits 1911 fertig gestellt worden ist. An seinem großen Stausee sind etliche Plätze für Wassersportler und Freizeitkapitäne ausgewiesen. Südlich oberhalb des Roosevelt-Stausees, abseits des AZ 88, findet man noch gut erhaltene **Felsbehausungen**, die von den Salado-Indianern Mitte des 12. Jh.s bezogen wurden. Sie stehen heute unter Denkmalschutz.

◄ Roosevelt Dam

★ ◄ Tonto National Monument

★ **Saguaro Lake, Payson**

Von Tempe führt der Highway AZ 87 nordwärts über die Mazatzal Mountains zum Mogollon Rim. Eine knappe Autostunde nordöstlich von Mesa kann man zum Lake Saguaro abzweigen und dort einen Ausflug mit dem Schiff »Desert Belle« unternehmen. Der AZ 87 erreicht nach 78 mi/125 km den Fremdenverkehrsort Payson, der ein guter Ausgangspunkt für Erkundungen des jäh aufragenden **Mogollon Rim** ist.

Höchst beeindruckend: die Felsbehausungen der Salado-Indianer

Der Highway US 60 führt von Phoenix bzw. Mesa als landschaftlich reizvolle Strecke ostwärts. Nach Florence Junction passiert man das **Boyce Thompson Arboretum**, in dem man einen Großteil der im Südwesten gedeihenden Baumarten studieren kann. Hinter Superior überwindet man die Pinal Mountains und erreicht nach 90 mi/145 km den Ort Globe.

Das alte Silberbergbaustädtchen **Globe** ist heute ein beliebter Ausgangspunkt für Erkundungen der landschaftlich reizvollen Umgebung. Im Ort sind das alte Gefängnis (Old West Jail) und die alte Sheriff's Office beachtenswert. Einen Besuch lohnen ferner das San Carlos Indian Cultural Center sowie das Cobre Valley Center for the Arts, das in einem alten Gerichtsgebäude untergebracht ist. Im Oktober ist Globe Schauplatz eines farbenprächtigen Festes der in der Umgebung lebenden Apache-Indianer.

★ ◄ Salt River Canyon

Von Globe lohnt ein Ausflug in nordöstlicher Richtung ins Fort Apache Indian Reservation. Landschaftliche Höhepunkte sind der Seneca Lake und vor allem der Salt River Canyon. Auf dem Fluss selbst kann man abenteuerliche **Wildwasserfahrten** unternehmen.

★ **Casa Grande Ruins National Monument**

Etwa 50 mi/80 km südöstlich von Phoenix gelangt man zu den Ruinen einer altindianischen Kultstätte, die von den Hohokam wohl im 5. Jh. n. Chr. angelegt worden ist. Sie wurde Ende des 17. Jh.s von einem spanischen Geistlichen wiederentdeckt und Ende des 19. Jh.s restauriert. An dieser historisch bedeutsamen Stätte lassen sich sehr gut Aufstieg und Niedergang der Hohokam-Kultur studieren.

★ Prescott

J 9

Region: Central Territory
Einwohnerzahl: 38 000
Höhe: 1636 m ü. d. M.
Telefonvorwahl: 520

Etwa zweieinhalb Autostunden nordwestlich von ► Phoenix liegt die Stadt Prescott, hübsch umrahmt von den Wäldern des Prescott National Forest. Sie hat sich in den letzten Jahren zu einem beliebten Fremdenverkehrsort, aber auch zu einem Wirtschafts- und Kulturzentrum der Region entwickelt.

Sehenswertes in Prescott und Umgebung

★ **Downtown**

Der historische Stadtkern wird geprägt von den **viktorianischen Gebäuden**, von denen die meisten heute unter Denkmalschutz stehen. Besonders repräsentativ ist das mit weißem Granit verkleidete Gerichtsgebäude an der Courthouse Plaza.

Whiskey Road

In der Whiskey Road, wo einstmals Goldgräber und Revolverhelden aneinander gerieten, kann man heute flanieren und in einem der Geschäfte nach indianischem Kunsthandwerk, Silberschmuck, T-Shirts oder Westernkleidung stöbern.

Bauten aus der Pionierzeit im Sharlot Hall Museum

Beim Besuch des Sharlot Hall Museums (Öffnungszeiten: Mo. bis Sa. 10.00–17.00, im Winter bis 16.00; So. 13.00–17.00 Uhr) fühlt man sich in die **Gründerzeit** zurückversetzt. Das aus einem Dutzend Bauten bestehende Museum umfasst nicht nur das 1864 errichtete Haus des ersten Gouverneurs von Arizona, sondern auch das alte Schulhaus und die alte Schmiede.

✶ **Sharlot Hall Museum**

PRESCOTT ERLEBEN

AUSKUNFT

The Prescott Chamber of Commerce
117 W. Goodwin Street
Prescott, AZ 86302
Tel. (9 28) 4 45-20 00
www.prescott.org

VERANSTALTUNGEN

Kultur- und Sportveranstaltungen finden das ganze Jahr über statt. Herausragende Events: Whiskey Row Marathon (Mai), Arizona Days (Juni) mit Bluegrass Festival und Indianer-Pow-Wow, Frontier Days (Juli) mit dem ältesten Rodeo der USA.

ESSEN

► Erschwinglich

The Rose Restaurant
234 S. Cortez St.
Tel. (9 28) 7 77-83 08
Hervorragende Speisen und reichhaltige Weinkarte.

Hassayampa Inn
122 E. Gurley St.
Tel. (6 02) 7 78-94 34
Hier fühlt man sich noch wie im ausgehenden 19. Jh. In historischem Ambiente kommt vorwiegend Deftiges (Steaks, Chicken, Burger etc.) zu annehmbaren Preisen auf den Tisch.

Palace Restaurant and Saloon
120 South Montezuma
Tel. (9 28) 5 41-19 96
1877 erbauter Saloon mit echtem Western-Feeling. Auf den Spuren von Wyatt Earp und Doc Holiday kann man ausgezeichnet essen.

► Preiswert

129 1/2
129 1/2 N. Cortez St.
Tel. (9 28) 4 43-92 92
Im Restaurant treten an fünf Abenden in der Woche Jazz-Bands auf.

ÜBERNACHTEN

► Luxus

Prescott Resort Conference Center & Casino
1500 Hwy 69, Tel. (9 28)-7 76-16 66
www.prescottresort.com
Die Gäste können sich im Casino amüsieren, im hoteleigenen Wellness-Bereich entspannen oder das vielfältige Sport-Angebot wahrnehmen.

► Komfortabel

Hotel Vendome
230 South Cortez Street
Tel. (9 28) 7 76-09 00
www.vendomehotel.com
Das Hotel wurde 1917 im viktorianischen Stil erbaut. Die Zimmer sind sehr gemütlich eingerichtet.

► Günstig

Hotel St. Michael
205 West Gurley Street
Tel. (928) 7 76-19 99, Fax 7 76-73 18
www.stmichaelhotel.com
Das 1901 eröffnete historische Hotel liegt mitten in der »Whiskey Row«. Die Zimmer sind liebevoll renoviert.

★ **Prescott National Forest** Der Prescott National Forest ist mit vielen Freizeiteinrichtungen ein beliebtes **Naherholungsgebiet**. Camping, Angeln, Felsklettern, Wildniswandern, Westernreiten und Rafting auf dem Verde River sind in dieser waldreichen Mittelgebirgslandschaft möglich. Ausflugsziele im Prescott National Forest sind die Granite Mountain Wilderness bzw. das Granite Basin nordwestlich der Stadt Prescott, wo man viele seltene Tiere beobachten kann, sowie der Indian Creek und der Wolf Creek südlich von Prescott.

★ **Arcosanti** 36 mi/58 km südöstlich von Prescott haben der Architekt Paolo Soleri und seine Mitarbeiter eine **futuristische Siedlung** entworfen, die ihresgleichen sucht. Bewusst wurde dabei auf ökologische Zusammenhänge geachtet.

★★ Sedona · Red Rock Country

K 9

Region: Central
Einwohnerzahl: 11 000
Höhe: 1372 m ü. d. M.
Telefonvorwahl: 520

Eine der reizvollsten und spektakulärsten Landschaften des Südwestens ist das sog. Red Rock Country. In der Abendsonne leuchtende, rote Felsburgen, -nadeln und Tafelberge, wildromantische Canyons sowie eine überraschend artenreiche Pflanzen- und Tierwelt begeistern die Besucher. Inmitten dieser Landschaft ist Sedona zur Kultstadt für Künstler, Filmschaffende und Anhänger der New-Age-Bewegung geworden.

Siedlungsbild Die weitläufige Siedlung Sedona zieht vor allem Kunstliebhaber und an alternativen Lebensweisen interessierte Besucher an. Zahlreiche Kunstgalerien, kunsthandwerkliche Geschäfte, Läden, in denen es heilsame Kräuter, Kraft spendende Steine, naturbelassene Nahrungsmittel etc. gibt, prägen die Szenerie. Auch die Bedeutung Sedonas als Stadt der Rentner und Pensionäre findet ihren Ausdruck im Siedlungsbild.

Holy Cross Chapel An exponierter Stelle am südlichen Stadtrand fällt die Heilig-Kreuz-Kapelle ins Auge. Das **moderne Gotteshaus** wurde 1953 nach den Plänen von Marguerite Brunswig Staude erbaut.

Tlaquepaque Wohl extra für Touristen hat man vor einiger Zeit das »Dorf« Tlaquepaque im Stil der **kolonialspanischen Architektur** des 18. Jh.s errichtet. Hübsche Plazas, plätschernde Brunnen, gemütliche Patios und Balkone laden zum Verweilen ein. Zahlreiche Kunstgalerien, Boutiquen, Restaurants und Straßencafés warten auf Besucher. Neuerdings gibt es hier auch eine ausgedehnte Outlet Mall.

SEDONA ERLEBEN

AUSKUNFT

Sedona Chamber of Commerce Tourism Bureau
331 Forest Road, Sedona, AZ
Tel. (928) 282-7722, Fax 204-1064
www.visitsedona.com

VERANSTALTUNG

In Tlaquepaque findet alljährlich im September das »Jazz among the Rocks Festival« statt.

AUSFLÜGE

Im wahrsten Sinne ausfliegen kann man von Sedona aus per Helikopter oder Heißluftballon in die Zauberwelt der roten Felsen. Ganz lustig sind Geländetouren mit den berühmten Pink Jeeps, geführte Ausritte und Wanderungen. Auch Exkursionen mit thematischen Schwerpunkten werden angeboten: Power Points und altindianische Kult- und Siedlungsplätze stehen ebenso auf dem Programm wie Ausflüge, die sich mit ökologischen Problemen der Landschaft beschäftigen (www.sedona.net).

ESSEN

▶ Fein & Teuer

L'Auberge
301 L'Auberge Lane
Tel. (602) 204-5700
Das Spitzenrestaurant in der gleichnamigen Luxus-Ferienanlage bietet in erster Linie Köstlichkeiten der französischen Küche. Dazu genießt man erlesene Weine.

▶ Erschwinglich

Rene at Tlaquepaque
336 Hwy 179, (Tlaquepaque)
Tel. (928) 282-9225
Internationale Küche und ausgezeichnete Weinkarte im wunderschönen Künstlerviertel Tlaquepaque.

▶ Preiswert

El Rincon
Hwy. 179 at The Bridge
Tel. (928) 282-4648
Ebenfalls in Tlaquepaque liegt dieses Restaurant, das köstliche mexikanische Gerichte serviert.

ÜBERNACHTEN

▶ Luxus

L'Auberge de Sedona
301 L'Auberge Lane
Tel. (520) 282-7131, Fax 282-2885
Im malerischen Oak Creek Canyon liegt diese außerordentlich komfortable Hotelanlage. Sie ist ein geradezu idealer Ort für Erkundungen der von vielen Sagen und Mythen umwobenen, von »New Agern« als Quell der Lebenskraft geschätzten Felslandschaft.

▶ Komfortabel

The Buttes
2000 Westcourt Way
Tel. (602) 225-9000, Fax 431-2422
Die hochmoderne und sehr komfortabel ausgestattete Hotelanlage schmiegt sich in die schütter bewachsene Welt der rostroten Felsen, die aus dem Häusermeer von Tempe und Phoenix herausragt. Vor allem abends kann man vom hoteleigenen »Top of the Rock Restaurant« einen traumhaft schönen Ausblick genießen.

▶ Günstig

Lo Lo Mai Lodge
50 Willow Way
Tel. (928) 282-2835
www.lolomai.com/lodge
Zentral und dennoch ruhig gelegene, schöne Anlage mit Rosengarten. Die Zimmer verfügen über Fernseher, Mikrowelle und Kühlschrank.

★★ Red Rock Country

Erholungsraum

Das mit durchschnittlich rund 1400 m ü. d. M. relativ hoch gelegene Red Rock Country, das ringsum von flacher und öder Wüste umgeben ist, wird dank seines **guten Klimas** auch als Erholungsraum sehr geschätzt. Im Sommer ist es hier oben relativ kühl, im Winter hingegen angenehm mild.

Rote Felsen ►

Schon seit Urzeiten sprechen die Menschen den rot leuchtenden Felsen magische Kräfte zu. Das intensive Rot des Sedimentgesteins ist ganz profan damit zu erklären, dass es relativ viel Eisenoxid enthält.

Magische Plätze, Power Points ►

Spätestens seit dem Aufblühen der sog. New-Age-Bewegung ist das Red Rock Country bekannt geworden für seine »Orte der Kraft« (Power Points, Vortex Points). »New Ager« und ganz »normale« Menschen tanken hier neue spirituelle Energie und Lebenskraft.

★ Boynton Canyon ►

Westlich von Sedona verläuft der Boynton Canyon mit seinen **sagenumwobenen Monolithen** und vom Wind geformten Felsskulpturen. Südlich von Sedona ist ein Schutzgebiet ausgewiesen, in dem man besonders imposante Felsbildungen aus rotem Sandstein sehen kann.

★ **Oak Creek Canyon**

Die Staatsstraße AZ 89A führt als landschaftlich besonders **reizvolle Strecke** von Sedona in nordöstlicher Richtung durch den Oak Creek Canyon nach ► Flagstaff. Die schönste Jahreszeit ist der Herbst im Oak Creek Canyon, wenn sich nach ersten Nachtfrösten das Espenlaub gelb färbt und mit den roten Sandsteinfelsen kontrastiert. Ent-

Red Rock, eine Felslandschaft bei Sedona

lang des Flusses gibt es zahlreiche schattige Plätze, die zum Picknick einladen. Die in allen Rottönen leuchtenden Sandsteinformationen bilden eine spektakuläre Kulisse.

> ! *Baedeker* TIPP
>
> **Verde Canyon Railroad**
>
> Ein unvergessliches Erlebnis ist die Fahrt auf der historischen Route der Verde Canyon Railroad ab Clarkdale. Der Zug mit offenen Waggons und Bordrestaurant tingelt gemächlich durch einen wildromantischen und bislang nur wenig berührten Teil des Red Rock Country (Reservierung: 18 00/3 20-07 18, www.verdecanyonrr.com).

Im **Slide Rock State Park** verengt sich der Canyon dramatisch. Hier ist das tief eingeschnittene Flussbett des Oak Creek von roten Sandsteinwänden eingefasst. Das Flüsschen hat eine **natürliche Wasserrutsche** geschaffen, die im Sommer von Jung und Alt begeistert benutzt wird. Danach klettert die Straße in engen Serpentinen zum Viewpoint hinauf. Von oben genießt man einen großartigen Blick über die Schlucht.

★ Tuzigoot N.M. Sycamore Canyon

Etwa eine halbe Autostunde (erreichbar über den AZ 89A South) südwestlich von Sedona erreicht man die Ortschaft Clarkdale. Ganz in der Nähe haben die Sinagua im 13. Jh. eine aus mehr als 80 Räumen bestehende Siedlung angelegt, die heute als **Tuzigoot National Monument** unter Denkmalschutz steht. Unweit nördlich kann man – am besten mit dem Jeep – die noch wenig berührte Wildnis des **Sycamore Canyon** mit ihren besonders spektakulären roten Gesteinsformationen aufsuchen.

★ Jerome

Wer von Sedona auf dem AZ 89A in südwestlicher Richtung weiterfährt, erreicht nach 32 mi/52 km Jerome, »the most unique city in the United States«. Die **Kupferbergbausiedlung** wurde am steilen Ostabfall der Mingus Mountains hoch über dem Verde Valley angelegt. Sehenswert ist das Anwesen des Kupferbarons Jimmy Douglas, das heute als Historic State Park zugänglich ist. Das im Adobestil errichtete Herrenhaus mit Chemielabor, Bücherei und Mineraliensammlung blieb ebenso erhalten wie eine alte Stampfmühle. Sehenswert ist auch das **Mining Museum**, das über die Geschichte des Bergbaus in dieser Gegend informiert. Hübsch restaurierte historische Bauten kann man im Rahmen eines kurzen Stadtrundgangs kennen lernen. Eine diesbezügliche Broschüre ist im Museum erhältlich.

◄ Gold King Mine, Ghost Town

Unbedingt besuchen sollte man die etwa eine Meile nördlich von Jerome gelegene Gold King Mine. Seit 1980 wird auf dem Gelände einer verlassenen Kupfermine eine Geisterstadt betrieben, die es in sich hat. Eine begehbare alte Schachtanlage, pittoreske Bauten aus der Gründerzeit sowie Hinterlassenschaften aus 100 Jahren amerikanischer Bergbau- und Industriegeschichte machen diesen Platz zum **Mekka für Technikfreaks**. Die typischen Geräusche eines altersschwachen Sägewerkes, der Lärm eines rostigen Baggers und der rasselnde Oldtimerlaster, mit dem die Erde abtransportiert wird, untermalen die Szenerie.

★ Tombstone

O 16

Region: Old West Country
Einwohnerzahl: 1200
Höhe: 1383 m ü. d. M.
Telefonvorwahl: 520

Das berühmte und inzwischen als National Historic Site ausgewiesene Wildweststädtchen Tombstone im äußersten Südosten des Bundesstaates Arizona war erst 1877 gegründet worden. Da man in seiner Umgebung viel Silber fand, wurde es rasch zur »Boomtown«. Auf dem Höhepunkt des Silberbergbaus lebten hier mehrere Tausend Menschen.

Sehenswertes in Tombstone

★ **O. K. Corral**

Am O. K. Corral (zugänglich tgl. 8.30–17.00 Uhr) fand am 26. Oktober 1881 eine wilde, jedoch nur 30 Sekunden dauernde **Schießerei** statt. Dabei gelang es Wyatt Earp (►Berühmte Persönlichkeiten) und seinen Brüdern mit Unterstützung von Doc Holliday, Bill Clanton und die Brüder McLaury niederzustrecken. Dieses Ereignis sollte alsbald Stoff für Westernromane und Groschenheft-Serien bieten. Spannende Westernfilme, darunter »Law & Order« (1932; mit Harry Carey sen. und Walter Houston), »Tombstone« (mit Val Kilmer und Kurt Russell) »Gunfight at the O. K. Corral« (mit Burt Lancaster und Kirk Douglas) und »Wyatt Earp« (mit Kevin Costner und Dennis Quaid) hatten die Schießerei ebenso zum Thema wie zwei überaus erfolgreiche Fernsehserien, die in den Fünfziger- und in den Neunzigerjahren gezeigt wurden.

> **? WUSSTEN SIE SCHON ...?**
>
> - ... dass der berühmte Schusswechsel in Wahrheit nicht direkt am O. K. Corral in der Allen Street stattfand, sondern dahinter in der Fremont Street?

Bird Cage Theater

Was wäre ein Westernstädtchen ohne Spielsaloon und Bordell? Tombstone besaß seit 1881 in der Allen Street sein **anrüchiges »Etablissement«**, das außerdem auch noch den beziehungsreichen Namen »Vogelkäfig-Theater« (Öffnungszeiten: tgl. 8.00–16.00 Uhr) trug. Durch Vorhänge vom großen Saal abgeteilt waren sieben »bird cages«, Vogelkäfige, die angeblich von Prostituierten genutzt wurden.

★ **Crystal Palace Saloon**

Auch im Crystal Palace Saloon ging es vermutlich manchmal hoch her, wenn sich hier schießwütige Cowboys, Goldgräber und Outlaws zum Pokerspiel trafen.

Studio von Camillus Fly

Besichtigt werden kann auch das restaurierte Studio des Fotografen **Camillus Fly** (Öffnungszeiten: tgl. 9.00–17.00 Uhr). Er hat seiner Nachwelt ein **reiches Bildarchiv** hinterlassen, das Tombstone in seiner Glanzzeit zeigt.

Am nordwestlichen Stadtrand liegt der Boot Hill Graveyard, auf dem auch die Beteiligten des O. K. Corral beigesetzt sind. Insgesamt wurden hier 1878–1884 über 200 Menschen bestattet. Einige **Grabsteinaufschriften**, so z. B. »hanged by mistake«, künden vom schauerlichen Ableben einiger der hier Bestatteten.

✶ **Boot Hill Graveyard**

Umgebung von Tombstone

✶ **Bisbee**

Zu Füßen der Mule Mountains und nur wenige Meilen von der mexikanischen Grenze entfernt, empfängt das alte **Kupferbergbaustädtchen** Bisbee den Besucher mit Wildwest-Atmosphäre. Besonders belebt ist die Brewery Gulch genannte Hauptstraße, an der sich zu Bisbees Glanzzeit Spielsalons und Bordelle aneinander reihten. Heute kann man hier vor allem Westernkleidung und indianisches Kunsthandwerk einkaufen. In einigen hübsch restaurierten Bauten der viktorianischen Zeit sind Hotels eingerichtet.

◄ Queen Mine

Ein besonderes Erlebnis ist die Einfahrt mit dem Bergwerksbähnchen in die Queen Mine (478 N. Dart Rd.; Führungen tgl. 9.00, 10.30, 14.00 u. 15.30 Uhr). Erfahrene Bergleute informieren die Besucher über die Geschichte des hiesigen Kupferbergbaus.

✶ **Kartchner Caverns State Park**

Besondere Attraktion des Bundesstaates Arizona sind die Kartchner Caverns mit ihren zauberhaften **Tropfsteinbildungen** (Öffnungszeiten: tgl. 7.30–18.00 Uhr; Höhlenführungen werden von 8.40 bis 16.40 Uhr angeboten).

High Noon in Tombstone

TOMBSTONE ERLEBEN

AUSKUNFT

City of Tombstone Visitor and Information Center
Fourth & Allen Streets
PO Box 1314, Tombstone
AZ 85638
Tel. (5 20) 4 57-39 29
www.usacitiesonline.com/azcountytombstone.htm

ESSEN

► Preiswert

Nellie Cashman Restaurant
117 Sth. 5th Street
Tel. (5 20) 4 57-22 12
Das älteste Restaurant in Tombstone, 1880 erbaut.

Don Teodoro's
15 N. 4th St.
Tel. (6 02) 4 57-36 47
Anhänger der mexikanischen Küche kommen hier voll auf ihre Kosten.

ÜBERNACHTEN

► Komfortabel

Holiday Inn Express Tombstone
1001 N Highway 80
Tel. (5 20) 4 57-95 07, Fax 4 57-95 06
www.holidayinntombstone.com
Das Hotel mit modern und komfortabel eingerichteten Zimmern wurde erst 2003 eröffnet. Den Gästen stehen unter anderem ein Whirlpool und High-Speed-Internet zur Verfügung.

✶ Tucson

L 11

Region: Southeast Arizona
Einwohnerzahl: 500 000 (Agglomeration: 850 000)
Höhe: 740 m ü. d. M.
Telefonvorwahl: 520

Die Großstadt Tucson macht mit ihren durchschnittlich 350 Sonnentagen im Jahr ihrem Beinamen »City of Sunshine« alle Ehre. Im fruchtbaren, von den Santa Catalina Mountains geschützten Tal des Santa Cruz River genießt das Städtchen ein sehr mildes Klimas.

Geschichte Das Tal des Santa Cruz River war von dem altindianischen Stamm der Hohokam besiedelt, bevor sich hier Papago- und Pima-Indianer niederließen, deren Nachfahren auch heute noch anzutreffen sind. Im späten 17. Jh. erbauten spanische Jesuiten in dieser Gegend eine Missionsstation. Um ein Presidio, das die Spanier 1775 errichtet hatten, wuchs in kurzer Zeit eine **spanisch-mexikanische Kolonialstadt** heran. Tucson erlangte Bedeutung als Poststation an der vom kalifornischen ► San Diego nach San Antonio in Texas führenden Route. Von 1821 bis 1854 gehörte die Stadt zu Mexiko, das sich von Spanien losgesagt hatte, danach wurde Tucson amerikanisch. Von 1867 bis 1877 war das »Old Pueblo« Hauptstadt des Territoriums Arizona. Für einen starken wirtschaftlichen Aufschwung sorgte der

Eisenbahnanschluss (Southern Pacific) im Jahre 1880. Auch Silber- und Kupferbergbau in der Umgebung trugen zur Entfaltung der Stadt bei. Nach dem Zweiten Weltkrieg explodierte die Einwohnerzahl förmlich: Von 46 000 im Jahre 1950 stieg sie auf über 270 000 Mitte der Siebzigerjahre. In den letzten Jahrzehnten ist Tucson aber auch zu einem **wichtigen Standort der High-Tech-Industrie**, insbesondere der Luft- und Raumfahrt sowie der Elektronik, geworden. Geforscht und entwickelt wird u. a. für einen der wichtigsten Luftwaffenstützpunkte der USA, die nahe gelegene Davis-Monthan Air Force Base. Heute ist Tucson nach Phoenix die zweitgrößte Stadt Arizonas.

Sehenswertes in Tucson

★ **El Presidio Historic District**

Das Quartier zwischen Church Avenue, Granada Avenue, Alameda Street und Washington Street ist der relativ kleine, ursprünglich befestigte **Stadtkern** aus der Zeit des spanischen Kolonialismus. Die dortigen Adobe-Häuser wurden in den letzten Jahren liebevoll restauriert.

Tucson Museum of Art

Wo sich einstmals das Presidio befand, lädt heute das Tucson Museum of Art (Di. bis Sa. 10.00–16.00, So. 12.00–16.00 Uhr) zu einem Besuch ein. Zu sehen gibt es hier nicht nur **Kunsthandwerk** aus kolonialspanischer Zeit, sondern auch zeitgenössiche Kunst.

Tucson (Downtown) Orientierung

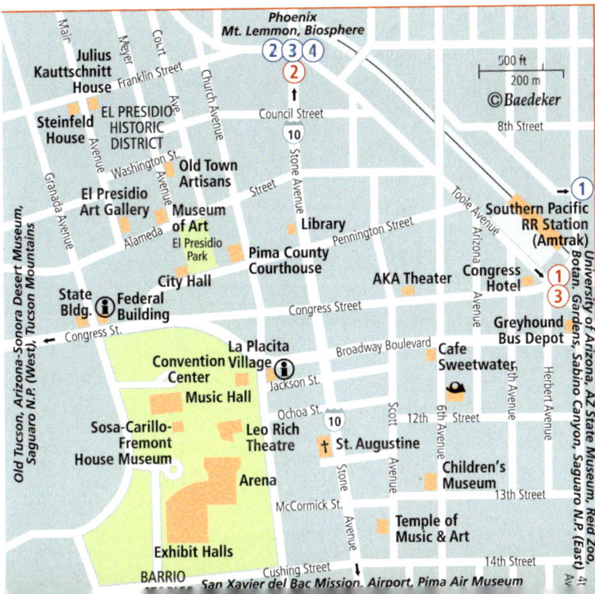

Übernachten

1. Hilton East
2. Lodge at Ventana Canyon
3. Smuggler's Inn

Essen

1. Janos Restaurant
2. Ventana Room Restaurant
3. Soleil
4. Pasta Palmita

TUCSON ERLEBEN

AUSKUNFT

Metropolitan Tucson Convention & Visitors Bureau
100 S. Church Ave.
Tucson, Arizona 85701
Tel. (5 20) 6 24-18 17, Fax 8 84-78 04
www.visittucson.org

SHOPPING

Die beste Einkaufsadresse mit zahlreichen Boutiquen und Galerien ist die 4th Avenue zwischen Stadtzentrum und Universitätsviertel. Neueste Designermode gibt es hier ebenso wie Klamotten aus der Zeit der Hippies. Auch zahlreiche Restaurants sind an der Einkaufsmeile angesiedelt.

ESSEN

► Fein & Teuer

① ***Janos Restaurant***
3770 E. Sunrise Drive
Tel. (5 20) 8 84-94 26
Vornehmes, stimmungsvolles Lokal in einer denkmalgeschützten Adobe des 19. Jh.s. Französisch inspirierte Küche. Der Weinkeller genießt einen ausgezeichneten Ruf.

② ***Ventana Room Restaurant***
7000 N. Resort Dr.
Tel. (5 20) 2 99-20 20
Das Aussichtsrestaurant im luxuriösen »Loews Ventana Canyon Resort« ist derzeit wohl die beste Adresse der Stadt. Man kann von hier oben nicht nur einen traumhaften Blick auf die Stadt genießen, sondern auch vorzügliche Kreationen einer sehr einfallsreichen Küchenmannschaft probieren. Ausgezeichnet sind die Wildgerichte.

► Erschwinglich

③ ***Soleil***
3001 E. Skyline Drive
Tel. (5 20) 2 99-33 45
Restaurant mit europäischer Küche, die man mit einem herrlichen Panoramablick auf die Berge genießen kann.

► Preiswert

④ ***Pasta Palmita***
6878 East Sunrise Drive
Tel. (5 20) 5 29-95 57
Pasta, Salate und Suppen sind hier nicht typisch italienisch, sondern werden mit Gewürzen und Zutaten aus aller Welt zubereitet.

ÜBERNACHTEN

► Luxus

① ***Hilton East***
7600 E. Broadway
Tel. (5 20) 7 21-56 00, Fax 7 21-56 96
Im Osten der Stadt gelegenes modernes Hotel mit ansprechender Architektur. Es wird gern von Geschäftsreisenden frequentiert und von Touristen als willkommene Oase nach einer staubigen Wüstentour geschätzt.

► Komfortabel

② ***Lodge at Ventana Canyon***
6200 North Clubhouse Lane
Tel. (8 00) 8 28-57 01
www.thelodgeatventanacanyon.com
Großzügiges Golf-Resort in wunderschöner Landschaft. Zwei 18-Loch-Golfplätze, Tennisplätze, Fitnesscenter und Pool.

► Günstig

③ ***Smuggler's Inn***
6350 E Speedway
Tel. (8 00) 5 25-88 52, Fax 7 22-37 13
www.smugglersinntucson.com
Das Hotel verfügt über eine wunderschöne Gartenanlage mit Teich und einen Pool.

Die Mitte des 19. Jh.s in der Meyer Avenue erbaute Casa Córdoba beherbergt das Mexican Heritage Museum, das an jene Zeit erinnert, als Tucson zu Mexiko gehörte.

Mexican Heritage Museum

Das um 1880 in schönstem Adobestil erbaute **Fremont House** ist heute Museum der Arizona Historical Society. In einem weiten Bogen umspannt diese Ausstellung die Epochen der Siedlungsgeschichte von den prähistorischen Puebloindianern über das kolonialspanische und das mexikanische Erbe bis hin zur Entwicklung der modernen US-amerikanischen Stadt.

Arizona Historical Society Museum

Südlich an das alte Zentrum von Tucson schließt das Barrio Histórico an, das **ehemalige Geschäftsviertel** der spanischen Stadt mit einigen sehr schönen Adobe-Bauten aus dem späten 19. Jh.

*** Barrio Histórico**

Östlich des Stadtzentrums erstreckt sich der Campus der renommierten, bereits 1891 gegründeten University of Arizona, an der zurzeit mehr als 30 000 Studenten eingeschrieben sind. Auf dem Gelände der Universität befinden sich wichtige Museen, darunter auch das Arizona State Museum mit reichhaltiger archäologischer Sammlung. Auch die Naturgeschichte des Wüstenstaates kommt in der Ausstellung nicht zu kurz (Öffnungszeiten: Mo. bis Sa. 9.00–17.00, So. 14.00–17.00 Uhr). Die sehenswerte Mineralien- und Edelsteinsammlung des **Mineralogical Museum** vereint hauptsächlich Fundstücke aus Arizona (Öffnungszeiten: Mo. bis Fr. 9.00–15.00 Uhr). Kunstfreunde kommen im **Museum of Art**, den Kunstsammlungen der Universität, auf ihre Kosten. Zu sehen sind europäische Meisterwerke des 17.–20. Jh.s (Öffnungszeiten: Mo. bis Fr. 9.00–17.00, So. 12.00– 17.00 Uhr). Im **Center for the Creative Photography** (1030 N. Olive Rd.) erfährt man Interessantes über die Entwicklungsgeschichte dieser jungen Kunstrichtung (Öffnungszeiten: Mo. bis Sa. 9.00–17.00, So. 12.00–17.00 Uhr).

University of Arizona *

◄ Arizona State Museum

> **! *Baedeker* TIPP**
>
> **Flandrau Planetarium**
>
> Wer nach den Sternen greifen möchte, sollte ins Flandrau Planetarium auf dem Gelände der Universität kommen. Das Sternentheater und das angeschlossene astronomische wissenschaftliche Informationszentrum sind mit allen technischen Raffinessen ausgestattet. Neben diversen Teleskopen kann man hier auch Kleinstmeteoriten und Mondgestein betrachten (www.flandrau.org).

In den Botanical Gardens lernt man auf engstem Raum die vielgestaltige **Vegetation der Sonora-Wüste** kennen (Öffnungszeiten: tgl. 9.00–17.00 Uhr).

◄ Botanical Gardens

8 mi/13 km nordöstlich der Stadt besichtigt man den einstigen **Stützpunkt der US-Armee** (Öffnungszeiten: Mi. bis Sa. 10.00–16.00 Uhr). Während der blutigen Auseinandersetzungen 1873–1886 mit den von Häuptling Geronimo angeführten Apachen spielte der Stützpunkt eine entscheidende Rolle.

Fort Lowell Museum

Nähere Umgebung von Tucson

Sabino Canyon Nordöstlich der Stadt ist der Sabino Canyon ein beliebtes Ausflugsziel. Wanderpfade führen zu einigen **wildromantischen Wasserfällen**. Zu den schönsten Aussichtspunkten gelangt man mit einem »Tram«.

Mount Lemmon Knapp 31 mi/50 km nördlich der Stadt erhebt sich der 2793 m hohe Mount Lemmon als höchstes Bergmassiv der Catalina Mountains. Der **Catalina State Park** an seiner Westseite ist ein beliebtes Naherholungsgebiet mit Siedlungsresten der Hohokam und mehreren romantischen Bergseen. An der Ostseite des Bergmassivs kann man den Rose Canyon und den Spencer Canyon erkunden. Die Bergstraße führt bis zum Mount Lemmon Ski Valley hinauf, dem südlichsten Skigebiet der USA. Ein Sessellift bringt im Winter Skiläufer und im Sommer Bergwanderer auf den Gipfel.

✱ **Pima Air & Space Museum** Die Attraktion im Pima Air & Space Museum ist eine SR-71 »Blackbird«, der schnellste jemals produzierte Düsenjet. Ansonsten sind auf dem Areal rund 200 verschiedene Flugzeuge, Hubschrauber, Ultraleichtflugzeuge und sonstiges Fluggerät zu sehen. Stark vertreten sind ausgemusterte Flugzeuge der US Air Force, unter denen sich auch Bombenflugzeuge aus dem Zweiten Weltkrieg befinden.

Davis-Monthan Air Force Base Etwa 8 mi/13 km südöstlich der Stadt befindet sich eine der **größten Basen der US-Luftwaffe** (Führungen bzw. Bustouren Mo. u. Mi. 9.00 Uhr; Anmeldung erforderlich, Tel. 5 20/7 50-45 70). In langen Reihen stehen hier Militärmaschinen aller Art. Auf der Luftwaffenbasis werden in erster Linie Luftkampf- und Bomberpiloten ausgebildet, darunter auch viele Angehörige der deutschen Luftwaffe.

Typisch für die Landschaft um Tucson sind die imposanten Saguaro-Kakteen (Armleucherkakteen).

Titan Missile Museum

Etwa 25 mi/40 km südlich vom Stadtzentrum, im Green Valley, kann man Raketen des Typs Titan II, diverse Raketentriebwerke und sogar ein Atomraketensilo aus der Zeit des Kalten Krieges besichtigen.

*** Saguaro National Park East**

Nördlich der Colossal Cave, in den Vorbergen der Rincon Mountains, erstreckt sich der Ostteil des Saguaro-Nationalparks, der seinen Namen von den hier heimischen **Saguaro-Kakteen** (Armleuchterkakteen) hat. Ein rund 8 mi/13 km langer Scenic Drive erschließt die schönsten Punkte dieses Schutzgebietes, in dem man noch relativ viel Wild beobachten kann.

*** Mission San Xavier del Bac**

Der legendäre spanische Jesuitenpater Eusebio Kino gründete wenige Meilen südlich der Stadt im Jahre 1770 die Missionsstation San Xavier del Bac. Das Ensemble gilt als Musterbeispiel barocker Baukunst in der von den Spaniern kolonisierten Neuen Welt. Die hell getünchte Missionskirche wird oft als »Weiße Taube der Wüste« bezeichnet.

**** Arizona-Sonora Desert Museum**

Sozusagen als **»lebendes Museum«** präsentiert sich das unbedingt sehenswerte Arizona-Desert Museum (Öffnungszeiten: März bis Sept. tgl. 8.00–18.00, Okt. bis Feb. tgl. 9.00–17.00 Uhr), das westlich der Filmstadt Old Tucson am Südrand des Saguaro National Park West eingerichtet ist. Hier kann man zahlreiche typische Wüstenpflanzen und Wüstentiere wie Pumas, Kojoten und Roadrunner in ihrem natürlichen Lebensraum studieren.

! Baedeker TIPP

Wild wild West

Wollten Sie schon immer mal sehen, wo Little Joe, Adam und Hoss angeblich wirkten? Einige Folgen von Bonanza wurden in der legendären Westernstadt Old Tucson knapp 13 mi/20 km westlich der Stadt gedreht. Man kann das Gelände besichtigen, aber aufgepasst: Stuntmen liefern sich täglich wilde Schießereien (Tel. 5 20/8 83-01 00, www.oldtucson.com).

*** Saguaro National Park West**

Ca. 15 mi/24 km westlich von Tucson dehnt sich der Westteil des Saguaro National Park in der Sonora-Wüste aus. Trotz **großer Hitze und Trockenheit** gedeihen hier zahlreiche Pflanzen. Seinen Namen hat der Nationalpark von den hier in ganzen »Wäldern« vorkommenden Saguaro-Kakteen, die zu den größten Vertretern ihrer Art in Nordamerika gehören. Auf und von diesen Kakteen leben viele Vögel, darunter auch der Gila-Specht und der Kaktus-Zaunkönig. Allerdings wird der Nationalpark auch von Klapperschlangen, den hochgiftigen Gila-Monstern und anderen Reptilien bevölkert.

Weitere Umgebung von Tucson

*** Biosphere 2**

Der AZ 77 führt von Tucson in nördlicher Richtung. Nach 32 mi/52 km erreicht man den Ort Oracle, in dessen Nähe das Projekt Biosphere 2 (Besichtigung tgl. 9.00–15.30 Uhr) zu finden ist. Der künstlich geschaffene und sich selbst erhaltende Lebensraum ist durch eine riesige Glaskonstruktion von der Außenwelt abgeschlossen. Von 1991 bis 1993 haben in dem **»größten Reagenzglas« der Welt** vier Frauen und vier Männer abgeschirmt von der Außenwelt gelebt, Biosysteme wie tropischer Regenwald, Savanne oder Korallenriffe, in denen über 3500 verschiedene Pflanzen- und Tierarten angesiedelt waren, sollten die Crew mit Atemluft, Wasser und Nahrung versorgen. Das von dem Wissenschaftler John Allen geleitete und von dem texanischen Milliardär Ed Bass finanzierte Projekt war auf einen Zeitraum von 100 Jahren angelegt worden, wurde aber abgebrochen, nachdem sich herausstellte, dass die künstlichen Biosysteme nicht autark funktionierten. Heute dient Biosphere 2 als Ökolabor und Infozentrum.

✶ Kitt Peak National Observatory

Etwa 45 mi/73 km südwestlich von Tucson erhebt sich der 2097 m hohe Kitt Peak aus der Sonora-Wüste. Auf dem Gipfel steht ein Observatorium (Öffnungszeiten: tgl. 9.00–15.45, Führungen tgl. 13.30 Uhr), das zu den **bedeutendsten auf der Erde** gehört. Der Himmel wird durch ein Dutzend Teleskope beobachtet. Auch ein riesiges Sonnenteleskop steht den Forschern zur Verfügung. Im angeschlossenen Informationszentrum werden Besucher über die Geschichte und die Arbeit dieser Forschungsstation unterrichtet.

✶ Tumacácori National Historical Park

Rund 40 mi/60 km südlich von Tucson erreicht man den bereits im Jahre 1908 als National Monument ausgewiesenen Tumacácori National Historical Park, der das Gelände der einstigen **spanischen Missionsstation** San José de Tumacácori umfasst. Die heutige Missions-

Im Biosphere II schufen Wissenschaftler eine künstliche Welt.

Die Kirche der Missionsstation San José de Tumacácori wurde nie vollendet.

kirche wurde nie vollendet. In dem 1937 im Adobestil errichteten Besucherzentrum wird ein interessanter Film über das Alltagsleben der Mönche gezeigt. Auch kann man hier schönes indianisches Kunsthandwerk bestaunen (Öffnungszeiten: tgl. 8.00–17.00 Uhr).

★ **Tubac**

Anno 1948 gründete Dale Nichols in Tubac, der **ältesten nichtindianischen Siedlung Arizonas**, seine Kunstschule. Dies war Startschuss für die Entwicklung der schmucken kolonialspanischen Siedlung zum viel besuchten Fremdenverkehrsort, in dem es heute mehr als vier Dutzend Kunstgalerien gibt. Im Februar findet hier alljährlich das Tubac Festival of the Arts statt, im Mai die farbenprächtige Cinco de Mayo Fiesta.

Nogales

Rund 62 mi/100 km südlich von Tucson liegt die Stadt Nogales (von span. »Walnüsse«) an der US-amerikanisch-mexikanischen Grenze. Auf beklemmende Weise beeindruckend ist der 3–5 m hohe **Metallgitterzaun**, der Nogales durchzieht und die US-amerikanische Stadt von ihrer mexikanischen Schwesterstadt trennt. Von Kameras und ständigen Patrouillen gesichert, ruft das Sperrwerk Erinnerungen an das geteilte Berlin wach. Hohe Drogenkriminalität und die zunehmende Zahl illegaler Einwanderer werden als Begründung für diese massive Grenzsicherung angeführt. Das US-amerikanische Nogales hat für Touristen wenig zu bieten – es sei denn, als Ausgangspunkt für Ausflüge in die mexikanische Schwesterstadt. Man sollte jedoch sein Auto aus Sicherheitsgründen auf einem der gebührenpflichtigen und bewachten Parkplätze auf der amerikanischen Seite abstellen.

◂ Einkaufsbummel im mexikanischen Nogales

★ **Chiricahua National Monument**

»Land der aufrecht stehenden Felsen« nannten die Indianer die **Gebirgslandschaft** im äußersten Südosten von Arizona, etwa 100 mi/160 km östlich von Tucson. Bizarre Felsformationen inmitten von Eichen- und Kiefernwäldern prägen das Landschaftsbild dieses Gebirges. Im schönsten Teil der stark zerklüfteten Gebirgslandschaft, dem Chiricahua National Monument, finden Wanderer und Kletterer geradezu ideale Bedingungen vor.

◂ Bonita Canyon Scenic Drive

Durch den Chiricahua-Park schlängelt sich der Bonita Canyon Scenic Drive durch kühle Wälder und Felsformationen hinauf zum 2094 m hohen Massai Point. Von hier oben bietet sich ein atemberaubender Rundblick über die Gebirgslandschaft. Am Eingang des Parkes kann man eine Ranch besichtigen und im Visitor Center Informationen einholen (Öffnungszeiten: tgl. 8.00–17.00 Uhr).

Yuma

G 11

Region: Southwest
Einwohnerzahl: 83 000
Höhe: 49 m ü. d. M.
Telefonvorwahl: 520

Die Stadt im äußersten Südwesten von Arizona ist bekannt für ihr ungewöhnlich heißes und trockenes Klima. Das große Gefängnis, das 1876 in Yuma errichtet wurde, gehört heute zu den Hauptattraktionen der Stadt, in deren Umgebung modernster Bewässerungsfeldbau und extensive Viehzucht betrieben wird. Östlich der Stadt dehnt sich die trostlos wirkende Yuma Desert aus, die heute der US-Luftwaffe als Übungsgelände dient.

Yuma Territorial Prison State Historic Park

Vermutlich nicht ohne Grund wurde das berühmt-berüchtigte Gefängnis »Hell Hole of Arizona« genannt (Öffnungszeiten: tgl. 8.00–17.00 Uhr). 33 Jahre, bis zu seiner Schließung 1909, war es das Staatsgefängnis Arizonas, in dem rund 3000 Gefangene bei **»mörderischen« Temperaturen** ihre Strafe verbüßten. Nach seiner Stilllegung diente die heute denkmalgeschützte Anlage als Filmkulisse für etliche mehr oder weniger sehenswerte Hollywood-Streifen.

Der Colorado River ist Lebensader des Südwestens.

In den Sechzigerjahren des 19. Jh. hatte das US-Militär das große **Yuma Quartermaster Depot** aufgebaut, von dem aus die in Arizona stationierten US-Truppen versorgt wurden. Die Anlage kann heute besichtigt werden.

Living History ist eine Spezialität amerikanischer Museen. Im sehenswerten **Yuma Crossing Living History Museum** wird von Hobbydarstellern nachgestellt, wie im Zuge des Goldrauschs Siedler auf dem Weg nach Kalifornien hier den Colorado überquerten.

Century House Museum

Die Arizona Historical Society hat das frühere **Anwesen eines Kaufmanns** als Museum zugänglich gemacht. Das im Adobestil errichtete Hauptgebäude stammt aus den Siebzigerjahren des 19. Jh.s.

Colorado King

Spannend ist ein Ausflug mit der »Colorado King«. An Bord des Schiffes lernt man die interessante Flusslandschaft am unteren Colorado kennen.

Nördlich der Stadt, am kalifornischen Ufer des Colorado, befindet sich das Fort Yuma Indian Reservation, ein **Reservat der Quechan-Indianer**. Alljährlich im März wird hier ein farbenprächtiges Pow Wow abgehalten, bei dem traditionelle indianische Tänze und zeremonielle Handlungen vorgeführt werden. Das Reservat ist im Bereich des einstigen Fort Yuma ausgewiesen, das Mitte des 19. Jh. zum Schutz des Flussübergangs angelegt wurde. In einem früheren Festungsgebäude ist ein kleines volkskundliches Museum untergebracht, das Einblicke in das Leben der Quechan gewährt.

? WUSSTEN SIE SCHON ...?

- ... dass im »Wintergarten der USA« Nutzpflanzen auch im Winter gedeihen, wie z.B. Baumwolle, Weizen, Hirse, Klee, verschiedene Gemüse- und Salatarten, aber auch Dattelpalmen und Zitrusfrüchte?

Gezähmter Colorado

Im Raum Yuma hat man den Colorado ab 1909 in ein enges Betonkorsett mit mehreren Staustufen gezwängt. Bei Yuma wird fast das gesamte Flusswasser in den All American Canal geleitet, der von hier aus entlang der kalifornisch-mexikanischen Grenze ins Imperial Valley zieht. Dieser extrem trockene und heiße Landstrich konnte so zum **»Wintergarten der USA«** werden. Ganz nebenbei konnte man nicht nur an den Staustufen des Colorado, sondern auch am All American Canal eine ganze Treppe von Flusskraftwerken installieren, die Strom für die heimische Wirtschaft liefern.

YUMA ERLEBEN

AUSKUNFT

Yuma Convention & Visitors Bureau
377 South Main Street
Tel. (8 00) 2 93-00 71
Fax (9 28) 7 83 18 97
www.visityuma.com

ESSEN

► Erschwinglich

Yuma Landing Restaurant
195 South 4th Ave
Tel. (9 28) 7 82-74 27
Das Restaurant steht an der Stelle, an der im Jahre 1911 das erste Flugzeug in Arizona landete.

► Preiswert

Julianna's Patio Cafe
1951 West 25th Street
Tel. (9 28) 3 17-19 61
Köstliche internationale Küche in sehr schönem Ambiente.

ÜBERNACHTEN

► Komfortabel

Comfort Inn Yuma
1691 S. Riley Ave
Tel. (9 28) 7 82-12 00, Fax 7 82-07 44
www.comfortinn.com/ires/hotel
Geräumige Zimmer, Außenpool und kostenloses kontinentales Frühstück.

► Günstig

Yuma Cabana Motel
2151 4th Avenue
Tel. (9 28) 7 83-83 11, Fax 7 83-11 26
www.yumacabana.com
Freundliches Motel mit sauberen, zweckmäßig eingerichteten Zimmern.

CALIFORNIA (South)

Ganz Kalifornien:
Einwohnerzahl: 33,5 Mio.
Beiname: Golden State
Fläche: 411 043 km²
Hauptstadt: Sacramento
Zeitzone: Pacific

Kalifornien ist nach Alaska und Texas der drittgrößte Bundesstaat der USA und der südlichste der vier pazifischen Festlandstaaten. Das Landschaftsbild Kaliforniens zeigt sich äußerst vielfältig: Der reizvolle Küstensaum am Pazifik, das fruchtbare Kalifornische Längstal und die Sierra Nevada mit ihren schneebedeckten Gipfeln sorgen für Abwechslung.

Im Süden hat Kalifornien Anteil an den Trockenräumen des US-amerikanischen Südwestens. Im heißen und trockenen Death Valley befindet sich der 86 m unter dem Meeresspiegel liegende **tiefste Punkt der westlichen Hemisphäre**. Ferner hat Südkalifornien Anteil an der Mojave- und der Coloradowüste.

Ausführlich beschrieben im »Baedeker Allianz Reiseführer Kalifornien«

Trockene und warme Sommer sowie ergiebige Regenfälle im Winter sind die besonderen Merkmale des mediterran bis subtropisch geprägten kalifornischen Klimas. Östlich der Sierra Nevada und ihrer südlichen Ausläufer, also in deren Windschatten, sowie ganz im Süden ist es das ganze Jahr über recht trocken. Gelegentlich sind warme Wüstenwinde (Santa-Ana-Winde) auch an der Küste im Großraum Los Angeles zu spüren.

Bereits lange vor der Landnahme durch Pioniere und Siedler aus Europa war Kalifornien von indianischen Ureinwohnern (u. a. Na-Dene, Hoka, Penuti, Aztek-Tano) besiedelt. Wohl als erster Europäer hat der **portugiesische Seefahrer Cabrilho** im Jahre 1542 die kalifornische Pazifikküste erkundet. Ab 1769 setzten sich hier die Spanier fest, die entlang der Küste nicht weniger als 21 Missionsstationen einrichteten. 1821 wurde Kalifornien Provinz des inzwischen von Spanien unabhängigen Staates Mexiko. 1846, als Krieg zwischen den USA und Mexiko ausbrach, reklamierte Kalifornien für sich die Unabhängigkeit. Zwei Jahre später, im Frieden von Guadalupe Hidalgo, wurde der nördliche Teil des heutigen Bundesstaates Kalifornien den USA zugeschlagen und 1850 als 31. Unionsstaat aufgenommen. Von 1846 bis 1848 strömten rund 250 000 Neusiedler nach Kalifornien – die meisten waren auf der Suche nach Gold. Alsbald sollte der Bundesstaat zum **wirtschaftlichen Brennpunkt** des amerikanischen Westens werden.

← *Im Yosemite Valley stürzen sich die Vernal Falls in die Tiefe.*

Wirtschaft Kalifornien ist nicht gerade arm an Bodenschätzen, denn die Vorkommen an NE-Metallen, Erdöl und Erdgas sind beachtlich. Eine tragende Rolle in der Wirtschaft des »Golden State« spielt jedoch das **Agro-Business**, das sich größtenteils auf den Bewässerungsfeldbau stützt. Angebaut werden u. a. Gemüse, Zitrusfrüchte, Weintrauben, Walnüsse und Baumwolle. Etwa 80% der US-amerikanischen Weine werden in Kalifornien erzeugt. Spätestens seit den Vierzigerjahren des letzten Jahrhunderts kam die industrielle Entwicklung in Kalifornien in Gang, allen voran die Kriegswaffenproduktion und der Flugzeugbau (vor allem im Großraum Los Angeles), die ihrerseits die Entstehung der Computerindustrie beflügelten. Diese ist vor allem im sog. Silicon Valley südöstlich von San Francisco angesiedelt. Weitere wichtige Industriezweige sind der Fahrzeugbau und die Lebensmittelproduktion. Hollywood, heute mitten im Ballungsraum Los Angeles gelegen, entwickelte sich zum Zentrum der US-amerikanischen Filmindustrie.

★★ Death Valley National Park

D/E 7/8

Region: Inyo
Fläche: Fläche: 8367 km²

Tiefster Punkt: 86 m ü. d. M.
Gründungsjahr: 1933 (National Monument) bzw. 1994 (National Park)

Oberflächlich gesehen hat das Death Valley ähnlich spektakuläre Ausmaße wie der ► Grand Canyon. Denn etwa ein Fünftel des Gebietes liegt in Meeresspiegelhöhe oder darunter, und im Westen wird die abflusslose Senke von der Panamint Range mit dem 3368 m hohen Telescope Peak und im Osten von der Amargosa Range mit dem 2664 m hohen Grapevine Peak begrenzt.

Entstehungsgeschichte Das Death Valley ist erst am Ende der Tertiärzeit, also vor rund einer Million Jahren, eingebrochen. Auch heute noch kommt es in dieser Gegend zu **tektonischen Bewegungen**, wie Störungen im geologisch noch sehr jungen Vulkangestein am östlichen Grabenrand beweisen. Am Ostrand des Death Valley, etwa am 1669 m hohen Dantes View und westlich des Telescope Peak verlaufen Störungslinien, entlang derer sich einzelne Schollen der Erdkruste bewegen. Über Gesteinsschichten aus der Frühzeit der Erdgeschichte lagern Sedimente aus dem Erdaltertum, aus dem Erdmittelalter und aus dem Tertiär. Erst in geologisch sehr junger Zeit sind die Salztone, Süßwasserablagerungen und Sanddünen entstanden. Auch die **vulkanischen Erscheinungen** im Norden des Death Valley und an seinem Ostrand sind noch sehr jung. In der feuchten Periode nach dem Eiszeitalter erfüllte der Lake Manley das Death Valley, dessen Uferlinien und -terrassen etwa 120–150 m über dem heutigen Talboden erkennbar sind.

Ein Chuckwalla-Mini-Monster

Death Valley Orientierung

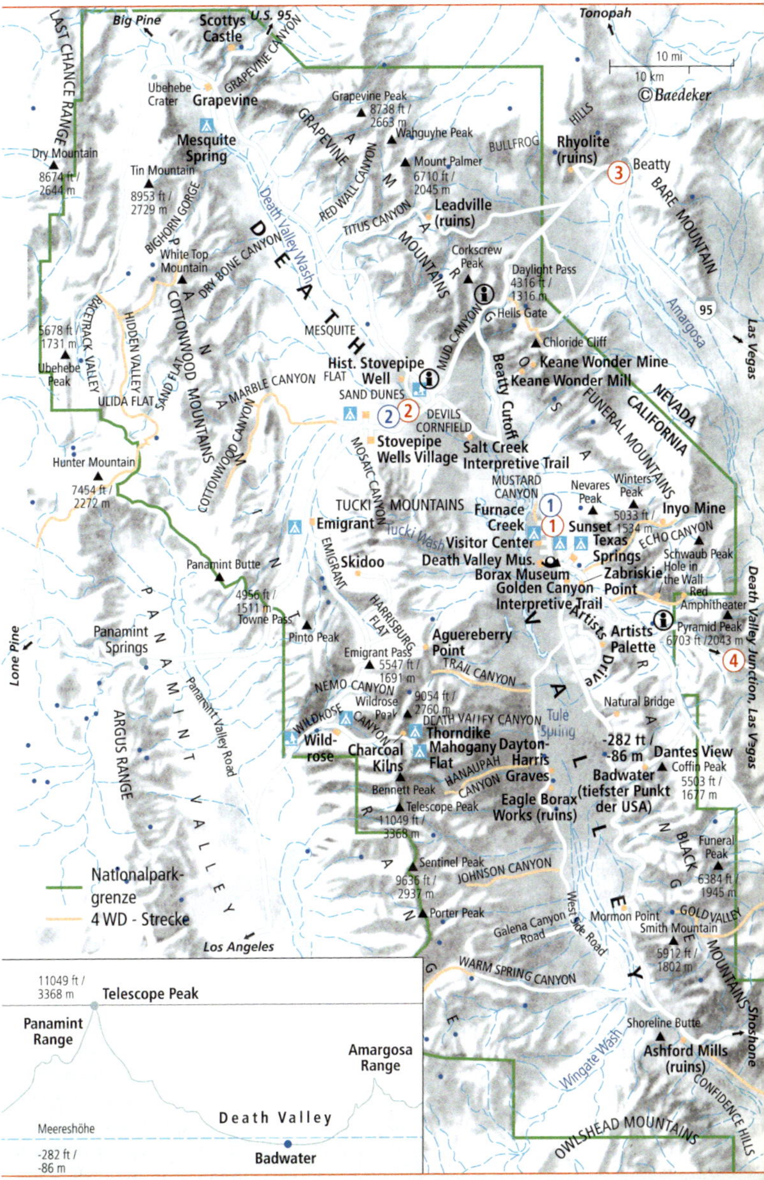

Übernachten

1. Furnace Creek Resort
2. Stovepipe Wells Village
3. Stagecoach Hotel & Casino
4. Saddle West Hotel & Casino

Essen

1. Furnace Creek Inn
2. Toll Road Restaurant

Wild zerfurchte und entblößte Badlands aus lehmgelben bis dunkelgrauen Hügeln prägen die Landschaft am Zabriskie Point.

Klima und Reisezeit Das abflusslose Death Valley ist nicht nur das tiefste, sondern auch das **heißeste und trockenste Gebiet Nordamerikas**. Im Januar ist es hier tagsüber angenehme 20 °C warm. Bis zum Juli steigen die Tagestemperaturen allerdings weit über die 40 °C-Marke. Im Juli hat man schon ein Maximum von 57 °C gemessen! Fröste können von November bis März auftreten. Das Temperaturminimum liegt bei –10°C. Am besten bereist man das Death Valley in der Zeit von Oktober bis Mai. Von Juni bis September kann es schier unerträglich heiß werden. In dieser Zeit kann eine Fahrt durch das Death Valley mit erheblichen Risiken verbunden sein. Dazu gehören nicht nur lokale »Dust Devils«, sondern auch heftige, hohe Sand- und Staubfahnen aufwirbelnde Stürme, die mehrere Stunden lang wehen können. Man beachte unbedingt etwaige Fahrverbote!

Flora und Fauna ▶ Trotz extremer Lebensbedingungen gibt es dank einiger versteckter Quellen an manchen Stellen eine überraschend **artenreiche Flora** mit verschiedenen Gräsern, Wermutgebüsch und diversen Kakteen – im Frühjahr 2005 hat Death Valley nach über 30 Jahren wieder einmal geblüht! Wo ein wenig Vegetation vorhanden ist, hat man mit diversen Kleinechsen, Klapperschlangen und Skorpionen zu rechnen. Ziemlichen Schrecken können einem die **Chuckwallas** einjagen, jene dunkel gefärbten, bis zu 25 cm langen Echsen, die sich bei Gefahr bedrohlich aufplustern können. Selbst einige Kojoten kommen von den umliegenden Bergen ins Tal herunter.

? WUSSTEN SIE SCHON ...?

- Im Durchschnitt erhält das Death Valley nur rund 40–100 mm Niederschlag pro Jahr. Angesichts des bis weit ins Frühjahr schneebedeckten und bewaldeten Telescope Peak kann man das kaum glauben. Doch während an der Panamint Range die Blitze zucken und sich heftige Gewitter entladen, brausen trockene Winde durch das Tal.

Seinen finsteren Namen hat das Death Valley im Jahre 1849 erhalten. Damals verirrte sich eine Gruppe von **Goldgräbern**, die eine Abkürzung zu den damals bekannten kalifornischen Goldvorkommen suchte, im unwirtlichen und unübersichtlichen Grenzgebiet zwischen Nevada und Kalifornien. Etliche dieser Goldsucher kamen im heißen Death Valley um. Dennoch schwemmte der Goldrausch weitere Abenteurer und Prospektoren ins Tal des Todes. Neben einigen wenig ergiebigen Erzlagerstätten fand man hier vor allem **Borax**. Diesen Rohstoff benötigte man für die Herstellung von Waschmitteln ebenso wie für die industrielle Glasproduktion. **Geschichte**

DEATH VALLEY ERLEBEN

AUSKUNFT

Death Valley National Park
P.O. Box 579, Death Valley, CA 92328
Tel. (7 60) 7 86-32 00, Fax 7 86-32 83
www.nps.gov/deva

ESSEN

▸ Fein & Teuer

① *Furnace Creek Inn & Ranch Resort*
Highway 190
Tel. (7 60) 7 86-23 45, Fax 7 86-25 14
Der herrliche Panoramablick macht – besonders bei Sonnenuntergang – die exzellenten Speisen zu einem noch größeren Genuss. Das Haus ist auch berühmt für sein Sonntags-Brunch.

▸ Erschwinglich

② *Toll Road Restaurant*
Tel. (7 60) 7 86-23 87
Das amerikanische Restaurant befindet sich auf dem Gelände des Stovepipe Wells Village und wurde mit Baumstämmen aus alten Minen erbaut.

ÜBERNACHTEN

▸ Luxus

① *Furnace Creek Inn & Ranch Resort*
Highway 190
Tel. (7 60) 7 86-23 45, Fax 7 86-25 14
www.furnacecreekresort.com
Das Resort besteht aus zwei Hotels, dem historischen, eleganten Furnace Creek Inn und der familienfreundlichen Furnace Creek Ranch. Das Inn ist von Oktober bis Mai geöffnet, die Ranch auch im Sommer.

▸ Komfortabel

② *Stove Pipe Wells Village*
Highway 190
Tel. (7 60) 7 86-23 87, Fax 7 86-23 89
www.stovepipewells.com
Geschmackvoll eingerichtete Zimmer mit schönem Blick auf die Umgebung, teilweise mit Terrasse. Der Pool lädt nach einem heißen Tag zur Abkühlung ein.

④ *Saddle West Hotel & Casino*
1220 South Highway 160, Pahrump
Tel. (7 75) 7 27-11 11
www.saddlewest.com
Neben 158 Zimmern bietet das Hotel ein Casino mit über 350 Spielautomaten, einen Pool und ein Restaurant, das rund um die Uhr geöffnet ist.

▸ Günstig

③ *Stagecoach Hotel & Casino*
North Highway 95, Beatty
Tel. (7 02) 5 53-24 19
underworld.fortunecity.com/genesis/46/stagecoach
Das Hotel besitzt zwei Restaurants und das größte Casino in Beatty.

★ **Dante's View**

Von Death Valley Junction zieht der CA 190 in nordwestlicher Richtung in die Amargosa Range hinauf. Nach 18 mi/29 km zweigt ein schmales Bergsträßchen zum 1664 m ü. d. M. gelegenen Dantes View ab. Von diesem **Aussichtspunkt** auf den vulkanischen Black Mountains hat man einen überwältigenden Blick ins Death Valley hinunter und hinüber zum 3368 m hohen Telescope Peak, dem höchsten Gipfel der Panamint Mountains.

★ **Zabriskie Point**

Auf der Weiterfahrt ins Death Valley hinunter passiert man den Zabriskie Point inmitten der wild zerfurchten und entblößten Badlands aus lehmig-gelben bis dunkelbraunen Hügeln. Auch von hier bietet sich ein spektakulärer Blick ins Tal des Todes.

Furnace Creek, Visitor Center

Wenige Minuten später erreicht man den Talgrund mit einer **grünen Oase** am Furnace Creek. Gleich neben der Furnace Creek Ranch befindet sich das Besucherzentrum der Nationalparkverwaltung, in dem man sich über die Landschafts- und Naturgeschichte und den Boraxabbau im Death Valley informieren kann. Von hier aus werden auch geführte Wanderungen angeboten. Vor dem Gebäude stehen einige alte Gerätschaften aus dem vorigen Jahrhundert (Öffnungszeiten: Sommer tgl. 8.00–17.00, Winter tgl. 8.00–19.00 Uhr).

★ **Golden Canyon, Artist's Drive**

Vom Visitor Center führt der CA 178 in den südlichen Teil des Death Valley. Ein erster Abstecher führt zum **Golden Canyon**, der in die ockerfarbenen bis rostbraunen Badlands am Ostrand des Death Valley eingetieft ist. Der Canyon kann nur zu Fuß erkundet werden. Wenig später kann man den ca. 9 mi/14 km langen Artists Drive (Einbahnstraße) befahren. Hier sieht man in vielen Farben leuchtende Gesteinsbildungen. Aufsteigendes Thermalwasser hat mit dazu beigetragen, dass die im vulkanischen Gestein vorhandenen Mineralien in ihrer ganzen Buntheit zur Geltung kommen.

Devil's Golfcourse ►

Ein Abstecher führt auf die »Golfplatz des Teufels« (Devil's Golfcourse) genannte Salzkruste, die sich als betonharte und scharfkantige, weißlich-graue Schicht über viele Quadratkilometer ausbreitet.

★ Badwater ►

Schließlich kommt man zum Badwater, dem kümmerlichen und brackigen Überrest jenes großen eiszeitlichen Sees, der einstmals das Tal des Todes erfüllte. Hier befindet sich auch der **tiefste Punkt der Vereinigten Staaten**: 282 ft/86 m unter dem Meeresspiegel.

★ **Mosaic Canyon**

Auch im nördlichen Teil des Death Valley gibt es einige hochinteressante Stellen zu besuchen. Südlich von Stovepipe Wells lohnt ein Abstecher vom CA 190 in den engen Mosaic Canyon. Hin und wieder auftretende **Wildwässer und Sturzfluten** haben die Wände geschliffen. An manchen Stellen glaubt man, von Menschenhand geschaffene Marmor- und Mosaikwände vor sich zu haben. Weiter nördlich führt eine Wüstenpiste zu einem mehrere Quadratkilometer großen Sanddünenfeld. Die Dünen, die vom Wind ständig umgesetzt werden, bestehen großenteils aus feinem gelbbraunem Quarzsand.

★ Sand Dunes ►

STAUBIGE GEISTER

Wenn im Sommer über dem trockenen Südwesten der USA die Sonne aufgeht, wird es heiß, sehr heiß. Dann erwachen die »Dust Devils«, die teuflischen Geister der Wüste, zum Leben, beginnen ihren staubigen, wirbelnden Schleiertanz und wandern, einzeln oder in Gruppen, durch die ausgedörrte Landschaft: kilometerlang, minutenlang, bis etwas ihren Tanz stört, sie unruhig werden und kraftlos zu Boden sinken.

Die Dust Devils, auch Wind- oder Staubhosen genannt, sind kleinräumige, wenige Meter hohe Luftwirbel der Wüstengebiete. Im Gegensatz zu den gefürchteten Tornados gehören sie zu den ungefährlichen sog. Kleintromben, die in heißen Sommern auch in Mitteleuropa zu beobachten sind. Voraussetzung für ihre **Enstehung** ist sonniges Hochdruckwetter mit intensiver Sonneneinstrahlung. Dann können sich von überhitzten Sandflächen erwärmte Luftpakete ablösen und plötzlich aufsteigen. Zum Ausgleich stürzt kühlere, und damit schwerere Umgebungsluft nach unten. Sie gerät dabei, wie das Wasser über dem Abflusstrichter einer Badewanne, in eine Linksdrehung (Nordhalbkugel). In dem rotierenden Lufttrichter, der sich dabei bildet, wird aufgewirbelter Sand und Staub emporgerissen. Da die Bedingungen für den Erhalt der wandernden Wirbel im Allgemeinen nur kurze Zeit stimmen, hauchen die »staubigen Geister« ihr Leben schon bald wieder aus. Eine **andere typische Wettererscheinung** der Wüstenregionen Arizonas und New Mexicos sind die vor allem im Winterhalbjahr auftretenden Sand- und Staubstürme. Sie verdunkeln die Sonne und können den Straßenverkehr völlig zum Erliegen bringen. Ursache dieser Stürme sind Tiefdruckgebiete, die aus ihrer üblichen Zugbahn entlang der kanadischen Grenze ausscheren und mit Regen und Schnee im Gepäck die Rocky Mountains mit Südostkurs überqueren. Dabei bringen sie gelegentlich auch dem ausgetrockneten Südwesten einige Regentropfen. Mit den heranziehenden Tiefausläufern frischt der Wind über dem ausgedörrten Land stark auf. Sand und Staub setzen sich in Bewegung und werden meherer hundert Meter emporgewirbelt. Dann liegt eine gelbliche **Dunstglocke** über dem Land, und der Staub, der durch alle Ritzen dringt, ist nicht nur zu riechen, sondern förmlich zu schmecken.

Scotty's Castle Scotty's Castle, ein **schlossähnliches Wüstendomizil**, ist in den Zwanzigerjahren im Auftrag eines exzentrischen Millionärs aus Chicago im schönsten spanischen Kolonialstil erbaut worden. Berühmt geworden ist das Anwesen durch Walter E. Scott, den Freund des Millionärs, der den Besuchern des Anwesens alle möglichen fantastischen Geschichten über die Frühzeit der bergbaulichen Exploration des Death Valley erzählt hat.

Ubehebe Crater Als besonderes geologisches Phänomen bietet sich der wenige Meilen westlich von Scotty's Castle gelegene Ubehebe Crater dar. Der **Trichter** hat einen Durchmesser von etwa 800 m und ist ca. 150 m tief. Er ist vor rund 1000 Jahren entstanden. Damals bewirkte aufsteigendes Magma eine heftige Wasserdampfexplosion, durch die der Ubehebe Crater ausgesprengt worden ist.

✶ Wildrose Road, Telescope Peak Wenige Meilen südwestlich von Stovepipe Wells zweigt die landschaftlich reizvolle Wildrose Road vom CA 190 ab. Sie führt praktisch über alle Vegetationsstufen hinauf zu alten Holzkohlenmeilern (Charcoal Kilns) bzw. zum **Mahogany Flat**, wo ein Campingplatz ausgewiesen ist. Von hier aus kann man zu Fuß den 3368 m hohen Telescope Peak erklimmen, der oft bis weit in den Mai hinein eine Schneehaube trägt. Lohnend ist ein Ausflug auf der Wildrose Road im Frühling und Frühsommer, wenn die Gebirgsblumen blühen.

✶✶ Lake Tahoe · Squaw Valley

A 4

Region: Sierra Nevada **Höhe:** 1900 m ü. d. M.

Mit einer Fläche von 518 km² – das entspricht in etwa der Größe des Bodensees – gehört der Lake Tahoe zu den größten und saubersten Seen Kaliforniens. Die Freizeitmöglichkeiten erschöpfen sich nicht nur in diversen Wassersportarten, sondern man kann in der herrlichen Umgebung des Hochgebirgssees auch reiten, klettern, wandern, Golf spielen, Ski fahren und vieles mehr.

South Lake Tahoe Zentraler Ort der Region ist South Lake Tahoe (22 000 Einw.). Mitten durch den Ort verläuft die **Grenze** der beiden US-Bundesstaaten Kalifornien und Nevada. Dementsprechend ändert sich die Szenerie von einer Straßenseite zur anderen. Hier, in Kalifornien, zahlreiche kleine Motels und Geschäfte, dort, jenseits der State Line in Nevada, wo das Glücksspiel erlaubt ist, luxuriöse Großhotels und Spielkasinos (u. a. »Caesar's«, »Harrah's«, »Harvey's«).

✶ Ponderosa Ranch Am nördlichen Seeufer, bereits auf dem Staatsgebiet von Nevada, liegt die Ortschaft Incline Village. Hier kann man die aus der Fernsehserie »Bonanza« bekannte Ponderosa Ranch der Familie Cartwright besichtigen. Es gibt dort auch einen kleinen Streichelzoo und die Möglichkeit zum Ponyreiten (Öffnungszeiten: Mitte April bis Oktober tgl. 9.30–17.00 Uhr).

Ausflugsziele in der Umgebung

Desolation Wilderness Area

Südwestlich vom Lake Tahoe erstreckt sich die recht imposante Desolation Wilderness Area mit dem Emerald Bay State Park. In diesem von zahlreichen Seen durchsetzten Naturraum kann man sich bestens erholen. Sehenswert ist am Emerald Bay das Vikingsholm, ein herrschaftliches 38-Zimmer-Mansionhouse aus dem Jahre 1929 (Besichtigung möglich).

✶✶ Squaw Valley

Nordwestlich des Lake Tahoe, etwa 7 mi/11 km von Tahoe City entfernt, gelangt man in das landschaftlich überaus reizvolle Hochtal von Squaw Valley, wo 1960 die Olympischen Winterspiele ausgetragen wurden. Bekanntlich hat Georg Thoma aus Hinterzarten hier die Goldmedaille in der Nordischen Kombination errungen. Das Skigebiet wird heute klangvoll als »U.S.A. Ski Area« bezeichnet.

Weitere Wintersportgebiete

Die Hochgebirgswelt um den Lake Tahoe ist optimal für den Wintersport erschlossen. Neben Squaw Valley erfreuen sich die Skigebiete Mount Rose, Heavenley Valley und Alpine Meadows sowie die Tahoe Donner Ski Bowl und auch die Boreal Ski Area größter Beliebtheit.

Lake Tahoe Orientierung

Übernachten

1. Hyatt Regency Lake Tahoe Resort
2. Cottage Inn
3. Olympic Village Inn
4. Fireside Lodge
5. Alpenrose Inn
6. Bliss Mansion B & B
7. The Plaza Hotel

Essen

1. Wild Goose
2. Wolfdale's
3. Sunnyside
4. Sprouts Natural Foods Café
5. Dory's Oar

LAKE TAHOE ERLEBEN

AUSKUNFT

Lake Tahoe Visitors Authority
1156 Ski Run Blvd., So. Lake Tahoe
CA 96150
Tel. (5 30) 5 44-50 50, Fax 5 44-23 86
www.bluelaketahoe.com

SEERUNDFAHRTEN

Mit der »Tahoe Queen« von South Lake Tahoe, mit dem Mississippi Schaufelraddampfer »Tahoe Gal«, der in Tahoe City anlegt, oder mit der »M.S. Dixie II« von Zephyr Cove (Nevada) aus kann man zu einer Rundfahrt auf dem See starten.

ESSEN

► Fein & Teuer

② ***Wolfdale's***
640 North Lake Blvd., Tahoe City
www.wolfdales.com
Wolfdale's verbindet feine, klassische westliche Küche mit der des Fernen Ostens und kreiert so eine »Cuisine Unique«. Das Weinangebot wurde als eines der besten der Welt ausgezeichnet.

③ ***Sunnyside Restaurant & Lodge***
1850 W. Lake Blvd., Tahoe City
Tel. (8 00) 8 22-27 54
Die edlen Fisch- und Fleischgerichte des Restaurants im Stil der 1930er kann man im Sommer auf der größten Sonnenterrasse Tahoes genießen.

► Erschwinglich

① ***Wild Goose***
7320 North Lake Boulevard, Tahoe Vista
Tel. (5 30) 5 46-36 40
In diesem sehr elegant und modern eingerichteten Restaurant genießt man feine Fleisch- und Fischgerichte mit einem guten Wein und schöner Aussicht auf den See.

⑤ ***Dory's Oar***
1041 Fremont Avenue, South Lake
Tel. (5 30) 5 41-66 03
Liebevoll gedeckte Tische, an denen kalifornische Küche serviert wird. Neben Fleisch und Fisch gibt es auch vegetarische Gerichte. Die Besitzer stammen aus England und belieferten einst die Royal Family.

► Preiswert

④ ***Sprouts Natural Foods Café***
3123 Harrison Ave
Tel. (5 30) 5 41-69 69
Wie der Name schon sagt, werden hier hausgemachte Vollwert-Gerichte angeboten. Dazu gibt es frisch gepresste Säfte.

ÜBERNACHTEN

► Luxus

① ***Hyatt Regency Lake Tahoe***
111 Country Club Drive, Incline Village, Nevada
Tel. (7 75) 8 32-12 34, Fax 8 31-21 71
www.laketahoe.hyatt.com
Das exklusive Hotel bietet alles, was zu einem perfekten Urlaub gehört: 424 Zimmer und Suiten, darunter 24 Blockhäuser direkt am Seeufer, einen großen Wellnessbereich, Pool, einen Privatstrand mit Pier und ein spezielles Kinderprogramm.

② ***The Cottage Inn***
P.O. Box 66, Tahoe City
Tel. (5 30) 5 81-40 73
www.thecottageinn.com
Die Anlage verfügt neben einem Haupthaus über mehrere Hütten. Die Zimmer sind mit allen Annehmlichkeiten ausgestattet und liebevoll nach verschiedenen Themen dekoriert. Der in allen Zimmern vorhandene Kamin unterstreicht noch die gemütliche Atmosphäre der Holzeinrichtung.

③ ***Olympic Village Inn Resort Hotel***
1909 Chamonix Place, Olympic Valley
Tel. (8 00) 8 45-52 43
www.olympicvillageinn.com
Die Gestaltung der Hotelanlage und der 90 luxuriösen Suiten im Squaw Valley hatte Tiroler Dörfer zum Vorbild. Rund um das Resort wurden idyllische Gärten angelegt, die von kleinen Bächen durchzogen sind.

⑥ ***Bliss Mansion Bed and Breakfast***
608 Elizabeth Street
Tel. (7 75) 8 87-89 88
www.blissmansion.com
Traumhafte Suiten, prunkvoll eingerichtet, in einem 1879 erbauten viktorianischen Gebäude.

▸ **Komfortabel**

④ ***Fireside Lodge***
515 Emerald Bay Rd., South Lake
Tel. (5 30) 5 44-55 15
www.tahoefiresidelodge.com
9 Zimmer und Suiten, die rustikal und gemütlich nach verschiedenen Themen eingerichtet sind. Alle Räume verfügen über einen Kamin.

⑤ ***Alpenrose Inn***
4074 Pine Blvd., South Lake
Tel. (5 30) 5 44-29 85, Fax 5 43-02 99
www.alpenroseinntahoe.com
Die Zimmer im Alpenrose Inn sind behaglich und geräumig. Das Hotel selbst ist zentral gelegen, so dass man vieles bequem zu Fuß erreichen kann.

▸ **Günstig**

⑦ ***The Plaza Hotel***
801 South Carson Street,
Carson City, Nevada
Tel. (7 75) 8 83-95 00
Fax 8 83-38 38
www.carsoncityplaza.com
Das Hotel mit 148 Zimmern liegt zentral an der historischen Hauptstraße von Carson City in Nevada.

Der Lake Tahoe wird von Bergen und Nadelwäldern umrahmt.

★ **Donner Memorial State Park**

Folgt man von Squaw Valley weiter der Straße CA 89, dann erreicht man nach etwa 8 mi/13 km den Donner Memorial State Park. Umgeben von Wäldern liegt der idyllische Donner Lake. See und Park wurden benannt nach den Brüdern Georg und Jacob Donner, die 1846 einen Treck von Farmern durch das Gebiet führten. Der verfrühte Wintereinbruch wurde der Gruppe zum Verhängnis – etwa die Hälfte von ihnen starb an Entkräftung oder erfror. An diese tragische Episode der amerikanischen Geschichte wird in einem kleinen Museum im Park erinnert.

★★ Los Angeles

C/D 9/10

Region: Los Angeles
Höhe: 0–87 m ü. d. M.
Einwohnerzahl: 9,6 Mio. (County) bzw. 17 Mio. (Metropolitan Area)

Das in Südwestkalifornien am Stillen Ozean gelegene Los Angeles ist Zentrum des zweitgrößten Ballungsraumes der Vereinigten Staaten. Der alte Stadtkern, die Filmstadt Hollywood und das Seebad Malibu sind die meist besuchten Ziele in der Millionenstadt, die mittlerweile einen Durchmesser von mehr als 120 km hat.

Geschichte

Die ersten Siedler von »El Pueblo de Nuestra Señora La Reina de Los Angeles« waren Spanier, Mexikaner und Indianer. Beflügelt wurde die Entwicklung der Stadt durch die Goldfunde in der Sierra Nevada, die Fertigstellung der ersten transkontinentalen Eisenbahn (Southern Pacific Rail Road) sowie die Erdölfunde in der Region und die Anlage künstlicher Häfen in San Pedro und Long Beach.

In den ersten Jahren des 20. Jh.s stieg die Einwohnerzahl auf 250 000. Für wirtschaftliche Dynamik sorgte auch die Filmindustrie seit Anfang des 20. Jh.s, 1930 produzierte man hier den ersten Tonfilm. In der Folgezeit wurde Los Angeles die **wichtigste Industrie- und Dienstleistungsmetropole westlich des Mississippi** (petrochemische Industrie und Automobilindustrie, Luft- und Raumfahrttechnik, Maschinenbau, Elektronik). Auch der Tourismus gewann immer mehr an Bedeutung.

Im Zuge der wirtschaftlichen Rezession seit den 70er-Jahren des 20. Jh.s haben sich die sozialen Spannungen zwischen einzelnen Bevölkerungsgruppen verschärft. Ein Höhepunkt der gewaltsamen Auseinandersetzungen war der »heiße Sommer« 1992, wobei der Großraum Ende der 1990er-Jahre einen spürbaren wirtschaftlichen Auf-

? WUSSTEN SIE SCHON ...?

- ... dass Los Angeles auch als »die größte mexikanische Stadt außerhalb Mexikos« bezeichnet wird? Etwa ein Drittel der Bevölkerung des Großraumes Los Angeles stammt aus Lateinamerika.

Blick auf Downtown Los Angeles

schwung erlebt hat. In der Greater Metropolitan Area von Los Angeles leben gegenwärtig rund 17 Mio. Menschen, Weiße, Latinos, Schwarze und Asiaten.

1781	Eine Gruppe von Spaniern gründet die Mission San Gabriel etwa 13 km nordöstlich des heutigen Zentrums.
1846	Im Amerikanisch-Mexikanischen Krieg kommt die Stadt an die Vereinigten Staaten.
1848	Goldfunde in der Sierra Nevada
1883	Mit der Eisenbahn kommt die erste Zuwanderungswelle.
1892	Erdöl wird in der Region entdeckt.
1910	Hollywood wird eingemeindet.
1911	Das erste Filmstudio Kaliforniens entsteht.
1927	Die Academy of Motion Picture Arts & Sciences vergibt erstmals den »Oscar« genannten Filmpreis.
1932, 1984	Olympische Sommerspiele
1992	Blutige Auseinandersetzungen
1994	Ein schweres Erdbeben erschüttert Los Angeles.

Smog und Autowahn

Bis vor einigen Jahren glaubten die Stadtplaner von Los Angeles, nur mit Hilfe des **aufwändigsten Autobahn- und Schnellstraßennetzes der Erde** den Individualverkehr der Metropole am Pazifik in den Griff zu bekommen. 1993 wurde der 28 km lange, von Ost nach West führende achtspurige »Century Freeway« fertig gestellt, der die Zerstörung von Wohnraum für 26 000 Menschen erforderlich machte und über 3 Mrd. US-$ an Baukosten verschlang. Inzwischen wird fast die Hälfte der bebauten Zonen der Stadt von Verkehrsflächen beansprucht. Die beiden größten Verkehrsbauwerke der Stadt sind der weltberühmte »Stack« (hier kreuzen sich auf vier Ebenen der Santa Ana Freeway, der Hollywood Freeway, der Pasadena Freeway, der Harbor Freeway, die Temple Street und der Sunset Boulevard) sowie die Kreuzung von San Diego Freeway und Century Freeway mit elf Rampen und elf Brücken auf sage und schreibe sieben Ebenen. Ohne Auto ist man in Los Angeles praktisch verloren, da der Ausbau des öffentlichen **Personennahverkehrs** nur sehr zögerlich vorankommt. Weit über 4 Mio. Kraftfahrzeuge und natürlich auch der Flugverkehr der vier großen Airports sorgen dafür, dass der berühmt-berüchtigte Smog über Los Angeles zu einem beinahe alltäglichen Phänomen geworden ist.

Downtown

Zwei Zentren

Die Innenstadt (Downtown) besteht aus zwei Zentren, die durch den Santa Ana Freeway getrennt sind: **El Pueblo** bildet den Kern der eigentlichen Altstadt, während rund um das **Civic Center** das moderne Zentrum liegt. Im Norden grenzt an die Innenstadt Chinatown, im Osten »Little Tokyo«, und im Süden schließt sich nach großflächigen Parkplatz-Arealen »South Central« an, ein Problemgebiet, das man als Tourist besser meiden sollte.

Highlights *Los Angeles*

El Pueblo de Los Angeles
Strolchen Sie durch den historischen Stadtkern im mexikanischem Stil und gönnen Sie sich das ein oder andere Souvenir an den zahlreichen Ständen.
► Seite 217

Museum of Contemporary Art
Das MOCA beherbergt in einer der erlesensten Kunstsammlungen der USA europäische und amerikanische Kunstwerke von den 1940er-Jahren bis heute.
► Seite 220

Hollywood
Mal sehen, ob Sie Ihren Lieblingsschauspieler am Fußabdruck erkennen im Hof des Mann's Chinese Theater, wo auch der weltberühmte Walk of Fame beginnt.
► Seite 222

Getty Center
Manche kommen nur, um sich das Gebäude anzuschauen. Wenn Sie auch in die Ausstellung gehen, sollten Sie den »Alten Mann in Ritterrüstung« von Rembrandt nicht verpassen.
► Seite 225

Universal Studios
Mit den Dinosauriern aus »Jurassic Park« Auge in Auge, wär' das was für Sie?
► Seite 227

Disneyland in Anaheim
Der Vergnügungspark wurde 2005 schon 50 Jahre alt – und ist jung geblieben wie eh und je. (www.disneyland.disney.go.com).
► Seite 229

Los Angeles Downtown Orientierung

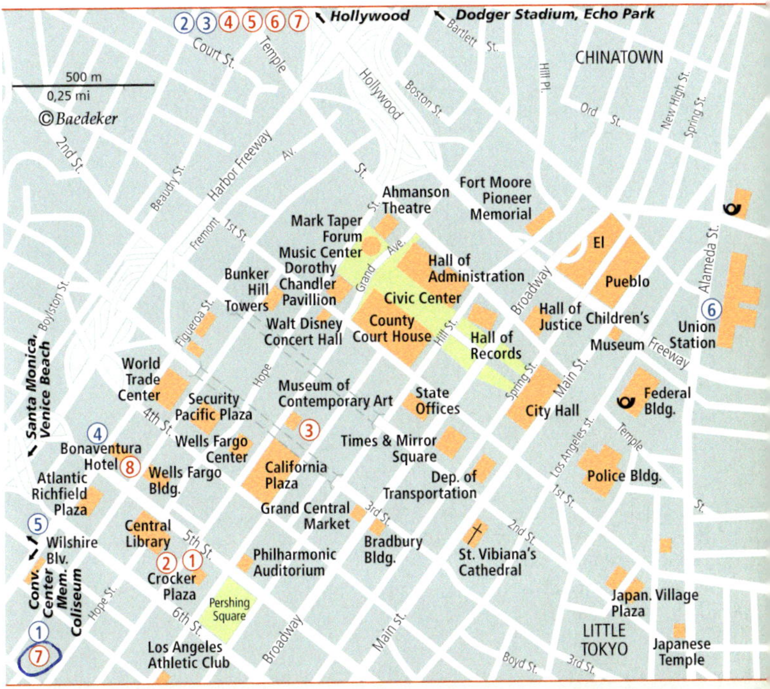

Essen
① Arnie Morton's Steakhouse
② Fenix (Hollywood)
③ L'Orangerie (Hollywood)
④ Ciudad
⑤ India's Tandoori
⑥ Traxx

Übernachten
① Millennium Biltmore
② Hilton Checkers
③ Omni Los Angeles
④ Marriot (Hollywood)
⑤ Hyatt (Hollywood)
⑥ Crowne Plaza (Hollywood)
⑦ Radisson Hotel
⑧ Westin Bonaventura

★ **El Pueblo de Los Angeles**

Westlich des eindrucksvollen Union Passenger Terminal (1939; Hauptbahnhof) erstreckt sich das denkmalgeschützte Pueblo de los Angeles, der 1781 gegründete historische Stadtkern. Den Mittelpunkt bildet die Plaza mit der alten Missionskirche Nuestra Señora La Reina de los Angeles, die 1822 von spanischen Franziskanern fertig gestellt wurde. Nahebei steht das Fire House von 1884. Im Sepulveda House ist die **Touristeninformation** untergebracht. Ein touristischer Rummelplatz erster Güte ist die an sich recht malerische Olvera Street, eine im mexikanischen Stil gehaltene Marktstraße mit vielen bunten Ständen, an denen man hübsche Souvenirs (bes. Lederwaren) erwerben kann. Abends spielen in den zahlreichen Restaurants und Bars folkloristische Musikgruppen. Das Avila Adobe House aus dem Jahr 1818, heute Museum (Öffnungszeiten: Mo. bis Sa. 10.00–17.00 Uhr) ist das älteste Haus der Stadt.

LOS ANGELES ERLEBEN

AUSKUNFT

Los Angeles Visitor Information Center
685 Figueroa St.
(zwischen Wilshire Blvd. und 7th St.)
Los Angeles 90017
Tel. (2 13) 6 89-88 22
www.lacvb.com

Visitor Information Center
6801 Hollywood Blvd.
at Hollywood and Highland
Hollywood 90028
Tel. (3 23) 4 67-64 12
www.lacvb.com

LA Inc. (Vetretung in Deutschland)
The Convention & Visitors Bureau
AKR marketing services
In den Siepen 6, D-34454 Bad Arolsen
Tel. (0 56 91) 8 06 63 88, Fax 8 06 63 99
www.seemyLA.com

SHOPPING

Große Einkaufsplätze sind das Beverly Center in Beverly Hills und die Santa Monica Place Mall. In Hollywood geht man zum Sunset Blvd. (8600er-Block), in Santa Monica auch in die Main Street. Ausgefallenes hat es in der auch architektoisch schönen Melrose Ave. in West Hollywood. Marktatmosphäre schnuppert man im Farmer's Market (W. 3rd St.) und im Grand Central Market am Broadway in Downtown – dort geht es mexikanisch-spanisch zu.

ESSEN

► Fein & Teuer

① ***Arnie Morton's Steakhouse***
735 S. Figueroa Street
Tel. (2 13) 5 53-45 66
»Morton's« gilt als das beste Steakhouse in Downtown Los Angeles.

② ***Fenix***
8358 Sunset Blvd. (Hollywood)
Tel. (2 13) 8 48-66 77
Kaviar, Lachs und viele andere Genüsse bekommt man im Art-Deco-Ambiente des Hotels »Argyle« zu entsprechenden Preisen geboten.

③ ***L'Orangerie***
903, La Cienaga Blvd. (Hollywood)
Tel. (3 10) 6 52-97 70
Die »Orangerie« von Hollywood gehört in jeder Beziehung zu den Spitzenrestaurants im Großraum. Dafür bürgt in erster Linie Gilles Epie, unter dessen Regie Bestes aus der französischen Küche zubereitet wird.

► Erschwinglich

④ ***Ciudad***
445 S. Figueroa Street (Downtown)
Tel. (2 13) 4 86-51 71
Das Restaurant ist eine Hommage an die Küche großer lateinamerikanischer Metropolen wie Havanna, Rio oder Buenos Aires. Neben Originalrezepten und Wein aus diesen Regionen werden auch neue Kreationen angeboten.

⑤ ***India's Tandoori***
11819 Wilshire Blvd.
Tel. (3 10) 2 68-91 00
Wie der Name schon sagt, gibt es hier liebevoll zubereitete Spezialitäten der indischen Küche. Das Lokal gehört zu den besten seiner Art in L.A.

⑥ ***Traxx***
800 North Alameda Street
(Downtown)
Tel. (2 13) 6 25-19 99
Das Restaurant mit feinen internationalen Gerichten befindet sich in der historischen Union Station, die allein schon den Weg lohnt.

ÜBERNACHTEN

▸ Luxus

① ***Millennium Biltmore***
506 South Grand Avenue
Tel. (2 13) 6 24-10 11, Fax 6 12-15 45
www.millenniumhotels.com
Hotel im Renaissance-Stil mit prachtvoll ausgestatteten Zimmern und Suiten, wie der zweistöckigen Präsidentensuite oder der Musiker-Suite mit Flügel. Das Haus beherbergte schon hohe Gäste, auch die Academy Awards fanden hier einmal statt.

② ***Hilton Checkers***
535 South Grand Avenue
Tel. (2 13) 6 24-00 00
www.hiltoncheckers.com
Das zwölfstöckige Gebäude besitzt als Krönung (im wahrsten Sinne des Wortes) eine Dachterrasse mit Pool und atemberaubendem Blick über die Stadt. Im Hotel befindet sich das Checkers Downtown Restaurant, das zu den Top 20 in Los Angeles zählt.

③ ***Omni Los Angeles***
251 South Olive Street
Tel. (2 13) 6 17-33 00, Fax 6 17-33 99
www.omnihotels.com
Direkt am California Plaza. In den Zimmern und Suiten vermischen sich asiatische und neoklassizistische Elemente zu einer stilvollen Einheit.

④ ***Marriott Renaissance Hollywood Hotel***
1755 N. Highland Avenue
Tel. (3 23) 8 56-12 00, Fax 8 56-12 05
Das Hotel besticht durch sein Design. Ein weiteres Highlight ist die Suite im obersten Stockwerk mit 270 Grad Panoramablick auf die Stadt.

⑤ ***Hyatt on Sunset***
8401 Sunset Boulevard (Hollywood)
Tel. (2 13) 6 56-12 34, Fax 6 50-70 24
www.westhollywood.hyatt.com
Wer über eine gut gefüllte Geldbörse verfügt, kann am weltberühmten Sunset Strip nächtigen, nur wenige Minuten entfernt von Beverly Hills, den Universal Studios und dem Rodeo Drive. Das Hotel wird auch »Rock'n'Roll Hotel« genannt, da hier seit über 50 Jahren viele berühmte Musiker logieren.

⑥ ***Crowne Plaza***
5985 W. Century Boulevard (Hollywood)
Tel. (3 10) 6 42-75 00, Fax 4 17-36 08
www.crowneplaza.com
Das luxuriös ausgestattete Großhotel liegt in der Nähe des Internationalen Flughafens von Los Angeles und verfügt über 613 Zimmer mit vielen Annehmlichkeiten, Pool, Sauna und Fitnesscenter.

⑧ ***Westin Bonaventura***
404 S Figueroa St
Tel. (2 13) 6 24-10 00, Fax 6 12-48 00
www.starwood.com/westin
Das moderne Hotel mitten im Bankenviertel ist ein riesiger Komplex mit fünf Glastürmen, in denen 1354 Zimmer und Suiten untergebracht sind. Mit 42 Geschäften und Restaurants ist dieses größte Tagungszentrum von Los Angeles fast schon eine kleine Stadt. Der großzügige Fitnessbereich verfügt sogar über eine überdachte Jogging-Strecke.

▸ Komfortabel

⑦ ***Radisson Hotel at Los Angeles Airport***
6225 W. Century Blvd
Tel. (310) 6 70-90 00
www.radisson.com/losangelesca_airport
Das in Flughafennähe gelegene Mittelklassehotel wird von Geschäftsleuten und Touristen gleichermaßen gern als »Stopover« genutzt.

Das »Messer-Schiff« von Claes Oldenburg ist Blickfang des Museum of Contemporary Art (MOCA).

Chinatown

Wenige Schritte nördlich des Pueblo erreicht man die Chinatown von Los Angeles. Überaus lebhaft geht es in der Street of the Golden Palace sowie auf dem Gin Ling Way zu.

Civic Center

Südlich des Pueblo, jenseits des Santa Ana Freeway und der Temple Street, erstreckt sich das Civic Center mit seinen modernen Verwaltungsgebäuden. Es ist die **größte Konzentration von Verwaltungs- und Regierungsbauten** außerhalb von Washington, DC. Mittelpunkt des Civic Center ist die 27-stöckige City Hall (Rathaus), die 1928 erbaut worden ist. Von der Aussichtsplattform bietet sich an den wenigen klaren Tagen im Jahr ein überwältigender Rundblick. – Südwestlich der City Hall, am Broadway, steht der gewaltige Baukomplex der Los Angeles Times.

★ **Paseo de los Popladores, Music Center**

Von der City Hall führt der Paseo de los Popladores als **gepflegte Promenade** hinauf zum Music Center. Hier ist das weltberühmte **Los Angeles Philharmonic Orchestra** beheimatet. Nachbarbn sind der Dorothy Chandler Pavilion, das Mark Taper Forum mit dem Ahmanson Theatre und die 2004 eröffnete **Walt Disney Concert Hall**, ein Entwurf von Frank O. Gehry.

★ **MOCA**

Wenige Gehminuten südlich vom Music Center erreicht man das an der Grand Avenue gelegene **Museum of Contemporary Art** (MOCA; Öffnungszeiten: Di. bis So. 11.00–18.00, Do. bis 20.00 Uhr), das in einem bemerkenswerten, vom japanischen Stararchitekten Arata Isozaki konzipierten Zweckbau aus rotem Sandstein untergebracht ist. In der permanenten Ausstellung sind u. a. spektakuläre Arbeiten von Andy Warhol, Claes Oldenbourg und Roy Lichtenstein zu sehen.

Grand Central Market

◄ Bradbury Building

Wer auf den Grand Central Market am Broadway kommt, meint mitten im lebhaften Trubel eines mexikanischen Marktes gelandet zu sein. Auf dem riesigen **Viktualienmarkt** gibt es alles zu kaufen, was der verwöhnte Gaumen wünscht. Östlich gegenüber steht das 1893 errichtete und kürzlich renovierte Bradbury Building, dessen **viktorianische Innenarchitektur** bestens erhalten ist. Der Prachtbau ist Filmenthusiasten aus dem Streifen »Citizen Cane« bekannt.

*** Pershing Square, Biltmore Hotel**

Belebter Mittelpunkt des Financial Districts ist der gärtnerisch recht hübsch gestaltete Pershing Square. Der Platz wird beherrscht vom noblen **Biltmore Hotel**, dessen großartige Lobby man aus manchem Spielfilm und vielen Fernsehnachrichten kennt.

Central Library

Schaut man sich die Architektur der imposanten Zentralbücherei zwischen 5th und 6th Street an, wird man an die ägyptische und römische Klassik erinnert.

*** Bunker Hill**

Dahinter, auf dem Bunker Hill, beherrschen **Bank- und Versicherungspaläste** mit ihrer eindrucksvollen Hochhaus-Architektur das Bild der Stadt. Blickfang ist die 2003 fertiggestellte Walt Disney Concert Hall mit ihren geschwungenen Formen und der Metallverkleidung. Beachtenswert ist auch der Security Pacific Plaza, der Arco Plaza mit zwei 52-stöckigen Wolkenkratzern und einer vom Bauhaus-Künstler Herbert Bayer geschaffenen Brunnenskulptur, sowie das 1976 nach Plänen des renommierten Architekten John Portman fertig gestellte Westin Bonaventure Hotel mit riesigem Atrium und sich drehender Cocktail-Lounge, von der aus man einen schönen Blick über Downtown genießen kann.

First Interstate World Center

Städtebauliche Dominante ist das First Interstate World Center, mit 310 m das **zweithöchste Gebäude** des US-amerikanischen Westens. Es trägt eine bemerkenswerte Dachbekrönung. Eine Spanische Treppe führt hinunter zur 5th Street.

Wells Fargo Court, California Plaza, Angel's Flight

Der schön gestaltete Wells Fargo Court wird von den Glasfassaden der Wells Fargo Bank und des IBM Building umrahmt. Jenseits der Grand Avenue gefällt die California Plaza. Die bereits im Jahre 1901 in Betrieb genommene und in den Sechzigerjahren stillgelegte, liebevoll »Angels Flight« genannte **Standseilbahn** ist reaktiviert worden und steht wieder als Aufstiegshilfe am Bunker Hill zur Verfügung.

Little Tokyo

Besonders hübsch im japanischen Viertel ist die Noguchi Plaza, deren Blickfang eine Arbeit des Künstlers Isamo Noguchi ist. Den Platz flankieren das American Cultural & Community Center sowie das Japan American Theatre. Um die weiter nördlich gelegene Japanese Village Plaza gruppieren sich etliche nette Geschäfte und Restaurants. Nordöstlich lädt das **Japanese American National Museum** zum Besuch ein.

Wilshire Boulevard

Miracle Mile Zwischen Highland Avenue und Fairfax Avenue verläuft die berühmte Miracle Mile (Wundermeile) des Wilshire Boulevard mit eindrucksvollen **Art-Deco-Bauten** und vielen eleganten Geschäften. Wollten Sie schon immer mal neben dem Mercury, den Silvester Stallone in dem Streifen »Cobra« fuhr, stehen? Im Petersen Automotive Museum (6060 Wilshire Blvd.) wird's möglich.

Rancho La Brea Tar Pits Vor der Fairfax Avenue öffnet sich der Hancock Park mit den Rancho La Brea Tar Pits (Teergruben). Hier hat man mehrere hundert Skelette von Tieren gefunden, die hier nach der letzten Eiszeit gelebt haben. Darunter befinden sich auch Reste von **eiszeitlichen Mammuts**. Im angeschlossenen Museum kann man sich genauer informieren. Im Westen des Parks zieht das reichhaltige County Museum of Art Besucher in seinen Bann. Hier sind nicht nur Werke von Rembrandt, Holbein, Canaletto, sondern auch von Cézanne, Toulouse-Lautrec, Kandinsky und Chagall zu sehen.

County Museum of Art ►

Farmers Market Genüsse aller Art, besonders fruchtige, kann man auf dem sehr belebten Farmers Market (Fairfax Ave. & 3rd Street) erstehen.

Hollywood

Filmstadt Die um die Jahrhundertwende gegründete, vom bäuerlichen Leben geprägte Siedlung Hollywood ist 1910 nach Los Angeles eingemeindet worden. 1911 entstand hier das **erste Filmstudio Kaliforniens**, die Keimzelle der weltberühmten Filmmetropole. Heute ist Hollywood nur noch ein Schatten seiner selbst. Es arbeiten nur noch wenige große Filmproduktionsgesellschaften (u.a. Columbia und Paramount) neben einigen kleineren, die sich vor allem mit der Herstellung von Fernsehfilmen, Werbespots und audiovisuellen Unterrichtshilfen beschäftigen.

? WUSSTEN SIE SCHON ...?

- Als erste Schauspieler haben Mary Pickford und Douglas Fairbanks jr. 1927 Fußabdrücke im weichen Zement im Hof von Grauman's Chinese Theater hinterlassen. Bis heute haben es ihnen über 200 Mimen nachgemacht, darunter auch Marilyn Monroe, Elizabeth Taylor, Cary Grant und Sean Connery.

Stark befahrene Hauptstraße ist der in west-östlicher Richtung verlaufende **Hollywood Boulevard**. Leider ist vom einstigen Glanz nicht mehr viel zu sehen. Viele Touristen würden sich enttäuscht abwenden, wenn da nicht das von einem Drachen bewachte und im Stil einer chinesischen Pagode erbaute und wohl **bekannteste Filmtheater der Welt** stehen würde.

Grauman's Chinese Theater ►

Walk of Fame Beim Chinese Theater beginnt der wohl meistfotografierte Abschnitt des Hollywood Boulevard, der sog. Walk of Fame. In den schwarzen

Terrazzo-Belag des Bürgersteigs sind die Messingschilder bzw. rosa Sterne aus Marmor mit den Namen berühmter Filmschauspieler eingelassen. Bis heute haben sich hier **1800 Hollywood-Größen** und solche, die sich dafür halten, verewigen lassen.

In der Nähe von Grauman's Chinese Theater warten **einige Museen und Ausstellungen**: das »Hollywood Wax Museum« mit Wachsfiguren von Filmschauspielern und Politikern, die »Guiness World of Records« und Ripley's »Believe It or Not!«; auch das Egyptian Theater wird gern besucht.

Weiter westlich kommt man zum Roosevelt Hotel (7000 Hollywood Blvd.), das 1927 als **»Home of the Stars«** eröffnet worden ist. Hier fand 1929 die erste Oscar-Verleihung statt. Gegenüber liegt das neue **Kodak Theatre** (6801 Hollywood Blvd.), wo nun, nach dem Wegzug vom Dorothy Chandler Pavilion (s. S. 220), die Oscars verliehen werden (Führungen: tgl. 10.30 – 14.30 Uhr).

> **! Baedeker TIPP**
>
> **Studiobesuche**
>
> Spazieren Sie doch mal in den Kulissen berühmter Hollywood-Produktionen oder erleben Sie mit, wie eine TV-Serie produziert wird. CBS (Columbia Broadcasting Systems; Fairfax Ave. & Beverly Blvd.) und auch Paramount Pictures (5555 Melrose Ave.) bieten Führungen durch ihre Studios und im wahrsten Sinne des Wortes Blicke hinter die Kulissen an.

Sunset Boulevard, ★

◄ Sunset Strip

Sattsam als Vergnügungszentrum bekannt ist der Sunset Strip mit dem berühmten »Château Marmont« und dem nicht weniger bekannten Hotel »Hyatt on Sunset«. Wer besonders toll und möglichst in Gegenwart eines bzw. mehrerer Hollywood-Filmsternchen oder gar Stars speisen will, sollte das im »Spago« tun (Reservierung: Tel. 3 10/6 52-40 25).

Hollywood Memorial Cemetery

Die Paramount Studios liegen neben jenem Friedhof, auf dem zahlreiche **Hollywood-Berühmtheiten** (u. a. Rudolph Valentino und Douglas Fairbanks) beigesetzt sind. Am Friedhofseingang (6000 Santa Monica Blvd.) befindet sich ein Plan, auf dem die zum Teil recht eigenwillig gestalteten letzten Ruhestätten bekannter Filmstars zu finden sind.

Hollywood Orientierung

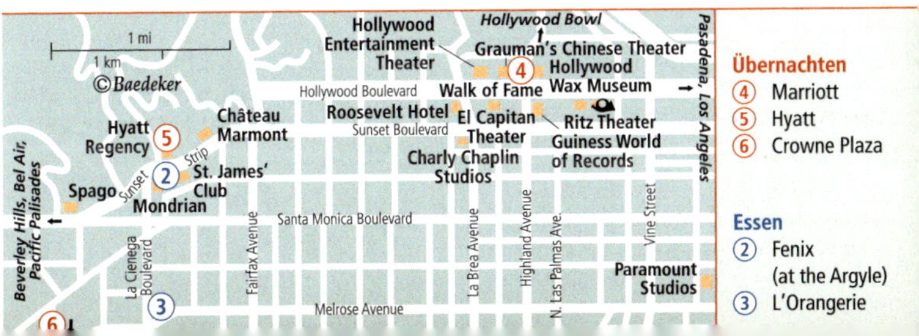

Die großen Filmlegenden sind allgegenwärtig in Hollywood.

Westside

West Hollywood Der Sunset Boulevard führt weiter durch West Hollywood, den ersten einer ganzen Reihe **berühmter Villenvororte** zwischen Los Angeles und Malibu an der Pazifikküste.

★ **Beverly Hills** Als Nächstes folgt die ebenfalls vom Sunset Boulevard durchzogene **Villensiedlung** Beverly Hills, wo die Größen des Film- und Showbusiness ihre luxuriösen und vielfach recht extravaganten Wohnsitze haben. In Buchläden und an Zeitungsständen kann man einen Plan mit den Adressen berühmter Stars erwerben. Geradezu ein Muss für jeden Beverly-Hills-Besucher ist der Rodeo Drive, jene snobistisch anmutende **Flaniermeile** mit sündhaft teuren Geschäften. Die feinen Shopping-Adressen (Gucci, Hayman, Tiffany usw.) findet man in dem spitzen Dreieck, das die beiden aufeinander zulaufenden Magistralen Santa Monica Boulevard und Wilshire Boulevard einfassen.

★ Rodeo Drive ▶

Century City Am Südwestrand von Beverly Hills erstreckt sich Century City, wo auf dem Gelände des Filmatelierkomplexes der 20th Century Fox moderne Büro-, Geschäfts- und Apartmentbauten entstanden sind. Im **Century City Shopping Center** hat der berühmte Filmregisseur Steven Spielberg (u. a. »Jurassic Park«) den Treffpunkt »Dive« einrichten lassen. In der Century City ist das moderne Museum of Tolerance (9760 W Pico Blvd.) mit dem Simon-Wiesenthal-Zentrum angesiedelt. Sehr eindringlich bekommt man hier vorgeführt, wie es zum Holocaust in Nazi-Deutschland gekommen ist (Führungen: Mo. bis Do. 10.00–16.00, Fr. 10.00–13.00, So. 11.00–17.00 Uhr).

★ Museum of Tolerance ▶ ⌚

Bel Air, Westwood

Der Sunset Boulevard führt von Beverly Hills westwärts weiter durch das sehr vornehme Bel Air. Weiter südlich das kaum weniger **noble Villenviertel** Westwood. In den Hügeln von Brentwood, oberhalb vom San Diego Freeway, fällt das im Dezember 1997 eröffnete Getty Center ins Auge. Die moderne travertinverkleidete Zitadelle ist eine Schöpfung des berühmten New Yorker Architekten Richard Meier, der beispielsweise auch das neue Stadthaus auf dem Ulmer Münsterplatz konzipiert hat. Der aufwändige Museumskomplex des Getty Trust hat ca. 1 Mrd. US-$ an Baukosten verschlungen. Er beherbergt den größten Teil jener Kunstschätze, die der **Ölmilliardär J. Paul Getty** (1872–1976) bzw. die von ihm ins Leben gerufene Stiftung (Stiftungsvermögen rund drei Milliarden Dollar!) erworben haben. Prunkstücke der Kollektion sind französische Rokoko-Möbel und vor allem eine bedeutende Gemäldesammlung alter Meister. Unter diesen befinden sich auch der »Alte Mann in Ritterrüstung« von Rembrandt und eine »Kreuzabnahme« aus der Schule von Rogier van der Weyden. Daneben haben dekorative Kunst und Fotografie (u. a. Bilder von Man Ray und Cunningham) Platz gefunden. Der Getty Trust unterhält zudem eine sehr umfangreiche **kunsthistorische Bibliothek**. Das Getty Center ist zu folgenden Zeiten geöffnet: Di. u. Mi. 11.00–19.00, Do. u. Fr. 11.00–21.00, Sa. u. So. 10.00–18.00 Uhr. Montags und feiertags geschlossen. Der Museumseingang befindet sich am Sepulveda Boulevard.

✶ ✶ ◄ Getty Center

University of California at Los Angeles (U.C.L.A.)

Zwischen Westwood und Bel Air dehnt sich der Campus der University of California at Los Angeles (33 000 Studierende) aus mit einem prachtvollen Botanischen Garten sowie dem Franklin Murphy Sculpture Garden mit Schöpfungen von Auguste Rodin, Henry Moore und anderen namhaften Künstlern. Studentisches Leben herrscht in **Westwood Village**, wo man noch einigermaßen ungestört spazieren gehen kann.

? WUSSTEN SIE SCHON ...?

- ... was Bertolt Brecht über den Villenvorort Pacific Palisades gesagt hat? »Hier kommt man sich vor wie Franz von Assisi im Aquarium, wie Lenin im Prater ...«

Pacific Palisades

Am Pacific Coast Highway und nahe an der Santa Monica Bay mit ihrem breiten Sandstrand liegt Pacific Palisades, ebenfalls ein **Wohnplatz Begüterter**, der im Herbst des Jahres 1993 von wahrscheinlich mutwillig entfachten Feuerwalzen getroffen wurde. Zahlreiche Villen fielen den Flammen zum Opfer. Während der Naziherrschaft in Deutschland lebten hier u. a. Thomas Mann und Bertolt Brecht in der Emigration.

✶ **Malibu**

Kommen Ihnen die originellen Stelzenhäuser, die sich am Strand aneinander drängen, bekannt vor? Genau, aus vielen Filmen und Fernsehserien kennt man den hübschen Strand von Malibu.

◄ Getty Villa

Auf einem Hügel oberhalb des Stillen Ozeans steht die Villa des Ölmagnaten J. Paul Getty (1892–1976). Sie ist eine **Rekonstruktion der**

antiken Villa dei Papiri, die einstmals in Herculaneum am Fuße des Vesuvs gestanden hat. Hier kann man eine der wenigen erhaltenen Originalstatuen des antiken Bildhauers Lysipp (370–300 v. Chr.) sehen. Der größte Teil der Kunstsammlungen des Ölmilliardärs ist im 1997 eröffneten Getty Center (s. oben) ausgestellt.

Santa Monica Südlich von Pacific Palisades erstreckt sich die auch heute noch als Seebad geschätzte Vorstadt Santa Monica (100 000 Einw.). Hier enden der Santa Monica und der Wilshire Boulevard und damit auch die **legendäre Route 66**. Der Santa Monica Pier mit nostalgischem Karussell diente in dem Film »Der Clou« als Kulisse. Als 1977/1978 das Privathaus für Frank O. Gehry an der Ecke Washington & 22nd Street gebaut wurde, erregte seine Architektur öffentliches Aufsehen. Der Architekt umbaute ein altes Haus mit Hilfe von Wellblech. Heute gilt es als Musterbeispiel des **De-Konstruktivismus**.

Frank O. Gehry House ►

Venice Südlich von Santa Monica schließt die dem italienischen Original nachempfundene und dicht bebaute Strandsiedlung Venice an. Wie in der Fernsehserie »Baywatch« kommt man sich am berühmten Venice Beach bzw. am Ocean Front Walk vor: Jugend, Fitness und schöne Körper bestimmen die Szenerie. Am Südrand von Venice ist die Marina del Rey angelegt. Sie ist einer der **größten Yachthäfen** an der Pazifikküste, hier dümpeln einige der größten und teuersten Yachten der Welt.

Marina del Rey ►

Feuchter Spaß im Vergnügungspark der Universal Studios

North Hollywood · Griffith Park

Im **größten Stadtpark der USA**, im Griffith Park, faszinieren besonders die »Travel Town« mit Verkehrs- und Feuerwehrmuseum, der Los Angeles Zoo, das Greek Theatre (Freilichtbühne), das Ferndell Nature Center und vor allem das Griffith Observatory, Planetarium & Hall of Science mit seiner hochinteressanten Raumfahrt-Ausstellung. Von hier oben genießt man an schönen Tagen einen herrlichen Blick auf die Stadtlandschaft Los Angeles.

★ **Griffith Park**

Einst wohnte im Hollyhock House (4800 Hollywood Blvd.), das der große **Architekt Frank Lloyd Wright** 1920 entworfen hat, die Millionenerbin Aline Barnsdall. Besichtigung n. V., Tel. (2 13) 4 85–45 80.

Hollyhock House

Hauptattraktion von North Hollywood sind die Universal Studios, eine **weiträumige Filmstadt** mit Ateliers, Wildwest-Kulissen, Wasserfällen, wo u. a. der Film »Back to Future« (»Zurück in die Zukunft«) und Teile der Fernsehserie »Columbo« entstanden sind. Der bedrohliche weiße Hai aus dem gleichnamigen Film, Western Stunt Shows und wilde Motorboot-Jagden haben sich ebenso als Publikumsmagneten erwiesen wie ein Blick hinter die Kulissen von »Jurassic Park« und »Water World« (Öffnungszeiten: tgl. 8.00–17.00 Uhr).

★★ **Universal Studios**

Zwischen North Hollywood und Beverly Hills schieben sich die von vornehmen Villen besetzten und von zahlreichen tiefen Canyons zerteilten Santa Monica Mountains. Reizvoll ist eine Fahrt über den Mulholland Drive, von dem aus man in die gepflegten Garten- und Parkanlagen der Villen von Beverly Hills und Bel Air hinunterschaut.

★ **Santa Monica Mountains, Mulholland Drive**

Ausflugsziele im Norden von Los Angeles

Wenige Autominuten nordwestlich von San Fernando, einem schönen Städtchen mit Kunstmuseum und exotisch bepflanztem Friedhof, wartet der Six Flags Magic Mountain auf nervenstarke Besucher. Hier sind mehrere **Achterbahnen** aufgebaut, die es wirklich in sich haben. Das verraten schon ihre Namen: »Batman's Ride«, »Revolution«, »Shock Wave« usw. Daneben gibt es noch zahlreiche weitere Attraktionen. Auskunft: www.sixflags.com.

★ **Six Flags Magic Mountain**

Südöstlich von San Fernando erreicht man die Vorstadt Burbank (100 000 Einw.); sie ist Standort der Lockheed Aircraft Co. (Flugzeugbau) und der National Broadcasting Corporation (NBC; Studiotouren Mo. bis Fr. 9.00 bis 15.00 Uhr). An der Olive Avenue bzw. am Hollywood Way liegen die Warner Brothers Studios, die man im Rahmen einer **zweistündigen Studio-Tour** besichtigen kann. Mit etwas Glück sieht man hier Clint Eastwood oder Sharon Stone bei der Arbeit. Führungen: Mo. bis Fr. 9.00–16.00, Sa. (nur im Sommer) 10.00–14.00 Uhr. Auskunft: Tel. (8 18) 9 72–TOUR.

Burbank

★ Warner Brothers Studios

Pasadena

★ Norton Simon Museum of Art ►

★ Huntington Library & Art Gallery ►

Pasadena (125 000 Einw.) ist bekannt als Standort des **California Institute of Technology**. Das Norton Simon Museum of Art (411 W. Colorado Blvd.) zeigt Werke von Paul Klee, Lionel Feininger, Wassily Kandinsky, Alexej Jawlensky und anderen. Einige Autominuten südöstlich von Pasadena sollte man die Huntington Library & Art Gallery besuchen. Hier kann man viele **wertvolle alte Bücher** (u. a. eine 1450 in Mainz gedruckte Gutenberg-Bibel) und großartige Gemälde (u. a. »Blue Boy« von Gainsborough) bewundern.

★ **San Gabriel Mountains**

Von Pasadena windet sich der Highway CA 2 hinauf in die landschaftlich überaus reizvolle **Hochgebirgswelt** der San Gabriel Mountains, deren Wälder Teil des Angeles National Forest sind. Hier oben kann man bis weit in den April Ski laufen.

San Gabriel

Die Kirche der 1771 gegründeten festungsartigen Mission San Gabriel im gleichnamigen Vorort (40 000 Einw.) zählt zu den **schönsten Sakralbauten** Kaliforniens.

Ausflugsziele im Süden von Los Angeles

Exposition Park

Focus des Exposition Parks ist das Memorial Coliseum, das 100 000 Besuchern Platz bietet und das einer der Schauplätze der Olympischen Sommerspiele von 1932 und 1984 gewesen ist.

Interesse verdient das dem Deutschen Museum nicht unähnliche **California Museum of Science & Industry** (Öffnungszeiten: tgl. 10.00–17.00 Uhr). Hier sieht man die technischen und wissenschaftlichen Errungenschaften der »siebtgrößten Wirtschaftsmacht der Erde«, wie Kalifornien oft großspurig bezeichnet wird. Dazu gehören auch eine Hall of Health und eine Hall of Economics & Finance.

Benachbart ist das **California Afro-American Museum**, das den Beitrag der Schwarzen zur Entwicklung Kaliforniens aufzeigt.

Das sehr reichhaltige Los Angeles **County Museum of Natural History** (Öffnungszeiten: Di. bis So. 10.00–17.00 Uhr) beleuchtet mit seinen geologischen und mineralogischen Sammlungen (u. a. Fossilien der Rancho La Brea Tar Pits) die Naturgeschichte Kaliforniens.

! *Baedeker* TIPP

Hafenrundfahrt

Westlich von Long Beach erstrecken sich die weitläufigen Anlagen des Worldport L.A., wie der größte Hafen am Pazifischen Ozean genannt wird. Am besten lernt man das Gelände während einer Hafenrundfahrt kennen. Die Ausflugsschiffe starten täglich um 11.00, 13.00 und 16.00 Uhr am Pier J, wo auch die »Queen Mary« vertäut ist.

Watts Simon Rodia Towers

1921 begann Simon Rodia, ein italienischer Einwanderer, mit dem Bau seiner vier Türme aus Beton-, Glas-, Ton- und Spiegelscherben in dem mehrfach von Rassenunruhen betroffenen Stadtteil Watts. Nach 33 Jahren war dieses Musterbeispiel der Volkskunst vollendet. Heute ist das Ensemble als besonderes Kulturgut geschützt.

Wer würde nicht gerne mit Mickey Mouse und Goofy ein Tänzchen wagen in Walt Disneys Wunderland?

Long Beach

Etwa 30 km südlich von Downtown liegt die zwar seit vielen Jahren mit Los Angeles zusammengewachsene, aber immer noch selbständige Großstadt Long Beach (440 000 Einw.) an der San Pedro Bay des Pazifiks. Seit der Jahrhundertwende ist hier einer der **größten künstlich geschaffenen Häfen der Erde** entstanden. Hauptattraktion von Long Beach ist die am Pier J vertäute »Queen Mary«, das **größte jemals gebaute Passagierschiff**. Es ist 1934 in England vom Stapel gelaufen und hat mehr als 80 000 Bruttoregistertonnen. Heute dient es als schwimmendes Hotel und Museum (Öffnungszeiten: Mo. – Do. 10.00 – 17.00, Fr. – So. bis 18.00 Uhr). Vor dem Bug liegt die »Scorpion«, ein sowjetisches U-Boot (Öffnungszeiten wie »Queen Mary«).

* ◄ Queen Mary

Marineland of the Pacific

Etwa zehn Autominuten westlich von San Pedro lädt das Marineland of the Pacific als eines der **größten Ozeanarien der Erde** (u. a. Delfin- und Wal-Dressur-Vorführungen) zum Besuch ein.

** **Disneyland bei Anaheim**

Hauptattraktion von Anaheim, einer 1857 von deutschen Einwanderern gegründete Stadt, ist das in aller Welt bekannte Disneyland. Der viel besuchte **Vergnügungspark** ist 1955 vom Trickfilmzeichner und Filmproduzenten Walt Disney angelegt worden. Gleich nach dem Eingang gelangt man in die »Main Street USA«, die im Stil der Jahrhundertwende gestaltet ist. Geboten werden neben der allseits bekannten täglichen Parade u.a. Abenteuer mit Indiana Jones und interaktive Weltraumkämpfe gegen den bösen Diktator Zurg. Im **California Adventure Park** stürzt man in der »Twilight Zone« 13 Stockwerke in die Tiefe und kann sich an der Elektroparade ergötzen (Öffnungszeiten variieren je nach Saison und Parkteil stark. Unter www.disneyland.disney.go.com erfährt man die tagesaktuellen Zeiten und das Tagesprogramm. Hohe Eintrittsgebühr!).

Weitere Ziele in der Umgebung von Los Angeles

Crystal Cathedral Wenige Meilen südlich von Disneyland ragt die spiegelglasverkleidete Crystal Cathedral auf, entworfen von Philip Johnson.

Santa Catalina Island Etwa 40 km südlich vor San Pedro liegt die Santa Catalina Island im Stillen Ozean. Das felsige Eiland war früher ein berüchtigter Piratenschlupfwinkel und wurde 1919 nach dem erklärten Willen des Kaugummikönigs Wrigley zum **zweiten Capri für den Tourismus**. Auf dem Südostende der Insel tummelt sich eine große Seehundkolonie.

✶ Channel Islands National Park Ein wildes und faszinierendes **Naturparadies** sind die nordwestlich von Los Angeles im Pazifik gelegenen Inseln des Channel Islands National Parks, zu dem außer Santa Cruz Island, Santa Rosa Island und San Miguel Island auch die kleine Inselgruppe Anacapa und das südlicher gelegene Eiland Santa Barbara Island gehören. Vor allem Taucher und Naturfreunde finden den Weg auf die Inseln, denn hier kann man eine artenreiche Unterwasserwelt, diverse Robbenarten (u. a. Seelöwen) und im Winter bzw. Frühling sogar Wale beobachten. Das **Visitor Center** des Nationalparks befindet sich in dem zwischen Malibu und Santa Barbara gelegenen Küstenstädtchen Ventura, von wo aus auch Ausflugsschiffe zu den Inseln fahren.

San Bernardino ✶ Rim of the World Drive ► San Bernardino ist ein Zentrum des **Zitrusfruchtanbaus**. Von hier führt der »Rim of the World Drive« (CA 18) als aussichtsreiche Panoramastraße in die großartige Hochgebirgslandschaft der San Bernardino Mountains. Die dortigen Seen – Lake Arrowhead, Big Bear Lake und Baldwin Lake – sind viel besuchte Ausflugsziele.

✶ Mojave Desert

D–F 8/9

Region: San Bernadino **Höhe:** 600–3300 m ü. d. M.
Fläche: ca. 40 000 km²

Meist ausgetrocknete Salzseen bzw. Salzsümpfe, weite Sanddünen, felsige Bergzüge, Trockenwälder mit riesigen Kakteen, zwergwüchsigen Bäumen und schier undurchdringlichem Buschwerk prägen das Landschaftsbild der Mojave-Wüste. Hin und wieder sticht das satte Grün bewässerter Oasen aus der zumeist von beigen bis braunen Farbtönen bestimmten Wüstenlandschaft hervor.

Trockenregion Wer von ►Los Angeles auf dem I-15 nach ►Las Vegas bzw. auf dem I-40 nach Kingman in ►Arizona fährt oder gar der historischen Route 66 nach Osten folgt, muss die riesige abflusslose Mojave-Wüste durchqueren. Als Teil der Basin & Range Province dehnt sie sich von den südkalifornischen San Gabriel und San Bernardino Moun-

Am Südrand der Mojave Desert verläuft der Los Angeles Aqueduct, der die Metropole mit dem lebensnotwendigen Nass versorgt.

tains bei ►Los Angeles bzw. vom Südrand der Sierra Nevada ostwärts bis in den Westen des Bundesstaates ►Nevada bzw. bis zum Coloradotal. Die nur sehr **spärlich besiedelte** Trockenregion wird oft als »Lonesome Triangle« bezeichnet. Die Niederschläge sind mit knapp 100 mm pro Jahr ausgesprochen gering. In den Senken sind **Hitzerekorde** an der Tagesordnung. Schon im April wird hier die 40 °C-Marke überschritten. Die Sonnenscheindauer beträgt hier über 3000 Stunden pro Jahr.

Bergbau

In der Vergangenheit spielte der Bergbau in einigen Gebieten der Mojave-Wüste eine herausragende Rolle, wie die zahlreichen aufgelassenen Bergwerksbetriebe zeigen. In erster Linie wurden Gold und Borax abgebaut. Heute baut man in der Mojave-Wüste größere Mengen **Salz** ab. Hauptabnehmer dieses Rohstoffs sind verschiedene Großunternehmen der Chemischen Industrie.

Militärische Sperrgebiete

Größte Bedeutung hat der riesige Trockenraum für das Militär. Riesige Areale sind als militärische Sperrgebiete ausgewiesen. Hier wurden in der Vergangenheit und werden heute noch neu entwickelte Waffensysteme (früher auch Atomwaffen) getestet, neue Flugzeuge und Raketen ausprobiert und militärische Übungen für eventuelle Einsätze in Krisenregionen des Nahen und Mittleren Ostens durchgeführt. Bekanntlich landen in der Mojave-Wüste bei Edwards gelegentlich Space Shuttles, die von ihren Weltraummissionen zurückkehren.

Die Wüste als Mülldeponie

Wer durch die Mojave-Wüste fährt, dem bleibt nicht verborgen, dass hier allerlei **Wohlstandsschrott** deponiert wird. Riesige Autofriedhöfe, zahllose ausrangierte Eisenbahnwaggons und große Flugplätze, auf denen Hunderte alter Düsenjets »geparkt« sind, fallen besonders ins Auge.

MOJAVE DESERT ERLEBEN

AUSKUNFT

Mojave National Preserve
2701 Barstow Road
Barstow, CA 92311
Tel. (7 60) 2 52-61 00, Fax 2 52-61 74
www.nps.gov/moja

Mojave Desert Information Center
43779 15th St. West, Lancaster, CA
off Hwy 14 at Ave K.
Tel. (6 61) 9 42-06 62
www.calparksmojave.com

ÜBERNACHTEN

Camping
Es gibt einige Campingplätze, zum Beispiel den Mid Hills Campground oder den Hole-in-the-Wall Campground. Beide bieten eine wundervolle Aussicht, sind aber sehr einfach.

Alternative Energien

Gleichzeitig sind Ansätze einer zukunftweisenden Landnutzung nicht zu übersehen. Denn die Mojave-Wüste, in der häufig starke Winde wehen und in der die Sonne besonders lang scheint, bietet geradezu ideale Voraussetzungen für die alternative Energiegewinnung. Auf einigen Bergzügen hat man bereits ganze Wälder von **Windkraftanlagen** errichtet. Auch die Gewinnung von Solarenergie macht große Fortschritte, so beispielsweise im Raum Dagget und bei Kramer Junction.

Ausflugsziele in der Mojave-Wüste

San Andreas Fault

Los Angeles Aqueduct ►

Wer von ►Los Angeles kommend auf dem Highway 14 von den San Gabriel Mountains herunterfährt, kann von einem Parkplatz kurz vor Palmdale einen Panoramablick über die westliche Mojave-Wüste genießen. Hier durchschneidet die Autobahn die San Andreas Fault, jene berühmt-berüchtigte **geologische Störungslinie**, entlang der es immer wieder zu heftigen Erdbeben kommt. Die Autobahn überquert auch den Los Angeles Aqueduct, über den Trinkwasser aus der Sierra Nevada in die südkalifornische Metropole geleitet wird.

Mojave

Etwa eine halbe Autostunde weiter nördlich erreicht man den kleinen Ort Mojave, wo sich wichtige Verkehrswege kreuzen. Im hiesigen Bahnhof wurden im späten 19. Jh. große Mengen Borax umgeladen, die aus dem ►Death Valley hierher gebracht wurden. Am nördlichen Ortsrand erstreckt sich ein Flugplatz, auf dem zahlreiche ausgemusterte Passagierflugzeuge stehen.

Boron

In Boron, östlich von Mojave gelegen, erinnert das **20 Mule Team Museum** an jene längst vergangenen Zeiten, als man mit Maultiergespannen den in dieser Gegend geförderten Borax abtransportierte.

Ca. 30 mi/48 km nördlich von Boron liegt die **Goldgräbersiedlung** Randsburg in den Red Mountains. Im hiesigen Desert Museum kann man sich nicht nur über die Naturgeschichte, sondern auch über die Geschichte des Bergbaus informieren. **Randsburg**

Etwa eine halbe Autostunde östlich der Edwards Air Force Base liegt das kalifornische Wüstenstädtchen Barstow (22 000 Einw.) an der Kreuzung dreier viel befahrener Highways. Es ist nicht nur ein stark frequentierter Rastplatz von Truckern und Touristen, sondern auch das Versorgungszentrum für ein riesiges, jedoch sehr dünn besiedeltes Umland. Im hiesigen **California Desert Information Center** (Öffnungszeiten: tgl. 9.00–17.00 Uhr) bekommt man reichhaltiges Informationsmaterial über die Mojave-Wüste. Eine Ausstellung klärt über die schwierigen Lebensbedingungen in der Mojave-Wüste auf. **Barstow**

Östlich von Barstow erheben sich die Calico Mountains, in denen einst Abenteurer und Prospektoren nach wertvollen Edelmetallen suchten. Den Geist jener Zeit kann man noch in **Calico Ghost Town** spüren. Die schon vor längerer Zeit von ihren Bewohnern verlassene Bergbausiedlung wurde in den letzten Jahren restauriert. Nördlich außerhalb von Calico hat man den ältesten bislang bekannt gewordenen **frühmenschlichen Siedlungsplatz** der westlichen Hemisphäre entdeckt. Funde bezeugen, dass Vorfahren der Indianer hier bereits vor rund 200 000 Jahren primitive Werkzeuge hergestellt haben. **★ Calico** ◄ Calico Early Man Archeological Site

Baker rühmt sich, der **Hitzepol der Mojave-Wüste** zu sein. Im Desert Visitor Center erhält man Informationsmaterial sowohl über das ► Death Valley, das man von Baker aus nordwärts über den landschaftlich reizvollen Highway 127 erreicht, als auch uber das neu geschaffene Mojave National Preserve. **Baker**

Mojave National Preserve

Im gebirgigen und landschaftlich besonders reizvollen Osten der Mojave-Wüste ist seit 1994 ein 5670 km² großes **Naturschutzgebiet** ausgewiesen. Es erstreckt sich östlich und südöstlich von Baker zwischen den beiden Highways I-15 und I-40. In dem touristisch noch wenig erschlossenen Schutzgebiet findet man den **weltgrößten Bestand an Joshua Trees** und etliche recht spektakuläre Canyons, erloschene Vulkane und wie uneinnehmbare Festungen erscheinende Tafelberge.

Temperaturanzeige im heißesten Ort der Mojave-Wüste

Die Kelso Dunes, ein **riesiges Binnendünenfeld**, das sich über 100 km² ausbreitet, ist das größte seiner Art im amerikanischen Westen. Es wird gänzlich von höheren Bergzügen umrahmt. So kann praktisch aus allen Windrichtungen feiner Sand in die Senke geblasen werden.

Providence Mountains ► Östlich der Kelso Dunes erheben sich die Providence Mountains, in denen ein kleines Erholungsgebiet (State Recreation Area) ausgewiesen ist.

Cima Dome Etwa 21 mi/30 km nordöstlich von Kelso ragt der Cima Dome auf, dessen vulkanisches Gestein daran erinnert, dass es zumindest in diesem Teil der Mojave-Wüste sehr ungemütlich gewesen ist. Der ziemlich symmetrische vulkanische Felsdom ist ein **beliebtes Ziel von Kletterern**.

> **? WUSSTEN SIE SCHON ...?**
>
> - ... dass sich rund um den Cima Dome der größte vornehmlich von Joshua Trees gebildete »Wald« der Erde ausbreitet? Die hiesigen für die Mojave-Wüste so typischen Gewächse sind bis zu 8 m hoch und in den meisten Fällen mehrere hundert Jahre alt.

Etwa halbwegs zwischen den Providence Mountains und den weiter nordöstlich aufragenden New York Mountains liegen die Mid Hills, von denen aus man einen schönen Panorama-Rundblick genießen kann.

★ **Wildhorse Canyon Road** Eine etwa 12 mi/20 km lange Straße führt durch den Wildhorse Canyon hinüber zum Hole-in-the-Wall, einem sehr eindrucksvollen **Felsenirrgarten**, dessen rot leuchtendes Gestein vulkanischen Ursprungs ist.

★ Palm Springs

E 10

Region: Riverside
Einwohnerzahl: 46 000
Höhe: 142 m ü. d. M.

Die »Oase der Reichen«, wie der Thermalkurort Palm Springs auch genannt wird, erfreut sich vor allem in den Wintermonaten größter Beliebtheit, denn zwischen Oktober und März herrschen hier sehr angenehme Temperaturen.

Geschichte Die **heißen Quellen** von Palm Springs wurden im 18. Jh. von den Spaniern entdeckt, die den Ort Agua Caliente (dt. = »heißes Wasser«) nannten. Das Gebiet war ursprünglich von Cahuilla-Indianern bewohnt. Ihre Nachfahren leben heute in einem Reservat, das auch ein Fünftel des Stadtgebiets von Palm Springs umfasst. Zum **Modekurort** wurde Palm Springs, das aus ursprünglich sieben kleinen Ortschaften zusammengewachsen ist, in den Dreißigerjahren des zwanzigsten Jahrhunderts, als die Hollywood-Prominenz regelmäßig hierher kam. Seitdem gehört der Wüstenort zu den bevorzugten Feriendomizilen der »oberen Zehntausend« in den USA. In den letzten Jahrzehnten wurden in Palm Springs zahlreiche Bewässerungskanäle angelegt und mehr als 50 000 Palmen gepflanzt. Nördlich außerhalb von Palm Springs steht inzwischen ein ganzer Wald von **Windkraftanlagen**, der die Stadt mit Strom versorgt.

Palm Springs präsentiert sich als Exklusive Oase zu Füßen der San Jacinto Mountains.

Golf und Tennis sind die beiden Sportarten, die man hier wirklich exzessiv betreiben kann. Mit mehr als 80 Golfplätzen und Golf Resorts sind die Bedingungen für den Golf-Sport nahezu ideal. Auch Klettertouren in den nahen Canyons, Radtouren sowie Exkursionen in die Wüstenumgebung stehen zur Wahl. In vielen Hotels kann man sich nach der sportlichen Betätigung mit einem Bad im sprudelnden Quellwasser erholen. Vor allem die Nobelunterkünfte besitzen eigene Kurbäder und Sporteinrichtungen.

Kur, Sport und Freizeit

Das Desert Museum (101 Museum Dr.) beschäftigt sich mit dem **Lebensraum Wüste**. Zum Museumskomplex gehören auch eine Kunstgalerie, eine Präsentation indianischen Kunsthandwerks sowie ein Skulpturengarten (Öffnungszeiten: Di. bis Do., Sa. und So. 10.00–16.00, Fr. 10.00 –20.00 Uhr).

Desert Museum

Reizvoll bietet sich Moorten's Botanical Garden (1701 S. Palm Canyon) dar. Dieser farbenprächtige botanische Garten ist tgl. zwischen 10.00 und 16.00 Uhr zugänglich.

Moorten's Botanical Garden

Wenige Meilen südlich außerhalb von Palm Springs lädt der bereits auf Indianergebiet gelegene Palm Canyon zum Besuch ein. Bemerkenswert ist der Bestand von rund 3000 **Fächerpalmen**.

Palm Canyon

Die »Lebende Wüste« (Living Desert) liegt ca. 13 mi/21 km südöstlich von Palm Springs bei dem Ort Palm Desert. In dem 480 ha großen Freigelände gedeihen vielerlei **Wüstenpflanzen**. Außerdem kann man hier typische Wüstentiere in ihrer natürlichen Umgebung beobachten.

Living Desert Wildlife and Botanical Park

PALM SPRINGS ERLEBEN

AUSKUNFT

Palm Springs Official Visitors Center
2901 North Palm Canyon Drive
Palm Springs, CA 92262
Tel. (7 60) 7 78-84 18
www.palm-springs.org

SHOPPING

Hauptflanierstraße ist der Palm Canyon Drive. Beste Einkaufsmöglichkeiten bieten sich außerdem im neuen Desert Fashion Plaza, an der Palm Springs Mall sowie am El Paseo Drive.

ESSEN

► Fein & Teuer

Melvyn's Restaurant
200 West Ramon Road
Tel. (7 60) 3 25-23 23
Elegantes Ambiente und erlesene Speisen. Das Restaurant befindet sich im »Ingleside Inn«, das zwar zentral, aber dennoch ruhig gelegen ist.

Johannes Cosmopolitan Cuisine
196 S Indian Canyon Drive
Tel. (7 60) 7 78-00 17
Mehrfach für seine feine europäische Küche und erlesenen Weine ausgezeichnetes Restaurant.

► Erschwinglich

Cactus Corral
67501 E. Palm Canyon Drive
Tel. (6 19) 3 21-85 58
Noch einen Hauch der Pionierzeit verspürt man in diesem Lokal, in dem außer Steaks und Bohnen viele andere Köstlichkeiten zubereitet werden.

► Preiswert

Ruby's
155 South Palm Canyon Drive
Tel. (7 60) 4 06 78 29
Klassisches American Diner mit reichhhaltiger Karte.

ÜBERNACHTEN

► Luxus

Givenchy Hotel & Spa
4200 E. Palm Canyon Drive
Tel. (7 60) 7 70-50 00, Fax 3 24-61 04
Das »Givenchy« gehört zu den neuesten und luxuriösesten Häusern im Wüstenkurort Palm Springs.

The Lodge at Rancho Mirage
68-900 Frank Sinatra Drive
Tel. (7 60) 3 21-82 82, Fax 3 21-69 28
www.ranchomirage.rockresorts.com
Wie die Adresse bereits andeutet, erholen sich des Öfteren bekannte Persönlichkeiten des »Show Biz« in diesem höchst komfortablen Resort von ihrer anstrengenden Arbeit. Die Luxusherberge liegt inmitten einer künstlich geschaffenen Parkanlage auf einem aussichtsreichen Plateau in der Vorbergzone der Santa Rosa Mountains.

► Komfortabel

Best Western Las Brisas Hotel
222 S Indian Canyon Drive
Tel. (7 60) 3 25-43 72, Fax 3 20-13 71
www.bestwesterncalifornia.com/palmsprings.htm
Das Hotel besticht durch mediterranes Flair. In jedem der 90 geschmackvoll eingerichteten Zimmer befindet sich ein Fernseher. Kostenloses Frühstück.

► Günstig

Palm Court Inn
1983 N. Palm Cyn Drive
Tel. (8 00) 6 67-79 18
www.palmsprings.com/hotels/palmcourtinn/
Großzügige Anlage mit Pool und Garten, die Zimmer sind geräumig und verfügen über Balkon oder Terrasse mit schönem Ausblick.

Salton Sea

Mitten in der südkalifornischen Wüste, etwa 43 mi/70 km südöstlich von Palm Springs, wurde 1905 der Saltonsee mit zugeleitetem Colorado-Wasser geflutet. Sein Pegel liegt 72 m unter dem Meeresspiegel. Um ihn herum ist eine **blühende Oase** entstanden, in der ganze Wälder von Dattelpalmen wachsen sowie Weintrauben und Zitrusfrüchte gedeihen. Die **Salton Sea State Recreation Area** an seinem Nordufer ist ein beliebtes Wassersport- und Angelrevier. Auf dem rund 6700 ha großen Gelände gibt es gut ausgestattete Campingplätze.

> **! Baedeker TIPP**
>
> **Drahtseilbahn auf den Mount Jacinto**
> Während einer Seilbahnfahrt (Aerial Tramway) auf den 2595 m hohen Mount San Jacinto kann man in exemplarischer Weise die einzelnen Höhenstufen der Vegetation in Augenschein nehmen. Vom Gipfel bietet sich vor allem gegen Abend ein überwältigender Ausblick. Der gesamte Gebirgsstock ist als Naturschutzgebiet ausgewiesen. Für passionierte Bergwanderer sind hier oben über 80 km Wege markiert.

Weiter südlich erstreckt sich das **Imperial Valley**, das sich mit dem Tal des Todes (► Death Valley) den Ruf teilt, die **heißeste Region Nordamerikas** zu sein. Zwischen März und Oktober steigt die Quecksilbersäule oft über die 40°C-Marke. Im Sommer werden hier Temperaturen bis zu + 52 °C gemessen! Das extrem trocken Imperial Valley ist jedoch eine Landschaft, in der das ganze Jahr über bei entsprechender Bewässerung angebaut und geerntet werden kann, nicht nur Obst und Gemüse, sondern auch Baumwolle. Über den All-American-Kanal wird Wasser vom Unterlauf des Colorado River abgezweigt und über ein ganzes System kleinerer Kanäle und Bewässerungsanlagen auf die Felder des Imperial Valley geleitet. Die Erträge im **»Wintergarten der Vereinigten Staaten«**, wie das Imperial Valley inzwischen genannt wird, sind doppelt so hoch wie in den traditionellen Anbaugebieten.

◄ Imperial Sand Dunes

Am Ostrand des Imperial Valley erstrecken sich die faszinierenden Imperial Sand Dunes, die oftmals als **»Amerikanische Sahara«** bezeichnet werden. Sie sind ein überaus empfindliches Ökosystem, das leider zunehmend von Sand-Buggy- und Jeep-Piloten förmlich umgepflügt und daher in seinem Bestand stark bedroht wird.

* Joshua Tree National Park

Östlich von Palm Springs breitet sich der Joshua Tree National Park aus. Aufgrund seiner Lage zwischen der im Norden angrenzenden, bis zu 1000 m höher gelegenen Mojave-Wüste und der Colorado-Wüste im Südosten vereint der Park **Merkmale beider Wüstengebiete**. Das bekannteste Charakteristikum des Nationalparks sind zwar die namensgebenden Joshua Trees, doch findet man auch Palmenhaine, Sanddünen und Kakteengärten. Im Park gibt es keine Tankstellen oder Hotels. Zur Verfügung stehen nur einfache Campingplätze.

> **? WUSSTEN SIE SCHON ...?**
>
> - ... dass die Joshua Trees ihren Namen wohl von Mormonen erhielten? Die Gläubigen fühlten sich beim Anblick der Äste an die erhobenen Arme des Propheten erinnert.

★★ San Diego

D 11

Region: San Diego **Höhe:** 13 m ü. d. M.
Einwohnerzahl: 1,2 Mio. (Metropolitan Area: 2,5 Mio.)

Vor allem als Hafenstadt und Flottenstützpunkt, aber auch als Forschungsstandort kommt San Diego eine hohe Bedeutung zu. Das gleichmäßig warme und trockene Klima, die landschaftlich reizvolle Umgebung sowie die kilometerlangen Sandstrände bescherten der Stadt in den vergangenen Jahren einen sprunghaften Bevölkerungsanstieg.

Geschichte Die eigentliche Geburtsstunde der Hafenstadt schlug im Jahr 1769, als der Franziskanermönch Pater Junipero Serra hier mit dem Bau der ersten von ingesamt 21 **Missionsstationen** begann (die heutige Mission San Diego de Alcala befindet sich ca. 10 km landeinwärts von ihrem ursprünglichen Standort). Im 19. Jh. gehörte San Diego zu Mexiko und später dann zu den USA. Mit der Aufnahme des Bundesstaates Kalifornien in die Union wurde 1850 das **San Diego County** ins Leben gerufen. Der wirtschaftliche Aufschwung kam aber erst mit dem Anschluss der Santa Fe Rail Road, dem Ausbau des Hafens und der Verlegung des Flottenstützpunktes nach San Diego in der ersten Hälfte des 20. Jh.s. Neben dem Militär sind heute die **Luft- und Raumfahrtindustrie** sowie namhafte **Forschungszentren** wichtige wirtschaftliche Faktoren. Die Stadt umfasst gegenwärtig bereits ein Gebiet von 800 km². Ähnlich wie in Los Angeles wird auch für San Diego vieles von der Frage abhängen, inwieweit die Stadt der enormen Zersiedelung und der Entleerung des Stadtkerns Einhalt gebieten kann.

1542	Eine spanische Expedition landet in der Bucht von San Diego und entdeckt so das spätere Kalifornien.
1769	Bau der ersten von insgesamt 21 Missionsstationen
1803	Erste Angloamerikaner kommen nach San Diego.
1846	San Diego wird US-amerikanisch.
1885	Anschluss an die Santa Fe Rail Road
1941	San Diego wird Hauptquartier der Pazifikflotte.

Downtown

★ **Gaslamp Quarter** Sowohl tagsüber als auch abends ist das Gaslamp Quarter ein einladendes Viertel – hier gibt es viele Geschäfte, Restaurants, Theater und Bars. In dem **historischen Viertel** zwischen Broadway und K Street stehen noch 16 Häuserblocks mit viktorianischen Bauten aus der Zeit zwischen 1880 und 1910. Sehenswert sind vor allem einige Häuser in der Fifth Avenue, im Abschnitt zwischen E und F Street.

Seaport Village

In die San Diego Bay laufen täglich Hochsee-, Kreuzfahrtschiffe und Jachten ein. Direkt am Ufer, durch den Harbor Drive von Downtown getrennt, lädt Seaport Village, eine **Freizeitanlage** in Form eines großen Dorfes, mit ihren Spezialitätengeschäften und Lokalen zum Bummeln ein.

★ **San Diego Maritime Museum**

Das 1948 gegründete San Diego Maritime Museum besteht aus **drei originalgetreu restaurierten Schiffen**, die weiter nordwestlich am Harbor Drive zwischen Ash und Laurel Street liegen. Bei dem stolzen Dreimaster »Star of India« handelt es sich um ein 1863 auf der Insel

San Diego Downtown Orientierung

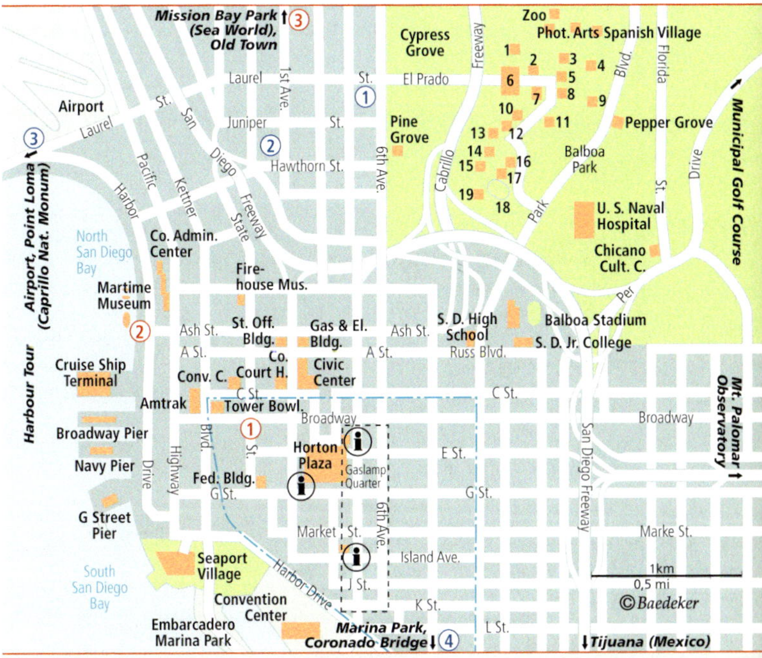

1 Old Globe Theatre
2 Museum of Arts
3 Botanical Building
4 Natural History Museum
5 Timken Art Gallery
6 Museum of Man
7 Hall of Champions
8 House of Hospitality
9 Space Theatre
10 House of Pacific Relations
11 Organ Pavillon
12 Federal Building
13 Balboa Park Club
14 Palisades Building
15 Conference Building
16 Federal Building
17 Municipal Gym
18 Balboa Park Bowl
19 Aerospace Historical Center

Essen
① Laurel Restaurant & Bar
② Hob Nob Hill
③ The Boathouse
④ Coronado Brewing Company

Übernachten
① Wyndham Emerald Plaza
② Holiday Inn on the Bay
③ Best Western Blue Sea Lodge

SAN DIEGO ERLEBEN

AUSKUNFT

San Diego Convention & Visitors Bureau
401 B Street Suite 1400
San Diego, CA 92101 4237
Tel. (619) 236-1212
www.sandiego.org

SHOPPING

Im Nordwesten erstreckt sich zwischen 1st und 4th Avenue das moderne Einkaufs- und Unterhaltungszentrum Horton Plaza. Mehr als 100 Geschäfte, mehrere Kaufhäuser, Restaurants, Kino und Theater gehören zu dem farbenfrohen Ensemble.

ESSEN

► Fein & Teuer

① ***Laurel Restaurant & Bar***
505 Laurel St
Tel. (6 19) 2 39 22 22
Eines der besten Restaurants in San Diego bietet südfranzösische Küche mit mediterranem Einfluss und ein erlesenes Weinangebot.

► Erschwinglich

② ***Hob Nob Hill***
2271 1st Ave.
Tel. (6 19) 2 39-81 76
Einfallsreiche Fisch- und Fleischgerichte bekommt man in der Nähe des Balboa Park zu annehmbaren Preisen geboten.

③ ***The Boathouse***
2040 Harbour Island Drive
Tel. (6 19) 2 91-80 11
Direkt am Hafen gelegen, kann man in diesem Restaurant neben vielen verschiedenen Fischgerichten auch die herrliche Aussicht genießen.

► Preiswert

④ ***The Coronado Brewing Company***
170 Orange Avenue, Coronado
Tel. (6 19) 4 37-44 52
Das CBC liegt auf der anderen Seite der Coronado Bridge. Zu internationalen Speisen wird hier selbst gebrautes Bier gereicht. Kinder unter 12 Jahren können kostenlos essen.

ÜBERNACHTEN

► Luxus

① ***Wyndham Emerald Plaza***
400 W. Broadway
Tel. (6 19) 2 39-45 00, Fax 2 39-45 27
Hochmodernes Hotel mitten in Downtown. Hier verkehren in erster Linie Geschäftsreisende. Aber auch viele Touristen haben die zentrale Lage dieses Hauses schätzen gelernt.

► Komfortabel

② ***Holiday Inn on the Bay***
1355 N. Harbor Drive
Tel. (6 19) 2 32-38 61, Fax 2 35-01 17
Direkt am Hafen bzw. am Seaport Village liegt dieser riesige Hotelkomplex, dessen Zimmer den üblichen Holiday-Inn-Komfort aufweisen.

Baedeker-Empfehlung

► Günstig

③ ***Best Western Blue Sea Lodge***
707 Pacific Beach Drive
Tel. (6 19) 4 88-47 00, Fax 4 88-72 76
Geheimtipp für Urlauber, die das Geld nicht mit vollen Händen ausgeben wollen! Das einfache, aber mit üblichem Komfort ausgestattete Haus liegt direkt am gut besuchten Pazifikstrand. In der Nähe gibt es hübsche Lokale und Shopping-Möglichkeiten. Nur wenige Minuten Weg bis zur »Sea World«, eine halbe Stunde ins Zentrum von San Diego.

Man gebautes Segelschiff, das die Erde mehrmals umrundete. Es konnte bis zu 400 Passagiere aufnehmen und verkehrte zunächst als Passagier- und Frachtschiff zwischen England und Neuseeland, bevor es von 1901 bis 1923 unter amerikanischer Flagge im Alaskaverkehr eingesetzt wurde. Ferner gehören die Fähre »Berkeley« (1898), die zwischen San Francisco und Oakland im Einsatz war, und die 1904 vom Stapel gelaufene Motorjacht »Medea« zum Schiffsmuseum (Öffnungszeiten: tgl. 9.00–20.00 Uhr).

★ Flugzeugträger USS Midway

Seit 2004 kann der ausrangierte Flugzeugträger USS Midway in der North San Diego Bay (910 North Habor Drive) besichtigt werden. Auf dem Deck des 300 m langen Trägers sind historische Flugzeuge ausgestellt und im ehemaligen Hangardeck gibt es Flugsimulatoren und ein Café.

Museum of Contemporary Art

Das heutige Museum für zeitgenössische Kunst war ursprünglich die **Villa von Ellen Browning Scripps**, einer wohlhabenden Mäzenin, die erheblich zur Entwicklung von La Jolla beigetragen hat. 1941 wurde das Gebäude zunächst in ein Zentrum für südkalifornische Künstler umgewandelt und nach dem Umbau seiner heutigen Bestimmung zugeführt (Öffnungszeiten: Di. bis Fr. 10.00–17.00, Sa. und So. 12.30–17.00 Uhr).

★ Balboa Park

Die meisten Museen der Stadt

Auf dem 565 ha großen Gelände des Balboa Parks, der für die **Panama-Pazifik-Ausstellung** 1915/1916 im spanisch-mexikanischen Stil angelegt wurde, befinden sich die meisten Museen der Stadt sowie Theater, Restaurants und diverse Freizeitmöglichkeiten. Es empfiehlt sich, das Auto auf dem großen Parkplatz vor dem Zoo abzustellen und von dort mit der Straßenbahn (kostenlos) oder zu Fuß die Sehenswürdigkeiten anzusteuern.

Botanical Building

Im Botanical Building (Öffnungszeiten: Di. bis So. 10.00–17.00 Uhr), vor dem sich ein hübscher Seerosenteich befindet, kann man einige hundert Arten **tropischer und subtropischer Pflanzen** bewundern. Das Gebäude wurde ursprünglich von der Santa Fe Railway als Bahnhof errichtet.

House of Pacific Relations

In den 15 einzeln stehenden Bauten der Ausstellung »House of Pacific Relations« (Besichtigung nur So. 12.30–16.30 sowie jeden vierten Dienstag im Monat 12.00–15.00 Uhr) präsentieren sich fünfzehn lateinamerikanische Länder.

Museum of Man, Museum of Photographic Arts

Das Museum of Man befasst sich schwerpunktmäßig mit der **Kulturgeschichte der Pueblo-Indianer** (vor allem der Hopi), während das Museum of Photographic Arts in den Arkaden der Casa de Balboa junge Fotografie vorstellt.

Im Balboa Park finden sich die schönsten Museen der Stadt, wie z. B. das Botanical Building mit zahlreichen Arten tropischer und subtropischer Pflanzen.

Reuben H. Fleet Space Theater & Science Center

»Sterne gucken« können Sie im populärwissenschaftlich ausgerichteten **Weltraum-Theater mit Planetarium** und Omnimax-Kino (Vorführungen tgl. 9.30–21.30 Uhr). Im angeschlossenen Science Center werden die Besucher mit verschiedenen naturgesetzlichen Abläufen vertraut gemacht.

✶ Aerospace Museum

Das Aerospace Museum mit der angeschlossenen International Aerospace Hall of Fame und einige Flugzeug-Oldtimern gehört zu den besten seiner Art in den USA. Hier steht auch ein Nachbau der »Spirit of St. Louis«, mit der Charles A. Lindbergh seinerzeit den ersten Transatlantik-Alleinflug unternommen hatte.

Museum of Art

Zu den Sammlungen des San Diego Museum of Art (Öffnungszeiten: Di. bis So. 10.00–16.30 Uhr) gehören Werke europäischer Meister von der Frührenaissance bis zum 20. Jh. sowie eine große Abteilung amerikanischer und asiatischer Kunst; im angrenzenden Skulpturengarten stehen u. a. Plastiken von Alexander Calder, Barbara Hepworth und Henry Moore.

Museum of Natural History

Das vor mehr als 100 Jahren gegründete Naturgeschichtliche Museum ist der **südkalifornischen Flora und Fauna** gewidmet (Öffnungszeiten: im Sommer tgl. 9.30–17.30, Do. bis 21.00 Uhr).

Timken Art Gallery

In der 1965 erbauten Timken Art Gallery ist eine umfangreiche Sammlung russischer Ikonen (16.–19. Jh.) zu besichtigen sowie Werke europäischer und amerikanischer Maler (Öffnungszeiten: Di. bis Sa. 10.00–16.30 Uhr).

Spreckels-Orgel

Recht imposant ist die gewaltige, im Freien stehende Spreckels-Orgel mit 4400 Pfeifen, von denen die kleinste 4 cm und die größte fast 10 m lang ist. Die Orgel wurde der Stadt 1915 als Geschenk des deutschstämmigen Millionärs Adolph Spreckels übergeben.

** San Diego Zoo

Der San Diego Zoo gehört zu den **besten seiner Art auf dem Globus**. Seit dem Beginn der Zwanzigerjahre befindet er sich an seinem jetzigen Standort und wird fortwährend erweitert, so etwa im Jahr 1988 durch den rund 1 ha großen Regenwald am Tiger River. Unzählige exotische Pflanzen und mehr als 800 Tierarten kann man in ihrem naturnah gestalteten Lebensraum beobachten. Darunter befinden sich auch so exotische Vertreter wie Tiger aus Sumatra, Tapire aus Malaysia und andere in ihrem Bestand bedrohte Tierarten. Seit 1995 leben auch Panda-Bären aus China in dem Tierpark. Im Kinderzoo dürfen die Jungtiere auch gestreichelt werden (Öffnungszeiten: im Winter tgl. 9.00–17.00 Uhr, im Sommer 9.00–20.00 Uhr).

! *Baedeker* TIPP

Bustour durch den Zoo

Die beste Möglichkeit, den Zoo kennen zu lernen, ist eine 40-minütige geführte Tour im Bus. Anschließend kann man mit dem Bus, der an fünf Stellen im Zoo hält, z. B. zu seinen Lieblingstieren fahren. Die Fahrkarte für den Bus beinhaltet sowohl die geführte Tour als auch alle anschließenden Fahrten.

Old Town

* Altstadt

Die nördlich von Downtown auf dem Presidio-Hügel am San Diego River gelegene sog. Altstadt, der Old Town San Diego State Historic Park, führt den Besucher in die **mexikanische und frühamerikanische Geschichte** der Stadt. Zu sehen sind u. a. **restaurierte Adobe-Häuser** – so zum Beispiel die Casa de Estudillo (Öffnungszeiten: tgl. 10.00–17.00 Uhr) in der San Diego Avenue – und **traditionelle Werkstätten**.

◄ Bazaar del Mundo

Herzstück von Old Town San Diego und zugleich lebhafter Schauplatz von Konzerten und Folkloretänzen ist der farbenfrohe Arkadenbau um den Bazaar del Mundo.

Coronado

Gartenstadt auf einer Halbinsel

Von Downtown führt eine hoch über die San Diego Bay gespannte Brücke zur schönen Halbinsel Coronado. Sie ist nach den Baja California (Mexiko) vorgelagerten Inseln Los Coronados benannt. Auch eine Fähre verbindet das Festland mit der Gartenstadt, die wegen ihrer landschaftlichen Reize auch **Crown City** genannt wird. Glanzpunkt der Halbinsel ist das 1888 im spanisch-mexikanischen Stil aus Holz erbaute, vierstöckige Luxushotel Del Coronado (1500 Orange Avenue) – damals das größte Gebäude außerhalb New Yorks, das bereits völlig mit elektrischem Strom versorgt war. Zu den illustren

* ◄ Hotel Del Coronado

Gästen des Hauses zählen gekrönte Häupter ebenso wie Schauspiel- und Politikprominenz, hier wurden Filme gedreht wie der unvergessliche Streifen »Some like it hot« mit Marilyn Monroe, Jack Lemmon und Tony Curtis.

? WUSSTEN SIE SCHON ...?

- ... dass kein Geringerer als Thomas Edison persönlich den Einbau der Elektrik im Hotel Del Coronado überwacht haben soll?

Am Südende der Halbinsel Point Loma wird im Cabrillo National Monument an die Entdeckung Kaliforniens durch den Portugiesen

Point Loma Cabrillo National Monument

Juan Rodriguez Cabrillo im September 1542 gedacht. Das Nationaldenkmal, das bei klarer Sicht einen weiten Rundblick über die Stadt erlaubt, ist von Mitte Dezember bis Mitte Februar ein idealer Standort, um **Grauwale** auf ihrer Wanderung von der Bering-See nach Süden zu den warmen Buchten in Baja California zu beobachten. Spaziergänge führen zum alten Leuchtturm, über den Bayside Trail und die Sylvester Road mit einer bizarren Mischung aus Wüsten- und Küstenvegetation. Auf Point Loma befinden sich ferner ein Flottenübungsstützpunkt und einer der größten Flottenfriedhöfe des Landes, der Rosecrans National Cemetery.

Mission Bay

Paradies für Wassersportler

Lange Sandstrände, viele hübsche kleine Buchten und gepflegte Grünanlagen zeichnen die Mission Bay aus. Während am »Beach« Inlineskater, Radfahrer, Jogger, California Boys und Badenixen kalifornische Fitness und Körperkultur vorführen, trifft sich die High Society in den eleganten Yachtklubs und Luxusherbergen.

**** Sea World**

Wer sich für Darbietungen dressierter Delfine, Seelöwen, Otter und Wale begeistert, sollte sich das Sea World nicht entgehen lassen. Zu den Attraktionen gehören ein **tropisches Spielparadies** für Kinder (Shamu's Happy Hour), eine Show mit Killerwalen, ein Delfinbecken und ein begehbarer, durchsichtiger Acryltunnel, der durch ein Aquarium mit Haien, Rochen und tropischen Fischen führt (1720 South Shores Rd.; Öffnungszeiten: tgl. 10.00–17.00 Uhr).

La Jolla

*** Mondäner Badeort**

Der idyllische Vorort La Jolla ist bekannt für seine ausgefallenen Designerboutiquen, für die vielen gemütlichen Restaurants und die sehenswerten Kunstgalerien in und um die Straßen Girard Avenue und Prospect Street. Das fast dörflich anmutende **»Juwel« San Diegos** ist durch die hier angesiedelte Universität und andere Forschungseinrichtungen zu einem bevorzugten Wohnort von Akademikern, bildenden Künstlern und Literaten geworden. Sonnenanbeter bevölkern das ganze Jahr über den Sandstrand in der felsumrahmten La Jolla Cove. Hier tummeln sich auch Robben und Seevögel.

*** La Jolla Cove ►**

Architektonisch Interessierte sollten sich die Gebäude auf dem Campus der 1912 gegründeten University of California at San Diego ansehen (Village Drive und North Torrey Pines Road, unweit der US 5). Rund 16 000 Studenten sind hier eingeschrieben. Das 1903 eröffnete **Institute of Oceanography**, zu dem eine hervorragende Bibliothek gehört, gilt als das älteste und größte amerikanische Institut für Meereskunde. Im angeschlossenen Scripps Aquarium kann man die Unterwasserwelt des Pazifiks vor der kalifornischen Küste kennen lernen.

University of California

◄ Scripps Aquarium

Umgebung von San Diego

Knapp 31 mi/50 km nördlich von San Diego liegt der Wild Animal Park, ein 700 ha großes Wildgehege für etwa 300 in Afrika und Asien heimische Tiere. Die beste Möglichkeit, die Tiere aus der Nähe zu beobachten, bietet sich auf einer knapp einstündigen Einschienenbahn-Fahrt. Der Park ist auch ein Pflanzenparadies; hier findet man die **größte Bonsai-Bepflanzung** des US-amerikanischen Westens. 1995 wurde ein kleiner Nadelwald in den »Dinosaur Mountain« umgewandelt, in dem der Besucher 18 rekonstruierten urzeitlichen Monstern begegnet (Öffnungszeiten: tgl. 9.00–16.00 Uhr).

✶ Wild Animal Park

! *Baedeker* TIPP

Blühende Pracht

Ein Besuch im Anza-Borrego Desert State Park ist besonders im Frühling zu empfehlen, wenn die Wüstenlandschaft erblüht. Bei der Wildflower Hotline unter Tel. (6 19) 7 67-53 11 erfährt man, welche Pflanzen gerade in Blüte stehen.

Das am Rande der Coloradowüste gelegene Naturschutzgebiet umfasst eine der **imposantesten Wüstenlandschaften** im US-amerikanischen Südwesten. Von periodischen Flutwellen geschaffene Schwemmland- und Sandflächen, eindrucksvolle Sanddünen, wildromantische Canyons und eine hoch interessante Flora ziehen Besucher in ihren Bann. Achtung! Bevor man in den State Park hineinfährt, sollte man sich im westlich von Borrego Springs gelegenen Visitor Center über die Beschaffenheit der unbefestigten Pisten und eventuelle andere Gefährdungen erkundigen. Auskunft: Tel. (6 19) 7 67-42 05 (Parkzugang: Okt. bis Mai tgl. 9.00– 17.00, Juni bis Sept. nur Sa., So. u. Fei. 9.00–17.00 Uhr).

✶ Anza-Borrego Desert State Park

Ca. 62 mi/100 km nördlich von San Diego erstreckt sich das Temecula Valley (indian. »te mec u la« = dt. »wo die Sonne durch den Nebel scheint«). Hier oben, ca. 430 m ü. d. M., wird **Weinbau** betrieben. Möglich wird die Kultivierung von Trauben in dieser heißen Landschaft durch eine feuchtkühle Brise, die vom Pazifik durch eine Lücke im Küstengebirge herauf wehen kann. Die Weine gehören zu den besten der USA.

Temecula Valley

Das alte Städtchen Temecula ist ein **Paradies für Schnäppchenjäger**, die auf der Suche nach schönen Antiquitäten sind. Fündig wird man

◄ Temecula Old Town

vor allem im Temecula Trading Post, in der Chaparral Antique Mall und bei Morgan's Antiques.

★ Mount Palomar Observatory ▸ Auf dem 1706 m hohen Mount Palomar befindet sich die Sternwarte mit dem weltberühmten und unter maßgeblicher Beteiligung von G. E. Hale konstruierten **Teleskop**. Es wurde 1948 in Betrieb genommen. Weiterhin steht hier oben ein »Big Schmidt« genanntes Teleskop, mit dem man einen fotografischen »Himmelsatlas« (Palomar Observatory Sky Survey) erstellt hat. 1970 wurde noch ein großes fotometrisches Teleskop installiert.

★★ Yosemite National Park

B 6

Region: Tuolumne **Fläche:** 3082 km²

Der im Osten Kaliforniens gelegene Yosemite National Park umfasst einen besonders wald- und gewässerreichen Ausschnitt der westlichen Sierra Nevada. Die abwechslungsreiche Landschaft, deren besondere Kennzeichen fast senkrecht aufragende Granitwände, imposante Wasserfälle, alpine Matten, Bergseen und Schneefelder sind, fasziniert die Besucher.

Fauna und Flora Im Yosemite-Nationalpark findet man eine **artenreiche Pflanzen- und Tierwelt** vor – Mammutbäume, Weihrauchzedern, Lebenseichen, Lorbeerbäume, aber auch Azaleen, Bärenklau und seltene Distelarten erfreuen den botanisch Interessierten. Vielerlei Tiere, darunter Schwarz- und Braunbären, »Mule Deers« (Maultierhirsche), Backenhörnchen und Streifenhörnchen (Chipmunks) und Waschbären, kann man hier beobachten. Mehr als 200 Vogelarten und über zwei Dutzend Reptilienarten leben im Gebiet des Nationalparks.

Saison Ein Teil des Nationalparks, das landschaftlich besonders reizvolle Yosemite Valley, ist ganzjährig zugänglich. Die durch die High Sierra führende Tioga Road (s. u.) ist nur im Sommer (ab Anfang/Mitte Juli) befahrbar. Beste Besuchszeit für den Park ist der **Frühling**, wenn die Wasserfälle – bedingt durch die Schneeschmelze – tosend zu Tal stürzen.

Von Juni bis September muss man mit vielen (Mit-)Besuchern rechnen. In dieser Zeit wird der Individualverkehr stark eingeschränkt. Dafür verkehren **Pendelbusse** zwischen den Parkeingängen und der Siedlung Yosemite Village. Da die Zahl der Unterkünfte im Park selbst und direkt vor den Eingängen beschränkt ist, empfiehlt sich eine rechtzeitige Reservierung bei der zentralen Buchungsstelle des Parks.

? WUSSTEN SIE SCHON ...?

- ... dass der Park seinen Namen von der indianischen Bezeichnung für den Grizzlybär, »u-zu-ma-ta«, erhielt?

Yosemite National Park Orientierung

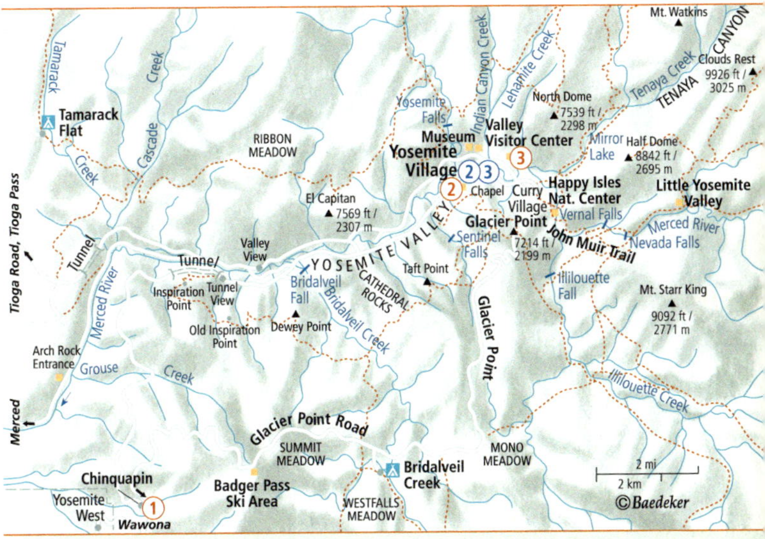

Übernachten
① Wawona Hotel
② Yosemite Lodge at the Falls
③ The Ahwahnee

Essen
① The Ahwahnee
② Degnan's Deli
③ Village Grill

Yosemite Valley

★★ **mächtige Granitfelsen**

Landschaftliches Highlight und stark frequentiertes Zentrum des Nationalparks ist das vom Merced River durchflossene Yosemite Valley, ein etwa 13 km langes und bis zu 3 km breites, etwa 1300 m hoch gelegenes Tal. Beiderseits des Tals ragen gewaltige Granitfelsen fast senkrecht bis zu 1400 m hoch auf. Besonders eindrucksvoll ist der 2307 m hohe **El Capitán**, ein mächtiger Felsblock, der den westlichen Eckpfeiler der Talschaft bildet. Auf der anderen Talseite sind die Drillingsspitzen der Three Brothers markante Blickpunkte. Vom 2600 m hohen **Eagle Peak** (Adlerspitze) bietet sich ein herrlicher Blick über das Tal und zu den Yosemite Falls. Zahlreiche Fußwege und Bergpfade unterschiedlichen Schwierigkeitsgrades erschließen die schönsten Stellen des Yosemite Valley und seiner näheren Umgebung. Dem Verlauf des Merced River folgt die 27 km lange **Valley Loop Road**, von der im Osten eine Stichstraße zum Mirror Lake abzweigt.

Die Entstehungsgeschichte des Yosemite Valley reicht weit zurück: Vor ca. 300 Mio. Jahren bildeten sich die Granitmassive der heutigen Sierra Nevada, deren Heraushebung vor etwa 150 Mio. Jahren begann und bis ins Tertiär anhielt. Ein Vorläufer des heutigen Merced River bahnte sich seinen Weg durch das Gestein und schuf dabei einen tiefen Canyon, das heutige Yosemite-Tal. Während der Eiszeiten hobelten Gletscher den Canyon U-förmig aus und modellierten die für das Tal so charakteristischen Felswände. Nach der letzten Eiszeit entstand ein See, der allmählich verlandete und nun den ebenen Talboden bildet.

YOSEMITE N. P. ERLEBEN

AUSKUNFT

Visitor information & Headquarters
P.O. Box 577, Yosemite
National Park, CA 95389
Tel. (2 09) 3 72-02 00, Fax 3 72-02 20
www.nps.gov/yose

ESSEN

► Erschwinglich

① ***The Ahwahnee***
Im Park
Tel. (5 59) 2 53-56 35
www.yosemitepark.com
Vier-Sterne-Restaurant im edlen Ambiente des historischen Ahwahnee Hotel. Zu jedem Gericht wird ein passender Wein gereicht.

► Preiswert

② ***Degnan's Deli***
Yosemite Village
Das Deli bietet eine große Auswahl an Sandwiches, Suppen und Salaten.

③ ***Village Grill***
Yosemite Village
In diesem Fastfood-Restaurant bekommt man unter anderem Hamburger und Sandwiches.

ÜBERNACHTEN

► Luxus

③ ***The Ahwahnee***
Im Park
Tel. (5 59) 2 53-56 35
www.yosemitepark.com
123 Zimmer und Suiten, davon 24 in Blockhäusern. Das 1927 fertig gestellte Ahwahnee Hotel ist berühmt für seine Granit-Fassade. Viele hohe Gäste, darunter Queen Elizabeth II. und John F. Kennedy, haben hier übernachtet. In den Gemeinschaftsräumen sorgen Fenster vom Boden bis an die hohen Decken, riesige Kamine und edle Kronleuchter für ein luxuriöses Ambiente.

► Komfortabel

① ***Wawona Hotel***
Wawona Road, 8 km vom Südeingang des Parks entfernt am Highway 4
Tel. (5 59) 2 53-56 35
www.yosemitepark.com
Wawona ist eines der ältesten Mountain Resort Hotels. Sechs viktorianische Gebäude, das älteste ist von 1876, beherbergen 104 Zimmer, von denen die Hälfte kein eigenes Badezimmer hat. Zur Anlage gehören ein Neun-Loch-Golfplatz, ein Tennisplatz und ein Pool.

② ***Yosemite Lodge at the Falls***
Im Park
Tel. (5 59) 2 52-48 48
www.yosemitepark.com
Die Lodge ist direkt an den Yosemite Falls. Neben 254 Zimmern gibt es hier unter anderem Restaurants, einen Pool und einen Fahrrad-Verleih.

CAMPING

Im gesamten Parkgebiet gibt es 13 Campingplätze, die zu unterschiedlichen Zeiten geöffnet sind (einige erst ab Juli). Reservierungen sind unbedingt erforderlich.
Informationen dazu erhält man bei www.nps.gov/yose/trip/camping.htm.

Yosemite Village

Am Taleingang liegt die kleine Siedlung Yosemite Village. Hier sind die Parkverwaltung, das Besucherzentrum des Nationalparks sowie das **Yosemite Museum** angesiedelt. Letzteres informiert über die Kultur der hier heimischen Indianer. Von Yosemite Village aus wird ein kostenloser Buspendeldienst ins Tal angeboten. Im Indian Village kann man die Lebensweise der Ahwahneechee-Indianer studieren.

**** Yosemite Falls**

Die viel gerühmten Yosemite Falls stürzen etwa in der Mitte des Tales in drei Absätzen insgesamt 739 m in die Tiefe. Die Wasserfälle bieten im Frühjahr ebenso wie die herrlichen Bridal Veil Falls (Brautschleier-Fälle) ein **grandioses Naturschauspiel**, schwinden jedoch im Sommer und Herbst.

*** Indian Caves, Mirror Lake**

An seinem Ostende verzweigt sich das Yosemite Valley in die beiden Engtäler des Tenaya Creek (NO) und des Merced River (SO). Zwischen den beiden Felsquadern am Fuße der rechten Canyonwand des Tenaya Creek befinden sich die Indian Caves, ehemalige **Höhlenwohnungen** der Indianer. Etwa 2 km flussaufwärts liegt der romantische Mirror Lake (Spiegelsee), in dessen klarem Wasser sich – besonders morgens und abends – die Kuppeln des 2299 m hohen North Dome spiegeln. Der von Verlandung bedrohte See trocknet im Spätsommer fast völlig aus. Erst nach den herbstlichen Regenfällen füllt sich sein flaches Becken wieder auf. Um den See führt ein 5 km langer Spazierweg.

Der imposante **Half Dome** (2695 m) schließt das Tal im Osten ab und hat die Gestalt einer vertikal halbierten Kuppel; ob die fehlende Hälfte jemals existiert hat, ist nicht geklärt. Man kann den Half Dome in den Sommermonaten von hinten her besteigen. El Capitan und Half Dome sind wohl die berühmtesten **Kletterfelsen** im Yosemite-Tal bzw. in ganz Kalifornien. An den beiden Felsmassiven wurde erstmals das sog. »Free Climbing« (Freiklettern, Extremklettern) ausprobiert, das sich seither zu einer verbreiteten Sportart entwickelt hat.

Ein Paradies für Kletterer: der Half Dome im Yosemite Valley, ein Monolith wie eine vertikal halbierte Kuppel

★ **Glacier Point, Sentinel Rock, Cathedral Rock**

An der Südostecke des Yosemite-Tals springt eine Felsnase mit dem 2199 m hohen Glacier Point vor, dem wohl **schönsten Aussichtspunkt** in diesem Bereich des Parks. Vom Glacier Point nach Westen verläuft die in ihrem unteren Teil von Geröll bedeckte Talwand etwa 2 km annähernd in gerader Linie. Sie wird vom Sentinel Dome (2476 m) überragt und endet im 2145 m hohen Sentinel Rock, dem markantesten Felsen der Südwand. Weiter westlich folgen die beiden schlanken Cathedral Spires (1800 m und 1865 m), an die sich die imposante Zwillingsgruppe der Cathedral Rocks (2021 m) gegenüber dem Capitán anschließt. Über die Westseite des unteren Teils dieser Felsen stürzt der 15–20 m breite Bridal Veil Fall fast 200 m senkrecht in die Tiefe.

Übriges Nationalparkgebiet

★ **Mariposa Grove of Big Trees, Grizzly Giant**

Etwa 2 mi/3 km nordöstlich vom Südeingang des Tals liegt der relativ leicht zugängliche Mariposa Grove mit seinen **gigantischen Mammutbäumen**. Auf dem 1 km² großen, zwischen 1670 und 2100 m hoch gelegenen Waldstück sind rund 500 dieser Riesenbäume versammelt. Der markanteste unter ihnen wurde auf den Namen Giant Grizzly getauft. Trotz seiner abgebrochenen Krone ist dieser Baum immer noch 64 m hoch und hat einen Basisdurchmesser von 9 m. Einige Äste, die erst in 30 m Höhe beginnen, haben bereits einen Durchmesser von 2 m. Das Alter des Giant Grizzly wird auf rund 2700 Jahre geschätzt. Im oberen Teil des Mammutbaumhains liegt der weltberühmt gewordene, 1969 unter der Schneelast zusammengebrochene Wawona Tree, durch dessen Stamm die Fahrstraße führt. Schwerer zugänglich als Mariposa Grove sind die Redwood-Bestände in den beiden abseits gelegenen, aber hochinteressanten Biotopen Merced Grove und Tuolumne Grove. Im **Mariposa Grove Museum** werden Exponate zur Naturgeschichte und Entdeckung des Gebietes gezeigt.

Wawona

Etwa 8 km nordwestlich vom Südeingang liegt an der Wawona Road das Touristenzentrum Wawona. Zu beiden Seiten des Südarmes des Merced River erstreckt sich das **Freilichtmuseum Pioneer Yosemite History Center**.

Tioga Road

Den mittleren Bereich des Nationalparks durchquert die 69 km lange Tioga Road in annähernd westöstlicher Richtung. Diese nur im Sommer befahrbare Straße führt über den gleichnamigen Pass in eine weitgehend unberührte, eindrucksvolle **Hochgebirgslandschaft**, vorbei am stillen Tenaya Lake und durch die Tuolumne Meadows, ein idyllisches von Bergen umrahmtes Wiesenhochland (2713 m; Besucherzentrum, Lodge mit Zeltplatz). Von Tuolumne Meadows starten Wanderer in die noch kaum erschlossene Wildnis des nördlichen Nationalparks. Unbedingt sehenswert ist auch der benachbarte, etwa 250 m hoch gelegene May Lake.

★ ★ Tuolumne Meadows ▸

★ May Lake ▸

Umgebung des Nationalparks

★ **Mono Lake**

Wer vom Yosemite National Park über den Tioga Pass in östlicher Richtung bergab fährt, erreicht schon nach kurzer Zeit den direkt am US 395 gelegenen und recht idyllisch wirkenden Mono Lake. Der See ist über 700 000 Jahre alt und vermutlich das Ergebnis vulkanischer Tätigkeit. Wegen seines ausgesprochen **hohen Salzgehalts** können in ihm nur verhältnismäßig wenige Lebewesen existieren. In erster Linie sind es einzellige Algen, die Myriaden von kleinen Salzfliegen und vielen kleinen Krebsen als Nahrung dienen. Im Frühjahr und Herbst bietet der Mono Lake ein fantastisches Naturschauspiel, denn zu diesen Zeiten rasten hier **Hunderttausende von Zugvögeln**. Viel beachtete Phänomene sind die eigentümlichen und bizarr geformten Kalksintertürmchen an seinem Südufer. Dabei handelt es sich um bis zu 13 000 Jahre alte **Kalkablagerungen**, die erst seit den Sechzigerjahren aus dem See herausragen. Der Grund: Um den Ballungsraum Los Angeles besser mit Trinkwasser versorgen zu können, hat man inzwischen auch einige Zuflüsse des Mono Lake angezapft. Der Seespiegel sinkt seither ständig ab. Nach und nach erscheinen immer mehr dieser Kalktürmchen an der Wasseroberfläche. Die Absenkung des Seespiegels führt aber auch dazu, dass der Salzgehalt des Seewassers tendenziell zunimmt (Visitor Center von Lee Vining; Öffnungszeiten: tgl. 9.00–18.00 Uhr).

★★

◄ Kalksintertürmchen

Weil die Bürger Kaliforniens so viel Wasser brauchen, tauchen immer mehr bizarre Kalksintertürmchen aus dem Mono Lake auf.

COLORADO

Fläche: 270 000 km²
Hauptstadt: Denver
Beiname: Centennial State
Bevölkerungszahl: 4,5 Mio.
Zeitzone: Mountain

Der Bundesstaat Colorado ist – gemessen an seiner Fläche – der achtgrößte der USA. Die Bezeichnung »Colorado« kommt aus dem Spanischen, was so viel wie »farbig« bedeutet. Diesen Namen gaben die Konquistadoren im 17. Jh. der Region, von den bunt leuchtenden Gesteinen beeindruckt.

Der Farbenstaat

Colorado grenzt im Süden an New Mexico, im Südosten an Oklahoma, im Osten an Kansas, im Nordosten an Nebraska, im Norden an Wyoming und im Westen an Utah. Der kleinere östliche Teil des Staatsgebietes gehört naturräumlich zu den **Großen Ebenen** (Great Plains), die sich hier in Höhen zwischen 1000 und 1800 m ü. d. M. ausdehnen. Vorherrschende Vegetationsform ist die Kurzgrassteppe. Die Böden dieses Naturraumes liefern bei entsprechender Bewässerung gute Erträge. Die einzelnen Schichtstufen der Großen Ebenen sind durch breite Täler gegliedert. Der größere westliche Teil des Bundesstaates liegt im Bereich der **Rocky Mountains**. Besonders markant tritt die Front Range in Erscheinung, die sich ziemlich abrupt und örtlich als über 2000 m hohe Gebirgsmauer mit schmaler Vorbergzone aus dem Grasland der Great Plains erhebt. Im Westen von Colorado bildet die über 4000 m hohe Sawatch Range eine Wasserscheide zwischen dem zum Atlantik gehörenden Golf von Mexiko und dem Pazifischen Ozean. Westlich schließt das wüstenhafte, vom Colorado und seinen Nebenflüssen tief zerfurchte Tafelland des Coloradoplateaus an.

Geschichte

Der Süden Colorados war über Jahrhunderte geprägt von **präkolumbischen Indianerkulturen**, deren Lebensraum man als »Gran Chichimeca« bezeichnete. Im 17. Jh. durchstreiften spanische Konquistadoren das Gebiet, später kamen Kundschafter aus der französischen Besitzung Louisiana in den Osten Colorados. In der Folgezeit stritten sich Franzosen und Spanier um die Vorherrschaft. Zu einem Spottpreis erwarben die USA im Zuge des Louisiana Purchase 1803 den französischen Teil. Der spanische Teil ging 1821 an den neu gegründeten Staat Mexiko über. Nach dem Amerikanisch-Mexikanischen

← Ein imposantes Bauwerk ist das Colorado State Capitol in Denver. Seine Kuppel ist mit Blattgold belegt.

Krieg (1846–1848) wurde Mexiko durch den Frieden von Guadalupe Hidalgo gezwungen, das Gebiet an die Vereinigten Staaten abzutreten. Der **Goldrausch** lockte ab 1858 viele Goldsucher und später zahlreiche Siedler in das Gebiet. Die meisten der damaligen Orte sind heute nicht mehr bevölkert, können aber teilweise noch als »ghost towns« besichtigt werden. Die weißen Siedler verdrängten viele Indianerstämme, beispielsweise auch die Ute-Indianer, die in Reservate umgesiedelt wurden. Seit 1861 selbständiges Territorium, wurde Colorado 1876 als 38. Bundesstaat in die Union aufgenommen.

Bevölkerung Colorado ist mit 15,2 Einw./km² immer noch relativ **dünn besiedelt**. Der größte Teil der Bevölkerung lebt in einem schmalen Band von Städten, die sich am Ostabfall der Rocky Mountains wie Perlen einer Kette von Norden nach Süden aneinander reihen. Die Einwohner Colorados sind überwiegend Nachkommen von europäischen Einwanderern; die indianische Urbevölkerung lebt mehr oder weniger unauffällig in den Städten oder ist in Reservate zurückgedrängt. Im Süden des Bundesstaates gibt es in manchen Counties einen beachtlich hohen spanisch-sprechenden Bevölkerungsanteil. Diese Menschen, die meist aus Mexiko stammen, werden »Hispanics« genannt. Der Anteil der Afro-Amerikaner liegt unter 10 Prozent.

Wirtschaft Während in den Great Plains **Bewässerungsfeldbau** betrieben wird, ist im trockenen Westen nur extensive Weidewirtschaft möglich. Viehzucht und Feldbau bilden die Grundlage für die Nahrungs- und Genussmittelindustrie. Im östlichen Vorland der Rocky Mountains gibt es beachtliche Vorkommen an Kohle, Erdöl und Erdgas. Obwohl der Bergbau mit der Förderung von Gold begann, waren es die reichen Silbervorkommen, die Colorados Wohlstand begründeten. Im gebirgigen Westen findet man vielerlei Bodenschätze, darunter auch Vanadium, Uran und Zink. Die Molybdänvorkommen sind die bedeutendsten der USA. Traditionelle Industriezweige wie Stahlerzeugung, Metallverarbeitung und Waffenproduktion treten immer mehr in den Hintergrund. Dafür haben **High-Tech-Industrien** wie Raumfahrttechnik und Elektronik in den letzten Jahrzehnten immer mehr an Bedeutung gewonnen. Ebenfalls recht stark entwickelt hat sich der Dienstleistungssektor. Dies gilt insbesondere für das Städteband am Ostrand der Rocky Mountains und hier vor allem für das Verwaltungs-, Finanz- und Wirtschaftszentrum Denver.

Tourismus ► Immer wichtiger wird der Wirtschaftsfaktor Tourismus. Mit großem Elan werden Wintersportgebiete, National und State Parks für den Fremdenverkehr erschlossen. Colorado bietet für Naturfreunde und **Aktivurlauber** vielerlei Möglichkeiten. Auch wird kaum ein Tourist es versäumen, die spektakulären Höhlenwohnungen bzw. Pueblos der Anasazi im Mesa Verde National Park zu besichtigen. Die Palette der Sportmöglichkeiten reicht von diversen Wassersportarten wie Rafting oder Kanu- bzw. Kajakfahren über Wandern und Klettern bis hin zum Golfspiel.

★ Aspen

P 4

Region: North West
Einwohnerzahl: 6000
Höhe: 2410 m ü. d. M.
Telefonvorwahl: 970

Die meisten Besucher von Aspen kommen wegen der schönen Skigebiete hierher. Der noble Wintersportort liegt rund 160 mi/260 km südwestlich von ►Denver in den Rocky Mountains. In der näheren Umgebung kann man aber auch Geisterstädte anschauen.

Geschichte

Der heute so exklusive Erholungsort ist aus einer 1879 gegründeten **Bergbausiedlung** hervorgegangen, die in den Achtzigerjahren des 19. Jh.s einen wahren Silberboom erlebte. Mit dem Verfall der Silberpreise in den Neunzigerjahren endete die erste Blütezeit von Aspen. Aspen drohte das Schicksal einer Geisterstadt. Es dauerte bis zum Zweiten Weltkrieg, als sich ein Aufschwung des idyllisch gelegenen Ortes zur Wintersportdestination andeutete. 1946 wurde die Aspen Skiing Company ins Leben gerufen, die es schaffte, den Ort bis 1950 so weit zu »trimmen«, dass hier **Weltmeisterschaften** im Alpinen Skilauf ausgetragen werden konnten. Danach wurde die ganze Umgebung von Aspen generalstabmäßig für den Wintersport erschlossen, später sogar zum Ganzjahres-Erholungsort. Das Aspen Institute for Humanistic Studies wurde gegründet und das Aspen Music Festival etablierte sich. In den Sechziger- und Siebzigerjahren setzte ein kaum zu bremsender Bauboom ein. Ein Luxushotel nach dem anderen und eine Shopping Mall nach der anderen schossen aus dem Boden.

> **? WUSSTEN SIE SCHON ...?**
>
> - ... dass in Aspen 1947 der damals längste Sessellift der Welt eröffnet wurde? Der Industrielle Walter P. Paepcke aus Chicago veranlasste den Bau des Mammutwerks, das vom Tal aus mehr als 1 km auf die Spitze des Aspen Mountain hinauffuhr.

Inzwischen ist Aspen zum **mondänen Erholungsort** herangewachsen, der einem Vergleich mit St. Moritz oder Davos durchaus standhält. Vor allem um Weihnachten und Neujahr ist Aspen hoffnungslos überlaufen. Alles was Rang und Namen hat, schwebt mit dem Privatjet auf dem heillos überlasteten Flugplatz der Stadt ein. Hollywood-Stars feiern hier ihre Silvesterpartys, und alles ist furchtbar teuer.

Sehenswertes in Aspen

Downtown

Das **historische Zentrum** der Stadt hat man schnell gesehen. Am Wagner Park steht das Wheeler Opera House (Besichtigung Mo. bis Sa. 10.00–17.00 Uhr; Auskunft: Tel. 925-90 42), wo das ganze Jahr über, vor allem aber während des sommerlichen Musikfestivals, viele Darbietungen zu sehen sind. Im Westen des Stadtkerns lohnt das Wheeler Stallard Museum (620 W. Bleeker St.; Öffnungszeiten: Di.

Am Aspen Mountain trifft sich in jedem Winter die Ski-Jet-Set der Welt.

bis So. außer Fei. 13.00–16.00 Uhr) einen Besuch, wo man Interessantes über Aspen erfährt. Es ist in der Residenz des Silberbarons Wheeler untergebracht, die 1888 im viktorianischen Stil errichtet worden ist. Die im Nachbarhaus residierende Aspen Historical Society organisiert im Sommer Rundgänge durch die historischen Stadtbezirke. Im Aspen Art Museum (590 N. Mill St.; Öffnungszeiten: Di. bis Sa. 10.00–16.00, So. 12.00–16.00 Uhr) sind Kunst-Wechselausstellungen zu sehen.

*** Anderson Ranch Arts Center**

Südwestlich außerhalb der Stadt, im Bush Creek Valley, kann man das Anderson Ranch Arts Center besuchen. Auf dem Gelände einer alten Schäferei werden im Sommer diverse **künstlerische Programme** angeboten, vom Töpfern über das Schnitzen bis zum Malen und Fotografieren. Auch interdisziplinäre Programme und Computer-Imagination stehen hoch im Kurs. Auf dem Gelände gibt es eine Kunstgalerie, deren Schätze man montags bis freitags 9.00–17.00 Uhr bewundern kann.

* Skigebiete

Aspen Mountain

Das bekannteste Skigebiet ist der Aspen Mountain südlich der Stadt. Mit der **Silver-Queen-Seilschwebebahn** (tgl. 9.30–16.00 Uhr) gelangt man hinauf in den Skizirkus. Hier finden alljährlich die Weltcup-Abfahrt »America's Downhill« und die »24 Stunden von Aspen« statt. Letzteres ist als härtestes Skirennen der Welt bekannt. Auf dem Berg werden 76 Abfahrten vorwiegend mittlerer und höherer Schwierigkeitsgrade präpariert. Ski-Anfänger tun sich hier leider etwas schwer.

ASPEN ERLEBEN

AUSKUNFT

Aspen Chamber Resort Association
425 Rio Grande Place
Aspen, CO 81611
Tel. (9 70) 9 25-19 40
Fax (9 70) 9 20-11 73

ESSEN

▶ Fein & Teuer

Renaissance
304 E. Hopkins St.
Tel. (9 70) 9 25-24 02
Küchenchef Charles Dale ist in besonderem Maße der Cuisine Française verpflichtet. Vorzüglich sind seine Lamm- und Fischgerichte. Dazu genießt man exzellente Weine.

▶ Erschwinglich

Chart House
219 E. Durant Ave.
Tel. (9 70) 9 25-35 25
Bereits seit den frühen Sechzigerjahren eine Institution. In rustikal-sportlichem Ambiente werden exzellente Gerichte der amerikanischen und internationalen Küche serviert.

Red Onion
420 E. Cooper St.
Tel. (9 70) 9 25-90 43
Das »Red Onion« ist das älteste Lokal von Aspen. Es ist aus einem Saloon hervorgegangen, der hier schon zur Zeit des Silberbooms bestand. Heute werden hier mexikanische Spezialitäten serviert.

▶ Preiswert

La Cocina
308 E. Hopkins Avenue
Tel. (9 70) 9 25-97 14
Liebevoll eingerichtetes mexikanisches Restaurant, im Sommer kann auch auf der Terrasse gegessen werden.

ÜBERNACHTEN

▶ Luxus

Jerome
330 E Main St, Aspen
Tel. (9 70) 9 20-10 00, Fax 9 25-27 84
www.hoteljerome.com
Das Hotel Jerome gehört zu den Top-100-Hotels in den USA und Kanada. Die Zimmer und Suiten sind elegant und mit allem erdenklichen Luxus eingerichtet.

The Little Nell
675 East Durant Avenue
Tel. (9 70) 9 20-46 00, Fax 9 20-46 70
www.thelittlenell.com
»The Little Nell« gilt als das beste Luxus-Resort Colorados. In allen Zimmern und Suiten erwartet den Gast eine erstklassige, prachtvolle und dennoch gemütliche Einrichtung, unter anderem ein Kamin und marmorne Badezimmer.

Baedeker-Empfehlung

▶ Komfortabel

The Inn at Aspen
38750 Highway 82
Tel. (9 70) 9 25-15 00, Fax 9 25-90 37
Das komfortable und erst kürzlich renovierte Haus steht zu Füßen des Buttermilk Mountain. Es verkehrt ein kostenloser Shuttle Bus zu den Bergbahnen und in die nahen Skigebiete.

▶ Günstig

St. Moritz Lodge & Condominiums
334 W. Hyman Avenue
Tel. (9 70) 9 25-32 20, Fax 9 20-40 32
www.snowflakeinn.com/St_Moritz/
Das Hotel bietet zweckmäßig und gemütlich eingerichtete Zimmer und Wohnungen zu günstigen Preisen.

Aspen Highlands Ein weiteres großes Skigebiet sind die »Aspen Highlands« im White River National Forest südwestlich der Stadt. Hier werden auch zahlreiche **Langlaufloipen** gespurt. Man erreicht das Gebiet über die Maroon Creek Road.

Buttermilk Mountains Die Buttermilk Mountains bieten mit ihren vielen weniger schweren Abfahrten geradezu ideale Verhältnisse für Anfänger.

Snowmass Knapp 13 mi/20 km westlich von Aspen liegt das Wintersportgebiet der erst 1967 eröffneten Retortenstation Snowmass Village. In dem schneereichen Skigelände, das bis 3600 m ü. d. M. hinaufreicht, finden auch **Snowboarder** beste Voraussetzungen für ihren Sport vor.

Sehenswertes in der Umgebung

★ Maroon Lake Der malerische Bergsee Maroon Lake liegt vor der gewaltigen Kulisse der drei Viertausender Maroon Peak, North Maroon Peak und Pyramid Peak.

Ashcroft Ghost Town Im Castle Creek Valley kann man von Juni bis September die Geisterstadt Ashcroft besichtigen, wo in den Achtzigerjahren des 19. Jh.s mehrere hundert Bergleute gelebt haben.

★ Glenwood Springs 41 mi/66 km nordwestlich von Aspen liegt der Thermalkurort Glenwood Springs (1757 m ü. d. M.; 8000 Einw.) am I-70. Die Grundlage für den Badebetrieb legte Walter Devereux im Jahre 1887, der u.a. die Vapor Caves entdeckte und 1893 das heute noch renommierte Colorado Hotel erbauen ließ. Alsbald fanden sich illustre Kurgäste ein, unter ihnen auch Präsident Theodore Roosevelt. Der moderne Glenwood Hot Springs Pool (Öffnungszeiten: tgl. 9.00–22.00 Uhr) gehört zu den größten Thermalbädern der USA. Besondere Attraktion der Yampa Hot Springs Spa & Vapor Caves (709 E. 6th St.; Öffnungszeiten: tgl. 9.00–21.00 Uhr) sind eine unterirdisch austretende heiße Therme und die Dampfbäder. Im Frontier Historical Museum (1001 Colorado Ave.; Öffnungszeiten: Di. bis Sa. 13.00–16.00 Uhr) kann man sich über die Geschichte der Region informieren. Auf dem Linwood Cemetery (Ecke Bennett St./E. 13th St.) ist der berühmte Revolverheld Doc Holliday bestattet, der 1887 in Glenwood starb. Östlich der Kurstadt kommt man in den spektakulären Glenwood Canyon, den der reißende Colorado ausgefräst hat. Südlich des Kurortes führt der CO 133 im malerischen Crystal River Valley hinauf zum 2669 m hohen Mc Clure Pass.

! *Baedeker* TIPP

Independence Pass

Ein unvergessliches Erlebnis ist eine Fahrt über den 3687 m hohen Independence Pass (Öffnungszeiten: Juni bis Oktober), über den man hinüber in das Tal des oberen Arkansas River gelangt. Nach der Passhöhe fährt man am Südhang des Mount Elbert entlang, der mit 4399 m der höchste Berg des Bundesstaates Colorado ist.

★ Colorado Springs

R 5

Region: South Central
Einwohnerzahl: 370 000, Ballungsraum 500 000
Höhe: 1831 m ü. d. M.
Telefonvorwahl: 719

Die zentrale Lage, ein angenehmes Klima, reichhaltige Kulturangebote und die landschaftlich spektakuläre Umgebung machen Colorado Springs zum idealen Ausgangspunkt für zahlreiche Unternehmungen. In der aufstrebenden Stadt im Sun Belt sind hochkarätige Forschungsinstitute und High-Tech-Unternehmen angesiedelt.

Geschichte

Der Ort wurde im Jahre 1871 unter dem Namen »Fountain Creek« von General William J. Palmer gegründet und fungierte zunächst als Erholungsort für die Angestellten der Denver & Rio Grande Rail-

Colorado Springs Orientierung

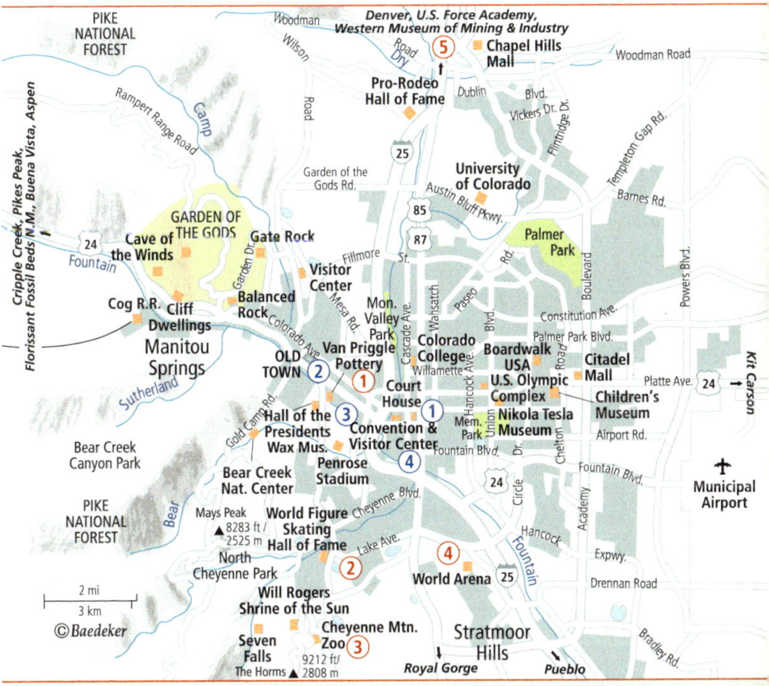

Übernachten
1. Holden House
2. The Broadmoor
3. Cheyenne Mountain Resort
4. Sheraton
5. Bradford Suites

Essen
1. Sencha
2. La Petite Maison
3. The Warehouse Restaurant
4. Nemeth's El Tejon

COLORADO SPRINGS ERLEBEN

AUSKUNFT

Colorado Springs Convention and Visitors Bureau
515 S. Cascade Ave.
Colorado Springs, CO 80903
Tel. (7 19) 6 35-75 06, Fax 6 35-49 68
www.experiencecoloradosprings.com

ESSEN

► Fein & Teuer

① ***Sencha***
Tel. (719) 6 32-82 87
331 S. Nevada Avenue
www.sencha-restaurant.com
Fantasievoll angerichtete, exquisite Speisen aus aller Welt. Ein Highlight sind die »Literary Dinners«, bei denen ein Fünf-Gänge-Menu zu einem literarischen Thema kreiert wird.

► Erschwinglich

② ***La Petite Maison***
1015 W. Colorado Ave.
Tel. (7 19) 6 32-48 87
In einem hübsch restaurierten Gebäude aus viktorianischer Zeit werden neben diversen Gerichten der französischen Küche auch raffinierte Kreationen der sog. Southwestern Cuisine serviert.

③ ***The Warehouse Restaurant***
Palmer Lake Brewing Company
25 W Cimarron St.
Tel. (7 19) 4 75-88 80
www.thewarehouserestaurant.com
Das Restaurant, zu dem auch eine Galerie und eine Brauerei gehören, befindet sich in einer 1900 erbauten ehemaligen Lagerhalle. Regionale und kontinentale Küche.

► Preiswert

④ ***Nemeth's El Tejon***
1005 S. Tejon St.
Tel. (7 19) 4 71-02 40
Neben altbekannten Gerichten werden in diesem traditionsreichen Restaurant auch neue Kreationen der mexikanischen Küche angeboten.

ÜBERNACHTEN

► Luxus

① ***Holden House 1902 Bed & Breakfast Inn***
1102 W. Pikes Peak Avenue
Tel. (7 19) 4 71-39 80, Fax 4 71-47 40
www.holdenhouse.com
Das 1902 erbaute Haus im viktorianischen Stil verfügt über fünf liebevoll eingerichtete Suiten.

② ***The Broadmoor***
1 Lake Avenue
Tel. (7 19) 5 77-57 75, Fax 5 77-57 38
www.broadmoor.com
Luxuriöses Fünf-Sterne-Hotel am Fuße der Rocky Mountains. Im Herzen der großzügigen Anlage befindet sich der Cheyenne Lake.

Baedeker-Empfehlung

► Komfortabel

③ ***Cheyenne Mountain Resort***
3225 Broadmoor Valley Road
Tel. (7 19) 5 38-40 00, Fax 5 40-57 79
www.cheyennemountain.com
Das Resort bietet vielfältige Sportangebote, z. B. einen 18-Loch-Golfplatz oder Wassersport auf dem hoteleigenen See mi einem traumhaften Blick auf die Berge.

④ ***Sheraton Colorado Springs Hotel***
2886 South Circle Drive
Tel. (7 19) 5 76-59 00, Fax 5 76-76 95
www.starwoodhotels.com/sheraton
Im Hotel am östlichen Rand der Colorado Rocky Mountains erwarten den Gast High-Speed-Internetan-

schluss in allen Zimmern, drei Restaurants, ein kostenloses Fitness-Center sowie Innen- und Außenpools.

▸ **Günstig**
⑤ ***Bradford Suites***
5805 Delmonico Drive
Tel. 7 19-2 68-99 90
www.bradfordsuites.com/springs
Die gemütlich eingerichteten Apartments sind u.a. mit Fernseher, komplett eingerichteten Küchen und kostenlosem Internet-Zugang ausgestattet. Den Gästen stehen zudem ein 24-Stunden-Fitness-Center und ein Pool zur Verfügung.

road. In der Nähe bestand bereits die Ortschaft El Dorado City, die später in Colorado City umbenannt wurde und zeitweise sogar Hauptstadt von Colorado war. Colorado Springs entwickelte sich bald zum **Kurort für die Wohlhabenden** und dehnte sich immer weiter aus. 1917 wurde das verarmte Colorado City eingemeindet.

Sehenswertes in Colorado Springs

★ **Old Colorado City**

Wenige Meilen östlich der Nord-Süd-Achse I-25 liegt der kleine alte Kern von Colorado City. Man fühlt sich hier noch sehr an die Zeit des **Wilden Westens** erinnert, obwohl heute zahlreiche Restaurants und Souvenirläden in den alten Bauten untergebracht sind. Ende Mai ist das alte Colorado City Schauplatz der »Territory Days«.

★ **Fine Arts Center**

Das Fine Arts Center (30 W. Dale St.; Öffnungszeiten: Di. bis Sa. 10.00–17.00, So. 13.00–17.00 Uhr) zeigt Kunst der Indianer (u.a. Sandmalereien) und Arbeiten, die zu kolonialspanischer Zeit im Südwesten entstanden. Darunter befinden sich einige »Santos«, wunderschön geschnitzte Heiligenfiguren. Ferner sind Gemälde und Skulpturen von amerikanischen Künstlern des 19. und 20. Jh.s ausgestellt.

Pikes Peak Center

Das Pikes Peak Center (190 S. Cascade Ave.) ist das **moderne Kulturzentrum** der Stadt und Heimstatt des berühmten Colorado Springs Dance Theater. Im August finden hier viel beachtete Aufführungen im Rahmen des Colorado Opera Festival statt.

Mc Allister House

In der Nähe kann man das 1873 fertig gestellte McAllister House (423 N. Cascade Ave.; Öffnungszeiten: Mai bis Aug. Mi. bis So., Sept. bis April Do. bis Sa. 10.00–16.00, So. erst ab 12.00 Uhr) besichtigen, dessen Räume mit wertvollem **viktorianischem Mobiliar** eingerichtet sind.

Numismatic Museum

Einige Schritte weiter zeigt das Museum of the American Numismatic Association (818 N. Cascade Ave.; Öffnungszeiten: Mo. bis Fr. 8.30–16.00 Uhr) eine der umfangreichsten Münzsammlungen der Welt.

Pioneers Museum Im Süden der Stadt findet man das reichhaltige Pioneers Museum (215 S. Tejon St.), das an die **wilden Jahre des Goldrausches** erinnert (Öffnungszeiten: Mo. bis Sa. 10.00–17.00, So. 13.00–17.00 Uhr).

Hall of Presidents Wax Museum Wollten Sie schon immer mal John F. Kennedy oder George Washington gegenübertreten? Im Wachsfigurenmuseum »Hall of Presidents« (1050 S. 21st St.; Öffnungszeiten: Mai bis Sept. tgl. 9.00–21.00, Okt. bis April 10.00–17.00 Uhr) haben Sie dazu Gelegenheit. Hier sind alle US-Präsidenten versammelt. Die Wachsfiguren stammen aus den Londoner Madame Tussaud's Studios.

Pro Rodeo Hall of Fame In der Pro Rodeo Hall of Fame (101 Pro Rodeo Dr.; Öffnungszeiten: tgl. 9.00–17.00 Uhr) sieht man alles, was irgendwie mit der **Geschichte des Rodeos** zusammenhängt. Interessant ist das Gegenüber von historischer und aktueller Cowboy-Ausrüstung. Rodeo »live« kann man Anfang August beim »Pikes Peak or Bust Rodeo« im Spencer Penrose Stadium erleben.

Sehenswertes in der Umgebung

★ Garden of the Gods Bizarre Formen aus rotem Sandstein, wie etwa die »Kissing Camels« oder der »Balanced Rock«, sowie uralte Zypressen machen den besonderen Reiz der Garden of the Gods aus. Besonders eindrucksvoll bietet sich das rostrote Felsenlabyrinth bei **tief stehender Sonne** dar.

Der Garten der Götter lädt zu ausgedehnten Spaziergängen ein.

Trading Post

Am Südausgang des Parks, in der Nähe des Balanced Rock, wurde vor 100 Jahren ein Trading Post eingerichtet. Das heutige, im Pueblostil gehaltene Gebäude ist in den Zwanzigerjahren errichtet worden. Hier kann man sich über die Naturgeschichte dieser Landschaft informieren und hübsches Indianer-Kunsthandwerk (u.a. Sandmalereien, Kachinas, Töpferware, Türkisschmuck) erstehen (Öffnungszeiten: Sommer tgl. 8.00–20.00, Winter 9.00–17.30 Uhr).

Am Osteingang kann man in der 1868 erbauten **White House Ranch** (3202 Chambers Way) sehen, wie sich das ländliche Leben im 19. Jh. abgespielt hat (Öffnungszeiten: Juni bis Labor Day Mi. bis So. 10.00–16.00 Uhr; Labor Day bis Christmas nur an Wochenenden).

! *Baedeker* TIPP

Flying W Ranch

Wie wär's mit einem opulenten Mahl im Western Style und danach eine »Western Show«? Zu haben in der als Freilichtmuseum hergerichteten Flying W Ranch (3330 Chuckwagon Rd.) im Norden des Garden of the Gods. Im Sommer gibt's sogar ein »Chuckwagon Supper« (Chuckwagon = Feldküche).

Das **Pikes Peak Ghost Town Museum** (400 S. 21st St.; Öffnungszeiten: Mai bis Okt. Mo. bis Sa. 9.00–18.00, So. 13.00–18.00 Uhr; Nov. bis April Sa./So. 13.00–16.00 Uhr) ist in einem Eisenbahnergebäude von 1899 untergebracht. U.a. sind Kutschen und Planwagen aus der **Pionierzeit** ausgestellt, sogar ein Cadillac aus dem Jahre 1903 ist hier zu bestaunen.

US Air Force Academy

Wenn Sie einer Parade der US-Streitkräfte beiwohnen möchten, sollten Sie zur Mittagszeit die US Air Force Academy zu Füßen der Rampart Range besuchen. Über 4000 Kadetten werden hier ausgebildet. Architektonisch bemerkenswert ist die Chapel (Kapelle; zugänglich tgl. 9.00–17.00, So. ab 13.00 Uhr) mit ihren raketenartigen spitzen Giebeln, in der katholische, protestantische und israelitische Gottesdienste abgehalten werden. Im **Visitor Center** (Öffnungszeiten: tgl. 9.00–17.00 Uhr) informiert man sich über die Geschichte dieser renommierten Militärakademie.

Western Museum of Mining & Industry

Beim Nordtor der Air Force Academy im Bergbaumuseum kann man sich im Goldwaschen versuchen (Öffnungszeiten: März bis Nov. tgl. 9.00–16.00 Uhr).

Seven Falls

Ca. 7 mi/11 km südwestlich oberhalb der Stadt stürzen sich die wildromantischen Seven Falls in den South Cheyenne Canyon. Zugang: Mai bis Okt. tgl. 8.00–22.00, Okt. bis April tgl. 9.00–16.00 Uhr. Per Aufzug oder zu Fuß gelangt man ins **»Adlernest«** (Eagle's Nest), von wo aus man einen großartigen Ausblick genießen kann.

Manitou Springs

Nicht erst mit dem Beginn des Badebetriebs 1872 wurden die Mineralquellen in dem heutigen **Kurort** Manitou Springs genutzt, die Indianer entdeckten ihre Heilkräfte schon viel früher. Sehenswert ist das als Museum zugängliche Miramont Castle (Öffnungszeiten: Mai

Miramont Castle

bis Okt. tgl. 10.00–17.00, Nov. bis Apr. tgl. 12.00–15.00 Uhr) auf dem Capitol Hill. Die 1895 erbaute viktorianische Villa ist kostbar ausgestattet und beherbergt eine hübsche Puppenkollektion sowie eine sehenswerte Miniaturensammlung. Am US 24 sind gut erhaltene indianische Felswohnungen der Anasazi aus dem 12. und 13. Jh. zu sehen. Sie sind von Mai bis Okt. tgl. 10.00–17.00 Uhr zugänglich.

Manitou Cliff Dwellings ►

✶ **Cave of the Winds**

Das stellenweise bis zu 200 Mio. Jahre alte Höhlensystem der Cave of the Winds wurde 1881 entdeckt. In der Höhle sieht man außergewöhnlich schöne **Sinter- und Tropfsteinbildungen** (Öffnungszeiten: Mai bis Sept. tgl. 9.00–20.00, Okt. bis April tgl. 10.00–17.00 Uhr).

✶✶ **Pikes Peak**

Der markante, nach dem Naturforscher Zebulon Pike benannte Hausberg von Colorado Springs gehört zu den höchsten Erhebungen im Bereich der Front Range. Bei günstigen Witterungsverhältnissen reicht der Blick bis Denver im Norden und bis zu den 100 Meilen weiter südlich gelegenen Gipfeln der Sangre de Cristo Mountains. Nach Westen kann man gleich mehrere Ketten der Rocky Mountains identifizieren, und im Osten verliert sich der Blick in den unermesslichen Weiten der Great Plains. Auf den Pikes Peak führt eine **Mautstraße**, die normalerweise von Mai bis Oktober befahrbar ist. Sie zweigt 3 mi/5 km nordwestlich von Manitou Springs vom US 24 ab. Anfang Juli findet auf der Pikes Peak Road ein Auto-Bergrennen statt.

Pikes Peak Road ►

Pikes Peak National Forest

An den Flanken des mächtigen Bergmassivs erstreckt sich der Pike National Forest, der knapp 4500 km² groß ist. Durch den **Hochgebirgsforst** schlängeln sich zahlreiche unbefestigte Forstwege und alte Goldgräberpfade. Am bekanntesten ist wohl die Gold Camp Road, die jedoch nur mit Jeep oder Mountainbike befahren werden kann. Sie führt von Colorado Springs südwärts durch das Gebirge nach Cripple Creek hinüber.

> ! *Baedeker* TIPP
>
> **Pikes Peak Cog Railway**
>
> Den umwerfenden Ausblick vom Pikes Peak kann man auch ganz bequem per Eisenbahn erreichen. Am südwestlichen Ortsrand von Manitou Springs befindet sich die Talstation der Pikes Peak Cog Railway (515 Ruxton Ave.; Abfahrten Mai bis Okt. tgl. 8.00–17.20 Uhr). Die Bergbahn benötigt für ihre 14 km lange Fahrt auf den 4301 m hohen Pikes Peak ca. 75 Minuten. Eine Reservierung (Tel. 7 19/6 85-54 01) ist ratsam.

✶ **Cripple Creek**

Bequemer erreicht man das **Goldgräberstädtchen** Cripple Creek über den gut ausgebauten CO 67. Ab 1891 war Cripple Creek für ca. zwei Jahrzehnte Schauplatz eines geradezu unglaublichen Goldrausches. Am Höhepunkt durchwühlten mehr als 18 000 Glücksritter die Erde. Sie förderten pro Jahr Gold im Wert von 25 Mio. US$. 1896 vernichtete ein Großfeuer die Siedlung am Cripple Creek, die damals lediglich aus einfachen Bretterbuden bestand. Danach wurden solide Steinbauten errichtet, von denen noch etliche erhalten

Wo im 19. Jh. Tausende von Goldgräben ihr Glück suchten, finden sich heute Tausende von Touristen zum Glücksspiel ein – in Cripple Creek

sind. Heute leben in Cripple Creek nur noch 600 Menschen und der Goldabbau ist fast ganz zum Erliegen gekommen. Sein Überleben verdankt Cripple Creek vor allem dem seit 1991 legalisierten Glücksspiel.

◀ Bennett Avenue

Lohnend ist ein Spaziergang durch die Bennett Avenue. Das 1896 errichtete **»Imperial Hotel«** (123 N. 3rd St.) ist ein wunderschönes Baudenkmal der viktorianischen Zeit. Zum Dinner trifft man sich im stilvollen »Imperial Dining Room«. Wer sich für die noch relativ junge Geschichte dieser Bergbauregion genauer interessiert, dem sei ein Besuch des Cripple Creek District Museum (Öffnungszeiten: Memorial Day bis Mitte Oktober tgl. 9.30–17.00 Uhr) empfohlen. Es befindet sich im alten Midland Railroad Terminal im Osten der Stadt. Nördlich außerhalb von Cripple Creek kann man die Mollie Kathleen Gold Mine (Öffnungszeiten: Mai bis Okt. 9.00–17.00 Uhr) besichtigen.

◀ Mollie Kathleen Gold Mine

✶ **Narrow Gauge Railroad**

Ein ganz besonderes Erlebnis ist ein Ausflug mit einem Dampfzug der Cripple Creek–Victor Narrow Gauge Railroad in die geradezu atemberaubende Umgebung des Städtchens. Die **Schmalspurbahn** startet beim Cripple Creek District Museum und führt vorbei an aufgelassenen Goldminen und Geisterstädten.

In der Nähe des Städtchens Cañon City hat der Arkansas River die stellenweise über 450 m tiefe und enge Royal Gorge ausgefräst. Um

? WUSSTEN SIE SCHON ...?

- dass der Finder des ersten Nugget bei Cripple Creek ein ahnungsloser Farmer war, der sein Land für läppische 500 $ verkaufte? Seine Weide ging als »300 Million Dollar Land« in die Geschichte ein.

✶ **Royal Gorge**

einen Blick in die Schlucht zu erhaschen, muss man allerdings eine hohe Eintrittsgebühr entrichten. Zwischen Cañon City und der Schlucht verkehrt die fantasievoll zusammengestellte **Royal Gorge Scenic Railway** (Informationen: Tel. 275–5485). Über die Schlucht spannt sich die Royal Gorge Bridge. Gleich daneben kann man mit der Royal Gorge Aerial Tramway über die Schlucht schweben. In die hier bis zu 472 m tiefe Schlucht gelangt man mit der Royal Gorge Incline Railway.

✶ Royal Gorge Country's Buckskin Joe Park ►

Ein großartiges Erlebnis erwartet den Westernfan im 8 mi/13 km westlich von Cañon City gelegenen Royal Gorge Country's Buckskin Joe Park. Die aus zirka 30 authentischen Gebäuden bestehende **Wildwest-Stadt** diente schon als Kulisse für manchen Western. Viel »Action« wird von Mai bis September geboten. Mitunter werden Touristen sogar in Wildwest-Schießereien verwickelt.

✶ **Florissant Beds National Monument**

Ca. 37 mi/60 km westlich von Colorado Springs, erreichbar via US 24 (Ute Pass), gelangt man zu den Florissant Beds, einem **Fossilienfundplatz**, der seinesgleichen sucht. Der Name »Florissant« bezieht sich auf die prachtvolle Wildblumenblüte, die man in der Gegend in jedem Frühling erleben kann. Fossilien von vielen tausend Pflanzen- und Tierarten findet man in einem Gebiet, in dem sich vor 38–26 Mio. Jahren ein tertiärzeitlicher See ausbreitete und wo sich vor Millionen Jahren heftige vulkanische Eruptionen ereigneten. Das Gebiet wurde von vulkanischen Aschen bedeckt und Schlammflüsse begruben alles, was sich ihnen in den Weg stellte. Anhand der Fossilien (u.a. Insekten, Palmenblätter, Baumstümpfe) erkennen Naturwissenschaftler, wie es es hier in der **Tertiärzeit** ausgesehen hat.

✶✶ Denver

Q/R 4

Region:
Einwohnerzahl: 560 000
(Metropolitan Area: 2,6 Mio.)

Höhe: 1609 m ü. d. M.
Telefonvorwahl: 303

Die »Mile High City«, wie Denver wegen ihrer Höhenlage oft genannt wird, ist die Hauptstadt des Bundesstaates Colorado und liegt im östlichen Vorland der zu den Rocky Mountains gehörigen Front Range. Das dynamisch wachsende wirtschaftliche und kulturelle Zentrum erfreut sich eines recht angenehmen Klimas mit viel Sonnenschein und wenig Niederschlag.

Knotenpunkt

Denver ist ein bedeutender Verkehrsknotenpunkt am Schnittpunkt von I-70 und I-25 sowie am Kreuzungspunkt viel befahrener Eisenbahnlinien. Im März 1995 wurde der neue, futuristisch anmutende Denver **International Airport** nordöstlich außerhalb der Stadt in Betrieb genommen, der inzwischen zu einem bedeutenden Luftdrehkreuz geworden ist. Denver ist das wirtschaftliche Zentrum der gesamten Region, teilweise mit Bedeutung weit über die Grenzen des Bundesstaates hinaus. Nahezu 200 Großfirmen, vor allem aus dem Bereich der modernen Wachstumsindustrien (u. a. Elektrotechnik, Energiewirtschaft, Luft- und Raumfahrttechnik, Mikroelektronik), haben sich mittlerweile im Ballungsraum niedergelassen. Von Denvers Funktion als kulturellem Zentrum legen zahlreiche Museen, Galerien, Konzertsäle und Theater Zeugnis ab. Auch im Bildungswesen ist die Stadt mit ihren vielen Hochschulen und Forschungsinstituten von zentraler Bedeutung.

Geschichte

1851	Vertrag von Fort Laramie
1860	Die Goldgräbersiedlungen Aurora, Highland und Denver schließen sich zu einem Ort zusammen.
1867	Denver wird Hauptstadt des Colorado Territory.
1876	Denver wird Hauptstadt des Bundesstaates Colorado.
1995	Der neue Großflughafen wird eröffnet.
1997	In Denver findet der Weltwirtschaftsgipfel statt.

Das Gebiet war ursprünglich von den Arapahoe Indianern besiedelt, die ihr Eigentumsrecht im Jahre 1851 seitens der US-Regierung durch den Vertrag von Fort Laramie verbrieft bekamen. Als jedoch am Cherry Creek Gold entdeckt wurde, kamen Goldsucher hierher und ignorierten diese Rechte. Nachdem sich die Goldfunde im Cherry Creek als wenig ergiebig entpuppten, wuchs die Stadt zunächst stetig durch den Zuzug von erfolglosen Goldsuchern aus Cripple Creek (▸ Colorado Springs). In den Siebzigerjahren des 19. Jh.s verhalfen **Silberfunde** in den Bergen der Umgebung der Stadt Denver zu einigem Wohlstand. Zur gleichen Zeit wurde die boomende Stadt auch an das Eisenbahnnetz angeschlossen. Nachdem Colorado im Jahre 1876 als 38. Bundesstaat in die Union aufgenommen wurde, war es selbstverständlich, dass Denver Hauptstadt und damit Sitz des Capitols wurde. In der Folgezeit entwickelte sich die Stadt zum prosperierenden Standort von Handel und Industrie sowie zu einem wichtigen Verkehrsknotenpunkt. Heute ist Denver das immer noch dynamisch wachsende und florierende Zentrum einer Agglomeration, in der mittlerweile fast 2 Mio. Menschen leben.

Civic Center Park · Capitol Hill

Grüne Lunge von Denver

Als grüne und im Sommer angenehm schattige Lunge von Denver bietet sich der Civic Center Park dar. Um die in klassischer Manier angelegte und mit einigen Denkmälern versehene Grünfläche gruppieren sich die wichtigsten **Verwaltungs- und Amtsgebäude** des Bundesstaates Colorado und der Stadt. Die große und sehr gepflegte Grünanlage wird im Westen vom City & County Building begrenzt

Denver (Downtown) *Orientierung*

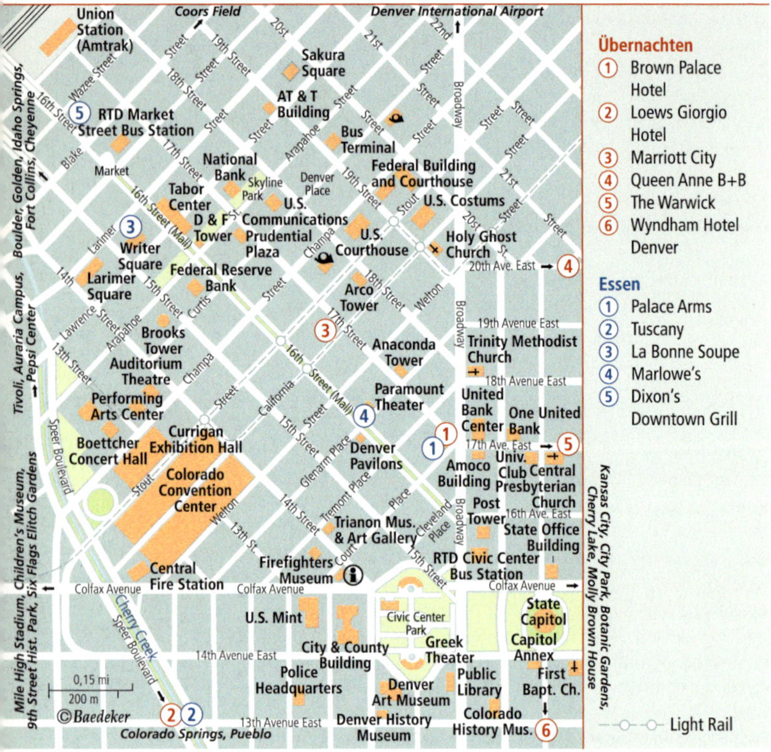

und im Osten vom State Capitol mit seiner leuchtenden goldenen Kuppel. Vor einem Stadtrundgang besorge man sich im Visitors Bureau (beim Civic Center Park, 225 W. Colfax Ave.) aktuelles Informationsmaterial über die Stadt. Dort erhält man auch einen kostenlosen aktuellen Stadtplan.

Visitors Bureau ►

★ **Colorado State Capitol**

Weithin sichtbar ist das Capitol des Bundesstaates Colorado mit seiner 83 m hohen, mit Blattgold belegten **Kuppel**. Das riesige Gebäude wurde ab 1886 nach dem Vorbild des Capitols in Washington errichtet. Der Grundriss lehnt sich an ein griechisches Kreuz an, dessen Ausmaße enorm sind: 117 x 96 m. Das Capitol ist Sitz des Repräsentantenhauses und des Senats von Colorado, deren Sitzungssäle besichtigt werden können. Auch der Gouverneur von Colorado hat seinen Amtssitz im Capitol. Über eine repräsentative Prunktreppe kommt man ins erste Obergeschoss. In der Rotunde sieht man Fenster mit Glasbildern der **sechzehn wichtigsten Pioniere** Colorados. Zu ihnen gehören auch Kit Carson und James W. Denver. Auch der

Indianerhäuptling Ouray ist abgebildet. Sehr eindrucksvoll ist eine Begehung der Kuppel. Von der Aussichtsgalerie bietet sich ein geradezu überwältigender Blick auf die Skyline von Denver und auf die »blaue Mauer« der Front Range (Öffnungszeiten und Führungen: Mo. bis Fr. 9.30–15.15, Sa. nur im Sommer 9.00–14.00 Uhr).

? WUSSTEN SIE SCHON ...?

- Wenn Sie die Stufen des Capitols von der Westseite aus hinaufschreiten, kommen Sie an einer Stufe vorbei mit der Inschrift »One mile above sea level«.

Südöstlich vom Capitol kommt man zum Colorado History Museum (1300 Broadway), das dem Besucher in äußerst anschaulicher Weise die **Geschichte der Pionierzeit** vermittelt. Besondere Beachtung verdienen die mit viel Liebe zum Detail erstellten Dioramen, die das Leben im alten Westen zeigen (Öffnungszeiten: Mo. bis Sa. 10.00–16.30, So. 12.00–16.30 Uhr).

★ **Colorado History Museum**

Am südwestlichen Rand des Civic Center Park lädt das Denver Art Museum (100 W. 14th Ave.; Öffnungszeiten: Di. bis Sa. 10.00–17.00, So. 12.00–17.00 Uhr) zum Besuch ein. Die bereits 1893 gegründete **Kunstsammlung**, die zu den größten ihrer Art im amerikanischen Westen gehört, ist in einem architektonisch bemerkenswerten burgartigen Neubau untergebracht. Während die Gemäldesammlung europäischer Maler zwar repräsentativ, aber nicht sehr umfangreich ist, liegen die Stärken des Museums eindeutig in der umfassenden Darstellung verschiedenster Kulturen des amerikanischen, afrikanischen und asiatischen Kontinents. Durch eine sehr geschickte und großflächige Präsentation kann man aber vor allem einen einmaligen Überblick über das künstlerische Schaffen diverser Indianerstämme Nordamerikas erhalten.

★ **Denver Art Museum**

Das Byers-Evans House (1310 Bannock St.), ein Musterbeispiel viktorianischer Architektur, ist 1883 errichtet worden. In einem Nebengebäude kann man eine mit viel Liebe zusammengetragene **stadtgeschichtliche Ausstellung** besuchen (Öffnungszeiten: Di. bis So. 11.00–15.00 Uhr).

Byers-Evans House

Die 1862 gegründete **United States Mint** ist neben Philadelphia und San Francisco die dritte **Münzprägeanstalt** der Vereinigten Staaten. Hier werden vom Cent-Stück bis zum Dollar alle Arten von Münzen geschlagen, pro Jahr mehr als 5 Mrd. Stück! Der Buchstabe »D« auf den US-Münzen weist auf den Prägeort Denver hin. In dem gut gesicherten Gebäude wird ein Teil der US-Goldvorräte gelagert (320 W. Colfax Ave.; Eingang Cherokee Street; Führungen Mo. bis Fr. 8.00–14.45 Uhr).

Souvenir aus der U. S. Mint

DENVER ERLEBEN

AUSKUNFT

Downtown
Visitor Information Center
1600 California St, Suite 6
Denver, CO 80202
Tel. (3 03) 8 92-15 05
www.denver.org

VERANSTALTUNGEN

Western Stock Show & Rodeo
Zweiwöchiges Landwirtschaftsfest Mitte Januar im National Western Stock Show Komplex und im Denver Coliseum; Höhepunkt: das Rodeo.
Great American Beer Festival
Im Civic Center, Sept./Okt.

SHOPPING

Alles, was man sucht, gibt es in der 16th Street Mall.

ESSEN

► Fein & Teuer

① ***Palace Arms***
321 17th St.
Tel. (3 03) 2 97-31 11
Das Restaurant im Brown Palace Hotel gehört nach wie vor zu den besten der Stadt. Französische Küche kann man hier ebenso genießen wie neueste Kreationen der »New American Cuisine« oder gar der »Southwestern Cuisine«. Der Weinkeller sucht seinesgleichen.

② ***Tuscany***
4150 Mississippi Ave.
Tel. (3 03) 7 82-93 00
Ebenfalls zu den Spitzenrestaurants zählt das »Tuscany« in Loews Giorgio Hotel. Der Chefkoch gehört zu den Besten im amerikanischen Westen. Wie der Name schon sagt, kann man hier vorzüglich zubereitete Spezialitäten der italienischen Küche probieren.

► Erschwinglich

③ ***La Bonne Soupe***
1512 Larimer Street
Tel. (3 03) 5 95-91 69
Am Writer Square gibt es nicht nur gute Suppe, sondern auch vielerlei andere Gerichte nach französischer Manier.

Baedeker-Empfehlung

④ ***Marlowe's***
511 16th St.
Tel. (3 03) 5 95-37 00
In einem hübsch restaurierten, als Baudenkmal geschützten Gebäude aus dem Jahre 1891 ist eines der bestbesuchten Speiselokale untergebracht. Sommers kann man auch draußen sitzen. Ausgezeichnet schmecken das »Porterhouse Steak«, der frisch zubereitete »Maine Lobster« (Atlantik-Hummer) und der »Crusted Salmon« (Lachs).

► Preiswert

⑤ ***Dixon's Downtown Grill***
1610 16th Street
Tel. (3 03) 5 73-61 00
www.dixonsrestaurant.com
Das gemütliche Restaurant befindet sich in einem historischen Gebäude mitten im belebten Lower Downtown.

ÜBERNACHTEN

► Luxus

① ***Brown Palace***
321 17th Street
Tel. (3 03) 2 97-31 11
Fax 2 93-92 04
www.brownpalace.com
Das altehrwürdige Grandhotel ist 1892 eröffnet worden und ist seit längerem als nationales Baudenkmal

ausgewiesen. Die Zimmer und Suiten sind geschmackvoll viktorianisch oder im Art-Deco-Stil eingerichtet. In den Fünfzigerjahren residierte hier mehrere Male Präsident Eisenhower. Dann war das Brown Palace Hotel praktisch das Machtzentrum der westlichen Welt.

② ***Loews Giorgio***
4150 E. Mississippi Ave.
Tel. (3 03) 7 82-93 00
Fax 7 58-65 42
www.loewshotels.com
Östlich außerhalb von Downtown, am Cherry Creek, steht das luxuriöse Hotel, von dessen nach Westen ausgerichteten Zimmern man einen wundervollen Blick auf die »blaue Mauer« der Front Range genießen kann. Die Ausstattung des kinderfreundlichen Hauses ist durch und durch italienisch.

③ ***Denver Marriott City***
1701 California Street
Tel. (3 03) 2 97-13 00
Fax 2 98-74 74
www.marriott.com
Eines der besonders stattlichen Hochhäuser von Downtown ist das »Marriott City«. Im modern ausgestatteten Haus fühlen sich Geschäftsleute und Touristen wohl.

▶ Komfortabel

④ ***Queen Anne B & B Inn***
2147 Tremont Place
Tel. (3 03) 2 96-66 66
Fax 2 96-21 51
www.queenannebnb.com
Der kleine und deshalb sehr gemütliche Beherbergungsbetrieb ist in zwei liebevoll restaurierten Häusern der viktorianischen Zeit untergebracht, die in den Achtzigerjahren des 19. Jh.s erbaut worden sind. Service (und Frühstück!) sind exzellent.

⑤ ***The Warwick***
1776 Grant Street
Tel. (3 03) 8 61-20 00
Fax 8 32-03 20
www.warwickdenver.com
Dieses kleine, aber feine Mittelklassehotel liegt einigermaßen zentral. Obwohl hier in der Mehrzahl Geschäftsleute verkehren, hat man auch ein Herz für Familien mit Kindern.

▶ Günstig

⑥ ***Wyndham Hotel Denver Tech Center***
7675 East Union Ave.
Tel. (3 03) 7 70 12 00
Fax 8 43-94 80
www.wyndham.com
Zentral gelegen. Die Zimmer sind sehr komfortabel eingerichtet.

Trianon Museum & Art Gallery

Nördlich der Münze, jenseits der Colfax Street, lädt das Trianon Museum mit seiner **vorzüglichen Galerie** zum Besuch ein. Hier gibt es wertvolle Gemälde und französisches Mobiliar aus dem 18. Jh. zu sehen (335 14th St. & Tremont; Führungen: Mo. bis Sa. 10.00–16.00 Uhr).

Molly Brown House

Das im Stil der Gründerzeit eingerichtete Molly Brown House (1340 Pennsylvania St.; Öffnungszeiten: Mo. bis Sa. 10.00–16.00, So. 12.00–16.00 Uhr) ist nach einer Überlebenden der **Titanic-Katastrophe** (1912) benannt, der man das Musical »Unsinkable Molly Brown« widmete. Sie feierte in ihrem Haus rauschende Feste.

Turner Museum

Wer sich für Gemälde des berühmten englischen Malers Joseph Mallord William Turner (1775–1851), dem **»Vater des Impressionismus«**, interessiert, dem sei das Turner Museum (773 Downing St.) empfohlen. Neben einer respektablen Sammlung von Turner-Gemälden kann man hier auch Arbeiten des amerikanischen Landschaftsmalers Thomas Moran bewundern.

★ Lower Downtown, Wolkenkratzer

Die eigentliche Downtown, kurz »LoDo« genannt, erstreckt sich nordwestlich unterhalb des Capitols. Eigentümlicherweise verlaufen die Straßen hier im 45°-Winkel zum sonstigen nord-südlich ausgerichteten Straßensystem. Hauptachse von »LoDo« ist die zur Mall ausgebaute **16th Street**. Die Tour durch »LoDo« beginnt am Capitol. Nach wenigen Schritten gelangt man in die Straßenschluchten zwischen den spätestens seit der TV-Serie »Denver Clan« bekannten neuzeitlichen bis postmodernen Wolkenkratzern. Östlich des Broadway liegt das Finanzzentrum der Stadt mit den höchsten Bürohochhäusern wie das 210 m hohe United Bank Center, das Republic Plaza, der Denver Post Tower und das Amoco Building. Einen Kontrast zu den gigantischen Glaspalästen bildet das gegenüber dem Mile High Plaza Building gelegene, altehrwürdige Brown Palace Hotel (321 17th St.). In dem bereits 1892 eröffneten Luxushotel logierten schon viele berühmte Persönlichkeiten. Zur Zeit von US-Präsident Eisenhower, der hier öfters abstieg, wurde das Hotel als **»Weißes Haus des Westens«** bezeichnet.

Der Denver Clan lässt grüßen: die Skyline von Lower Downtown

Im nördlich benachbarten, 1880 erbauten Old Navarre Building (1727 Tremont Place), dem **einstmals größten Bordell** der Stadt, ist heute das Museum of Western Art (Öffnungszeiten: Di. bis Sa. 10.00–16.30 Uhr) mit Gemälden und Skulpturen amerikanischer Künstler untergebracht.

Museum of Western Art

Seit vielen Jahren bemüht man sich, mehr Leben ins Stadtzentrum zu bringen. Eine Maßnahme war die Umgestaltung der 16th Street zur **Shopping Mall** und Fußgängerzone mit Blumenrabatten, Schatten spendenden Bäumen und vielen Bänken. Beiderseits der Straße reihen sich viele gute Geschäfte, Kaufhausfilialen, Souvenirshops und diverse Lokale aneinander und verleihen der Straße fast schon europäisches Flair.

16th Street Mall

Vorbei am D & F Tower (Ecke 16th St./Arapahoe St.), der dem Markusturm in Venedig nachempfunden ist, und am Tabor Shopping Center gelangt man in den **ältesten Teil der Stadt**. Zwischen 14th St. und 20th St. breitet sich der LoDo **Historic District** in Richtung Union Station aus. Viele ältere Bauten sind geschmackvoll renoviert worden. Biegt man in die Larimer Street nach Südwesten ab, kann man zunächst am **Writer Square** mit seinen hübsch restaurierten alten Gebäuden verweilen. Hier hat man versucht, traditionelle Bauformen des Südwestens wiederzubeleben. Ein besonders malerisches Ensemble ist der Larimer Square zwischen 14th und 15th Street. An der Stelle, an der sich im Jahre 1858 die ersten Siedler niederließen, kann man heute durch **anspruchsvolle Geschäfte** bummeln. Gaslaternen sorgen abends für Romantik und es gibt viele nette Lokale.

D & F Tower, Tabor Center

★ ◄ Larimer Square

? WUSSTEN SIE SCHON ...?

- ... dass keiner der 2630 Sitzplätze in der Boettcher Concert Hall mehr als 23 m von der Bühne entfernt ist?

Das zweitgrößte **Kulturzentrum** der Vereinigten Staaten, das riesige Denver Center for the Performing Arts (Ecke 14th St./Curtis St.), hat insgesamt mehr als 9000 Sitzplätze. Die einzelnen Einrichtungen sind durch einen »Skyway« miteinander verbunden. Das Temple Hoyne Buell Theatre ist mit 2800 Sitzplätzen das größte der neun Theater. Hier werden in erster Linie Opern, Ballett und auch moderne Broadway-Musicals aufgeführt. In der **Boettcher Concert Hall** tritt in regelmäßigen Abständen das Colorado Symphony Orchestra auf.

★ **Denver Center for Performing Arts**

Am Westufer des Cherry Creek erstreckt sich der weitläufige Komplex des Auraria Campus mit zahlreichen modernen Hochschulbauten. Hier befindet sich auch der Sitz der im Jahre 1864 gegründeten **University of Colorado**. Auf dem Gelände sind noch mehrere historische Bauten aus der Zeit zwischen 1874 und 1903 erhalten, die als 9th Street Historic Park (Ecke 9th St./Colfax Ave.) bekannt sind.

Auraria Campus

Six Flags Elitch Gardens

Im Platte River Valley bieten die Six Flags Elitch Gardens ein abwechslungsreiches Unterhaltungsprogramm für Jung und Alt. In hübschen Parkanlagen und Blumengärten kann man ausruhen (Öffnungszeiten: Memorial Day bis Labor Day tgl. 10.00–22.00 Uhr).

Colorado's Ocean Jorney

Gleich in der Nähe kann man in einem **Großaquarium** viele Bewohner der Weltmeere aus nächster Nähe beobachten (Öffnungszeiten: tgl. 10.00–20.00 Uhr).

Forney Transportation Museum

Ebenfalls im Westen der Stadt finden Liebhaber von **Automobil-Oldtimern** im Forney Transportation Museum (1416 Platte St.) ihr Paradies vor. Außer alten Autos sind hier auch Kutschen, Schlitten und sogar Dampflokomotiven zu sehen (Öffnungszeiten: Mo. bis Sa. 9.00–17.00, So. 11.00–17.00 Uhr).

✶ Denver Zoo

Der Zoo im City Park (2300 Steele St., Eingang an der 23rd Ave. zwischen York St. und Colorado Boulevard), der unter den Top Ten in den USA rangiert, hat sich vor allem der **artgerechten Tierhaltung** verschrieben (Öffnungszeiten: April bis Sept. tgl. 9.00–18.00, Okt. bis März tgl. 10.00–17.00 Uhr).

✶✶ Denver Museum of Nature & Science

Im Ostteil des City Park ist das Denver Museum of Natural History (2001 Colorado Blvd.; Öffnungszeiten: tgl. 9.00–17.00 Uhr) angesiedelt. Dieses **naturkundliche Museum** gehört zu den weltweit führenden Einrichtungen seiner Art. Neben beeindruckenden Dinosaurier-Skeletten sind hier die Überreste von Tieren der Eiszeit sowie eine umfangreiche Mineraliensammlung zu sehen. Auch diverse Artefakte prähistorischer Indianer sind ausgestellt.

Phipps IMAX-Theater & Planetarium ►

Angeschlossen sind das Phipps IMAX-Theater und das Charles C. Gates Planetarium. Diese beiden mit modernster Technik ausgestatteten Einrichtungen werden besonders gern von Familien mit Kindern besucht.

✶ Botanic Gardens

Schwerpunkte der Botanic Gardens (zugänglich tgl. 9.00–17.00 Uhr) mit großen Gewächshäusern bilden die **Gebirgsflora** und die Pflanzenwelt der Trockenräume. Unter Glas kann man im Winter mehrere Hundert tropische und subtropische Pflanzenarten studieren.

Pearce-McAllister Cottage

Am Westrand des City Park steht das Pearce-McAllister Cottage (1880 N. Gaylord St.; Öffnungszeiten: Mi. bis Sa. 10.00–16.00, So. 13.00–16.00 Uhr), ein hübsches, 1899 im **Colonial Revival Style** errichtetes Wohnhaus, dessen ursprüngliche Innenausstattung noch erhalten ist. Im Obergeschoss gibt es eine hübsche Puppen- und Spielzeugsammlung zu sehen.

✶ Four Mile House Historic Parc

Östlich des Colorado Boulevard kann man im Four Mile House Historic Park (715 S. Forest St.; Öffnungszeiten: April bis Sept. Mi. bis So. 10.00–16.00 Uhr) eine komplett eingerichtete Postkutschenstation aus dem 19. Jh. sowie das **älteste Gebäude** der Stadt besichtigen. Das Blockhaus wurde 1859 aus behauenen Kiefernstämmen auf einem knapp fünf Hektar großen Farmgelände errichtet.

Umgebung von Denver

Historical Belmar Village

Im westlichen Vorort Lakewood zeigt das Historical Belmar Village (797 S. Wadsworth Blvd.; Öffnungszeiten: Mo. bis Fr. 10.00–16.00, Sa. 13.00–17.00 Uhr), wie schwierig das Leben der ersten weißen Siedler im Wilden Westen gewesen ist.

Denver Mountain Parks

Bereits 1913 hat man in der landschaftlich reizvollen Bergwelt westlich von Denver den Genesee Park als ersten von inzwischen über 30 Mountain Parks ausgewiesen. Hier gibt es vielerlei **Sport- und Freizeitmöglichkeiten**, Bison- und Rotwildgehege und vieles mehr.

Golden

►dort

★ Denver International Airport

Etwa 23 mi/37 km nordöstlich der Stadt konnte 1995 der gigantische neue Denver International Airport nach »heftigen Geburtswehen« in Betrieb genommen werden. Der Flughafen ist hinsichtlich seiner Ausmaße einer der **größten der Welt**. Das Betriebsgelände umfasst eine Fläche von 137 km²! Der Flughafen hat sechs Start- und Landebahnen und drei geräumige Abfertigungshallen mit insgesamt 100 Flugsteigen. Höchst imposant ist die Zeltdach-Konstruktion mit ihren weiß leuchtenden Spitzen über dem riesigen Empfangsgebäude.

Man glaubt es kaum: Nur wenige Autominuten außerhalb von Denver grasen die Bisons.

Boulder und Umgebung

Universitätsstadt Vor der imposanten Mauer der Flatirons liegt die Stadt Boulder (1700 m ü. d. M.; 84 000 Einw.) eine knappe Autostunde westlich von Denver. Seit 1877 ist sie Standort der University of Colorado und Sitz renommierter Forschungsinstitute (u.a. National Center for Atmospheric Research, National Institute of Standards & Technology. und zahlreicher Hightech-Unternehmen (u.a. IBM). Das angenehme Klima, ein landschaftlich reizvolles Umland sowie ein reges kulturelles Leben (u.a. Colorado Music Festival, Colorado Shakespeare Festival) sind die Pluspunkte des Städtchens.

*** Downtown** Im historischen alten Stadtzentrum, zwischen der 11th Street und der 15th Street, sind noch einige Bauten aus dem 19. Jh. erhalten. Die belebte, nur Fußgängern vorbehaltene **Flaniermeile** ist die Pearl Street Mall, an der sich Modeboutiquen, Bildergalerien und Fachgeschäfte, Restaurants und Straßencafés wie Perlen aneinander reihen.

University of Colorado (C. U.) Südlich des Stadtzentrums erstreckt sich der Campus der University of Colorado. Nach Voranmeldung (Tel. 492-5002) kann man das Laboratory for Atmospheric & Space Physics sowie das Sommers-Bausch Observatory besichtigen. In der C. U. Art Gallery (Öffnungs-Öffnungszeiten: Mo. bis Fr. 8.00–17.00, Sa. 12.00–16.00 Uhr) sind nicht nur Werke amerikanischer Künstler, sondern auch bedeutender europäischer Maler (u. a. Rembrandt, Tiepolo, Matisse, Picasso) zu sehen. Im C. U. Museum (Öffnungszeiten: Mo. bis Fr. 9.00–17.00, Sa., So. 10.00–16.00 Uhr) bekommt man Einblicke in die **Natur- und Kulturgeschichte** Colorados vermittelt. Fossilien (u.a. Saurierknochen) gehören ebenso dazu wie Artefakte der Anasazi.

Boulder Museum of History Südwestlich der Universität steht eine schmucke Villa aus der Zeit der Jahrhundertwende, in der heute das Boulder Museum of History (Öffnungszeiten: Di. bis So. 12.00–16.00 Uhr) untergebracht ist mit vielen schönen Möbeln und Textilien aus der **Gründerzeit**.

Boulder Creek Path Aus einem Canyon im Westen der Stadt bricht der Boulder Creek hervor. Dieses gelegentlich ziemlich reißende Gebirgsflüsschen durchmisst die ganze Stadt. Ein **Uferweg**, auf dem sich tagsüber Jogger, Inline-Skater und Biker tummeln, verbindet die entlang des Flusses angelegten hübschen Parks und Grünflächen miteinander. Für Wildwasserfahrer ist eine Slalom-Übungsstrecke hergerichtet.

Leanin' Tree Museum Zeitgenössische Wildwestkunst präsentiert dieses Museum an 6055 Longbow Drive (Mo. – Fr. 8.00 – 16.30, Sa., So. 10.00 – 16.00 Uhr).

Ausflugsziele Beliebte Ausflugsziele sind der landschaftlich reizvolle Eldorado Canyon südlich von Boulder sowie der Ward-Roosevelt National Forest und der Wintersportplatz Eldora westlich von Boulder.

Fort Collins und Umgebung

★ **Old Town**

Die erst 1864 gegründete Stadt Fort Collins (1525 m ü. d. M.; 88 000 Einw.) liegt eine gute Autostunde nördlich von Denver im erdölreichen Vorland der Front Range. Der alte Stadtkern zwischen Mountain Avenue, College Avenue, Remington Street und Jefferson Street ist vor einigen Jahren hübsch restauriert worden. In den alten Ziegelbauten sind nette Geschäfte und Lokale eingerichtet.

★ ◄ Fort Collins Museum

Das Museum (Öffnungszeiten: Di. bis Sa. 10.00–17.00, So. 13.00–17.00 Uhr) ist im 1904 erbauten Carnegie Library Building (200 Mathews St.) untergebracht. Eindrucksvoll ist seine Kollektion **indianischer Kulturzeugnisse**.

◄ Avery House

Das Avery House (328 W. Mountain Ave.; Öffnungszeiten: Mi. bis So. 13.00–15.00 Uhr) ist 1879 für einen Bankier erbaut worden. Es ist ein typisches Beispiel für die Architektur der viktorianischen Zeit. Das Interieur des späten 19. Jh.s ist noch bestens erhalten.

Auf der Mountain Avenue verkehrt die Fort Collins Municipal Railway, eine restaurierte **alte Straßenbahn** aus dem Jahre 1919. Mit ihr gelangt man in den City Park mit seinen zahlreichen Erholungsmöglichkeiten.

! *Baedeker* TIPP

Anheuser-Busch Brewery

Amerikanische Braukunst wird in Fort Collins im Rahmen einer Führung (ca. 1 Std.) durch die Großbrauerei von Anheuser-Busch demonstriert. Anschließend kann man die kräftigen Clydesdale-Kaltblüter anschauen, die als Gespanne schwere Bierkutschen ziehen. Brauereibesichtigung: Mai bis Okt. tgl. 9.30–16.00, Nov. bis April Mi. bis So. 10.00–16.00 Uhr.

★ **Roosevelt National Forest**

Westlich von Fort Collins erstreckt sich der Roosevelt National Forest. Er bedeckt mehr als 3000 km² der Front Range. Im Roosevelt National Forest sind elf verschiedene **Scenic Circle Drives** ausgewiesen. Sie erschließen so idyllische Plätze wie den Poudre Canyon, den Sleeping Elephant Rock, die Red Feather Lakes und den 3135 m hohen Cameron Pass.

Big Thompson Canyon

Von Loveland führt der US 34 durch den wildromantischen Big Thompson Canyon westwärts zum Loveland Mountain Park und weiter hinauf nach Estes Park bzw. in den ► Rocky Mountain National Park.

★ Dinosaur National Monument

► S. 461

Das Naturschutzgebiet Dinosaur National Monument liegt im äußersten Nordwesten von Colorado und reicht mit seinen Hauptsehenswürdigkeiten in den Nachbarstaat Utah hinein. Deshalb ist das Stichwort »Dinosaur National Monument« bei den Reisezielen in Utah zu finden.

★ Durango

06

Region: South West **Höhe:** 1988 m ü. d. M.
Einwohnerzahl: 15 000 **Telefonvorwahl:** 970

Die ehemalige Eisenbahnersiedlung Durango eignet sich bestens als Stützpunkt für Ausflüge in die landschaftlich überaus reizvolle Hochgebirgswelt der San Juan Mountains sowie in den nur eine Autostunde weiter westlich gelegenen Mesa Verde National Park. In der näheren Umgebung sind inzwischen auch einige Wintersportgebiete erschlossen worden.

Knotenpunkt

Die im Jahre 1879 von der Denver & Rio Grande Railroad am Südfuß der San Juan Mountains gegründete Eisenbahnersiedlung Durango war eine wichtige Station im äußersten Südwesten Colorados an der Bahnstrecke von ►Denver über Antonito nach Silverton. Heute fährt von Durango nach Silverton eine Schmalspurbahn. Seinen wirtschaftlichen Wohlstand verdankt Durango seiner Funktion als **Sammelplatz jener Gold- und Silberschätze**, die man über viele Jahrzehnte in den umliegenden Bergen gefunden hat. Durango liegt heute am Schnittpunkt der beiden von Touristen stark frequentierten Highways US 160 und US 550.

Sehenswertes in Durango und Umgebung

★ **National Historic District**

Das hübsch herausgeputzte Stadtzentrum mit seinen vielen Bauten aus dem 19. Jh. ist als National Historic District ausgewiesen. Hauptachse ist die **Main Avenue** mit zahlreichen Geschäften, Restaurants und Bars. Im Animas Museum (Ecke 31st/W. 2nd Ave.; Öffnungszeiten: Mo. bis Sa. 10.00–18.00, So. 11.00–16.00 Uhr) erfährt man viel

! *Baedeker* TIPP

Durango & Silverton Narrow Gauge Railroad

Den Höhepunkt eines Besuches in Durango stellt zweifelsohne eine Fahrt mit der Museumsbahn durch das enge Kerbtal des Animas River dar. Die Züge starten von Mai bis Oktober zwei- bis viermal täglich und brauchen von Durango nach Silverton ca. 3 ½ Stunden. Eine Reservierung für das nicht gerade billige Vergnügen wird empfohlen. Die Fahrt führt durch eine eindrucksvolle Landschaft mit zahlreichen Schluchten und Wasserfällen inmitten einer idyllischen Bergwelt.

Interessantes über die lange und bewegte Geschichte Südwest-Colorados. Ein weiteres »Highlight« ist das Strater Hotel (699 Main Ave.) am Bahnhof. In diesem 1882 im viktorianischen Stil erbauten Hotel kann man heute noch recht nobel übernachten. Wildwest-Atmosphäre verspürt man im »Diamond Belle Saloon«. Wer gerne Theaterstücke aus der Zeit der Jahrhundertwende sieht, sollte das »Diamond Circle Theatre« besuchen.

★ **Silverton**

Ca. 50 mi/80 km nördlich von Durango liegt die 1874 gegründete **Silberbergbausiedlung** Silverton (2840 m ü. d. M.; 700 Einw.) inmitten der landschaftlich sehr reizvollen San Juan Mountains. Dieser Teil der Rocky Mountains stammt aus der jüngsten Faltungsperiode und weist höchst bizarre Oberflächenformen auf. Der Ort mit seinen berühmten Silberminen blickt auf eine glanzvolle Vergangenheit zurück. Die letzte Silbermine hat erst 1991 ihren Betrieb eingestellt. Die farbenfrohen Holzhäuser mit den Fassaden der Jahrhundertwende machen den besonderen Reiz von Silverton aus. Den **Historic District** kann man bequem zu Fuß erkunden. Von Mai bis September werden täglich um 17.30 Uhr spektakuläre Gunfights (Pistolenkämpfe) geboten. Im dreistöckigen ehemaligen Gefängnis an der Main Street (Öffnungszeiten: Memorial Day bis Mitte Okt. tgl. 9.00–17.00 Uhr) kann man sich über die kurze und turbulente Geschichte der Stadt und des San Juan County informieren. Schwerpunkte der Ausstellung sind natürlich der Silberbergbau und der Eisenbahnbau.

◂ San Juan County Historical Society Museum

Silberminen

In der Umgebung von Silverton gibt es zahlreiche verlassene Silberminen und Ghost Towns, die häufig nur mit geländegängigen Fahrzeugen erreicht werden können. Von Silverton aus kann man auch an organisierten **Ghost-Town-Touren** teilnehmen. Ca. 5 mi/8 km östlich von Silverton kommt man zur Old Hundred Gold Mine (Touren Mitte Mai–Sept. 10.00–17.00 Uhr zu jeder vollen Stunde), in die man mit einer Grubenbahn einfahren kann.

★ **Ouray**

Wer von Silverton auf dem Million Dollar Highway (US 550) weiterfährt, erreicht nach 23 mi/37 km den 1876 gegründeten Bergbauort Ouray. Dessen Historic District ist als **National Historic Landmark** ausgewiesen. Die Geschichte der Stadt wird dem Besucher vor allem im Ouray County Historical Museum (420 6th Ave.) näher gebracht (Öffnungszeiten: Mo. bis Sa. 9.00–17.00 Uhr, So. 13.00–17.00 Uhr).

◂ Ouray County Historical Museum

Eine besondere Attraktion von Ouray ist der im Norden des Städtchens am US 550 gelegene Ouray Hot Springs Pool & Park (Öffnungszeiten: im Sommer Mo. bis Sa. 10.00–22.00, So. 10.00–21.00, im Winter tgl. außer Di. 11.00–21.00 Uhr). Hier kann man in der Halle und im Freien in heilkräftigem **Thermalmineralwasser** baden. Ouray gilt als »Jeep Capital« des Südwestens – in der Umgebung toben sich 4WD-Fahrer aus. Fahrten werden angeboten.

◂ Ouray Hot Springs Pool & Park

Im Südwesten der Stadt findet man die Box Canyon Falls, die zu den schönsten Wasserfällen im amerikanischen Südwesten gehören.

★ ◂ Box Canyon Falls

Chimney Rock Anasazi Ruins Einige Meilen östlich von Durango passiert man die Chimney Rock Anasazi Ruins (Führungen Mitte Mai bis Mitte Sept. tgl. 9.00 Uhr). Dies sind die am weitesten im Norden gelegenen **Bauzeugnisse der Chaco-Kultur**.

DURANGO ERLEBEN

AUSKUNFT

Durango Area Tourism Office
111 S. Camino del Rio
Durango, CO 81302
Tel. (8 00) 5 25-88 55
www.durango.org

VERANSTALTUNG

Western Arts, Film & Cowboy Poetry Gathering
Am ersten Wochenende im Oktober findet in der Stadt diese kulturell-folkloristische Veranstaltung statt, bei der sich alles um das Thema »Wilder Westen« dreht.

ESSEN

► Erschwinglich

Lady Falconburgh's Barley Exchange
640 Main Avenue
Tel. (9 70) 3 82-96 64
Die Atmosphäre in diesem Pub wird mit »like a european rathskeller« beschrieben, was auf die Art der angebotenen Speisen schließen lässt. 38 verschiedene Biersorten stehen zur Wahl.

Palace Grill
2 Depot Place
Tel. (9 70) 2 47-20 18
Das beste Restaurant der Stadt findet man am Bahnhof der Durango & Silverton Narrow Gauge Railroad. Das hübsche Ambiente erhält durch historische Bilder eine besondere Note. Täglich werden vorzügliche Fleisch- und Fischgerichte angeboten.

► Preiswert

Francisco's Restaurante y Cantina
619 Main Ave.
Tel. (9 70) 2 47-40 98
Gemütliches mexikanisches Restaurant, das auch internationale Küche serviert.

ÜBERNACHTEN

► Luxus

Strater Hotel
699 Main Ave
Tel. (8 00) 2 47-44 31
www.strater.com
Die Zimmer und Suiten des 1887 erbauten Luxushotels sind mit kunstvoll verzierten Walnussholz-Möbeln und edlen Stofftapeten aus der viktorianischen Zeit ausgestattet, zugleich aber auch mit modernstem Komfort.

► Komfortabel

Holiday Inn Durango
800 Camino del Rio
Tel. (9 70) 2 47-53 93, Fax 2 59-42 01
www.holiday-inn.com
Das Hotel mit komfortabel eingerichteten Zimmern verfügt über Sauna, Fitnesscenter, einen großzügigen Pool und einen Whirlpool.

► Günstig

Durango Lodge
150 East 5th
Tel. (9 70) 2 47-09 55, Fax 3 85-18 82
www.durangolodge.com
Freundliche und zweckmäßig eingerichtete Zimmer. Im Sommer können sich die Gäste im Pool erfrischen.

Der 60 mi/97 km östlich von Durango an der US 160 gelegene **Thermalkurort** Pagosa Springs (2166 m ü. d. M.; 1207 Einw.) wurde 1880 am San Juan River gegründet und ist umgeben vom San Juan National Forest. Der Name Pagosa Springs deutet auf die heißen Mineralquellen hin, die nicht nur zum Baden, sondern sogar zum Heizen der Häuser genutzt werden. Die Heilkraft der Thermen war schon den Indianern bekannt. Heute können Touristen in den Pagosa Hot Springs & Spa baden. Auch in einigen Hotels wird das heilkräftige Wasser angeboten.

★ **Pagosa Springs**

> **? WUSSTEN SIE SCHON ...?**
>
> - ... dass der Million Dollar Highway so heißt, weil er einst mit goldhaltigem Geröll gepflastert wurde? Eine andere Theorie besagt, dass er seinen Namen den enormen Baukosten verdankt. Die Strecke durch die spektakuläre Hochgebirgslandschaft musste mühsam herausgesprengt werden.

In dem am US 160 gelegenen Kunstmuseum (Öffnungszeiten: tgl. außer Fei. Juni bis Sept., sonst Mo. bis Fr.) kann man Zeichnungen des **Cartoonisten** Fred Harman anschauen, der als Schöpfer der Comic-Figuren Red Ryder und Little Beaver bekannt geworden ist.

◂ Fred Harman Art Museum

Nordöstlich von Pagosa Springs führt der 3309 m hohe Wolf Creek Pass ins Tal des jungen Rio Grande hinüber. Hier oben ist seit einigen Jahren die variantenreiche Wolf Creek Ski Area mit zahlreichen Skipisten unterschiedlichster Schwierigkeitsgrade angelegt.

◂ Wolf Creek Ski Area

★ Golden

Q 4

Region: Denver
Einwohnerzahl: 17 700
Höhe: 1729 m ü. d. M.
Telefonvorwahl: 303

Das am Fuß der Front Range der Rocky Mountains gelegene Städtchen ist heute ein westlicher Vorort von ▸Denver, mit dem es lange Zeit in scharfer Konkurrenz stand. Als Versorgungsstation der Goldsucher fungierte der Ort sogar zeitweise als Hauptstadt des Colorado Territory, was am gut erhaltenen historischen Stadtkern deutlich zu erkennen ist.

Sehenswertes in Golden

Der gut erhaltene historische Stadtkern verläuft entlang der 12th Street bzw. westlich der Washington Avenue. Das 1876 fertig gestellte Astor House Hotel (822 12th St.; Öffnungszeiten: Di. bis Sa. 10.00–15.00 Uhr) ist heute als **Museum** zugänglich. Es war seinerzeit das erste aus Stein erbaute Hotel westlich des Mississippi. An der Ecke 12th Street/Washington Street steht das 1861 erbaute Territorial Capitol, von dem aus Colorado bis 1867 regiert worden ist. Heute beherbergt es ein beliebtes Restaurant.

★ **Historic District**

◂ Territorial Capitol

D.A.R. Pioneer Museum ► Das im Civic Center (911 10th St.) untergebrachte Museum (Öffnungszeiten: Sommer Mo. bis Sa. 13.00–16.00 Uhr) beschäftigt sich mit der Erschließung des Raumes Golden seit dem 18. Jh.

✶ **Geology Museum** Golden ist seit 1874 Sitz der **Colorado School of Mines** (Ecke 19th St./Elm St.), die zu den besonders renommierten **Bergbauakademien** der Welt gehört. Auf dem Campus dieser Hochschule befindet sich auch das Geology Museum (Ecke 16th St./Maple St.; Öffnungszeiten: tgl. 9.00–16.00, So. 13.00–16.00 Uhr) mit seinen umfangreichen geologisch-paläontologischen und mineralogischen Sammlungen. Die meisten Fundstücke stammen aus der näheren Umgebung und vermitteln einen hervorragenden Einblick in die Erdgeschichte der Rocky Mountains.

Coors Brewery Golden ist auch Standort der wohlbekannten Brauerei Coors (Ecke 13th/Ford St.; Führungen Mo. bis Sa. 10.00–17.00 Uhr), die 1873 von dem deutschen Einwanderer Adolf Hermann Joseph Coors gegründet worden ist. Dieser war 21-jährig als blinder Passagier in die USA gekommen. Die Brauerei kann im Rahmen einer Führung besichtigt werden. Anschließend haben Besucher die Möglichkeit, sich bei einer **Kostprobe** von der hohen Qualität des alkoholischen Getränks zu überzeugen.

✶ **Colorado Railroad Museum** Das sehenswerte, außerhalb gelegene Eisenbahnmuseum (17155 W. 44th St.; Öffnungszeiten: tgl. 9.00–17.00 Uhr) ist 1958 gegründet worden. Auf dem großen Freigelände stehen über 50 betagte Lokomotiven und Waggons. In der Halle ist eine große **Modelleisenbahnanlage** aufgebaut, die nicht nur Kindern viel Freude bereitet.

Heritage Square In der künstlichen Westernstadt »Heritage Square« (an der Kreuzung CO 40/CO 93; Öffnungszeiten: Mo. bis Sa. 10.00–18.00, So. 12.00–18.00 Uhr) werden täglich Theater- und Musikvorführungen geboten. Nach einem Abendessen im Western-Stil bekommen die Gäste noch eine mitreißende Western Country Show vorgeführt.

Sehenswertes in der Umgebung

Lookout Mountain Park Jeder hat seinen Namen schon mal gehört: **Buffalo Bill**, der große Westernheld, ist im Lookout Mountain Park beerdigt. Mehr über sein Leben erfährt man im Buffalo Bill Memorial Museum. Anfahrt über die Lookout Rd. ab CO 93 oder CO 40. Öffnungszeiten: Sommer tgl. 9.00–17.00; im Winter Di. bis Sa. 9.00–16.00 Uhr. Von der Dachterrasse des Museums hat man einen herrlichen Blick auf ► Denver. Gleich nebenan weidet eine Bisonherde im Gehege.

Clear Creek Valley Westlich außerhalb von Golden, im Clear Creek Valley, zweigt der CO 119 vom US 6 ab und führt auf den Spuren der Goldsucher früherer Tage in die zerklüftete Front Range hinein. Nach 20 mi/32 km

GOLDEN ERLEBEN

AUSKUNFT

Golden Visitor Center
Washington Avenue and 10th St.
Tel. (303) 279-3113
www.ci.golden.co.us

ESSEN

► Erschwinglich

Historic El Rancho
29260 U.S. Highway 40
Tel. (303) 526-0661
In rustikaler Hüttenatmosphäre mit Kaminfeuer und einer der meistfotografierten Aussichten in Colorado kann man sich frische Fisch- und Fleischgerichte munden lassen und dazu einen guten Wein genießen.

► Preiswert

Ali Baba Grill
109 Rubey Dr. F
Tel. (303) 279-2228
Persische und libanesische Spezialitäten wie in 1001 Nacht.

Table Mountain Inn & Restaurant
1310 Washington Avenue
Tel. (303) 277-9898
Köstliche Gerichte aus dem Westen und Südwesten Amerikas in mexikanischer Atmosphäre.

ÜBERNACHTEN

► Luxus

Marriott Denver West
14600 W. Sixth Avenue Frontage Rd.
Tel. (303) 271-0909, Fax 279-4930
www.marriott.com
Geräumige und geschmackvoll eingerichtete Zimmer und Suiten, die mit allem Komfort ausgestattet sind.

► Komfortabel

Hampton Inn Denver-West
17150 West Colfax Avenue
Tel (303) 278-6600, Fax 278-6660
www.hamptoninn.com
Das Hotel bietet modern eingerichtete Zimmer, zudem unter anderem Fitnessraum und Pool. Kinder unter 18 Jahren, die in Begleitung ihrer Eltern reisen, übernachten kostenlos.

► Günstig

Days Inn Denver West
15059 West Colfax Avenue
Tel. (303) 277-0200, Fax 279-2812
www.daysinndenverwest.com
In allen Zimmern ist Kabelfernsehen vorhanden. In der Anlage gibt es zudem eine Sauna, ein Restaurant und einen beheizten Swimmingpool.

erreicht man die beiden alten **Goldgräbersiedlungen** Central City und Black Hawk. Am 6. Mai 1859 hat man am North Clear Creek das erste Gold im damaligen Colorado Territory gefunden. Das Gebiet um den Gregory Gulch wurde als »the richest square mile on earth« weltberühmt.

Seit 1991, als auch in Colorado eine neue Gesetzgebung das Glücksspiel ermöglichte, erlebt Central City seinen **zweiten Goldrausch**. Hinter bunten Fassaden sind Western-Saloons eingerichtet, in denen ganze Batterien von »einarmigen Banditen« stehen. Im alten Schulhaus befindet sich das Gilpin County Historical Society Museum, in dem das 19. Jh. wiederauflebt. Die Historical Society unterhält auch

✶ ◄ Central City

◄ Gilpin County Historical Society Museum

das Thomas House Museum (209 Eureka St.; Öffnungszeiten: vom Memorial Day bis zum Labor Day tgl. 9.30–17.00 Uhr). In dem 1874 erbauten Haus scheint die Zeit stehen geblieben zu sein. Gleich in der Nachbarschaft kann man das in viktorianischem Stil erbaute Central City Opera House (200 Eureka St.) besuchen. Im Sommer treten hier viele bekannte Sänger und Schauspieler auf. Das Teller House (120 Eureka St.) wurde 1872 als Hotelbetrieb eröffnet. Heute ist hier eine Bar untergebracht.

Central City Opera House ▶

Lost Gold Mine ▶ Mitten im Ort lädt die Lost Gold Mine (229 Eureka St.; Öffnungszeiten: im Sommer tgl. 8.00–20.00, im Winter 10.00–18.00 Uhr) zu einem Besuch ein. Hier kann man sehen, mit welcher Arbeit das **Goldschürfen** in dieser Gegend verbunden war und ist.

Black Hawk ▶ In der Siedlung Black Hawk sollte man dem Lace House (161 Main St.; geöffnet von Memorial Day bis Labor Day) Beachtung schenken. Das viktorianische Gebäude mit seiner filigranen Fassade gehört wohl zu den meistfotografierten Objekten in ganz Colorado.

Idaho Springs Der historische Kern der Goldgräbersiedlung Idaho Springs (2293 m ü. d. M.; 1800 Einw.) ist noch gut erhalten und gehört mit seinen zumeist im viktorianischen Stil errichteten Bauten zu den 13 im Bundesstaat Colorado ausgewiesenen National Historic Landmarks. In der Soda Creek Road findet man die heilkräftigen Thermalquellen, denen der Ort seinen Namen verdankt.

Die Phoenix Gold Mine ist immer noch in Betrieb.

Wer sich für den Goldbergbau interessiert, kann die in Familienbesitz befindliche **Phoenix Gold Mine** (erreichbar via Stanley Rd. und Trail Creek Rd.; Öffnungszeiten: tgl. 10.00–18.00 Uhr) besuchen. Die Minenbesitzer geben bereitwillig Auskunft über ihre anstrengende und immer weniger lohnende Beschäftigung. Die **Edgar Mine** an der 8th Street wurde 1921 in Betrieb genommen. Sie steht heute unter der Regie der in Golden ansässigen Colorado School of Mines. Hier kann man sich mit neuesten Methoden und Techniken der Goldgewinnung vertraut machen. Führungen: Mitte Juni bis Mitte Aug. Di. bis Sa. 9.00–16.00 Uhr.

Argo Town ▶ Die Argo Town (2317 Riverside Dr.; Öffnungszeiten: tgl. 9.00–17.00 Uhr) ist ein nachgebauter **Bergwerksort**, in dem man sich in die Zeit des Goldrausches zurückversetzt fühlt. Auf dem Gelände steht die denkmalgeschützte Argo Gold Mill aus dem Jahre 1913. Von hier aus hat man Zugang zur Double Eagle Gold Mine sowie zum Clear Creek Mining & Milling Museum, das die Entwicklung des Goldbergbaus in dieser Gegend aufzeigt. Mitte Juli finden die Gold Rush Days mit buntem Rahmenprogramm statt.

Im Arapahoe National Forest, wo noch im vorigen Jahrhundert Ute- und Arapahoe-Indianer auf die Jagd gingen, entstand kurz nach der Jahrhundertwende die Eisenbahner- und Holzfällersiedlung Winter Park. 1905 wurden die Schienen über den Rollins Pass gelegt, und 1928 erfolgte der Durchstich des Moffat-Eisenbahntunnels. Im Januar 1940 brachte der erste Ski Train **Wintersportler** aus der nahen Großstadt Denver nach Winter Park. Damit wurde die Entwicklung des Ortes zur viel besuchten Wintersport-Destination eingeleitet. Pro Jahr zählt man über eine Million skibegeisterte Gäste. Mittlerweile gibt es in Winter Park vier große und miteinander verbundene Skigebiete, die 2743–3676 m ü. d. M. liegen und von 20 Liften erschlossen werden. Der Ski Train verkehrt von Ende Dezember bis April an jedem Wochenende zwischen Denver und Winter Park.

★ **Winter Park**

! *Baedeker* TIPP

Mount Evans

Ein besonderes Erlebnis ist die Fahrt hinauf auf den 4348 m hohen Mount Evans südlich von Idaho Springs. Die 27 mi/43 km lange und höchste Bergstraße der Vereinigten Staaten windet sich über alle Vegetationsstufen hinauf bis zu einem knapp unter dem Gipfel angelegten Parkplatz. Vom Gipfel selbst bietet sich ein geradezu überwältigender Rundblick.

★ Grand Junction · Colorado National Monument

N 4

Region: North West
Einwohnerzahl: 45 000
Höhe: 1401 m ü. d. M.
Telefonvorwahl: 970

Grand Junction ist Zentrum eines landwirtschaftlich geprägten Umlandes, in dem dank eines besonders milden Klimas nicht nur Feldfrüchte, sondern auch Obst (bes. Pfirsiche und Birnen) sowie Weintrauben kultiviert werden. Besonders Abenteurer schätzen Grand Junction als hervorragenden Stützpunkt für Ausflüge in West-Colorado und Ost-Utah.

Paradies der Abenteuer-touristen

Ähnlich wie ▸ Moab, Utah ist Grand Junction ein Brennpunkt des Abenteuertourismus. Von hier aus brechen gut trainierte **Mountainbiker** zu schweißtreibenden Unternehmungen auf. Weltberühmt ist der 136 mi/219 km lange Kokopelli's Trail, der von Grand Junction durch eine grandios-urtümliche Landschaft in südwestlicher Richtung nach Moab führt. **Wildwasserfahrer** starten von Grand Junction aus zu halsbrecherischen Unternehmungen auf dem Colorado und auf dem Gunnison River. Bergwanderer erkunden die wilde Landschaft der Grand Mesa, und **Extrem-Kletterer** versuchen sich an zahlreichen steilen Felswänden und Felskaminen in der Umgebung. Darüber hinaus schätzen Jeep-Piloten Grand Junction als Ausgangspunkt für nervenstrapazierende Ausflüge in wilde Canyons, auf hohe Mesas und in tiefe Wälder. Auskünfte zu allen Freiluft-Aktivitäten erhält man im Visitor Center am Horizon Drive (I-70, Exit 31).

Sehenswertes in Grand Junction und Umgebung

Historic Residential District

Entlang der North 7th Street erstreckt sich der alte Stadtkern, den man am besten zu Fuß erkundet. Die meisten der hiesigen Bauten stammen noch aus dem 19. und frühen 20. Jh. Im **Museum of Western Colorado** (Ecke S. 4th St./Ute Ave.; Öffnungszeiten: Di. bis Sa. 10.00–16.45 Uhr) wird der Besucher in die Natur- und Kulturgeschichte der Region eingeführt.

GRAND JUNCTION ERLEBEN

AUSKUNFT

Grand Junction Visitor & Convention Bureau
740 Horizon Drive
Grand Junction, CO 81506
Tel. (8 00) 9 62-25 47
Fax (9 70) 2 43-73 93
www.visitgrandjunction.com

ESSEN

► Erschwinglich

The Winery Restaurant
642 Main Street
Tel. (9 70) 2 42-41 00
Das Restaurant serviert fangfrischen Fisch und Steaks. Holz, Backstein, Grünpflanzen und viel Glas sorgen für eine angenehme Atmosphäre.

► Preiswert

Blue Moon Bar & Grill
120 N 7th Street
Tel. (9 70) 2 42-45 06
Lebhafte Atmosphäre und leckere amerikanische Küche.

ÜBERNACHTEN

► Komfortabel

La Quinta Inn & Suites
2761 Crossroads Boulevard
Tel. (9 70) 2 41-29 29, Fax 2 41-29 99
www.lq.com
Das Hotel bietet elegante Zimmer in der Nähe des Walker Field Airport. Für das Wohlbefinden der Gäste stehen ein gut ausgestattetes Fitnesscenter, eine Sonnenterrasse, Pool und Spa zur Verfügung.

► Günstig

Ramada Inn Junction
752 Horizon Drive
Tel. (9 70) 2 43-51 50, Fax 2 42-36 92
www.ramada.com
Ein Highlight dieses Hotels ist die schöne und großzügige Poolanlage. Alle der neu eingerichteten, gemütlichen Zimmer verfügen entweder über einen Balkon oder eine Terrasse.

Baedeker-Empfehlung

Wein

Alljährlich im September findet das »Colorado Mountain WineFest« statt. Aber auch sonst kann man die Weine der Region probieren, z. B. in der ältesten Kellerei Colorados, der Colorado Cellars Winery, in den Carlson Vineyards oder den Grande River Vineyards.

Im Dinosaur Valley Museum (362 E. Main St.; Öffnungszeiten: Memorial Day bis Labor Day tgl. 9.00–17.00 Uhr; übrige Zeit Di. bis Sa. 10.00–16.30 Uhr) sind zahlreiche Fossilienfunde aus der Region zu bestaunen, darunter natürlich auch die Skelette mehrerer Saurierarten. Besonders eindrucksvoll sind die im Maßstab 1:2 nachgebildeten Dinosaurier, die sich sogar bewegen und röhrende Laute von sich geben können.

◄ Dinosaur Valley Museum

Am östlichen Stadtrand unterhält das Museum of Western Colorado eine alte Farm, die als »Cross Orchards Historic Site« (3079 F Rd.) zugänglich ist. Hier wird sehr lebensnah gezeigt, auf welche Art und Weise im frühen 20. Jh. in dieser Gegend **Landwirtschaft** betrieben worden ist.

◄ Cross Orchards Historic Site

Dinosaurier-Fundorte

In der Umgebung von Grand Junction gibt es etliche sog. Dinosaur Quarries, d.h. Steinbrüche, in denen man versteinerte Überreste dieser urzeitlichen Tiere finden kann. Auf dem Riggs Hill (Ecke South Broadway/Meadows Way) im Westen der Stadt kann man den Fundort eines Brachiosaurus inspizieren. Knapp 2 mi/3 km südlich von Fruita kommt man zum **Dinosaur Hill** (am CO 340). Hier hat man im Oberen Jura Überreste eines 20 m langen Diplodocus entdeckt. Von dieser Stelle hat man auch einen guten Blick auf das Colorado National Monument (s. unten). Im Rabbit Valley, ca. 30 mi/48 km weiter westlich am I-70 bzw. an der Grenze zu Utah führt ein knapp 2 mi/3 km langer Trail in die Erdgeschichte. In diesem Steinbruch werden auch gegenwärtig noch Fossilien von Sauriern und anderen Lebewesen des Erdmittelalters geborgen.

✶ Colorado National Monument

Das Colorado National Monument, ein 83 km² großes Naturschutzgebiet, ist durch seine großartigen **Felsformationen** bekannt geworden. Hierbei handelt es sich um ein Plateau, das von etlichen Canyons durchzogen ist. Wetter, Wind und Wasser haben bizarre Erosionsformen entstehen lassen, die man am bequemsten bei einer Fahrt über den 23 mi/ 37 km langen Rim Rock Drive kennen lernt. Unterwegs bieten sich unvergessliche Ausblicke auf rot leuchtende Felswände und turmhohe Monolithen. Wer sich zu längeren Wanderungen durch diese grandiose Landschaft entschließt, kann neben eindrucksvollen Felsbildungen auch versteinerte Saurierspuren bzw. -fossilien entdecken. An manchen Stellen sind noch Petroglyphen der Fremont-Indianer erhalten. Am Westeingang des Naturschutzgebietes erwartet das Saddlehorn Visitor Center neugierige Besucher. Hier erfährt man alles Wesentliche über die **Entstehung** dieser Landschaft und kann sich zu diversen, von Parkrangern geführten Unternehmungen anmelden.

◄ Saddlehorn Visitor Center

✶ Grand Mesa

Östlich von Grand Junction erhebt sich die Grand Mesa als riesiger waldbestandener Tafelberg (Grand Mesa National Forest). Hier oben laden zahlreiche kleinere und größere Seen (u.a. das Vega Reservoir) zum **Baden** ein. Als landschaftlich besonders reizvolle Strecke führt der CO 65 vom I-70 südwärts hinauf auf die Grand Mesa bzw. zu den Grand Mesa Lakes. Wer die noch ziemlich urwüchsige Landschaft genauer erkunden will, kann dies mit einem Jeep, einem Mountainbike oder auch zu Fuß tun.

Powderhorn Ski Resort Wintersportler kommen von Mitte Dezember bis Anfang April im Powderhorn Ski Resort auf ihre Kosten. Das Skigebiet liegt nur 20 mi/32 km östlich von Grand Junction.

★ Great Sand Dunes National Monument

Q 6

Region: South Central **Höhe:** ca. 2500 m ü. d. M.

In den letzten 15 000 Jahren hat der Wind gewaltige Mengen Sand aus dem trockenen San Luis Valley an den Westfuß der bis zu 4000 m ü. d. M. aufragenden Sangre de Cristo Mountains verfrachtet. Im Laufe der Zeit entstanden jene gewaltigen Sanddünen, die seit einiger Zeit als Great Sand Dunes National Monument unter Naturschutz stehen.

Zugang Das Naturschutzgebiet ist das ganze Jahr über zugänglich. Das Visitor Center am Südeingang hat täglich 8.00–17.00 Uhr geöffnet.

Entstehungsgeschichte Der Sand der Dünen stammt ursprünglich aus den westlich des San Luis Valley aufragenden San Juan Mountains und wurde vom Rio Grande und seinen Nebenflüssen ins San Luis Valley geschwemmt. Immer, wenn sich die Fluss- und Bachläufe durch starkes Mäandrieren verlegten, blieben Sandbänke zurück, die anschließend vom Wind weggeweht werden konnten.

Das Dünenfeld der Great Sand Dunes bedeckt gegenwärtig eine Fläche von **142 Quadratkilometern**. Einzelne Dünen sind über 200 m hoch und gehören damit zu den größten in ganz Nordamerika. Wegen des hohen Grundwasserstandes und der relativ hohen Luftfeuchtigkeit am Hochgebirgsrand ist der Sand ebenfalls ziemlich feucht und daher schwer. Deswegen wandern die Dünen nur sehr wenig.

★ Dünenwanderungen

Von mehreren Stellen aus besteht die Möglichkeit zu Dünenwanderungen auf eigene Faust. Man sollte aber bedenken, dass man in den Dünen leicht die Orientierung verlieren kann! Schon im Frühling kann es sehr heiß werden. Zur Zeit der Schneeschmelze führen die beiden am Ostrand des Dünenfeldes mäandrierenden Bäche Medano Creek und Mosca Creek ziemlich viel Wasser.

GREAT SAND DUNES ERLEBEN

AUSKUNFT

Great Sand Dunes National Monument
11999 Highway 150
Mosca, CO 81146
Tel. (7 19) 3 78-63 99, Fax 3 78-63 10
www.nps.gov/grsa

ESSEN

▸ Erschwinglich
Grizzly Inn Restaurant & Pub
1919 Main Street, Alamosa
Tel. (7 19) 5 89-49 43
Das Familienrestaurant und Pub hat lokale Küche auf der Speisekarte.

ÜBERNACHTEN

▸ Komfortabel
Best Western Alamosa Inn
2005 Main Street
Tel. (7 19) 5 89-25 67, Fax 5 89-89 98
www.bestwestern.com
Das Hotel besitzt einen schönen Park. Neben vielen Annehmlichkeiten wie Pool und Whirlpool werden hier auch Golfkurse angeboten.

▸ Günstig
Clarion Hotel of the Rio Grande
333 Sante Fe Drive, Alamosa
Tel. (7 19) 5 89-58 33, Fax 5 89-44 12
www.innoftherio.com
Die Zimmer sind geschmackvoll eingerichtet. Ein Spa mit Sauna, Pool, Whirlpool und Fitnesscenter rundet das Angebot ab.

Baedeker-Empfehlung

Montville Nature Trail und Mosca Pass Trail
Sehr lohnend sind Wanderungen auf diesen beiden Trails. Besonders malerisch bieten sich die Dünen bei Sonnenuntergang dar, wenn sie sich – in rotes Licht getaucht – von der dunklen Hochgebirgskulisse abheben. Unvergesslich sind die Eindrücke auch bei Gewitter oder im Frühjahr, wenn die schneebedeckten Viertausender der Sangre de Cristo Mountains zu den gelben Dünen kontrastieren.

◂ Medano Pass

Den wohl spektakulärsten Blick auf die Dünen hat man vom Medano Pass. Von Mai bis Oktober werden ab Mosca (Great Sand Dunes Oasis) Geländewagentouren angeboten, die auf den Pass hinaufführen.

Sehenswertes in der Umgebung

San Luis Valley

Das ca. 130 km lange und bis zu 80 km breite San Luis Valley, das sich in nord-südlicher Richtung erstreckt, ist vor einigen Millionen Jahren entstanden. Es liegt im Schnitt 2000 m ü. d. M. und ist deswegen eines der **größten alpinen Hochtäler** der Erde. Bereits 1708 wurde es von Juan de Ulaterri für Spanien in Besitz genommen. Zebulon Pike, der Erforscher Colorados, kam 1806 über den Mosca Pass in das San Luis Valley und wurde von den Spaniern festgenommen. 1848 führte John Fremont eine Expedition an, die jedoch wegen extrem schlechter Witterungsbedingungen misslang. Fremont gilt seither als verschollen.

Fort Garland 26 mi/42 km östlich von Alamosa liegt die kleine Ortschaft Fort Garland. Das am CO 159 gelegene und 1858 im Adobe-Stil errichtete Fort ist als **Museum** zugänglich. Es sollte die Siedler im San Luis Valley vor Übergriffen der Indianer schützen. 1866 hatte Kit Carson (► Berühmte Persönlichkeiten) hier sein letztes Kommando inne. 1883 wurde das Fort aufgelöst (Öffnungszeiten: tgl. 10.00–16.00 Uhr).

Antonito Nahe der Grenze zu New Mexiko verdient besonders die Our Lady of Guadelupe Church in Antonito Beachtung. Sie wurde schon in kolonialspanischer Zeit errichtet und soll das **älteste Gotteshaus** Colorados sein. An der Einmündung des CO 17 in den US 285 starten **Oldtimerzüge** der Cumbres & Toltec Scenic Railroad zu Ausflügen in die grandiose Hochgebirgswelt der San Juan Montains bzw. in den Rio Grande National Forest. Die Schmalspurbahn ist in den Achtzigerjahren des 19. Jh.s gebaut worden. Sie führt über den 3054 m hohen Cumbres Pass hinüber in das bereits in New Mexico gelegene Städtchen Chama. Die Museumseisenbahn verkehrt vom Memorial Day bis Mitte Oktober täglich.

★ Cumbres & Toltec Scenic Railway ►

★ Gunnison · Black Canyon of the Gunnison National Park

05

Region: South West
Einwohnerzahl: 5500
Höhe: 2348 m ü. d. M.
Telefonvorwahl: 970

Die Stadt Gunnison, der Gunnison National Forest und der Nationalpark bieten zahlreiche Möglichkeiten vor allem für Sportbegeisterte. Man kann hier Ski laufen, angeln, Mountainbike fahren oder dem Wassersport frönen.

Ausflugsziele in Gunnison und Umgebung

Gunnison Pioneer Museum Im Gunnison Pioneer Museum fühlt man sich wahrlich noch wie in der Pionierzeit. Besondere Aufmerksamkeit verdienen das alte Schulhaus von 1905, ein altes Postamt sowie eine alte Schmalspurbahn (Öffnungszeiten: Memorial Day bis Labor Day tgl. 9.00–16.00 Uhr. Hinweis: Im Visitor Center bekommt man eine **Ausflugskarte**, mit deren Hilfe man im Sommer über ein Dutzend Ghost Towns in der Umgebung von Gunnison aufsuchen kann.

Gunnison National Forest Der über 6700 km² große Gunnison National Forest eignet sich für sportliche Aktivitäten aller Art, z.B. Wandern oder Jagen. Besonders schön ist es am Taylor Park Reservoir nordöstlich oberhalb der Stadt Gunnison. Eine Schotterpiste führt von Taylor Park Reservoir südwärts hinauf in die ehemalige **Bergarbeitersiedlung** Tincup, die sich

★ Taylor Park Reservoir ►

heute als Ghost Town darbietet. Danach kommt man in die großartige Hochgebirgswelt am 3719 m hohen Cumberland Pass. Schließlich geht es hinunter in das tiefe Kerbtal des Quartz Creek und zurück nach Gunnison. ✶ ◂ Cumberland Pass

✶ **Crested Butte**

28 mi/45 km nördlich von Gunnison liegt das ehemalige Bergarbeiterstädtchen Crested Butte (2708 m ü. d. M.; 1000 Einw.) im Hochgebirge. Hier oben hat man im 19. Jh. nach Gold und Silber gesucht. Richtig Geld wurde aber nur mit dem **Abbau von Steinkohle** verdient. Der Bergbau kam jedoch schon wenige Jahre nach dem Zweiten Weltkrieg zum Erliegen. In den Sechzigerjahren wurde der Crested Butte Mountain für den alpinen Skisport erschlossen. Einige Jahre später entschloss man sich, den alten viktorianischen Stadtkern zu restaurieren. Heute bietet sich Crested Butte als wahres Schatzkästchen dar, vor allem sportlich ambitionierte Gäste kommen hier oben voll auf ihre Kosten. Crested rühmt sich, die besten Ski- und Mountain-Bike-Pisten weit und breit zu haben. Inzwischen gibt es hier sogar eine **Mountain Bike Hall of Fame**. Jedes Jahr im Juli findet die »Fat Tire Bike Week« statt, die Hunderte von Mountain-Bike-Enthusiasten anlockt. Knapp 10 mi/16 km weiter nördlich kann man das Rocky Mountain Biology Lab (Öffnungszeiten: im Sommer tgl. 8.00–12.00 u. 13.00–17.00 Uhr) besuchen, das zu den besonders renommierten Instituten seiner Art in den USA gehört.

Indianersommer am Gunnison River

GUNNISON ERLEBEN

AUSKUNFT

Black Canyon of the Gunnison Park Headquarters
102 Elk Creek
Gunnison, CO 81230
Tel. (9 70) 6 41-23 37
Fax 6 41-31 27
www.nps.gov/blca

EVENT

Mitte Juli ist Gunnison Schauplatz der Cattleman's Days. Besonders starken Zulaufs erfreuen sich die in diesem Rahmen stattfindenden Rodeos.

ESSEN

▸ Erschwinglich

Backwoods Inn
103 Rose Lane
Tel. (9 70) 2 49-19 61
Köstliche Gerichte mit Fisch oder Fleisch. Jeden Abend gibt es ein besonderes Angebot.

▸ Preiswert

Daily Bread and Bakery Cafe
346 Main, East of Townsend
Montrose, Tel. (9 70) 2 49-84 44
In diesem Café werden hausgemachte Pizza, Quiche, Sandwiches und Suppen angeboten.

ÜBERNACHTEN

▸ Komfortabel

Mary Lawrence Inn Bed & Breakfast
601 N Taylor, Gunnison
Tel. (9 70) 6 41-33 43, Fax 6 41-67 19
www.lanierbb.com/inns/bb2402.html
Das Inn mit 7 Zimmern, die liebevoll und edel mit antiken Möbeln eingerichtet sind, wurde 1885 erbaut.

Water Wheel Inn
37478 W. Highway 50, Gunnison
Tel. (9 70) 6 41-16 50, Fax 6 41-16 50
www.waterwheelinnatgunnison.com
Die meisten der mit allem Komfort versehenen Zimmer blicken auf den benachbarten Golfplatz.

Blue Mesa Reservoir

Westlich unterhalb von Gunnison erfüllt das Blue Mesa Reservoir als **größter Stausee** des Bundesstaates Colorado das Tal des Gunnison River. Er hat eine Uferlänge von 155 km! An seinen Ufern ist die **Curecanti National Recreation Area** (Auskunft: Tel. 6 41-23 37) ausgewiesen. Hier kann man alle Arten von Wassersport treiben, campen oder sich einfach nur erholen.

★★ Black Canyon of the Gunnison National Park

Weiter talabwärts erreicht man den als Nationalpark ausgewiesenen Black Canyon of the Gunnison. Bereits ab dem Jahre 1909 wurde der Gunnison River in seinem Oberlauf zur **künstlichen Bewässerung** genutzt. Im Jahre 1933 stellte US-Präsident Hoover den Canyon unter Naturschutz. Die höchst imposante, insgesamt rund 80 km lange Schlucht hat der einstmals reißende Fluss in das durchschnittlich 2500 m ü. d. M. gelegene Uncompahgre Plateau gefräst. Der Gunnison River durchsägt schließlich eine aus dunklem Granit bestehende Kette der Rocky Mountains. Das dadurch zum Vorschein kommende Urgestein stammt aus dem Präkambrium und ist 1,7 Milliarden Jahre alt! Der 20 km lange Westabschnitt ist besonders spektakulär. Mehrere Stichstraßen führen zu großartigen Aussichtspunkten, von denen man in die bis zu 700 m tiefe Schlucht blicken kann. An ihrer engsten Stelle ist sie in Höhe der Abbruchkante nur 335 m breit, in Wasserspiegelhöhe sind es sogar nur 13 m! Das **Visitor Center** am Gunnison Point ist zu folgenden Zeiten geöffnet: Memorial Day bis Labor Day tgl. 8.00–17.00 Uhr.

★ **Ute Indian Museum**

Südlich von Montrose liegt an der US 550 das Ute Indian Museum (Öffnungszeiten: Mitte Mai bis Sept. Mo. bis Sa. 10.00–17.00, So. 13.00–17.00 Uhr) mit dem Ouray Memorial Park. Hier wird gezeigt, wie die Ute-Indianer um die Jahrhundertwende gelebt haben. Auch an **Chief Ouray**, den letzten berühmten Häuptling der Ute-Indianer, und seine Frau Chipeta wird erinnert.

★ Leadville

P 4

Region: South Central
Einwohnerzahl: 2600
Höhe: 3094 m ü. d. M.
Telefonvorwahl: 719

Der alte Bergbauort Leadville, der heute zu den bekanntesten Skiorten Colorados gehört, liegt hoch in den Rocky Mountains im Quellgebiet des Arkansas River.

Ein Sündenpfuhl

In den Sechzigerjahren des 19. Jh.s kamen mehrere tausend Menschen in diese unwirtliche Gegend, um mehr oder weniger erfolgreich nach Gold und Silber zu suchen. Leadville entwickelte sich zum verruchten Sündenpfuhl des Gold- und Silberrausches, in dem viele Leute zu Millionären wurden, viele ihr Glück aber auch in kürzester Zeit wieder verspielten. Wie viele andere Bergbauorte in den Rocky Mountains auch, erlebte Leadville nach dem Zerfall der Edelmetallpreise einen beispiellosen Niedergang und wurde fast zur Ghost Town. Nur noch ganz wenige Minen blieben in Betrieb. Die zweite Blütezeit des knapp unter der Baumgrenze gelegenen Städtchens kündigte sich bereits in den frühen Fünfzigerjahren des 20. Jh.s an, als Wintersportler die im Winter **schneereiche Landschaft** entdeckten. Leadville wurde nun für die Touristen herausgeputzt. Heute bietet es sich als wirklich schmuckes Städtchen dar, in dem mittlerweile das ganze Jahr über der Fremdenverkehr floriert.

Sehenswertes in Leadville

★ **Healey House & Dexter Cabin State Historical Museum**

Wie es im 19. Jh. in Leadville zugegangen ist, kann man im Dexter Cabin State Historical Museum (Öffnungszeiten: Memorial Day bis Labor Day täglich 10.00–16.30 Uhr) besonders gut nachvollziehen. Das im Jahre 1878 im viktorianischen Stil erbaute Healey House diente jahrzehntelang als Hotel. Vor einiger Zeit hat man es im **Stil**

der Jahrhundertwende restauriert. Vor dem ehemaligen Hotel, das schon so manche rauschende Festlichkeit erlebt hat, steht die ärmliche Holzhütte eines Goldgräbers mit nur zwei Wohnräumen.

Tabor Opera House

Das 1879 auf Veranlassung des wohlhabenden Minenbesitzers Horace A. W. Tabor erbaute Tabor Opera House (Öffnungszeiten: Memorial Day bis Labor Day So. bis Fr. 9.00–17.30 Uhr) ist heute ebenfalls als museale Einrichtung zugänglich. Hübsche alte Bühnenbilder und auch die mit viel Liebe zum Detail hergerichteten Umkleideräume lassen noch ein wenig von der vergangenen Pracht erahnen. Nebenan kann man **Tabor Home**, das Wohnhaus des Minenbesitzers und Opernfinanziers besichtigen. Es ist im Stil der Jahrhundertwende restauriert. 2 mi/3 km östlich außerhalb von Leadville steht die **Matchless Mine** von Horace A. W. Tabor zur Besichtigung offen (zugänglich Juni bis Labor Day tgl. 9.00 bis 17.00 Uhr).

? WUSSTEN SIE SCHON ...?

- Angeblich waren die letzten Worte des Minenbesitzer Horace A. W. Tabor an seine Frau: »Hold on to the Matchless«. Die Mine warf zur Blütezeit monatlich 100 000 Dollar ab.

Heritage Museum & Gallery

Das Heritage Museum befasst sich recht ausführlich mit der Geschichte des Gold- und Silberrausches von Leadville. Ferner sind hier Wechselausstellungen amerikanischer Künstler zu sehen (Öffnungszeiten: im Sommer tgl. 10.00–18.00 Uhr, im Winter verkürzte Öffnungszeiten).

✶ National Mining Hall of Fame

Die National Mining Hall of Fame (Öffnungszeiten: tgl. 9.00–17.00 Uhr) ist in einem alten Schulgebäude im Westen der Stadt untergebracht. In **sehr anschaulicher Weise** werden dem Besucher nicht nur die Geschichte des Goldbergbaus, sondern auch dessen technologische Entwicklung erläutert. Die Schau geht auch auf die Ausbeutung anderer Rohstofflagerstätten (z.B. Kohle) ein.

Sehenswertes in der Umgebung

✶ Leadville, Colorado & Southern Railroad

Im Sommer fahren **Museumszüge** der Leadville, Colorado & Southern Railroad vom alten Depot (326 E. 7th St) 23 mi/37 km bergauf in die grandiose Hochgebirgslandschaft von Climax, wo die Quellbäche des Arkansas River entspringen. Abfahrten: Memorial Day bis Labor Day tgl. 9.30 u. 14.00 Uhr.

✶ Mount Elbert, Twin Lakes

Südwestlich von Leadville erheben sich der 4395 m hohe **Mount Massive** und der 4399 m hohe Mount Elbert als **höchster Gebirgsstock** Colorados. Beide Gipfel können von erfahrenen Bergwanderern ohne größere Mühen bestiegen werden. Am Südfuß des Mount Elbert locken die schön gelegenen Twin Lakes Erholungssuchende, Angler oder Wassersportler an.

Am Oberlauf des Arkansas River können abenteuerlustige Wildwasserfahrer ihr Mütchen kühlen.

Nördlich oberhalb von Leadville, am 3177 m hohen Tennessee Pass, haben während des Zweiten Weltkrieges schon Gebirgsjäger der US-Armee für ihre Einsätze in Europa trainiert. Heute ist hier oben ein **attraktives Skigebiet** mit dem Namen »Ski Cooper« erschlossen, das für seine lange Schneesicherheit bekannt ist. Snow Hotline: Tel. 4 86-22 77. Außerdem kann man von hier oben einen fantastischen Blick über das »Summit Country« genießen.

★ **Ski Cooper**

Von Leadville über Salida bis ►Pueblo, also auf einer Länge von rund 150 mi/240 km, ist der Oberlauf des Arkansas River als **State Recreation Area** ausgewiesen. Wildwasserfahrer finden hier beste Verhältnisse vor. In Buena Vista und Salida bieten zahlreiche Veranstalter **Rafting- und Kajak-Touren** an. Führende Unternehmen sind: Arkansas River Tours, Tel. (18 00) 3 21-43 52; Noah's Ark Whitewater Rafting Company, Tel. 3 95-21 58; Bill Dvorak's Kayak & Rafting Expeditions, Tel. 5 39-68 51; Wilderness Aware, Tel. 3 95-21 12. Alljährlich im Juni werden hier internationale Wildwasser-Wettbewerbe ausgetragen.

★ **Arkansas Headwaters State Recreation Area**

Buena Vista

35 mi/56 km südlich unterhalb von Leadville liegt die 1879 gegründete Ortschaft Buena Vista (2425 m ü. d. M./2000 Einw.) im Tal des jungen Arkansas Rivers. Sie ist die **Hauptstadt der Wildwasserfahrer** in den Rocky Mountains. Außerdem treffen sich hier in jedem Sommer und Herbst viele begeisterte Bergwanderer, denn in einem Umkreis von 30 km kann man über ein Dutzend Viertausender besteigen und sich an zahlreichen, oft traumhaft gelegene Bergseen erholen.

Mount Princeton, Chalk Creek Canyon ✶ Südwestlich von Buena Vista erhebt sich der 4327 m hohe Mount Princeton, an dessen Südseite der Chalk Creek einen wildromantischen Canyon gegraben hat. Hier tritt auch heilkräftiges **Thermalwasser** aus, von dessen Güte man sich im luxuriösen Mount Princeton Hot Springs Resort überzeugen kann. Am Talschluss kann man eine verlassene Bergarbeitersiedlung inspizieren.

Salida Der alte Stadtkern von Salida (2144 m ü. d. M.; 5 000 Einw.) gilt als einer der größten und schönsten in Colorado. Im Stadtzentrum befindet sich der gut besuchte **Salida Hot Springs Pool** (410 W. Rainbow Blvd.; Öffnungszeiten: im Sommer tgl. 13.00–21.00, im Winter Di. bis Fr. 16.00–21.00 und Sa./So. 13.00–21.00 Uhr).

Monarch Ski Resort 13 mi/21 km westlich oberhalb von Salida, am 3448 m hohen Monarch Pass des US 50, liegt das Monarch Ski Resort, dessen weit gefächertes Pistenangebot von Anfängern und Könnern geschätzt wird.

LEADVILLE ERLEBEN

AUSKUNFT

Leadville/Lake County Chamber of Commerce
809 Harrison Ave., P.O. Box 861
Leadville, CO 80461
Tel. (7 19) 4 86-39 00
Fax 4 86-84 78
www.leadvilleusa.com

ESSEN

► Fein & Teuer

Tennessee Pass Cookhouse
Tel. (7 19) 4 86-81 14
www.tennesseepass.com/cookhouse.htm
Um zum Cookhouse zu gelangen, muss man eine Meile zu Fuß, mit dem Fahrrad oder mit dem Jeep durch den Wald auf sich nehmen. Dafür wird man mit einer grandiosen Aussicht und einem Vier-Gänge-Gourmet-Menü belohnt, für das man sich allerdings vorher anmelden muss.

► Preiswert

The Golden Burro Café
710 Harrison Ave.
Tel. (9 70) 4 86-12 39
Seit 1938 wird den Gästen hier gute amerikanische Küche mit Blick auf die Berge serviert.

ÜBERNACHTEN

► Komfortabel

Delaware Hotel
700 Harrison Ave.
Tel. (7 19) 4 86-14 18, Fax 4 86-22 14
www.delawarehotel.com
Das 1886 erbaute Hotel besitzt 36 Zimmer und Suiten. Die antiken Möbel in den liebevoll im viktorianischen Stil eingerichteten Räumen schaffen eine romantische Atmosphäre.

Apple Blossom Inn Bed & Breakfast
120 W 4th St
Tel. (7 19) 4 86-21 41
www.theappleblossominn.com
Dieses ebenfalls viktorianische Bed and Breakfast, 1879 erbaut, verfügt über fünf komfortable und gemütliche Zimmer. Auf Wunsch kann man hier auch zu Abend essen.

★ Mesa Verde National Park

N 6

Region: South West
Fläche: 211 km²
Höhe: 2124 m ü. d. M.

Hier, im heutigen Mesa Verde National Park, haben präkolumbische Indianer Wohnungen gebaut, die wie Schwalbennester unter den Felsüberhängen der waldbedeckten Gebirgstafel (span. »Mesa Verde« = dt. »Grüne Tafel«) kleben. Diese so genannten Cliff Dwellings sind von ihren Bewohnern aus bislang ungeklärten Gründen Ende des 13. Jh.s verlassen worden. Der kulturgeschichtlich bedeutsame Nationalpark wurde 1978 von der UNESCO als Weltkulturerbe deklariert.

Öffnungszeiten

Der Nationalpark, der bereits 1906 als solcher ausgewiesen wurde, ist ganzjährig zugänglich. Das **Visitor Center** mit **Museum** ist von Mai bis Mitte Okt. tgl. 8.00–17.00, im Sommer bis 18.00 Uhr geöffnet. Der Cliff Palace bzw. das Balcony House können nur im Rahmen einer Führung besichtigt werden. Eintrittskarten gibt es im Visitor Center.

Besichtigung der Mesa Verde

Entstehung

Die Mesa Verde wurde vor etwa 25 Mio. Jahren emporgehoben und schräggestellt. Ihr höchster Punkt (2614 m ü. d. M.) liegt am Rand des fruchtbaren Montezuma Valley. Bäche haben bis zu 300 m tiefe Canyons in die Gebirgstafel gegraben, Wind und Wetter modellierten den weichen Sandstein. Die entstandenen Felsüberhänge, -nischen und -grotten boten beste Voraussetzungen für die Anlage von **Höhlen- und Felswohnungen**.

Siedlungsraum der Anasazi

Ab dem 2. Jh. v. Chr. streiften altindianische Jäger und Sammler durch die hiesigen Flusstäler und wurden allmählich **sesshaft**. Im 6. Jh. n. Chr. zogen sie sich auf das Plateau bzw. in die Canyons zurück. Auf der älteren Kulturstufe der Korbmacher (Basketmaker) lebten die Anasazi (in der Navajo-Sprache = »die Alten«) in Höhlen, Hütten und Grubenhäusern (pit houses). Etwa ab der Mitte des 8. Jh.s reihten die Anasazi auf dem Plateau ebenerdige **Lehmbauten** aneinander. Die Pueblo-Phase begann. Man wohnte jetzt oberirdisch und machte aus den Grubenhäusern Kultstätten (Kivas). Im 10. Jh. entstanden die ersten mehrstöckigen Pueblobauten. Zwischen 1100 und 1300 erlebte die Kultur der Anasazi ihre **große Blütezeit**.

? WUSSTEN SIE SCHON ...?

- ... dass die Anasazi in der Mesa Verde ausgeklügelte Bewässerungs- und Anbaumethoden entwickelten? Wichtige Nutzpflanzen waren Mais, Bohnen, Kürbisse und Baumwolle.

Mesa Verde National Park Orientierung

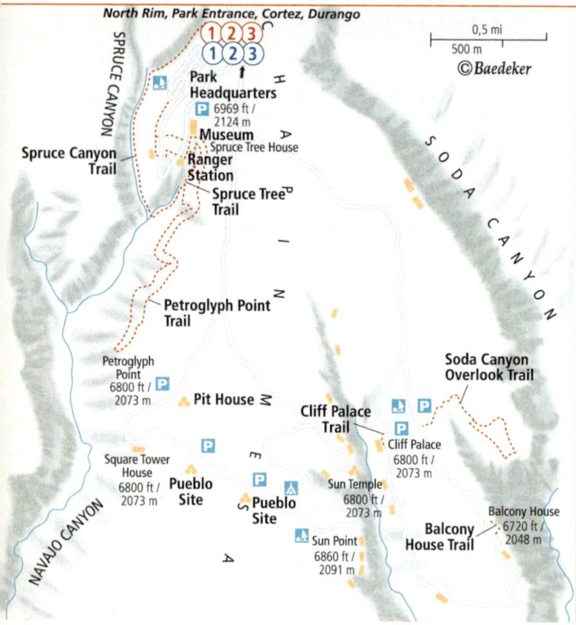

Übernachten
① Far View Lodge
② Super 8 Cortez Mesa Verde
③ Turquoise Inn

Essen
① Far View Lodge Metate Room
② Homesteaders
③ Nero's

Aber schon um das Jahr 1200 zogen sich einige Vorfahren der heutigen Pueblo-Indianer aus bislang unbekannten Gründen in die Canyons zurück. An schwer zugänglichen Felsüberhängen bauten sie jetzt ihre heute als »cliff dwellings« bezeichneten **Höhlenwohnungen**. Die hiesigen Anasazi waren nicht nur gute Baumeister, sondern auch hervorragende Töpfer. Die **Töpferware** von der Mesa Verde ist qualitativ durchaus vergleichbar mit jener aus dem Bereich des Chaco Canyon (► S. 389), wo die Anasazi ihr zweites großes kulturelles Zentrum hatten. Den Grubenhäusern, Lehmbauten und Pueblos der Hochfläche wurden im Laufe der Zeit durch Wind und Wetter große Schäden zugefügt. Hingegen blieben die Behausungen unter den schützenden Felsvorsprüngen sehr gut erhalten.

Ende des 13. Jh.s wurden auch die Cliff Dwellings verlassen. Als Grund dafür wird eine **lange Dürreperiode** angenommen, von der damals der gesamte Südwesten betroffen war.

Wiederentdeckung der altindianischen Wohnplätze ►

Die spanischen Kolonialherren des 17. und 18. Jh.s haben sich für die Mesa Verde nur wenig interessiert. 1874 haben amerikanische Landvermesser die altindianischen Ruinen erstmals beschrieben. 1888 sorgten die **Gebrüder Wetherill** dafür, dass die Klippenhäuser als Sensation bekannt wurden. 1891 begann die wissenschaftliche Erforschung des Geländes unter Leitung des schwedischen Naturforschers Gustaf Nordenskjöld.

Kurz nach der Einfahrt in den Nationalpark passiert man den **Morfield Campground** und erreicht den 2614 m ü. d. M. gelegenen Montezuma Valley Overlook, wo man einen großartigen Blick über die Four Corner Region genießen kann. Schließlich kommt man zum Far View Visitor Center, von wo aus man mit einem **Shuttle-Bus** zur 13 mi/21 km entfernten **Wetherill Mesa** gelangt. Hier verdient besonders das Step House mit Baurestendes aus dem 7. und 13. Jh. Beachtung. Ferner findet man hier das zweitgrößte Pueblo des Nationalparks, das sog. Long House mit 150 Räumen und 21 Kivas. Der große Platz ist für traditionelle Tänze und Zeremonien angelegt.

✶ **Montezuma Valley Overlook, Far View Visitor Center**

◂ Step House, Long House

MESA VERDE ERLEBEN

AUSKUNFT

Mesa Verde National Park
P. O. Box 8, Mesa Verde
CO 81330-0008
Tel. (970) 529-4465, Fax 529-4637
www.nps.gov/meve
www.visitmesaverde.com

ESSEN

▸ Erschwinglich

① ***Far View Lodge Metate Room***
Im Park, Tel. (800) 449-2288
Die Speisen sind von den Rezepten der Ureinwohner dieser Gegend inspiriert. Besonders zu empfehlen ist das Vier-Gänge-Menü, zu dem jeweils ein passender Wein gereicht wird.

③ ***Nero's Italian Restaurant***
303 West Main Street, Cortez
Tel. (970) 565-7366
Zu den Spezialitäten dieses Hauses gehört gegrillte Schweinelende mit Apfel-Bourbon-Glasur. Die Werke verschiedener regionaler Künstler geben eine besondere Note.

▸ Preiswert

② ***Homesteaders Family Restaurant***
45 East Main Street, Cortez
Tel. (970) 565-6253
Restaurant mit rustikaler Western-Atmosphäre. Die Spezialitäten sind unter anderem frisch gebackene Brote und Desserts sowie vegetarische Hauptgerichte, es werden aber auch Fleisch und Fisch serviert.

ÜBERNACHTEN

▸ Komfortabel

① ***Far View Lodge***
Im Park, Tel. (800) 449-2288
Von der Lodge aus hat man einen wundervollen Blick auf gleich drei Staaten. Die Zimmer verfügen alle über einen Balkon.

③ ***Best Western Turquoise Inn & Suites***
535 East Main, Cortez
Tel. (970) 565-3778, Fax 565-3439
www.cortezbestwestern.com
Die Zimmer bestehen aus jeweils zwei Räumen, also getrenntem Schlaf- und Wohnbereich. Frühstück wahlweise im Frühstücksraum, im Garten oder auf der Terrasse.

▸ Günstig

② ***Super 8 Motel Cortez Mesa Verde Area***
505 E. Main St., Cortez
Tel. (970) 565-8888, Fax 565-6595
www.super8.com
Das Hotel liegt zentral an der Hauptstraße von Cortez und somit nur ca. 15 km vom Mesa Verde Nationalpark entfernt.

Chapin Mesa, Far View Ruins

Vom Far View Visitor Center aus kann man mit dem eigenen Fahrzeug zur Chapin Mesa fahren. Man passiert dabei die Far View Ruins, zu denen eine Stichstraße führt. Hier ist auch der **Lake Mummy** als künstliches Wasserreservoir angelegt, der früher einmal rund 2 Mio. Liter Wasser fasste und mit dessen Wasser 16 Siedlungen versorgt werden konnten.

★ **National Park Headquarters, Chapin Mesa Museum**

Nach ca. 25 mi/40 km erreicht man die **Nationalparkverwaltung** und das Chapin Mesa Museum, wo sich Interessierte über den Stand der archäologischen Forschung und auch über die Entwicklung des Kunstgewerbes in dieser Gegend informieren können.

★ Spruce Tree House ►

Von hier aus kann man das 1888 entdeckte Spruce Tree House mit seinen 114 Räumlichkeiten und acht Kivas erforschen. Vermutlich haben hier 100–150 Menschen gelebt. Dieses Pueblo wurde nach einer **markanten Fichte** benannt, die hier gegen die Klippe des Canyons wuchs.

★★ **Ruins Road Drive**

Beim Chapin Mesa Museum beginnt auch der Ruins Road Drive. Seine südwestliche Schleife (Mesa Top Ruins zwischen Navajo Canyon und Cliff Canyon) berührt das vierstöckige **Square Tower House** und den auf D-förmigem Grundriss errichteten **Sun Temple** (Son-

Der unter einem Felsüberhang errichtete Cliff Palace gehört zu den eindrucksvollsten Sehenswürdigkeiten im amerikanischen Südwesten.

nentempel). Von hier hat man einen guten Blick auf den weltberühmten Cliff Palace. Von der Straße zweigen mehrere Fußwege zu alten Grubenhäusern (pithouses) und Pueblo-Ruinen ab. Von einigen Aussichtspunkten bieten sich interessante Blicke in den Fewkes Canyon und in den Cliff Canyon.

✶✶ **Cliff Palace**

Vom Sun Point View aus wurde 1888 der Cliff Palace entdeckt. Die südöstliche Schleife zwischen Cliff Canyon und Soda Canyon berührt den Cliff Palace, der mit mehr als 200 Räumen und 23 Kivas das größte und damit wohl **spektakulärste Cliff Dwelling** des Nationalparks ist. Vermutlich haben hier bis zu 250 Menschen gewohnt.

✶ **Balcony House**

Das Balcony House, das im Soda Canyon zu finden ist, kann man nur im Rahmen einer Führung (Anmeldung im Visitor Center) über eine hohe Leiter bzw. durch eine enge Tunnelröhre erreichen.

Sehenswertes in der Umgebung

✶ **Anasazi Heritage Center**

Cortez ist der beste Ausgangspunkt für Ausflüge rund um den Nationalpark. Ca. 2 mi/3 km nordwestlich der Ortschaft Dolores lädt das 1987 am CO 184 errichtete Anasazi Heritage Center (Öffnungszeiten: tgl. 9.00–17.00 Uhr) zum Besuch ein. Hier kann man sich über die Geschichte des auf rätselhafte Weise verschwundenen altindianischen Volkes informieren. In der Nähe findet man die Überreste des altindianischen **Dominguez Pueblo**. Auf einem Hügel hat man das 20 Wohnräume und eine Kiva umfassende **Escalante Pueblo** freigelegt.

Ute Mountain Indian Reservation

Ganz im Südwesten von Colorado erstreckt sich die Ute Mountain Indian Reservation. Ca. 15 mi/24 km südlich von Cortez gelangt man in den Ort **Towaoc**, den Hauptort der Reservation. Vom Visitor Center werden Führungen zu den noch unerforschten Wohnplätzen der Anasazi organisiert.

? WUSSTEN SIE SCHON ...?

- ... dass sich ca. 35 mi/56 km südwestlich von Cortez die einzige Stelle in den USA befindet, an der vier Bundesstaaten aneinander stoßen? Auf der Bodenplatte des Four Corners National Monument sind die Wappen der vier aneinander grenzenden Bundesstaaten (Colorado, New Mexico, Arizona und Utah) eingelassen.

✶ **Hovenweep National Monument**

20 mi/32 km nordwestlich von Cortez, bei Pleasant View, zweigt eine unbefestigte Piste ab, die in südwestlicher Richtung zum Hovenweep National Monument führt. In der Sprache der Ute-Indianer bedeutet »Hovenweep« so viel wie »wüste Schlucht« bzw. »verlassenes Tal«. Wie archäologische Forschungen ergeben haben, lebten hier ab dem 11. Jh. kleinere Gruppen altindianischer Anasazi in Pueblos. Wahrscheinlich zogen sie später wegen **Wassermangels** an die Ränder der Schluchten um. Wegen der Dürre im späten 13. Jh. wurde das Gebiet von den meisten Bewohnern verlassen.

Turmbauten ► Eine besondere Attraktion des Schutzgebietes sind die zahlreichen Turmbauten. Ob es sich um Beobachtungstürme oder Bauten mit zeremonieller Bedeutung handelt, ist noch unklar.

✶ **Square Tower Ruins** Eindrucksvolle altindianische Bauzeugnisse sind die Square Tower Ruins des sog. Hovenweep Castle. Nördlich davon schließen weitere Ruinen an, die man teilweise auch zu Fuß erreichen kann. Dazu gehören die Holly Ruins, die Horseshoe Ruins, die Hackberry Ruins und schließlich die Gruppe der Cutthroat Ruins Group. Südwestlich der Square Tower Ruins sind noch Reste zweier Pueblos zu sehen.

Lowry Ruins Ohne großen Aufwand sind die 9 mi/14 km westlich von Pleasant View gelegenen Lowry Ruins zu erreichen. In diesem Pueblo, das 24 Häuser mit mehr als 1000 Räumlichkeiten umfasste, lebten wahrscheinlich knapp 2000 Menschen. Mit dem Bau dieser Siedlung wurde um das Jahr 1090 begonnen. Der Ausbau erfolgte um 1120. Hier kann man eine gut erhaltene sog. **Painted Kiva** und eine große **Gemeinschafts-Kiva** besichtigen. Man nimmt an, dass ein Teil der Bevölkerung trotz anhaltender Dürre bis ins 16. Jh. in Lowry ausgehalten hat.

✶ Pueblo

R 5

Region: South East
Einwohnerzahl: 105 000
Höhe: 1421 m ü. d. M.
Telefonvorwahl: 719

Die aufstrebende Stadt Pueblo liegt in der Übergangszone zwischen den Great Plains im Osten und den im Westen aufragenden Rocky Mountains, aus denen der Arkansas River hervorbricht. Die Industrie spielt in der drittgrößten Stadt des Bundesstaates Colorado eine überragende Rolle.

Geschichte Wegen seiner verkehrsgünstigen Lage war Pueblo schon vor der Ankunft der Europäer ein **wichtiger Handelsplatz**. Später tauschten hier Indianer, spanische Kolonisatoren sowie französisch- und englischsprachige Pelzhändler ihre Waren aus. Die Gründung der heutigen Stadt erfolgte 1842. Bereits drei Jahrzehnte später wurde Pueblo an das Streckennetz der Rio Grande Railroad angeschlossen. Danach siedelten sich hier zahlreiche Betriebe an. Lange Zeit war Pueblo der wichtigste **Schwerindustriestandort** westlich des Mississippi.

Sehenswertes in Pueblo und Umgebung

✶ **El Pueblo Museum** Im Zentrum ist der einstige befestigte **Handelsposten** (Old Fort Pueblo Trading Post; 324 W 1st St.; Öffnungszeiten: Mo. bis Sa. 10.00–16.30, So. 13.00–16.00 Uhr) nachgebaut, der von 1842 bis

1855 betrieben wurde und als Keimzelle der Stadt gilt. Hier wird nicht nur an jene Zeit erinnert, als spanische, mexikanische und US-amerikanische Händler bei Indianern und Fallenstellern Feuerwasser und Waffen gegen wertvolle Pelze tauschten, sondern vor allem auch an den Eisenbahnbau und den Werdegang der hiesigen Industrie. Ein Ausstellungsschwerpunkt befasst sich mit der **Kultur der Anasazi**, die einstmals auch in der Umgebung von Pueblo heimisch waren.

Chillis spielen eine herausragende Rolle im Veranstaltungskalender der Stadt Pueblo.

Nordöstlich des Stadtzentrums und in der Nähe des Arkansas River breitet sich der **Union Avenue Historic District** aus mit mehr als drei Dutzend ansehnlichen Bauten, die im späten 19. Jh. errichtet worden sind.

★ **Rosemount Victorian House Museum**

Als **schönstes Baudenkmal der viktorianischen Zeit** im Südwesten der USA wird die 1891 erbaute Villa des Rosemount Victorian House Museums (419 W. 14th St.; Führungen Juni bis Sept. Di. bis Sa. 10.00–15.30, So. ab 14.00 Uhr, sonst Di. bis Sa. 13.00–15.30, So. ab 14.00 Uhr) bewertet. Die wertvolle, zumeist noch original erhaltene Inneneinrichtung mit Mahagoni-Mobiliar, Tiffany-Leuchten, bemalten Decken etc. beeindruckt die Besucher. In einem Nebengebäude ist die **McClelland-Sammlung** mit Schönem und Kuriosem aus allen Erdteilen zu bestaunen.

Sangre de Cristo Arts & Conference Center

Das Sangre de Cristo Arts & Conference Center, Kultur- und Kongresszentrum der Stadt (210 N. Santa Fe Ave.), ist in einem architektonisch bemerkenswerten Gebäudekomplex untergebracht. Zu dem Zentrum gehören auch ein großer Theatersaal und ein Museum für Kinder. Außerdem sind hier Ausstellungen namhafter amerikanischer Künstler zu sehen.

Greenway & Nature Center of Pueblo

Westlich des Stadtzentrums ist das Greenway & Nature Center of Pueblo am Ufer des Arkansas River angelegt. Hier sind rund 60 km Spazier-, Wander- und Radwege ausgewiesen. Ein **Naturlehrpfad** und ein **naturkundliches Zentrum** geben Auskunft über die Flusslandschaft, ihre Pflanzen und ihre Tiere. Im Raptor Center werden verletzte Greifvögel (Adler, Eulen usw.) gesund gepflegt und anschließend wieder in die Freiheit entlassen.

Fred E. Weisbrod International B-24 Memorial Museum

Wer sich für B-24-Bomber und ihre Rolle im Zweiten Weltkrieg interessiert, ist im Fred E. Weisbrod International B-24 Memorial Museum mit seinen **25 Flugzeug-Oldtimern** richtig (Öffnungszeiten: Mo. bis Fr. 10.00–16.00, Sa. 13.00–14.00, So. 12.00–16.00 Uhr).

Lake Pueblo State Park Westlich außerhalb der Stadt ist der Lake Pueblo State Park ausgewiesen. Brennpunkt des Geschehens ist der große Stausee, an dem es eine Marina für Motorboot-Kapitäne gibt. Auch Paddler und Ruderer sind auf dem See unterwegs. Schwimmer sind am **Rock Canyon Beach** im östlichen Teil des Erholungsgebietes gut aufgehoben.

Trinidad In Trinidad (ungefähr 60 mi/100 km südlich von Pueblo), besonders im Corazon de Trinidad Historic District und in der Main Street, sind noch viele Bauten des 19. Jh.s erhalten. Zwei davon umfasst das **Trinidad History Museum** (Öffnungszeiten: Mai bis Sept. tgl. 10.00 bis 16.00 Uhr). Das **A. R. Mitchell Memorial Museum of Western Art** zeigt Werke des gleichnamigen Künstlers und anderer amerikani-

PUEBLO ERLEBEN

AUSKUNFT

The Greater Pueblo Chamber
302 N Santa Fe Ave, Pueblo,
CO 81003-4102
Tel. (7 19) 5 42-17 04
www.pueblochamber.org

VERANSTALTUNG

Chile & Frijole Festival
Alljährlich im September findet das bunte Chile & Frijole Festival statt. Dann zeigen Indianer traditionelle Tänze und es treten indianisch-mexikanische Musiker auf. Natürlich kann man auch Köstlichkeiten der »Southwestern Cuisine« probieren.

ESSEN

► Erschwinglich

La Renaissance
217 E Routt Ave, Tel. (7 19) 5 43-63 67
Den Gast umgibt in hier eine ganz besondere Atmosphäre: Er speist in einer 1880 erbauten Kirche.

Red Lobster Restaurant
3306 North Elizabeth Street
Tel. (7 19) 5 43-63 67
Wie der Name schon sagt, bekommt man Fisch, Meeresfrüchte und vor allem Hummer serviert.

► Preiswert

Do Drop Inn
1201 South Santa Fe Ave
Tel. (7 19) 5 44-10 00
Auf der reichhaltigen Speisekarte stehen italienische, aber auch mexikanische und amerikanische Gerichte.

ÜBERNACHTEN

► Luxus

Pueblo Marriott
110 W First Street
Tel. (7 19) 5 42-32 00, Fax 5 42-32 26
www.marriott.com
Luxuriöses Hotel, geschmackvolle Zimmer und Suiten.

► Komfortabel

Wingate Inn
4711 N. Elizabeth
Tel. (7 19) 5 86-90 00, Fax 5 86-90 00
www.wingateinns.com
Komfortables Hotel mit geräumigen Zimmern, Fitnesscenter und Pool.

► Günstig

Microtel Inn & Suites
3343 Gateway Drive
Tel. (7 19) 2 42-20 20, Fax 2 42-20 31
www.microtelinn.com
Freundliche Zimmer mit Fernseher, Mikrowelle und Kühlschrank.

scher Kunstschaffender. Außerdem kann man das **alte Feuerwehrhaus** und das **Loden Henritze Museum** mit Bodenfunden aus der Umgebung anschauen.

Cokedale

8 mi/13 km westlich von Trinidad liegt die 1906 gegründete Bergarbeitersiedlung Cokedale, in der bis zur Schließung des Kohlebergwerks 1947 mehrere hundert Kumpel mit ihren Familien lebten. Die Siedlung, in der heute nur noch ein paar Nachkommen der Bergarbeiter wohnen, steht unter **Denkmalschutz**.

✶ Scenic Highway of Legends (CO 12)

Von Trinidad führt der CO 12 in einem weiten nach Westen gerichteten Bogen nach Walsenburg. Nach knapp 30 mi/47 km erreicht man das Stonewall Valley mit imposanten, fast senkrecht aufsteigenden Sandsteinwänden. Als Nächstes folgen der Monument Lake, aus dem zwei wie Indianerhäuptlinge aussehende Felsbildungen herausragen, sowie der fischreiche North Lake. Vom 3030 m hohen Cucharas Pass hat man einen guten Blick auf die Spanish Peaks. Diese von Wind und Wetter herausmodellierten Überreste eines tertiärzeitlichen Vulkans waren den Arapahoe-Indianern heilig. Vom Cucharas Pass geht es hinunter ins Tal des Cucharas River und zum romantischen Blue Lake. Auf der Weiterfahrt nach Walsenburg passiert man **geologische Merkwürdigkeiten**, so etwa die Devil's Stairsteps (Teufelstreppe) genannte Abfolge besonders widerständiger Steintreppen, die Dakota Wall, eine fast senkrecht herausgepresste Sandsteinwand, sowie die so genannte Sore Thumb Butte, ein Vulkanberg, der wie ein wunder Daumen aus der Landschaft ragt. Schließlich erreicht man die hübsch gelegene, 1862 gegründete Ortschaft La Veta. Sehenswert ist hier das Fort Francisco Museum, das praktisch den historischen Ortskern umfasst. Kurz vor Walsenburg kann man den Lathrop State Park besuchen, der sich um zwei romantische Seen ausbreitet.

✶ Rocky Mountain National Park

Q 3

Region: Front Range
Fläche: 1072 km²
Höhe: 2400–4345 m ü. d. M.
Gründungsjahr: 1915

Der zwei Autostunden nordwestlich von ▸Denver gelegene Nationalpark umfasst einen besonders reizvollen Teil der bis 4345 m hohen Front Range, die wie eine Mauer am Westrand der Großen Ebenen aufragt: scharfe Felsgrate, lehnstuhlartig ausgeräumte und von Seen erfüllte Kare, alpine Matten, bunte Bergblumenwiesen, wildromantische Täler und das Quellgebiet des Colorado River.

Pflanzen und Tiere

Im Rocky Mountain National Park kann man weit **über 700 verschiedene Pflanzenarten** studieren. Sehr schön ausgebildet sind die einzelnen Stockwerke des Bergwaldes. In tieferen Lagen dominieren

Erst im Mai/Juni kehrt im Moraine Park der Frühling ein.

Espen- und Pinienwälder. Je weiter man nach oben kommt, desto kleinwüchsiger und empfindlicher wird die Flora. Noch weit über der Baumgrenze, die in dieser Gegend bei 3000 m ü. d. M. liegt, trifft man auf windzerzauste Krüppelkiefern. Die Front Range ist ein bevorzugter Lebensraum der **Dickhornschafe**. In den Bergwäldern leben noch viele **Hirsche** und **Bären**. **Biber** haben an Bach- und Flussläufen ihre Dämme gebaut. Hoch in den Lüften kreisen Adler und andere **Greifvögel**.

Rocky Mountain National Park Headquarters

Südöstlich der Feriensiedlung Estes Park befindet sich die Nationalparkverwaltung, in deren **Besucherzentrum** man alles Wesentliche über die hiesige Hochgebirgslandschaft erfährt. Von hier aus werden auch vielerlei naturkundliche Aktivitäten im Bereich des Nationalparks angeboten.

★ **Trail Ridge Road**

Lohnend ist eine Fahrt auf der ca. 50 mi/80 km langen Trail Ridge Road (US 36, im Winter gesperrt), die den Kernbereich des Nationalparks von Ost nach West durchmisst. Ihr östlicher Ausgangspunkt ist der **Beaver Meadows Park Entrance** (Park Headquarters). Vorbei an spektakulären Ausblicken führt die Panoramastraße über den **»High Point«** (3713 m ü. d. M.) bis ins Kawuneeche Valley, wo sie am Grand Lake beim **Kawuneeche Visitor Center** endet.

Fall River Road

Von Estes Park (s. unten) führt der US 34 nordwestlich bergan zum Parkeingang am Fall River und weiter hinauf auf die Deer Ridge. Unten im Horseshoe Park zweigt die alte enge und kurvenreiche Fall River Road (im Winter gesperrt) ab, die **nur bergauf** benutzt werden darf. Dieses 11 mi/18 km lange Bergstäßchen mündet am Fall River Pass in die Trail Ridge Road ein. Am Südfuß des 3824 m hohen Mount Chapin passiert man die wilden Chasm Falls. Unterwegs bieten sich viele hübsche Aussichten.

★ **Bear Lake Road**

Oberhalb der Park Headquarters, beim Beaver Meadow Entrance, zweigt die landschaftlich überaus reizvolle Bear Lake Road vom US 36 in südwestlicher Richtung ab. Die rund 10 mi/16 km lange Stichstraße führt durch den Moraine Park und am Glacier Basin vorbei zum malerischen Bear Lake hinauf. Von hier aus kann man herrliche **Bergwanderungen** unternehmen, u.a. zum traumhaft gelegenen Dream Lake, den Wild Gardens mit ihren Seen, dem Tyndall Glacier, dem Andrews Glacier sowie dem 4009 m hohen Taylor Peak, von dem der Taylor Glacier zu Tal fließt.

★ **Colorado 7 Scenic Byway**

Am Ostrand des Nationalparks zieht sich der CO 7 als landschaftlich reizvolle Strecke entlang. Er durchmisst die dunklen Bergwälder des Roosevelt National Forest und erreicht nördlich von Allenspark bzw. Meeker Park das hübsche Tahosa Valley, das östlich von den 3478 m hohen Twin Peaks begrenzt wird. Westlich erhebt sich der 4345 m hohe Longs Peak als **höchster Gipfel** des Nationalparks. Vom CO 7 führt ein beschwerlicher, aber dennoch lohnender Wanderpfad auf diesen Gipfel sowie zum malerischen Chasm Lake hinauf. Weiter nördlich führt der CO 7 am idyllischen Lily Lake vorbei. Auch hier unterhält die Nationalparkverwaltung ein **Visitor Center**.

◂ Longs Peak, Chasm Lake

◂ Lily Lake

Estes Park

Der CO 7 endet in Estes Park, das in erster Linie Aktivurlauber anzieht. Der Fremdenverkehrsort liegt in einem ca. 2300 m ü. d. M. gelegenen Hochtal, das der Big Thompson River ausgeräumt hat. Hier hat sich in den Sechzigerjahren des 19. Jh.s eine Pionierfamilie angesiedelt, nach der der Ort heute benannt ist. Eine Luftseilbahn befördert Touristen auf den aussichtsreichen **Prospect Mountain**. Östlich von Estes Park hat man den Big Thompson River zum **Lake Estes** aufgestaut.

? WUSSTEN SIE SCHON ...?

- ... dass der deutschstämmige Maler Albert Bierstadt bei seinen Besuchen in Estes Park zumindest diesen Teil der Rocky Mountains weltberühmt gemacht hat? Er war von der Schönheit der Hochgebirgslandschaft überwältigt und malte zahlreiche Bilder von ihr.

★ **Big Thompson Canyon**

Ein wahres **Eldorado für Forellenfischer** ist der Big Thompson River unterhalb des Lake Estes. Einige Meilen nordöstlich von Estes Park zwängt sich der Fluss durch eine wilde Schlucht hinunter in Richtung Loveland. Dem Big Thompson Canyon folgt der US 34 als landschaftlich besonders reizvolle Strecke.

Roosevelt & Arapaho National Forests

Besonders reizvoll bieten sich die Wälder rund um den Rocky Mountain National Park zur Zeit der **herbstlichen Laubfärbung** dar. Östlich der kontinentalen Wasserscheide sind die Waldgebiete dem

ROCKY MOUNTAIN ERLEBEN

AUSKUNFT

Rocky Mountain National Park
1000 Highway 36, Estes Park,
CO 80517-8397
Tel. (9 70) 5 86-12 06, Fax 5 86-12 56
www.nps.gov/romo

ESSEN

► Erschwinglich

The Gallery Restaurant & Bar
Courtyard Shops,
205 Virginia Drive 501, Estes Park
Tel. (970) 586-1865
Estes Parks erste Adresse für köstlichen, fangfrischen Fisch.

Grand Lake Lodge
15500 U.S. Hwy. 34, Grand Lake
Tel. (9 70) 6 27-39 67
Die feine amerikanische Küche mundet mit diesem herrlichen Blick auf den Grand Lake, das Shadow Mountain Reservoir und das Middle Park Valley gleich noch mal so gut.

► Preiswert

Fusion 451
451 So. St. Vrain (Hwy 7)
Tel. (9 70) 5 86-98 40
Das Restaurant bietet eine üppige Auswahl an internationalen Speisen, von Pasta über Burritos bis hin zu Fleisch- und Fischgerichten.

ÜBERNACHTEN

► Luxus

The Stanley Hotel
333 Wonderview Ave., Estes Park
Tel. (9 70) 5 86-33 71
Fax 5 86-49 64
www.stanleyhotel.com
Luxuriöse Zimmer und Suiten in einem Gebäude von 1909 versetzen den Gast zurück in eine andere Zeit. Ein Spa und Gourmet-Restaurants komplettieren das noble Ambiente.

► Komfortabel

Coyote Ridge Bed & Breakfast
P.O. Box 1703, Grand Lake
Tel. (9 70) 887-1650
www.coyoteridgebb.com
Vom Hotel hat man einen traumhaften Blick über die Umgebung und den Lake Granby. Die 4 romantischen Zimmer sind mit großen Fenstern und teilweise mit Kamin ausgestattet.

► Günstig

Moraine Park
Tel. (9 70) 5 86-12 06
Reservierung unter (8 00) 3 65-22 67
www.nps.gov/romo/pphtml/camping.html
Der Campingplatz ist 4 km vom Beaver Meadows Visitor Center entfernt am Bear Lake, mit Sicht über den Moraine Park.

Timber Creek
Tel. (9 70) 5 86-12 06
www.nps.gov/romo/pphtml/camping.html
Vom Campingplatz aus überblickt man das Kawuneeche Valley und den Colorado River. Ab und zu besuchen Elche und andere Tiere das Tal.

Mit etwas Glück erspäht man oberhalb der Schneegrenze auch ein amerikanisches Murmeltier.

Roosevelt National Forest zugeordnet, westlich der Wasserscheide zählt man sie zum Arapaho National Forest. In beiden National Forests sind aussichtsreiche Panoramastraßen angelegt, Camping- und Picknickplätze ausgewiesen, Wanderpfade markiert, und Skilifte sowie Bergbahnen stehen zur Verfügung..

Arapaho National Recreation Area

An den südwestlichen Rocky Mountain National Park schließt die Arapaho National Recreation Area an. Kerngebiet dieses Erholungsraumes sind die **drei großen Stauseen** im Quellgebiet des Colorado, nämlich der Grand Lake, der Shadow Mountain Lake und der Granby Lake. An diesen »Great Lakes of Colorado« hat man mehrere Camping-, Picknick- und Badeplätze angelegt. Auch Angler kommen auf ihre Kosten.

★ Steamboat Springs

P 3

Region: North West **Höhe:** 2051 m ü. d. M.
Einwohnerzahl: 9500 **Telefonvorwahl:** 970

Der leichte, trockene Schnee von Steamboat Springs ist spätestens seit den 1950er-Jahren als »Champagne Powder« weltbekannt. In dieser Zeit wurde der Ort neben ►Aspen und ►Vail zum dritten bedeutenden Wintersportzentrum in Colorado ausgebaut.

Geschichte

Die Landschaft, in der im Sommer verwegene Cowboys ihre Herden zusammentreiben und im Winter sportlich ambitionierte Großstadtmenschen die Berghänge hinunterwedeln, war vor der Ankunft des Weißen Mannes **Sommerquartier der Ute-Indianer**, die hier auf die Jagd gingen oder sich an den heißen Quellen erholten. Mitte des 19. Jh.s tauchten die ersten Trapper auf. Sie gaben die Kunde von den Thermen weiter, die sich gelegentlich durch dumpfes Pfeifen bemerkbar machen. In den 1890er-Jahren wurden die Indianer in eine Reservation zwangsumgesiedelt. Jetzt konnten sich Getreidebauern und Viehzüchter ansiedeln. Noch im 19. Jh. fand man in der Umgebung reiche **Kohlelagerstätten** und auch **Gold**, was der jungen Siedlung an den heißen Quellen zu einem rapiden Aufschwung verhalf.

Wiege des Skisports in Colorado

Bereits in den Achtzigerjahren des 19. Jh.s bewegten sich Bergleute, Cowboys, Postboten usw. im Winter wegen der gewaltigen Schneemassen auf Schneeschuhen und Holzkufen fort. 1914 baute der norwegische Skispringer Carl Howelsen eine Schanze, über deren Tisch alsbald auch mutige Cowboys sprangen. Der Entwicklung von Steamboat Springs zum Wintersportort stand nichts mehr im Wege. Mit **Buddy Werner** brachte der Ort Steamboat Springs einen bedeutenden Winter-Olympioniken hervor, nach dem in den Sechzigerjahren das neue Skigebiet am Storm Mountain benannt wurde.

Sehenswertes in Steamboat Springs

Tread of Pioneers Museum

In einem historischen Gebäude an der Ecke 8th Street/Oak Street wird besonders an die Zeit erinnert, als die ersten weißen Siedler an den Yampa River kamen. Aber auch die Geschichte der Ute-Indianer findet Beachtung. Natürlich darf eine Kollektion **alter Ski-Ausrüstungen** nicht fehlen (Öffnungszeiten: tgl. 11.00–17.00 Uhr).

Steamboat Health & Recreation Hot Springs

Wer ausgiebig die heißen Quellen von Steamboat Springs genießen möchte, hat dazu im **Kur- und Erlebnisbad** »Steamboat Health & Recreation Hot Springs« Gelegenheit. Drei große Schwimmbecken werden mit heilkräftigem Thermalwasser gespeist. Zu dem modernen Kurzentrum gehören ein Wellenbad, eine Riesenwasserrutsche und natürlich eine Sauna (Öffnungszeiten: tgl. 7.00–20.00 Uhr).

Strawberry Park Natural Hot Springs

Etwas weniger turbulent geht's in den 7 mi/11 km weiter nördlich an der CR 36 gelegenen Strawberry Park Natural Hot Springs zu. Hier wird das ursprünglich 71 °C heiße und stark mineralisierte Wasser in vier **Becken mit Natursandboden** auf erträgliche Werte abgekühlt.

Howelsen Hill Ski Complex

Das **älteste Skigebiet** der Stadt ist jener Hügel, an dem der **Norweger Carl Howelsen** 1914 seine Schanze errichtet hat. Am Howelsen Hill gibt es heute nicht weniger als fünf Sprungschanzen, mehrere Abfahrtspisten, eine Rodelbahn und eine Eislauf-Arena.
Doch nicht nur im Winter, sondern auch im Sommer wird am Howelsen Hill einiges geboten. Man kann Tennis spielen, reiten sowie bei Pferderennen und Rodeos zuschauen.

Die Heilquellen von Steamboat Springs waren schon den alten Indianern bekannt.

Der **attraktivste Skizirkus** von Colorado ist am Mount Werner entstanden. An dem 3221 m hohen Skiberg werden weit über 100 Pisten aller Schwierigkeitsgrade gepflegt. Als Aufstiegshilfen stehen eine Gondelbahn, 16 Sessellifte und vier Schlepplifte zur Verfügung. Die Skisaison dauert von Dezember bis März.

★ **Mount Werner Ski Area**

STEAMBOAT SPRINGS ERLEBEN

AUSKUNFT

Steamboat Springs Chamber Resort Association
1255 S. Lincoln Ave, PO Box 774408, Steamboat Springs, CO 80477
Tel. (9 70) 8 79-08 80, Fax 8 79-25 43
www.steamboatchamber.com

VERANSTALTUNG

Winter Carnival
Das wichtigste Ereignis im Festkalender wird seit 1914 alljährlich Ende Januar/Anfang Februar abgehalten. Neben skisportlichen Wettbewerben gibt es ein buntes Rahmenprogramm mit Musik und Tanz. Im Vorfeld findet das »Cowboy Downhill« statt. Dann »brettern« verwegene »Kuhhirten« in voller Montur zu Tal, d. h. in flatternden Jeans und mit Stetson.

ESSEN

▶ Fein & Teuer

Hazie's
Mount Werner, Silver Bullet Goldola
Tel. (9 70) 8 79-61 11
Grandiose Aussicht und frisch zubereitete Speisen (bes. Rindfleisch, Geflügel, Fisch).

▶ Erschwinglich

L'Apogee & Harwigs
911 Lincoln Avenue
Tel. (9 70) 8 79-19 19
Das Restaurant in einem 1886 erbauten Gebäude besitzt einen ausgezeichneten Weinkeller. Die Gäste können köstliche französische Gerichte bei Kerzenlicht genießen.

▶ Preiswert

The Tugboat Grill & Pub
1860 Mount Werner Road
Tel. (9 70) 8 79-70 70
Gute amerikanische Küche gepaart mit Western-Feeling: Die handgeschnitzte Holzbar stammt aus einem Saloon von 1850, es steckt sogar noch eine Revolverkugel darin.

ÜBERNACHTEN

▶ Luxus

Sheraton Steamboat Springs Resort & Conference Center
2200 Village Inn Court
Tel. (9 70) 8 79-22 20, Fax 8 79-76 86
www.starwoodhotels.com/sheraton/
Alle Zimmer und Suiten mit Balkon, Fitnesscenter, Pool, Spa, 18-Loch-Golfplatz, Whirlpool auf der Dachterrasse mit Aussicht auf die Berge.

▶ Komfortabel

The Inn at Steamboat
3070 Columbine Drive
Tel. (9 70) 8 79-26 00
www.inn-at-steamboat.com
Abseits des Trubels an einem malerischen Hang. Von den Zimmern, die durch viel Holz eine behagliche Atmosphäre verbreiten, hat man einen schönen Blick über das Yampa-Valley.

▶ Günstig

Western Lodge
1122 Lincoln Ave
Tel. (9 70) 8 79-10 50
Komfortables Motel im historischen Kern von Steamboat Springs.

Umgebung von Steamboat Springs

Pearl Lake, Steamboat Lake

Der Steamboat Lake und der kleinere Pearl Lake sind in die Bergwelt der Medicine Bow Range bzw. des Routt National Forest eingebettet. **Badestrand** und eine **Marina** finden sich am größeren Steamboat Lake.

Hahns Peak Mining District ►

Nördlich der beiden Seen, am Hahns Peak, hat man im 19. Jh. Gold gefunden. Zu Fuß oder mit dem Geländefahrzeug gelangt man in den 3304 m hoch gelegenen und 1860 gegründeten **Goldgräberort** Hahns Peak Village.

Routt National Forest

Die schönsten Ausflugsziele im Routt National Forest sind der Mount Zirkel, die Flat Tops Wilderness Area sowie der 3103 m hohe Buffalo Pass und der 2950 m hohe Rabbit Ears Pass.

Craig

Folgt man dem US 40 in westlicher Richtung, erreicht man nach 42 mi/68 km das Städtchen Craig. Beachtenswert ist das in einem ehemaligen Rüstungsbetrieb untergebrachte **Museum of Northwest Colorado** (590 Yampa Ave.; Öffnungszeiten: Mo. bis Fr. 10.00–17.00, im Sommer auch Sa. 10.00–16.00 Uhr), das sich mit der Wirtschaftsgeschichte dieser Gegend befasst.

Trapper Mining Inc. ►

Wenige Meilen südlich außerhalb von Craig kann man werktags den Kohletagebau der Trapper Mining, Inc. besichtigen.

★ Brown's Park Scenic & Historic Area

Von Craig führt der CO 318 in nordwestlicher Richtung zum Dinosaur National Monument (► Reiseziele in Utah) und in die Brown's Park Scenic & Historic Area. Besonders schön sind hier das Sand Wash Basin, die Vermillion Cliffs und die Gates of Lodore. Auch zu diversen **vorgeschichtlichen Siedlungsplätzen** bzw. Petroglyphen der Fremont-Indianer wird man hingeführt.

★ Telluride

06

Region: Southwest
Einwohnerzahl: 1300
Höhe: 2682 m ü. d. M.
Telefonvorwahl: 970

Wen wundert's, dass Telluride ausgerechnet nach den Salzen benannt ist, auf die man des Öfteren in Gold- und Silbervorkommen trifft? Waren es doch die Gold- und Silberfunde, die das Bergbaustädtchen einst zu einem der reichsten Orte im Wilden Westen machten. Davon zeugen noch heute das luxuriöse »Sheridan Hotel« und das geradezu pompöse Opernhaus.

Die im 19. Jh. gegründete Bergarbeitersiedlung liegt in einem landschaftlich sehr reizvollen, vom San Miguel River durchflossenen Talkessel der Uncompahgre Range. Graue Granit- und rote Sandsteinfelsen verleihen dem Gebiet seinen unverwechselbaren Charakter. In den Siebzigerjahren des 19. Jh.s hat man hier oben Gold und Silber gefunden. Zunächst hieß der Ort Columbia, was aber ständig zu Verwechslungen mit anderen Bergbausiedlungen gleichen Namens führte. Man benannte das hiesige Columbia um in Telluride. Das Städtchen erlebte eine geradezu phänomenale Entwicklung und war eines der reichsten im Wilden Westen. In weitem Umkreis bekannt war seinerzeit auch der **Rotlichtbezirk** der Stadt. Als ab 1893 die Preise für Silber verfielen, ging auch die erste Blütezeit der Stadt rasch zu Ende. Dennoch wurde Telluride im Unterschied zu vielen anderen Bergbauorten nie zur Geisterstadt, denn man hatte früh eine neue Goldgrube entdeckt: den Tourismus. Immer mehr naturbegeisterte **Aktivurlauber** kommen in die grandiose Bergwelt. Der Historic District wurde herausgeputzt, und schließlich hat man noch ein Skigebiet erschlossen.

Sehenswertes in Telluride und Umgebung

★ **National Historic District**

Der alte Stadtkern mit seinen zahlreichen **viktorianischen Bauten** ist bereits seit 1964 als National Historic Landmark ausgewiesen und kann im Rahmen von Führungen besichtigt werden. Highlights sind

Die einstmals reichste Stadt des Wilden Westens ist heute ein bevorzugtes Ziel für naturbegeisterte Aktivurlauber.

TELLURIDE ERLEBEN

AUSKUNFT

Telluride & Mountain Village Convention & Visitors Bureau
630 W. Colorado Ave., P.O. Box 1009
Telluride, CO 81435
Tel. (8 00) 5 25-34 55
www.visittelluride.com

FESTIVALS

Einen besonderen Ruf verschaffte sich Telluride durch die Etablierung mehrerer hochkarätiger Musikfestivals. Bekannt sind das »Telluride Bluegrass Festival« (Mitte Juni), das »Telluride Jazz Festival« (Anfang August) und das »Telluride Chamber Music Festival« (Mitte August). Starke Beachtung finden auch die Streifen, die am Labor-Day-Wochenende im Rahmen des »Telluride Film Festival« gezeigt werden.

ESSEN

► Fein & Teuer

La Marmotte
150 W. San Juan Ave.
Tel. (9 70) 7 28-62 32
Um einiges teurer ist es in der »Marmotte«, einem kleinen, aber sehr feinen Restaurant, das im ehemaligen Eishaus der Stadt eingerichtet ist. Hier gibt es beste französische Küche.

► Erschwinglich

Maggie's
217 E. Colorado Ave.
Tel. (9 70) 7 28-33 34
Recht bodenständig und rustikal geht es bei Maggie's zu, wo man nichtsdestoweniger eine wunderbare Pizza, ausgezeichnete Omeletts und Pfannkuchen und vor allem fantasievolle fleischlose Gerichte probieren kann. Die Preise sind sehr moderat.

► Preiswert

Sofio's Restaurant
110 E Colorado Ave.
Tel. (9 70) 7 28-48 82
»Sofio's« wurde zum besten mexikanischen Restaurant in Telluride gewählt. Für Kinder gibt es ein separates Spielzimmer.

ÜBERNACHTEN

► Luxus

The Mountain Lodge
457 Mountain Village Blvd
Tel. (8 66) 3 68-68 67
www.mountainlodgetelluride.com
Die Hotelanlage in Tellurines Mountain Village bietet 90 luxuriöse Zimmer und Appartments sowie 10 ebenso edel eingerichtete Hütten. Umgeben von einer traumhaften Bergwelt kann man sich im beheizten Außenpool erholen oder man entspannt sich vor dem zimmereigenen Kamin.

New Sheridan Hotel
231 W. Colorado Ave.
Tel. (9 70) 7 28-43 51
www.newsheridan.com
Das Hotel wurde 1895 eröffnet und 1995 komplett renoviert. Es gibt drei verschiedene Zimmertypen, die alle prachtvoll im viktorianischen Stil ausgestattet sind. Für das leibliche Wohl wird im hoteleigenen Gourmet-Restaurant und in der Bar gesorgt.

► Komfortabel

Cimarron Inn
300 South Mahoney Drive
Tel. (8 77) 8 26-80 43
Fax (9 70) 7 28-61 60
cimarron-lodge-telluride.
coloradoreservationservice.com
Zimmer mit atemberaubendem Blick auf die Berge. Im Winter hat man die Skipiste direkt vor der Tür.

das 1887 erbaute San Miguel County Courthouse, das 1895 errichtete und sehr vornehme Sheridan Hotel sowie das 1914 erbaute Opera House. In der St. Patrick's Catholic Church stammen die Figuren des Kreuzwegs von Tiroler Holzschnitzern.

★ **Telluride Historical Museum**

Wer sich für die Geschichte von Telluride und Umgebung interessiert, sollte einen Blick in das 1997 wiedereröffnete Historical Museum (400 N. Fir St.; Öffnungszeiten: Mai bis Okt. Mo. bis Sa. 10.00–17.00, So. 13.00–17.00 Uhr; Nov. bis April Mo., Mi., Do., Fr. 13.00–17.00 Uhr) werfen. Hier wird die Zeit des **Wilden Westens** wieder lebendig, als Butch Cassidy durch die Straßen schritt und die Gegend unsicher machte. Ein weiterer Ausstellungsschwerpunkt befasst sich mit der Geschichte des Bergbaus. Ferner sind interessante Kulturzeugnisse der Anasazi zu sehen.

> **? WUSSTEN SIE SCHON ...?**
>
> - ... dass die meisten Menschen Telluride kennen, weil 1889 Butch Cassidy mit seiner Bande die hiesige San Miguel National Bank ausraubte?

Die höchsten Wasserfälle in Colorado sind die **Bridal Veil Falls** (Brautschleier-Fälle) etwa 3 mi/5 km östlich von Telluride, die über eine 111 m hohe Felsstufe stürzen. Im Winter gefriert das Wasser zu blau schimmerndem Eis. Besonders Wagemutige versuchen sich dann im **Eisklettern**. Bei den Wasserfällen hat der Ingenieur L.L. Nunn im späten 19. Jh. das **erste Wechselstrom-Kraftwerk der Welt** gebaut. Mit dem hier erzeugten elektrischen Strom wurden die Bergwerke der Umgebung versorgt. Das Kraftwerk steht heute unter Denkmalschutz.

◂ Power Plant

★ **Telluride Ski Resort**

Seit den frühen 1970er-Jahren gehört Telluride zu den **Top-Wintersport-Destinationen** im Südwesten. Von Ende November bis Mitte April kann man auf mehr als 60 Pisten unterschiedlicher Schwierigkeitsgrade abfahren. Das Skigebiet, zu dem der größte Snowboard-Park des Südwestens gehört, liegt 2660–3735 m ü. d. M. und wird von einer Gondelbahn und 11 Liftanlagen erschlossen. 1987 wurde das **Mountain Village** eröffnet, ein hübsches, im alpenländischen Stil konzipiertes Feriendorf, das sich um die historische Goronno Ranch gruppiert.

Telluride Mining District

In der näheren Umgebung von Telluride gibt es Hunderte von **verlassenen Gold- und Silberminen**. Etliche dieser Bergwerke können zu Fuß oder per Jeep erreicht werden. Aktuelles Informations- und Kartenmaterial gibt es beim Visitor Service (666 W. Colorado Ave.; Tel. 18 00-5 25-34 55).

◂ Alta Lakes

13 mi/21 km südlich von Telluride zweigt ein Fahrweg nach Alta Lakes ab, wo man in freier Natur campen und angeln kann. Auch hier gibt es eine Ghost Town zu sehen, in der im 19. Jh. einige hundert Bergleute lebten.

★ Vail

P 4

Region: North West
Einwohnerzahl: 4000
Höhe: 2487 m ü. d. M.
Telefonvorwahl: 970

Wegen seiner verkehrsgünstigen Lage am I-70 und seiner zahlreichen, allen Ansprüchen genügenden Pisten liegt Vail in der Gunst der US-amerikanischen Wintersportler ganz weit vorn. In dem verhältnismäßig kleinen Ort gibt es über 100 Restaurants und Bars und mehr als 300 Geschäfte! In den Jahren 1989 und 1999 wurden in Vail die Alpinen Skiweltmeisterschaften ausgetragen.

Der bekannte Wintersportort Vail liegt nur zwei Autostunden westlich von ►Denver in den Rocky Mountains, die hier vom White River National Forest bedeckt sind. Die Entwicklung des nach dem Ingenieur Charlie Vail benannten Ortes zum **meistbesuchten Wintersportort** im Colorado begann nach dem Zweiten Weltkrieg. Treibende Kraft ist bis heute die Vail Resorts, Inc., der es 1997 gelang, auch die etwas weiter abseits gelegenen und zuvor selbständigen Skigebiete Breckenridge, Keystone und Beaver Creek zu überneh-

Vor einigen Jahrzehnten übten in Vail US-amerikanische Gebirgsjäger. Heute besteht hier der größte Skizirkus der Vereinigten Staaten.

men. In Vail sind mehr als 4000 ständige Einwohner registriert. Daneben gibt es über 5000 Zweitwohnsitze. Während der winterlichen Hochsaison halten sich hier im Durchschnitt mehr als 30 000 Gäste auf, die in zahlreichen Hotels und Motels Unterkunft finden.

Nicht nur Wintersport …

Vail hat sich in den letzten Jahren zu einem Ganzjahresreiseziel entwickelt, wie ein Blick in die Reisekataloge führender Veranstalter zeigt. Vor allem **Aktivurlauber** wie Bergwanderer, Wildwasserfahrer, Mountainbiker, Golf- und Tennisspieler kommen hier auf ihre Kosten. Die tonangebende Vail Resorts, Inc. ist bestrebt, das Freizeit- und Sportangebot für die warme Jahreszeit noch weiter auszubauen.

! *Baedeker* TIPP

Eagle's Nest

Wem Ski fahren allein im Winter nicht genügt, der kann mit der Gondel zum 3050 m hohen Ort Eagle's Nest hochfahren. Von hier oben bietet sich ein atemberaubender Rundblick auf die Gipfelflur der Rockies. Man kann Snowmobil-Touren unternehmen. Für Schlittschuhläufer hat man eine Eisbahn angelegt, und Snowboarder können sich in einem ganzen Park mit Flutlichtbeleuchtung und Halfpipe austoben.

Von Juni bis August findet das **»Bravo! Colorado Vail Valley Music Festival«** statt. Alles, was in der Musik-Szene Rang und Namen hat, sei es Klassik, Jazz, Rock oder Pop, findet sich in Vail ein. Darüber hinaus veranstaltet der hiesige Ableger des Moskauer Bolschoi-Theaters im August das **»Vail International DanceFest«**. Im Gerald Ford Amphitheatre werden die **»Hot Summer Nights«** abgehalten mit Auftritten bekannter Rock- und Pop-Interpreten.

Sehenswertes in Vail

✶ Colorado Ski Heritage Museum & Hall of Fame

Die **Geschichte des Skisports** in Vail und Umgebung wird in diesem im Vail Village angesiedelten Museum in sehr anschaulicher Weise dokumentiert. Das Wintertraining der legendären 10th Mountain Division wird hier ebenso dargestellt wie die rasante Entwicklung des Wintersports nach dem Zweiten Weltkrieg (Öffnungszeiten: Di. bis So. 10.00–17.00 Uhr; im Mai und Oktober geschlossen).

Betty Ford Alpine Gardens

Oberhalb von Vail Village hat die einstige First Lady einen wunderschönen **Alpengarten** anlegen lassen. Im höchstgelegenen öffentlich zugänglichen botanischen Garten der USA kann man von Frühling bis Herbst ca. 2000 verschiedene Pflanzenarten studieren.

Skigebiete in Vail und Umgebung

Größter Skizirkus der Welt

In Vail und Umgebung kann man i.d.R. von Ende November bis Mitte April auf unzähligen Pisten unterschiedlicher Schwierigkeitsgrade Ski laufen: in Vail Mountain, Adventure Ridge, Eagle's Nest und Copper Mountain.

Skischaukel Beaver Creek 1997 ist die Verbindung der Skigebiete von Beaver Creek, Bachelor Gulch und Arrowhead fertig gestellt worden. Seitdem können Skiläufer und Snowboarder zwischen den einzelnen Hängen ausgiebig hin- und herpendeln. In Beaver Creek, genauer auf dem **Birds of Prey Downhill Course**, wurden 1999 die Alpinen Skiweltmeisterschaften ausgetragen.

Summit County Der Begriff »Summit County« wird nicht nur auf einen Verwaltungsraum in den Bergen von Colorado angewendet, sondern vor allem auch auf das **höchstgelegene Skigebiet** der Vereinigten Staaten. »Ski the Summit« heißt es schon eine Autostunde westlich oberhalb von Denver in der Ortschaft Loveland. Die bekanntesten Skidestinationen des Summit County, deren Gipfelstationen fast 4000 m ü. d. M. liegen, sind Breckenridge, Keystone, Copper Mountain und Arapahoe Basin.

✶ **Breckenridge** Etwa eine Autostunde östlich von Vail liegt das Städtchen Breckenridge (2927 m ü. d. M.; 1300 Einw.) ca. 10 mi/16 km südlich oberhalb vom I-70 (Exit 203, Dillon Reservoir). 1859 hat man hier oben am Blue River Gold gefunden, was einen regelrechten Goldrausch auslöste. Binnen kurzem entstand die lebhafte Bergbausiedlung Breckenridge, die heutzutage zur **zweitgrößten Wintersport-Destination** Nordamerikas nach dem benachbarten Vail herangewachsen ist. Noch sehr gut erhalten ist der alte Siedlungskern des einstigen Bergbaustädtchens. Er wurde vor einiger Zeit zum National Historic District erhoben. Viele Bauten zeigen eine vollkommen intakte viktorianische Architektur. Einige beherbergen heute hübsche Restaurants und nette Geschäfte. Die Summit County Historical Society (309 N Main St.; Tel. 453-60 18) bietet Rundgänge durch das historische Zentrum an.

Alte Goldminen und Ghost Towns ► Ferner organisiert die Summit Historical Society auch Besichtigungen alter Goldminen in der Umgebung (u.a. Washington Gold Mine, Lomax Placer Gulch) sowie der interessantesten Ghost Towns. Oft besucht werden die Geisterstädte Lincoln City, Swandyke und Dyersville. Zu anderen gelangt man nur mit dem Jeep und über abenteuerliche Gebirgspisten.

Beckenridge Ski Area ► Westlich des Städtchens erstreckt sich die Breckenridge Ski Area mit mehr als 100 Abfahrten aller Schwierigkeitsgrade. Bei einem Viertel der Pisten können die Schneeverhältnisse durch Kunstschnee verbessert werden. Auch **Tourengeher** und **Langläufer** kommen hier auf ihre Kosten, und sogar **Heli-Skiing** steht auf dem Programm. Die Wintersportsaison dauert von Mitte November bis Mitte April. Snow Hotline: Tel. 4 53–61 18.

✶ **Keystone Resort** 5 mi/8 km östlich oberhalb des in den Sechzigerjahren aufgestauten Dillon Reservoir erreicht man Keystone Resort, der als einer der schönsten und bestausgestatteten Wintersportplätze der Vereinigten Staaten gilt. Das Skigebiet am Keystone Mountain reicht von 2835 m ü. d. M. bis 3719 m ü. d. M. hinauf. Deshalb dauert die Skisaison hier besonders lang, nämlich von Mitte November bis Mitte Mai. Zwei Gondelbahnen und 19 Sessel- bzw. Schlepplifte stehen als Aufstiegshilfen bereit. Schöne Abfahrten gibt es nicht nur am Keystone Mountain, sondern auch am North Peak und im besonders schneesicheren Arapahoe Basin. In Keystone gibt es ferner die meisten von Flutlicht erhellten **Nachtskipisten**.

VAIL ERLEBEN

AUSKUNFT

Vail Valley Chamber Tourism Bureau
100 E. Meadow Drive, Suite 34
Vail, CO 81657
Tel. (9 70) 4 79-13 94 oder -10 46
www.visitvailvalley.com

ESSEN

▶ Fein & Teuer

Tyrolean Inn
400 E. Meadow Dr.
Tel. (9 70) 4 76-22 04
Nicht nur die gemütliche holzverkleidete Gaststube erinnert an Tirol, sondern auch die Speisekarte, auf der man neben Sauerbraten und Wiener Schnitzel auch vielerlei Wildgerichte (u.a. Hirschgulasch) finden kann. Gehobenes Preisniveau.

▶ Erschwinglich

Red Lion
304 Bridge St.
Tel. (9 70) 4 76-76 76
Nach wie vor zu den besonders beliebten Adressen gehört der »Red Lion«, der bereits seit der Gründerzeit besteht. Deftige amerikanische Küche und mehrere Dutzend Biersorten locken die Gäste an. Die Preise sind eher moderat.

▶ Preiswert

Half Moon Saloon
2161 N Frontage Road
Tel. (9 70) 4 76-43 14
Das Restaurant befindet sich in West-Vail und serviert Fisch und südwestamerikanische Küche.

ÜBERNACHTEN

▶ Luxus

Lodge at Cordillera
2 mi/3 km südlich abseits der Squaw Creek Rd., Box 1110
Tel. (9 70) 9 26-22 00, Fax 9 26-24 86
Die komfortable Lodge ist eine der schönsten in ganz Colorado. Wer begeisterter Bergwanderer ist oder gern Ski läuft, kann sich hier bestens erholen.

Baedeker-Empfehlung

▶ Komfortabel

Evergreen Lodge
250 S. Frantage Road
Tel. (9 70) 4 76-78 10, Fax 4 76-45 04
Das moderne Hotel liegt zwar außerhalb von Vail, aber man fühlt sich hier fast wie zuhause. Der Grund: Das Haus wird von einem Österreicher geführt.

Gasthof Gramshammer
231 E. Gore Creek Drive
Tel. (9 70) 4 76-56 26, Fax 4 76-88 16
Wie in den Tiroler Alpen kommt man sich in diesem Gasthof vor, der gerade aus diesem Grund bei amerikanischen und mitteleuropäischen Touristen sehr beliebt ist.

TREASURE ISLAND

NEVADA

Fläche: 286 353 km²
Hauptstadt: Carson City
Beiname: Silver State
Bevölkerungszahl: 1,7 Mio.
Zeitzone: Pacific

Nevada (von spanisch »schneebedeckt«) ist der siebtgrößte Bundesstaat der Vereinigten Staaten von Amerika. Die Landschaft wird zum größten Teil von zwei großen steppen- bzw. wüstenhaften Großräumen geprägt, im Süden von der Mojave-Wüste und im Norden vom Great Basin.

Steppe und Wüste

Etwa zwei Drittel der Staatsfläche von Nevada erstrecken sich im abflusslosen Großen Becken zwischen den Rocky Mountains im Osten und der Sierra Nevada im Westen. Das Gebiet wird von vielen kurzen, teilweise bewaldeten und in manchen Fällen über 3000 m hohen **Gebirgsketten** durchzogen. Höchste Erhebung ist der Boundary Peak (4007 m), der an der Grenze zu Kalifornien in den White Mountains aufragt. Charakteristisch für die Landschaften im Großen Becken sind Salztonebenen und viele kleinere Gewässer. Sie sind die Relikte eines prähistorischen, 50 000 km² großen Sees, der vor 100 000 Jahren auszutrocknen begann. Die Mojave-Wüste, in der Baumyuccas und Sukkulenten das Vegetationsbild bestimmen, reicht weit ins südliche Staatsgebiet von Nevada hinein.

Die ältesten Siedlungsspuren sind im Moapa Valley nachgewiesen, wo wahrscheinlich ab dem **2. Jh. n. Chr.** präkolumbische Indianerstämme lebten. Später entwickelten sich hier Kulturen, die mit jenen der Anasazi und Fremont verwandt waren. Ihnen folgten die Paiute, Shoshone und Washoe. Die raue und abweisende Landschaft war der Grund, warum sich europäische Einwanderer hier erst ziemlich spät ansiedelten. Die ersten weißen Siedler in Nevada waren Mormonen, die ab 1851 ins Land kamen. Als Ende der Fünfzigerjahre des 19. Jh.s auch in Nevada **Gold und Silber** entdeckt wurden, lockte dies zahlreiche Zuwanderer aus Kalifornien an. Siedlungen schossen wie Pilze aus dem Boden, Städte vergrößerten sich rasant. Eine zweite Einwanderungswelle setzte zu Beginn des 20. Jh.s ein, als neue Edelmetall-Lagerstätten bei Tonopah und Goldfield entdeckt wurden. 1861 wurde das »Sierra Nevada Territory« von Utah abgetrennt und bereits drei Jahre später als 36. Staat in die Union der Vereinigten Staaten von Amerika aufgenommen. Mit der endgültigen

← *Vor dem Treasure Island in Las Vegas gibt's täglich Seeschlachten.*

Legalisierung des Glücksspiels im Jahre 1931 setzte in Nevada ein wirtschaftlicher Aufschwung ein. Nach dem Zweiten Weltkrieg wurden die Wüstenregionen Nevadas zum **Atomwaffen-Testgelände**. Auch heute noch werden in riesigen Sperrgebieten neue wehrtechnische Entwicklungen erprobt.

Bevölkerung Von 1980 bis 1990 verzeichnete der Bundesstaat mit 50,7% den größten Bevölkerungszuwachs in den USA. Obwohl erst 1986 die Millionengrenze überschritten wurde, erreicht Nevada inzwischen den 38. Platz innerhalb der USA. Mit 6 Einw./km² ist Nevada jedoch nach wie vor einer der am **dünnsten besiedelten** Bundesstaaten. Größtes Ballungszentrum ist der Raum Las Vegas mit rund 1 Mio. Einwohnern, gefolgt vom Verdichtungsraum Reno/Sparks/Tahoe mit ca. 200 000 Einwohnern. Alle anderen Städte Nevadas sind wesentlich kleiner. Die überwiegende Mehrheit der Bevölkerung ist europäischer Abstammung. Eine Besonderheit sind die im 19. Jh. zugewanderten Basken. Noch heute werden in einigen Orten baskische Feste abgehalten.

Wirtschaft Las Vegas und Reno sind weit über die USA hinaus bekannte **Metropolen des Glücksspiels**. Allein nach Las Vegas kommen jährlich rund 30 Mio. Touristen. Hier gibt es inzwischen mehr als 100 000 Fremdenzimmer. Der Hotel- und Kasino-Bauboom ist noch nicht zum Stillstand gekommen. Der Staat kann es sich erlauben, geringe Einkommensteuern zu verlangen, da das Steueraufkommen aus dem Glücksspiel über die Hälfte seiner Einnahmen ausmacht. Mit der Gold- und Silbergewinnung erwirtschaftet Nevada pro Jahr mehr als

Für frühe Pioniere eine unvorstellbare Strapaze: der Weg durch die Wüste Nevadas

2,2 Milliarden Dollar. Auch Kupfer und Eisen werden gefördert. Die Landwirtschaft erbringt nur einen sehr geringen Anteil am Bruttosozialprodukt Nevadas. Charakteristisch ist die **extensive Weidewirtschaft**.

Tourismus

Tourismusmagnet Nummer eins ist natürlich die Glücksspiel-Metropole Las Vegas. Dort ist sozusagen das ganze Jahr über Saison, und an manchen Wochenenden kann es schon schwierig werden, ein Hotelzimmer zu finden. An zweiter Stelle der touristischen Attraktionen Nevadas stehen Naturschönheiten wie der Death Valley National Park an der Grenze zu Kalifornien oder der Great Basin National Park mit den Lehman Caves an der Grenze zu Utah. Viel besuchte Erholungsgebiete mit unbegrenzten Freizeitmöglichkeiten sind der Lake Tahoe und der Lake Mead.

? WUSSTEN SIE SCHON ...?

- ... dass die Touristen in Las Vegas jedes Jahr über 22 Milliarden Dollar in der Stadt liegen lassen?

Carson City

B 4

Region: Reno-Tahoe-Territory
Einwohnerzahl: 50 000
Höhe: 1429 m ü. d. M.
Telefonvorwahl: 702

Carson City, die Hauptstadt von Nevada, liegt im Eagle Valley, das sich in der östlichen Vorbergzone der Sierra Nevada erstreckt. Schon während der Blütezeit des Gold- und Silberbergbaus im 19. Jh. entwickelte sich die Stadt zum wirtschaftlichen Zentrum. Heute ist sie ein wichtiger Verkehrsknotenpunkt.

Geschichte

Hervorgegangen ist die Siedlung aus dem 1851 etablierten Eagle Station Trading Post. Die eigentliche Stadtgründung erfolgte im Jahre 1858 durch den Pionier Abraham Curry. Die neue Siedlung wurde nach dem berühmten Scout Kit Carson (► Berühmte Persönlichkeiten) benannt, der 1843/1844 an der Expedition von John C. Fremont teilgenommen hatte. Die **Blütezeit** von Carson City hatte 1859 begonnen, als man in der nahen Comstock Lode Gold und Silber fand. Fünf Jahre später, als Nevada US-Bundesstaat wurde, erklärte man Carson City zu seiner Hauptstadt. Auch die reichen Lagerstätten von Virginia City, Gold Hill und Silver City beflügelten die Entwicklung von Carson City. 1869 wurde die Stadt Sitz einer Münzprägeanstalt der Bundesregierung. Carson City war Ende des 19. Jh.s die mit weitem Abstand bedeutendste Stadt in Nevada.

Stadtbild

Im alten Stadtzentrum sind noch viele Bauten aus der Gründerzeit erhalten. Die interessantesten kann man im Rahmen einer Historic District Walking Tour in Augenschein nehmen.

Sehenswertes in Carson City

Capitol Das Capitol ist 1871 als markanter Sandsteinbau errichtet worden. Weithin leuchtet seine **silberne Kuppel**, die in Anspielung an die Bezeichnung »Silver State« so gestaltet worden ist. Dorische Säulen und Marmor, der für viel Geld aus Alaska herbeigeschafft worden ist, verleihen dem repräsentativen Gebäudekomplex Würde (Besichtigung: tgl. 8.00–17.00 Uhr).

Nevada State Museum In der früheren Münzprägeanstalt (600 N. Carson St.) ist seit einiger Zeit das Nevada State Museum (Öffnungszeiten: tgl. 8.30–16.30 Uhr) untergebracht. Ein Schwerpunkt der Ausstellung ist die **Ge-**

CARSON CITY ERLEBEN

AUSKUNFT

Carson City
Convention & Visitors' Bureau
1900 S. Carson Street, Suite 100
Carson City, NV 89701
Tel. (775) 687-7410, Fax 687-7416
www.visitcarsoncity.com

ESSEN

► Fein & Teuer

Adele's
1112 N Carson Street
Tel. (775) 882-3353
Vorzüglich speisen in historischem Ambiente aus dem 18. Jh.

► Erschwinglich

Carson Nugget Steak House
507 N. Carson Street
Tel. (702) 882-1626
Das Restaurant im Carson Nugget Casino ist eines der besten der Stadt. Außer tollen Steaks gibt es hier auch noch hervorragende Fischgerichte.

► Preiswert

Heidi's Dutch Mill Restaurant
1020 N. Carson Street
Tel. (775) 882-0486
Hier bekommt man Omelettes, Waffeln, Sandwiches und Burgers in großen Portionen zum kleinen Preis.

ÜBERNACHTEN

► Luxus

Bliss Mansion Bed and Breakfast
608 Elizabeth Street
Tel. (775) 887-8988
www.blissmansion.com
Traumhafte Suiten, prunkvoll eingerichtet, in einem 1879 erbauten viktorianischen Gebäude.

► Komfortabel

Best Western Carson Station Hotel & Casino
900 S.Carson Street
Tel. (877) 519-5567
www.carsonstation.com
92 neu eingerichtete, geräumige Zimmer, Restaurants und Casino.

Park Inn Hardman
917 N Carson Street
Tel. (775) 882-7744
www.parkhtls.com
62 gemütlich eingerichtete Zimmer in zentraler Lage.

HINWEIS

Weitere Restaurants und Übernachtungsmöglichkeiten finden Sie auch unter ►Lake Tahoe (South California).

Alte Bausubstanz im Historic District von Carson City.

schichte des Gold- und Silberbergbaus. Ein weiteres wichtiges Thema sind die Lebensverhältnisse der indianischen Ureinwohner des Wüstenstaates Nevada.

Einst zogen sie Waggons, heute ziehen sie die Besucher an: drei betagte Dampflokomotiven im Eisenbahnmuseum (2180 S. Carson St.; Öffnungszeiten: Mi. bis So. 8.30–16.30 Uhr). Ferner kann man auf dem Gelände etwa zwei Dutzend verschiedene Waggons inspizieren, die noch vor wenigen Jahrzehnten im Güter- und Passagierverkehr eingesetzt worden sind. In der sommerlichen Hauptreisezeit werden Fahrten mit **Museumszügen** angeboten.

Fire Museum

Eine interessante Spezialsammlung ist The Warren Engine Company No. 1 Fire Museum. Hier kann man vielerlei alte Gerätschaften sehen, die in der Vergangenheit bei der Brandbekämpfung zum Einsatz kamen.

★ **Stewart Indian Cultural Center**

Diverse Funde aus prähistorischer und historischer Zeit (u.a. Pfeilspitzen, Steinwerkzeuge, Körbe) illustrieren im Stewart Indian Cultural Center (5366 Snyder Ave.; Öffnungszeiten: tgl. 9.00–17.30 Uhr) die wechselvolle **Geschichte der indianischen Ureinwohner**. Alljährlich im Juni finden hier ein viel besuchter kunsthandwerklicher Markt sowie ein großes Indianer-Pow-Wow statt.

Umgebung von Carson City

Bowers Mansion

Bowers Mansion, der Landsitz eines Bergwerksbesitzers, wurde 1864 errichtet und sehr luxuriös ausgestattet. Nachdem die Silbermine erschöpft war, verarmten deren Besitzer. Die Hausherrin sah sich nunmehr veranlasst, als Wahrsagerin für den Unterhalt der Familie zu sorgen. Man erreicht die Bowers Mansion 11 mi/17 km nördlich von Carson City am besten über den US 395 (Öffnungszeiten: Memorial Day bis Labor Day tgl. 11.00–16.30 Uhr).

Gardnerville

Der größte Ort im Carson Valley ist Gardnerville (1447 m ü. d. M.; 2200 Einw.), wo Landwirtschaft eine wichtige Rolle spielt. Recht ungewöhnlich ist, dass man in einigen der hiesigen Restaurants Spezialitäten der **baskischen Küche** probieren kann. In Gardnerville befindet sich das Carson Valley Musuem & Cultural Center (1477 Hwy. 395; Öffnungszeiten: tgl. außer Fei. 10.00–17.00 Uhr), in dem man sich über die Siedlungsgeschichte der Gegend informieren kann.

Genoa Die älteste von Weißen gegründete Siedlung Nevadas ist Genoa. 1851 errichteten Mormonen eine kleine Handelsniederlassung. Deren restauriertes Blockhaus bildet heute den Kern des **Mormon Station Historic Park** (zugänglich Mai bis Okt. tgl. 9.00–17.30 Uhr). Ende September wird auf dem Gelände die Genoa Candy Dance Fair veranstaltet.

Im Jahre 1853 wurde in Genoa der erste Saloon Nevadas eröffnet. Das 1865 erbaute Courthouse (Ecke Main St./5th St.; Öffnungszeiten: Mai bis Okt. tgl. 10.00–16.30 Uhr) ist seit einigen Jahren als Museum zugänglich.

Walley's Hot Springs ► Gleich in der Nähe kann man sich in einem Thermalbad (Öffnungszeiten: tgl. 9.00–22.00 Uhr) erholen, dessen als **besonders heilkräftig** geschätzte heiße Quellen bereits seit 1862 zu Kurzwecken genutzt werden.

Lahontan Reservoir Ca. 40 mi/65 km nordöstlich von Carson City erreicht man den landschaftlich reizvollen Lahontan-Stausee, an dessen westlicher Bucht ein Erholungsgelände mit Zeltplatz ausgewiesen ist.

Virginia City ►dort

Elko

F 3

Region: Cowboy Country
Einwohnerzahl: 19 000
Höhe: 1544 m ü. d. M.
Telefonvorwahl: 702

Der Humboldt River ermöglicht Landwirtschaft und Viehzucht in einem weiten Umkreis von Elko. Besonders der Humboldt National Forest bietet hier zahlreiche Möglichkeiten für einen Sporturlaub, z.B. Reiten, Jagen oder Angeln.

Northeastern Nevada Museum Schwerpunkte im Northeastern Nevada Museum (1515 Idaho St.; Öffnungszeiten: Mo. bis Sa. 9.00–17.00, So. 13.00–17.00 Uhr) sind der Bergbau und die Viehzucht in der Region. Vor dem Museum hat man einen Planwagen der ersten weißen Pioniere sowie eine Hütte des Pony Express wiederaufgebaut. Im Western Folklife Center (Öffnungszeiten: Di. bis Sa. 10.00–17.30 Uhr) an der Railroad Street finden Ausstellungen statt, die sich mit dem Leben der Cowboys befassen. Auch kann man hier Arbeiten zeitgenössischer Kunsthandwerker bewundern, die im Raum Elko leben. In

! *Baedeker* TIPP

Winnemucca Basque Festival

Haben Sie schon mal einen Preis dafür bekommen, wenn Sie am lautesten geschrien haben? Beim Wettschreien auf dem Winnemucca Basque Festival kein Problem! Das Festival alljährlich Anfang Juni bietet daneben auch folkloristische Tanzdarbietungen und andere Wettkämpfe.

ELKO ERLEBEN

AUSKUNFT

Elko Convention & Visitors Authority
700 Moren Way
Tel. (775) 738-4091
Fax (775) 738-2420
www.elkocva.com

ESSEN

► Erschwinglich

Star Hotel
246 Silver Street
Tel. (775) 738-9925
Hier bekommt man exzellente baskische Küche, die einst von Schäfern nach Nevada gebracht wurde.

Misty's
2065 Idaho Street
Tel. (775) 738-2111
Das Restaurant befindet sich im Red Lion Hotel und serviert seinen Gästen Fleisch- und Fischgerichte.

► Preiswert

Cimarron West
1400 Mountain City Highway
Tel. (775) 738-9861
Familienrestaurant mit internationaler Küche.

ÜBERNACHTEN

► Komfortabel

Red Lion Hotel & Casino
2065 Idaho Street
Tel. (775) 738-2111
Fax (775) 753-9859
www.westernescapes.com/RedLionElko
Das Casino ist 24 Stunden lang geöffnet. Den Gästen stehen zwei Restaurants, ein Club, Pool und 223 komfortabel eingerichtete Zimmer zur Verfügung.

► Günstig

Days Inn Elko
1500 Idaho St.
Tel. (775) 738-7245
Fax (775) 753-7491
www.daysinnelko.com
Freundliche, neu renovierte Zimmer direkt gegenüber dem Stadtpark.

Baedeker-Empfehlung

National Basque Festival
Alljährlich am ersten Juliwochenende findet das National Basque Festival statt. Dann treffen sich hier Amerikas beste Holzhacker, Schafscherer usw., um in viel bejubelten Wettbewerben ihre »Champions« zu ermitteln.

dem Kulturzentrum steht alljährlich am letzten Januarwochenende das **»Cowboy Poetry Gathering«** mit Vorträgen, Dichterlesungen und diversen musikalischen Darbietungen auf dem Programm.

Sehenswertes in der Umgebung

Wenig erschlossen sind die **riesigen Areale** des mehrgliedrigen Humboldt National Forest, der alle wichtigen Höhenzüge im Norden und Osten Nevadas bedeckt. Hier kann man reiten, jagen, angeln, campen, wilde Canyons erkunden oder verlassene Goldgräbersiedlungen aufsuchen. Auskünfte über mögliche Touren in diese Gebiete sind bei der staatlichen Forstbehörde (Tel. 738-5151) zu erhalten. **Humboldt National Forest**

Die Landschaft um Elko ist »Cowboy Country«

Von Elko führt der NV 225 als landschaftlich besonders **reizvolle Strecke** nach Norden. Die 128 mi/206 km lange Straße zieht am Oberlauf des nördlichen Quellflusses des Humboldt River entlang bis zum Wild Horse Reservoir. An diesem Stausee in waldreicher Umgebung ist ein Erholungsgelände ausgewiesen. Auf der Weiterfahrt durch die Berge kommt man in die Duck Valley Indian Reservation und schließlich an die Grenze der Bundesstaaten Nevada und Idaho.

Humboldt Valley, Winnemucca

Von Elko folgt der I-80 dem Humboldt River in westlicher Richtung. Nach 125 mi/201 km erreicht man das Städtchen Winnemucca (1310 m ü. d. M.; 8000 Einw.), den Hauptort des Humboldt County. Der seit 1850 von Einwanderern aus dem französischen Baskenland besiedelte Ort hieß zunächst French Fort und wurde erst später nach dem letzten großen Häuptling der Paiute-Indianer benannt. In der Umgebung leben auch heute noch viele Menschen baskischer Abstammung. Wer sich für die Besiedlungs- und Wirtschaftsgeschichte dieser Region interessiert, sollte das **Humboldt Museum** (Öffnungszeiten: Mo. bis Fr. 10.00–12.00 u. 13.00–16.00, Sa. 13.00–16.00 Uhr) besuchen, das in drei Gebäuden der Jahrhundertwende untergebracht ist.

★ Ely

G 4

Region: Pony Express Territory
Einwohnerzahl: 5000
Höhe: 1959 m ü. d. M.
Telefonvorwahl: 702

Das relativ hoch gelegene Städtchen Ely fügt sich in die landschaftlich reizvolle Gebirgslandschaft Ostnevadas. Der Hauptort des White Pine County ist heute ein wichtiger Straßenknotenpunkt, von dem aus man die interessante Umgebung gut erkunden kann.

Sehenswertes in Ely und Umgebung

Nevada Northern Railway Museum

Hauptattraktion der Stadt ist das alte Eisenbahndepot, das heute als Nevada Northern Railway Museum (Öffnungszeiten: Memorial Day bis Labor Day tgl. 9.30–16.00 Uhr) zugänglich ist. Die Nevada Northern Railway war von 1906 bis 1983 in Betrieb. In dieser Zeit wurde kaum etwas verändert. Dies gilt auch für den alten Bahnhof, von dem aus gelegentlich Museumsdampfzüge zu **Sonderfahrten** aufbrechen.

Auch im hiesigen regionalhistorischen Museum des White Pine County (Öffnungszeiten: Mo. bis Fr. 9.00–13.00, Sa., So. 10.00–16.00 Uhr) spielt die **Eisenbahn** eine herausragende Rolle. Dies zeigen zwei alte Dampfloks aus den Jahren 1909 und 1917 sowie ein betagter Waggon aus dem Jahre 1905. Doch auch die Besiedlung des Raumes Ely durch Einwanderer aus Europa wird ausführlich erläutert. Ferner beherbergt das Museum eine Kollektion von mehreren hundert Puppen.

✶ **White Pine County Museum**

Eine der größten Kupferminen der Erde, das Ruth Copper Pit, kann wenige Meilen westlich von Ely besichtigt werden.

Ruth Copper Pit

Sechs Hochöfen, die wie überdimensionale Bienenkörbe aussehen, sind in der Ward Charcoal Ovens State Historic Site als **Industriedenkmal** ausgewiesen. Sie wurden in den Siebzigerjahren des 19. Jh.s errichtet und mit Holzkohle betrieben. Man verhüttete hier Edelmetalle aus den Lagerstätten der Umgebung.

✶ **Ward Charcoal Ovens**

Lake Valley · Pioneer Territory

Lage

27 mi/43 km südöstlich von Ely, bei Majors Place, zweigt der US 93 vom US 50 in südlicher Richtung ab und erschließt als landschaftlich ausgesprochen **reizvolle Strecke** das Lake Valley, das sich nahe der Grenze zu Utah in nord-südlicher Richtung erstreckt. Es ist ein Teil jener Region, die als Pioneer Territory bekannt geworden ist.

Pioche

Nach rund 80 mi/128 km Fahrt auf dem US 93 erreicht man Pioche, eine **Bergbausiedlung**, die in den Sechzigerjahren des 19. Jh.s ihre Blütezeit erlebt hat. Sie galt seinerzeit als eine der wildesten Städte des Wilden Westens. Man leistete sich 1872 ein Gerichtsgebäude, das als Million Dollar Courthouse in die Annalen eingegangen ist. Im Lincoln County Historical Museum (Öffnungszeiten: tgl.

ELY ERLEBEN

AUSKUNFT

Ely's Bristlecone Convention Center
PO Box 958 Ely, Nevada 89301
Tel. (775) 289-3720
www.nevadaweb.com/cnt/pe/ely/

ESSEN UND ÜBERNACHTEN

► **Komfortabel**
Steptoe Valley Inn Bed & Breakfast
220 E. 11th St. Ely
Tel. (775) 289-6991
www.steptoevalleyinn.com
Das ursprünglich als Lebensmittelladen erbaute viktorianische Haus wurde liebevoll renoviert und zu einem Hotel umgebaut.

► **Günstig**
Hotel Nevada
501 Aultman Street
Das 1929 erbaute Hotel war einst das höchste Gebäude in Nevada. Die gemütlichen Zimmer tragen Namen alter Hollywood-Größen.

10.00–13.00 u. 14.00–16.00 Uhr) kann man sich nicht nur über die turbulente Geschichte der Stadt und ihrer Umgebung, sondern auch über die Naturgeschichte der Gegend informieren.

★ **Cathedral Gorge State Park**

Etwa 10 mi/16 km südlich von Pioche erreicht man den Cathedral Gorge State Park, der nur von April bis Oktober zugänglich ist. Wind und Wetter haben aus dem Gestein mächtige Dome, Felskamine und Felsnadeln herausmodelliert sowie gewaltige Grotten und Höhlen ausgeräumt. Den **besten Überblick** hat man vom Miller Point am Nordende des Naturparks.

Echo Canyon State Park, Spring Valley State Park

Von Pioche lohnen ferner Abstecher in zwei wenige Meilen weiter östlich und nahe an der Grenze zu Utah gelegene State Parks. Es sind dies der wildromantische Echo Canyon sowie das landschaftlich sehr reizvolle Spring Valley. In beiden Erholungsgebieten kann man das ganze Jahr über vielerlei **Freiluftbeschäftigungen** nachgehen.

Beaver Dam State Park

Nur über eine 28 mi/45 km lange Staubstraße kann man den östlich von Caliente gelegenen Beaver Dam State Park erreichen, der nur von April bis Oktober zugänglich ist. Hier, nahe an der Grenze zu Utah, kann man sich zwischen erhabenen Felsformationen und in Pinienwäldern erholen.

★ Great Basin National Park

Hochgebirge und Tropfsteine

Das große, 2100–3982 m ü. d. M. gelegene Naturschutzgebiet östlich von Ely entstand 1986 nach der Zusammenlegung der Wheeler Peak Scenic Area und des bereits 1922 gegründeten Lehman Caves Natio-

Great Basin National Park Orientierung

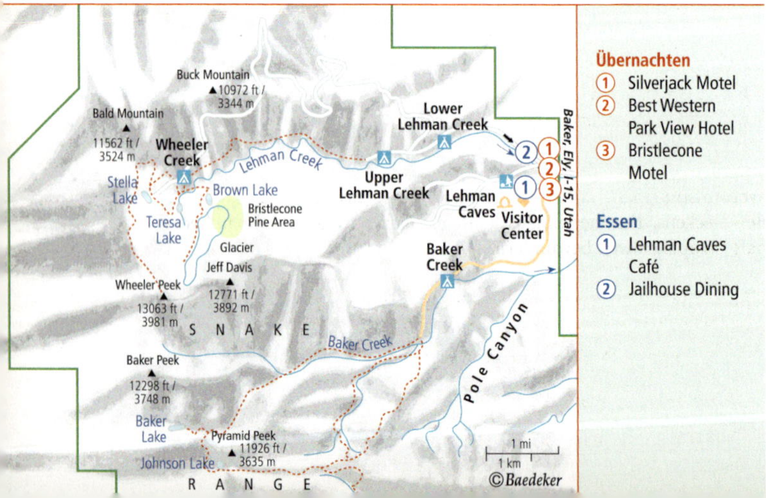

GREAT BASIN NATIONAL PARK ERLEBEN

AUSKUNFT

Great Basin National Park
100 Great Basin National Park Baker, NV 89311
Tel. (775) 234-7331, Fax 234-7269
www.nps.gov/grba

ESSEN

▸ Fein & Teuer

① ***Lehman Caves Café***
Im Gebäude des Lehman Caves Visitor Center
Tel. (775) 234-7221
Das Café ist berühmt für seine Eiscreme. Daneben stehen Suppen, Sandwiches und Desserts auf der Speisekarte.

▸ Erschwinglich

② ***Jailhouse Coffee Shop & Dining***
5th & High Street, Ely
Tel. (775) 289-3033
Man speist hier, wie der Name verrät, in Gefängniszellen. Zu den amerikanischen und mexikanischen Gerichten kann man aus einer umfangreichen Karte den passenden Wein auswählen.

ÜBERNACHTEN

▸ Günstig

① ***Silverjack Motel***
P.O. Box 69, Baker
Tel. (775) 234-7323, Fax 234-7176
www.silverjackinn.com
Das Motel mit Blick über das Snake Valley verfügt über 7 Zimmer und 3 Wohneinheiten mit Küche außerhalb des Inns. Es liegt idyllisch inmitten von Bäumen und Wiesen.

② ***Best Western Park View***
930 Aultman Street, Ely
Tel. (775) 289-4497
Fax (775) 289-4541
www.bestwesternnevada.com/ely.htm
21 freundliche und saubere Zimmer zu günstigen Preisen.

③ ***Bristlecone Motel (Ely)***
700 Avenue I, Ely
Tel. (775) 289-8838
Fax (775) 289-6128
Das Motel mit 31 Zimmern liegt am Highway 50, der Straße zum Great Basin National Park.

nal Monument. So umfasst es höchst **abwechslungsreiche Landschaftsformen**. Eine ziemlich alpin anmutende Hochgebirgswelt mit schroffen Gipfeln, im Sonnenlicht gleißenden Gletschern und idyllischen Karseen erhebt sich mit ihren uralten Borstenkieferbeständen und Douglasienwäldern aus der eher lebensfeindlichen, lediglich von Wermutsträuchern und Mormonentee besetzten Felswüste des Großen Beckens. Darüber hinaus kann man unter Tage eine märchenhafte Tropfsteinwelt bewundern.

Das Visitor Center liegt am Parkeingang, der von Baker aus angefahren wird, bei den Lehman Caves. Es ist im Sommer tgl. von 9.00–18.00 Uhr geöffnet, sonst n. V., Tel. (702) 234–7331. **Visitor Center**

Im Jahre 1885 hat der Farmer Absalom Lehman die heute nach ihm benannten Höhlen entdeckt. Obwohl das Höhlensystem nicht so **★ Lehman Caves** groß ist wie manch anderes im Südwesten, kann es doch mit außerordentlich **vielgestaltigen Tropfsteinbildungen** aufwarten. In den Höhlen herrscht eine konstante Temperatur von 10 °C.

Lexington Arch Am Südende des Parks befindet sich der Lexington Arch. Dieser Sandsteinbogen ist ein viel beachtetes Naturwunder.

Eureka

F 4

Region: Pony Express Territory
Einwohnerzahl: 1500
Höhe: 1980 m ü. d. M.
Telefonvorwahl: 702

Eureka war im 19. Jh. durch den Silberbergbau eine der reichsten Siedlungen in Nevada. Da man in der Stadt viel Geld verdienen konnte, ist es nicht verwunderlich, dass hier stattliche viktorianische Bauten entstehen konnten. Heute wird Eureka von vielen Besuchern als eines der besterhaltenen historischen Bergbaustädtchen im amerikanischen Westen gerühmt.

Silberboom Der Hauptort des gleichnamigen County, Eureka, erlebte seine Blütezeit in den Siebziger- und Achtzigerjahren des 19. Jh.s. Für Wohlstand sorgte in erster Linie der Silberbergbau. Auf dem Höhepunkt des Silberbooms lebten 9000 Menschen in der Stadt, in der es damals über 100 Saloons, Dutzende von Spielhöllen und mehrere Hotels gab. Danach fiel er in einen Dornröschenschlaf und wurde erst vor einigen Jahren von Touristen wachgeküsst, die auf der Suche nach **authentischer Western-Atmosphäre** waren. Auch der Bergbau hat inzwischen wieder an Bedeutung gewonnen. In der Umgebung wurden in den letzten Jahren neue Minen in Betrieb genommen.

EUREKA ERLEBEN

AUSKUNFT

Eureka Chamber of Commerce
PO Box 14, Eureka, Nevada 89316
Tel. (7 02) 2 37-54 84
www.nevadaweb.com/cnt/pe/eureka/

ESSEN

► Preiswert

Owl Club Bar and Steakhouse
Highway 50
Der Owl-Club besitzt auch ein kleines Casino, in dem man sich nach dem Essen vergnügen kann.

ÜBERNACHTEN

► Komfortabel

Best Western Eureka Inn
251 North Main
Tel. (7 75) 2 37-52 47
Fax (7 75) 2 37-51 55
www.bestwestern.com
Die 42 Zimmer und Suiten des Hotels sind geschmackvoll mit antiken Holzmöbeln eingerichtet. Das Hotel verfügt über Whirlpool und Spa sowie Fernseher in jedem Zimmer.

Frühstück auf amerikanisch

Im vornehmen, 1880 fertig gestellten **Courthouse** tagt auch heute noch das Gericht des Eureka County. Das **historische Museum** der Stadt (Öffnungszeiten: Mai bis Sept. tgl., Okt. bis März Di. bis Sa. 9.00–17.00 Uhr) befindet sich im Eureka Sentinel Building, wo seit mehr als 100 Jahren Zeitungen und viele andere Drucksachen hergestellt werden. Im Museum sind noch einige alte Druckerpressen zu sehen. Neben der Stadtgeschichte nimmt die Geschichte des Silber- und Bleibergbaus breiten Raum ein.

Sehenswertes

Sehenswertes in der Umgebung

Diamond Mountains

Östlich und nordöstlich von Eureka kann man die wildromantische Berglandschaft der Diamond Mountains erkunden, um die mehrere Schotterpisten führen. Unweit östlich von Eureka erhebt sich der Diamond Peak (3235 m) als **höchster Gipfel** des Gebirges.

Hickison Petroglyph Recreation Site

Ca. 50 mi/80 km westlich von Eureka überwindet der US 50 den 2000 m hohen Hickison Summit. Wenige Meilen nördlich davon kann man Zeichen und Figuren bestaunen, die indianische Ureinwohner vom 10. bis zum 15. Jh. in den Fels geritzt haben. Im Bereich dieser **historisch bedeutsamen Stätte** ist heute ein kleiner Erholungspark mit Campingplatz ausgewiesen.

? WUSSTEN SIE SCHON ...?

- Eureka konnte sich in seinen Blütezeiten sogar den Bau eines Opernhauses leisten. Es wurde 1880 errichtet und 1993 mit großem Aufwand restauriert. Ein kunsthandwerkliches Kleinod ist der handbemalte Bühnenvorhang aus dem Jahre 1924.

Westlich vom Hickison Summit durchmisst der US 50 die landschaftlich sehr reizvolle, aber wenig besiedelte **Toiyabe Range**, deren höchster Gipfel 3588 m hoch aufragt. Dieser und die benachbarten Gebirgszüge sind von **abwechslungsreichen Wäldern** bedeckt, die insgesamt als Toiyabe National Forest ausgewiesen sind.

★ **Berlin-Ichthyosaur State Park**

Können Sie sich Berlin als Geisterstadt vorstellen? Nein, dann sollten Sie in den südlichen Toyabe National Forest. Dort liegt sie nämlich, die Geisterstadt Berlin und einige Meilen südlich des Ortes der Berlin-Ichthyosaur State Park (Zugang tgl. 8.00–16.30 Uhr). Hier kann man **Fossilien** von Lebewesen bestaunen, die im Erdmittelalter das Jurameer bevölkerten. Besonders eindrucksvoll sind die versteinerten Ichthyosaurier, jene Fischechsen, die bis zu 15 m lang werden konnten.

★ Lake Mead

G 7

Region: Clark County (Grenzraum Nevada/Arizona)

Höhe: 372 m ü. d. M.

Der Lake Mead, ein großer Stausee, ist nach der Fertigstellung des Hoover-Damms im Jahre 1935 entstanden. Es mutet schon ziemlich eigenartig an, mitten in einer von roten Sandsteinfelsen geprägten Wüstenlandschaft plötzlich auf einen tiefblauen See zu treffen, an dessen Ufern fast nichts wächst. Nur dort, wo künstlich bewässert wird, grünt und blüht es.

★ **Feriengebiet**

Der See übt eine magische Anziehungskraft auf Wassersportler und Urlauber aus. Hier kann man schwimmen, Wasserski laufen, segeln und angeln. Die als National Recreation Area ausgewiesene **Erholungslandschaft** zieht jährlich über neun Millionen Urlauber an. In kleinen Yachthafen kann man Hausboote mieten und tagelang alle Winkel des buchtenreichen Stausees erkunden. Allerdings herrscht seit 1999 eine heftige Dürre, die den Wasserspiegel schon dreißig Meter abgesenkt hat. Der Lake Mead dient nicht nur als Wasserspeicher für die am Fuß des Hoover Dam installierten Wasserkraftwerke, sondern vor allem als **Trink- und Brauchwasserreservoir** für die inzwischen aus allen Nähten platzende Wüstengroßstadt ► Las Vegas bzw. auch als Wasserreservoir für den Bewässerungs-

Der Lake Mead wird nicht umsonst als Lebensspender in der Wüste bezeichnet.

LAKE MEAD ERLEBEN

AUSKUNFT

Alan Bible Visitor Center
601 Nevada Way
Boulder City, NV 89005
Tel. (702) 293-8990
Fax 293-8936
www.nps.gov/lame

ESSEN UND ÜBERNACHTEN

► **Komfortabel**

Echo Bay Resort
Via Star Route No. 89010, Overton
Tel. (702) 394-4000
Die Zimmer bieten einen schönen Blick auf den See, einige haben eine Terrasse. Zur Anlage gehört ein Restaurant.

► **Günstig**

Lake Mead Lodge
322 Lake Shore Road
Boulder City
Tel. (702) 293-2074
Von der Lodge aus erreicht man in wenigen Minuten zu Fuß das Ufer. Am Pool hat man einen herrlichen Panoramablick über den See. Da das Motel über nur wenige Zimmer verfügt, ist eine frühzeitige Reservierung zu empfehlen.

feldbau, der weiter flussabwärts im kalifornischen Imperial Valley betrieben wird. Am Highway 93 unterhalb von Boulder City ist das Alan Bible Visitor Center (Öffnungszeiten: tgl. 8.30–16.30 Uhr) eingerichtet, in dem man sich vor allem über die **Geologie und Geografie** sowie über die Pflanzen- und Tierwelt der Erholungslandschaft erkundigen kann.

◄ Visitor Center

★★ **Hoover Dam**

34 mi/55 km südöstlich von Las Vegas, wo der Colorado im Laufe von Jahrmillionen den Black Canyon ausgefräst hat und heute die Grenzlinie zwischen Nevada und Arizona markiert, hat man von 1931 bis 1935 den **größten Staudamm der Welt** konstruiert. Am Bau des 221,28 m hohen, 379,20 m langen (Krone) und an seinem Fuß 201,2 m dicken Betonwalls waren zeitweise bis zu 5000 Arbeiter beschäftigt. Auf beiden Seiten des Staudamms sind Wasserkraftwerke mit gewaltigen Turbinen installiert. Die 17 Generatoren erbringen eine Leistung von 1 920 000 Kilowatt. Ein beachtlicher Teil des hier erzeugten elektrischen Stroms wird vom Energie fressenden Moloch Las Vegas verbraucht. Auf der Nevada-Seite des Staudamms ist ein großes **Visitor Center** eingerichtet.
Hier beginnen auch die Führungen, die im Sommer tgl. von 8.00 bis 18.45 und im Winter tgl. von 9.00 bis 16.15 Uhr angeboten werden. In einer gut gemachten Multivisionsschau wird die Entstehungsgeschichte des technischen Wunderwerks nachgezeichnet. Auch wird erklärt, warum man sich seinerzeit für einen solch folgenschweren Eingriff in das ökologische Gleichgewicht des Coloradotales entschlossen hat.

Boulder City In Boulder City (762 m ü. d. M.; 15 000 Einw.) haben zunächst die am Bau des Staudamms und der beiden Großkraftwerke beteiligten Arbeitskräfte gewohnt. Heute ist das Städtchen ein bevorzugter Aufenthaltsort von sog. Snowbirds sowie von Rentnern und Pensionären, die das **ganzjährig sonnige Wüstenklima**, die vielen Erholungsmöglichkeiten am Lake Mead sowie das immense Unterhaltungsangebot der nahen Spielermetropole ►Las Vegas schätzen.

North Shore Road Sehr schön ist eine Fahrt auf der Northshore Road, die das zu Nevada gehörige Ufer des Lake Mead erschließt. Die Straße führt von Boulder City zum Boulder Beach, dann weiter zur Las Vegas Bay und zur Callville Bay. Es folgen die Echo Bay, der Overton Beach und schließlich der Ort Overton. Hier gibt es mehrere **Campingplätze** und **Marinas**.

★ Valley of Fire State Park Nur eine Autostunde (52 mi/84 km) nordöstlich von Las Vegas, am Westufer des Lake Mead, erreicht man das Valley of Fire mit seinen im Sonnenlicht glühenden roten **Sandsteinfelsen**. Der rote Sandstein sowie die hellen Kalk- und Mergelbänder dieser großartigen Landschaft sind in der Jurazeit vor etwa 150 Mio. Jahren entstanden. Die abtragenden Kräfte von Wind und Wetter haben seither einen wahren Irrgarten mit vielerlei bizarren Felsbildungen geschaffen. Vor allem bei tief stehender Sonne bietet sich eine höchst imposante Szenerie, die schon so manchen Hollywood-Regisseur inspiriert hat. Vom Visitor Center (Öffnungszeiten: tgl. 9.00–17.00 Uhr) führt ein kurzer Wanderpfad in das rote Sandsteinlabyrinth hinein. Unterwegs kann man Felszeichnungen prähistorischer Indianer studieren. Ebenfalls beim Visitor Center beginnt ein mehrere Meilen langer **Scenic Drive**, der zu den schönsten Aussichtspunkten in diesem Felsirrgarten führt.

! *Baedeker* TIPP

Rafting

Verschiedene Anbieter offerieren Rafting-Touren in unterschiedlichen Schwierigkeitsstufen auf dem Colorado River. Wer den besonderen »Thrill« sucht, dem sei eine Rafting-Tour durch den Black Canyon unterhalb des Hoover Dam empfohlen.

Overton Beach Unterhalb vom Valley of Fire State Park erstreckt sich der von Badegästen gern besuchte Overton Beach am Ufer des Lake Mead.

Overton Weiter nördlich, nahe der Mündung des Virgin River in den Lake Mead, liegt die Ortschaft Overton (3000 Einw.), wo sich die Lake-Mead-Urlauber mit allen Dingen des täglichen Bedarfs versorgen können.

Lost City Museum Beachtung verdient das an der Straße ins Moapa Valley gelegene Lost City Museum of Archaeology (Öffnungszeiten: tgl. 9.00–16.30 Uhr). Hier hat man Teile eines **altindianischen Pueblo** restauriert, das vor etwa 1500 Jahren bewohnt war. Neben Artefakten der indianischen Ureinwohner kann man hier eine größere Kollektion von (Halb-)Edelsteinen und diversen Fossilien bestaunen, die man in dieser Gegend gefunden hat.

Moapa Valley

Nördlich von Overton erstreckt sich das sehr fruchtbare Moapa Valley, das zu den **am längsten besiedelten Landstrichen** in Nevada gehört. Hier befand sich einstmals ein riesiges Pueblo der Anasazi, die jedoch schon Mitte des 12. Jh.s aus dieser Gegend abwanderten.

Lake Mohave

Talabwärts wird der Colorado zum Lake Mohave (►Laughlin) aufgestaut, dessen Uferzonen Teil der Lake Mead National Recreation Area sind.

★ Lake Tahoe (Ostufer)

B 4

Region: Lake Tahoe

Die Landschaft am Lake Tahoe, die für Mark Twain die schönste der Welt war, ist ein Ganzjahresferienparadies. Im Winter kann man hier oben dank beträchtlicher Schneemengen alle Formen von Wintersport treiben. Und im Sommer tummeln sich hier zahlreiche Badegäste, Segler, Windsurfer und viele andere Freiluftaktivisten.

Der amerikanische Bodensee

Der Lake Tahoe, eines der schönsten Reiseziele im amerikanischen Westen, liegt im Grenzgebiet der beiden US-Bundesstaaten Nevada und Kalifornien. Er füllt eine tektonische Mulde, die zwischen die

Der Lake Tahoe war für Mark Twain die schönste Landschaft der Welt.

Dreitausender der Sierra Nevada im Westen und die weniger hohe Carson Range im Osten eingetieft ist. Der See hat eine Fläche von 518 km² und ist damit ähnlich groß wie der Bodensee. Die mittlere Seespiegelhöhe des Lake Tahoe liegt bei 1900 m ü. d. M.; der See ist knapp 35 m lang, bis zu 19 km breit und bis zu 500 m tief. Das von zahlreichen Gebirgsbächen gespeiste Gewässer ist umrahmt von **zauberhaften Gebirgswäldern**, deren dominante Gewächse Ponderosakiefern und Weißtannen sind.
Zahlreiche Hotels, Motels und Ferienhäuser umrahmen den See. Leider sind aus diesem Grunde nur wenige Stellen des Seeufers für die Allgemeinheit zugänglich.

✶ Scenic Drive

Der ganze See kann auf sehr gut ausgebauten Straßen umfahren werden. Unterwegs bieten sich an vielen Stellen **spektakuläre Ausblicke** auf den See und auf die dahinter majestätisch aufragenden Schneegipfel. Nachstehend sind nur jene Orte beschrieben, die auf dem Gebiet des Bundesstaates Nevada liegen.

Stateline Ganz im Südwesten des Lake Tahoe, wo der US 50 die Grenze nach Kalifornien überschreitet, liegt der 1500-Seelen-Grenzort Stateline, der nahezu ganz und gar von seinen **zahlreichen Spielkasinos** lebt. Die meisten Gäste kommen aus Kalifornien bzw. sind Touristen, die sich gerade in dieser Gegend aufhalten. Natürlich gibt es hier – ähnlich wie in ►Las Vegas und ►Reno – jene ziemlich kitschig wirkenden Hochzeitskapellen, in denen eine schnelle und unkomplizierte Eheschließung möglich ist.

LAKE TAHOE ERLEBEN

HINWEIS

Weitere Übernachtungsmöglichkeiten gibt es in Carson City, NV (►S. 324) und auf der kalifornischen Seeseite (►S. 212).

ÜBERNACHTEN

► Luxus

Hyatt Regency Lake Tahoe
Incline Village
Tel. (7 02) 8 32-12 34, Fax 8 32-75 08
Das direkt am Lake Tahoe gelegene First-Class-Hotel zieht vor allem sportlich ambitionierte Gäste an. Die großzügig konzipierten Räumlichkeiten kommen den Bedürfnissen von Urlaubern sehr entgegen.

Harrah's Hotel & Casino
Stateline
Tel. (7 02) 5 88-66 11
Fax 5 86-66 07
Das moderne und gut ausgestattete Hotel gehört zu den besten Adressen am Lake Tahoe.

Harvey's
Stateline
Tel. (7 02) 5 88-24 11
Fax 5 88-66 43
Das 1944 eröffnete »Erste Haus am Platz« gibt in allen Belangen den Ton an.

Unmittelbar nördlich von Stateline trifft man auf Friday's Station, die ihre große Zeit längst hinter sich hat. Hier wechselten einstmals die schnellen Reiter des Pony Express ihre Pferde.

◄ Friday's Station

Heavenly Aerial Tram

Vom Top of Ski Run Boulevard kann man täglich von 10.00 bis 21.00 Uhr mit der Luftseilbahn ins Heavenly Ski Area hinaufschweben. Vom 2515 m ü. d. M. gelegenen Top of the Tram bietet sich ein traumhaft schöner Blick auf den Lake Tahoe und die dahinter aufragende Hochgebirgskulisse der Sierra Nevada. Im Winter herrschen hier oben geradezu ideale Bedingungen für den **alpinen Wintersport**.

Zephyr Cove

4 mi/6 km nördlich von Stateline erreicht man die Zephyr Cove. In der warmen Jahreszeit legt hier mehrmals täglich der **Schaufelraddampfer** MS »Dixie II« zu Rundfahrten auf dem Lake Tahoe ab. Während der Fahrt kann man an Bord eine köstlich zubereitete Mahlzeit genießen.

Lake Tahoe Nevada State Park

Auf der NV 28 gelangt man wenig später in den Lake Tahoe Nevada State Park, wo man im Sommer alle Arten von Wassersport (inklusive Tretbootfahren) betreiben kann. Es gibt eine Bootsrampe für Freizeitkapitäne und einen schönen Badestrand an der Crystal Bay, wo sich an heißen Sommertagen besonders viele Badegäste tummeln. Ferner sind in dem Naturschutzgebiet mehrere idyllische **Spazier- und Wanderwege** angelegt.

✶ **Incline Village**

Im Nordosten des Lake Tahoe, nur wenige Meilen vor der kalifornischen Grenze, liegt die Ortschaft Incline Village (8000 Einw.) vor der **spektakulären Hochgebirgskulisse** der Sierra Nevada. Zahlreiche mehr oder weniger geschmackvoll eingerichtete Spielkasinos, Hochzeitskapellen etc. verhelfen hier zum schnellen Glück.

✶ ◄ Ponderosa Ranch

Viele Besucher von Incline Village kommen nicht wegen der Spielkasinos, sondern wegen des Ponderosa Ranch Western Theme Parks (Öffnungszeiten: Memorial Day bis Labor Day 9.30–17.00 Uhr). Hier hat man die aus der TV-Serie »Bonanza« bekannte Ranch von Ben Cartwright nachgebaut. Wie es sich für einen richtigen **Western-Vergnügungspark** gehört, werden auch Cowboy Stunt Shows, Bull Riding, Lasso-Werfen und viele andere ergötzliche Dinge geboten.

◄ Weltklasse-skigebiete

Östlich und nordöstlich von Incline Village gibt es drei sehr gut erschlossene Skigebiete, wo sich schon mehrfach die besten Abfahrtsläuferinnen und -läufer der Welt gemessen haben. Es sind dies die **Diamond Peak Ski Area**, die **Mount Rose Ski Area** und das große **Skigelände am Slide Mountain**, der mit 2955 m fast so hoch wie die Zugspitze ist. In diesen Skigebieten gibt es natürlich auch Resorts, die ihren Gästen alle erdenklichen Annehmlichkeiten bieten.

Kalifornisches Seeufer

►California, Lake Tahoe

★★ Las Vegas

F 7

Region: Las Vegas Territory
Einwohnerzahl: 550 000 (Metropolitan Area 1,3 Mio.)
Höhe: 616 m ü. d. M.
Telefonvorwahl: 702

Las Vegas ist einer der wichtigsten touristischen Brennpunkte auf dem Globus. In der Stadt, die nie schläft, zählt man jährlich rund 40 Mio. Besucher. Erst am Abend, wenn alle Lichtreklamen leuchten, entwickelt die Welthauptstadt des Glücksspiels ihr eigentliches Flair, besonders freilich am Strip. Hier reihen sich Großhotels und Unterhaltungspaläste mit Spielkasinos, Hochzeitskapellen, Restaurants und Nachtlokale für jeden Geschmack aneinander.

Wüstenoase Die weltbekannte Spielermetropole Las Vegas liegt in einer fahlbraunen, von kahlen Bergen umgebenen Wüstenlandschaft. Im Osten erheben sich die Muddy Mountains, hinter denen sich der Lake Mead verbirgt, im Westen ragen die Spring Mountains auf, die oft bis weit in den Frühling Hauben aus Schnee tragen.

Im Hochsommer steigen die Tagestemperaturen in der Wüstenoase häufig über die +40 °C-Marke an und sinken nachts kaum unter +24 °C. Auch im Winter ist es ziemlich warm. Im Januar steigt die Quecksilbersäule immerhin auf +13 °C; das Minimum liegt knapp über der 0°-Grenze. Stärkere Fröste sind jedoch ziemlich selten.

Am Anfang war die Eisenbahn Im Jahr 1905, als die Union Pacific Railroad die Oase Las Vegas erreichte, entstand eine kleine Eisenbahnersiedlung mit Geschäften, Saloons und zu damaliger Zeit noch illegalen Spielhallen. Der große Aufschwung von Las Vegas setzte Anfang der 1930er-Jahre ein, als das **Glücksspiel** in Nevada legalisiert und mit dem Bau des **Hoover-Staudamms** (►Lake Mead) begonnen wurde. Mehrere tausend Menschen fanden damals an der Großbaustelle und in Las Vegas Arbeit.

Highlights Las Vegas

Stratosphere Tower
Vom höchsten frei stehenden Turm Amerikas haben Sie eine atemberaubende Rundsicht.
► Seite 343

Treasure Island
Vor dem Hotelkomplex findet ab 19.00 eine spektakuläre Seeschlacht statt.
► Seite 346

The Mirage
Eine der schönsten Hotelanlagen
► Seite 346

Venetian
Zauberhaft: Venedig in der Wüste
► Seite 347

Bellagio
Fantastische Wasserspiele!
► Seite 349

Nach der Fertigstellung des Staudamms und der Inbetriebnahme der Turbinenkraftwerke wurde Las Vegas als Lichterstadt weltbekannt. Die Lockerung der Heirats- und Scheidungsgesetze im Bundesstaat Nevada verstärkte den Zuzug nach Las Vegas. 1940 ließen Investoren aus Los Angeles das erste Großhotel mit Spielhalle erbauen: Das »El Rancho«. Es wurde zur Keimzelle des sog. Strip, an dem ein Vergnügungspalast nach dem anderen förmlich aus dem Wüstenboden gestampft wurde. Bis zur Stunde ist der **Bauboom** in Las Vegas ungebrochen. Mit dieser Entwicklung gehen eine anhaltende Siedlungsausdehnung und eine ständige Modernisierung der infrastrukturellen Einrichtungen (Autobahnen, Flughafen, Wasserversorgung etc.) einher.

? WUSSTEN SIE SCHON ...?

- Im Mai 2005 hat man in Las Vegas den 100-jährigen Geburtstag gefeiert. Natürlich mit Superlativen, wie es sich für die Spielermetropole gehört. Unter anderem mit dem schwersten (knapp 60 Tonnen) Geburtstagskuchen aller Zeiten und mit einer Massenhochzeit von 100 Paaren.

Entwicklungsprobleme

Mittlerweile steht die Welthauptstadt der Zocker aber vor ernsten Entwicklungsproblemen. Dies gilt insbesondere für die **Wasserversorgung**, zumal seit 1999 eine heftige Dürre in der Region herrschte. Die Grundwasservorkommen vor Ort sind nahezu erschöpft. An manchen Stellen in der Stadt ist es aus diesem Grund bereits zu Bodenabsenkungen um zwei Meter gekommen. Eine erhöhte Wasserentnahme aus dem Lake Mead würde zu schweren Beeinträchtigungen in anderen Städten und Regionen des Südwestens führen, die ebenfalls von den Wassermengen des Colorado, des Green River und des Virgin River abhängig sind. Mittlerweile denkt man über ein sinnvolleres »Water Management« nach. Dazu gehört, dass die **Wasserspiele** vor manchen Hotels **nur mit Abwasser** betrieben werden. Neben dem Wasserproblem bereiten die immens gewachsenen **Müllmengen** sowie das ständig steigende **Verkehrsaufkommen** zu Lande und in der Luft erhebliche Sorgen. Und noch wenig beschäftigt hat man sich mit der **Luftverschmutzung**, die sich an vielen Tagen im Jahr als giftig-braune Dunstglocke bemerkbar macht.

Aufenthalt in Las Vegas

Das Angebot an Hotelbetten ist enorm. Derzeit stehen rund 175 000 Zimmer zur Verfügung, wobei die Palette von der sündhaft teuren Luxussuite bis zum einfachen Motelzimmer reicht. Am Strip und in Downtown stehen **18 der 20 größten Hotels der Welt**, darunter das im April 2005 eröffnete Hotel-Kasino »Wynn« mit über 2000 Zimmern. Besonders kostspielig sind Übernachtungen an Wochenenden, d.h. von Freitag bis Sonntag. Hingegen kann man von Sonntag bis Donnerstag – sofern keine Messen oder andere Großveranstaltungen stattfinden – in den Genuss von **Sonderangeboten** kommen. Da die Hotels aber vor allem mit ihren Spielkasinos und sonstigen Vergnügungseinrichtungen locken, bewegen sich die Übernachtungspreise für »normale« Besucher nie in schwindelnden Höhen. Ähnliches gilt

Rechts und links vom Strip glitzert es in allen Farben.

für die Verköstigung. Zu den Tischzeiten werden in den Speisesälen der großen Casino-Hotels üppige Buffets aufgebaut, an denen man sich nach der Devise »all you can eat« bedienen kann.

Shows

In den großen Casino-Hotels finden täglich mehrere **varietéähnliche Shows** statt. Im Rahmen von Show-Programmen der Spitzenklasse treten (fast) immer weltbekannte Stars auf.

Spielkasinos

In den riesigen Spielhallen kann man (fast) alle Arten von Glücksspiel ausprobieren. Schnelles Geld versprechen die sog. **Einarmigen Banditen** (Slot Machines), von denen Hundertschaften zu ganzen Labyrinthen angeordnet sind. Gleich nebenan kann man an Spieltischen **»Black Jack«, »Roulette«** und **»Baccarat«** spielen oder um größere Beträge pokern. Beliebte Zahlenlottos sind **»Keno«** (amerikanische Variante eines beliebten chinesischen Spiels) und **»Bingo«**. Vor allem bei Letzterem geht es oft ziemlich lautstark zu.

? WUSSTEN SIE SCHON ...?

- Für eine Heirat in Las Vegas brauchen Sie nicht mal Ihr Hochzeitsauto zu verlassen. Beim sog. »drive-through service« werden die Paare quasi im Vorbeifahren getraut.

Die gesetzlichen Rahmenbedingungen des Staates Nevada lassen eine unkomplizierte und wenig Zeit beanspruchende Eheschließung zu. Aus diesem Grunde gibt es in Las Vegas zahlreiche Wedding Chapels (Hochzeitskapellen), in denen jährlich **mehrere Zehntausend Paare** getraut werden. Jedes größere Hotel-Casino besitzt eine solche Institution.

Downtown Casino Center • Fremont Street

Downtown

Las Vegas Downtown, wie das alte Zentrum der Spielerstadt heißt, hat in den letzten Jahrzehnten im Vergleich zum ausbaufähigen Strip immer mehr an Bedeutung verloren, obwohl es die **Keimzelle** des hiesigen Glücksspiels ist. Daran haben auch zig Millionen Dollar teure Modernisierungsmaßnahmen bislang nicht viel ändern können. Nach wie vor ist in Downtown alles etwas billiger als am Strip.

? WUSSTEN SIE SCHON ...?

- Für die Fremont Street Experience hat man 2 Mio. Glühbirnen installiert, die mehr als 60 000 Farbtöne erzeugen können. Die Menge an Strom würde für über 1700 Einfamilienhäuser ausreichen!

✶ Fremont Street Experience

Lediglich im Bereich Union Pacific Station–Fremont Street, wo der weltbekannte Neon-Cowboy namens Vegas Vic seit dem Jahre 1951 grüßt und Sassy Sally (alias Vegas Vicky) als weibliches Pendant ihr Neon-Bein schwingt, ist es gelungen, der Szenerie wieder zu etwas mehr Glamour zu verhelfen.
Über die Fremont Street hat man einen künstlichen **Multi-Media-High-Tech-Sternenhimmel** mit vielen phonstarken Lautsprecherboxen gespannt, der höchst eindrucksvolle und computergesteuerte Laser-Licht- und Schallgewitter ermöglicht. Diese finden abends von 18.00 bis 23.00 Uhr zu jeder vollen Stunde statt.

✶ The Strip (Las Vegas Boulevard)

✶✶ Stratosphere Tower ►3 D S. 344/345

Einen herrlichen Ausblick auf den südlich gelegenen Strip und das nördlich gelegene Downtown Casino Center hat man vom 350 m hohen Stratosphere Tower, der 1995 fertig gestellt worden ist. Geradezu atemberaubend schnell gewinnt der Expressaufzug an Höhe. Oben angekommen, kann man **die vier höchstgelegenen Fahrgeschäfte der Welt** ausprobieren: Achterbahn, Freifallturm und zwei weitere, bei denen man jeweils über den Abgrund geschwenkt wird. Dieser luftige Spaß ist wohl nur etwas für die ganz hart Gesottenen. Gleich neben dem Stratosphere Tower kann man in einem luxuriösen Großhotel mit 2500 Zimmern und einem Spielkasino übernachten.

Sahara

Noch zu den älteren Anlagen gehört das »Sahara Hotel & Casino« (2535 Las Vegas Blvd. S.; Tel. 737-21 11) an der Kreuzung von Las Vegas Boulevard und Sahara Avenue. Der 1700 Fremdenzimmer umfassende Komplex verfügt über eine gern besuchte **Shopping Mall**.

✶ Circus Circus

Zu den populären und relativ preiswerten Adressen gehört das »Circus Circus« (2880 Las Vegas Blvd. S.; Tel. 7 34-04 10, 8 00-6 34-34 50) mit seinen 3800 Zimmern. Gleich dahinter liegt der Circusland RV Park (500 Circus Circus Dr.; Tel. 794-37 57) mit 400 Plätzen, der von Wohnmobilfahrern sehr gern angesteuert wird.

STRATOSPHERE TOWER

★★ Der Eiffelturm wirkt fast winzig gegen den Stratosphere Tower, den höchsten frei stehenden Aussichtsturm Amerikas. Der 350 m hohe Vergnügungsturm ist seit 1996 die unübersehbare Landmarke der Stadt. Umwerfend sind nicht nur die Ausblicke über Stadt und Umland, sondern auch – manchmal wahrscheinlich im wahrsten Sinne des Wortes – die diversen Fahrgeschäfte in luftiger Höhe.

Öffnungszeiten:
So. bis Do. 10.00–1.00 Uhr,
Fr., Sa. und Fei. 10.00–2.00 Uhr

1 Hotel
Am Fuß des Turmes befindet sich das First-Class-Hotel Las Vegas World. Mehrere hundert Zimmer und luxuriöse Suiten stehen hier zur Verfügung, dazu diverse Pools und Badelandschaften, Wellness, Fitnesscenter und andere Annehmlichkeiten (www.stratospherehotel.com).

2 Casino
Im weitläufigen Casinobereich können Gutbetuchte ihr Geld an mehr als 50 Spieltischen oder an einem der 1500 Automaten aufs Spiel setzen.

3 Konferenzräume
Im 103. und 104. Stock des Towers können Räume für Konferenzen und Bankette gebucht werden. Wer sich bei der Aussicht noch auf die Tagung konzentrieren kann, ist gut!

4 Restaurants
Ob Roxy's Diner im 50er-Jahre-Stil, Fellini's Ristorante oder The Crazy Armadillo Cantina – im Tower wird für jeden Geschmack etwas geboten. Wer ganz edel speisen möchte, fährt hinauf in das Top of the World Restaurant.

5 Lifte
Eine Reihe von Fahrstühlen bringt Sie in rasanter Geschwindigkeit zur Kuppel. Insgesamt dauert die Fahrt nur 30 Sekunden.

6 Achterbahn
In die höchste Achterbahn der Welt (Scheitelpunkt: 277 m über Grund) sollte man nur mit gutem Magen einsteigen.

7 Aussichtsplattform
Wer keine Lust auf Nervenkitzel hat, der kann einfach nur die Panorama-Aussicht rund um den Turm herum genießen.

Hier liegt einem die Stadt zu Füßen: Nächtliches Lichtermeer unterm Tower

Die
»Big
freie
etwa
von

Grand Slam Canyon ►

Im Hause kann man atemberaubende zirzensisch-artistische Darbietungen sehen. Viele Besucher zieht der zur Anlage gehörige Vergnügungspark »Adventuredome Theme Park« an.

★ **Las Vegas Hilton**

Star Trek: The Experience ►

Folgt man dem Riviera Boulevard in östlicher Richtung, so kommt man zum »Las Vegas Hilton« (3000 Paradise Rd.; Tel. 7 32-51 11), das mit 3174 Zimmern und Suiten zu den größten und luxuriösesten Hotels in Las Vegas zählt. Die Attraktion ist hier »Star Trek: The Experience« (Öffnungszeiten: tgl. 11.00–23.00 Uhr), ein **hypermoderner Vergnügungspark**, der die berühmte Science-Fiction-Film-Produktion zum Thema hat. Hier »beamt« man sich an Bord von Raumschiff »U.S.S. Enterprise« und kämpft im Weltall mit den gefürchteten Klingonen.

Las Vegas Convention Center

Weiter östlich kommt man zu dem mit modernster Tagungstechnik ausgestatteten Las Vegas Convention Center.

Fashion Show Mall

Südwestlich gegenüber befindet sich die Fashion Show Mall (Öffnungszeiten: Mo. bis Fr. 10.00–21.00, Sa. 10.00–19.00, So. 13.00–18.00 Uhr), in der über 250 Geschäfte und Boutiquen mit klangvollen Namen (u.a. Lillie Rubin, Ann Taylor, Louis Vuitton) angesiedelt sind.

★★ **Treasure Island**

Im Jahr 1993 ist das 36 Stockwerke hohe »Treasure Island« (3300 Las Vegas Blvd.; Tel. 8 94-71 11) eröffnet worden. In dem Hotel- und Kasinokomplex gibt es rund 2900 Fremdenzimmer. Der dazugehörige **Vergnügungspark** hat Szenen aus der »Schatzinsel« des schottischen Schriftstellers Robert L. Stevenson zum Thema. In der »Buccaneer Bay«, einer vor dem Hotel angelegten künstlichen Lagune, wird tgl. ab 19.00 bis 23.30 Uhr alle 90 Minuten eine Seeschlacht zwischen einer englischen Fregatte und einem Piratenschiff mit allen Tricks der modernen Pyrotechnik nachgestellt. Drinnen zeigen die Artisten des Cirque du Soleil ihr Programm »Le Mystère«.

★★ **The Mirage**

»The Mirage« (3400 Las Vegas Blvd.; Tel. 7 91-71 11), ein 30-stöckiger Gebäudekomplex mit mehr als 3000 zumeist sehr luxuriös ausgestatteten Zimmern und Suiten, gehört zu den eher teuren Adressen von Las Vegas. Vor dem Hause bricht alle fünfzehn Minuten ein künstlicher Vulkan aus.

White Tiger Habitat, Dolphin Habitat ►

Im Mirage traten Siegfried & Roy mit ihren weltberühmten **weißen Tigern** auf. Im Oktober 2004 wurde einer der beiden Dompteure von einem der Tiger schwer verletzt, deshalb ist die Tiger-Show abgesetzt, aber auf die weißen Raubkatzen muss man nicht gänzlich verzichten. Denn zur Anlage des Mirage gehört ein kleines »White Tiger Habitat«. Wer dort die Raubkatzen nicht zu Gesicht bekommt, geht zum Delfin-Aquarium »Dolphin Habitat«. Die Meeressäuger sind nicht so scheu wie die Tiger.

Las Vegas Orientierung

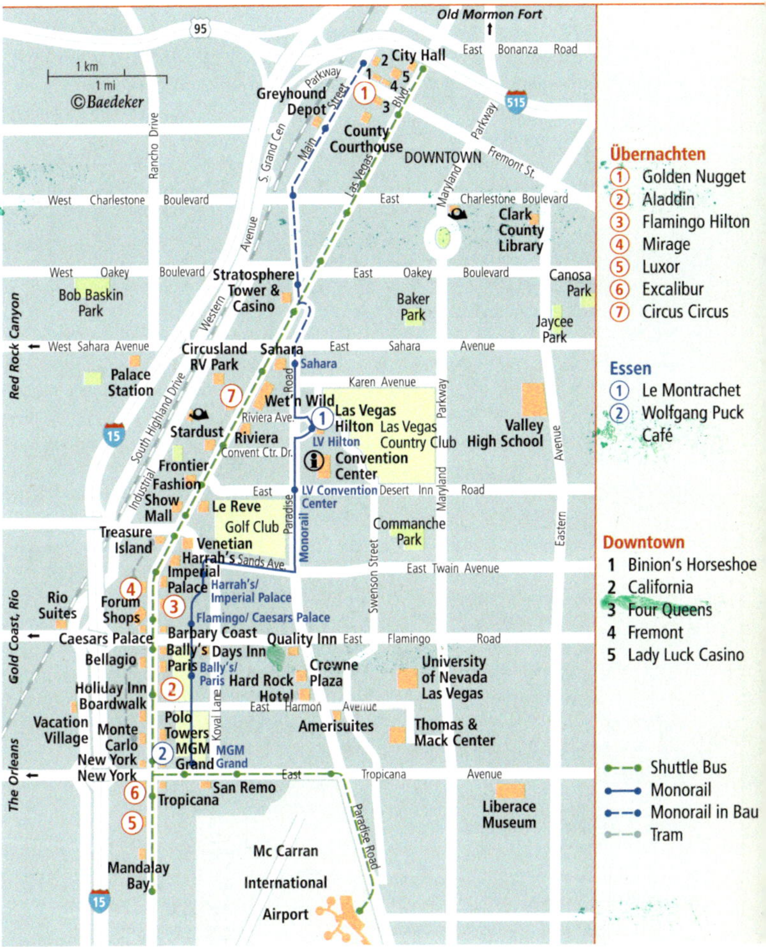

★★ Venetian

Venedig in der Wüste: Mit unglaublicher Liebe zum Detail wurden im Venetian u. a. der Campanile, der Dogen-Palast und die Rialto-Brücke nachgebaut. Der mit allem Luxus ausgestattete **Riesenkomplex** hat über 4000 Suiten, 17 Gourmet-Restaurants mit internationaler Küche und natürlich einen ausgedehnten Casino-Bereich. Am Canal Grande kann man exquisit »shoppen«.

Imperial Palace

Recht teuer ist es auch im »Imperial Palace« (3535 Las Vegas Blvd.; Tel. 731-3311) mit seinen 2700 luxuriösen Zimmern und Suiten.

LAS VEGAS ERLEBEN

AUSKUNFT

Las Vegas Convention & Visitors Authority (LACVA)
3150 Paradise Road
Las Vegas, NV 89109
Tel. (7 02) 8 92-07 11
www.lasvegas24hours.com/lvcva

LACVA (in Deutschland)
The Mangum Group
Sonnenstraße 9 , D-80331 München
Tel. (0 89) 23 66 21 39 , Fax 23 66 21 99
www.visitlasvegas.de

SHOPPING

Beltz Factory Outlet World
► S. 352

ESSEN

► Fein & Teuer

① ***Le Montrachet***
3000 Paradise Rd.
Tel. (7 02) 7 32-51 11
Abseits der Spielhöllen bietet sich die Gelegenheit, beste französische Küche zu goutieren. Auf dem Speiseplan stehen geröstete Entenbrust, Variationen vom Lachs und andere Köstlichkeiten.

► Erschwinglich

② ***Wolfgang Puck Café***
3799 Las Vegas Blvd.
Tel. (7 02) 8 95-96 53
Auch in Las Vegas, im Riesenkomplex MGM Grand, unterhält der österreichische Meisterkoch eine Niederlassung. Schöne Salate bekommt man hier ebenso wie eine riesige Pizza.

ÜBERNACHTEN

► Luxus

① ***Golden Nugget***
129 E. Fremont St.
Tel. (7 02) 3 85-71 11
www.goldennugget.com
Eines der ältesten Häuser seiner Art ist das »Golden Nugget«, wenige Kilometer abseits vom Strip im alten Zentrum von Las Vegas. Vor dem Haus gibt es abends stündlich die »Fremont Street Experience Light Show«.

② ***Aladdin Resort & Casino***
3667 Las Vegas Blvd.
Tel. (7 02) 7 85-55 55
www.aladdincasino.com
reservations@aladdincasino.com
Das Hotel ist im orientalischen Stil erbaut, inspiriert durch das Märchen von 1001 Nacht. In zwei Dachpools und einem großzügigen Spa in marokkanischem Dekor kann man herrlich entspannen.

► Komfortabel

③ ***Flamingo Hilton***
3555 Las Vegas Blvd.
Tel. (7 02) 7 33-31 11, Fax 7 33-33 53
www.flamingolasvegas.com
Ausgesprochen komfortabel und sehr gepflegt.

④ ***The Mirage***
3400 Las Vegas Blvd.
Tel. (7 02) 7 91-71 11
www.mirage.com
Eines der schönsten Hotels ist »The Mirage«: allabendlich mit künstlichen Vulkanausbrüchen.

Das Luxor

▶ **Günstig**

⑤ ***Luxor Hotel & Casino***
3900 Las Vegas Blvd.
Tel. (7 02) 2 62-44 44
www.luxor.com
Rund um den Pyramiden-Gebäudekomplex fühlt man sich wie am Nil, und auch in seinem Inneren geht es sehr ägyptisch zu.

⑥ ***Excalibur***
3850 Las Vegas Blvd.
Tel. (7 02) 5 97-77 77
www.excalibur.com
Die Zimmer diese Märchenschlosses sind geräumig und mit dem üblichen Komfort ausgestattet. Das familienfreundliche Hotel bietet auch allerlei Attraktionen für Kinder.

⑦ ***Circus Circus***
2880 Las Vegas Blvd.
Tel. (7 02) 7 34-04 10, Fax 7 94-38 16
Am nördlichen Strip steht dieser riesige Hotel- und Spielkasinokomplex, dessen Motto die Welt des Zirkus ist. Man kann hier preiswert nächtigen.

Viele Besucher schauen sich hier die Show **»Legends in Concert«** an. Attraktiv ist die **»Imperial Palace Auto Collection«** (Öffnungszeiten: tgl. 9.30–21.30 Uhr) mit ihren etwa 200 Oldtimern. Zu sehen sind u.a. Autos, die einmal Adolf Hitler, der amerikanischen Präsidentengattin Eleanor Roosevelt, dem Gangsterboss Al Capone und manchen anderen Berühmtheiten gehört haben.

Flamingo Hilton

Im Flamingo Hilton (3555 Las Vegas Blvd.; Tel. 7 39-31 11) wähnt man sich in einem tropischen Urlaubsparadies und befindet sich doch mitten in der unwirtlichen Wüste Nevadas.

Bally's

Ziemlich nobel ist das südlich benachbarte »Bally's« (3645 Las Vegas Blvd.; Tel. 7 39-41 11). Es verfügt über 2800 Zimmer und Suiten auf 26 Etagen. Von Samstag bis Donnerstag findet hier die Show **»Jubilee!«** statt mit mehr als 100 Tänzerinnen und Tänzern.

★ **Caesar's Palace**

Einem römischen Palast ist »Caesar's Palace« (3570 Las Vegas Blvd.; Tel. 7 31-71 10) nachempfunden. Die Frontseite des Hotels wird gesäumt von römischen Statuen und zahlreichen Wasserspielen. In dem Unterhaltungspalast tritt die Popsängerin **Celine Dion** mit ihrer Show »A New Day ...« auf. Die Caesar's Forum Shops umfassen 160 Boutiquen international renommierter Modefabrikanten sowie eine Video-Galerie.

◀ Caesar's Forum Shops

Planet Hollywood

Im Bereich der Forum Shops befindet sich auch das **Erlebnisrestaurants** »Planet Hollywood« (3500 Las Vegas Blvd. S.; Öffnungszeiten: 11.00–1.00 Uhr früh) in dem vielerlei Gegenstände (Gitarren, Kostüme usw.) an berühmte Hollywood-Größen erinnern.

★ **Bellagio**

Südlich der Flamingo Road ist 1999 das 1,6 Mrd. US-$ teure »Bellagio« eröffnet worden, das nicht nur eine 36 Stockwerke hohe Betten-

burg, sondern auch einen künstlichen Comer See mit 60 m hoher Fontäne und dazu passendem Ambiente umfasst. In der Shopping Arcade kann man Edles von Armani, Gucci, Chanel, Tiffany usw. erwerben, und in der hoteleigenen Galerie Werke von Renoir, Modigliani, Picasso und anderen berühmten Kunstschaffenden bewundern. Der Cirque du Soleil präsentiert hier sein Programm »About O«.
Wer sich von den Strapazen des Glücksspiels erholen will, kann dies in den hoteleigenen botanischen Gärten bzw. im Kurbad »Spa Bellagio« tun.

Paris – Las Vegas Gleich gegenüber sind ein nachgebauter Eiffelturm und eine kleine Kopie des Arc de Triomphe Blickfänge des Themenhotels »Paris – Las Vegas« (3655 Las Vegas Blvd.; Tel. 7 02-9 67-70 00).

Aladdin In ganz neuem Gewand präsentiert sich seit Frühling 2000 das »Aladdin« (3667 Las Vegas Blvd.; Tel. 7 36-71 14). Zu der Anlage gehört ein Theater mit mehreren Tausend Sitzplätzen, in dem jeden Abend **abwechslungsreiche Shows** (u.a. »Country Tonite«) geboten werden.

★★ MGM Grand Mit 5785 Zimmern ist das MGM Grand (3799 Las Vegas Blvd.; Tel. 8 91-11 11) das **größte Hotel** in Las Vegas und auf der Welt. Sein Wahrzeichen ist ein goldener Löwe, der die Anlage bewacht. Der Mammutkomplex umfasst nicht nur den riesigen Hotelbetrieb, sondern auch ein Spielkasino mit allem Drum und Dran, eine Garden Arena mit 15 000 Sitzplätzen sowie einen tollen Vergnügungspark mit der Bezeichnung »MGM Adventure Complex«. Bei der 40 Mio. $ teuren **Show-Produktion »EFX«** kann man Stars wie Tom Jones oder David Copperfield kennen lernen. Und auch hier: der Cirque du Soleil mit »About KÀ«.

Las Vegas macht die Nacht zum Tag – tagsüber ist die Stadt eher langweilig.

★ **New York, New York**

1997 ist das »New York, New York« (3790 Las Vegas Blvd. S.; Tel. 7 40-69 69) mit 2035 Zimmern eröffnet worden. Vor dem Haus steht eine verkleinerte Kopie der New Yorker Freiheitsstatue. Die Kulisse des Vergnügungsparks mit Riesenachterbahn und anderen Fahrgeschäften bilden ein Nachbau der Brooklyn Bridge und eine Nachempfindung der weltberühmten Wolkenkratzer-Skyline.

Das **»Monte Carlo«** (3770 Las Vegas Blvd. S.; Tel. 7 30-77 77) ist – zumindest äußerlich – dem berühmten Vorbild an der Französischen Riviera nachempfunden. Mit seinen mehr als 3000 nobel ausgestatteten Zimmern und Suiten gehört es zu den eher teuren Casino-Hotels in der Wüstenstadt. Im hoteleigenen Theater tritt der weltberühmte **Illusionist Lance Burton** auf.

Viele Las-Vegas-Besucher zieht es in die **Showcase** (3769 Las Vegas Blvd.) mit ihren von Steven Spielberg produzierten »GameWorks«. Allein dieser Unterhaltungskomplex umfasst weit über 200 verschiedene Spiele, die vom klassischen Brettspiel bis zur Hightech-Animation reicht. Außerdem gibt es hier eine Kletterwand sowie eine große Internet Lounge.

Vegas Vicky wippt mit ihrem Neon-Bein.

Tropicana

Südlich gegenüber vom MGM Grand kann das »Tropicana« (3801 Las Vegas Blvd. S.; Tel. 7 39-22 22) mit rund 1900 Fremdenzimmern aufwarten. Hier hat man ein künstliches **tropisches Paradies** angelegt. Dazu gehören eine ganze Badelandschaft mit einem Wasservergnügungspark und ein tropischer Tierpark mit exotisch-bunten Vögeln. Jeden Abend findet eine fulminante Laser-Show statt. Viele Besucher kommen allein wegen der spektakulären Casino-Show **»Folies Bergère«** ins Tropicana.

Excalibur

Das »Excalibur Hotel & Casino« (3850 Las Vegas Blvd. S.; Tel. 597-77 00) bietet sich als märchenhafte, bunt angestrahlte **Ritterburg** dar, in der rund 4000 Gästezimmer, ein großes Spielkasino und natürlich auch ein Vergnügungspark eingerichtet sind. Zweimal täglich wird im »Excalibur« ein mitreißendes Ritter-Spektakel geboten, das einem mittelalterlichen Turnier nachempfunden ist.

★ **Luxor**

Eine nicht zu übersehende Landmarke ist das »Luxor Hotel & Casino« (3900 Las Vegas Blvd. S.; Tel. 262-40 00), eine 30-stöckige dunkle **Pyramide**, an deren Eingang eine Sphinx wacht. Zur Anlage gehören ein überdachter Wasserpark, eine originelle Shopping-Arkade und ein 3D-IMAX-Filmtheater mit dem »Sega Virtualand« (High-Tech-Computerspiele). Im Amusement Park kann man eine Zeitreise durch das alte Ägypten unternehmen. Auch eine exakte Kopie der Grabstätte von Tutenchamun bekommt man zu Gesicht.

★ **Mandalay Bay**

Eine der nobelsten Adressen der Neon- und Glitzermetropole im amerikanischen Südwesten heißt »Mandalay Bay« (3950 Las Vegas Blvd.; Tel. 702 - 632 - 77 77). Die Hotelanlage verfügt nicht nur über ein Spielkasino und mehr als ein Dutzend Restaurants für die unterschiedlichsten Geschmäcker, sondern auch über eine Konzert-Arena, in der 12 000 Zuhörer Platz finden. Absoluter Höhepunkt der Anlage ist eine von üppigem Grün umrahmte **Surf-Bucht**, in der man sich wie in der Südsee fühlen kann. Hier werden gelegentlich auch Surf-Wettbewerbe ausgetragen. Jeden Abend wird im Mandalay Bay Resort & Casino das Musical »Chicago« aufgeführt (Ticket-Hotline: Tel. 7 02 - 6 32 - 75 80).

In den vielen Kapellen am »Strip« wird Heiraten leicht gemacht.

Die Little Church of the West (4617 Las Vegas Blvd. S.) ist im Jahre 1942 als erste Hochzeitskapelle von Las Vegas entstanden. In der bereits als **National Historic Site** ausgewiesenen Kapelle haben sich schon zahlreiche Berühmtheiten trauen lassen.

Beltz Factory Outlet World

Wenige Autominuten südlich vom »Luxor« erreicht man die Beltz Factory Outlet World (7400 Las Vegas Blvd. S.; Öffnungszeiten: Mo. bis Sa. 10.00–21.00, So. 10.00–18.00 Uhr), die mit 155 Fabrikverkaufsstellen zu den größten Shopping-Zentren ihrer Art gehört. Viele Markenprodukte (u.a »Nike«, »Pfaltzgraff«, »Danskin«) bekommt man hier zu sehr günstigen Preisen.

Weitere Sehenswürdigkeiten

University of Nevada Las Vegas (UNLV)

Diese Universität, deren großer Campus sich nordöstlich vom Flughafen erstreckt, ist erst 1957 ins Leben gerufen worden. Ihr Wahrzeichen ist die 12 m hohe Stahlskulptur **»The Flashlight«**, die Claes Oldenbourg und Coosje van Bruggen geschaffen haben.

Das **Marjorie Berrick Museum of Natural History** (Öffnungszeiten: Mo. bis Fr. 9.00–16.45 Uhr, Sa. 10.00–14.00 Uhr) der Universität befasst sich mit der Geologie sowie mit der Pflanzen- und Tierwelt der Landschaft um Las Vegas. Auch archäologische Themen werden beleuchtet.

In der **Artemus W. Ham Concert Hall** (1700 Sitzplätze) finden hochrangige musikalische Darbietungen aller Gattungen statt. Analoges gilt für das **Judy Bayley Theatre**, wo man das ganze Jahr über Bühnenstücke aller Stilrichtungen sehen kann. Arbeiten zeitgenössischer Kunstschaffender sind hauptsächlich in der **Donna Beam Fine Art Gallery** ausgestellt.

! *Baedeker* TIPP

Nachtleben

Der »Club Rio« und die »VooDoo Lounge« im Rio Suite Hotel gehören zu den heißesten Adressen des Nachtlebens von Las Vegas. Die Grundlage für die nächtlichen Eskapaden können Sie ebenfalls hier schaffen. Denn das »Rio« ist für seine hervorragenden gastronomischen Leistungen bekannt, die schon mehrfach preisgekrönt worden sind.

Liberace Museum

Südöstlich vom Universitätscampus kommt man zum Liberace Museum (1775 E. Tropicana Ave.; Öffnungszeiten: Mo. bis Sa. 10.00–17.00, So. 13.00–17.00 Uhr). Hier sind Glitzerkostüme, diverser Schmuck, exotische Automobile und Musikinstrumente vieler Showstars ausgestellt.

Hard Rock Cafe

Natürlich gibt es in Las Vegas auch ein Hard Rock Cafe. Man findet es nordwestlich vom Universitätscampus an der Kreuzung von Flamingo Road und Paradise Road.

Thomas Mack Center

Im großzügig bemessenen Thomas Mack Center finden **Großveranstaltungen** aller Art statt, so beispielsweise Boxkämpfe und die National Rodeo Finals (erste Dezemberhälfte).

Old Las Vegas Mormon Fort Historic Park

Nördlich von Downtown, wo die Washington Avenue den nördlichen Las Vegas Boulevard kreuzt, haben die Mormonen im Jahre 1855 ein kleines Fort errichtet, das teilweise rekonstruiert ist und besichtigt werden kann.

Las Vegas Natural History Museum

Gleich in der Nähe lädt das Las Vegas Natural History Museum (900 Las Vegas Blvd. N.; Öffnungszeiten: tgl. 9.00–16.00 Uhr) zum Besuch ein. Hier sind u.a. **Fossilien urzeitlicher Lebewesen** zu sehen, darunter auch Saurierskelette.

Nevada State Museum & Historical Society

Im Westen der Stadt, nördlich abseits des I-95, liegt der Lorenzi Park mit dem Nevada State Museum & Historical Society (700 Twin Lakes Dr.; Öffnungszeiten: tgl. 9.00–17.00 Uhr). Das Museum befasst sich mit der **Siedlungs- und Kulturgeschichte** Südnevadas. Die ältesten Exponate belegen, dass schon vor 10 000 Jahren Menschen die damals wahrscheinlich noch nicht so wüstenhafte Landschaft durch-

Im Valley of Fire fungiert die Natur höchstpersönlich als Bildhauerin.

streiften. Natürlich werden auch die Indianer, der Eisenbahnbau, der Bergbau, die Entstehung von Las Vegas und sogar die Atombombentests der letzten Jahrzehnte dokumentiert.

★ **Rio Suite Hotel & Casino**

Wenige Minuten westlich vom Strip sieht man nachts die in rotes Neonlicht getauchte Fassade des Rio Suite Hotel & Casino (3700 W. Flamingo Rd.; Tel. 702/252-7777). Der Komplex, der ganz unter dem Motto »Carneval do Brasil« steht, umfasst über 2500 Suiten, ein Spielkasino, 14 Restaurants und einen riesigen Pool mit Badestrand.

Umgebung von Las Vegas

Henderson

Mit mehr als 130000 Einwohnern ist Henderson die drittgrößte Stadt Nevadas. Hauptsehenswürdigkeit der Stadt ist das **Clark County Heritage Museum** (1830 S. Boulder Hwy.; Öffnungszeiten: tgl. 9.00–16.30 Uhr). Es informiert über die Geschichte der Stadt Henderson und des gesamten Clark County. Familien mit Kindern besuchen sehr gerne die **Ethel M. Chocolate Factory & Cactus Garden** und auch die hier angesiedelte **Kidd's Marshmallow Factory**.

Lake Mead, Boulder City

Eine halbe Autostunde südöstlich von Las Vegas erstreckt sich der von Wassersportlern und Urlaubern gern besuchte ►Lake Mead, der von dem in den Dreißigerjahren errichteten Hoover Dam aufgestaut wird. Oberhalb des Staudamms liegt das aus einem Bauarbeiter-Camp hervorgegangene Städtchen Boulder City.

★ Spring Mountain Range

Naherholungsgebiet

Westlich von Las Vegas erhebt sich die Spring Mountain Range, deren höchster Gipfel der 3633 m hohe Mount Charleston ist. Der **Gebirgszug**, der einige landschaftliche Höhepunkte aufzuweisen hat, ist nicht nur ein beliebtes Naherholungsgebiet für die Bevölkerung des Ballungsraumes Las Vegas, sondern auch ein gern besuchtes Ausflugsziel von Touristen, die sich vom aufregenden Spielkasinobetrieb erholen möchten.

★ Red Rock Canyon

Die roten und weißen Sandsteinfelsen des wildromantischen Red Rock Canyon leuchten in der Sonne. Ein 13 mi/21 km langer **Scenic Drive** erschließt alle spektakulären Aussichtspunkte. In dem Canyon kann man Kojoten, Wüstendickhornschafe und etliche andere Wildtiere beobachten.

Spring Mountain Ranch State Park

Am Fuß der Wilson Range erstreckt sich der Spring Mountain Ranch State Park. Die Ranch gehörte einstmals dem Milliardär Howard Hughes. Das Hauptgebäude, das in den Sechzigerjahren errichtet worden ist und bereits unter Denkmalschutz steht, beherbergt heute das **Visitor Center** des State Park.

★ Old Nevada

Ca. 20 mi/32 km westlich von Las Vegas erreicht man via NV 159 bzw. NV 160 den von Touristen stark frequentierten Ort Old Nevada. Auf dem Gelände der Bonnie Springs Ranch ist ein altes **Westernstädtchen** nachgebaut. Mehrmals täglich wird hier »Living History« geboten. Im Saloon treten Revue-Girls auf, drinnen und vor der Tür liefern sich Revolverhelden Duelle mit dem Sheriff und seinen Gehilfen. Und gelegentlich sieht man eine Verbrecher-Puppe am Galgen baumeln (Öffnungszeiten: tgl. 10.30–18.00 Uhr).

16 mi/26 km nordwestlich von Las Vegas zweigt der NV 157 vom US 95 ab. Er führt hinauf auf den 3633 m hohen **Mount Charleston**, auf dem man bis weit ins Frühjahr hinein Ski laufen kann. Im Sommer sind in dem Berggebiet Wanderer, Reiter und Planwagenfahrer unterwegs.

Altindianische Zeichen und Symbole an den Felswänden des Valley of Fire

Pahrump

Am Westabfall der Spring Mountain Range liegt der via NV 160 erreichbare Ort Pahrump, der durch seinen Weinbau bekannt geworden ist. Zur kostenlosen Weinprobe kann man sich in der **Pahrump Winery** (Tel. 8 00-3 68-WINE) einfinden.

Beatty, Rhyolite State Historic Site

Ca. 115 mi/185 km nördlich von Las Vegas erreicht man via US 95 die Ortschaft Beatty, von der aus man über den NV 374 weiter zur Rhyolite State Historic Site (Zugang Mo. bis Fr. 8.00–16.00 Uhr) gelangt. Wegen ihrer Lage an einer Hauptzufahrt zum ► Death Valley ist dies eine der meistbesuchten **Geisterstädte** Nevadas.

★ Laughlin

G 8

Region: Las Vegas Territory
Einwohnerzahl: 5000
Höhe: 163 m ü. d. M.
Telefonvorwahl: 702

Im südlichsten Zipfel des Bundesstaates Nevada hat der Unternehmer Don Laughlin in den Sechzigerjahren den Grundstein für die heute nach ihm benannte Spielerstadt gelegt, die inzwischen zur drittgrößten in Nevada herangewachsen ist. Unterhalb des Davis Dam reihen sich größere Hotel- und Spielkasinopaläste mehrere Kilometer lang aneinander. Außerdem kann man in nächster Umgebung fast alle Arten von Wassersport betreiben.

Las-Vegas-Filiale Neben den vielfältigen Unterhaltungsmöglichkeiten ziehen vor allem die recht luxuriösen und dennoch sehr preiswerten Hotels Besucher nach Laughlin. Viele großen Spielkasino-Unternehmen der Metropole Las Vegas unterhalten hier Dependancen.

Die in jeder Beziehung preiswerte Spielerstadt Laughlin ist das Paradies der **Wohnmobil-Urlauber**, für die hier geradezu rührend gesorgt wird. Es gibt mehrere hundert Stellplätze, außerdem dürfen die »RVler« auf den Parkplätzen der Spielkasinos unentgeltlich parken.

! *Baedeker* TIPP

Water Taxis

Was für Venedig die Gondeln, sind für Laughlin die Water Taxis, die zu Dutzenden auf dem Colorado herumschippern. Besonders lohnend ist eine Fahrt im Dunklen. Dann hat man einen wunderschönen Blick auf die von bunten Neonleuchten markierte Silhouette von Laughlin.

Sehenswertes in Laughlin und Umgebung

River Walk Der etwa vier Kilometer lange River Walk führt am Ufer des **Colorado** entlang, vorbei an den bei Nacht in allen Farben leuchtenden Hotel- und Casino-Komplexen. An der Uferpromenade kann man sich auf vielfältigste Art und Weise vergnügen, shoppen, schlemmen oder einfach nur schauen.

Flamingo Hilton Die feinste Adresse von Laughlin ist das »Flamingo Hilton« (1900 S. Casino Dr.) mit seinen vielfach ausgezeichneten Restaurants. Das Show-Programm wird auch von international bekannten Stars bestritten.

Riverside Resort & Casino Eine Welt für sich ist das »Riverside Resort & Casino« (1650 S. Casino Dr.) des Stadtgründers Don Laughlin. Außer 1400 Zimmern und Suiten sowie sechs Restaurants hat die Anlage zwei Oldtimer-Automobilausstellungen zu bieten. Wer Glück hat, der trifft sogar manch international bekannten Showstar im Riverside Resort.

LAUGHLIN ERLEBEN

AUSKUNFT

Laughlin Visitor Information Center
1555 Casino Drive, Laughlin
NV 89029
Tel. (7 02) 2 98-33 21
www.visitlaughlin.com

ESSEN

▸ Fein & Teuer

The Gourmet Room
1650 S. Casino Drive
Tel. (7 02) 2 98-25 35
Das französische Feinschmeckerrestaurant im Riverside Resort Hotel bietet eine schöne Aussicht auf den Colorado River.

Granny's Gourmet
2200 S. Casino Drive
Tel. (7 02) 2 98-24 42
Das Restaurant befindet sich im Pioneer-Hotel, einem Hotel im Western-Stil. Hier bekommt man vorzügliche internationale Küche serviert.

▸ Erschwinglich

The Range Steakhouse
2900 S. Casino Drive
Tel. (7 02) 2 98-68 32
Das Steakhouse befindet sich in Harrah's Laughlin Casino & Hotel. Neben saftigen Steaks werden auch Fischgerichte und Geflügel serviert.

▸ Preiswert

The Golden Nugget Buffet
2300 South Casino Drive
Tel. (7 02) 2 98-71 11
Das Buffet im Golden Nugget Casino bietet eine große Auswahl an Speisen zu günstigen Preisen.

ÜBERNACHTEN

▸ Luxus

Colorado Belle
2100 S. Casino Drive
Tel. (8 66) 3 52-35 53
www.coloradobelle.com
Der Nachbau eines Mississippi-Schaufelraddampfers aus dem 19. Jh. beherbergt 1173 neu renovierte Zimmer und Suiten, einen Fitnessraum, Swimmingpools und mehrere Restaurants.

▸ Komfortabel

Golden Nugget Hotel & Casino
2300 S. Casino Drive
Tel. (7 02) 2 98-40 00
Fax 2 98-25 97
www.goldennugget.com/laughlin
Die Einrichtung der 300 Zimmer, wahlweise mit Blick auf den Colorado River, den Pool oder den Garten, ist tropisch inspiriert. Gästen stehen zudem ein Pool und ein Golfplatz zur Verfügung.

▸ Günstig

Pioneer Hotel & Gambling Hall
2200 S. Casino Drive
Tel. (7 02) 2 98-24 42
www.pioneerlaughlin.com
416 Zimmer und Suiten im Western-Stil, teilweise mit Blick auf den Fluss.

★ **Colorado Belle**

Das Wahrzeichen von Laughlin ist das im Stil eines Mississippi-Dampfers gestaltete »Colorado Belle Hotel & Casino« (2100 S. Casino Dr.) mit einer eigenen **Gasthausbrauerei** (Boiler Room Brew Pub). Einmal im Jahr findet hier das Blues-und-Brauerei-Festival statt.

Die »Colorado-Belle« ist das Wahrzeichen der jungen Spielerstadt Laughlin.

Ramada Express Auch das »Ramada Express Hotel & Casino« (2121 S. Casino Dr.) erfreut sich guten Zuspruchs. Thematisch orientiert man sich hier am frühen amerikanischen **Eisenbahnzeitalter**.

Pioneer Gambling Hall Recht munter geht es in der »Pioneer Gambling Hall« (2200 S. Casino Dr.) zu, wo man sich noch wie im **Wilden Westen** fühlen kann.

Golden Nugget Elegant ist auch das »Golden Nugget« (2300 S. Casino Dr.). Mitten in der Wüste hat man ein künstliches **tropisches Paradies** geschaffen.

Harrah's Die besondere Attraktion von »Harrah's Casino & Hotel« (2900 S. Casino Dr.) ist der feinsandige Hotelstrand am Colorado. Außerdem hat man hier ein romantisches **mexikanisches Dorf** aufgebaut mit allem, was dazugehört: Tortillas, Tequila, Mariachi usw.

Lake Mohave 4 mi/6 km nördlich von Laughlin staut der Davis Dam den 20 mi/32 km langen Lake Mohave auf. Der See und seine Uferzonen sind Teil der **Lake Mead National Recreation Area**. Am Lake Mohave kann man angeln, baden, schwimmen und Bootfahren. Erholungseinrichtungen gibt es u.a. am Willow Beach (Norden), an der Cottonwood Cove (Mitte) und bei Katherine nahe am Davis Dam.

Davis Dam ▶ Dieser 61 m hohe und 488 m breite Erddamm ist 1953 fertig gestellt worden. Über den Damm gelangt man mit dem Auto in einer halben Stunde nach Kingman, AZ an der historischen Route 66.

Lake Havasu Reiseziele in ►Arizona

Reno

B 4

Region: Reno-Tahoe-Territory
Einwohnerzahl: 166 000
Höhe: 1371 m ü. d. M.
Telefonvorwahl: 702

Reno ist die zweitgrößte Stadt Nevadas, die als »Biggest Little City in the World« in allen Belangen dem großen Vorbild Las Vegas nacheifert. Außer durch seine Spielkasinos ist Reno als Heirats- und Scheidungsparadies bekannt geworden, wobei von offizieller Seite immer wieder betont wird, dass hier bedeutend mehr Ehen geschlossen als geschieden würden.

Geschichte

Die Entwicklung der kleinen Siedlung am Truckee River wurde durch den Bau der Central Pacific Railroad stark vorangetrieben. Einen wahren Boom erlebte sie in den 1860er und -70er-Jahren, als die **Gold- und Silbervorkommen** der Comstock Lode bekannt wurden. Nach dem Verfall der Silberpreise und der Ausbeutung etlicher Minen verließen einige tausend Einwohner den Ort.

1903 wurde die Siedlung am Truckee River zur Stadt erhoben und nach dem **Bürgerkriegsgeneral Jesse Lee Reno** benannt. Zehn Jahre später wurde der Ort als »Divorce Capital« bekannt, in der man sich besonders schnell scheiden lassen konnte. Auch das Glücksspiel war zunächst bis 1910 ein wichtiger Wirtschaftsfaktor. Durch eine auf mehr Moral bedachte Gesetzgebung wurde dieser Geschäftszweig für zwei Jahrzehnte in den Untergrund verbannt. Glücksspiele wurden in sog. **Cigar Store Casinos** betrieben, die äußerlich Tabakwarengeschäfte waren und in deren Hinterzimmern die Spieler »zockten«. In dieser Zeit konnte das organisierte Verbrechen in Reno Fuß fassen. Erst nach der erneuten Freigabe des Glücksspiels durch den Gesetzgeber entspannte sich die Situation. 1935 eröffnete »Harold's Club« als Spielkasino neuen Typs. In den 1990er-Jahren hat der Bergbau wieder an Bedeutung gewonnen, nachdem man in der wüstenhaften Umgebung auf begehrte Rohstoffe (diverse Mineralien und Erdöl) gestoßen ist.

»Größte Kleinstadt«: das Spielerparadies Reno

Sehenswertes in Reno

Virginia Street (Casino Row)

Die lebhafte **Hauptstraße** der Stadt ist die Virginia Street. Ihr mehrere hundert Meter langes Herzstück wird als Casino Row bezeichnet, denn hier reihen sich etliche größere Hotel- und Spielkasinobetriebe aneinander, die auch in die Nebenstraßen hineinreichen.

National Automobile Museum

Einmal die »Corvette« sehen, in der John Wayne gefahren ist! Oder gar den Cadillac »Eldorado« von Elvis Presley bestaunen. Kein Problem: im Automuseum (Ecke Mill St./Lake St.; Öffnungszeiten: Mo. bis Sa. 9.30–17.30, So. 10.00–16.00 Uhr) sind über **220 Oldtimer** ausgestellt, die der Spielkasinokönig William Harrah seit den Vierzigerjahren gesammelt hat.

Wilbur D. May Arboretum & Botanical Garden

Im **Rancho San Rafael Park** (1502 Washington St.) kann man nach nervenaufreibendem Spiel im Casino wieder auf andere Gedanken kommen. Denn hier sind ein Arboretum und ein hübscher botanischer Garten mit verschiedenen Themenbereichen angelegt.

RENO ERLEBEN

AUSKUNFT

City of Reno, Nevada
PO Box 1900, Reno, NV 89505
Tel. (7 75) 3 34-20 99
Fax 3 34-31 24
renodirect@cityofreno.com
www.cityofreno.com/vis

ESSEN

► Fein & Teuer

Rapscallion
1555 S. Wells Ave.
Tel. (7 02) 3 23-12 11
Das »Rapscallion« gehört zu den besten Restaurants der Stadt. Serviert wird kalifornisch-pazifische Kochkunst.

► Erschwinglich

Ichiban
210 N. Sierra St.
Tel. (7 02) 3 23-55 50
Wer japanische Kochkunst schätzt, ist hier gut aufgehoben. Außer Sushi und Teriyaki kann man hier auch Steaks und gute Fischgerichte genießen.

ÜBERNACHTEN

► Luxus

Siena Hotel Spa Casino
One South Lake Street
Tel. (7 75) 3 27-43 62
Fax 3 37-66 08
www.sienareno.com
Luxuriöses Hotel mit Casino, Restaurants und Spa im toskanischen Stil. Die Anlage mit ihren 200 Zimmern und Suiten ist elegant eingerichtet.

Harrah's
210 N. Center St.
Tel. (7 02) 7 86-32 32, Fax 7 88-32 74
www.harrahs.com
Das Casino-Hotel ist geschmackvoll eingerichtet. Von allen Zimmern kann man einen reizvollen Blick auf die imposante Gebirgskulisse genießen.

► Komfortabel

Best Western Airport Plaza Hotel
1981 Terminal Way
Tel. (7 75) 3 48-63 70, Fax 3 48-97 22
www.bestwesternnevada.com
270 komfortable Zimmer mit Fernseher. Auf dem Gelände gibt es Spa und Sauna sowie einen Garten mit Pool.

Baedeker-Empfehlung

► Günstig

Quality Inn South
1885 S. Virginia Street
Tel. (7 75) 3 29-10 01, Fax 3 24-54 02
www.qualityinn.com
Helle, freundliche und gemütlich eingerichtete Zimmer und schöne Poolanlage.

Bereits im Jahre 1874 ist in Reno eine Hochschule gegründet worden, die heute ein Zweig der University of Nevada ist. Auf dem Campus der Universität befindet sich das Fleischmann Planetarium (1664 N. Virginia St.; Vorführungen Mo. bis Fr. 8.00–17.00 u. 19.00–21.00, Sa. u. So. 10.30–21.00 Uhr).

University of Nevada at Reno

◄ Fleischmann Planetarium

Das **älteste Museum** des Bundesstaates Nevada ist das 1904 gegründete Nevada Historical Society Museum (1650 N. Virginia St.; Öffnungszeiten: Mo. bis Sa. 10.00–17.00 Uhr). Außer vielen beachtenswerten Artefakten der indianischen Urbevölkerung zeigt es eine umfangreiche Kollektion naturgeschichtlich interessanter Fundstücke.

Was viele nicht wissen: Reno ist das **Weltzentrum des Bowling-Sports**. Diese Position unterstreicht das National Bowling Stadium (300 N. Center St.; Besichtigung tgl. 8.00–18.00 Uhr), wo fast ständig nationale und internationale Wettbewerbe stattfinden. Als zusätzliche Attraktion hat man hier ein IMAX-Kino eröffnet, in dem Filme auf besonders spektakuläre Art gezeigt werden können.

National Bowling Stadium

Als besondere Kuriosität wird in Sparks, einer Vorstadt von Reno, alljährlich am Labor Day Weekend das »Best in the West Nugget Rib Cook-Off« veranstaltet, im Rahmen dessen die angeblich **besten Spare Ribs der Welt** probiert werden können. Den **alten Stadtkern** von Sparks mit seinen zahlreichen viktorianischen Bauten hat man aufwändig restauriert. Es gibt jetzt etliche nette Lokale und viele hübsche Geschäfte. Das Sparks Heritage Museum (820 Victorian Ave.; Öffnungszeiten: Di. bis Fr. 11.00 bis 16.00, Sa., So. 13.00–16.00 Uhr) lässt die Geschichte der Stadt wieder lebendig werden.
Für Familien mit Kindern ist der große **Vergnügungspark** »Wild Island« (250 Wild Island Court; Öffnungszeiten: Memorial Day bis Labor Day tgl. 11.00–19.00 Uhr) die größte Attraktion von Reno bzw. Sparks. Im Sommer vergnügt man sich hier in einem Aquapark mit Riesenwasserrutschen und Wellenbad.

Sparks

◄ Sparks Heritage Museum

✶ ◄ Wild Island

Umgebung von Reno

36 mi/58 km nördlich von Reno erreicht man via NV 445 den abflusslosen Pyramid Lake, der vom Truckee River gespeist wird. Er liegt mitten im **Reservat der Paiute-Indianer**. Lediglich sein West- und sein Südufer sind für Touristen zugänglich. Die Bezeichnung »Pyramid Lake« rührt von einer Felspyramide her, die aus dem türkisblauen Wasser ragt. Der 44 km lange, fast 15 km breite und bis zu 113 m tiefe See erstreckt sich in 1155 m Meereshöhe. Viele Globetrotter halten ihn für den **schönsten Wüstensee der Welt**, ist er doch von sehr malerischen Sandstein-Höhenzügen umrahmt. Der Pyramid Lake ist das Überbleibsel des wesentlich größeren prähistorischen Lake Lahontan, der einstmals eine Fläche von 20 000 km² bedeckte und weit nach Kalifornien hineinreichte.

✶ **Pyramid Lake**

Von karger Schönheit ist der Pyramid Lake.

Fallon Wer das Städtchen Fallon besucht, tut gut daran entweder am ersten Juniwochenende zum **»Desert Oasis Bluegrass Music Festival«** zu kommen. Oder am dritten Wochenende im Juli, wenn hier das **»All Indian Rodeo & Pow-Wow«** als besonders farbenprächtige Veranstaltung geboten ist.

Sand Mountain 25 mi/40 km östlich von Fallon trifft man auf den Sand Mountain, dessen Sanddünen ein wirklich **einmaliges Phänomen** in dieser Landschaft sind.

Lahontan Reservoir 44 mi/71 km südöstlich von Reno (via US 95 ALT) ist der Carson River vom Lahontan Dam aufgestaut. Der Stausee ist heute Mittelpunkt eines gern besuchten **Erholungsgebietes**.

Fort Churchill Westlich oberhalb des Stausees ist das in den Sechzigerjahren des 19. Jh.s angelegte Fort Churchill als **museale Einrichtung** (State Historic Site) zugänglich. Die Soldaten, die hier stationiert waren, hatten die Aufgabe, die Bergarbeiter auf der nahen Comstock Lode vor Übergriffen der Paiute-Indianer zu schützen.

Yerington 25 mi/40 km weiter südlich erreicht man den 1336 m ü. d. M. gelegenen Ort Yerington mit dem Lyon County Museum. Von hier lohnt ein Abstecher in den **Toiyabe National Forest**, wo noch viele Wildtiere beobachtet werden können.

Walker Lake Von Yerington führt der US 95 ALT ostwärts in die Walker River Indian Reservation und dann südwärts zum 24 km langen und 8 km breiten Walker Lake. Am See sind zwei hübsche Rastplätze angelegt.

Hawthorne (4000 Einw.) ist die »Metropole« des Mineral County. In dieser typisch amerikanischen Wüstensiedlung lädt das **Mineral County Historical Museum** (400 10th St.; Öffnungszeiten: Di. bis Sa. 11.00–17.00 Uhr) zum Besuch ein. Schwerpunkt der Ausstellung ist die Entwicklung des Bergbaus in der an Rohstoffen sehr reichen Umgebung der Stadt.

Hawthorne

Tonopah

D 5

Region: Central
Einwohnerzahl: 4000
Höhe: 1838 m ü. d. M.
Telefonvorwahl: 702

Etwa halbwegs zwischen ► Las Vegas und ► Reno liegt das Bergbaustädtchen Tonopah, das 1900 vom Goldgräber Jim Butler gegründet worden ist. Von hier aus kann man den Toyabe National Forest mit seinen Wildtieren besuchen oder auf dem weltberühmten Extraterrestrial Highway (NV 375) Richtung Las Vegas fahren.

Sehenswertes in Tonopah und Umgebung

Central Nevada Museum, Mizpah Hotel

Beachtung verdient das hiesige Central Nevada Museum (Logan Field Rd.; Öffnungszeiten: Apr. bis Sept. tgl. 9.00–17.00, Okt. bis März nur Mo. u. Sa. 11.00 bis 17.00 Uhr), das die **Natur- und Kulturgeschichte** dieser Gegend erhellt. Ferner sollte man einen Blick auf das Mizpah Hotel werfen, das 1907 erbaut worden ist und heute wie ein Relikt aus längst vergangenen Zeiten wirkt.

Toyabe National Forest

6 mi/10 km östlich von Tonopah zweigt der NV 376 vom US 6 in nördlicher Richtung ab. Der NV 376 erschließt als landschaftlich besonders reizvolle Strecke den Toyabe National Forest, der östlich der Straße die Höhen der Toyabe Mountains und die Berge der Toquima Range bedeckt. Die Landschaft ist noch ziemlich **wild und unerschlossen**. Mit ein wenig Geduld kann man hier zahlreiche, anderswo selten gewordene Wildtiere beobachten. Wer die Gegend genauer erkunden möchte, sollte sich zuvor in der National Forest Ranger Station bzw. im BLM-Büro in Tonopah informieren.

? WUSSTEN SIE SCHON ...?

- ... dass auf der geheimen Luftwaffenbasis »Area 51« angeblich UFOs (Baedeker-Special S. 408) untersucht und menschenähnliche Außerirdische gefangen gehalten werden?

Lunar Crater

Etwa 20 mi/32 km nordwestlich von Warm Springs kommt man via US 6 in die von vulkanischen Auswürfen, erstarrten Lavaströmen und Schlackekegeln geprägte **»Mondlandschaft«** um den Lunar Crater. Dieser 128 m tiefe und über 1200 m weite Krater ist erst vor einigen tausend Jahren nach einem Vulkanausbruch entstanden.

Extraterrestrial Highway (NV 375) Von Warm Springs führt der eher unscheinbare, aber weltberühmte Extraterrestrial Highway (NV 375) in südöstlicher Richtung nach ► Las Vegas. Der 116 mi/187 km lange Highway führt am weiträumigen Gelände der Nellis AirForce Range bzw. der Nevada Test Site entlang, das mit einer Fläche von 16 000 km² das **größte militärische Testgelände der USA** ist. Dieses streng bewachte Sperrgebiet wird von mehreren, über 2700 m hohen Bergketten durchzogen. Hier hat sich die US-Luftwaffe während des Kalten Krieges mit scharfer Munition auf etwaige Auseinandersetzungen mit dem »Reich des Bösen« vorbereitet, hier wurden auch zahlreiche **unterirdische Atombombentests** vorgenommen. Hier befindet sich das Tonopah-Testgelände, wo seit den Fünfzigerjahren die Qualitäten neuartiger Fluggeräte bzw. sog. Geheimwaffen ausprobiert werden. Das Spionage-Flugzeug »U 2« wurde hier ebenso getestet wie der Tarnkappen-Bomber »Stealth Fighter«.

Area 51 ► Südlich des 300-Seelen-Ortes Rachel, im Bereich des zumeist ausgetrockneten Groom Lake, befindet sich die Geheimbasis »Area 51« mit der **längsten Start- und Landebahn der Welt**. Bis vor wenigen Jahren haben die Militärs die Existenz dieser Anlage, ja sogar die des Groom Lake geleugnet. Dem Vernehmen nach werden hier neuartige Antriebssysteme, Flugkörper usw. getestet. Da niemand genau weiß, was sich auf der »Area 51« wirklich abspielt, verwundert es nicht, dass entlang des NV 375 immer wieder vermeintliche UFOs gesichtet werden. Aus keinem anderen Gebiet der Erde gibt es soviele **UFO-Meldungen** wie vom NV 375 bei Rachel. So war es nur noch eine Frage der Zeit, bis der NV 375 zum »Extraterrestrial Highway« avancierte. Im April 1996 hat man mit Unterstützung des Gouver-

TONOPAH ERLEBEN

AUSKUNFT

Tonopah Convention Center and Visitors Authority
301 Brougher Ave.
P.O. Box 408 Tonopah, Nevada 89049
Tel. (7 75) 4 82-35 58
Fax 4 82-39 32
www.tonopahnevada.com

ESSEN

► Preiswert

Stage Stop Restaurant
1137 South Erie Main Street
Tel. (7 75) 4 82-97 77
Das Restaurant im Tonopah Station-Casino hat 24 Stunden geöffnet und serviert amerikanische Küche.

ÜBERNACHTEN

► Günstig

Jim Butler Motel
100 S. Main Street
Tel. (7 75) 4 82-35 77, Fax 4 82-52 40
http://www.jimbutlermotel.com/
Das freundliche kleine Motel hat 24 Zimmer mit Balkon.

Best Western Hi-Desert Inn
320 Main Street
Tel. (7 75) 4 82-35 11, Fax 4 82-33 00
www.bestwestern.com
Zweckmäßig eingerichtete Zimmer mit TV in zentraler Lage. Das Hotel bietet täglich frisches Gebäck sowie Spa und Pool.

Nach wie vor spielt der Bergbau in Tonopah und Umgebung eine wichtige Rolle.

neurs von Nevada entsprechende Straßenschilder aufgestellt. Und die Snackbar, die vordem »Rachel Bar & Grill« hieß, nennt sich heute »LITTLE A'LE' INN«. Sie ist Treffpunkt und Informationsbörse aller UFOlogen.

★ Virginia City

B 4

Region: Reno-Tahoe Territory
Einwohnerzahl: 800
Höhe: 1896 m ü. d. M.
Telefonvorwahl: 702

In Virginia City wird das Geisterstadt-Image mit besonderer Inbrunst gepflegt. Praktisch die ganze Stadt steht als Historic District unter Denkmalschutz. Viele Häuser sind im Stil der viktorianischen Epoche restauriert worden. Verschiedentlich gibt es noch hölzerne Gehsteige, die von Saloon zu Saloon und von Souvenirshop zu Souvenirshop führen.

Geschichte

Virginia City wurde 1859 im Bereich der Comstock Lode gegründet. Diese **Gold- und Silbermine** am Mount Davidson war seinerzeit die reichste in ganz Nordamerika. Während eines halben Jahrhunderts wurden hier Edelmetalle im Wert von einer halben Milliarde US-Dollar abgebaut. Mitte der Siebzigerjahre des 19. Jh.s war Virginia City mit knapp 30 000 Einwohnern die größte Stadt zwischen Chicago und San Francisco. Schon ein Jahr nach Gründung der Stadt er-

VIRGINIA CITY ERLEBEN

AUSKUNFT

Virginia City Convention and Tourism Authority
86 South C Street
P.O. Box 920
Virginia City, Nevada 89440
Tel. (7 75) 8 47-75 00
www.virginiacity-nv.org

ESSEN

► **Fein & Teuer**
The Crown Point Restaurant
P. O. Box 740
Virginia City, NV 89440
1 Meile südlich von Virginia City am Hwy. 342
Tel. (7 75) 8 47-01 11
Internationale Küche auf hohem Niveau. Das Restaurant befindet sich im Gold Hill Hotel, in dem auch Lesungen und Theateraufführungen veranstaltet werden.

► **Preiswert**
Solid Muldoons
65 North C Street
Tel. (7 75) 8 47-91 81
Amerikanische Küche

ÜBERNACHTEN

► **Komfortabel**
Edith Palmer's Country Inn Guesthouses
416 South B Street
Tel. (7 75) 8 47-70 70
Fax 8 47-03 98
www.lanierbb.com/inns/bb25073.html
Drei Gasthäuser im viktorianischen Stil beherbergen insgesamt acht gemütliche Zimmer und zwei Familiensuiten.
Im Edith Palmer House befindet sich der Marilyn's Room, in dem Marilyn Monroe während der Dreharbeiten zu »The Misfits« wohnte.

Baedeker-Empfehlung

► **Günstig**
Comstock Lodge Motel
875 South C Street
Tel. (7 75) 8 47-02 33
Gemütlich eingerichtete Zimmer im viktorianischen Stil.

schien hier die Zeitung »Territorial Enterprise«, in der auch Berichte des jungen Mark Twain über das Leben der Minenarbeiter erschienen. In der Blütezeit gab es in Virginia City über 100 Saloons, mehrere Theater, ein Opernhaus, vier Banken und sechs Kirchen. Sechzehn Jahre nach ihrer Gründung musste die Stadt jedoch einen herben Rückschlag hinnehmen. Damals fielen große Teile der Stadt einem **verheerenden Brand** zum Opfer. Der rapide **Preisverfall** tat ein Übriges. Ab 1878 verlor Virginia City rasch an Bedeutung.

Kamelrennen Im Jahre 1861 brachte man Kamele nach Virginia City. Ganze Karawanen transportierten einige Jahre lang **Salz** aus den weit entfernt gelegenen Salzpfannen Nevadas nach Virginia City, wo man diesen Rohstoff als Hilfsmittel bei der Gold- und Silbergewinnung benötigte. Als der Bergbauboom zu Ende ging, brauchte man auch keine Kamele mehr. Geblieben sind jedoch die **Kamelrennen**, die alljährlich im September in einer richtigen Arena vonstatten gehen.

Comstock Weekend

Alljährlich im Mai findet das »Comstock Preservation Weekend« statt. Dann präsentiert sich Virginia City wieder im Glanz vergangener Zeiten.

Stadtführungen

Während einer zweistündigen Führung (Historic Walking Tour, Mo. bis Do. u. Sa. 10.30 u. 13.30, So. nur 14.00 Uhr) lernt man die alte Bergbausiedlung bestens kennen. Es werden auch **Kutschfahrten** (tgl. 10.00–17.00 Uhr) sowie eine **»Tram Tour«** durch Virginia City angeboten.

Sehenswertes in Virginia City

C Street

Die C Street ist die umtriebige Hauptstraße der Stadt. Hier reihen sich Saloons, Souvenirläden und einige Sehenswürdigkeiten aneinander.

✶ Saloons

An der C Street und in einigen Seitensträßchen sind noch einige Saloons zu sehen, die man im Stil des 19. Jh.s restauriert hat. Noch ganz wie im Wilden Westen fühlt man sich im »Bucket of Blood Sa-

Virginia City wäre Anfang des 20. Jh.s fast zur Geisterstadt verfallen.

Straßenszene mit Westerncharakter

loon« (1 South C St.), im gegenüberliegenden »Delta Saloon« (C St.) und im »Ponderosa Saloon« (106 South C St.). Vom letztgenannten führt eine Treppe in die restaurierte Best & Belcher Mine (Führungen tgl. 10.00–18.00 Uhr) hinunter. Eine besondere Attraktion ist der einstige Saloon der Prostituierten Julia Bulette, der heute als »Red Light Museum« (Öffnungszeiten: Mo. bis Fr. 12.00–20.00, Sa., So. 12.00–19.00 Uhr) viele Besucher anzieht.

Mark-Twain-Ausstellung

Im 1876 errichteten Gebäude der Zeitung »Territorial Enterprise« (C Street; Öffnungszeiten: täglich von 9.30 bis 17.00 Uhr) wird an Samuel Langhorn Clemens alias **Mark Twain** (1835–1910) erinnert, der als junger Mann in Nevada Gold suchte und dann als Journalist mit spitzer Feder für die hiesige Zeitung arbeitete. Prunkstück der Ausstellung ist sein altes Schreibpult. Nebenbei erfährt man auch allerhand Interessantes über die Geschichte von Virginia City.

Way It Was Museum

Weiter nördlich erreicht man das Way It Was Museum (Ecke C St./Sutton Dr.; Öffnungszeiten: tgl. 10.00–18.00 Uhr), wo die Geschichte des Bergbaus im Bereich der Comstock Lode detailliert und mit vielen Exponaten veranschaulicht wird.

Piper's Opera House

An der Ecke B St./Union St. steht Piper's Opera House (Öffnungszeiten: Memorial Day bis Labor Day tgl. 12.00–16.00 Uhr), in dem seinerzeit viele bekannte europäische und amerikanische Sänger bzw. Schauspieler aufgetreten sind. Die Oper wurde 1868 im Auftrag des Direktors der Empire Mine im viktorianischen Stil erbaut.

★ **Castle**

Ein wahres Schmuckstück ist das sog. Castle (70 South B St.; Öffnungszeiten: Memorial Day bis Labor Day tgl. 11.00–17.00 Uhr). Die **Villa** ist 1868 ebenfalls im Auftrag des Bergwerksdirektors der Empire Mine errichtet worden. Sie blieb von den Flammen des Stadtbrandes von 1875 verschont und präsentiert sich heute noch in alter Pracht.

★ **Virginia & Truckee Railroad**

Im Südosten der Stadt, an der Kreuzung von F Street und Washington Street, fahren die **Oldtimer-Dampfzüge** der Virginia & Truckee Railroad ab. Während einer halbstündigen Bahnfahrt (Ende Mai bis Anfang Okt. tgl. 10.00–17.00 Uhr) lernt man die von Goldgräbern durchwühlte Landschaft zwischen der Stadt und dem Gold Hill kennen.

Mackay Mansion Museum

Weiter südlich kommt man zu einem **Herrensitz**, den sich John Mackay, der ungekrönte König des Comstock, 1860 errichten ließ. Das noble, von einem Säulengang umfasste Gebäude ist heute als Museum (129 South D St.; Öffnungszeiten: tgl. 10.00–18.00 Uhr) zugänglich. Das Interieur samt Tiffany-Raumschmuck und Tafelsilber ist noch im Original erhalten. Ferner sind hier allerhand Bergbau-Gerätschaften ausgestellt.

? WUSSTEN SIE SCHON ...?

- ... dass Virginia City nur deshalb nicht zur Geisterstadt wurde, weil John Huston, Clark Gable und Marilyn Monroe hier Szenen des Films »The Misfits« aufnahmen? Von da an wurde das Städtchen in der kargen Berglandschaft von Nevada ein touristischer Wallfahrtsort.

Noch weiter südlich, am Ende der D Street, steht die 1876 erbaute **Fourth Ward School** (Öffnungszeiten: Mai bis Okt. tgl. 10.00–17.00 Uhr), die 1936 ihre letzten Schüler entlassen hat. Hier kann man sich nicht nur über den **Schulbetrieb vergangener Zeiten** informieren, sondern sich auch mit dem Gold- und Silberbergbau in der Comstock Lode vertraut machen.

Chollar Mine

An der F Street findet man den Eingang in die Chollar Silver Mine. Während einer Führung (Mai bis Sept. tgl. ab 11.00 Uhr) erfährt man, auf welche Art und Weise im vorigen Jahrhundert **Silberbergbau** betrieben wurde.

Weitere Sehenswürdigkeiten

Neben den zuvor erwähnten Sehenswürdigkeiten verdienen noch einige Museen Beachtung. Dazu gehören die **Marshall Mint & Museum** (Öffnungszeiten: tgl. 10.00–17.00 Uhr), in der viele schöne Mineralien und alte Münzen ausgestellt sind, das **Nevada Gambling Museum** (Öffnungszeiten: tgl. 10.00–17.30 Uhr), das sich mit der mittlerweile 150-jährigen Geschichte des Glücksspiels beschäftigt, und auch das **Comstock Firemen's Museum** (Feuerwehrmuseum; Öffnungszeiten: Ende Mai bis Okt. tgl. 10.00–17.00 Uhr), das in einem historischen Gebäude von 1876 untergebracht ist.

San Fran
o de Asís
Parish Office
Gift Shop

NEW MEXICO

Fläche: 314 925 km²
Hauptstadt: Santa Fe
Beiname: Land of Enchantment
Bevölkerungszahl: 1,9 Mio.
Zeitzone: Mountain

Mit einer Fläche von über 300 000 km² ist New Mexico der fünftgrößte Bundesstaat der Vereinigten Staaten. Der gesamte Bundesstaat hat steppen- bzw. wüstenhaften Charakter mit karger Vegetation, wobei sich Unterschiede nur in den verschiedenen Höhenstufen ergeben. Typische Pflanzen sind neben Kakteen vor allem Yuccas und Mesquitesträucher.

Drei landschaftliche Großräume

Im Wesentlichen kann man New Mexico in drei landschaftliche Großräume einteilen: die Great Plains im Osten mit den Flüssen Rio Grande und Pecos sowie der Wüste Llano Estacado, die von kurzen Bergketten durchzogene Hochfläche im Westen mit den Ausläufern des Colorado Plateaus im Nordwesten sowie die südlichen Ausläufer der Rocky Mountains. Diese schieben sich von Norden wie ein Keil zwischen **Great Plains und Colorado Plateau**. Ihre Hauptkette sind die Sangre de Cristo Mountains mit dem 4011 m hohen Wheeler Peak als höchstem Punkt New Mexicos, westlich davon verlaufen parallel dazu die San Juan Mountains als Teil der Hauptwasserscheide zwischen Atlantik und Pazifik. Zwischen diesen beiden Gebirgsketten liegt das Flusstal des Rio Grande, der in Colorado entspringt und dann von Norden nach Süden durch ganz New Mexico fließt und ab El Paso (Texas) die Grenze zu Mexiko bildet.

New Mexico, das »Indian Land«, hat von allen Bundesstaaten des Südwestens wohl die bewegteste Geschichte. Schon vor über 10 000 Jahren sind indianische Kulturen wie die Clovis- und Folsom-Kultur nachgewiesen.
Auf der Suche nach Gold betrat 1539 der Spanier Francisco Marcos de Niza als **erster Europäer** New Mexico. 1598 gründeten über 100 Kolonisten und deren Familien sowie einige Franziskaner die erste spanische Siedlung namens San Gabriel und reklamierten das Land für die spanische Krone als »Neu-Mexiko«. Während der fortschreitenden Kolonisierung zu Beginn des 17. Jh.s folgten weitere Siedlungen und Missionsstationen, so dass im Jahre 1625 im Tal des Rio Grande bereits rund 50 Kirchen gezählt wurden. Der Konflikt mit den Indianern brach aus, als die Spanier deren Na-

← *Die Kirche San Francisco de Asis in Taos gehört zu den Wahrzeichen des Südwestens.*

turreligion zu unterdrücken versuchten. Während der Großen Pueblo-Revolte von 1680 stürmten die Indianer unter Führung des Schamanen Po-Pé Santa Fe und vertrieben mit Hilfe der Apachen die Spanier aus Neu-Mexiko. Erst 1692 konnte Don Diego de Vargas die Gebiete zurückerobern. Im 18. Jh. kämpften die Pueblo-Indianer teilweise an der Seite der Spanier gegen Apachen, Ute, Comanchen und Navajos. Die Spanier kontrollierten in dieser Zeit den gesamten Handel.

Im Jahre 1821 fiel die spanische Kolonie an Mexiko. Die Vereinigten Staaten annektierten 1846 bei Ausbruch des **Amerikanisch-Mexikanischen Krieges** das Gebiet und ein Jahr später fiel New Mexico durch den Vertrag von Guadalupe Hidalgo offiziell an die USA. Zusammen mit Arizona, das 1863 abgetrennt wurde, bildete New Mexico ab 1850 ein selbständiges Territorium. Aus dem Osten strömten nun zusehends Siedler über den Santa Fe Trail ins Land. Den Navajos wurde im Jahre 1864 das Bosque Redondo Reservat am Pecos River bei Fort Sumner zugewiesen. Die Apachen leisteten noch ein paar Jahre länger Widerstand, doch nach langen, verlustreichen Kämpfen gab 1886 auch der Apachenhäuptling Geronimo auf, der 1908 in Florida in der Verbannung starb. Die verbliebenen Indianer wurden in kleine Reservate gepfercht, wo sie ihr bisheriges Leben total verändern mussten. Währenddessen hatte der Anschluss an das Eisen-

Mit Volldampf durch New Mexico: die Cumbres & Toltec Scenic Railroad

Was wird ihnen die Zukunft bringen? Indianer-Kinder in Acoma Pueblo

bahnnetz der Vereinigten Staaten 1879 eine weitere Besiedlungswelle ausgelöst. Am 6. Januar 1912 schließlich fand New Mexico als **47. Bundesstaat** Aufnahme in die Union. Seither hat der Staat eigentlich nur noch einmal weltweites Aufsehen erregt: Am 16. Juli 1945 wurde in der Wüste von White Sands bei Alamogordo die erste Atombombe gezündet.

New Mexico ist heute mit etwas mehr als 1,7 Mio. Menschen, was 5,5 Einwohnern pro km² entspricht, **sehr dünn besiedelt**, obwohl seit dem Zweiten Weltkrieg die Bevölkerungszahl geradezu sprunghaft angestiegen war. Gemäß der Volkszählung von 1990 leben 134 000 Indianer im Bundesstaat, was einem Anteil von 9% an der Gesamtbevölkerung entspricht – abgesehen von Alaska ist dies die höchste Quote innerhalb der USA. Die Indianer leben verteilt auf 19 Pueblos und fünf weitere Reservationen von Nicht-Pueblo-Indianern. Daneben gehört New Mexico bis auf wenige Randgebiete im Osten zum Hauptverbreitungsgebiet der Mexiko-Amerikaner im Südwesten der USA. Mit einem Drittel Anteil an der Bevölkerung sind sie die größte ethnische Minderheit. Die afro-amerikanische Minderheit spielt in New Mexico ähnlich wie in den benachbarten Bundesstaaten eine sehr untergeordnete Rolle.

Wirtschaft

In New Mexico, einem der **ärmsten Bundesstaaten** der USA, nimmt die Erdöl- und Erdgasförderung die führende Position ein, und auch der Bergbau, vor allem von Kupfer und Uranerz – New Mexico besitzt die größten Vorkommen des Landes – ist von einiger Bedeutung. Die im Navajoreservat abgebaute Kohle liefert 85% des Strombedarfs von ganz New Mexico. Die Navajos können den gewonnenen Strom sogar bis nach Phoenix und Los Angeles verkaufen. Die Landwirtschaft konzentriert sich auf die Viehzucht (Rinder und Schafe) und auf den Anbau von Chilischoten, deren mit Abstand größter Produzent der Bundesstaat ist. Wie Arizona profitierte auch New Mexico von der Lage im Sun Belt und konnte in den vergangenen Jahrzehnten einen Zuwachs im industriellen Sektor verzeichnen, insbesondere in der Elektronikbranche, und hier wiederum dank der militärischen Forschung in Albuquerque, Alamogordo und Los Alamos, den **Atombombenschmieden der USA**. Führend aber sind die chemische Industrie, die Nahrungsmittelindustrie und der Maschinenbau.

Tourismus Der Bundesstaat ist das ganze Jahr über ein beliebtes Reiseziel. Neben den als Nationalpark ausgewiesenen Carlsbad Caverns, einem einzigartigen, riesigen Höhlensystem, gibt es noch zahlreiche hochinteressante National Monuments. In vielen, wie zum Beispiel im Bandelier, Aztec Ruins oder Gila Cliffs Dwellings National Monument, kann man Wohnstätten der früheren Indianerkulturen besichtigen. Von herausragender Bedeutung ist der **Chaco Culture National Historical Park**, dessen ausgedehnte Pueblos den Mittelpunkt der Anasazikultur markieren. Ein Bild vom heutigen Leben der Indianer kann man sich in den 19 Pueblo-Reservaten machen, in denen Besucher willkommen sind.

Da das Glücksspiel in den Indianerreservaten als Einkommensquelle vom Staat legalisiert wurde, verdienen sich einige der Pueblos ihr Geld auf diesem Gebiet. Zu den Freizeitaktivitäten in New Mexico gehören u. a. Fischen und Jagen sowie in den Bergregionen der Skisport. Sehenswerte Städte sind Santa Fe, Taos und Albuquerque; in vielen Orten haben berühmt-berüchtigte Wildwesthelden, vor allem Billy the Kid, ihre Spuren hinterlassen.

★ Albuquerque

P 8

Region: Central
Höhe: 1619 m ü. d. M.
Einwohnerzahl: 450 000
Telefonvorwahl: 505

Das vom Rio Grande durchflossene Albuquerque ist heute die größte und wirtschaftlich bedeutendste Stadt New Mexicos. Der Interstate 40 folgt hier der berühmten Route 66. Nostalgikern wird die immer noch zu spürende kolonialspanische und Wildwest-Atmosphäre in Old Town gefallen, gegen die auch die Stahl- und Glasfassaden von Downtown nicht ankommen.

Wirtschaft Wegen ihrer verkehrsgünstigen Lage am Knotenpunkt zweier Autobahnen wird die Stadt als Industriestandort sehr geschätzt. Vor allem in den zukunftsträchtigen Branchen der High-Tech-Industrien (besonders Elektronik) wurden zahlreiche Arbeitsplätze geschaffen. Bedingt durch die Nähe der Uranbergwerke spielt auch die Atomforschung eine wichtige Rolle im Wirtschaftsleben der Stadt.

? WUSSTEN SIE SCHON ...?

- ... dass Albuquerque nach dem Vizekönig von Neu-Spanien, Herzog Felipe de Alburquerque, benannt wurde? Das erste »r« im Namen des Herzogs verlor sich im Laufe des 19. Jh.s.

Geschichte Albuquerque entstand 1706 mit der Ansiedlung von dreißig Familien. Die Siedlung, die 1790 bereits 6000 Einwohner zählte, war zwischen 1846 und 1870 ein **wichtiger Militärposten** auf dem Old Chihuahua Trail, der Fortsetzung des Santa Fe-Trails von Santa Fe nach

Die Kirche San Felipe de Neri in Albuquerque wurde im frühen 18. Jh. im Adobe-Stil errichtet.

Ciudad de Mexico. Als sich 1880 ein Landbesitzer weigerte, sein Land an die Eisenbahngesellschaft zu verkaufen, verlegte man die Bahntrasse drei Kilometer von der Stadt entfernt. An der neuen Bahnstrecke entstand New Albuquerque, das der Old Town sehr schnell den Rang ablief. Der heutige Besucher profitiert von dieser Entwicklung, denn so blieb in Old Town die alte Bausubstanz weitgehend erhalten.

Old Town und Umgebung

✶ **Old Town, Plaza**

Besonders die baumbestandene Plaza aus dem Jahre 1780 vermittelt auch heute noch spanisches Flair in der Old Town, denn die meisten Gebäude sind in der **Adobe-Bauweise** errichtet worden. Hier lag der politische und wirtschaftliche Mittelpunkt der Stadt, bis mit der Verlegung der Eisenbahn 1880 auch die Geschäfte wegzogen und das gesamte Viertel in einen jahrzehntelangen Dornröschenschlaf fiel. Erst seit den Dreißigerjahren, als Künstler sich hier niederließen, erwachte das Viertel zu neuem Leben. Seit den Fünfzigerjahren wurden viele Gebäude im Pueblo Revival Style restauriert, und heute reihen sich rund um den malerischen Platz wieder zahlreiche Geschäfte, Galerien und Lokale aneinander. Auch kunsthandwerkliche Gegenstände werden zum Verkauf angeboten. An der Nordseite des Platzes befindet sich die Hauptsehenswürdigkeit, die vollkommen aus Lehmziegeln erbaute Kirche San Felipe de Neri aus dem Jahr 1706. Wegen der Anfälligkeit dieses Baumaterials musste sie bereits mehrere Male wiederaufgebaut werden. Eine Broschüre mit einem **empfohlenen Rundgang** durch Old Town und Hinweisen zu allen historischen Ge-

◄ San Felipe de Neri

ALBUQUERQUE ERLEBEN

AUSKUNFT

Albuquerque Convention & Visitors Bureau
20 First Plaza NW Suite 601
Tel. (5 05) 8 42-99 18
Fax (5 05) 2 47-91 01
info@itsatrip.org
www.abqcvb.org

VERANSTALTUNG

International Balloon Fiesta
im Oktober

SHOPPING

Ein guter Platz: die Old Town

ESSEN

► Fein & Teuer

① *Conrad's*
125 2nd St.
(im historischen La Posada Hotel)
Tel. (5 05) 2 42-90 90
Das Restaurant im von Conrad Hilton erbauten Hotel ist eines der besten (und teuersten) der Stadt: spanische und mexikanische Küche.

② *Le Marmiton*
5415 Academy Blvd.
Tel. (5 05) 8 21-62 79
Allerbeste französische Küche bietet dieses kleine Lokal im Nordosten der Stadt. Wer rechtzeitig Plätze reservieren lässt, kann u. a. vorzüglich zubereitete Meeresfrüchte probieren.

► Erschwinglich

③ *High Finance*
40 Tramway Rd.
Tel. (5 05) 2 43-97 42
Um zu diesem Restaurant auf dem Sandia Peak zu gelangen, überquert man mit der längsten Gondel der Welt den Cibola National Forest. Genießen Sie köstliche internationale Speisen bei einem grandiosen Ausblick.

► Preiswert

④ *66 Diner*
1405 Central Ave.
Tel. (5 05) 2 47-14 21
In diesem Lokal fühlt man sich in die Fünfzigerjahre zurückversetzt. Alles erinnert an jene Zeit, als die Route 66 als viel befahrene Hauptstraße mitten durch die Stadt führte. Speck und Eier, Hamburger in allen Variationen sowie gegrillte Leber mit Zwiebeln stehen auf der Speisekarte.

ÜBERNACHTEN

► Luxus

① *Casas de Suenos*
310 Rio Grande Blvd.
Tel. (5 05) 2 47-45 60, Fax 2 42-21 62
www.casasdesuenos.com
Die bezaubernde, romantische Anlage wurde in den 30er- und 40er-Jahren erbaut. Man wohnt in einer der 21 geräumigen, rustikal und gemütlich eingerichteten Casitas, die mit allem Komfort ausgestattet sind.

► Komfortabel

② *Radisson Inn*
1901 University St. S.E.
Tel. (5 05) 2 47-05 12, Fax 8 43-71 48
Das gut ausgestattete Mittelklassehotel liegt in Flughafennähe. Es wird von Geschäftsreisenden und Touristen frequentiert.

► Günstig

③ *Amberley Suite Hotel*
7620 Pan American Freeway N.E.
Tel. (5 05) 8 23-13 00, Fax 8 23-28 96
In diesem einfachen, aber gemütlichen Haus kann man relativ preiswert übernachten. Im Winter wird es gern von Skisportlern frequentiert, denn die nächste Abfahrtspiste ist nur wenige Meilen entfernt.

bäuden erhält man im Albuquerque Museum (s. u.). Dort beginnen auch geführte Touren (Di. bis Fr. 11.00, Sa. und So. 13.00 Uhr) durch das alte Viertel.

American International Rattlesnake Museum

Weltweit einzigartig ist das südöstlich der Plaza gelegene **Klapperschlangen-Museum**, das nicht nur die am häufigsten vorkommende einheimische Klapperschlange, sondern auch über 20 seltenere Arten zeigt. Aufmerksamkeit verdienen vor allem Kuriositäten wie Albinos oder Schlangen ohne Muster (202 San Felipe St. NW; Öffnungszeiten: tgl. 10.00–18.30 Uhr).

Albuquerque Museum

Auf eindrucksvolle Weise vermittelt im Albuquerque Museum die Ausstellung »Vier Jahrhunderte – Die Geschichte von Albuquerque« die Entwicklung der Stadt im Zusammenhang mit der Besiedlung des Südwestens und der Indianergeschichte. Das Museum besitzt die **größte Sammlung kolonialspanischer Gegenstände** in den USA (2000 Mountain Rd. NW; Öffnungszeiten: Di. bis So. 9.00–17.00 Uhr, an Feiertagen geschlossen).

Albuquerque Orientierung

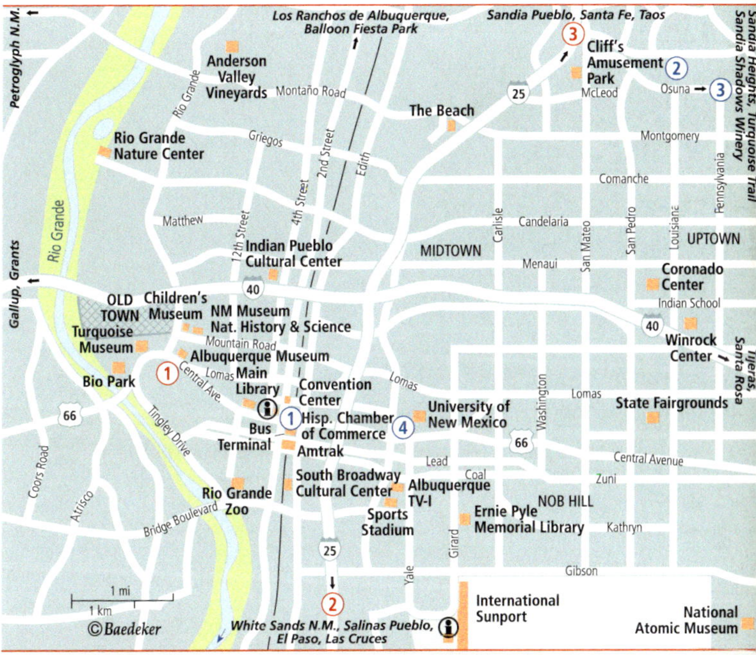

Übernachten
① Casa de Suenos
② Radisson Inn (Airport)
③ Amberley Suite Hotel

Essen
① Conrad's
② Le Marmiton
③ High Finance
④ 66 Diner

★ **New Mexico Museum of Natural History**

Gegenüber dem Albuquerque Museum wurde 1986 das New Mexico Museum of Natural History eröffnet. Thema der anschaulich aufbereiteten und deshalb auch für Kinder besonders spannenden Ausstellung ist die **Naturgeschichte des Südwestens** von der Urzeit bis heute – unter anderem mit einer lebensgroßen Nachbildung eines Dinosauriers, einem begehbaren künstlichen Vulkan sowie einem eiszeitlichen Höhlenwohnplatz (1801 Mountain Rd. NW; Öffnungszeiten: tgl. 9.00–17.00, im Sommer bis 18.00 Uhr).

Sehenswertes im übrigen Stadtgebiet

Indian Pueblo Cultural Center

Das von den neunzehn Pueblos von New Mexico betriebene Zentrum ist ihrer Geschichte und ihrem Leben in den einzelnen Pueblos gewidmet. Zu den Exponaten gehören auch kunsthandwerkliche Stücke, vor allem Keramik, Schmuck und Webereien, die im Übrigen auch zum Verkauf angeboten werden. In den Pueblos selbst kann man vieles aber günstiger erwerben. Im Innenhof des Museums werden an den Wochenenden **Tänze und andere künstlerische Darbietungen** veranstaltet (2401 12th St. NW; Öffnungszeiten: tgl. außer feiertags 9.00–17.30 Uhr).

Bei den Festen sind viele Indianer traditionell geschmückt.

Im **Rio Grande Zoological Park** leben über 1000 exotische Tiere in einer naturnahen Umgebung, beispielsweise in einem nachempfundenen Amazonas-Regenwald oder in einer Landschaft, die der afrikanischen Savanne nahe kommt. Eine Seltenheit sind die **weißen Tiger** (903 10th St. SW; Öffnungszeiten: tgl. außer Fei. 9.00–17.00 Uhr).

Die 1889 gegründete **University of New Mexico** am Fuße der Sandia Mountains zählt heute über 25 000 Studenten. Ein Ausflug zum Gelände der Universität lohnt sich vor allem wegen der dortigen Museen und wegen der Gebäude im Adobe-Stil; nähere Informationen erteilt das **Visitor Center** der Universität Ecke Las Lomas/Redondo Street.

★ Maxwell Museum of Anthropology ▶

Die wohl interessanteste Sammlung ist das Maxwell Museum of Anthropology. Es richtet sein Hauptaugenmerk auf die letzten 10 000 Jahre der Menschheitsgeschichte im US-amerikanischen Südwesten, vor allem auf die Anasazi und ihre indianischen Nachfahren (Redondo Dr. Ash St. NE; Öffnungszeiten: Mo. bis Fr. 9.00–16.00, Sa. 10.00–16.00, So. 12.00–16.00 Uhr).

◄ UNM Meteoritics Institute

Im Südteil des Campus der Universität kann man Meteoriten bestaunen (Öffnungszeiten: Mo. bis Fr. 9.00–12.00 und 13.00–16.00 Uhr). Außerdem wird der Frage nachgegangen, warum die Himmelskörper zumeist in unbewohnten Gebieten auf die Erde prallen.

◄ UNM Museum of Biology

Wer sich besonders stark für die **Pflanzen- und Tierwelt** des US-amerikanischen Südwestens interessiert, sollte der Biologischen Sammlung der Universität einen Besuch abstatten.

◄ UNM Museum of Geology

Die Augen von professionellen und Hobby-Geologen beginnen zu leuchten, wenn sie einen Blick auf die Sammlungen des Geologischen Instituts werfen. Besondere Highlights sind **Saurierknochen**, die man in der weiteren Umgebung gefunden hat, sowie **Gesteinsproben vom Mond**.

National Atomic Museum

Das auf der Kirtland Air Force Base gelegene Museum zeigt die Entwicklung der Atomwaffen seit den Vierzigerjahren auf. Zu den Exponaten gehören maßstabsgetreue Modelle der auf Hiroshima bzw. Nagasaki abgeworfenen Atombomben »Little Boy« und »Fat Man«. Viermal täglich wird der 50-minütige Film »Ten Seconds That Shock the World« vorgeführt. Eine **Rundtour mit Führung** dauert eine Stunde. (Wyoming Blvd., Building 20358; Öffnungszeiten: tgl. außer Fei. 9.00–17.00 Uhr; für das Gelände ist ein Passierschein erforderlich).

Umgebung von Albuquerque

✶ Petroglyph National Monument

Im Nordwesten der Stadt entstand im Jahre 1990 aus der Zusammenlegung dreier State Parks das Petroglyph National Monument, eine 17 km lange **Kette aus fünf erloschenen Vulkanen** am Westufer des Rio Grande. Das dunkle Basaltgestein verzierten die Indianer in der Zeit zwischen 1300 und 1650 mit Felsmalereien, die als »Rio Grande Style Rock Art« bekannt wurden. Zum National Monument gehören der Boca Negra Canyon, der südlich davon gelegene Rinconada Canyon und der nördlich davon verlaufende Piedras Marcadas Canyon mit einem riesigen, bislang nicht ausgegrabenen Pueblo. Man vermutet, dass es alleine im Erdgeschoss bereits mehr als 1000 Räume hatte. Man erreicht das Visitor Center am Boca Negra Canyon, Atrisco Dr., über den I-40, dann Coors Blvd. Richtung Norden und schließlich Montano Rd. (Öffnungszeiten: tgl. außer Fei. 8.00–17.00 Uhr im Winter bzw. 9.00–18.00 Uhr im Sommer).

! Baedeker TIPP

Herrliche Aussichten

Die Aerial Tramway, eine Standseilbahn von über vier Kilometer Länge, ermöglicht innerhalb von fünfzehn Minuten die Fahrt hinauf auf den 3163 m hohen Sandia Peak, was besonders nach Einbruch der Dunkelheit ein Erlebnis ist. Die Fahrzeiten variieren je nach Monat; im Sommer verkehrt die Bahn aber täglich zwischen 9.00 und 22.00 Uhr.

★ **Sandia Peak**

Im Nordosten von Albuquerque erheben sich die Sandia Mountains (I-25 nach Osten, dann 10 Tramway Loop NE). Die Sandia Peak Ski Area, das **bedeutendste Skigebiet** in der Nähe von Albuquerque im Cibola National Forest, kann sowohl mit der Tramway als auch über eine kurvenreiche Bergstraße erreicht werden. Die Höhenstraße Sandia Crest führt auf über 3000 m hinauf in die Sandia Mountains und eröffnet spektakuläre Ausblicke.

★ **Coronado State Monument**

In der Nähe von Bernalillo liegt das große **Anasazi-Pueblo »Kuaua«**, an dem Francisco Vásquez de Coronado bei seiner Expedition im Jahre 1540 gelagert haben soll. Hunderte von Räumen können besichtigt werden; auch in eine rekonstruierte Kiva kann man hineinklettern. Das Visitor Center informiert über die Indianerkulturen des Südwestens und den spanischen Einfluss. Unter den Exponaten sieht man auch farbige Wandmalereien, die man in den Kivas gefunden hat (Öffnungszeiten: tgl. außer Fei. 8.00–17.00 Uhr im Winter, 9.00–18.00 Uhr im Sommer).

Pueblos in der Umgebung von Albuquerque

Die meisten der neunzehn Pueblo-Reservate New Mexicos findet man in der Umgebung von Albuquerque und hier wiederum bei Bernalillo. Besuche sind nur tagsüber möglich und besonders an solchen Tagen zu empfehlen, an denen zeremonielle Tänze aufgeführt werden wie zum Beispiel der **Mais-, der Büffel- oder der Regentanz**. Alle Pueblos betreiben Verkaufsstellen ihres Kunsthandwerks. Nachfolgend werden einige der Pueblos vorgestellt (Auskunft im Indian Pueblo Cultural Center in Albuquerque, ►S. 378).

? WUSSTEN SIE SCHON ...?

- ... dass in den Pueblos das Fotografieren nur bei ausdrücklicher Erlaubnis gestattet ist? Außerdem wird ein Honorar erwartet.

Die meisten der 550 Keres sprechenden Einwohner von **Santa Ana** (8 mi/13 km nordwestlich von Bernalillo am NM 44) wohnen heute nicht mehr im Pueblo, sondern in Ranchos de Santa Ana. Gäste im alten Dorf sind nur bei den Stammeszeremonien willkommen.

Zia Pueblo

Ebenfalls am NM 44, 8 mi/13 km nordwestlich des Santa Ana Pueblos, liegt das Zia Pueblo, das sich farblich völlig der Landschaft anpasst. Das von 720 Menschen bewohnte Pueblo ist vor allem für sein **Sonnensymbol** bekannt, das zum offiziellen Wappen von New Mexico wurde. Ursprünglich wurde dieses Zeichen häufig auf Töpferwaren verwendet.

San Felipe Pueblo

Das 10 mi/16 km nördlich von Bernalillo am I-25 gelegene, sehr auf seine Traditionen bedachte San Felipe Pueblo ist bekannt für seine **besonders schönen Tänze**. Durch die ständige Benutzung hat der

Das Acoma Pueblo ist seit fast 1200 Jahren ununterbrochen bewohnt.

Tanzplatz inzwischen die Form einer Schüssel. Die 2400 Bewohner von San Felipe Pueblo werden der Keresan-Gruppe zugeordnet.

Santo Domingo

Etwas weiter im Norden, 37 mi/60 km nördlich von Albuquerque (vom I-25 auf den NM 22), liegt Santo Domingo, mit 3500 Einwohnern eines der **größten Pueblos**. Die Bewohner fertigen Halsketten aus Muschelfragmenten und einzigartigen Silberschmuck.

✶ Acoma Pueblo (Sky City)

Legenden besagen, dass auf dem heutigen Gelände des Asoma Pueblo bereits um Christi Geburt ein Dorf stand. Seit 1150 Jahren ist der Ort mit Sicherheit ununterbrochen besiedelt und gilt somit als eine der am längsten **bewohnten Dauersiedlungen** der Vereinigten Staaten. In der Keres-Sprache bedeutet »Acoma« so viel wie »Leute auf dem weißen Felsen«, womit angedeutet wird, dass das Dorf auf einem Felsplateau 112 m über der Ebene liegt. Von dort oben hat man eine atemberaubende Sicht auf die Umgebung. Die 1640 vollendete Kirche San Esteban del Rey überragt das Dorf, dessen Häuser teils aus Stein, teils aus Lehmziegeln erbaut sind. Die meisten der 4400 Acoma-Indianer leben inzwischen nicht mehr auf dem Plateau, sondern in Orten wie Acomita, Anzac oder McCarty's innerhalb der Reservatsgrenzen, wo die Lebensbedingungen etwas angenehmer sind (Öffnungszeiten: tgl. 8.00–16.30 im Winter, bis 19.00 Uhr im Sommer; Besichtigung des Pueblos nur im Rahmen einer geführten Tour). Von hier aus bietet sich auch ein Ausflug zum ► El Malpais National Monument an.

✶ Salinas Pueblo Missions National Monument

Ein Tagesausflug zum Salinas Pueblo Missions National Monument sollte beim Visitor Center in Mountainair beginnen. Hier kann man sich ein Bild von den drei räumlich getrennten Teilen des National Monuments machen.

Das Salz, das die Indianer aus den **Salzseen** gewannen, verlieh der Region bereits im 17. Jh. Bedeutung. Die Franziskaner bauten im Umfeld der Pueblos einige Missionskirchen, doch der gesamte Raum wurde vermutlich ab 1670 wegen der vordringenden Apachen verlassen.

Im seit 1622 christianisierten **Abo**, 9 mi/14 km westlich von Mountainair am US 60, kann man die Ruinen der Mission San Gregorio de Abo besichtigen.

In **Quarai**, 9 mi/14 km nördlich von Mountainair am NM 55, stößt man auf die großzügige und sehr gute erhaltene Anlage der Mission La Purisima Concepción de Cuarac aus dem Jahre 1626.

? WUSSTEN SIE SCHON ...?

- Als es noch keine Straße auf das Felsplateau von Acoma gab, musste man den beschwerlichen Weg hinauf zum Dorf auf Leitern zurücklegen. Im Jahre 1540 kam der Spanier Coronado in das Pueblo und bezeichnete es als »beste Festung der Welt«.

Gran Quivira ►

In Gran Quivira, dem spanischen Las Humanes, gibt es ein großes, um 1300 entstandenes Pueblo mit einstmals 300 Räumen und Kivas zu besichtigen, in dem ungefähr 1500 Menschen gewohnt haben könnten. In der Umgebung stehen die Ruinen zweier barocker Missionskirchen aus der Zeit um 1629.

★★ Aztec Ruins National Monument

07

Region: Northwest **Höhe:** 1733 m ü. d. M.

Die erhaltenen Ruinen der Anasazi-Siedlung am Animas-River, die im 12. und 13. Jh. bewohnt waren, gelten als eine der großen präkolumbischen indianischen Städte. Die Bauten sind ein Beispiel einer zu verschiedenen Zeiten erbauten Doppelsiedlung, deren Teile im Erscheinungsbild voneinander abgesetzt werden können.

Geschichte

Öffnungszeiten: tgl. 8.00–17.00, im Sommer bis 18.30 Uhr ►

Das gesamte Gebiet des San-Juan-Beckens ist jahrhundertelang von einer Gruppe der Anasazi besiedelt gewesen, die hier einen **Außenposten ihres Zentrums** im Chaco Canyon gründete. Die Menschen lebten zunächst in Grubenhäusern, später in kleineren, oberirdischen Lehmbauten. Der Erforscher Earl H. Morris stieß bei seinen Ausgrabungen auf zwei Schichten mit unterschiedlichen Überresten von Töpferwaren, die durch eine Schicht aus Sand und Erde horizontal voneinander getrennt waren. Man hat festgestellt, dass ab 1110 Leute aus dem Chaco Canyon die Pueblo-Bauten errichteten, sie ungefähr 40–50 Jahre später aber wieder verließen. Um das Jahr 1225 kamen dann Anasazi aus dem Nordwesten, der Mesa Verde Region, in die inzwischen verfallene Siedlung. Sie veränderten und erweiterten die Bauten nach ihrem persönlichen Geschmack. Das Pueblo wurde dann ab 1276, dem Beginn einer großen Dürre, wieder verlassen.

Rundgang

Von den **drei Siedlungsschwerpunkten** auf dem Gelände ist nur einer ausgegraben, zwei weitere liegen einige hundert Meter weiter östlich. Sämtliche Gräber mit Grabbeigaben wurden geleert. Die heute zu besichtigende Ruinenanlage umfasst nahezu 450 Räume. Der Hauptplatz wird dominiert von der einzigartigen Great Kiva, die im Jahre 1921 freigelegt und später rekonstruiert wurde. Sie ist insbesondere deshalb so spektakulär, weil sie die **einzige vollständig rekonstruierte Kiva** innerhalb der Vereinigten Staaten ist. Sie ist 2,5 m in den Plazaboden versenkt und hat einen Durchmesser von fast 15 m. Das aus über 20 Baumstämmen in radialer Anordnung bestehende Flachdach wiegt knapp 100 t und wird von vier Säulen getragen, die auf in den Boden eingelassenen Kalksteinscheiben gelagert sind. Die Raumausstattung besteht aus zwei gemauerten Wannen, einem Feuerloch mit Windschutzwand und einem steinernen Altarblock. Rund um den Raum liegen vierzehn kleinere Räume, die wahrscheinlich als Umkleidekammern dienten. Der erhöhte große Raum an der Nordseite war besonders privilegierten Personen vorbehalten. Heute wird per Tonband versucht, die Atmosphäre bei Kulthandlungen innerhalb einer Kiva aufleben zu lassen, obwohl das konkrete Geschehen dort bis heute letztlich ungeklärt ist.

✶ ✶

◂ Great Kiva

AZTEC RUINS ERLEBEN

AUSKUNFT

Aztec Ruins National Monument Visitor Center
Ruins Road
(ca. 1 Meile nördlich des U.S. Highway 516, außerhalb der Stadt Aztec)
Tel. (505) 334-6174
www.us-parks.com/aztec_ruins

ESSEN

▸ **Erschwinglich**

Red Lobster
3451 E Main St, Farmington
Tel. (505) 325-5222
Das Restaurant gehört zu einer Kette, die berühmt für ihre Fischgerichte ist.

ÜBERNACHTEN

▸ **Komfortabel**

La Quinta Inn
675 Scott Ave., Farmington
Tel. (505) 327-4706
Fax 325-6583
www.lq.com
Das Hotel liegt in 24 km Entfernung von den Aztec Ruins im schönen San Juan River Valley und bietet 106 Zimmer sowie einen beheizten Pool.

Courtyard by Marriott
560 Scott Ave, Farmington
Tel. (505) 325-5111
Fax 325-5588
www.marriott.com
In dem Hotel mit 125 geräumigen und freundlichen Zimmern befinden sich ein Fitnesscenter, zwei Cafés und ein Pool.

? WUSSTEN SIE SCHON ...?

- Als die Spanier die Ruinen im 18. Jh. entdeckten, wurden sie fälschlicherweise den Azteken Mittelamerikas zugeschrieben, was den Namen erklärt.

Die **Wohnräume** der E-förmigen Ruinenanlage, die aus drei Stockwerken besteht und in die kleinere Kivas integriert sind, können ebenfalls auf eigene Faust besichtigt werden. Von der Parkverwaltung werden auch geführte Touren angeboten. Einen guten Einblick vermittelt auch das Museum, wo viele Fundstücke vom Gelände, insbesondere bedeutende Keramikgegenstände, ausgestellt sind.

Sehenswertes in der Umgebung

Aztec Museum Pioneer Village

In Aztec ist vor allem das Aztec Museum mit dem Pioneer Village einen Besuch wert (125 N. Main St.; Öffnungszeiten: tgl. außer So. im Sommer 9.00–17.00, im Winter 10.00–16.00 Uhr). Die Ausstellung gibt Auskunft über die **Pionierzeit** anhand vieler authentischer Exponate. Das angeschlossene Oil Field Museum zeigt die Nutzung der reichlichen Erdölvorkommen dieses Gebiets. Unter anderem kann eine Pumpstation besichtigt werden.
Im Pioneer Village wurden dreizehn **typische Gebäude der Gründerzeit** rekonstruiert, zum Beispiel ein Büro des Sheriffs, eine Arztpraxis, eine Hütte der Pioniere aus dem Jahre 1880, eine Poststation sowie ein Tante-Emma-Laden.

Die Navajo halten den Shiprock für einen heiligen Berg.

Salmon Ruin

Bei Bloomfield gibt es eine der jüngsten **Anasazi-Ausgrabungen** im Südwesten zu besichtigen. Die hufeisenförmige Anlage der Salmon Ruins steht über dem San Juan River und wurde im 11. Jh. erbaut. Zu ihr gehören u. a. eine zentrale Kiva und ein hoch aufgerichteter Zeremonialbau (975 US 64; Öffnungszeiten: tgl. 9.00–17.00 Uhr).

★ Shiprock

Ca. 40 mi/65 km südwestlich vom Aztec National Monument ragt der geheimnisumwitterte Shiprock als weithin sichtbares Felsgebilde über 500 m hoch aus der wüstenhaften Ebene auf. Der »Tse be dahi« (dt. = »Fels mit Flügeln«) ist ein **heiliger Berg** der Navajo. Aus der Sicht des Erdwissenschaftlers handelt es sich bei diesem Felsmassiv um den Stumpf eines Vulkans, von dessen Basis lange, dünne und mehrere Meter hohe Basaltrippen wie Flügel ausstrahlen.

★ Carlsbad Caverns National Park

R 11

Region: Southeast
Fläche: 190 km²
Höhe: 948 m ü. d. M. (Carlsbad)
Gründungsjahr: 1930

Die Carlsbad Caverns sind Teil eines der größten bislang bekannten Höhlensysteme der Erde – bislang wurden 80 Höhlen entdeckt – und verschwenderisch reich an vielgestaltigen Tropfsteinbildungen und gigantischen Gängen und Hallen. Aber nicht nur Höhlenforscher und Geologen kommen auf ihre Kosten: Der allabendliche Ausflug von einer Viertelmillion Fledermäusen ist sensationell.

Lage und Anreise

Die 230–250 m tiefen Carlsbad Caverns liegen ganz im Südosten von New Mexico am Nordrand der Chihuahua-Wüste nahe der Guadalupe Mountains. Der Parkeingang befindet sich rund 20 mi/32 km südwestlich von Carlsbad am US 62/US 180.

Die Höhlen können das ganze Jahr über (außer 25.12.) besichtigt werden. Sehr schön ist in dieser Gegend der Frühling, wenn die Wüste blüht. Die meisten Besucher kommen jedoch in den Monaten Juli und August, denn dann ist es zumindest in den Höhlen angenehm kühl. In den Höhlen ist es **ganzjährig 13 °C kühl**, die Luftfeuchtigkeit beträgt nahezu konstant 90%. Für den Besuch empfiehlt sich entsprechende Kleidung. Öffnungszeiten: Gelände: tgl. 8.00–17.30 (im Sommer bis 19.00 Uhr); Carlsbad Cavern und Slaughter Canyon Cave: tgl. 8.30–15.30 Uhr.

CARLSBAD CAVERNS

AUSKUNFT

National Park Service
3225 National Parks Highway
Tel. (5 05) 7 85-22 32
Fax 7 85-23 02
www.us-parks.com/carlsbad

Visitor Center Im Besucherzentrum kann man sich umfassend über die **Natur- und Landschaftsgeschichte** dieses Raumes informieren. Ausstellungen, audiovisuelle Programme und Vorträge können von Interessenten besucht werden. Durch die Carlsbad Cavern führen zwei ausgeschilderte Touren, darüber hinaus werden verschieden lange Führungen mit unterschiedlichen thematischen Schwerpunkten in Begleitung von Rangern angeboten.

Entstehung des Höhlensystems Vor etwa 250 Mio. Jahren, im Perm, entstand im seichten Randbereich eines tropischen Meeres ein mächtiges Kalkriff. Als sich das Meer vor 230 Mio. Jahren allmählich zurückzog, wurde der Küstenraum und mit ihm auch das Riff trocken. In den folgenden 150 Mio. Jahren schafften Wasser und Wind **riesige Mengen Sand und Kies** heran, die die flache Landschaft unter sich begruben, und durch die enorme Last der Ablagerungen bildeten sich im Riff Risse und Klüfte. Erst im Verlauf der durch Spannungen in der Erdkruste verursachten Heraushebung der Guadalupe Mountains vor ca. 20–40 Mio. Jahren entstanden nach und nach Höhlen. Kohlensäurereiches Grundwasser drang in das Gestein ein, löste den Kalk und weitete die vorhandenen Kluftsysteme zu Hohlräumen und Gängen. Beschleunigt wurde die Kalklösung durch **schwefelige Säuren**, die aus nahe gelegenen Erdöl- und Erdgaslagerstätten einsickerten – dies unterscheidet die Carlsbad

Carlsbad Caverns Orientierung

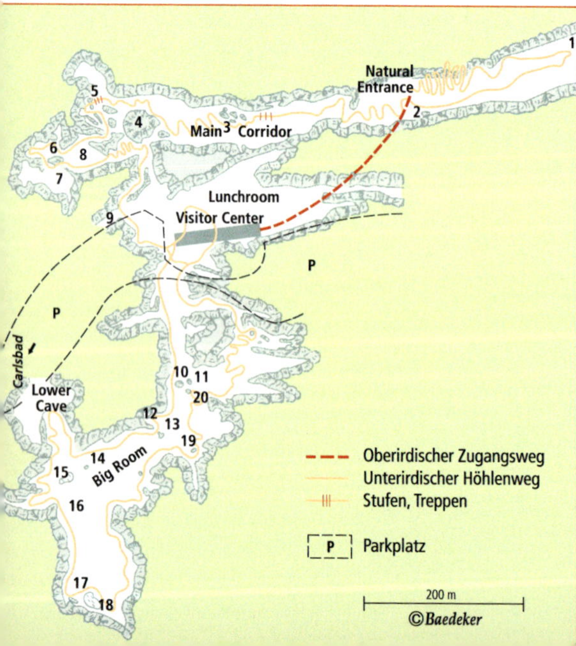

1 Bat Cave
2 Devil's Spring
3 Baby Hippo
4 Iceberg
5 Green Lake
6 Queen's Chamber
7 Papoose Room
8 King's Palace
9 Boneyard
10 Giant Dome
11 Twin Domes
12 Fairyland
13 Temple of the Sun
14 Totem Pole
15 Pits
16 Lily Pads
17 Mirror Lake
18 »Bottomless« Pit
19 Crystal Spring Dome
20 Rock of Ages

Caverns entwicklungsgeschichtlich von den meisten anderen Höhlen der Erde.
Vor 2–4 Mio. Jahren hob sich dann das Riff erneut. Der Grundwasserspiegel sank ab, und die Gangstrecken fielen trocken. Vor etwa 1 Mio. Jahren drang kalkhaltiges Sickerwasser ein. Im Lauf der Zeit bildeten sich Stalaktiten (Deckentropfsteine), denen vom Höhlenboden her Stalagmiten (Bodentropfsteine) entgegenwuchsen. Viele dieser Tropfsteine wuchsen zu Säulen zusammen, ja es entstanden steinerne Wasserfälle, ganze Dämme und Vorhänge aus Sinterkalk. Höhlenbäche gab es nie, lediglich einige Sickerwasserteiche.

Wie ein weißes Hochzeitskleid schmiegen sich die Kalksinterkrusten an den Fels.

Bereits im 10./11. Jh. war ein Teil des Höhlensystems den indianischen Ureinwohnern dieser Gegend bekannt, wie Felszeichnungen am Höhleneingang beweisen. Erste schriftlich Hinweise auf die Höhle stammen aus dem Jahre 1883, doch erst 1903 begann man mit dem Abbau des in der Höhle reichlichen vorhandenen und als Dünger sehr geschätzten **Fledermausguano** im großen Stil. Binnen zweier Jahrzehnte wurden etwa 100 000 Tonnen Guano gefördert, wobei eine Tieferlegung des Höhlenbodens um bis zu 15 m erfolgte. 1911 schließlich konnten erstmals interessierte Besucher in die Höhlen hinuntersteigen. Seit 1931 ist ein Aufzug installiert.

Höhlentouren

Alle Höhlentouren beginnen im Visitor Center. Wer nur wenig Zeit hat, sollte aber auf jeden Fall an der »Red Tour« teilnehmen, die per Lift vom Visitor Center in die Tiefe geht und die schönsten Säle der Höhle berührt. Begeisterten Freizeit-Höhlenforschern werden auch Führungen in abgelegenere Bereiche des Höhlensystems angeboten. Wer es ganz schwierig haben möchte, der kann die erst 1937 entdeckte Slaughter Canyon Cave erkunden.

In der Höhle leben ca. **1 Mio. Fledermäuse**. Ein außerordentlich spektakuläres Schauspiel ist der Ein- und Ausflug von ca. einer Viertelmillion von ihnen in den Monaten Mai bis Oktober. Sie verlassen die Höhle in der Abenddäm-

! *Baedeker* TIPP

»Blue Tour«

Eine der interessantesten Touren durch die Carlsbad Caverns ist die »Blue Tour«, die man zu Fuß (gutes Schuhwerk unbedingt erforderlich!) unternimmt. Vom Natural Entrance bis zum Crystal Spring Dome läuft man an allen Sehenswürdigkeiten der Höhlen vorbei.

merung, um auf Insektenfang zu gehen, und kehren am frühen Morgen zurück. Vom Natural Entrance kann man sie hervorragend beobachten.

Über die Grenze nach Texas

★ **Guadalupe Mountains National Park**

Von den Carlsbad Caverns bietet sich ein Abstecher zum Guadalupe Mountains National Park jenseits der Grenze in Texas an (Visitor Center Öffnungszeiten: tgl. 8.00–16.30 Uhr, im Sommer länger; sehr schöner Campingplatz). Der Park umfasst den zentralen Teil des gleichnamigen Gebirges mit dem 2667 m hohen Guadalupe Peak, der höchsten Erhebung von Texas, und den grandiosen Felsklotz des El Capitán (2462 m ü. d. M.). Die weit sichtbaren Kalktürme und -felsen des Parks gelten als eines der **weltweit besten Beispiele für ein fossiles Riff.** Allein die Fahrt auf dem Highway hält schon beeindruckende Ausblicke bereit. Ansonsten ist die Landschaft nur per Fuß oder mit dem **Allradfahrzeug** zu erkunden. Ein 130 km langes Wanderwegenetz erschließt alle interessanten Regionen des Parks. Besonders lohnend sind der McKittrick Canyon mit seinem vielfältigen Tier- und Pflanzenleben, die Smith and Manzanita Springs, eine kleine Oase mit vielen Vögeln und Wildtieren, der 800 m über der Wüste gedeihende Kiefernwald The Bowl, dann The Pinery, die Ruinen einer Postkutschenstation, und die historische Williams Ranch, die nur mit Allradfahrzeugen erreichbar ist. Wanderungen und Fahrten sollten mit den Rangern im Visitor Center abgesprochen werden.

Schon von weitem leuchtet El Capitán als helle Landmarke.

★★ **Big Bend National Park**

Der Big Bend National Park erstreckt sich an der Grenze zu Mexiko in einer wüstenhaften Landschaft, die in einem großen Bogen vom Rio Grande umflossen wird. Diesem Bogen, Big Bend genannt, verdankt der Nationalpark seinen Namen (Parkhauptquartier in Panther Junction an der Kreuzung US 385 und TX 118; 74 Hotelzimmer in Chisos Basin, Reservierungen unbedingt nötig). Wer den langen Weg auf sich nimmt, wird mit einer grandiosen Landschaft belohnt. Vor allem die drei Rio-Grande-Schluchten Mariscal Canyon, Boquillas Canyon und der Santa Elena Canyon, dessen Klippen fast 500 m über den Fluss hinausragen, sollte man gesehen haben. Santa Elena und Boquillas Canyon kann man auch mit dem Auto erreichen, **Bootsfahrten** durch die atemberaubenden Schluchten können im Parkhauptquartier gebucht werden.

Chaco Culture National Historical Park

N/O 7

Region: Northwest
Gründungsjahr: 1980
Höhe: ca. 1900 m ü. d. M

Der Chaco Culture National Historical Park ist für jeden, der an präkolumbischen Kulturen interessiert ist, ein Höhepunkt einer Reise durch New Mexico, denn hier hat sich wie sonst nirgends die Kultur der Anasazi zwischen 900 und 1200 manifestiert und bis heute erhalten: Chaco Canyon war das geistige und kulturelle Zentrum der Anasazi.

Lage und Anreise

Der Chaco Culture National Historical Park liegt im äußersten Nordosten von New Mexico zwischen ►Gallup im Südwesten und Farmington im Norden. Die Anfahrt gestaltet sich etwas umständlich: Auf dem I-40 via Gallup bzw. Grants bis Thoreau, dann 28 mi/ 45 km auf dem NM 371 in Richtung Farmington und ab Crownpoint schließlich 33 mi/53 km auf dem NM 57 bis zum Visitor Center; die letzten 20 mi/32 km sind Staubstraße! Alternativroute ab Farmington: US 64 und NM 44 bis zur Blanco Trading Post, von dort rund 30 mi/48 km Staubstraße NM 57 zum Visitor Center.

Saison

Das Schutzgebiet ist ganzjährig zugänglich. Gelegentlich machen heftige Niederschläge die Straßen in dieser Gegend unpassierbar. Das Ruinengelände darf nur von Sonnenauf- bis Sonnenuntergang betreten werden. Das **Visitor Center** ist tgl. (außer feiertags) 8.00–17.00 (Winter) bzw. 18.00 Uhr (Sommer) geöffnet. Es gibt keine Einkaufsmöglichkeiten, der vorhandene Campground ist sehr einfach.

Naturraum

Der Chaco Canyon, auf einer steppenhaften Hochfläche im Chaco Basin gelegen, ist keine richtige Schlucht, sondern eine 15 km lange und 3 km breite **Mulde**, die vom Chaco Wash ausgewaschen worden ist. Seine Nordflanke bilden ca. 50 m hohe Wände aus Sandstein.

Im gesamten Gebiet findet man Kulturzeugnisse, die bis ins 9. Jt. v. Chr. zurückreichen. Gut belegt ist die Anwesenheit einer altindianischen Kultur, die hier vor etwa 1500 Jahren einfache Landwirtschaft betrieb und die ersten Grubenhäuser anlegte. Ab dem 7. Jh. n. Chr. entstanden die ersten Lehmbauten. Spätestens im 11. Jh. entwickelte sich der Chaco Canyon zum politischen, geistigen und verkehrstechnischen **Zentrum der Anasazi**.

? WUSSTEN SIE SCHON ...?

- ... dass der Ausdruck Anasazi so viel wie »die einst Gewesenen« bedeutet? Diesen Namen gaben die Navajo den Anasazi, nachdem sie ihr Gebiet im Chaco Canyon besiedelten.

Mitte des 13. Jh.s verließen die Anasazi infolge einer lang anhaltenden Dürreperiode den Canyon nach und nach in Richtung Rio Grande, wo neue Pueblos entstanden, in denen heute noch die Nachfahren der Anasazi wohnen. Letztendlich herrscht aber nach wie vor Unklarheit über den Niedergang der Chaco-Kultur. Im späten 16. Jh. besiedelten die Navajo das Gebiet.

Im Jahre 1896 nahm Richard Wetherill im Rahmen der Hyde Exploring Expedition **erste Grabungen** vor. Bis 1899 wurde das Pueblo Bonito freigelegt. Bereits 1907 wurde das Gebiet als National Monument eingestuft. Nachdem man sich der enormen Bedeutung der Chaco-Kultur bewusst wurde, kam es zu einer Ausweitung des Schutzgebietes, das seit 1980 als Chaco Culture National Historical Park ausgewiesen ist.

Kulturelle Leistungen

Auf Luftaufnahmen ist noch heute das Hunderte von Kilometern lange **Straßensystem** gut auszumachen, in dessen Zentrum der Chaco Canyon liegt. Die Straßen waren durchschnittlich neun Meter breit und in einigem Abstand von Steinen gesäumt. Die längste heute bekannte Straße führt über 40 mi/65 km geradeaus nach Norden in Richtung ►Aztec Ruins und Salmon Ruin. Um in den Chaco Canyon hineinzukommen, wurden an der Nordwand **Treppen** wie die Jackson Stairway in das relativ weiche Gestein hineingehauen. Über ein

CHACO CULTURE NHP ERLEBEN

AUSKUNFT

Visitor Centers Chaco
Tel. (5 05) 7 86-70 14
www.chacoculture.areaparks.com

ESSEN

► Erschwinglich

3 Rivers Eatery & Brewhouse
101 E. Main St, Farmington
Tel. (5 05) 3 24-21 87
Das Restaurant ist mit Gegenständen dekoriert, die man während der Renovierung des 1912 erbauten Gebäudes entdeckte.

ÜBERNACHTEN

► Komfortabel

Best Western Territorial Inn & Suites
415 S Bloomfield Blvd.
Bloomfield
Tel. (5 05) 6 32-91 00, Fax 6 32-91 91
www.bestwestern.com
Das Hotel bietet 65 geschmackvoll eingerichtete Zimmer und Suiten, Pool und Fitnesscenter.

► Günstig

Step Back Inn
103 W. Aztec Blvd.
Tel. (5 05) 3 34-12 00
Jedes der 39 Zimmer ist nach einer Pionier-Familie aus Aztec benannt, über die im jeweiligen Zimmer auch eine kleine Informationsbroschüre ausliegt. Das Gebäude ist neu, aber mit viktorianischem Dekor ausgestattet.

Gallo Campground
Der Campingplatz mit 48 Einheiten befindet sich 1,6 km östlich vom Visitor Center.

Chaco Canyon: eigentlich keine Schlucht, sondern eine ausgewaschene Mulde.

ausgereiftes Kommunikationssystem mit Feuer- und Rauchzeichen tauschte man Nachrichten aus. Die Beschäftigung mit der Astronomie ist ebenfalls nachgewiesen, wodurch die These gestützt wird, dass hier eine Art Kaste von Medizinmännern herrschte. Am Fajada Butte wurden neben dem so genannten Sun Dagger (Markierung der Sommersonnenwende) weitere astronomisch bedeutsame Zeichen gefunden.

Die Bevölkerung des Chaco Canyon war auf Lieferungen von außerhalb angewiesen, da sie sich trotz ausgeklügelter Bewässerungstechniken nicht selbst versorgen konnte. Neben Nahrungsmitteln mussten auch Baumaterial für die Pueblos sowie Grundstoffe für das Kunsthandwerk beschafft werden. Allmählich entstand ein **reger Tauschhandel**, wobei die Lieferanten mit hochwertigem Schmuck oder feinster Keramik ausbezahlt wurden. Handelsbeziehungen bis nach Mexiko sind durch diverse Funde nachgewiesen.

Baukunst

Als Baumeister haben die Anasazi im Chaco Canyon Großartiges geleistet. Grundsätzlich besteht das Mauerwerk aus aufeinander geschichteten Sandsteinplatten oder -blöcken, deren Zwischenräume mit kleinen Steinen bzw. mit Schlickmörtel ausgefüllt sind. Im Mauerwerk selbst sind unterschiedliche Stilrichtungen erkennbar, nach denen man die Gebäudeteile datieren kann. Die Decken konstruierte man aus dem Holz von Ponderosakiefern, ein Geflecht aus Weidenruten und Wacholderzweigen und gestampfte Erde bildete den Fußboden des darüber liegenden Stockwerks. Das gesamte Holz musste von weit entfernten Wäldern angeliefert werden. Die Baumeister waren **hervorragende Statiker** und erkannten rasch, dass sich das Mauerwerk mit zunehmender Höhe verjüngen müsse. Die Leistung ist umso größer, wenn man bedenkt, dass die Handwerker ohne Metallwerkzeuge arbeiteten.

Bevölkerung Am Beginn der Forschung ging man davon aus, dass im Chaco Canyon weit mehr als 10 000 Menschen gewohnt haben. Die relativ kleine Zahl von Feuerstellen zeigt jedoch, dass dauerhaft nur eine kleine Elite von zirka 2000 Personen hier gelebt haben dürfte. Die große Zahl der Kivas im Park lässt auf die überregionale kulturelle Bedeutung des Chaco Canyon für alle Anasazi schließen. Vermutlich sind die meisten Indianer nur vorübergehend und zur **Ausübung von kultischen Handlungen** in den Canyon gekommen. Die moderne Archäologie geht davon aus, dass sich zu Spitzenzeiten bis zu 6000 Menschen hier aufgehalten haben könnten.

Rundfahrt

Erste Anlaufstelle: Visitor Center Ein als **Einbahnstraße** angelegter Rundkurs führt an allen wichtigen Sehenswürdigkeiten vorbei. Ferner können im Park fünf weitere Touren auf eigene Faust unternommen werden. Vier Trails für Wanderer und ein Trail für Mountainbiker sind – zumindest auf im Visitor Center erhältlichen Karten – ausgewiesen. Im Visitor Center sollte man Wetterprognosen einholen, denn Regenfluten können die Wege rasch unpassierbar machen.

Pueblo Uno Vida Beim Visitor Center steht das Pueblo Uno Vida, eine Art **Prototyp eines Pueblos** aus dem Jahre 930. Die 150 Räume und fünf Kivas sind nur teilweise ausgegraben. Danach passiert man **Pueblo Chetro Ketl**, um 1020 mit 500 Räumen E-förmig angelegt.

**** Pueblo Bonito** Die eindrucksvollste Anlage im Chaco Canyon ist das Pueblo Bonito. Es umschließt halbkreisförmig einen Platz mit drei großen und

War das Pueblo Bonito ein altindianisches »Pilgerhotel«?

mehreren kleinen Kivas. Nach dem Pueblo Bonito hat man inzwischen eine ganze Epoche altindianischer Baukunst benannt. Viele Generationen von Steinmetzen und Maurern haben ab dem 9. Jh. an dieser Stelle gebaut. Im Endausbau, d. h. zwischen 1020 und 1120, hatte das Pueblo 12 000 m² Nutzfläche. Auf fünf Stockwerken gab es insgesamt 600 bis 800 Räume für etwa 1200 Menschen. Man geht heute davon aus, dass das Pueblo Bonito eine Art **»Hotel« für Pilger** gewesen ist. In seiner Endphase hatte das Pueblo nur noch einen Zugang, alle anderen waren zugemauert und auch viele Räume wurden verschlossen, wohl aus Angst vor einer Bedrohung von außen.

★ Casa Rinconada

Ein weiterer Höhepunkt ist die Casa Rinconada. Dieses um 1100 errichtete Bauwerk ist mit einem Durchmesser von 20 m eine der **größten Kivas** im gesamten Südwesten der USA. Sie liegt außerhalb einer geschlossenen Siedlung, da sie wahrscheinlich als zentrale Kultstätte verschiedener kleinerer Ansiedlungen diente. Das Flachdach wurde von vier Baumstämmen getragen, die Fundamente waren gemauert. Der Zugang durch einen Vorbau befindet sich an der Nordseite. Ein unterirdischer Gang führt in die Kiva, die wahrscheinlich nur vom Medizinmann benutzt werden durfte. 28 Wandnischen waren für Opfergaben vorgesehen, sechs Löcher hatten wohl Bedeutung für die Astronomen bzw. für die Zeitmessung. Analog zu anderen Kivas findet man auch hier eine Feuerstelle mit Reflektor.

Ruinen von Tsin Kletsin

Ein kleiner Abstecher führt auf die Mesa über dem südlichen Canyon hinauf zu den Ruinen von Tsin Kletsin im Süden des Canyons. Von hier hat man einen **sehr guten Ausblick**. Hier können auch Signalstationen des Kommunikationssystems der Anasazi erahnt werden.

★ El Malpais National Monument

08

Region: Northwest
Fläche: 457 km² (Conservation Area: 1050 km²)
Höhe: 1969 m ü. d. M. (Grants)
Gründungsjahr: 1987

Die karge Gegend im El Malpais National Monument bietet fantastische Landschaftsbilder von bizarren vulkanischen Formationen und tief in die Sandsteinschichten eingegrabenen Canyons. Das Gebiet, in dem schon vor 10 000 Jahren Menschen lebten, umfasst einen Teil der Hochlandwüste mit Vulkanbergen, Lavaströmen und monumentalen Sandsteinklippen.

Saison

Das Naturschutzgebiet kann das ganze Jahr über besucht werden. Visitor Centers gibt es in Grants (Öffnungszeiten: tgl. außer feiertags 8.30–16.30 Uhr) und in der El Malpais Ranger Station an NM 117 Milepost 63/64 (Öffnungszeiten: tgl. 9.00–17.00 Uhr). Dort wird

EL MALPAIS ERLEBEN

AUSKUNFT

National Park Service
123 E. Roosevelt Avenue Grants
Tel. (5 05) 7 83-47 74 oder
(5 05) 8 76-27 83
Fax 2 85-56 61
www.nps.gov/elma

ESSEN UND ÜBERNACHTEN

► Komfortabel

Best Western Inn & Suites
1501 E Sante Fe Avenue, Grants
Tel. (5 05) 2 87-79 01
Fax 2 85-57 51
www.bestwestern.com

Das Hotel liegt verkehrsgünstig in der Nähe der Interstate 40. Es bietet neben 126 großzügigen, modernen Zimmern Pool, Dampfbad und Fitnessraum. Im zugehörigen Restaurant »New Mexico Steakhouse« wird für das leibliche Wohl gesorgt.

► Günstig

The Narrows
Tel. (5 05) 2 80-29 18
Ein sehr einfacher Campingplatz am NM 117 im Osten des Schutzgebiets. Check-in ist am NM 117 bei der BLM Ranger Station.

auch über Möglichkeiten zum Wandern informiert, wofür Frühjahr und Herbst die besten Zeiten sind. Stabiles Schuhwerk, lange Hosen und Lederhandschuhe (die Lava hat scharfe Kanten!) sind Voraussetzung für eine Wanderung. Zelten ist mit einer Erlaubnis (im Visitor Center zu haben) gestattet.

Entstehung Vor etwa 4 Mio. Jahren setzte im Bereich des Colorado-Plateaus **starker Vulkanismus** ein. In mehreren Ausbruchserien wurden giftige Gase ausgehaucht sowie heiße Aschen, glühende Schlacke, vulkanische Bomben und Blöcke emporgeschleudert und über das Land verteilt. Gewaltige Lavaströme wälzten sich zu Tal, gleichzeitig schichtete sich auch der über 3000 m hohe Mount Taylor auf. Die alsbald einsetzende Erosion grub die heutigen Canyons in die Hochflächen. Eine zweite Phase starker vulkanischer Aktivität begann vor etwa 3 Mio. Jahren und betraf auch jenes Gebiet, in dem heute das El-Malpais-Schutzgebiet liegt. Die heute hier vorzufindende Lava rührt zumeist aus dem sog. **McCarty Flow** her, dem jüngsten von insgesamt fünf Lavaströmen, die sich in dieser Gegend ergossen. Er ist erst ca. 1000 Jahre alt und deshalb auch in den Erzählungen der Indianer dokumentiert. Diese jungen Lavaformationen bilden spektakuläre Landschaftsformen in der Kombination von dunklem vulkanischem Gestein mit roten Sandsteinfelsen.

? WUSSTEN SIE SCHON ...?

- ... dass »El Malpais« aus dem Spanischen kommt und »schlechtes Land« bedeutet? Tatsächlich gedeiht in dieser kargen Gegend im Nordwesten New Mexicos wenig mehr als Busch.

In der kargen Landschaft zählt man immerhin mehr als 150 verschiedene Vogelarten, zu denen auch der Präriefalke und der Rotschwanzadler gehören. Selbst einige Berglöwen sind hier heimisch. In den Lavahöhlen leben auch so sonderbare Lebensformen wie blinde Insekten.

Fahrt zu den schönsten Punkten

◄ Zuni–Acoma Trail

Falls man keine große Eile hat, bietet es sich an, nicht den I-40 von Grants nach Gallup zu nehmen, sondern den NM 53 und die Erkundung dieses Schutzgebietes am besten mit dem Besuch des El Morro National Monuments (►Gallup, Umgebung) zu verbinden. Auf dieser Strecke passiert man zunächst den Zuni–Acoma Trail (18 mi/29 km südlich des I-40), einen **alten Handelsweg der Indianer** durch die Lavawüste. Anschließend durchfährt man ein bewaldetes Gebiet, wo man unter anderem die Junction Cave, den Lavafluss der Twin Craters und den Sinterkegel El Calderon bewundern kann.

Vulkanische Formationen im El Malpais

Wenig später kommt man zum 25 mi/40 km südlich des I-40 gelegenen **Bandera Crater**, einem der **Höhepunkte** im Naturschutzgebiet. An diesem Vulkankrater gibt es mehrere Eishöhlen (Ice Caves), von denen die Candeleria Cave besonders eindrucksvoll ist. Das Eis in ihrer Lavahöhle schmilzt praktisch nie.

★ **Big Tubes**

Vom NM 53 zweigt die County Road 42 ab. Nach ca. 10 mi/16 km erreicht man die Big Tubes genannten **größten Lavatunnels der USA**. Das Sträßchen führt auch zur West Malpais Wilderness, wo man in einer von Ponderosa-Kiefern umgebenen, urwüchsigen Lavalandschaft unvergessliche Wanderungen unternehmen kann. Eine Besonderheit sind die »Kukupas« genannten Vegetationsinseln: Hier haben Ökosysteme überdauert, die bereits vor den Lavaausbrüchen bestanden.

Sandstone Bluffs Overlook

◄ La Ventana Natural Arch

◄ Narrows

Wer von Grants aus auf dem NM 117 nach Süden fährt, kann vom Sandstone Bluffs Overlook (10 mi/16 km südlich des I-40) einen ausgezeichneten Blick auf das mit Lava gefüllte Tal genießen. Im weiteren Verlauf kommt man zum La Ventana Natural Arch (17 mi/27 km südlich des I-40), einem der größten **freistehenden Natursteinbögen** der USA. Er ist der von den Kräften der Erosion herausmodellierte Überrest einer versteinerten Sanddüne, die vor ca. 150 Mio. Jahren aufgeweht worden ist. Auf der Weiterfahrt passiert man die sog. Narrows. Diese markante Engstelle ist entstanden, als sich der Lavafluss durch eine 150 m hohe Sandsteinformation zwängte.

★ Gallup

N 8

Region: Northwest
Einwohnerzahl: 19 000
Höhe: 2012 m ü. d. M.
Telefonvorwahl: 505

Gallup ist der südöstliche Eckpunkt des großen Navajo-Reservats und gleichzeitig Haupthandelsort des südlich sich erstreckenden Zuni-Reservats. An keinem anderen Ort im Südwesten kann man indianischen Schmuck und Kunstgewerbe so günstig erstehen wie in Gallup. Außerdem ist Gallup eine stark frequentierte Zwischenstation für Touristen, die den Südwesten erkunden, und nennt sich deshalb auch »Gateway to Indian Country«.

Sehenswertes in Gallup und Umgebung

Downtown Was das Stadtbild angeht, hat Gallup nicht viel zu bieten. Dennoch sind etwa zwei Dutzend Gebäude als **»Historic Places«** unter Denkmalschutz gestellt, darunter das 1895 erbaute Kitchen's Opera House, das 1923 fertig gestellte Santa Fe Railroad Depot oder das C.N. Cotton Warehouse von 1897 mit einem Denkmal von Manuelito davor, der sich als letzter Navajo den Weißen ergab.

Typisches Kunsthandwerk des Südwestens: Teppiche, Schmuck und Töpfereien.

Navajo Code Talkers Room

Eine außergewöhnliche Episode aus der Geschichte der Navajo wird im Gebäude der Gallup/McKinley Chamber of Commerce (103 W. Historic Rt. 66) lebendig: Im dortigen Navajo Code Talkers Room werden Erinnerungen an die **indianischen Code-Experten** gezeigt, die die US-Marine im Zweiten Weltkrieg im Pazifik einsetzte.

Red Rock State Park

★ ★ ◄ Annual Inter-Tribal Ceremonial

Etwa 6 mi/10 km östlich der Stadt liegt der Red Rock State Park, dessen rote Sandstein-Formationen in der Sonne glühen. Hier findet – im 8000 Zuschauer fassenden Auditorium – jedes Jahr am zweiten August-Wochenende das Inter-Tribal Ceremonial statt, eines der **größten indianischen Feste** in den USA. Mehrere dutzend Stämme nehmen daran teil, einige reisen sogar aus Kanada an. Sie führen traditionelle Tänze auf, Rodeos werden veranstaltet, und auf dem kunsthandwerklichen Markt kann man hübschen Schmuck, Webarbeiten und Keramik erwerben. Um das Inter-Tribal Ceremonial miterleben zu können, ist rechtzeitige Reservierung von Zimmern und Eintrittskarten angeraten (Auskunft: Ceremonial Office, Tel. 1-8 00-2 33-45 28).

Red Rock Museum

Das Red Rock Museum (Öffnungszeiten: Mo. bis Fr. 8.30–16.30 Uhr, im Sommer länger) informiert über die Kultur der Zuni-, Hopi- und Navajo-Indianer.

★ **Zuni Pueblo**

Innerhalb der Familie der Pueblo-Indianer haben die Zunis ihre eigene Sprache entwickelt, sie sind eher mit den Hopi verwandt als mit den anderen Pueblo-Indianern. Der Stamm ist berühmt für seinen Türkis-Silberschmuck und seine Keramik. Im Reservat leben heute etwa 5000 Menschen. Damit ist es das **größte noch bewohnte Pueblo** der Vereinigten Staaten. Es ist streng nach Klan-Gemeinschaften bzw. Bruderschaften gegliedert. Innerhalb eines Klans darf nicht geheiratet werden, und der Mann muss immer zur Familie der Frau ziehen.

Der größte Teil der Bevölkerung wohnt heute allerdings nicht mehr in den traditionellen Behausungen des Pueblo, sondern in der benachbarten modernen Siedlung Black Rock. Die alten Steinhäuser sind meist nur ebenerdig. Die **Missionskirche** (17. Jh.) wurde inzwischen restauriert und ist innen mit Wandgemälden ausgeschmückt, die die Geschichte der Zuni zeigen. Ein Besuch des Pueblos lohnt sich vor allem wegen der Einkaufsmöglichkeiten für Schmuck und Kunsthandwerk und wegen der Tanzzeremonien der Zunis. Am berühmtesten ist der Shalako-Tanz, der Ende November bzw. Anfang Dezember abgehalten wird.

★ ★ ◄ Shalako-Tanz

! *Baedeker* TIPP

Western-Hotel

Wollten Sie schon immer mal im selben Bett wie Erroll Flynn, Humphrey Bogart oder John Wayne nächtigen? Dann sollten Sie im El Rancho Hotel & Motel (1000 E. 66 Ave.) absteigen, denn da haben all die Hollywoodgrößen geschlafen, wenn sie wieder einmal einen Western in der Nähe drehten. Der Clou: Es ist gar nicht so teuer.

GALLUP ERLEBEN

AUSKUNFT

Gallup Visitor Information Center
McKinley - NW201 E. Hwy 66
Tel. (5 05) 8 63-38 41

SHOPPING

Kunstgewerbe: Jean's All Indian Pawn Shop (2000 E. Hwy. 66) und bei Trader Billy's K (118 W. 66 Ave.) Alles, was der Westmann braucht, gibt es bei der Ellis Tanner Trading Company an der Munoz Avenue zwischen dem I-40 (Exit 20) und der Zuni Road.

EVENTS

Ecke 66 Ave. und First Street werden im Sommer jeden Abend um 19.00 Uhr indianische Tänze aufgeführt. Eine halbe Stunde später beginnen die Tanzdarbietungen im Red Rock Museum, ebenfalls nur im Sommer. Intertribal Ceremonial ►S. 397

ESSEN

► Erschwinglich

Panz Alegra
1201 E. 66 Ave., Tel. (5 05) 7 22-72 29
In einem wunderschönen Adobe-Bau ist das derzeit wohl beste Restaurant der Stadt eingerichtet. Für vergleichsweise wenig Geld gibt es hier bestens zubereitete Speisen mit starkem regionalen Touch. Besonders beliebt sind »Steak Alegra« und »Arroz con Pollo« (Reis mit Hühnchen).

► Preiswert

Sizzler Restaurant
926 North Highway 666
Tel. (5 05) 7 22-64 98
Im Sizzler Restaurant erwartet Sie eine große Auswahl an Steak- und Fischgerichten zu gemäßigten Preisen. Das Lokal lädt in schlichtem Ambiente mittags und abends zu Tisch.

Chili Factory
1300 West I 40 Frontage Road
Tel. (5 05) 7 22-54 75
Für wenig Geld bietet das beliebte mexikanische Restaurant die typischen Speisen in vielerlei Variationen. Am häufigsten wird in der Chili Factory natürlich Chili bestellt!

ÜBERNACHTEN

► Komfortabel

Holiday Inn
2915 W. U.S 66
Tel. (5 05) 7 22-22 01
Fax 7 22-96 16
Das gut geführte Hotel liegt in der Nähe des städtischen Flugplatzes und wird gern von Reisenden als Zwischenstation genutzt, die auf der legendären Route 66 unterwegs sind.

► Günstig

Days Inn West
3201 W. Highway 66 Gallup
NM 87301
Tel. (5 05) 8 63-68 89
Fax 8 63-68 89 4 50
www.daysinn.com
Das Days Inn liegt im Herzen der Indianerreservate und begrüßt seine Gäste mit gemütlichem, südwestamerikanischen Ambiente.

Best Western Royal Holiday Motel
1903 W Historic Highway 66
Tel. (5 05) 7 22-49 00
Fax 7 22-51 00
www.bestwestern.com
Das Best Western Royal Holiday Motel liegt in einer der bezauberndsten Gegenden von New Mexico. Mit seinem Angebot an 3-Bett-Zimmern mit Kühlschrank und Mikrowelle ist das Hotel besonders für reisende Familien interessant.

★ **El Morro National Monument**

Etwa 30 mi/50 km südöstlich von Gallup liegt in einer von Grassteppe und lichten Baumbeständen geprägten Landschaft das El Morro National Monument. Seit über 700 Jahren wird dieses 61 m hohe Kliff aus Zuni-Sandstein als **Rastplatz** aufgesucht, da sich an seinem Fuß eine Wasserstelle befindet. Schon die Anasazi benutzten diesen Naturbrunnen und ritzten ihre Zeichen in das weiche Gestein, als erster Europäer tat es ihnen Don Juan de Oñate im Jahr 1605 nach. Viele andere folgten, so u. a. Don Diego de Vargas, der Neu-Mexiko 1692 nach der Pueblo-Revolte zurückeroberte. Das erste Dokument aus US-Zeit folgte 1849, als sich der Kartograf J. H. Simpson verewigte. An der Felswand kann man also die ganze Eroberungsgeschichte des Südwestens nachvollziehen, weswegen auch die Bezeichnung **»Inscription Rock«** gebräuchlich ist. Im Bereich des Sandsteinkliffs findet man noch Reste zweier Pueblos der Anasazi aus dem 13. Jahrhundert. Auch einige Felszeichnungen aus präkolumbischer Zeit sind zu erkennen.

? WUSSTEN SIE SCHON ...?

- ... dass das Zuni Pueblo zu den legendären »Sieben Städten von Cibola« zählt? Diese Städte durchsuchte Francisco Vásquez de Coronado im 16. Jh. nach Gold, weil ihm der Franziskanermönch Marcos de Niza berichtet hatte, dass sie aus purem Gold erbaut seien.

Las Cruces

P 11

Region: Southwest
Einwohnerzahl: 75 000
Höhe: 1187 m ü. d. M.
Telefonvorwahl: 505

Las Cruces ist die zweitgrößte Stadt von New Mexico, Hauptort des mehrheitlich von Hispanics bewohnten County Doña Ana, Universitätssitz und Zentrum eines Agrargebiets, in dem vor allem Pecannüsse, Baumwolle und Chili angebaut wird. Sie bietet sich als Ausgangspunkt für einen Besuch des ▸White Sands National Monuments und für Ausflüge nach Texas und Mexiko an.

Shenesertes in Las Cruces und Umgebung

Downtown

Downtown Las Cruces hat einige **Bauten aus der Pionierzeit** zu bieten wie das Old Armijo House von 1860, das man besichtigen kann, und das Amador Hotel, in dem schon Billy the Kid, Pat Garrett und der mexikanische Präsident Benito Juarez abgestiegen sind. Es ist heute Verwaltungssitz des County Doña Ana.

Mesilla

Etwas aufregender ist der südwestliche Vorort Mesilla. Er wurde Ende des 16. Jh.s von mexikanischen Siedlern gegründet. 1853 sind seine Bewohner plötzlich zu US-Bürgern geworden, denn Mesilla liegt in dem Gebietsstreifen, der im Gadsden Purchase an die USA ver-

LAS CRUCES ERLEBEN

AUSKUNFT

Las Cruces Convention & Visitors Bureau
211 N. Water Street
Tel. (5 05) 5 41-24 44, Fax 5 41-21 64
cvb@lascruces.org
www.lascrucescvb.org

ESSEN

► Fein & Teuer

Double Eagle
308 Calle Guadalupe
Tel. (5 05) 5 23-67 00
Das beste Restaurant der Stadt – die Preisgestaltung ist entsprechend – befindet sich in einer kürzlich mit viel Liebe restaurierten Hacienda. Es werden viele bekannte Gerichte (u. a. Filet Mignon, Forellen in etlichen Variationen) und auch ausgesuchte Spezialitäten der regionalen Küche (u. a. »Mesilla Chicken«) geboten. Die Weinregale sind gut sortiert.

► Erschwinglich

Kiva Patio Cafe
600 E Amador Avenue
Tel. (5 05) 5 27-82 06
www.kivapatiocafe.com
Das Restaurant wurde in den späten Achtzigerjahren unter dem Namen New Mexico Fajita gegründet. Zu den verschiedenen Fajitas kamen weitere typisch mexikanische Spezialitäten hinzu, die dem Menü seinen authentisch mexikanischen Charakter verleihen.

Way Out West
Josh Sanford 1720 Avenida de Mesilla
Tel. (5 05) 5 23-07 94
Das Way Out West bietet seinen Gästen beste lokale Spezialitäten und wird auch gerne zum Biertrinken aufgesucht. Schließlich gehört zum Way Out West ein eigenes Brauhaus.

► Preiswert

Pete's Hacienda
2605 S. Espina Street
Tel. (5 05) 5 32-07 90
Dieses Restaurant bietet gute Südwestküche in schlichter Umgebung. Steaks, Barbecue oder frischen Fisch zu gemäßigten Preisen kann man sich hier in einheimischer Art zubereiten lassen.

ÜBERNACHTEN

Baedeker-Empfehlung

► Komfortabel

Comfort Suites
2101 S Triviz
Tel. (5 05) 5 22-13 00
Fax 5 22-13 13
www.comfortsuites.com
Comfort Suites ist für Geschäftsreisende und Urlauber, die nach extragroßen Zimmern zu Preisen auf Mittelklasse-Niveau suchen. Zu den Annehmlichkeiten gehören kostenloser Hochgeschwindigkeits-Internetzugang sowie eine Mikrowelle und ein Kühlschran im Zimmer. Ein kontinentales Luxus-Frühstück ist im Preis inbegriffen.

Holiday Inn Express
2200 South Valley Drive
Tel. (5 05) 5 27-99 47
Fax 6 47-49 88
hiexpress@hotmail.com
In diesem komfortablen Hotel, welches in mexikanischer Farbenpracht erstrahlt, fühlt man sich schnell zu Hause. Auf zwei Stockwerken befinden sich gut 200 moderne Zimmer, die teilweise mit Balkon ausgestattet sind.

► **Günstig**

Best Western Mesilla Valley Inn
901 Avenida de Mesilla
Tel. (5 05) 5 24-86 03
Fax 5 26-84 37
www.mesillavalleyinn.com
Wer die Gegend um Las Cruces erkunden will, dem sei das Mesilla Valley Inn als Stützpunkt empfohlen. Hier kann man sich nicht nur gut ausruhen, sondern darüber hinaus auch noch gut speisen.

La Quinta Inn
790 Avenida de Mesilla
Tel. (5 05) 5 24-03 31
www.lq.com
La Quinta liegt nur wenige Minuten vom historischen Vorort Mesilla und ebenso nahe bei vielen weiteren Attraktionen der Stadt, z. B. dem White Sands National Monument. Hier findet man in gemütlicher Atmosphäre den Service, der den Aufenthalt angenehm macht.

kauft wurde. Das Abkommen ist in Mesilla abgeschlossen worden, seine Geschichte wird im **Gadsden Museum** (Hwy. 28/Barker Rd.; Öffnungszeiten: Mo. bis Sa. 9.00–11.00 und 13.00–17.00 Uhr) erzählt. In Mesilla ist auch Wildwestgeschichte geschrieben worden, denn im örtlichen Gerichtsgebäude wurde Billy the Kid zum Tode verurteilt – er floh allerdings kurz darauf.

Fort Selden State Memorial

In Fort Selden State Monument, 15 mi/24 km nördlich von Las Cruces, war die – ausgenommen die Offiziere – ausschließlich aus schwarzen Soldaten bestehende Black Cavalry stationiert. Die berühmten **»Buffalo Soldiers«** patroullierten in den 1880er-Jahren entlang der mexikanischen Grenze.

War Eagles Air Museum

Das War Eagles Air Museum liegt 35 mi/56 km südlich von Las Cruces (via I-10) auf dem Santa Teresa Airfield. Es zeigt über 20 **Militärflugzeuge** aus dem Zweiten Weltkrieg und dem Koreakrieg (Öffnungszeiten: Di. bis So. 10.00–16.00 Uhr).

El Paso

Nach Texas führt ein Ausflug in die 42 mi/67 km südlich von Las Cruces liegende, 515 000 Einwohner zählende Großstadt El Paso. Hier, im äußersten westlichen Zipfel des Staates Texas, bildet der Rio Grande seit dem Jahre 1848 die Grenze zwischen den USA und Mexiko. Mit Fort Bliss erstreckt sich einer der **größten Luftwaffenstützpunkte der Erde** vor den Toren der Stadt.
Das El Paso Museum of Art (1211 Montana Ave.) besitzt eine interessante Sammlung präkolumbischer und indianischer Kunst sowie die Kress Collection mit Werken der italienischen Renaissance. Das Chamizal National Memorial, ein hübscher Park am Rio Grande, ist

? WUSSTEN SIE SCHON ...?

- Ihren Namen »Die Kreuze« verdankt die 1849 nahe der texanischen Grenze gegründete Stadt den vielen Grabkreuzen für Siedler, die auf dem Camino Real nach Santa Fe unterwegs waren und den Apachen zum Opfer fielen.

der Beilegung des jahrzehntelangen Streits um den Grenzverlauf zwischen den USA und Mexiko gewidmet. Über die Geschichte von Fort Bliss informiert sehr ausführlich das dortige Museum.

Ciudad Juárez Die auf mexikanischer Seite liegende Schwesterstadt von El Paso, Ciudad Juárez (1,1 Mio. Einw.), hieß früher Paso del Norte und wurde 1888 zu Ehren von Benito Juárez umgetauft, der hier 1865/1866 während des Interventionskrieges sein Hauptquartier hatte. Während der Revolutionskriege (1910–1921) war die Stadt Standquartier des Revolutionshelden und Banditenführers Francisco (»Pancho«) Villa. Sehenswert sind die **barocke Missionskirche** Guadalupe aus der Mitte des 17. Jh.s und das Kulturzentrum (Centro Cultural) mit einem archäologischen und historischen Museum. Vor allem aber bietet Ciudad Juárez günstige Einkaufsmöglichkeiten für indianisch-mexikanisches Kunsthandwerk, Textilien und Lederwaren (zu Ein- und Ausreiseformalitäten, Zollbestimmungen ►Praktische Informationen, Anreise).

! *Baedeker* TIPP

Mission Trail

Geschichte und Wandern können Sie auf dem Mission Trail, der in El Paso beginnt, geschickt verbinden. Über acht Meilen führt der Weg zu den ehemals spanischen Missionsstationen, die alle originalgetreu restauriert wurden. Sie illustrieren den enormen Einfluss der Missionare.

★ Los Alamos

P 8

Region: North Central
Einwohnerzahl: 18 000
Höhe: 2225 m ü. d. M.
Telefonvorwahl: 505

In Los Alamos treffen Fortschritt und Tradition unmittelbar aufeinander: Auf der einen Seite ist die Stadt berühmt für die Entwicklung der Atombombe, und auf der anderen Seite finden sich im Bandelier National Monument südlich von Los Alamos kulturgeschichtliche Stätten ersten Ranges.

»Atomic City« In Los Alamos wurde **Weltgeschichte** geschrieben: Hier, etwa eine Autostunde nordwestlich von ►Santa Fe in der Einsamkeit der Mesas des Pajarito-Plateaus, wurden seit 1940 Wissenschaftler aus den USA und Emigranten aus Europa zusammengezogen, um unter der Leitung von Robert J. Oppenheimer (►Berühmte Persönlichkeiten) im sog. Manhattan Project die Atombombe zu bauen. Sie wurde am 16. Juli 1945 in den Wüsteneien von White Sands erstmals gezündet. In der Folgezeit entwickelte man hier den größten Teil der amerikanischen Atomwaffen, und noch heute sind in den mehr als zwei Dutzend Instituten des **Los Alamos National Laboratory** 3000 Wissenschaftler und 5000 weitere hoch qualifizierte Mitarbeiter beschäftigt.

LOS ALAMOS ERLEBEN

AUSKUNFT

Los Alamos Visitor Center
109 Central Park Square
Tel. (5 05) 6 62-81 05
chamber@losalamos.com
visit.losalamos.com

ESSEN

▸ Erschwinglich

Bob's Bodacious BBQ
1183 Diamond Drive
Tel. (5 05) 6 62-42 27
Sie mögen Barbecue im Kansas City Style? Dann sind Sie hier genau richtig. Bob Carlson hat sein Hobby zum Beruf gemacht und nachdem er einige angesehene Barbecue Wettkämpfe quer durch den Mittleren Westen gewonnen hatte, Bob's Bodacious BBG eröffnet. Dort können Sie auch seine eigens kreierte Sauce probieren.

▸ Preiswert

Hill Diner
1315 Triunity Drive
Tel. (5 05) 6 62-97 45, Fax 6 61-69 88
www.hilldiner.com
In schlichter, geselliger Atmosphäre kann man im Hill Diner traditionelle Gerichte verspeisen. Trotz der gemäßigten Preise überzeugt das Hill Diner besonders mit den hausgemachten Suppen und dem Banana Creamy Pie.

ÜBERNACHTEN

▸ Komfortabel

Best Western Hilltop House Hotel
400 Trinity at Central
Tel. (5 05) 6 62-24 41
Fax 6 62-59 13
www.bestwesternlosalamos.com
Das Best Western Hilltop Hotel liegt in einer großartige Unterbringung im Herzen von Los Alamos. Ein Ort, an dem man wunderbar entspannen und zu spektakulären Ausblicken die frische Bergluft genießen kann.

▸ Günstig

Quality Inn & Suites
2201 Trinity Drive
Tel. (5 05) 6 62-72 11
Gut und preiswert übernachtet man im Los Alamos Inn, das sich auch als Stützpunkt für Ausflüge in die interessante Umgebung anbietet.

Sehenswertes in Los Alamos

★ **Bradbury Science Museum**

Einen guten Einblick in die Arbeit des Los Alamos National Laboratory erhält man im Bradbury Science Museum (15th St. & Central Ave.). Schwerpunkte der Ausstellung sind die **Entstehungsgeschichte der Forschungseinrichtung** und der Fortgang der Kernwaffenentwicklung. Natürlich wird auch an Albert Einstein erinnert, der sich 1939 bei Präsident Roosevelt für die Erforschung der Kernenergie einsetzte (und dies später bereut hat). Neben der Kern(waffen)forschung finden aber auch neueste Erkenntnisse der Biomedizin, der Umweltforschung sowie der Laser- und Computertechnologie Beachtung (Öffnungszeiten: Di. bis Fr. 9.00–17.00, Sa., So., Mo. 13.00 bis 17.00 Uhr).

Wer die Höhlenwohnungen der Anasazi besuchen will, sollte schwindelfrei sein.

Fuller Lodge Los Alamos Historical Museum

Der heute denkmalgeschützte Holzbau (2132 Central Ave.) beherbergte einst den Speisesaal eines 1928 bis 1943 betriebenen Internats und dient nun u. a. als **Besucherinformation** der Stadt. Außerdem zeigt hier das Los Alamos Historical Museum Ausstellungen zur Naturgeschichte und über die Kultur der in dieser Gegend ansässigen Puebloindianer. Ferner sind Arbeiten namhafter Künstler aus New Mexico zu sehen (Öffnungszeiten: Mo. bis Sa. 10.00–16.00, So. 13.00–16.00 Uhr, im Sommer länger).

✶ Bandelier National Monument · Frijoles Canyon

Entstehung und Geschichte

Knapp 15 mi/24 km südlich von Los Alamos hat der Frijoles Creek eine wildromantische Canyonlandschaft geschaffen, in der vom 11. bis zum 16. Jh. Anasazi gelebt haben. Die Vorfahren der heutigen Indianer haben in den leicht zu bearbeitenden Tuffstein einzelne Kammern, ganze Wohnungen und Kultstätten (Kivas) gegraben. An einigen Felswänden bzw. -überhängen errichteten sie mehrstöckige, »Talus« genannte Behausungen, die lediglich über schwindelerregende Holzleitern erreicht werden konnten. Das ganze Gelände ist von dem schweizerischen Archäologen A. F. Bandelier (1840–1914) erforscht worden. Das nach diesem Forscher benannte Schutzgebiet ist heute durch ein fast 100 km langes **Wanderwegenetz** erschlossen.

Vom Visitor Center im Frijoles Canyon wandert man etwas mehr als 2 km zu den Ruinen des **Tuyonyi Pueblo**, das wohl im 14. Jh. angelegt worden ist. Es umfasste rund 400 Wohn- und Vorratskammern sowie mehrere Kivas. Einige Minuten weiter nördlich erreicht man die **Ceremonial Cave**. Diese große **Wohnhöhle** mit restaurierter Kiva liegt mehr als 40 m hoch über dem Talboden und ist nur über Leitern zugänglich.

Etwa 15 mi/24 km westlich von Los Alamos kommt man über den NM 4 ins **Valle Grande**. Mit einem Durchmesser von etwa 25 km ist es **die größte bislang bekannte Caldera eines Vulkans** und bei einem Ausbruch vor rund 1 Mio. Jahren entstanden.

! *Baedeker* TIPP

2-Tage-Rundwanderung

Wer ein bisschen mehr Zeit für die Erkundung des Bandelier National Monuments hat, dem sei die zweitägige Wanderung (ca. 40 km) vom Visitor Center empfohlen. Diese führt vorbei an den Überresten des mehrstöckigen Yapashi Pueblo zum Capulin Canyon, wo man einen Blick in die Painted Cave werfen kann.

Roswell

R 10

Region: Southeast
Einwohnerzahl: 45 000
Höhe: 1089 m ü. d. M.
Telefonvorwahl: 505

In Roswell dreht sich fast alles um Außerirdische. Denn hier ist angeblich am 4. Juli 1947 ein UFO abgestürzt. Ob man das nun glaubt oder nicht, der Ort lebt mittlerweile nicht schlecht vom UFO-Rummel, und kurios und spaßig anzuschauen ist das allemal, besonders beim alljährlich in der ersten Juliwoche stattfindenden UFO-Festival.

The Roswell Incident

Für alle Ufomanen und -logen ist Roswell zum geradezu mystischen Ort und zum Ursprung all jener Theorien geworden, die die US-Regierung der Verschwörung mit den Außerirdischen bezichtigen und gerade in den vergangenen Jahren Stoff für so manchen Film und manche TV-Serie geliefert haben. Denn nach Überzeugung der UFO-Gläubigen hat man nicht nur ein fast **intaktes Raumschiff**, sondern auch vier außerirdische Raumfahrer gefunden, von denen einer noch gelebt haben soll. Die Aliens und ihre Ausrüstung sind aber rasch weggeschafft und schließlich in die geheimnisvolle Area 51 am Groom Lake in Nevada (►S. 364) gebracht worden.

Sehenswertes in Roswell und Umgebung

Auf den Spuren der Aliens

Wer die Wahrheit (?) über die Aliens erfahren will, muss zuerst das **International UFO Museum** and Research Center im Old Plains Theater an der Main Street ansteuern (Öffnungszeiten: tgl. 13.00–17.00 Uhr). Hier trifft sich fachkundiges Publikum und diskutiert über die »garantiert« echten Ausstellungsstücke. Davon hat auch John Price in seinem UFO Enigma Museum weiter draußen an der Main Street nahe der alten Luftwaffenbasis einiges zu bieten (Öffnungszeiten: Sa. bis Mo. 9.30–17.00 und So. 12.00–17.00 Uhr). Wer wissen will, wo das Raumschiff herunterkrachte, rufe unter 505/ 623-4043 auf der Hub Corn Ranch an und vereinbare einen **Besichtigungstermin**, was nur 15 $ kostet.

★ Roswell Museum & Art Center

Für irdische Dinge zuständig ist das in den Dreißigerjahren gegründete Roswell Museum (100 W. Roswell St.). Es zeigt hochinteressante **indianische Artefakte** aus präkolumbischer Zeit und ausgesprochen

ROSWELL ERLEBEN

AUSKUNFT

Roswell Visitor Center
Tel. (505) 624-7704 oder -7705
Fax 624-7712
http://roswellcvb.com

ESSEN

► Erschwinglich

Cattleman's Steak House
2010 S. Main Street
Tel. (505) 623-3500
Hier kann man seit 1974 leckere Steaks zu erschwinglichen Preisen genießen. Das Cattleman's Steak House hat 7 Tage die Woche geöffnet und serviert natürlich verschiedenste Fleischvarianten sowie Suppen und Salate.

► Preiswert

Wienerschnitzel
2407 N. Main Street
Tel. (505) 622-1822
Wer hier gutbürgerliche deutsche Küche erwartet, liegt falsch. Im Wienerschnitzel isst man Hot Dogs!

Tia Juana's Mexican Grille & Cantina
3601 N. Main Street
Tel. (505) 627-6113
www.tiajuanas.net
Hier gibt es nicht nur leckere mexikanische Gerichte, sondern auch Steaks und Fisch. Zu kleinen Preisen ist im Tia Juana's für jeden etwas dabei. Empfehlenswert für Familien!

ÜBERNACHTEN

► Komfortabel

Comfort Inn
3595 N. Main Street
Tel. (505) 623-4567, Fax 623-4848
www.comfortinnroswell.com
Im Comfort Inn Roswell erwarten Sie außergewöhnlich komfortable Räume mit vielen Annehmlichkeiten. Der Aufenthalt in den geräumigen Zimmer bietet die optimale Basis, um die malerische Umgebung zu erkunden.

► Günstig

Fairfield Inn & Suites Roswell
1201 N. Main Street
Tel. (505) 624-1300, Fax 624-1305
Immer frisch, immer sauber, die Fairfield Inn Gästezimmer verfügen über alle erdenklichen Annehmlichkeiten. Hier beginnen Sie den Tag mit einer Gratiszeitung und einem ausgezeichneten Frühstück. Auf ein freundliches Entgegenkommen können Sie sich immer verlassen.

Ramada Limited
2803 W. Second
Tel. (505) 623-9440, Fax 622-9708
Eine preiswerte und komfortable Unterkunft bietet das Ramada Limited. Hier kann man während einer Reise durch den südöstlichen Teil von New Mexico verweilen. Der nächste Flughafen Roswell Industrial Air Center Airport liegt nur 9 Meilen entfernt.

schönes Kunsthandwerk aus der kolonialspanischen Periode. Ein Schwerpunkt der Sammlung sind Arbeiten, die in den Zwanzigerjahren in den Künstlerkolonien von Taos und Santa Fe angefertigt worden sind. Georgia O'Keeffe und Henriette Wyeth sind hier ebenso vertreten wie Peter Hurd und Ernest Blumenschein. Eine Abteilung des Museums ist dem Raketenbauer Robert Hutchins Goddard (1882–1945) gewidmet, der in den Dreißigerjahren in Roswell gearbeitet hat. Eine Sonderausstellung befasst sich mit dem 1972 erfolgreich durchgeführten und bislang letzten Mondlandeunternehmen »Apollo 17« (Öffnungszeiten: Mo. bis Sa. von 9.00–17.00, So. u. Fei. von 13.00–17.00 Uhr).

◂ Robert Goddard Collection

! Baedeker TIPP

Eindeutige Beweise

Wer selbst ein UFO filmen will, der finde sich 9 mi/14 km südöstlich von Roswell auf dem NM 9 an der Abzweigung nach Dexter ein: Dort, an der Midway Sightings Location Site, wo regelmäßig UFOs vorbeikommen, warten die Geschwister Escamilla und verleihen Video-Kameras. Bei Erfolg ist auch eine Analyse des Filmmaterials im Preis von 10 $ eingeschlossen.

Im **S. E. New Mexico Historical Center**, einem 1912 fertig gestellten repräsentativen Wohnhaus eines wohlhabenden Viehzüchters, ist ein **regionalhistorisches Museum** untergebracht. Das Gebäude selbst (200 N. Lea Ave.) ist vom berühmten Architekten Frank Lloyd Wright entworfen worden und inzwischen als nationales Baudenkmal ausgewiesen. Die Räumlichkeiten sind liebevoll restauriert und mit gründerzeitlichem Mobiliar ausgestattet worden (Öffnungszeiten: Fr. bis So. 13.00–16.00 Uhr).

New Mexico Military Institute

Das New Mexico Military Institute (101 W. College Blvd.) gehört zu den besonders **namhaften Ausbildungsstätten der US Army**, aus der schon so manche berühmte Persönlichkeit hervorgegangen ist. Auf dem Gelände dokumentiert das General Douglas L. McBride Military Museum die Militärgeschichte New Mexicos.

Bitter Lake National Wildlife Refuge

Naturliebhaber sollten einen Ausflug in das **Flussniederungsgebiet** am Pecos 15 mi/24 km nordöstlich von Roswell machen. Im Bitter Lake National Wildlife Refuge überwintern zahllose Wasservögel wie Reiher, Kormorane, Pelikane und Schneegänse.

Fort Sumner State Monument

Fort Sumner liegt 84 mi/134 km nördlich von Roswell (via US 285/NM 20). Es war und ist der Ort des Schreckens für die Navajo. Hierher wurden sie 1864 auf dem Langen Marsch getrieben, um im Wüstenreservat beinahe zu Grunde zu gehen. Daran wird im Visitor Center und im **Old Fort Sumner Museum** erinnert.

In Fort Summer wurde auch der legendäre **Billy the Kid** im Alter von nur 21 Jahren erschossen. Er war wegen etlichen Morden zum Tod verurteilt worden und dann geflohen. Sein Grab befindet sich hinter dem Old Fort Sumner Museum, und an sein Andenken erinnert natürlich ebenso ein Museum.

Leased Wire
Associated Press

Roswell Daily Record

RECORD PHONES
Business Office 2288
News Department 2287

Movies as Usual

Claims Army Is Stacking Courts Martial

Indiana Senator Lays Protest Before Patterson

RAAF Captures Flying Saucer On Ranch in Roswell Region

House Passes Tax Slash by Large Margin

Defeat Amendment By Demos to Remove Many from Rolls

Security Council Paves Way to Talks On Arms Reductions

No Details of Flying Disk Are Revealed

Roswell Hardware Man and Wife Report Disk Seen

Ex-King Carol Weds Mme. Lupescu

DIE ALIEN CONNECTION

Was wäre Roswell ohne die Aliens? Ein Wüstenkaff, das keinen Menschen interessiert. Was ist Roswell dank der Aliens? Ein Wüstenkaff, das zum Wallfahrtsort der UFO-Enthusiasten geworden ist.

Alles hat vor über fünfzig Jahren angefangen. Am 24. Juni 1947 begann für die USA offiziell das **UFO-Zeitalter**. An diesem Tag machte Kenneth Arnold am Mount Rainier im Bundesstaat Washington aus seinem Sportflugzeug heraus eine geheimnisvolle Beobachtung: Neun leuchtende, ovale Objekte flitzten mit unwahrscheinlicher Geschwindigkeit an ihm vorbei. Ihre seltsamen Manöver erinnerten ihn »an über Wasser hüpfende Untertassen«. Das Wort von den **fliegenden Untertassen** war geboren, und siehe da, innerhalb weniger Tage häuften sich die Meldungen über große leuchtende Untertassen, die gar in Scharen und nächtelang für jedermann sichtbar über den Himmel hüpften. Bereits am 8. Juli 1947 erreichte die UFO-Welle ihren Höhepunkt.

Ort des Geschehens war Roswell, New Mexico, das als größte Attraktion bis dato mit der **509. Bombergruppe** der US Army Air Force aufwarten konnte. Am 8. Juli aber meldete sich – auf Befehl seines Vorgesetzten Col. Blanchard – aus eben dieser Einheit Presseoffizier Lt. Walter G. Haut mit einem Statement zu Wort: »... dank der Zusammenarbeit mit einem ortsansässigen Rancher und dem Sheriff von Chaves County ist es dem Sicherheitsdienst der 509. Bombergruppe gelungen, in den Besitz einer fliegenden Scheibe zu gelangen ... In einer sofortigen Aktion wurde die Scheibe geborgen und im Roswell Army Airfield untersucht. Anschließend wurde sie dann an höhere Dienststellen weitergeleitet.« Damit war die **Lawine** losgetreten, und es nützte auch nichts mehr, dass Lt. Haut kurz nach seinem Statement zum Schweigen verurteilt wurde.

Reste eines abgestürzten Raumschiffs

Was war nun geschehen? Verlässliche Zeugen, die durch noch verlässlichere Zeugen von der Sache wussten, rekonstruieren heute Folgendes:

Am 5. Juli 1947 findet der Rancher William MacBrazel in Begleitung des Nachbarsohnes Timothy Proctor auf seinem Grund einen mehrere hundert Meter langen und ebenso breiten **Streifen**, übersät mit Trümmern, die ihn an ein in der Luft explodiertes

Die Tageszeitung in Roswell titelt am 4. Juli: »Roswell Army Airfield beschlagnahmt fliegende Untertasse auf Ranch bei Roswell«

Flugzeug denken lassen. Er sammelt einige Stücke ein und zeigt sie zu Hause seinen Nachbarn. Diese informieren Sheriff Wilcox, der wiederum die Roswell Army Air Force Base alarmiert. Von dort aus macht sich Sicherheitsoffizier Jesse A. Marcel auf, um die Trümmer zu untersuchen. Er findet ihm unbekanntes, balsaholz-, folien- und pergamentartiges Material und bringt es zur Basis. Die dort versammelten Offiziere, gestandene Experten in Materialkunde, erheben die Trümmer zu den Resten eines abgestürzten Raumschiffs – wo doch gerade so viele herumschwirrten.

Das UFO verschwindet

Wo aber war es bloß geblieben? Auch diese Frage kann schlüssig beantwortet werden – jedenfalls von **UFO-Forschern**. Sie wissen genau, dass der Absturz schon am 4. Juli am Radar verfolgt worden ist. Nachdem das UFO in der Luft explodiert war und seine Trümmer auf MacBrazels Ranch verteilt hatte, krachte es hundert Kilometer weiter in die Wüste, wo es die Army – **inklusive vier Mann (?) Besatzung** – am 7. Juli barg. Zufällig anwesende Archäologen seien unter Gewaltandrohung zum Schweigen verpflichtet, das UFO mitsamt Besatzung (tot, 90–120 cm groß, grau) nach Roswell geschafft und zwischengelagert worden. Zur weiteren Untersuchung habe man alles zur **Luftwaffenbasis Wright Field** in Ohio gebracht, wo der außerirdische Ursprung eindeutig verifiziert worden sei. Diese Geschichte wird nur unwesentlich getrübt durch die Abwesenheit von untermauernden Fakten – kein Wunder, schließlich ist die ganze Sache supergeheim.

Presseoffensive der Air Force

Deshalb musste auch Lt. Hauts Statement vom 8. Juli relativiert werden. Die Air Force trat zur Presseoffensive an. Noch am selben Tag führte sie Reportern die **Reste eines Wetterballons** vor und vermied peinlichst die Rede von einer fliegenden Untertasse. Dummerweise wog ein solcher Ballon nur ca. 1 kg, selbst für Aliens von 90–120 cm Größe eine recht enge Unterkunft. Flugs bezeichnete man die Teile als Reste einer wesentlich größeren, sog. Rawin-Wetterbeobachtungssonde. Ein solches Gerät hatte die passenden Maße und konnte viel eher für ein UFO gehalten werden.

Offizielle Erklärungen

Eine derartig professionelle Pressarbeit stiftete natürlich mehr **Verwirrung** als Klarheit und gibt noch heute ein gefundenes Fressen für alle Ufologen ab. Tatsächlich tut sich die US-Regierung nicht unbedingt leicht mit ihren Roswell-Erklärungen: 1994 de-

Im Little A'le'Inn kann man freilich auch einfach nur Kaffee trinken.

klarierte sie die Trümmer als Reste des streng geheimen **Mogul-Projekts**, bei dem es sich um riesige Ballons gehandelt hat, mit denen man in großen Höhen nach Spuren sowjetischer Nukleartests forschte. Damit nicht genug, schob die Regierung 1997, zum fünfzigsten Jahrestag des Roswell Incident, die bislang kurioseste Version nach: Demnach habe die Luftwaffe in dieser Gegend **Fallschirmversuche** mit Testpuppen durchgeführt, die natürlich nicht unbedingt wie Menschen ausgesehen hätten. Später hätten sich Mutige selbst an Fallschirmen in die Tiefe gestürzt und seien dabei etwas ramponiert worden – so jemanden könne man doch leicht für einen UFOnauten halten.

3000 Dollar »Fangprämie« für UFO-Trümmer oder Außerirdische beflügelten nicht nur die Ufologen.

Verschwörungstheorie

Jedenfalls glaubt kein ernsthafter UFO-Forscher diese Geschichten. Vielmehr weiß er, dass eine ungeheuerliche Verschwörung im Gange ist, gesteuert von **Majestic 12**, einer direkt dem Präsidenten unterstellten Gruppe hochrangiger Militärs, Wissenschaftler und Politiker, die bereits am 29. September 1949 gegründet wurde und seitdem die Forschung über und die Zusammenarbeit mit den Aliens koordiniert und vor dem Rest der Welt geheim hält. So geheim ist diese Gruppe, dass man nur weiß, wo sie im Geheimen wirkt, nämlich 130 km nördlich von Las Vegas in der zur Nellis Air Force Base gehörenden Area 51 am ausgetrockneten **Groom Lake**. Dort werkeln Majestic 12, tote und lebende Aliens zusammen und lassen ab und zu eine fliegende Untertasse los, was von den wachsamen UFO-Forschern natürlich sofort registriert wird. Ihr Stützpunkt ist das Little A'le'Inn in Rachel, wenige Kilometer von der Basis am **Extraterrestrial Highway**. Die Wirtsleute Pat und Joe Travis geben gern Auskunft über die genauen Abflugzeiten und die besten Beobachtungsplätze.

Der Beweis

Was immer man davon halten mag: Es gibt tatsächlich einen unumstößlichen Beweis für die **Alien Connection**, und jeder Tourist kann sie vor Ort überprüfen. Ob in Roswell im UFO-Museum oder im Little A'le'Inn – irgendwie schaffen es die Männchen aus dem Weltall, viele Dollars in die Kasse zu zaubern. An der Gegend kann es ja schließlich nicht liegen.

★ Santa Fe

Q 8

Region: North Central
Einwohnerzahl: 63 000
Höhe: 2130 m ü. d. M.
Telefonvorwahl: 505

Keine andere Stadt im Südwesten ist derart von indianischer und spanischer Kultur geprägt wie Santa Fe. Mit acht großen Museen und einer Unmenge von Kunstgalerien gehört die Stadt zu den führenden Zentren von Kunst und Kultur in den USA. Aber auch das angenehm trockene Höhenklima sowie die landschaftlich herrliche Umgebung mit einigen interessanten Indianer-Pueblos machen den Besuch von Santa Fe zu einem Muss.

Ski fahren

Santa Fe, zweitälteste Stadt der USA (die älteste ist St. Augustine, Florida) und Hauptstadt des Bundesstaates New Mexico, liegt am Santa Fe River, einem Zufluss des Rio Grande, am Südwestabfall der Sangre de Cristo Mountains, an dessen Hängen Wintersport möglich ist.

Geschichte

Bereits vor Ankunft der Spanier im Jahre 1542 existierte eine stattliche Siedlung der Pueblo-Indianer. 1609 gründete der spanische Gouverneur Don Pedro de Peralta die Stadt Santa Fe de San Francisco de Asis, die alsbald das geistliche und weltliche Zentrum der spanischen Kolonie Neu-Mexiko wurde. Auch nach der Loslösung Mexikos von Spanien 1821 blieb Santa Fe weiterhin die Kapitale von Neu Mexiko und entwickelte sich zum bedeutenden Handelsstützpunkt und Verkehrsknoten. Sie war Endpunkt des **Santa Fe Trail**, der vom Missouri bei Kansas City ins Tal des Rio Grande führte, und Ausgangspunkt des Old Spanish Trail, auf dem Siedler nach Los Angeles zogen. Während des Amerikanisch-Mexikanischen Krieges fiel Santa Fe praktisch kampflos an die Vereinigten Staaten von Amerika und wurde sogleich zum Hauptort des neu geschaffenen US-Territoriums New Mexico. Die Eröffnung der Santa Fe Railroad im Jahre 1880 beflügelte die wirtschaftliche Entwicklung der Stadt und ihres Umlandes erheblich. In den ersten Jahren des 20. Jh.s entdeckten Künstler und Schriftsteller Santa Fe. Danach erfasste der Tourismus die Stadt, und es entstanden zahlreiche neue Hotels, Restaurants und Galerien.

> **? WUSSTEN SIE SCHON ...?**
>
> - ... dass Adobeziegel, aus denen die meisten Häuser in der Innenstadt von Santa Fe gebaut sind, Temperaturgegensätze ausgleichen und für eine hervorragende Wärmeisolierung sorgen? Diese Eigenschaft ist im Höhenklima von Neu-Mexiko mit seinen extremen Temperaturschwankungen besonders günstig.

Einzigartige Atmosphäre

Indianische, anglo-amerikanische, vor allem aber die Einflüsse der spanisch-mexikanischen Kultur geben Santa Fe noch heute eine einzigartige Atmosphäre. Wunderschön anzusehen ist der **vorbildlich er-**

haltene und restaurierte Stadtkern: Malerische Straßen und Gässchen, niedrige Adobebauten aus gelbbraunem Lehm, ausgesprochen schöne Sakralbauten der spanischen Kolonialzeit prägen sein Bild. Daneben gibt es auch Amerika, wie man es kennt: Fast-Food-Stationen, neonbunte Hotels, Motels und riesige Shopping-Malls an den Ausfallstraßen.

Zentrum kolonialspanischer Kultur

In erster Linie ist Santa Fe aber das Zentrum kolonialspanischer Kultur in Nordamerika schlechthin. Die massive **Adobe-Missionskirche** San Miguel steht – damals wie heute – als Symbol für den Einfluss der spanischen Architektur auf den Baustil Neu-Mexikos. Viele spanische Siedlungen und indianische Pueblos wurden seither nach ihrem Vorbild errichtet. Dabei verwendete man Adobe-Ziegel, sonnengetrocknete Backsteine aus Lehm und Stroh. Dieser Baustoff gab einem ganzen Baustil den Namen, der sich durch eine gedrungene Bauweise und abgerundete Formelemente auszeichnet. Andererseits übernahmen die Indianer auch architektonische Elemente von den Spaniern, vor allem den **»horno«**, einen im Freien stehenden Lehmbackofen maurischen Ursprungs, der wie ein zu groß geratener Bienenstock aussieht.

Auch die Formen, Farben und Motive des Kunsthandwerks lassen indianische und spanische Einflüsse erkennen. Doch im Laufe der Zeit entwickelten die hiesigen Kunstschaffenden auch eigene Stile und Techniken. Besonders gut lässt sich dies in der Schnitzkunst, bei der

Moderne Adobe-Architektur schmückt The Inn at Loretto.

Santa Fe Orientierung

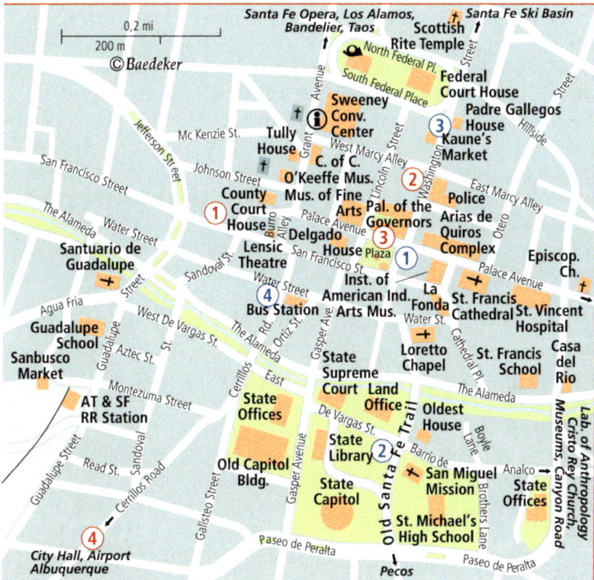

Übernachten

1. Eldorado
2. Inn of the Anasazi
3. Inn of the Governors
4. Fairfield Inn

Essen

1. Café Escalera
2. The Pink Adobe
3. Santacafe
4. La Cantina

Gestaltung von Möbeln, bei Textilien, Flechtwerk und natürlich auch beim Schmuck nachvollziehen. Die Arbeiten sind heute der lebendige Beleg für die Bedeutung und Eigenständigkeit der modernen Kunst des amerikanischen Südwestens.

Plaza und Umgebung

★ **Plaza**

Der historische und nach wie vor **geschäftige Mittelpunkt** von Santa Fe ist die 1610 angelegte Plaza. Hier endete einstmals der berühmte Santa Fe Trail, was ein Denkmal an der Südostecke des Platzes markiert. Das Soldiers Monument (1867) in der Platzmitte erinnert an die im amerikanischen Bürgerkrieg gefallenen Soldaten. Die Plaza bietet das ganze Jahr über ein buntes Bild, besonders festlich und lebendig geht es hier aber beim Indian Market, beim Spanish Market und bei der Fiesta de Santa Fe zu.

★ **Palace of the Governors**

Die Nordseite der Plaza beherrscht der festungsartige Palace of the Governors, der 1610 begonnen und 1614 fertig gestellt worden ist. Er ist damit das **älteste Regierungsgebäude** Nordamerikas. Hier walteten die spanischen und später mexikanischen Gouverneure von Neu-Mexiko ihres Amtes, und natürlich zog auch der oberste Regierungsvertreter der USA ein, bis ein neues Kapitol gebaut war. Im Jahre 1880 verfasste Gouverneur Lewis Wallace hier einen Teil seines berühmten Romans »Ben Hur«. Vor dem Portal bieten bunt gekleidete Indianer aus umliegenden Pueblos ihre Handwerksprodukte an. ✶ Heute ist der Gouverneurspalast Zweigmuseum des Museum of New Mexico. Eine umfangreiche Ausstellung beleuchtet die **Geschichte Neu-Mexikos** von der prähistorischen Zeit bis zur Gegenwart. Außer Gegenständen aus indianischer, spanischer oder der Zeit der Cowboys und Postkutschen können auch die ehemaligen Amtszimmer der spanischen und US-Gouverneure besichtigt werden (Öffnungszeiten: März bis Dez. tgl. 10.00–17.00 Uhr, Jan. und Feb. tgl. außer Mo. zu denselben Zeiten).

Museum of New Mexico ►

SANTA FE ERLEBEN

AUSKUNFT

Santa Fe Chamber of Commerce
8380 Cerrillos Rd. 302
Tel. (5 05) 9 83-73 17
www.santafe.org

KUNSTHANDWERK

Die meisten Galerien konzentrieren sich um die Plaza, in der Canyon Road und der Guadalupe Street. Gute Adressen: die Nedra Matteucci's Fenn Galleries (1075 Paseo de Peralta) mit Arbeiten bedeutender Künstler New Mexicos sowie Werken der Taos-Künstlerkolonie, die Contemporary Southwest Galleries (123 West Palace Ave.) mit zeitgenössischer Kunst, die Elaine Horwitch Gallery mit Kunst des Südwestens (Keramik, Holz, Glas, Schmuck) und die Morning Star Gallery (513 Canyon Road) mit indianischer Kunst.

VERANSTALTUNGEN

Drei jährliche Höhepunkte finden auf der Plaza statt: der Spanish Market (mexikanischer Kunst- und Handwerksmarkt; Ende Juli), der Indian Market (u. a. Keramik, Schmuck, Webereien, Schnitzkunst; 3. Augustwochenende) und La Fiesta de Santa Fe, das spektakulärste Ereignis, das zum Gedenken an die Rückeroberung der Stadt von den Indianern im Jahre 1692 mit Musik, Tanz, Paraden und Kostümen begangen wird (1. Montag im September).

ESSEN

► Fein & Teuer

① *Café Escalera*
130 Lincoln Ave.
Tel. (5 05) 9 89-81 88
Eine der besten und teuersten Adressen New Mexicos ist das »Café Escalera«, dessen kreative Küche nicht nur bekannte amerikanische Gerichte zubereitet, sondern auch vielerlei Genüsse, die man aus dem Mittelmeerraum kennt; auch für Vegetarier.

② *The Pink Adobe*
406 Old Santa Fe Trail
Tel. (5 05) 9 83-77 12
Nobelrestaurant in einem 350 Jahre alten Adobe-Bauwerk. In wunderschönem Ambiente genießt man »Steak Dunnigan«, »Porc Napoléon«, »Poulet Marengo« oder Kreationen der Southwestern Cuisine.

► Erschwinglich

③ *Santacafe*
231 Washington Ave.
Tel. (5 05) 984-17 88
Elegantes Restaurant, das Fleisch- und Fischgerichte in historischem Ambiente serviert.

▸ Preiswert

④ ***La Cantina***
132 W. Water Str.
Tel. (5 05) 9 83-16 15
Das Restaurant mit mexikanischer Küche befindet sich auf der Dachterasse des »Coyote Cafes« und ist nur von April bis Oktober geöffnet.

ÜBERNACHTEN

▸ Luxus

① ***Eldorado***
309 W. San Francisco St.
Tel. (5 05) 9 88-44 55, Fax 9 88-44 55
www.eldoradohotel.com
Die Nobelherberge gehört zu den besten Adressen im amerikanischen Südwesten. Außerdem gilt das Hotel als architektonisches Musterbeispiel des Pueblo Revival.

② ***Inn of the Anasazi***
113 Washington Ave.
Tel. (5 05) 9 88-30 30, Fax 9 88-32 77
www.innoftheanasazi.com
Das unweit der Plaza gelegene Hotel im Adobe-Stil ist sehr geschmackvoll eingerichtet. Eine besondere Note erhält das Haus durch die wunderschönen Arbeiten lokaler Künstler bzw. indianischer Kunsthandwerker.

▸ Komfortabel

③ ***Inn of the Governors***
101 West Alameda
Tel. (5 05) 9 82-43 33, Fax 9 89-91 49
www.innofthegovernors.com
Das gepflegte Mittelklassehotel ist Reisenden zu empfehlen, die Wert auf eine gute Küche legen. Im hoteleigenen Restaurant »Mañana« wird man garantiert nicht enttäuscht.

▸ Günstig

④ ***Fairfield Inn***
4150 Cerrillos Road
Tel. (5 05) 4 74-44 42
Das Hotel liegt in der Nähe des Flughafens. Saubere, freundliche Zimmer.

Santa Fe gilt als Stadt der Künstler.

★ Museum of Fine Arts

Das Museum of Fine Arts gegenüber vom Gouverneurspalast ist schon als Gebäude eine Sehenswürdigkeit für sich, denn es ist das erste im sog. **Pueblo Revival Style** errichtete Bauwerk der Stadt und wurde 1917 fertig gestellt. Die Sammlung umfasst mehrere tausend Arbeiten von Künstlern, die sehr mit dem amerikanischen Südwesten verbunden waren bzw. noch sind. Darunter befinden sich natürlich auch Werke von Amado Peña, R.C. Gorman und Georgia O'Keeffe. Ferner kann man hier Meisterwerke der Fotografie des 20. Jh.s bewundern, darunter von Ansel Adams. In zwei Skulpturengärten sind Arbeiten moderner Künstler zu sehen (Öffnungszeiten: Di. bis So. 10.00–17.00 Uhr).

Rund um die Plaza wird Kunsthandwerk feilgeboten.

★ La Fonda Hotel

An der Südostecke der Plaza, am Ende des Santa Fe Trail, steht das La Fonda Hotel. Als 1821 die ersten amerikanischen Pioniere nach Santa Fe kamen, fanden sie hier ein kleines Gasthaus, das alsbald um einen Saloon und ein Spielkasino erweitert wurde. Wichtige **Gestalten der damaligen Zeit** wie General Ulysses S. Grant und General William Tecumseh Sherman logierten im La Fonda. 1920 wurde das alte Gasthaus durch einen imposanten großen Gebäudekomplex im Pueblo Revival Style ersetzt.

★ Georgia O'Keeffe Museum

1997 wurde in Santa Fe das Georgia O'Keeffe Museum zu Ehren der großen Künstlerin (►Berühmte Persönlichkeiten) eröffnet. Über 100 wichtige Arbeiten der Malerin sind zu sehen. Georgia O'Keeffe kam 1917 das erste Mal nach New Mexico und ließ sich 1949 endgültig im **»Land des Lichts«** nieder. Die Kunstsammlung ist in einem bemerkenswerten, vom New Yorker Architekten Gluckman umgestalteten Lehmziegelbau in der Johnson Street wenig nordwestlich der Plaza untergebracht (Öffnungszeiten: Di. bis So. 10.00–17.00 Uhr).

Palace Avenue

Von der Plaza führt die Palace Avenue nach Südosten weg. Sie ist gesäumt von einigen eindrucksvollen Bauten, so beispielsweise die 1840 errichtete **Prince Plaza**, die seinerzeit der Mittelpunkt des gesellschaftlichen Lebens der Stadt gewesen ist. Die schmucke Sena Plaza, die sich ein Bürgerkriegsmajor erbauen ließ, beherbergt heute Boutiquen und kunsthandwerkliche Galerien.

★ St. Francis Cathedral

Auf der Palace Avenue kommt man zur nach dem Schutzheiligen von Santa Fe benannten Kathedrale. Sie ist 1869–1884 an der Stelle mehrerer Vorgängerbauten in **neoromanischem Stil** errichtet worden. In der nördlichen Seitenkapelle befindet sich »La Conquistadora«, eine wunderschöne Marienstatue, die wohl um das Jahr 1625 entstanden ist und seit 1992, als die 500. Wiederkehr der Entdeckung Amerikas durch Kolumbus gefeiert wurde, den Beinamen »Our Lady of Peace« trägt. Vor dem Hauptportal erinnert ein Standbild an Erzbischof Jean Baptiste Lamy, auf dessen Anregung das heutige Gotteshaus errichtet worden ist. Im nahe gelegenen **Catholic Museum** (223 Cathedral Place) wird die Geschichte des Katholizismus in Neu-Mexiko beleuchtet.

Südlich der Plaza

Loretto Chapel

Von der Plaza führt der Old Santa Fe Trail nach Süden. Gleich hinter dem La Fonda Hotel steht die kleine, 1878 in **neugotischem Stil** erbaute Loretto Chapel. Auf die Empore führt die spiralförmige »Miraculous Staircase« (dt. = wunderbare Treppe), – eine hölzerne Wendeltreppe ohne jegliche Stützen mit 33 Stufen und zwei 360-Grad-Wendungen.

★ Barrio de Analco

Nach dem Überqueren des meist einem Rinnsal ähnelnden Santa Fe River kommt man ins Barrio de Analco, das im 17. Jh. aufgebaut worden ist. Einige der alten Bauten hat man in den letzten Jahren liebevoll restauriert. Links sieht man bald einen Lehmziegelbau, der angeblich schon im frühen 13. Jh. errichtet worden ist. Er gilt bis zur Stunde als **ältestes Haus der USA** und beherbergt heute einige Souvenirgeschäfte und ein Restaurant. Südlich gegenüber steht eines der **ältesten Gotteshäuser der USA**. Die Mission of San Miguel wurde von 1610 an von mexikanischen Tlaxcala-Indianern, die mit den Spaniern hierher kamen, über alten indianischen Felsbehausungen errichtet. Das Gebäude wurde während der Revolte der Puebloindianer 1680 zerstört, aber 1710 wieder aufgebaut. Der Hochaltar ist Ende des 18. Jh.s entstanden. Er zeigt u. a. ein Bildnis der hl. Gertrud (1256–1302), Mystikerin und Äbtissin des Benediktinerinnenklosters in Eisleben. Andere Schätze der Kirche sind die San Jose Bell, 1356 in Spanien gegossen, sowie Büffellederhäute mit biblischen Szenen.

? WUSSTEN SIE SCHON ...?

- ... dass die spiralförmige Treppe in der Loretto Chapel vom hl. Joseph höchstpersönlich quasi in Auftrag gegeben oder sogar selbst angefertigt wurde? Niemand konnte die Wendeltreppe bauen, deshalb beteten die Nonnen zu ihrem Schutzheiligen St. Joseph. Am neunten und letzten Tag, so besagt die Legende, erschien ein mysteriöser Zimmermann, der die »Miraculous Staircase« errichtete. Anschließend verschwand er, ohne einen Lohn für seine Arbeit zu verlangen. Seine Identität blieb ungeklärt.

★ ◄ Mission of San Miguel

State Capitol

Unweit südwestlich von San Miguel erreicht man das 1966 fertig gestellte State Capitol. Die Architekten dieses **bemerkenswerten Rundbaus** ließen sich von den Kivas der Pueblo-Indianer inspirieren.

Westlich der Plaza

Guadalupe Street

Im Westen des Stadtzentrums verläuft die Guadalupe Street. Noch Ende des 19. Jh.s befand sich hier das wirtschaftliche Zentrum der Stadt: Hier endete der **Camino Real**, der Mexiko-Stadt mit Santa Fe verband, und hier endet auch heute noch die Haupttrasse der Santa Fe Railroad.

★ **Santuario de Nuestra Señora de Guadalupe**

Das Gotteshaus Santuario de Nuestra Señora de Guadalupe mit schönem Hochaltar und beachtenswerten Gemälden wurde 1796 zu Ehren der **Schutzpatronin von Mexiko** errichtet. Sie ist in einem 1783 vom mexikanischen Künstler José de Alzibar geschaffenen Wandgemälde dargestellt. Die Kirche ist der älteste Ort in Nordamerika, an dem die mexikanische Nationalheilige verehrt wird.

Old Railroad Depot

Im alten Eisenbahndepot wird die ruhmreiche Geschichte der Santa Fe Railroad wieder lebendig.

Im Osten und Südosten

Canyon Road

Die östlich abseits des Stadtzentrums verlaufende Canyon Road ist bereits vor der Ankunft der Europäer eine wichtige Pueblo-Indianer-Route über die Berge gewesen. Mit über 100 Galerien und Geschäften ist sie das **Herzstück der Künstlerkolonie** von Santa Fe. Die Gypse Alley ist eine anheimelnde Handwerksgasse, deren bunte Geschäfte europäischen Charme verströmen. Ganz am Ende der Canyon Road erreicht man die Cristo-Rey-Gedächtniskirche, die 1940 aus 200 000 Adobe-Ziegeln errichtet wurde.

Museum Plaza am Camino Lejo

Wer immer an indianischer Kultur interessiert ist, sollte die drei im Südosten der Stadt als Museum Plaza zusammengefassten Museen am Camino Lejo aufsuchen.

★ Museum of Indian Arts and Culture ►

Das Museum of Indian Arts and Culture (710 Camino Lejo; Öffnungszeiten: Di. bis So. 10.00–17.00 Uhr) befasst sich mit den Stämmen New Mexicos und zeigt zahlreiche Stücke der Navajo, Apachen, Hopi und Pueblo-Indianer. Laufend demonstrieren Stammesangehörige **handwerkliche Techniken**.

★ Museum of International Folk Art ►

Das Museum of International Folk Art gehört zu den größten **ethnografischen Museen** der USA, und entsprechend ist die Bandbreite der ausgestellten Objekte, wobei der Schwerpunkt auf dem amerikanischen Doppelkontinent liegt. Sehr ausgefallen und selten in dieser Vielfalt ist die Sammlung von Spielzeug aus aller Welt (706 Camino Lejo; Öffnungszeiten: Di. bis So. 10.00–17.00 Uhr).

Wheelwright Museum of the American Indian

Das ursprünglich nur als Museum für die Navajo-Kultur gedachte – und deswegen in Form eines Navajo-Hogans erbaute – Wheelwright Museum widmet sich mittlerweile sämtlichen **indianischen Kulturen Nordamerikas** (704 Camino Lejo; Öffnungszeiten: Mo. bis Sa. 10.00–17.00, So. 13.00–17.00 Uhr).

Umgebung von Santa Fe

El Rancho de las Golondrinas

Wie es auf einer kolonialspanischen Hacienda im 18. und 19. Jh. zuging, erlebt man im **Freilichtmuseum** Las Golondrinas. Es gehört zwar noch zum Stadtgebiet, liegt aber 15 mi/24 km südlich vom Zentrum (334 Los Pinos Rd.; Öffnungszeiten: Juni bis Sept. Mi. bis So. 10.00–16.00 Uhr). Zu sehen gibt es u. a. einen alten Laden, ein Schulhaus und eine Melassemühle.

✶ Turquoise Trail

Der NM 14, die bei Exit 278 vom I-25 Richtung ► Albuquerque abzweigt, ist als Turquoise Trail bekannt. Man passiert die rostigen Minenstädtchen Cerrillos und Madrid, wo man im Old Coal Mine Museum erfährt, wie hart das Leben der Bergleute war und gleich nebenan in der Madrid's Mine Shaft Tavern noch **Wildwestatmosphäre** schnuppern kann. Über San Antonio und den NM 536 gelangt man zum 3100 m hohen Sandia Crest. Vom Gipfel bietet sich ein atemberaubender Rundblick.

15 mi/24 km östlich von Santa Fe erreicht man via I-25 das Pecos National Monument, die Reste eines im 14. Jh. erbauten **Pueblos**, das schon der Spanier Vásquez de Coronado beschrieben hat.

> **! *Baedeker* TIPP**
>
> **Capulin Volcano National Monument**
>
> Trauen Sie sich, in einen Vulkankrater hinabzusteigen? Im Capulin Volcano National Monument, 28 mi/45 km östlich von Raton, können Sie's probieren. Vom Visitor Center unterhalb des Kraters führt eine gewundene, manchmal nicht passierbare Straße hinauf zum 2500 m hoch liegenden Kraterrand, von dem aus man ca. 30 m tief in den Schlund des Vulkans hinabklettern darf. Ganz nebenbei: Das letzte Mal ist er vor 10 000 Jahren ausgebrochen.

Pueblos

Von den Pueblos im Norden von Santa Fe (über US 84/285, Exit Española) sind das **San Ildefonso Pueblo**, wo die Black-on-Black-Keramik entwickelt wurde, und das **San Juan Pueblo** am interessantesten. Letzteres ist der Hauptort der acht Tiwa sprechenden Pueblos und liegt genau gegenüber der ersten spanischen Gründung in Neu-Mexiko, San Gabriel. Hier wird rote Keramik hergestellt. Zum Gebiet des Santa Clara Pueblo gehören auch die Puye Cliff Dwellings 11 mi/18 km westlich der Ortschaft. Hier erhebt sich 60 m über dem Santa Clara Canyon die Ruine eines Anasazi-Pueblos mit 740 Räumen, das vom 14. bis zum 16. Jh. bewohnt war.

Northeast Region

Nordöstlich von Santa Fe erstreckt sich die Northeast Region mit dem größten Ort Las Vegas, Namensschwester der weltbekannten Spielermetropole in Nevada. Von hier aus kann man auf den Spuren des Santa Fe Trail die **kargen Prärien** im Nordosten von New Mexico erkunden. Ein geschichtsträchtiger Ort entlang des Trails ist Fort Union, die im 19. Jh. **größte Militäranlage** im Südwesten. Das Fort wurde 1851 zum Schutz des Santa Fe Trail erbaut und 1861 während des Bürgerkriegs erheblich erweitert.

◄ Fort Union National Monument

Cimarron ✶ »Cimarron« ist spanisch und bedeutet »wild und ungezähmt« – und genau so ging es zu im **Wildweststädtchen** 41 mi/65 km südwestlich von Raton am US 64: Cimarron war nicht nur eine wichtige Zwischenstation auf dem Santa Fe Trail, sondern einer der berüchtigsten Orte des Wilden Westens. Alles was im Westen Rang und Namen hatte – Buffalo Bill, Annie Oakley, Wyatt Earp, Kit Carson oder Jesse James – hat schon am Tresen des heute noch existierenden St. James Hotel gelehnt. Im **Old Mill Museum** lebt diese unruhige Zeit wieder auf. Die Mühle ließ der Rinderbaron Lucien Maxwell bauen, dem damals praktisch der ganze Nordosten New Mexicos gehörte. Unweit westlich der Stadt kann man den wildromantischen und ziemlich engen Cimarron Canyon erkunden.

Fort Union war einst die größte Festung im Südwesten.

Wenige Autominuten südlich von Cimarron liegt die Philmont Scout Ranch, auf der sich jedes Jahr mehrere tausend amerikanische Pfadfinder treffen. Im Sommer haben das Herrenhaus der Ranch und das **Philmont Museum** über den Gründer der Boy Scouts of America geöffnet.

Kit Carson Museum ► Auf die Spuren Kit Carsons (► Berühmte Persönlichkeiten) begibt man sich 7 mi/11 km weiter südlich der Pfadfinderranch im Kit Carson Museum von Rayado – geöffnet ist aber nur von Juni bis August.

✶ Silver City

N 11

Region: Southwest
Einwohnerzahl: 11 500
Höhe: 1797 m ü. d. M.
Telefonvorwahl: 505

Wer nach Silver City kommt, kann noch ein wenig Wildwest-Atmosphäre spüren. Liebevoll restaurierte viktorianische Ziegelbauten im Stadtzentrum erinnern noch an den Silberboom des 19. Jh.s. Die Stadt ist ein guter Ausgangspunkt für Ausflüge in die Umgebung.

Geschichte Das alte Bergbaustädtchen Silver City liegt an den Hängen der von Pinienwald bedeckten Pinos Altos Range. Schon lange vor der Ankunft der Europäer haben die Indianer in der Umgebung der heutigen Stadt erfolgreich nach **Türkis** gesucht, im frühen 19. Jh. stießen spanische Siedler auf reiche **Kupfervorkommen**. Doch 1870 fand man **Silber**, was zu einem enormen Aufschwung führte. Man leistete sich unverzüglich neueste technische Erungenschaften wie Telefon und elektrisches Licht. Der jähe Absturz des Silberpreises im Jahre 1893 wirkte sich zumindest vorübergehend lähmend auf die weitere Entwicklung aus, doch die Stadt erholte sich, und heute ist Silver City Mittelpunkt einer Landschaft, in der nach Kupfer-, Silber-, Gold- und Zinkerz gegraben wird. Das **angenehm trockene Klima** hat in den letzten Jahren auch viele Ruheständler nach Silver City gebracht. Der Silberboom zog natürlich auch zwielichtige und sonderbare Gestalten an, so etwa den Outlaw Butch Cassidy (► Berühmte Persönlichkeiten) und den Richter Roy Bean. Der später in weitem Umkreis gefürchtete Bandit Billy the Kid (► Berühmte Persönlichkeiten) ist hier aufgewachsen.

Sehenswertes in Silver City

Historic Downtown

Downtown Silver City ist eine hübsche Ansammlung von Backsteinbauten aus den 1870er- und 1880er-Jahren. Mitten durch zieht der Big Ditch: 1895 hat eine verheerende Flutwelle die Hauptstraße ausgespült und einen mehrere Meter tiefen Graben geschaffen, der später als Parkanlage gestaltet worden ist. An seiner Ostseite steht noch die **Hütte von Billy the Kid**. Auf dem Friedhof der Stadt ist seine Mutter Catherine McCarty begraben.

Silver City Museum

Im Silver City Museum, in einem stattlichen Gebäude aus dem 19. Jh. untergebracht, kann man sich mit der **Geschichte der Stadt** und ihrer Umgebung vertraut machen. Die Palette der ausgestellten Gegenstände reicht von Töpferware indianischer Ureinwohner bis zu Bergbau-Utensilien und zu Wohnungseinrichtungen aus viktorianischer Zeit (Öffnungszeiten: Di. bis Fr. 9.30–16.30, Sa. und So. 10.00–16.00 Uhr).

University Museum

Das Museum der 1893 gegründeten Western New Mexico University ist bekannt für seine großartige Kollektion **altindianischer Töpferware** der Mogollon-Kultur, die bis ins 8. Jh. zurückreicht.

Im Norden von Silver City

Gila National Forest

Nördlich von Silver City bedeckt der urwüchsige Gila National Forest die bis 3320 m ü. d. M aufragenden Berge der Mogollon Mountains und Elk Mountains. In dieser **kaum berührten Landschaft** leben noch zahlreiche Berglöwen, Bären und Hirsche, und an den Flussläufen sind noch etliche Biber aktiv.

Pinos Altos

Gut 5 mi/8 km nördlich von Silver City liegt die Geisterstadt Pinos Altos, die in der Blütezeit des Silberbooms gegründet worden ist. Beachtenswert sind das örtliche Museum sowie die Ende des 19. Jh.s im Adobestil erbaute und vom Zeitungsmagnaten Hearst finanzierte Methodistenkirche.

✶ Gila Cliff Dwellings

Besonders aber lohnt sich die Weiterfahrt auf der NM 15 in nördlicher Richtung durch die herrliche Gebirgslandschaft und vorbei an den Thermalquellen von Gila Hot Springs. Wenig später erreicht man nach 45 mi/72 km Fahrt von Silver City das Gila Cliff Dwellings National Monument (Visitor Center, Öffnungszeiten: im Sommer tgl. 8.00–19.00 Uhr, im Winter 9.30–17.00 Uhr), die hervorragend erhaltenen **einstigen Behausungen** einer Gruppe von Mogollon. Dieser altindianische Volksstamm hat vom 1. Jh. n. Chr. bis ins 13. Jh. in dieser Gegend gelebt. Gleich neben dem Visitor Center sind noch Reste von Grubenwohnungen aus dem 1.–4. Jh. sowie Ruinen adobeähnlicher Bauten aus der Zeit bis zum 10. Jh. zu sehen. Vom Center führt ein Rundweg zu den hoch über der Schlucht des Gila River klebenden Wohnbauten, die bis ins 13. Jh. bewohnt waren. Das gesamte Mauerwerk wird mit Kalkmörtel zusammengehalten.

! *Baedeker* TIPP

Catwalk Trail

Wer gut zu Fuß ist und sich auch den einen oder anderen Klettersteig zutraut, kann die wunderschöne Hochgebirgswelt der Mogollon und San Juan Mountains auf dem Catwalk Trail erkunden. Der stellenweise halsbrecherische Wanderpfad in den Whitewater Canyon ist von Glenwood, ca. 68 mi/110 km von Silver City, aus zu erreichen.

Ca. 14 mi/23 km nordöstlich oberhalb von Glenwood liegt die nur über das schmale Bergsträßchen NM 159 erreichbare, aber malerische Geisterstadt **Mogollon**, wo der Film **»Mein Name ist Nobody«** mit Terence Hill und Henry Fonda gedreht worden ist. Im späten 19. Jh. »boomte« hier der Gold- und Silberbergbau. In den umliegenden Bergen versteckte sich Geronimo.

Im Osten und Süden von Silver City

Etwa 15 mi/24 km östlich von Silver City befindet sich einer der **größten Kupfertagebaue Nordamerikas**. Bereits vor der Ankunft der Europäer gruben die Apachen nach dem Edelmetall. Noch vor dem Ersten Weltkrieg begann man mit großem Gerät das heute ca. 1600 m weite und über 300 m tiefe Loch zu graben. Von einer Aussichtsplattform kann man einen Blick in die Tiefe werfen. Im **Visitor Center** der Chino Mines Co. wird die Geschichte dieses Kupfertagebaus erläutert.

✶ Santa Rita Copper Mine

✶ City of Rocks State Park

Knapp 31 mi/50 km südöstlich von Silver City erreicht man diese **bizarre »Stadt«** aus dunklen Felsgebilden. Sie bestehen aus vulkanischem Tuffgestein, das Wind und Wetter modelliert haben.

Phelps Dodge Copper Mine

Einen weiteren großen Kupfertagebau kann man 12 mi/20 km südlich von Silver City besichtigen. Hier werden jährlich etwa 80 Mio. Tonnen erzhaltiges Gestein abgebaut (Aussichtsplattform: Mo. bis Fr.

In diesen Felswohnungen lebten Angehörige des altindianischen Volksstammes der Mogollon.

9.00 Uhr bis Sonnenuntergang; Führungen nach Voranmeldung unter Tel. 5 05/5 38-53 31, jeweils 9.00 Uhr).

Für die Arbeiter der Mine hat während des Ersten Weltkrieges die Bergbaugesellschaft die für damalige Verhältnisse richtungweisende Siedlung Tyrone im Stil der Mittelmeer-Architektur errichten lassen, die allerdings bald zur Geisterstadt wurde. Heute sind nur noch wenige Bauten erhalten. ◄ Tyrone

Steins

Kurz vor der Grenze zu Arizona und nur wenige Minuten abseits des I-10, liegt die kleine Geisterstadt Steins auf einer Passhöhe. Im 19. Jh. bestand hier eine Postkutschenstation, um die sich mit der Zeit eine kleine Siedlung entwickelte. Der nach einem Offizier der US-Armee benannte Ort erhielt alsbald eine Telegrafenstation und wurde schließlich zur Eisenbahnersiedlung. Nach dem Zweiten Weltkrieg zogen die meisten Einwohner weg, und so ist das abgelegene Steins heute quasi ein **Freilichtmuseum**, über das die Besitzerin des hiesigen Mercantile Store so gut wie alles weiß.

Deming

In Deming, 44 mi/70 km südöstlich von Silver City, ist die zweite transkontinentale Bahnlinie der USA vollendet worden. Daran und an andere Ereignisse der Lokalgeschichte erinnert das **Deming Luna Mimbres Museum**, und auch sonst gibt es noch einiges zu sehen: u. a. eine Puppensammlung, Mineralien und eine Sammlung von über 2000 Glocken (Öffnungszeiten: Mo. bis Sa. 9.00–16.00, So. 13.30–16.00 Uhr).

✶ Socorro

P 9

Region: Southwest
Einwohnerzahl: 9000
Höhe: 1408 m ü. d. M.
Telefonvorwahl: 505

Die im Tal des Rio Grande gelegene Stadt Socorro ist eine der ältesten spanischen Niederlassungen im Südwesten der USA. Heute hat Socorro Bedeutung als Sitz des New Mexico Institute of Mining & Technology, das zu den besten Lehr- und Forschungseinrichtungen seiner Art in den USA gehört. Die Stadt eignet sich gut als Ausgangspunkt für Ausflüge in die Naturschönheiten der Umgebung.

Geschichte

Um 1615 gründeten Franziskanermönche hier eine Missionsstation und begannen alsbald mit der Nutzung des fruchtbaren Talbodens. Während des Aufstandes der Pueblo-Indianer wurde Socorro zerstört und von den meisten seiner Bewohner verlassen. Erst im frühen 19. Jh. erholte sich der Ort wieder. Der **ertragreiche Bergbau** in der näheren Umgebung sowie der Eisenbahnbau verursachten ein boomartiges Wachstum.

Sehenswertes in Socorro und Umgebung

Old San Miguel Mission

Wahrzeichen von Socorro ist natürlich die Old San Miguel Mission, die 1615 von den Franziskanern errichtet worden ist. Die in typischer Adobebauweise errichtete Missionskirche ist ein kunsthistorisches Kleinod, in dem auch heute noch Messen gefeiert werden.

! *Baedeker* TIPP

Tierbeobachtungen

Durch das Bosque del Apache National Wildlife Refuge führt ein schöner Rundweg. Entlang des 15 mi/24 km langen Bosque del Apache Loop sind Aussichtstürme aufgestellt, von denen aus man Weißwedelhirsche, Kojoten, Kraniche, Reiher, Gänse, Adler und vielerlei andere Tiere beobachten kann.

Einen Besuch der umfangreichen **Gesteinssammlung** des Institute of Mining & Technology im **Mineral Museum** sollte man nicht versäumen. Hier kann man Edelsteine in allen Farben, sehr schöne Kristalle und auch vielerlei Fossilien bestaunen (Öffnungszeiten: Mo. bis Fr. 9.00–16.30 Uhr).

✶ Bosque del Apache National Wildlife Refuge

Ca. 15 mi/24 km südlich von Socorro erstreckt sich ein großes und dicht bewaldetes Feuchtgebiet, das vom Rio Grande durchflossen wird und das seit vielen Jahren als Wild- und Vogelschutzgebiet ausgewiesen ist. Hier, im Schatten der wilden und durch vulkanische Tätigkeit entstandenen Chupadera Range, halten sich im Spätherbst und Winter riesige Schwärme verschiedener Vogelarten auf.

SOCORRO ERLEBEN

AUSKUNFT

Socorro County Chamber of Commerce
101 Plaza
Tel. (5 05) 8 35-04 24, Fax 8 35-97 44
www.socorro-nm.com/Visitors.htm

ESSEN

▶ Fein & Teuer

Valverde
203 Manzanares Ave.
Tel. (5 05) 8 35-33 80
Das Restaurant im denkmalgeschützten Valverde Hotel gehört zu den besten in ganz New Mexico. In der Küche werden nicht nur die Highlights der amerikanischen Küche, sondern vor allem auch Spezialitäten der regionalen Southwestern Cuisine zubereitet.

▶ Preiswert

Don Juan's Cocina
118 E Manzanares
Tel. (5 05) 8 35-99 67
Das Don Juan's Cocina ist eines der besten Lokale der Stadt, um ein leckeres mexikanisches Mittagessen zu verspeisen. Besonders die Fajitas sind zu empfehlen, genauso wie die roten Chili-Enchiladas nach klassischer Art. Das Restaurant ist Samstag und Sonntag geschlossen.

ÜBERNACHTEN

▶ Komfortabel

Best Western Golden Manor
507 N. California St.
Tel. (5 05) 8 35-02 30, Fax 8 35-19 93
In dem kleinen und familiären Motel herrscht eine wirklich angenehme Atmosphäre. Man fühlt sich hier rundum gut aufgehoben.

▶ Günstig

Fite Ranch Bed and Breakfast
P.O. Box 205 San Antonio, NM 87832
Tel. (5 05) 8 38-09 58
www.fiteranchbedandbreakfast.com
Auf der Fite Ranch können sie zu fairen Preisen bodenständige Gastfreundlichkeit und den Charme einer echten Rinderfarm erleben. Jedes Quartier ist im antiken Westernstil eingerichtet und verfügt über ein privates Bad, Wohnzimmer, Schlafzimmer und eine gemütliche Küche. Die Zimmer sind sehr liebevoll eingerichtet und teilweise sogar mit Namen versehen.

Magdalena Mountains

Westlich von Socorro erheben sich die bis zu 3286 m hohen Magdalena Mountains, wo in der Vergangenheit größere Mengen Silber, Kupfer, Blei und Zink abgebaut worden sind. Hier kommt man 27 mi/44 km nordwestlich von Socorro ins Städtchen Magdalena, einst Bahnverladestation für das Vieh der Umgebung. Ein wenig von der Cowboyatmosphäre kann man noch erschnuppern. Wenige Autominuten südlich von Magdalena liegt die **Geisterstadt Kelly**, die im 19. und frühen 20. Jh. vom Bergbau gelebt hat.

✶ VLA National Radio Astronomy Observatory

Noch einmal 27 mi/44 km weiter westlich verteilen sich auf den Plains of San Agustin die 27 gewaltigen Parabolantennen des Very Large Array National Radio Astronomy Observatory. Alle zusammen

? WUSSTEN SIE SCHON ...?

- ... dass die Stadt Truth or Consequences nach der gleichnamigen Radiosendung benannt ist? Der Moderator dieser Sendung begann seine Show immer mit den Worten: »Ich wünschte, irgendeine Stadt in den USA würde meine Sendung so mögen, dass sie sich nach ihr nennen würde.« Keine Frage für die Stadtväter – Hot Springs gibt es viele, Truth or Consequences, kurz »T & C«, nur eines.

bilden ein **riesiges Radioteleskop**, mit dem ganze Galaxien erforscht werden. Im Visitor Center (Öffnungszeiten: tgl. 8.30 bis Sonnenuntergang) kann man sich über die Anlage und über die hier betriebene radioastronomische Forschung erkundigen.

Der Kur- und Erholungsort **Truth or Consequences**, 73 mi/118 km südlich von Socorro, hieß bis 1950 »Hot Springs«. Die 36–47 °C warmen **Thermalwässer** ziehen besonders im Winter Langzeitgäste aus dem Norden an. Ein sehr prominenter Badegast früherer Zeiten soll Apachenhäuptling Geronimo gewesen sein, der seine und die Wunden seiner Krieger in den heilenden Wassern kurierte. Davon wird im Geronimo Springs Museum berichtet (Öffnungszeiten: Mo. bis Sa. 9.00–17.00, So. 13.00–16.00 Uhr).

Elephant Butte Lake and State Park

Nördlich von Truth or Consequences ist der Rio Grande zum über 70 km langen Elephant Butte Lake aufgestaut, an dessen Westufer man ein gut besuchtes **Erholungsgelände** mit Badebucht, Marina und Campingplätzen ausgewiesen hat.

★★ Taos

Q 7

Region: North Central
Einwohnerzahl: 7000
Höhe: 2118 m ü. d. M.
Telefonvorwahl: 505

»Soul of the Southwest«, die Seele des Südwestens, wird Taos genannt. So klein dieses Städtchen auch ist, es ist einer der Haupttouristenorte in New Mexico. Das liegt an seiner ganz und gar indianisch und mexikanisch bestimmten Stadtkultur und an seinem Ruf als Künstlerkolonie.

touristischer Rummelplatz

Das hat nicht unbedingt nur Vorteile, denn leider hat sich Taos nicht zuletzt deshalb auch zu einem touristischen Rummelplatz entwickelt, durch den sich im Sommer die Autokolonnen pressen. Im Winter ist es auch nicht ruhig, im Gegenteil, es kommen noch mehr, denn Taos ist von einem der beliebtesten **Skigebiete** des Südwestens umgeben. Dennoch nicht abschrecken lassen: Taos muss man allein wegen des großartigen Taos Pueblo gesehen haben.

Geschichte

Etwa 900 n. Chr. entstand hier oben ein fester Siedlungsplatz der Tiwa, den 1540 auch der spanische Conquistador Hernando de Alvara-

do fand und eroberte. 1615 gründeten die Spanier eine Siedlung als **nördlichsten Außenposten Neu-Mexikos**. Der Pueblo-Aufstand des Jahres 1680 ging von Taos aus, doch kehrten die Spanier wieder zurück. Taos entwickelte sich zu einer der wichtigsten Stationen für den Handel zwischen den spanischen Kolonien in Nord- und Mittelamerika. Nach der Abspaltung Mexikos von Spanien im Jahr 1821 blühte in Taos vor allem der Pelzhandel auf, getragen von amerikanischen Pelzjägern. Taos wehrte sich im Amerikanisch-Mexikanischen Krieg heftig gegen die US-Truppen, wurde im Frieden von Guadalupe Hidalogo aber trotzdem den USA zugeschlagen.
Die Entwicklung von Taos zur Künstlerkolonie begann am Ende des 19. Jh.s. Viele Künstler, darunter auch Georgia O'Keeffe und D. H. Lawrence (▸ Berühmte Persönlichkeiten), siedelten sich hier an und gründeten 1912 die Taos Artist Society. In den Sechziger- und Siebzigerjahren des 20. Jh.s kamen Hippies und Aussteiger und bereicherten die ohnehin schon recht bunte Szene.

Central Taos

Mittelpunkt der Stadt ist die **malerische kolonialspanische Plaza**, auf der die Flagge der Vereinigten Staaten von Amerika 24 Stunden am Tag im Wind flattert – durchaus etwas Besonderes, denn dieses Privileg genießt nicht jede US-Stadt. Taos verdankt diese Ehre Kit Carson (▸ Berühmte Persönlichkeiten), der von 1826 bis 1868 in Taos lebte.

Farbenfrohe Bilder zieren die Adobe-Bauten in Taos.

TAOS ERLEBEN

AUSKUNFT

Taos Visitor Center
P. O. Drawer I
1139 Paseo del Pueblo Sur
Tel. (5 05) 7 37-29 22
Fax 7 58-38 72
www.taoschamber.com

VERANSTALTUNGEN

Herausragende Ereignisse sind die Tänze zu Ehren der Maisfrucht (Corn Dance) im Taos Pueblo (Mai, Juni, Juli), das Taos Rodeo (Juni), das Taos Pueblo Pow-Wow (Indianerfest, Juli), die Fiesta de Santiago y Santa Ana (spanisches Volksfest, Juli), das Taos Arts Festival (Kunstmarkt) und die Old Taos Trade Fair (historischer Kunst- und Handwerksmarkt, September), die San Geronimo Trade Fair (Indianermarkt und Festtage im Taos Pueblo, 30. September), Taos Mountain Hot Air Balloon Rally (Heißluftballontreffen, Oktober) und die Ski Area Fun Races (Skivergnügen im Taos Ski Valley, Januar).

ESSEN

▸ Fein & Teuer

Doc Martin's
im alten Taos Inn, 125 Paseo del Norte
Tel. (5 05) 7 58-19 77
Nicht nur an Dr. Martin, sondern auch an dessen Schwager, den Maler Bert Philips sowie an den Künstler Ernest Blumenschein wird man in diesem Lokal erinnert. Von der hohen Kunst scheint auch die Küche des Hauses beeinflusst zu sein, denn sie bietet vielerlei und manchmal höchst originelle Variationen der modernen Southwestern Cuisine.

Stakeout
Stakeout Drive
Tel. (5 05) 7 58-20 42
Etwa eine Meile außerhalb der Stadt, zu Füßen der Sangre de Cristo Mountains, findet man dieses gemütliche Restaurant, von dem aus sich ein schöner Blick auf die Stadt bietet. »Duck Cumberland« (gefüllte Ente) und »Filet Mignon« sind nur zwei von vielen Gerichten, die hier oben liebevoll zubereitet werden. Gehobenes Preisniveau.

▸ Erschwinglich

Trading Post
4179 Paseo del Pueblo
Tel. (5 05) 7 58-50 89
Gut aufgehoben ist man auch in diesem Restaurant, das sich der italienischen Küche verschrieben hat. Die Preise sind (noch) ziemlich moderat, obwohl das Lokal vor einiger Zeit zum Modetreff geworden ist.

ÜBERNACHTEN

▸ Komfortabel

Salsa de Salto B & B
etwa 10 mi/16 km außerhalb an der Taos Ski Valley Rd.
Tel. (5 05) 7 76-24 22
Wer einen geradezu überwältigenden Blick auf grandiose Bergwelt genießen oder dort gar wandern oder Ski laufen möchte, sollte sich im Salsa de Salto einquartieren. Gleich um die Ecke gibt es ein gemütliches Restaurant.

▸ Günstig

El Pueblo Lodge
c 412 Paseo del Pueblo Norte
Tel. (5 05) 7 58-87 00, Fax 7 58-73 21
Die Lodge gehört zu den eher preiswerten Unterkünften in Taos. Wer es gern rustikal hat, ist hier gut aufgehoben. In den Wintermonaten quartieren sich hier Wintersportler ein, die in den nahen Bergen Ski laufen.

Er und zwei Gefährten zogen im Bürgerkrieg nach kurzer Besetzung durch die Konföderierten die Unionsflagge auf und bewachten sie rund um die Uhr. Die Plaza ist umrahmt von hübschen Geschäften, bunten Galerien und freundlichen Lokalen, die selten einmal leer anzutreffen sind.

? WUSSTEN SIE SCHON ...?

- ... dass die Entwicklung Taos' zur Künstlerkolonie durch einen eher unglücklichen Zufall in Gang kam? 1898 mussten die Künstler Bert Phillips und Ernest Blumenschein wegen eines gebrochenen Wagenrades in Taos Station machen. Die spektakuläre Landschaft und die bemerkenswerte kulturelle Vielfalt dieser Gegend faszinierte beiden derart, dass sie sich hier endgültig niederließen.

Südlich der Plaza verläuft die Ledoux Street, an der einige der ältesten Adobebauten der Stadt stehen. Im Haus 222 Ledoux Street wohnte und arbeitete der Maler Ernest Blumenschein (1874–1960), der die Künstlerkolonie Taos gründete. Hier ist ein Querschnitt seines künstlerischen Schaffens ebenso zu sehen wie Bilder aus kolonialspanischer Zeit und Werke einheimischer Kunstschaffender (Öffnungszeiten: tgl. 9.00–17.00 Uhr).

Blumenschein Home & Museum

Das 1923 gegründete **Harwood Museum** (238 Ledoux St.) ist das **zweitälteste Museum** von New Mexico. Es zeigt Gemälde, Zeichnungen, Radierungen und Skulpturen, die seit den Achtzigerjahren des 19. Jh.s vor allem von Künstlern aus und um Taos geschaffen worden sind. Herausragend sind die »Santos«, kunstvoll geschnitzte Heiligenfiguren, und natürlich auch die von der Sammlerin und Mäzenin Mabel Dodge Luhan zusammengetragenen Altarbilder (Öffnungszeiten: Mo. bis Fr. 10.00–17.00, Sa. 10.00–16.00 Uhr).

Lady of Guadalupe Church

Nahe der Plaza, an der Don Fernando St., beeindruckt die Lady of Guadalupe Church aus dem 18. Jh. mit ihrem herrlichen kolonialspanischen **Adobestil**.

Kit Carson Home and Museum

Östlich der Plaza kommt man an der East Kit Carson Rd. zum einstigen Wohnhaus des **legendären Pioniers** Kit Carson. In dem 1825 erbauten Adobe-Haus wird die Lebensgeschichte des Wildwesthelden in allen Facetten wie das Pionierleben überhaupt nachgezeichnet und manches aus seinem persönlichen Besitz ausgestellt (Öffnungszeiten: im Sommer tgl. 8.00–16.00, im Winter 9.00–17.00 Uhr).

Van Vechten-Lineberry Taos Art Museum

In diesem erst 1994 eröffneten Museum sind Kunstwerke aus der Privatsammlung von Edwin C. Lineberry und vor allem auch Werke seiner ersten Frau Duane Van Vechten zu sehen, beide bekannte Größen der **Taos Artist Society** (Öffnungszeiten: Di. bis Fr. 11.00–16.00, Sa. und So. 13.30–16.00 Uhr)

The Fechin Institute

Ein anderes berühmtes Mitglied der Taos Artist Society hat sich am Paseo del Pueblo Norte selbst ein Denkmal gesetzt. Der russische Emigrant Nikolai Fechin lebte von 1927 bis 1933 in Taos und baute sich das wohl **außergewöhnlichste Adobe-Gebäude** der Stadt. Türen, Fenster und viele Einrichtungsgegenstände hat er selbst entworfen und geschnitzt (Öffnungszeiten: Mai bis Okt. Mi. bis So. 13.00–17.00 Uhr)

✶✶ Taos Pueblo

Verhaltensregeln

Das Taos Pueblo liegt knapp 3 mi/5 km nordöstlich außerhalb. Hier leben etwa 1500 Angehörige des Tiwa-Stammes, die sehr traditionsbewusst sind. Das Pueblo ist seit dem 12. Jh. ständig und ausschließlich von Indianern bewohnt und noch in sehr **ursprünglicher Form** erhalten. Um die Plaza, durch die ein Bach fließt, gruppieren sich die erdbraunen mehrstöckigen Gemeinschaftshäuser, deren dicke Wände aus Lehm und Stroh bestehen. Gebackene Ziegel haben hier noch keine Verwendung gefunden, viele Türen sind himmelblau gestrichen. Natürlich gibt es hier auch mehrere Kivas – die nicht betreten werden dürfen – und die typischen eiförmigen Backöfen. In diesen »hornos« wird Brot gebacken, das man auch probieren kann. Manch indianischer Künstler gestattet einen Blick in sein Atelier und hält seine Ware feil.

! *Baedeker* TIPP

Verhaltensregeln

Im Taos Pueblo leben sehr traditionsbewusste Angehörige des Tiwa-Stammes. Dies bedeutet u. a., dass das Pueblo besonders bei religiösen Zeremonien nicht zugänglich ist und dass touristische Besucher nur von 8.00–16.30 Uhr geduldet werden. Die Mitnahme von Kameras wird nur gegen Gebühr erlaubt, und man sollte unbedingt fragen, bevor man Menschen fotografieren will. Wer das Pueblo besuchen möchte, sollte sich zuvor im Taos Visitor Center über die genauen Verhaltensregeln erkundigen.

Umgebung von Taos

✶ Millicent Rogers Museum

Das Millicent Rogers Museum 4 mi/6,5 km nördlich von Taos setzt seinen Schwerpunkt auf **indianisches Kunsthandwerk** wie Textilien, Korbwaren, Jade- und Silberschmuck. Ferner kann man hier Sakralkunst aus kolonialspanischer Zeit und auch zeitgenössische Arbeiten bewundern. Zuletzt wurde die Sammlung durch traditionelle und zeitgenössische spanische Sakralkunst ergänzt. Daneben vermitteln kunstvolle Töpferarbeiten sowie diverse Zeichnungen und Gemälde Einblicke in das künstlerische Schaffen im Raum Taos (Öffnungszeiten: tgl. 9.00–17.00 Uhr).

Rio Grande Gorge

Westlich vom Taos Airport hat der Rio Grande eine atemberaubende, 200 m tiefe **Schlucht** gegraben, die von einer 390 m weiten Brückenkonstruktion überspannt wird, die zu den höchsten der USA zählt.

✶ San Francisco de Asis

Die Kirche San Francisco de Asis in der kleinen Ortschaft Ranchos de Taos knapp 4 mi/6,5 km südlich von Taos gilt als eines der großartigsten Beispiele kolonialspanischer Adobe-Baukunst und ist eines

Nervenkitzel bei der Wildwasserfahrt auf dem Rio Grande

der **Wahrzeichen des Südwestens**. Von der schlichten Eleganz des im 18. Jh. errichteten Bauwerks haben sich viele Künstler, darunter auch Georgia O'Keeffe, inspirieren lassen.

★ **Hacienda Martínez**

Eine der letzten noch bestehenden Haciendas aus kolonialspanischer Zeit erreicht man wenig südwestlich außerhalb von Taos an der Lower Ranchitos Rd. bzw. dem NM 240. Das zum Schutz vor Indianerangriffen festungsartige Anwesen gehörte seit 1804 dem Händler Don Antonio Severino Martínez und blieb lange im Familienbesitz. Die Hacienda wird heute als **»Living History Museum«** mit vielen Vorführungen betrieben; die meisten der im Stil der Zeit ausgestatteten Räume können besichtigt werden (Öffnungszeiten: tgl. 9.00–17.00 Uhr).

D. H. Lawrence Ranch

Ca. 20 mi/32 km nördlich von Taos ist der englische Schriftsteller David Herbert Lawrence (►Berühmte Persönlichkeiten) auf dem Gelände der Ranch begraben, die seine Mäzenin Mabel Dodge Luhan seiner Frau geschenkt hatte. Baroness Frieda von Richthofen soll die Asche ihres im südfranzösischen Vence verstorbenen Gemahls mit Sand, Zement und Wasser vermischt, als Altarblock gestaltet und in einer kleinen Kapelle aufgestellt haben. Die Ranch ist heute wissenschaftliches Tagungszentrum der University of New Mexico.

★ **Taos Ski Valley**

Nordöstlich von Taos erheben sich die durchschnittlich 2700–3800 m ü d. M. aufragenden Sangre de Cristo Mountains. In dieser alpin anmutenden **Hochgebirgswelt** wurde bereits 1955 das Wintersportgebiet Taos Ski Valley eröffnet. In der weiträumigen Skiarena kann man von Ende November bis Mitte April Wintersport treiben. Es sind nicht weniger als 71 Abfahrtspisten für Skiläufer aller Kategorien erschlossen. Ein Dutzend Ski- und Sessellifte stehen zur Verfügung. Bayerische Skitouristen werden heimatliche Gefühle entwickeln, denn etliche Skilehrer geben hier ihre Kommandos mit stark süddeutsch gefärbtem Akzent.

Wheeler Peak Vom Taos Ski Valley aus können erfahrene Bergwanderer an einem Tag den **höchsten Gipfel New Mexicos** erklimmen: den 13161 ft/ 4011 m hohen Wheeler Peak.

★ White Sands National Monument

P 11

Region: Southeast
Fläche: 596 km²
Höhe: 1220 m ü. d. M
Gründungsjahr: 1933

Die einzigartige, gleißend-weiße Gipsdünenlandschaft des White Sands National Monument erstreckt sich als nördlicher Ausläufer der Chihuahua-Wüste in dem von hohen Gebirgszügen umschlossenen Tularosa-Becken. Das Gebiet mit seinen bis zu 18 m hohen Dünen, die durch den Wind ständig versetzt werden, gehört zu den Höhepunkten einer Reise durch New Mexico – auch wenn es ringsum von einem riesigen Raketentestgelände umgeben ist.

Entstehung Vor etwa 250 Mio. Jahren hat sich in dieser Gegend ein seichtes Meer ausgebreitet, auf dessen Grund sich Gips und Anhydrit ablagerten. Im Laufe von Jahrmillionen hoben sich diese Sedimente empor. Die Erdkruste wurde auseinander gezerrt, was zur Bildung von Bruchschollen führte: Einerseits brach das Tularosa-Becken ein, andererseits wurden östlich davon die bis zu 2700 m hohen San Andres Mountains herausgehoben, die besonders viel Gips enthalten. Niederschläge und Schmelzwässer lösten den im nahen Gebirge anstehenden Gips aus dem Gestein und spülten ihn ins abflusslose Tularosa-Becken bzw. in den Lake Lucero. Dieser wiederum trocknete immer wieder aus, wodurch der gelöste Gips auskristallisierte. Die nunmehr entstandenen kleinen Gipskristalle und Gipskörnchen wurden und werden vom Wind verfrachtet und zu hohen **Gipssanddünen** aufgeweht.

! *Baedeker* TIPP

Achtung!

Beim Wandern durch die Dünen besteht die Gefahr, dass man die Orientierung verliert. Mitunter, besonders im Frühjahr, brechen heftige Sandstürme los, die viele Stunden anhalten können. Am Abend sammeln die Ranger verirrte Touristen im Park ein.

Pflanzen und Tiere

Nur stark angepasste Lebensformen trotzen den **Extrembedingungen** dieser trockenen und in steter Bewegung befindlichen Landschaft. Einige der hitzebeständigen Pflanzen wie der Salt Bush, der Rabbit Bush und die Soaptree Yucca haben oft mehrere Meter lange Wurzeln entwickelt, um Halt in den wandernden Dünen zu finden bzw. an das Grundwasser heranzukommen. Am Rand des Naturschutzgebietes kann man Antilopen, Kojoten, Wüstenfüchse, Wüstenmäuse und auch einige Rennkuckucks (Roadrunner) beobachten. Im Dünengebiet selbst sieht man tagsüber nur wenige Tiere. Frühmorgens und gegen Abend aber lebt die Gipswüste: Dann muss man sich vor Klapperschlangen, Skorpionen und Taranteln in Acht nehmen, die hier auf Beute lauern.

★ **Heart of Sands Drive**

Der 16 mi/26 km lange Heart of Sands Drive (Öffnungszeiten: im Sommer tgl. 7.00–22.00, im Winter 7.00 bis Sonnenuntergang) führt mitten in die Gipsdünenlandschaft hinein. Der Eindruck ist überwältigend. Ein **besonderes Erlebnis** ist es, in dem trotz sengender Hitze relativ kühlen und weichen Sand eine Düne zu erklimmen.
Achtung: Wegen Tests auf dem Raketenversuchsgelände ist die Parkstraße oftmals für einige Stunden gesperrt.

★ **Big Dune Nature Trail**

Etwa 3 mi/5 km nach dem Beginn des Dunes Drive zweigt der Big Dune Nature Trail ab. Auf diesem Weg kann man alle **typischen Lebensformen** der außergewöhnlichen Landschaft kennen lernen. Der Weg endet auf dem Kamm einer 18 m hohen Düne.

Die gleißend-weißen Gipssanddünen werden bis zu 18 m hoch.

Lake Lucero In dem normalerweise für den Besucherverkehr gesperrten Südwestteil des Naturschutzgebietes dehnt sich der etwa 50 km² große Lake Lucero aus. Vom Visitor Center aus werden gelegentlich geführte Halbtagstouren zu diesem interessanten **Biotop** angeboten.

White Sands Missile Range Das Naturschutzgebiet ist rundum von einem militärischen Sperrgebiet umgeben, in dem seit dem Zweiten Weltkrieg Raketen und andere Waffen getestet werden, so z. B. im Zweiten Weltkrieg erbeutete deutsche Raketentriebwerke. Am 16. Juli 1945 wurde an der weit im Norden gelegenen »Trinity Site« die **allererste Atombombe gezündet**. Der Ort ist nur zweimal im Jahr – im April und im Oktober – für Besucher zugänglich (Informationen unter Tel. 505/678-1134). Mit einem Passierschein kann man 25 mi/40 km östlich von ► Las Cruces ein vom Militär eingerichtetes Visitor Center besuchen, in dessen kleinem Museum die Geschichte dieses Testgebietes dokumentiert ist. Vor diesem Museum sind einige Raketen aufgestellt, die hier ausprobiert wurden.

Sehenswertes in der Umgebung

Alamogordo Wie ► Los Alamos ist auch Alamogordo eng verbunden mit der Geschichte der ersten Atombombe und noch heute eine der wichtigsten Forschungs- und Produktionsstätten für Rüstungs- und Raumfahrttechnologie der USA.

✶ **International Space Hall of Fame** **Hauptsehenswürdigkeit** der Stadt ist die International Space Hall of Fame im Space Center am Fuß der Sacramento Mountains. Hier wird die Geschichte der bemannten US-Raumfahrt von »Mercury« bis »Apollo«; aufgerollt, ebenso frühe sowjetische Raummissionen und die Entwicklungsgeschichte von einfachen Raketen bis hin zu Raumstationen wie »Skylab« und »Saljut«. Im Tombaugh Theater kann man eine virtuelle Reise ins Weltall unternehmen (Öffnungszeiten: tgl. 9.00–17.00 im Winter, im Sommer bis 18.00 Uhr).

Toy Train Depot Das Herz eines jeden Modelleisenbahnfans wird angesichts der großen Anlage im Toy Train Depot höher schlagen (1991 N. White Sands Blvd.; Öffnungszeiten: tgl. außer Di. 12.00–17.00 Uhr).

WHITE SANDS ERLEBEN

AUSKUNFT

White Sands Visitor Center
P.O. Box 1086 Holloman AFB
Tel. (5 05) 6 79-25 99 oder 4 79-61 24
Fax 4 79-43 33
www.whitesands.areaparks.com
(Öffnungszeiten: tgl. 8.00–16.30 im Winter, im Sommer bis 19.00 Uhr)

Das Besucherzentrum liegt ca. 16 mi/26 km südwestlich von Alamogordo am US 70/82.

INFO

Weitere Restaurants und Übernachtungsmöglichkeiten finden Sie in ► Las Cruces (S. 400)

Der Würfel ist Wahrzeichen des Raumfahrtmuseums in Alamogordo.

Lincoln National Forest

Nur 20 mi/32 km östlich von Alamogordo liegt hoch in den Sacramento Mountains der Erholungsort Cloudcroft. Hierher kommt, wer Natur pur im umgebenden Lincoln National Forest genießen will. Wer es sich leisten mag, steigt im The Lodge at Cloudcroft ab, das zu den hundert exklusivsten Hotels der USA zählt.

Ruidoso

Den Ort Ruidoso, 42 mi/67 km nordöstlich von Alamogordo, kennt jeder Liebhaber von Quarterhorses. Hier findet jedes Jahr am Labor Day das mit 2,5 Mio. $ höchstdotierte **Rennen für die wendigen Cowboypferde** statt, das All-American Futurity. Darum und um alles, was mit Pferden zu tun, geht es auch im Museum of the Horse. Ruidoso genießt auch einen guten Ruf als Künstlerkolonie und hat entsprechend viele Galerien zu bieten.

Mescalero Apache Reservation

Nicht ganz 3000 Menschen leben in der Mescalero Apache Reservation südlich und westlich von Ruidoso. Im Cultural Center am US 70 erzählt der Stamm seine Geschichte und von seiner Kultur, im luxuriösen Inn of the Mountain Gods zeigt er seine Gastfreundlichkeit.

*** Lincoln State Monument**

Kein Wildwestfan sollte Lincoln auslassen, denn hier hat der wohl berühmteste Revolverheld, Billy the Kid, seine heute noch sichtbaren Spuren hinterlassen. Zwar leben heute keine hundert Menschen mehr hier, doch gerade diesem Umstand ist es wohl zu verdanken, dass das Städtchen, 37 mi/59 km nordöstlich von Ruidoso, noch fast so aussieht wie zu Zeiten des Lincoln County War und zum **State Monument** erklärt worden ist. Im Old Courthouse wurde Billy zum Tode verurteilt, er aber schoss sich den Weg frei – in seiner Zelle steckt noch eine Kugel aus seinem Revolver. Jedes erste Augustwochenende lebt die alte Zeit in den Old Lincoln Days wieder auf (Öffnungszeiten: Mai bis Sept. tgl. 9.30–17.30, Okt. bis April tgl. 8.30–16.30 Uhr).

UTAH

Fläche: 219 888 km²
Hauptstadt: Salt Lake City
Beiname: Beehive State
Bevölkerungszahl: 2,5 Mio.
Zeitzone: Mountain

Besonders die zahlreichen attraktiven Nationalparks und Naturdenkmäler zeichnen den dünn besiedelten Bundesstaat Utah aus. Einzige Metropole des zu einem Drittel mit Wüste bedeckten Staates ist Salt Lake City, die Hauptstadt.

Wüste, Berge, Canyons

Der Bundesstaat wurde nach dem Indianerstamm der Ute benannt. Seine Nord-Süd-Erstreckung beträgt 555 km. Das westliche Drittel des Bundesstaates ist wüstenhaft und gehört zum ca. 1500 m hoch gelegenen **Großen Becken**, das von einigen von Nord nach Süd streichenden Hochgebirgsketten durchzogen wird. Zentrum des Großen Beckens ist die **Große Salzwüste** mit dem Großen Salzsee und unfruchtbaren Salztonebenen. Dieser Naturraum entstand nach der allmählichen Austrocknung des Lake Bonneville, der einstmals etwa die Hälfte des Gebietes bedeckte. Zu Zeiten seiner größten Ausdehnung, d. h. vor mehr als 100 000 Jahren, breitete sich dieser bis weit in den heutigen Bundesstaat Nevada aus. Dieser See war über 300 m tief, etwa 230 km breit und ca. 560 km lang. Im Osten wird diese Region begrenzt durch die stellenweise über 3000 m hohen **Wasatch Mountains**, die als Teil der Rocky Mountains von Nord nach Süd verlaufen. Im Nordosten Utahs erheben sich die **Uinta Mountains**. Hier erhebt sich der 4123 m hohe King's Peak als höchster Berg des Bundesstaates. Die Uintas sind das einzige große nordamerikanische Gebirge, das in west-östlicher Richtung verläuft. Der Süden und Südosten des Bundesstaates gehört zum wüstenhaften und trockenen Colorado-Plateau, das mitunter auch als **»Red Rock Country«** bezeichnet wird. In diese bemerkenswerte Schichtstufenlandschaft haben der Colorado, der Green River, der Virgin River, der Escalante und der San Juan River tiefe Canyons gegraben.

Geschichte

Ab dem 1. Jh. v. Chr. siedelten **altindianische Anasazi** im Gebiet des heutigen Bundesstaates Utah. Nach deren Verschwinden im 13. Jh. traten nomadisierende Indianerstämme auf den Plan. In der ersten Hälfte des 16. Jh.s wagten sich **spanische Kolonisatoren** in das Siedlungsgebiet der Ute, Paiute, Shoshone und Navajo vor. Ab dem Jahre

← *Der Queens Garden des Bryce Canyon im Frühling*

1819 kamen **Pelztierjäger und Fallensteller** ins heutige Utah. Nach der Ermordung ihres Kirchengründers in Carthage, Illinois, im Jahre 1844 brachen 15 000 **Mormonen** auf, um eine neue Heimat im fernen Westen des nordamerikanischen Subkontinents zu suchen. Rund 1700 von ihnen erreichten unter Führung von Brigham Young im Juli 1847 den großen Salzsee und ließen sich hier nieder. Für starke Irritation sorgte das **Massaker von Mountain Meadow**. 1858 überfielen Mormonen einen Siedlertreck von Nicht-Mormonen und ermordeten alle Personen bis auf 17 Kinder. Daraufhin besetzten Unionstruppen Salt Lake City. Erst 1890 schafften die Mormonen die Polygamie ab und sicherten Glaubensfreiheit sowie die Trennung von Kirche und Staat zu. Erst 1896, also lange nach den heutigen Nachbarstaaten Nevada (1864), Colorado (1876), Idaho (1890) und Wyoming (1890), wurde Utah als **45. Bundesstaat der USA** aufgenommen.

? WUSSTEN SIE SCHON ...?

- Seit der Fertigstellung des Staudamms am Ausgang des Glen Canyon ist ein Teil der Schluchten in den Fluten des Lake Powell ertrunken. Umweltschützer plädieren dafür, den Staudamm wieder abzureißen, um die Canyons wieder in ihrer alten Pracht erstehen zu lassen.

Bevölkerung Bis zum Jahre 1869 – damals wurde die erste transkontinentale Eisenbahnstrecke fertig gestellt – waren bereits 60 000 **Mormonen** nach Utah gekommen. Für einen Zustrom von Neusiedlern sorgte der Bergbauboom der Siebziger- und Achtzigerjahre. Um die Jahrhundertwende zählte man in Utah 277 000 Einwohner. Von 1980 bis 1990 wuchs die Bevölkerung um stolze 18,3%. Heute leben in diesem US-Bundesstaat rund 2,4 Mio. Menschen, die meisten davon (ca. 75%) innerhalb einer 50-Meilen-Zone um die Hauptstadt Salt Lake City. Die **Bevölkerungsdichte** beträgt lediglich 9,6 Einw./km², was vor allem darauf zurückzuführen ist, dass weite Gebiete des Bundesstaates nicht bewohnbar sind. Über 60% der Einwohner Utahs

Road-Train auf der Interstate 80

sind Mormonen. Im Gegensatz zu vielen anderen US-Bundesstaaten gibt es in Utah nur ganz wenige **Afro-Amerikaner**. Ihr Anteil beträgt knapp 1%. Den **First Nations** hat man weniger als ein Zehntel des Staatsgebietes überlassen.

Wirtschaft

Den im 19. Jh. ins Land kommenden Mormonen gelang es, einen lukrativen **Bewässerungsfeldbau** zu etablieren. Auch in Sachen **Viehzucht** hatten sie Erfolg. Somit waren die Voraussetzungen für eine florierende Nahrungsmittelindustrie gegeben. Ein bedeutender Wirtschaftsfaktor ist aber auch der **Bergbau** (u. a. Kupfer und Kohle). Der Rohstoffreichtum hat die frühe Industrialisierung des Ballungsraumes Salt Lake City begünstigt. Mehrere Jahrzehnte lang trugen die Erzverhüttung und die Metallindustrie Wesentliches zum Wohlergehen des Mormonenstaates bei. Hohe Wachstumsraten weist seit Jahren die **High-Tech-Industrie** auf. Nicht zu unterschätzen ist die wirtschaftliche Bedeutung der Mormonenkirche. Von Salt Lake City aus, wo alle Zuwendungen an die Glaubensgemeinschaft zusammenfließen, werden diese Mittel neu verteilt.

Tourismus

Gut entwickelt hat sich in den letzten Jahren der Fremdenverkehr. 1997 hatten die diesbezüglichen Einnahmen die Zwei-Milliarden-Dollar-Grenze überschritten. Weitere Impulse für den Tourismus brachten die **Olympischen Winterspielen** im Jahr 2002 in Salt Lake City und Umgebung.

Heritage Highway

Seit 1999 ist der Highway US 89 als »Heritage Highway« ausgewiesen. Er führt von Provo aus südwärts nach Arizona und durchmisst natur- und kulturhistorisch gleichermaßen interessante Landschaften.

★ Arches National Park

M 5

Region: Canyonlands **Höhe:** 1200–1700 m ü. d. M.

Wenige Meilen nördlich von ▸Moab erreicht man den berühmten Arches National Park (seit 1929), der mit seinen rostrot leuchtenden Sandsteinbögen zu den Top-Sehenswürdigkeiten im Südwesten zählt. Das 310 km² große Naturschutzgebiet erstreckt sich auf einer wüstenhaften, ca. 1200–1700 m ü. d. M. gelegenen Geländestufe.

Zugang

Der Nationalpark ist das ganze Jahr über zugänglich. Das **Visitor Center** am Parkeingang ist tgl. 8.00–17.00 Uhr geöffnet.

Ein Blick in die Erdgeschichte

Vor etwa 300 Mio. Jahren hat sich hier ein abflussloser See ausgedehnt. Nach dessen Verschwinden blieb ein Salzbett erhalten. Im Verlauf von Jahrmillionen wurden **Sedimentschichten** abgelagert, die schließlich über 1500 m mächtig wurden. Unter dem Druck des Deckgebirges verformte sich die darunter liegende Salzschicht. Einerseits hoben Salzdome das Deckgestein heraus, andererseits stürzte Deckmaterial in dadurch entstandene Hohlräume. Die im Erdmittelalter abgelagerten Schichten wurden in der Tertiärzeit von Kräften aus dem Erdinnern erfasst. Dabei wurde die Erdkruste einerseits abgesenkt und zusammengepresst, andererseits angehoben und auseinander gezerrt. Es entstanden **Risse**, an denen die Verwitterung ansetzen konnte. Die Beanspruchung des Gesteins durch den tages- und jahreszeitlichen Temperaturwechsel, der im Winter auch mit Frost einhergeht, bewirkt eine weitere Zersetzung des Sandsteins. Im Sockelbereich der Felswände bilden sich **Hohlkehlen**. Feinmaterial wird vom Wind weggeweht. Manchmal ist der Wind so stark, dass er wie ein Sandstrahlgebläse wirkt und vor allem bodennahes kantiges Gestein zu weichen und runden Formen abschleift. Ähnlich ist die Wirkung von Wildwässern, die gelegentlich von Gewittern verur-

Arches National Park Orientierung

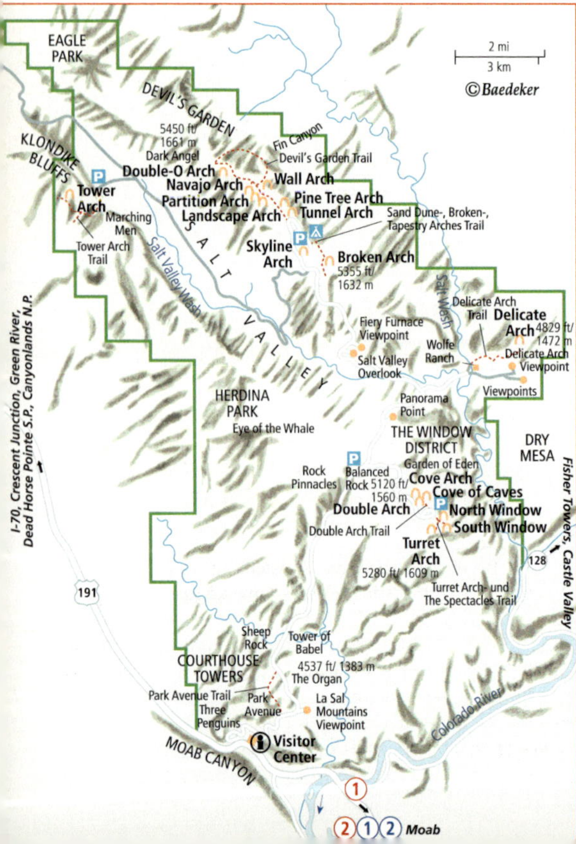

Übernachten

① Aarchway Inn
② Ramada Inn

Essen

① Bandito's Grill
② Smitty's Golden Steak Restaurant

ARCHES ERLEBEN

AUSKUNFT

Arches National Park Visitor Center
Arches N.P., North Highway 191
Moab 84532
Tel. (4 35) 7 19-22 99
www.nps.gov/arch/

ESSEN

▶ Preiswert

① ***Bandito's Grill***
467 N. Main Street, Moab
Tel. (4 35) 2 59-38 94
Beliebtes Restaurant, das sehr gute mexikanische Gerichte serviert.

② ***Smitty's Golden Steak Restaurant***
540 S. Main Street, Moab
Tel. (4 35) 2 59-48 48
Das Restaurant befindet sich auf dem Gelände der Big Horn Lodge in Moab. Es ist berühmt für seine Steaks und besonders für seine Zimtbrötchen.

ÜBERNACHTEN

▶ Komfortabel

① ***Aarchway Inn***
1551 North Highway 191, Moab
Tel. (4 35) 2 59-25 99
Fax 2 59-22 70
www.aarchwayinn.com
97 geräumige Zimmer und Suiten. Nach einem Tag im Nationalpark kann man im großzügigen Pool oder in der heißen Wanne entspannen.

② ***Ramada Inn***
182 S. Main Street, Moab
Tel. (4 35) 2 59-71 41
Fax 2 59-62 99
www.ramada.com
Das Hotel liegt zentral in der Innenstadt von Moab. Von allen der 82 Zimmer hat man einen schönen Ausblick auf die umliegenden Berge oder den Park.

sacht werden. So werden die Hohlkehlen immer größer. Am stärksten wirkt die Gesteinszersetzung an den Schattenseiten der Felswände. Dort kann sich Feuchtigkeit länger halten.

◀ Windows, Arches, Bridges

Schließlich kann eine schon ziemlich dünn gewordene Sandsteinwand durchbrechen. Ein natürliches **Fenster** (Window) bildet sich. Bei anhaltender Erosion entsteht aus solch einem Fenster ein **Felsbogen** (Arch). Die »Bridges« genannten **Natursteinbrücken** verdanken ihre Entstehung den abtragenden Kräften des fließenden Wassers, das saisonal oder periodisch durch einen ansonsten trockenen »Wash« (Flusslauf) tost. Dabei höhlen die Wassermassen den Sandstein aus. Ist ein Durchbruch entstanden, so setzen Wind und Wetter ihre abtragende Arbeit fort. Begünstigt wird die Entstehung von Fenstern, Bögen und Brücken durch den Wechsel von unterschiedlich harten Gesteinsschichten.

◀ Pilzfelsen, Erdpyramiden

Neben den Hohlformen sieht man Pilzfelsen, Erdpyramiden und balancierende Felsen. Ihre Decksteine sind Überbleibsel einer widerständigen Gesteinsschicht. Sie schützen den Untergrund vor **Verwitterung**. So kann es sein, dass die Umgebung eines zur Skulptur geformten Decksteins abgetragen wird und er etwas verloren aus der Landschaft ragt. Ein solcher Deckstein kann auch eine Verfestigung des Untergrundes bewirken, was seinen Unterbau gegenüber den Kräften der Erosion widerständiger macht.

Pflanzen Das Grün von Fichten, Kiefern und Wacholderbäumen bildet einen starken Kontrast zum anstehenden roten Sandstein. Von April bis Juli, wenn hier öfter Gewitter niedergehen, zeigt sich an vielen Stellen dieser Steinwüste eine **unerwartete Blütenpracht**. Sehr schön ausgebildet ist auch die »kryptobiotische Kruste«. Diese besteht aus einem dünnen und fragilen Geflecht kleinwüchsiger und wenig temperaturempfindlicher Pflanzen, das von Pilzen, Algen und Bakterienkulturen durchsetzt ist. Diese durch Fußtritte leicht zerstörbare Kruste ist unentbehrlich für das Wachstum vieler größerer Pflanzen und zudem ein Schutz gegen die Erosion.

Tiere ► Wegen der tagsüber herrschenden hohen Temperaturen sind die meisten Tiere **nachts aktiv**. Dennoch kann man gelegentlich Maultierhirsche, Kojoten, Rotfüchse, Wüstenhasen, Stachelschweine und vielerlei kleine Reptilien beobachten. Raben, Häher und Bluebirds sind Vögel, die man häufig zu Gesicht bekommt. Hoch in den Lüften schweben bisweilen Goldadler.

Fahrt durch den Nationalpark

Courthouse Towers, Great Wall Fährt man den Scenic Drive entlang, kommt man als Erstes zu den rot leuchtenden »Courthouse Towers«. Von hier bietet sich ein schöner Blick nach Osten zu den La Sal Mountains. Lohnend ist eine kurze Wanderung in die von hohen Felsen umfasste **»Park Avenue«**. Beiderseits der Straße sieht man Felsskulpturen mit Namen wie »The Organ«, »Tower of Babel«, »Sheep Rock« und »Three Gossips«. Durch das Tal des Courthouse Wash gelangt man nordwärts zur »Great Wall«. Vom Parkplatz sieht man in südöstlicher Richtung versteinerte Sanddünen, die sich als hellere Hügel abheben.

Durch den Nationalpark fährt man am besten mit dem Jeep.

Wenige Meilen weiter erreicht man den **»Balanced Rock«**. Diese 3500 Tonnen schwere Felskugel ruht auf einem hohen Sockel. Man hat den Eindruck, als würde sie jeden Moment herunterrutschen. Wer mit einem Allradfahrzeug unterwegs ist, kann die 9 mi/14,5 km lange Piste befahren, die vom Balanced Rock in nordwestlicher Richtung zum **»Eye of the Whale**

Die Delicate Arch ist das bekannteste Wahrzeichen des Südwestens.

Arch« und zu den schroffen **»Klondike Bluffs«** führt. Hier sind der »Tower Arch« und die »Marching Men« besonders eindrucksvolle Felsskulpturen.

★★ **Windows Section**

Gleich danach zweigt eine Stichstraße zu den in der Abendsonne leuchtenden Felskuppen, Fenstern und Steinbögen ab. Man passiert den »Ham Rock«, sieht in den »Garden of Eden«, kann zu »Cove Arch«, »Double Arch« und zur »Cove of Caves« hinaufklettern oder sich von der »Elephant Butte« und von der »Parade of Elephants« beeindrucken lassen.

★★ **Wolfe Ranch, Delicate Arch**

Am Salt Valley Wash, etwa 2,5 mi/4 km nach der Straßenabzweigung zur Windows Section, biegt eine Stichstraße ab, die zur Wolfe Ranch und weiter zum Delicate Arch Viewpoint führt. Die Wolfe Ranch wurde in den Achtzigerjahren des 19. Jh.s von einem Bürgerkriegsveteranen errichtet und einige Jahre lang betrieben. Von hier steigt ein knapp 3 mi/5 km langer und steiler Pfad etwa 150 Höhenmeter bergan zum »Delicate Arch«, einem der **Wahrzeichen** des amerikanischen Südwestens. Am stärksten beeindruckt dieser rostrote Felsbogen abends, wenn er – von der tief stehenden Sonne angestrahlt – zum tiefblauen Firmament kontrastiert.

Der Scenic Drive führt auf der Nordseite des Salt Valley Wash hinauf zum »**Fiery Furnace**«, einem besonders in der Abendsonne **glühenden Felsofen**, den einer Sage nach Riesen erbaut haben sollen. Von hier oben bietet sich ein schöner Blick hinunter ins Salt Valley.

! Baedeker TIPP

Panoramastraße, Wandern

Die meisten Naturspektakel des Arches Nationalparks sieht man, wenn man den 19 mi/30 km langen Scenic Drive entlangfährt. Es gibt immer wieder Parkplätze, von denen aus man kurze oder längere Wanderungen unternehmen kann. Besonders lohnend ist ein Abendspaziergang auf dem 5 km langen Pfad zur Delicate Arch von der Wolfe Ranch aus.

Devil's Garden Der Scenic Drive endet am »Devil's Garden«, wo auch ein **Campingplatz** angelegt ist. Ein Wanderweg führt in südöstlicher Richtung nacheinander zum »Skyline Arch«, zum »Broken Arch« und zum »Sand Dune Arch«. Ein schwieriger, aber lohnender Rundweg (ca. 10 mi/16 km) erschließt den eigentlichen Devil's Garden. Zunächst passiert man den »Tunnel Arch«, dann kommt man am »Pine Tree Arch« vorbei und erreicht den »Landscape Arch«, der mit 93 m Spannweite nach dem »Kolob Arch« (► Zion National Park) der **zweitgrößte natürliche Steinbogen der Erde** ist. Hinter dem Landscape Arch folgt der rund 20 m weite »Wall Arch«, von dem aus Seitenpfade zum »Navajo Arch« und zum »Partition Arch« führen. Ein letztes schwieriges Wegstück führt zum »Double O Arch«, der von weitem wie eine riesige steinerne Brille aussieht. Von hier kann man noch bis zum »Dark Angel« und zum »Private Arch« weitergehen.

★ ★ Landscape Arch ►

★ ★ Bryce Canyon National Park

J/K 6

Region: Color Country **Höhe:** 2000–2800 m ü. d. M.

Der 145 km² große Bryce Canyon National Park umfasst mehrere hufeisenförmig oder amphitheaterartig ausgeräumte Talbuchten, in denen rostrote bis gelblich-weiße Felsnadeln und Felstürme wie zu Stein gewordene menschliche Lebewesen stehen. Das Wunderland aus filigranen Felsgebilden, lichten Bergwäldern und alpinen Matten liegt etwa 2000–2800 m ü. d. M. und ist Heimat bzw. Rückzugsgebiet etlicher Pflanzen- und Tierarten.

Zugang Der Nationalpark ist das ganze Jahr über zugänglich. Das **Visitor Center** kurz hinter dem Parkeingang ist tgl. 8.00–17.00 Uhr geöffnet.

Landschaftsgeschichte Vor etwa 144 Mio. Jahren, also im Erdmittelalter, drang das Meer vom Golf von Mexiko kommend nach Norden vor und bedeckte auch jenes Gebiet, in dem heute der Bryce Canyon liegt. Im Laufe von 60 Mio. Jahren wurden verschieden mächtige **Sedimentschichten** abgelagert. Zeugen dieser Epoche sind die untersten graubraunen Sandsteine. Im Tertiär, also vor 63–40 Mio. Jahren, schwemmten Flüsse und Ströme eisen- und kalkhaltige Sedimente aus den umliegenden Gebirgen in eine urzeitliche Seenplatte. An diese erdgeschichtliche Periode erinnern die rosa leuchtenden Klippen im Bryce Canyon. Im Zuge der gleichfalls im Tertiär erfolgten Heraushebung der Rocky Mountains wurde weiteres

? WUSSTEN SIE SCHON ...?

- ... dass im Bryce Canyon Nationalpark etwa 60 verschiedene Tönungen von Rot, Rosa und ihren Nuancen gezählt wurden? Die Mineralien Mangan und Eisen sind hauptsächlich für die Färbung der Felsen verantwortlich.

Material abgelagert. Vor etwa 10 Mio. Jahren bewirkten Kräfte aus dem Erdinnern eine Dehnung und Zerrung der Erdkruste, die schließlich entlang von Störungslinien in einzelne Schollen zerbrach. Gesteinsschichten, die zuvor verbunden waren, wurden gegeneinan-

BRYCE CANYON ERLEBEN

AUSKUNFT

Bryce Canyon National Park
Bryce Canyon 84717
Tel. (4 35) 8 34-53 22
www.nps.gov/brca/

ESSEN

► Erschwinglich

① ***Ruby's Inn Buffet & Dining Room***
am Nordeingang zum Bryce Canyon National Park
Tel. (8 01) 8 34-53 41
Obwohl hier vor allem in der warmen Jahreszeit immer viel los ist, lohnt sich ein Aufenthalt in Ruby's Dining Room. Zu günstigen Preisen bekommt man allerhand geboten, so etwa wunderbares Roast Beef, schöne Regenbogenforellen und natürlich auch diverse Geflügelgerichte.

► Preiswert

② ***Doug's Hoo Doo's***
20 S 400 Street, Tropic
Tel. (4 35) 6 79-86 32
In diesem freundlichen Restaurant stimmt alles: Freundlicher Service, leckere Fleischgerichte und üppige Portionen zu günstigen Preisen.

ÜBERNACHTEN

► Komfortabel

① ***Best Western Ruby's Inn***
U.S. 63 Hwy.
Tel. (4 35) 8 34-53 41, Fax 8 34-52 65
www.rubysinn.com
Die Hotelanlage erstreckt sich vor dem Eingang in den Bryce Canyon National Park. Die Zimmer sind zweckmäßig eingerichtet.

③ ***Bryce Canyon Resorts***
13500 E Hwy. 12
Tel. (4 35) 8 34-53 5, Fax 8 34-52 56
www.brycecanyonresort.com
Insgesamt bietet das Resort 70 gemütliche Zimmer und Suiten, die sich teilweise auch in Blockhäusern befinden. Zur Anlage gehören ferner ein Campingplatz, ein überdachter Pool, Restaurant und ein Volleyballplatz.

④ ***Bryce Canyon Lodge***
im Nationalpark
Tel. (435) 834-5361
www.brycecanyonlodge.com
Die 1924 eröffnete Bryce Canyon Lodge ist die einzige Übernachtungs- und Einkaufsmöglichkeit direkt im Bryce Canyon Nationalpark, ebenso gibt es hier das einzige Restaurant im Park. 110 Zimmer befinden sich in Lodge und Blockhäusern, deren Ausstattung von einfach bis luxuriös reicht. Aufgrund der idealen Lage sollte man zwischen vier und sechs Monaten im Voraus reservieren.

► Günstig

② ***Bryce View Lodge***
991 South Highway 63
Tel. (4 35) 8 34-51 80
Fax 8 34-51 81
www.bryceviewlodge.com
Die Lodge liegt auf einem Plateau, von dem aus man einen wunderschönen Blick über den Nationalpark genießen kann. Hotelgäste können in Swimmingpool und Spa von »Ruby's Inn« entspannen.

der verschoben und etwa 3000 m ü. d. M. angehoben. Die entstandenen Ablagerungen aus dem Erdmittelalter befanden sich nun Seite an Seite mit solchen aus der Erdneuzeit. Flüsse und Ströme trugen eine Schicht nach der anderen ab, und es bildeten sich Schichtstufen, wie man sie auch aus Süddeutschland kennt. An den einzelnen Stufen kann die Erosion besonders gut ansetzen. Frost und Hitze sprengen das Gestein. Schmelzwasser und Regenfluten räumen weicheres Material schnell ab und erweitern die Klüfte in den härteren Schichten. Schließlich bleiben nur noch Felsnadeln, Felswände und Felsbrücken stehen, wie man sie heute im Bryce Canyon sehen kann. Doch auch diese fallen nach einiger Zeit zusammen und werden abgetragen.

Pflanzen und Tiere

Im Bryce Canyon lassen sich einzelne **Höhenstufen des Bergwaldes** gut ausmachen. In tieferen Lagen herrschen buschartige Wacholder- und Kieferngewächse (bes. Utah Juniper und Pinyon Pine) vor. Auch Eichen haben sich dazugesellt. Leitpflanze des nächsten Stockwerks ist die Ponderosa-Pinie. Ganz oben treten Tannen, Fichten und Espen hervor. Imposant sind die Limber Pines, die sich mit starken Wurzeln auch an rutschungsgefährdeten Stellen festhalten. Ferner gibt es hier oben noch einige Bristlecone Pines, die bis zu 1700 Jahre alt sind und damit zu den am längsten lebenden Organismen auf dem Globus gehören. In den Felslabyrinthen und Wäldern beobachtet man Maultierhirsche, Erdhörnchen und Murmeltiere. Luchse, Füchse und Kojoten machen ebenso Jagd auf Kleintiere wie einige in den Lüften schwebende Adler, Habichte und Falken.

Wind und Wetter haben das Amphitheater im Bryce Canyon geschaffen.

Bryce Canyon Orientierung

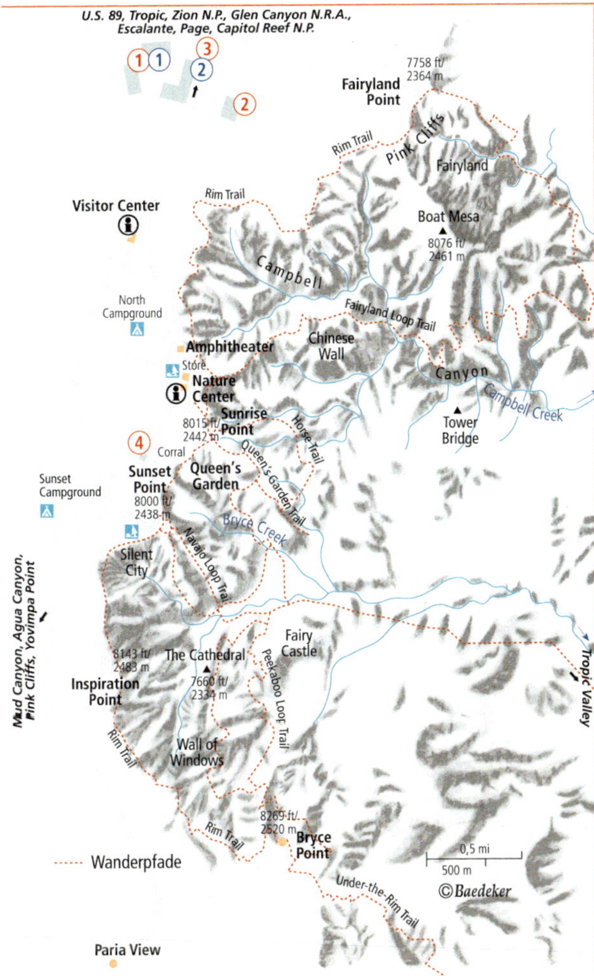

Übernachten

1. Best Western Ruby's Inn
2. Bryce View Lodge
3. Bryce Canyon Resort
4. Bryce Canyon Lodge

Essen

1. Ruby's Inn Buffet & Dining Room
2. Doug's Hoo Doo's

Fahrt durch den Nationalpark

★ **Fairyland Point**

Eine knapp 19 mi/30 km lange Panoramastraße erschließt den Park. Kurz nach der Einfahrt erreicht man den 2365 m hohen Fairyland Point. Von hier bietet sich ein großartiger Blick auf das erste von bizarren Felsbildungen erfüllte Halbrund. In der Ferne bilden das Aquarius Plateau und der Navajo Mountain die Kulisse. Etwa 1,5 mi/2 km nach dem Parkeingang erreicht man das **Visitor Center**.

★★ Bryce Amphitheater

Der eindrucksvollste Felsengarten des Nationalparks befindet sich im hufeisenförmig ausgeräumten eigentlichen Bryce Canyon. Spektakuläre Ausblicke bieten sich hier am Sunrise Point und am Sunset Point, wenn die tief stehende Sonne die bunten Felsen und Gesteinsbänder anstrahlt.

Vom Sunrise Point steigt man in den **»Queens Garden«** hinunter und lässt sich von zerbrechlich wirkenden Felsfiguren wie der »Queen Victoria« beeindrucken. Vom Sunset Point kann man zu **»Thor's Hammer«** und in die **»Wall Street«** wandern. Vom Inspiration Point blickt man hinunter in die steinerne Welt der »Silent City« bzw. hinüber zur »Cathedral« und zum »Fairy Castle«.

Vom weiter südlich, knapp 2500 m ü. d. M. gelegenen Aussichtspunkt Paria View blickt man auf die vielgestaltigen Figuren in dem vom Yellow Creek ausgeräumten Fels-Amphitheater. – Als Nächstes folgen der **Inspiration Point** und der **Swamp Canyon**.

! *Baedeker* TIPP

Scenic Drive, Wanderweg

Eine knapp 19 mi/30 km lange Panoramastraße erschließt überwältigende Ausblicke in die Fels-Amphitheater und auch mindestens 150 km weit hinaus ins Land. Passionierte Bergwanderer sollten eine Begehung des Rim Trail nicht versäumen, der die schönsten Aussichtspunkte entlang der Abbruchkante zwischen dem Fairyland Point im Norden und dem Bryce Point im Süden erschließt.

Anlehnung an New York: die »Wall Street«

Nach dem Swamp Canyon erklimmt der Scenic Drive jene Höhenstufe, auf der Tannen und Fichten die Ponderosa Pine ablösen. Vom knapp 2700 m hohen **Farview Point** und vom einige Schritte abseits gelegenen Piracy Point hat man eine **ausgezeichnete Fernsicht**, die in südöstlicher Richtung bis zum Kaibab-Plateau (Nordrand des Grand Canyon) reicht.

Weiter südlich, im **Agua Canyon**, leuchten Klippen und Felstürme bei tief stehender Sonne in allen Rottönen. Einige der Felsnadeln sind noch so stabil, dass sie Bäume tragen können. Wenige hundert Meter weiter kommt man zum knapp 2700 m hohen Aussichtspunkt am **Ponderosa Canyon**. Bunt gebänderte Felskappen und Felsnadeln werden von Ponderosa-Pinien umrahmt.

Der Scenic Drive endet am Rainbow Point bzw. am Yovimpa Point, wo das Paunsaugunt Plateau in Gestalt der Pink Cliffs jäh nach Südosten abbricht. Von dieser 2748 m hohen Felsbastion kann man wegen der in dieser Höhenlage besonders reinen Luft einen wirklich einmaligen Fernblick genießen, der nach Süden bis zu den Hochgebirgsstöcken der Bundesstaaten Arizona und New Mexico reicht. Hier oben stehen auch noch einige bis zu 1700 Jahre alte Bristlecone Pines. Sehr lohnend ist eine Begehung des **Bristlecone Loop Trail**. Ein weiterer Rundweg führt in die wilde Felslandschaft unter dem Yovimpa Point.

** Rainbow & Yovimpa Point

* Canyonlands National Park

L/M 5/6

Region: Canyonlands, Panoramaland **Höhe:** 1150–1850 m ü. d. M.

Der mit einer Fläche von 1366 km² geradezu riesige Canyonlands National Park umfasst den wüstenhaften Kernraum des Colorado-Plateaus. Der Colorado und der Green River haben im Laufe von Jahrmillionen eine tiefe Schluchtenlandschaft ausgespült, die ihresgleichen sucht. In allen Rot- und Beigetönen leuchten die Sedimentschichten der Tafelberge, Berghalbinseln und Schluchten.

Zugang

Der Nationalpark ist das ganze Jahr über zugänglich. Das **Visitor Center** im Island in the Sky District (Zufahrt via Moab bzw. US 191 und UT 313) ist tgl. 8.00–17.00 Uhr geöffnet.

Drei landschaftliche Einheiten

Der Nationalpark ist in drei Einheiten gegliedert. Das Gebiet zwischen dem Green River und dem Colorado wird als **»Island in the Sky«** bezeichnet und ist quasi die Aussichtsplattform des Nationalparks. **»The Needles«** heißt das Areal südlich des Colorado. Hier prägen Felsnadeln, -türme und -bögen das Landschaftsbild. Außerdem findet man hier noch zahlreiche paläoindianische Siedlungsreste. Westlich des Green River erstreckt sich **»The Maze«**, ein wahrer Irrgarten aus bunt gestreiften Felsvorsprüngen und tiefen Schluchten, der nur sehr schwer zugänglich ist.

Die spärlichen Niederschläge lassen nur ein begrenztes Pflanzenwachstum zu. Eine aus kleinsten Lebewesen bestehende **kryptobiotische Kruste** schützt die Böden. Vereinzelt gedeihen hitzebeständige Grassorten wie Indianerreis sowie

! *Baedeker* TIPP

Needles Overlook

Wer einen Blick in den Canyonlands Nationalpark werfen will, ohne in die teilweise recht unwirtliche Gegend des Parkes fahren zu müssen, der kann sich vom Aussichtspunkt »Needles Overlook« in der Nähe des Highway 191 bei Church Rock umschauen. Von hier führt ein unasphaltierter Weg zum Anticline Overlook mit Blick auf den Meander Canyon.

CANYONLANDS ERLEBEN

AUSKUNFT

Canyonlands National Park Headquarters
2282 SW Resource Blvd.
Moab, UT 84532
Tel. (4 35) 7 19-23 13
www.nps.gov/cany/

ESSEN

► Erschwinglich

③ ***Slickrock Café***
Center & Main Street, Moab
Tel. (4 35) 2 59-80 04
Amerikanische Küche, die alles vom Burger über Burrito bis zu vegetarischen und sogar veganischen Gerichten bietet. Für alle Speisen werden ausschließlich frische Zutaten verwendet. Das Café befindet sich in einem der ältesten Gebäude Moabs, dem Cooper-Martin-Building, das 1907 erbaut wurde.

► Preiswert

② ***Canyonlands by Night and Day***
Nördlich der Colorado River Bridge am Old Mission Store
Tel. (8 00) 3 94-99 78
www.canyonlandsbynight.com
Gespeist wird hier vom Buffet auf einer Terrasse mit Blick auf den Colorado, umgeben von Gärten und Wasserfällen. Ein Essen kann hier separat oder in Verbindung mit einer »Canyonlands by Night and Day«-Tour erfolgen.

③ ***Isabella's Pizzeria***
471 S. Main, Moab
Tel. (4 35) 2 59-64 46
Kleines italienisches Restaurant, in dem man auch auf der Terrasse essen kann.

ÜBERNACHTEN

Baedeker-Empfehlung

► Komfortabel

① ***Desert Hills Bed & Breakfast***
1989 S. Desert Hills Lane
Tel. (4 35) 2 59-35 68
www.deserthillsbnb.com
Das Haus bietet drei hübsche Zimmer und eine Suite. Alle Räume sind mit mit rustikalem, aber elegantem Mobiliar eingerichtet und haben Blick auf die herrliche Umgebung des Spanish Valley.

► Günstig

② ***Best Western Canyonlands Inn***
16 S. Main Street, Moab
Tel. (4 35) 2 59-23 00
Fax 2 59-23 01
Das Motel steht direkt an der Hauptdurchgangsstraße. Die Zimmer sind zweckmäßig eingerichtet.

③ ***River Canyon Lodge***
71 W 200 North
Tel. (4 35) 2 59-88 38
Fax 2 59-05 19
www.moab-utah.com/rivercanyonlodge/
Das Hotel liegt zentral in der Innenstadt von Moab und besitzt 80 Zimmer sowie einen großzügigen Pool.

④ ***Days Inn Moab***
426 N. Main, Moab
Tel. (4 35) 2 59-44 68
Fax 2 59-40 18
www.daysinn.com
Das Hotel verfügt über 51 einfache Zimmer und einen Pool. In der Umgebung befinden sich zahlreiche Restaurants.

zwergwüchsige Busch- und Baumarten. An feuchteren Standorten, etwa an Flussufern und Quellaustritten, wachsen Farne, Tamarisken, Cottonwood und einige Blütenpflanzen.
Kojoten, Wüstenfüchse, Wüstenschafe und Erdhörnchen kann man häufig beobachten. An einigen Stellen leben sogar Biber. Natürlich sind die Canyonlands Heimat zahlreicher Kleinechsen und vieler Giftschlangen, vor denen man sich in Acht nehmen sollte. Im Frühling und Herbst machen Zugvögel am Colorado und am Green River Station.

★ **Island in the Sky**

Von einer etwa 1800 m ü. d. M. gelegenen Hochfläche schaut man auf die ca. 370 m tiefer liegende Sandstein-Schichtfläche des White Rim hinunter, in die sich der Colorado und der Green River nochmals rund 300 m tief eingefräst haben. Von hier oben kann man 150 km weit blicken. Am Nordeingang des Nationalparks befindet sich das **Island in the Sky Visitor Center**, wo Park Ranger alle gewünschten Auskünfte erteilen. Auf der Panoramastraße fährt man von hier aus zum Grand View Point Overlook. Ein etwas beschwerlicher Fußweg führt ganz an die Spitze der Felsplattform, von der aus man wohl den schönsten Blick über die Canyonlands genießen kann.

★ ★ ◂ Grand View Point Overlook

★ **The Maze**

Westlich vom Green River erstreckt sich der »The Maze« genannte **Irrgarten** aus bunt gebänderten Schluchten, schmalen Felsplattformen und vielgestaltigen Felsskulpturen. Das Gebiet ist kaum erschlossen. Lediglich ein paar 4WD-Pisten, Wanderpfade und primitive Campingplätze sind ausgewiesen. Nirgendwo sonst in den USA

Vom Grand View Point in Canyonlands genießt man einen herrlichen Ausblick.

bekommt man solch ein farbenfrohes **Sandstein-Puzzle** zu Gesicht. Das besonders fragile ökologische Gleichgewicht der Felswüste ist hier noch kaum gestört. Vom UT 95 bzw. von der Hite Marina am ► Lake Powell führt eine 4WD-Wüstenpiste in den Maze District, die sich auf der Waterhole Flat teilt.

★★ The Needles

Der südlich des Colorado gelegene Needles District des Nationalparks ist von zauberhaften **Felsskulpturen** geprägt. Außerdem findet man hier noch zahlreiche Siedlungsspuren der Anasazi, die in dieser

Canyonlands National Park Orientierung

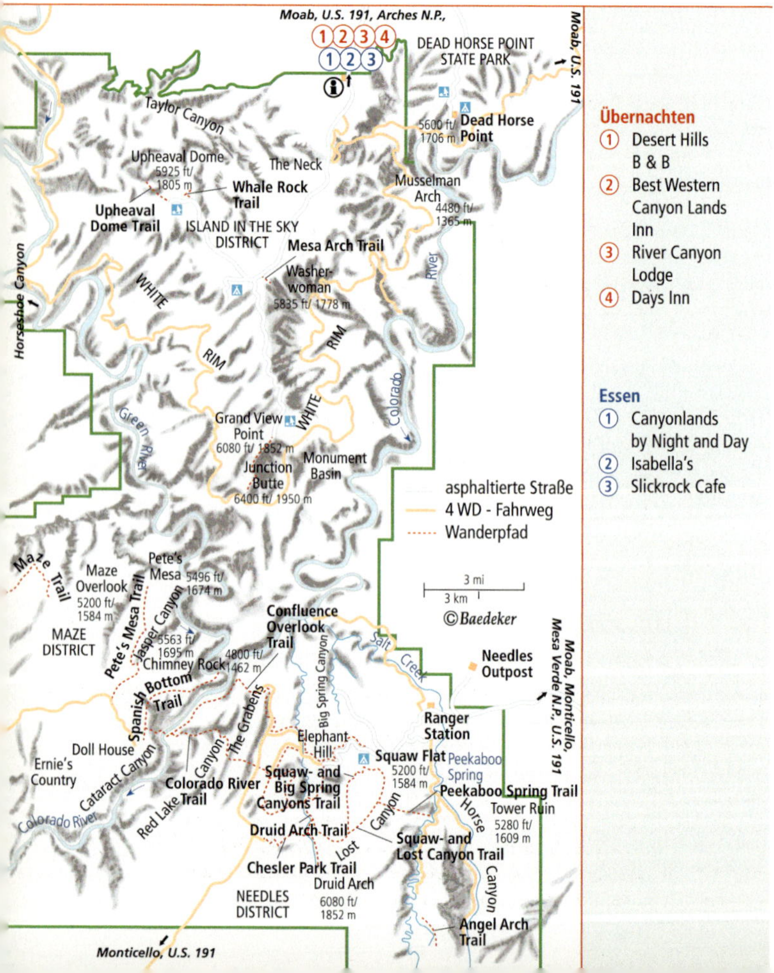

Der Colorado und seine Zuflüsse haben eine großartige Schluchtenlandschaft aus mächtigen Sandsteinschichten herausmodelliert.

Gegend jagten und Mais, Bohnen und verschiedene Getreidesorten anbauten. An vielen Felswänden kann man altindianische Felszeichnungen studieren. Das **Needles Visitor Center** erreicht man am besten vom US 191 aus.

★★ Colorado & Green River Confluence

Der Colorado und der Green River haben eine **Canyonlandschaft** geschaffen, wie es keine zweite auf der Erde gibt. Oberhalb ihres Zusammenflusses mäandrieren sie ziemlich gemächlich durch tiefe Schluchten eines von bunten Sandsteinschichten und Felsgebilden geprägten Naturraumes.

★★ ◄ Cataract Canyon

Unterhalb ihres Zusammenflusses tosen die Wassermassen der nunmehr vereinten Flüsse durch den nach wie vor ungebändigten Cataract Canyon. Dieser 14 mi/23 km lange Abschnitt des Coloradotals ist der aus manchem Werbespot bekannte **Traum jedes Wildwasserfahrers**. Auf der relativ kurzen Strecke stürzt der Colorado über mehrere gefährliche Stromschnellen zum etwa 50 m tiefer gelegenen Lake Powell. Von den beiden Fremdenverkehrsorten ► Moab und Green River aus werden Wildwasserfahrten durch diese Canyonlandschaft angeboten.

Umgebung vom Canyonlands National Park

★★ Horseshoe Canyon Unit

Westlich außerhalb des Nationalparks verläuft der Horseshoe Canyon, der vom Barrier Creek ausgeräumt wurde. Der mittlere Teil dieser Schlucht ist als Exklave des Nationalparks ausgewiesen. Der Grund: Hier trifft man auf die **schönste Galerie von Felszeichnungen**, die man bislang in den USA entdeckt hat. Sie stammen von archaischen Indianern, die hier vor mehr als 2000 Jahren gelebt haben. Die Darstellungen befassen sich mit dem Alltagsleben und mit der spirituellen Welt der indianischen Ureinwohner. Die Horseshoe Canyon Unit erreicht man am besten über eine etwa 50 mi/80 km lange Wüstenpiste, die ab Green River (I-70) nach Süden führt.

★ Newspaper Rock

Etwa 12 mi/20 km nach der Abzweigung des in den Indian Creek Canyon respektive in den Needles District führenden UT 211 kommt man an einem State Park vorbei, dessen Hauptattraktion eine hohe **Sandsteinwand** mit zahlreichen Felszeichnungen ist. Seit etwa 2000 Jahren haben sich hier nicht nur altindianische Anasazi und Fremont, sondern auch erst viel später auftauchende Paiute und Navajo »verewigt«, so dass die Felswand als »Zeitung« betrachtet werden kann. Neben diversen Tieren sind auch Menschen, Jagdszenen, Ornamente, Hand- und Fußspuren abgebildet.

★ Capitol Reef National Park

K 5

Fläche: 972 km²   **Gründungsjahr:** 1971

Als eines der weniger bekannten Schutzgebiete des Südwestens erstreckt sich der 972 km² große Capitol Reef National Park im Süden von Utah. Der lang gestreckte Nationalpark umfasst die bunt gebänderten Felsen, Riffe, Kamine und steilwandigen Tafelberge im Bereich der sog. Waterpocket Fold, einer ca. 160 km lange Falte der Erdkuste.

Zugang Der Nationalpark ist das ganze Jahr über frei zugänglich.

Waterpocket Fold Die markante Waterpocket Fold wurde vor etwa 65 Mio. Jahren aufgefaltet, also in jener Zeit, in der auch die Rocky Mountains entstanden. Die Kräfte der Erosion haben anschließend jene bizarren und in allen Farben leuchtenden Felsgebilde geschaffen, die heute viele Touristen anziehen. Der **Fremont River** durchmisst die Waterpocket Fold in einem engen Durchbruchstal in west-östlicher Richtung.

Tierwelt Die felsige Landschaft des Capitol Reef ist zwar recht **karg**, doch bietet sie etlichen Tierarten eine ausreichende Lebensgrundlage. Häufig zu sehen sind kleine Reptilien, darunter vor allem Eidechsen und Klapperschlangen, sowie kleine Säugetiere (u. a. Erdhörnchen). Auch Waschbären, Kojoten und Füchse durchstreifen das Gelände. Mitunter springen Antilopen über Stock und Stein.

? WUSSTEN SIE SCHON ...?

- ... dass sich Ende des 19. Jh.s Butch Cassidy und Sundance Kid mit ihrer Bande im Felslabyrinth des Capitol Reef versteckten?

Besiedlung Vom 7. bis zum 13. Jh. lebten in dieser Gegend altindianische Jäger und Sammler, die hier auch Mais und Bohnen anbauten. An einigen Felswänden im Fremont Canyon sind altindianische Felszeichnungen und -gravuren zu sehen. Im 19. Jh. kamen Landvermesser, Naturforscher und Missionare durch dieses Gebiet. Gegen Ende des 19. Jh.s ließen sich Mormonen nieder,

CAPITOL REEF ERLEBEN

AUSKUNFT

Capitol Reef National Park
HC-70, Box 15, Torrey 84775
Tel. (4 35) 4 25-37 91, Fax 4 25-30 26
www.nps.gov/care/

ESSEN

► Erschwinglich

Café Diablo
599 West Main Street, Torrey
Tel. (4 35) 4 25 30 70
Das feine Restaurant interpretiert die südwestliche Küche auf innovative und fantasievolle Weise. Die Zutaten kommen alle aus der Region.

► Preiswert

Wonderland Inn Restaurant
Junction of Highways 12 & 24, Torrey
Tel. (4 35) 4 25-37 75
Gäste können hier zwischen Fleisch, Fisch, Pasta und regionalen Spezialitäten wählen. Von jedem Platz aus hat man einen schönen Blick auf die Umgebung.

ÜBERNACHTEN

► Luxus

Red River Ranch
2900 West Highway 24
P.O. Box 22, Teasdale
Tel. (4 35) 4 25-33 22, Fax 4 25-33 29
www.redriverranch.com
Die Ranch verbindet auf gelungene Art rustikale Westernbauweise mit luxuriöser Ausstattung. Jedes der 15 eleganten Zimmer ist individuell mit antiken Möbeln gestaltet und verfügt neben einem eigenen Kamin über jeglichen Komfort.

► Günstig

Austin's Chuck Wagon Motel
12 West Main Street, Torrey
Tel. (4 35) 4 25-33 35, Fax 4 25-34 34
www.austinschuckwagonmotel.com
Das Motel liegt inmitten von großen, alten Bäumen, den Wahrzeichen von Torrey. Neben Motelzimmern, Familienappartments und gemütlichen Blockhütten gibt es eine großzügige Poolanlage sowie einen kleinen Lebensmittelladen auf dem Gelände.

Road Creek Lodge
300 South 600 West
P. O. Box 310, Loa
Tel. (4 35) 8 36-24 85
www.roadcreekranch.com
Die Lodge in Loa hat zwei Gebäude, in denen Gäste untergebracht werden können: die ehemalige Scheune mit fünf Zimmern und einem Loft und das Farmhaus mit sechs Zimmern.

die hier Obst kultivierten. Doch schon wenig später verließen viele Siedler das abgelegene und öfter von schlimmen Hochwasserfluten heimgesuchte Land.

★ **Scenic Byway Utah 24**

Der UT 24 durchquert als landschaftlich reizvolle Strecke den Norden des Nationalparks und folgt dabei dem Lauf des Fremont River. Jäh und bis zu 150 m hoch aufragende Felsgruppen säumen den Weg. Kurz hinter dem westlichen Parkeingang bei Torrey stehen nördlich der Straße die imposanten Twin Rocks. Wenig später steht man vor den hohen Felskaminen der Chimney Rocks. In der Nähe hat der Sulphur Creek tiefe »Goosenecks« (dt. = Gänsehälse) genannte Windungen in die anstehenden Gesteinsschichten gegraben. Kurz danach erreicht man das **Visitor Center** des Nationalparks, in dem man sich über die Landschafts- und Besiedlungsgeschichte dieses Gebietes informieren kann. Von hier führen die Fremont River Trails an eine enge Schlucht heran.

Fahrt durch den Nationalpark

Scenic Drive

Beim Visitor Center beginnt ferner eine etwa 12 mi/20 km lange, als »Scenic Drive« ausgewiesene Stichstraße, die in südöstlicher Richtung zur Capitol Gorge führt. Hohe Felstürme, burgähnliche Felsbastionen, Monolithen mit treffenden Bezeichnungen wie »Golden Throne« oder »Egyptian Temple« sowie tiefe Schluchten sind geradezu dramatischen Ergebnisse der Erosion, die hier seit Jahrmillionen wirksam ist. Vom Scenic Drive zweigt die unbefestigte **Grand Wash Road** ab, auf der man mit plötzlich einsetzenden **Sturzfluten** zu rechnen hat. Sie führt an den »Cassidy Arch« heran, wo sich einstmals der berüchtigte Outlaw mit seinen Kumpanen versteckt hielt.

Die Natur als Baumeister: die Sandstein-Kathedrale

Geradezu majestätisch erhebt sich der **Capitol Dome**, eine Felsgruppe, die von fern wie ein monumentales Bauwerk wirkt. – Kurz, bevor die UT 24 den Nationalpark im Osten verlässt, passiert man die **Behunin Cabin**. Das Steinhaus wurde 1888 von einem Mormonen erbaut, der hier wohl ein ziemlich entbehrungsreiches Leben fristete.

★ Cathedral Valley ►

Weiter östlich, bei Cainville, zweigen vom UT 24 zwei Wüstenpisten in nordwestlicher Richtung ab, die man jedoch nur mit **4WD-Fahrzeugen** befahren kann. Sie führen zu imposanten Felsdomen und Felsburgen, deren Sandsteinbänder in vielen Farben leuchten.

Sehenswertes in der Umgebung

Notom Bullfrog Road, Cedar Mesa

Östlich außerhalb des Parks zweigt die unbefestigte Notom Bullfrog Road vom UT 24 in südlicher Richtung ab. Sie führt durch die bizarr-bunte Felslandschaft der Waterpocket Fold hinunter zur 72 mi/ 115 km entfernten **Bullfrog Marina** am ►Lake Powell.

Etwa eine Autostunde nordöstlich vom Capitol Reef National Park kommt man über den UT 24 (via Hanksville) zum Goblin Valley State Park. Dieser hat seinen Namen von bizarren Felsbildungen aus rotem Sandstein, die von weitem wie **steinerne Kobolde** aussehen. ✶ **Goblin Valley State Park**

✶ Cedar City · Cedar Breaks National Monument

H/J 6

Region: Color Country
Einwohnerzahl: 11 000
Höhe: 1767 m ü. d. M.
Telefonvorwahl: 801

Das Städtchen Cedar City im Südwesten von Utah bietet sich als Stützpunkt für Ausflüge in die an landschaftlichen Höhepunkten reiche Umgebung an. Leicht zu erreichen sind u. a. das Cedar Breaks National Monument, der ►Bryce Canyon National Park und der ► Zion National Park. Kulturbeflissene kennen Cedar City als Veranstaltungsort des Utah Shakespearean Festival, das alljährlich im Sommer stattfindet.

Sehenswertes in Cedar City und Umgebung

Downtown

Im Iron Mission State Park (Öffnungszeiten: tgl. 9.00–17.00 Uhr) wird an die Zeit der Stadtgründung erinnert, als Mormonen in dieser unwirtlichen Gegend auftauchten, eine Missionsstation bauten und mit dem Eisenerzbergbau begannen. Sie errichteten hier den ersten Hochofen westlich des Mississippi. – Ein bemerkenswerter Sakralbau ist die **Rock Church**, die von den Mormonen in den Dreißigerjahren aus unterschiedlich gefärbten Sandsteinen errichtet worden ist. – Die in dieser Gegend lebenden Paiute-Indianer brauchten ihr Land nicht zu verlassen, was sie der Fürsprache der Mormonen zu verdanken hatten. Entsprechend lückenlos kann man im **Paiute Indian Museum** den Werdegang dieses Stammes nachvollziehen.

Southern Utah State University

Am westlichen Stadtrand erstreckt sich der Campus der Southern Utah State University. Während der sommerlichen Festspielsaison kann man die Kunstsammlungen der Universität in der **Braithwaite Fine Arts Gallery** in Augenschein nehmen. Beachtung verdienen die naturwissenschaftlichen Sammlungen, die nicht nur die Landschaftsgeschichte Südwest-Utahs erhellen, sondern auch die artenreiche Pflanzen- und Tierwelt des Dixie National Forest vorstellen.

✶ **Cedar Breaks National Monument**

Ca. 22 mi/35 km östlich der Stadt erreicht man das Cedar Breaks National Monument. Hier, am Westrand des Markagunt-Plateaus, hat die Erosion ein 5 km weites und bis zu 750 m tiefes **Amphitheater**

CEDAR CITY ERLEBEN

AUSKUNFT

Cedar Breaks National Monument
2390 West Highway 56, Suite 11
Cedar City, Utah 84720-4151
Tel. (4 35) 5 86-94 51, Fax 5 86-38 13
www.nps.gov/cebr

Cedar City and Brian Head Tourism and Convention Bureau
581 North Main Street
Cedar City, Utah 84720
Tel. (8 00) 3 54-48 49
www.cedarcity.org

ESSEN

► Erschwinglich

The Old Barn Restaurant
3308 North Bulldog Road
Tel. (4 35) 5 86-32 75
Das Restaurant im Willow Glen Inn serviert französisch und italienisch inspirierte Küche in gemütlicher Atmosphäre.

Brian Head Summit Dining Room
Tel. (8 01) 6 77-30 00
Gutes Essen bekommt man im Gipfelrestaurant auf dem Brian Head zu akzeptablen Preisen. Schöner Ausblick inklusive!

► Preiswert

Lefty's Hideout
2107 North Main Street
Tel. (4 35) 5 86-47 41
Das mexikanische und regionale Essen wird eher mild gewürzt, auf Wunsch erhalten die Gerichte jedoch eine feurige Note.

ÜBERNACHTEN

► Komfortabel

Abbey Inn
940 West 200 North
Tel. (435) 5 86-99 66
www.abbeyinncedar.com
In diesem romantischen Inn erwarten den Gast 81 elegante Zimmer und Suiten sowie eine schöne Pool- und Spa-Anlage.

Best Western Town & Country Inn
189 North Main Street
Tel. (8 01) 5 86-65 22, Fax 5 86-16 64
www.bwtowncountry.com
Das bestens geführte Haus eignet sich gut als Stützpunkt für Ausflüge in die an landschaftlichen Sehenswürdigkeiten reiche Umgebung.

► Günstig

Best Western El Rey Inn & Suites
80 South Main Street
Tel. (4 35) 5 86-65 18, Fax 5 86-72 57
www.bwelrey.com
Zentral in der Innenstadt gelegen kann man von diesem Hotel aus bequem zu Fuß die Stadt erkunden. Die Zimmer sind geräumig und hübsch eingerichtet.

mit unterschiedlich gefärbten Erdpyramiden, Pilzfelsen, Felsnadeln und Felsbögen modelliert. An der Abbruchkante des Plateaus und auch auf einzelnen Erd- und Steinpyramiden halten sich Wacholderbäume und zedernähnliche Nadelgehölze fest, die der Schlucht ihren Namen gegeben haben. Das Schutzgebiet ist bekannt für seine prächtige **Bergblumenblüte**, die schon kurz nach der Schneeschmelze einsetzt und im Hochsommer ihren Höhepunkt erreicht.

Visitor Center

Scenic Drive

Gleich nach der Einfahrt und an dessen höchster Stelle (3154 m ü. d. M.) kommt man zum Visitor Center (Öffnungszeiten: Juni bis Anfang Sept. tgl. 8.00–18.00 Uhr). Hier beginnt ein ca. 5 mi/8 km langer Scenic Drive, der die schönsten Aussichtspunkte erschließt. Von dieser Straße zweigen mehrere lohnende Wanderpfade ab. Beim Visitor Center erreicht man den **Point Supreme**, von dem aus man einen großartigen Panoramablick in das Felsenamphitheater und darüber hinaus genießen kann. Sehr malerisch bietet sich die Szenerie bei Sonnenuntergang vom **Sunset Point** dar. Weiter nördlich kommt man zum **Chessman Ridge Overlook**, wo die Erdpyramiden bzw. »Hoodoos« wie Schachfiguren in der Landschaft stehen. Ganz im Norden, vom Aussichtspunkt »North View«, eröffnet sich der Blick auf das Felsenlabyrinth des Cedar Break.

★ **Brian Head**

Wer hätte gedacht, dass man im eigentlich wüstenhaften »Red Country« **Ski fahren** kann? Der knapp 30 mi/50 km nordöstlich von Cedar City gelegene, 3446 m hohe Brian Head Peak auf dem Markagunt Plateau macht's möglich. Natürlich gibt es hier oben auch ein komfortables Hotel.

★ **Panguitch Lake Scenic Byway**

Vom Cedar Breaks National Monument führt der Panguitch Lake Scenic Byway (UT 143) in nordöstlicher Richtung über das Markagunt Plateau, dessen Wälder zum **Dixie National Forest** gehören. Ein besonderes Kleinod in der Hochgebirgslandschaft ist der fischreiche Panguitch Lake ist.

Das Felsentheater von Cedar Breaks präsentiert sich höchst imposant.

✶ Markagunt Scenic Byway

Der Markagunt Scenic Byway (UT 14) schlängelt sich von Cedar City aus in südöstlicher Richtung durch den wildromantischen **Cedar Canyon** und über das **Markagunt Plateau**. Nach 17 mi/27 km erreicht man den **Zion Overlook**, von wo aus man einen wunderschönen Blick über die Felsenwelt des ► Zion National Park genießen kann. Ein kurzer Pfad führt zur Abbruchkante des Markagunt-Plateaus, an der noch einige uralte Bristlecone Pines stehen.

Wenige Meilen weiter zweigt ein Sträßchen zum **Navajo Lake** ab. Hierbei handelt es sich um ein besonderes Naturphänomen: Erstarrte Lavaströme stauen diesen ca. 5 km langen und schmalen See auf, der keinen oberirdischen Abfluss hat. Sein Wasser verschwindet im kalkigen und stark verkarsteten Untergrund und tritt in den Cascade Falls bzw. in der Quelle des Duck Creek wieder aus. Vom Navajo Lake führt ein Weg zum Südrand des Markagunt-Plateaus und hinunter zu den **Pink Cliffs**. Kurze Zeit später steht man vor den **Cascade Falls**, die aus einer aktiven Flusshöhle hervorbrechen und zur Zeit der Schneeschmelze besonders fotogen sind. Das Wasser stürzt in den nördlichen Quellfluss des Virgin River, der den Zion Canyon ausgeräumt hat.

! Baedeker TIPP

Spectra Point Trail

Trittsichere Bergwanderer können den rund 4 mi/ 6,5 km langen Spectra Point Trail begehen, der an der Abrisskante der amphitheaterartig ausgeräumten Schlucht entlangführt und spektakuläre Ausblicke erschließt.

Duck Creek ►

Ca. 28 mi/45 km östlich von Cedar City ist ein Campingplatz am Duck Creek (2621 m ü. d. M.) angelegt, dessen Wasser vom Navajo Lake heruntersickert. Wanderpfade erschließen die wunderschöne Landschaft. Danach kommt man nach **Duck Creek Village** (2560 m ü. d. M.).

✶ Virgin River Rim Trail ►

Der Virgin River Rim Trail, ein großartiger, ca. 40 mi/65 km langer Hochgebirgswanderweg, führt am südlichen Trauf des Markagunt-Plateaus entlang, hoch über den von den Quellflüssen des Virgin River gegrabenen Canyons.

✶ Elk Meadows Scenic Byway

Ca. 50 mi/80 km nordöstlich von Cedar City erreicht man das **Beaver Valley** und die am I-15 gelegene Ortschaft Beaver. Von hier führt der 20 mi/32 km lange Elk Meadows Scenic Byway (UT 153) in die bis zu 3700 m hohen **Tushar Mountains**. Die Straße endet am **Elk Meadows Resort**. In der als schneesicher bekannten Gipfelregion (2770–3170 m ü. d. M.) hat man Skipisten und Loipen angelegt. Im Sommer kann man Bergwanderungen, schweißtreibende Mountainbike-Touren und Ausritte in Westernmanier unternehmen.

? WUSSTEN SIE SCHON ...?

- ... dass Duck Creek Village schon für manche Hollywood-Produktion als Filmkulisse gedient hat und seit einiger Zeit auch als Wintersportplatz besucht wird? Mitte Februar findet hier eines der bekanntesten Snowmobil-Rennen der USA statt.

★ Dinosaur National Monument

M/N 3

Region: Dinosaurland **Höhe:** 1372–2743 m ü. d. M.

Das Mekka der Paläontologen und Fossiliensammler, das 855 km² große Dinosaur National Monument, ist Teil des Yampa-Plateaus, in das der Green River und der Yampa River spektakuläre Schluchten gegraben haben. Die großartige Landschaft mit bizarren Felsbildungen, Canyons und »geologischen Fenstern« vermitteln dem kundigen Betrachter hervorragende Einblicke in die Erd- und Landschaftsgeschichte.

Zugang

Das Gebiet kann das ganze Jahr über besucht werden. Die **Visitor Centers** im Dinosaur Quarry und in der Ortschaft Dinosaur, CO sind täglich 8.00–16.30 Uhr, von Memorial Day bis Labor Day täglich 8.00–19.00 Uhr geöffnet.

Fossilienfundstätte

Weltbekannt wurde das Gebiet am Zusammenfluss von Yampa und Green River im Jahre 1908. Ein Paläontologe entdeckte am Green River östlich von ► Vernal das versteinerte Skelett eines 23 m langen und 4,50 m hohen Brontosaurus. Seither hat man in diesem Steinbruch **über 300 Tonnen Fossilien** von verschiedenen Saurierarten gefunden. Wo sich heute hohe Gebirge auftürmen, mächtige Sedimentschichten übereinander liegen und sich die Wassermassen von Green River und Yampa River durch enge Canyons zwängen, streiften in der Jurazeit, also vor etwa 145 Mio. Jahren, gewaltige Lebewesen in einer damals tropisch-feuchten Flusslandschaft umher. Der langhalsige Brachiosaurus fraß Blätter von hohen Farn- und Schachtelhalmgewächsen, der Allosaurus und der Ceratosaurus machten Jagd auf kleinere Artgenossen. Besonders furchterregend war damals der mit mächtigen Knochenplatten gepanzerte und mit Knochenspießen bewehrte Stegosaurus. Doch man findet hier auch Spuren des Lebens aus dem Erdaltertum, als dieses Gebiet vom Meer bedeckt war. Versteinerte **Korallen** und **Seelilien** erinnern an die Zeit vor etwa 300 Mio. Jahren.

Urzeitliche Werbung für's Motel

DINOSAUR ERLEBEN

AUSKUNFT

Dinosaur National Monument
4545 E. Highway 40, Dinosaur, CO 81610-9724, Tel. (9 70) 3 74-30 00
www.nps.gov/dino/

WILDWASSERFAHRTEN

Wer sich traut, kann an einer Rafting-Tour durch die Schluchten des Green River (Gates of Lodore am nördlichen Parkeingang) und des Yampa River (Deerlodge Park am Osteingang) teilnehmen. Besonderen Nervenkitzel verspricht die Fahrt durch die Split Mountain Gorge. Die Wildwasserfahrten finden normalerweise von Mai bis September statt. Auskünfte erteilt: Hatch River Expeditions, Vernal, UT, Tel. (800) 342-82 43.
www.nps.gov/dino/

ESSEN UND ÜBERNACHTEN

Im Park gibt es verschiedene Campingplätze. Mehr Informationen dazu unter www.nps.gov/dino/pphtml/camping.html.
Adressen von Hotels und Restaurants in der Nähe des Dinosaur National Monument finden Sie im Kapitel »Vernal, Flaming Gorge, Uinta«.

Nach dem Aussterben der »Dinos« vor etwa 65 Mio. Jahren wuchsen die Rocky Mountains heran. Es entstanden zahlreiche Gebirgszüge, darunter auch die ▸ Uintas im Nordosten von Utah, deren höchste Gipfel heute über 4000 m hoch aufragen. Ursprünglich lagen über dem ca. 1 Mrd. Jahre alten Gebirgskern noch mehrere tausend Meter Gestein, die im Laufe der Erdgeschichte nach und nach abgetragen bzw. als Sedimentschichten abgelagert wurden.

★★ **Dinosaur Quarry**

Der interessanteste Ort im Dino-Schutzgebiet ist ein Steinbruch am Nordufer des Green River, etwa 15 mi/24 km östlich von ▸ Vernal. Hier wurde der erste Brontosaurus freigelegt. Eine Felswand, die besonders viele Fossilien enthält, ist überdacht. Man kann den Präparatoren bei ihrer mühevollen Arbeit zusehen. Mit Hämmern, Meißeln und Bohrern schälen sie neben Saurierknochen auch versteinerte Korallen und Seelilien heraus. Im **Visitor Center** kann man sich umfassend über die Naturgeschichte dieser Gegend informieren.

? WUSSTEN SIE SCHON ...?

- Warum sind gerade hier soviele und verschiedene Fossilien zu finden? Ein urzeitlicher Strom, der einstmals durch dieses Gebiet floss, schleppte zahllose Tierkadaver heran, die an irgendeiner Biegung des Flusses abgelagert bzw. übereinander geschichtet wurden und im Verlauf von Jahrmillionen zu Stein wurden.

Ab dem Dinosaur Quarry Visitor Center kann man eine als »**Tour of the Titled Rock**« bezeichnete und ca. 25 mi/40 km lange Rundfahrt unternehmen. Die **Panorama-Rundstrecke** erschließt herrliche Blicke auf die nahen Berge und in den tiefen Canyon des Green River. Man passiert eine Felszeichnung der Fremont-Indianer, die hier vor ca. 1000 Jahren gelebt haben.

Vom Park Headquarter in Dinosaur führt der Harpers Corner Drive an die wilden Schluchten von Yampa und Green River heran. Von der Straße zweigen u. a. der **Plug Hat Butte Nature Trail** und der **Harpers Corner Trail** ab. Von Letzterem bieten sich atemberaubende Blicke in die hier etwa 900 m tiefe Schlucht des Green River. Weitere landschaftliche Höhepunkte sind der Echo Park, der Steamboat Rock und der Whirlpool Canyon.

★ Harpers Corner Drive

★ Grand Staircase – Escalante National Monument

K 6

Region: Color Country
Höhe: 1300–2800 m ü. d. M.
Fläche: 688 km²

Das besondere Merkmal der noch sehr urtümlichen, über weite Strecken wüstenhaften Schichtstufenlandschaft des Grand Staircase ist ihre von verschiedenen Sedimentgesteinen herrührende Buntheit. Eindrucksvoll sind die Schluchten und Canyons, die der Escalante River und dessen Nebenflüsse in diese Landschaft gegraben haben.

Scenic Byway UT 12

Der Scenic Byway UT 12 erschließt einige der schönsten Bereiche des Naturschutzgebietes. Er führt vom Red Canyon bzw. Bryce Canyon in nordöstlicher Richtung zum Capitol Reef National Park. Die erste Attraktion ist der Red Canyon mit seinen in allen Rottönen leuchtenden Felsformationen und seinen lichten Ponderosa-Pinienbeständen. Ein »Scenic Trail« führt in den wilden **Casto Canyon**. Wenig später zweigt die Zufahrt zum ► Bryce Canyon National Park ab. Hinter dem Bryce Canyon zieht die UT 12 vom Paunsaugunt-Plateau ins Tal, passiert den kleinen Fremdenverkehrsort Tropic und erreicht nach etwa 12 mi/20 km den Ort Cannonville.

★ ◄ Red Canyon

> **! Baedeker TIPP**
>
> **Vorsicht: heiß und giftig!**
>
> Das Kodachrome Basin liegt fast 1000 m tiefer als der ► Bryce Canyon National Park. In den Sommermonaten kann es hier unerträglich heiß werden. Am besten besucht man das Basin im April und Mai bzw. im September und Oktober. Vor Klapperschlangen muss man sich in Acht nehmen.

In Cannonville zweigt ein Fahrweg zum 7 mi/11 km südlich gelegenen Kodachrome Basin State Park ab. Wie der Name schon vermuten lässt, findet man hier eine Szenerie vor, die in ihrer Buntheit ihresgleichen sucht und unbedingt auf Film gebannt sein will. Felswände aus rot und weiß gebändertem Sandstein, hoch aufragende Felskamine und in vielen Farben leuchtende zerbrechliche Felsnadeln – das ganze eingerahmt von hellgrünem Sa-

★ Kodachrome Basin State Park

gebrush und dunkelgrünen Wacholdergewächsen – lassen das Herz jedes Naturfotografen höher schlagen. Die schönsten Blicke hat man vom **Panorama Trail**.

✶ **Grosvernor Arch**

Etwa 10 mi/16 km südöstlich vom Kodachrome Basin State Park ist der nach dem Gründer der National Geographic Society benannte und etwa 30 m weite Felsbogen eine Attraktion. Man erreicht das Naturwunder jedoch nur über eine **unbefestigte Wüstenpiste**, die vom Grosvernor Arch weiter südwärts in den Cottonwood Canyon und zum US 89 bzw. zum ►Lake Powell hinunterführt. Achtung! Bei Regen oder Gewitter sollte diese Piste wegen Lebensgefahr nicht befahren werden.

✶ **Paria Canyon – Vermilion Cliffs Wilderness Area**

Abenteuerlustige Wanderer und begeisterte Naturfotografen können den überaus malerischen Paria Canyon bzw. die Vermilion Cliffs mit ihren faszinierend bunten Felsbändern erkunden. Autofahrer erreichen dieses Gebiet am schnellsten von Page (►Lake Powell, Glen Canyon, Page, S. 468) aus, wenn sie dem US 89 in nordwestlicher Richtung folgen.

GRAND STAIRCASE ERLEBEN

AUSKUNFT

Grand Staircase Escalante National Monument
Cannonville Visitor Center
10 Center St, Cannonville, UT
Tel. (4 35) 6 79-89 81

ESSEN

► Preiswert

Circle D
475 W. Main St., Tel. (8 01) 8 26-42 97
Wer über den Escalante Highway fährt, sollte sich hier eine Pause gönnen. Hier gibt es reichhaltige Platten mit Prime Ribs, Tacos nach Art der Navajo, schmackhafte Moqui Omelets und vielerlei andere Genüsse.

ÜBERNACHTEN

► Komfortabel

Clarion Collection Victorian Charm Inn
190 North Highway 89, Kanab
Tel. (4 35) 6 44-86 60, Fax 6 44-86 59
www.clarioninn.com
20 elegant eingerichtete Zimmer im Stil der 1890er, jedes mit eigenem Kamin und Whirlpool. Das Hotel liegt am reizvollen Highway 89.

► Günstig

Grand Staircase Inn
105 North Kodachrome Drive
Cannonville
Tel. (4 35) 6 79-84 00
www.grandstaircaseinn.com
Das Inn direkt am berühmten Highway 12 hat 26 Zimmer in den drei Kategorien Standard Room, Grand Suite und Canyon Suite, alle mit fantastischer Aussicht. Der ideale Ausgangspunkt für Touren in die Nahe gelegenen Nationalparks Bryce Canyon, Grand Staircase und Kodachrome Basin.

Erst 1996 hat der damalige Präsident Clinton die großartige Landschaft am Escalante River zum National Monument erhoben.

Nordwestlich außerhalb des Orts Escalantes kann man **versteinerte Bäume** studieren, die vor etwa 140 Mio. Jahren hier angeschwemmt und danach von mächtigen Sedimentschichten überlagert worden sind. Durch die seit geraumer Zeit wirkende erodierende Kraft des Escalante River bzw. seiner Nebenbäche sind die verkieselten und versteinerten Baumleichen freigelegt worden. Im **Visitor Center** kann man sich genauer informieren.

★ **Escalante Petrified Forest State Park**

Von Escalante klettert eine aussichtsreiche Forststraße etwa 13 mi/ 20 km nordwärts bergauf zum 2645 m hoch und sehr idyllisch gelegenen Posey Lake mit einem Campingplatz.

◄ Posey Lake & Hell's Backbone Roads

Hole-in-the-Rock Road

Etwa 5 mi/8 km östlich von Escalante zweigt die Hole-in-the-Rock Road in südöstlicher Richtung ab. Diese 57 mi/92 km lange **unbefestigte Piste** führt durch eine wilde Felswüste hinunter zum Hole-in-the-Rock am Glen Canyon (Lake Powell). In den Achtzigerjahren des 19. Jh.s haben Mormonen hier einen Durchlass in den Fels gehauen, um auf den Talboden des Glen Canyon bzw. zum Colorado zu gelangen.

★ **Escalante Canyons**

Einige Meilen nach der Abzweigung der Hole-in-the-Rock Road bietet sich ganz unvermittelt ein großartiger Blick über die vom Escalante River ausgewaschene Canyon-Landschaft. Im **Bureau of Land Management** erhält man Tipps, wie man am besten zu den schönsten Stellen kommt.

Calf Creek Recreation Area

Knapp 16 mi/26 km nordöstlich von Escalante ist ein Erholungsgelände angelegt, dessen Attraktionen zwei **Wasserfälle** des Calf Creek sind. Mehrere natürliche Wasserbecken laden zum erfrischenden Bad ein. Geschulte Augen finden an Felswänden in der Nähe altindianische Felszeichnungen.

Boulder

★ Anasazi Indian Village State Park ►

Nach weiteren 12 mi/20 km gelangt man in den kleinen Ort Boulder. In den späten 1950er-Jahren wurden hier die Überreste einer paläoindianischen Siedlung freigelegt, die heute als **Freilichtmuseum** zugänglich ist (Öffnungszeiten: tgl. 9.00–17.00 Uhr). Nach jüngsten Forschungen haben hier im 11. und 12. Jh. etwa 200 Anasazi in Erdhäusern gelebt. Im kleinen Museum kann man sich über die Lebensweise und die Kulturtechniken der Anasazi informieren.

★ **Boulder Mountain**

Nördlich von Boulder klettert der 32 mi/52 km lange **Clem Church Memorial Highway** als aussichtsreiche Etappe des UT 12 über den 2804 m hohen Boulder Mountain. Dieses Bergmassiv vulkanischen Ursprungs ist von lichten Wäldern bedeckt, die dem Dixie National Forest zugeordnet sind. Von mehreren Stellen bieten sich großartige Ausblicke. Im Südosten sieht man die vom Escalante River geschaffene Canyonlandschaft und die Circle Cliffs, im Osten nimmt man die Waterpocket Fold bzw. die Felsburgen des ►Capitol Reef National Park wahr, und dahinter ragen die Henry Mountains auf. Am Pleasant Creek ist das **Wildcat Information Center** eingerichtet.

Grubenhäuser der Anasazi im Anasazi Indian Village State Park

Kanab und Umgebung

Das Städtchen **Kanab** (1500 m ü. d. M.; 3000 Einw.) liegt unweit der Grenze zu Arizona in einer großartigen, von den Vermilion Cliffs geprägten Landschaft. Dank seiner guten Verkehrsanbindung (US 89) bietet es sich als Stützpunkt für tolle Ausflüge in die landschaftlich überaus reizvolle Umgebung an. Bereits in den 1920er-Jahren »entdeckte« Hollywood Kanab und seine Landschaft als Kulisse für diverse Film- und TV-Produktionen. Seither sind hier weit über 100 Filme aufgenommen worden, darunter so bekannte Streifen wie »Bandolero« oder die TV-Serie »Rauchende Colts«.

Downtown ►

Im Zentrum von Kanab sind noch einige Häuser aus der Gründerzeit erhalten, die von den Mormonen zumeist im viktorianischen Stil erbaut wurden. Dazu gehört auch das Kanab **Heritage House**, das heute als Museum zugänglich ist.

Moqui Cave

Knapp 6 mi/10 km nördlich von Kanab, am US 89, findet man die Moqui Cave (Öffnungszeiten: Mai bis Okt. Mo. bis Sa. 9.00–17.00 Uhr), im 11. und 12. Jh. von Indianern als **Behausung** genutzt. In den Fünfzigerjahren waren hier eine Taverne und ein Tanzsaal. Heute werden Fossilien, Mineralien, altindianische Artefakte und neuzeitliches indianisches Kunsthandwerk ausgestellt und auch feilgeboten.

Besonders Besitzer von Allradfahrzeugen lieben ihn, den **Coral Pink Sand Dunes State Park**, denn hier darf man von 9.00 bis 20.00 Uhr in ausgewiesenen Dünenbereichen mit diesen Fahrzeugen herumfahren. Die Dünen sind ständig in Bewegung und können über 80 m hoch werden. Der feine rosafarbene Sand wird aus den umliegenden Bergen heruntergeweht. Tagsüber herrschen hier **Durchschnittstemperaturen** von mehr als 35 °C und man sieht außer ein paar Eidechsen, Schlangen und Skorpionen kaum Tiere. Kommt man jedoch früh morgens in die Dünen, so entdeckt man Spuren zahlreicher kleiner Säugetiere. Nachts sind es nur noch 12 °C und man hört die Koyoten heulen. In dem Dünenpark sind **Wander- und Lehrpfade** markiert. Am schönsten sind Wanderungen in der Morgensonne, wenn die Dünen in allen Farben leuchten. Achtung! Durch die Dünen sollte man nur mit festem Schuhwerk wandern. Es besteht die Gefahr, dass man unbewusst einen giftigen Skorpion oder eine Giftschlange aufstöbert.

! *Baedeker* TIPP

Parry Lodge

Einmal im selben Bett wie John Wayne, Dean Martin oder Ronald Reagan schlafen! Kein Problem, die legendäre Parry Lodge macht's möglich, denn hier logierten die Westernfilmhelden während der Drehzeiten. Das »Goldene Filmzeitalter« wird liebevoll konserviert. Wer sich rechtzeitig anmeldet, kann in stilechtem Western-Ambiente übernachten oder dinieren.

Johnson Canyon Movie Set

Fährt man in den Johnson Canyon hinein, meint man, Marshall Dillon oder Miss Kitty würden im nächsten Augenblick vor einem stehen. Denn hier ist das Gelände, wo die meisten Folgen der **TV-Serie »Rauchende Colts«** aufgenommen wurden. Noch bestens erhalten sind der »Saloon«, »Doc's Office« und der »Blacksmith Shop«.

Buggies in den Coral Pink Sand Dunes – Spaß für die einen, störend für die anderen.

★ Lake Powell · Glen Canyon

K 6/7

Regionen: Color Country, Canyonlands

Im Süden Utahs erstreckt sich der Lake Powell als zweitgrößter Stausee der Vereinigten Staaten. Er ist fast 300 km lang und hat eine Fläche von mehr als 5000 km². Die vielen Buchten und Seitencanyons bringen es mit sich, dass der Stausee eine Gesamtuferlänge von insgesamt 3155 km aufweist.

Erholungslandschaft

Von Anfang an war vorgesehen, nicht nur ein Wasserreservoir für die Stromgewinnung und für Bewässerungszwecke anzulegen, sondern vor allem auch einen Erholungsraum mitten in der Wüste zu schaffen. Inzwischen ist hier ein **Ganzjahresferiengebiet** entstanden, das von vielen Freizeitkapitänen, Wassersportlern und Anglern gern angenommen worden ist. An mehreren Stellen, so etwa bei Page, im Bereich Bullfrog – Halls Crossing sowie am oberen Ende des Sees bei Hite, sind diverse touristische Einrichtungen (Hotels, Campingplätze, Marinas etc.) gebaut worden, deren Urlaubsangebote inzwischen auch in den Katalogen deutscher Reiseveranstalter zu finden sind.

★ Glen Canyon Dam

Von 1960 bis 1964 hat man an einer bereits zu Arizona gehörigen Engstelle des Coloradotales (bei der heutigen Stadt Page, AZ) einen gewaltigen, hohen Staudamm, den Glen Canyon Dam, errichtet. Nun sollte es 17 Jahre dauern, bis der neue **Stausee** seinen Höchststand erreichte. Wer an einer Führung (tgl. 9.00–17.00 Uhr) im **Carl Hayden Visitor Center** teilnimmt, lernt das Innere des Staudamms und auch die gewaltigen Turbinenkraftwerke kennen. Danach versteht man besser, wofür die unvorstellbare Menge von 5 Mio. Kubikmetern Beton und sonstigem Baumaterial gebraucht wurde.

Der Glen Canyon Dam gilt als Wunderwerk der Ingenieurskunst.

Ca. 7 mi/11 km nördlich von Page, an der Grenze von Utah und Arizona, erreicht man die ganzjährig gut besucht **Wahweap Marina**, wo man sich ein **Hausboot** mieten oder sein eigenes Boot zu Wasser lassen kann. Von hier startet auch ein Schaufelraddampfer zu romantischen abendlichen **Dinner-Kreuzfahrten**.

Die im hinteren Teil des Sees am Nordufer gelegene **Bullfrog Marina** ist nur über den UT 276 erreichbar, der nördlich und südlich des See-Endes vom US 95 abzweigt.

Die Nationalparkverwaltung unterhält hier ein **Visitor Center**, in dem man sich über die Naturgeschichte des Glen Canyon und die Bedeutung des Lake Powell informieren kann.

Halls Crossing Marina

Mit einer kleinen Fähre kann man zu der am gegenüberliegenden Seeufer angelegten Halls Crossing Marina übersetzen. Von hier aus gelangt man über den südlichen Ast des UT 276 wieder zum US 95 und zum unbedingt sehenswerten **Natural Bridges National Monument**.

Hite Marina

Am oberen Ende des Lake Powell, der hier von einer modernen Straßenbrücke (US 95) überspannt wird, ist die Hite Marina angelegt. Dazu gehören das Büro eines Park Rangers, eine Bootsvermietung, eine Tankstelle und ein kleiner Campingplatz.

LAKE POWELL ERLEBEN

AUSKUNFT

Page-Lake Powell Chamber of Commerce & Visitors Bureau
644 North Navajo Drive, Dam Plaza
P.O. Box 727, Page, Arizona 86040
Tel. (9 28) 6 45-27 41, Fax 6 45-31 81
www.pagelakepowellchamber.org

Glen Canyon National Recreation Area
P.O. Box 1507, Page, AZ 86040
Tel. (9 28) 6 08-62 00
(Headquarters)
(9 28) 6 08-64 04
(Carl Hayden Visitor Center)
www.nps.gov/glca/

ESSEN

▸ Fein & Teuer

Wahweap Lodge Rainbow Room
Wahweap Marina
Tel. (5 20) 6 45-24 33
Vom Rainbow Room hat man einen wunderschönen Blick auf den von einer imposanten Felskulisse umrahmten Stausee. Die Speisen, die hier serviert werden, sind sehr gut, aber relativ teuer.

▸ Erschwinglich

The Dam Bar & Grille
644 N. Navajo Drive
Tel. (9 28) 6 45-21 61
Das Restaurant im Dam Plaza Shopping Center serviert südwest-amerikanische Küche.

ÜBERNACHTEN

▸ Komfortabel

Linda's Lake Powell Condos
19 Tower Butte, Page
Tel. (8 00) 4 62-76 95
www.lakepowellresorts.com
Jedes der geschmackvollen Appartments bietet neben einem herrlichen Blick auf den See eine eigene Terrasse und eine komplett eingerichtete Küche.

▸ Günstig

Best Western at Lake Powell
208 N Lake Powell Blvd., Page
Tel. (9 28) 6 45-59 88, Fax 6 45-25 78
www.bestwestern.com
Das moderne Hotel mit 132 Zimmern liegt im Herzen von Page. Nach einem Tag am See oder in den nahe gelegenen Nationalparks kann man im beheizten Außenpool entspannen.

Der Lake Powell ist ein Urlaubsziel für Wasserratten mitten in der Wüste.

★ **Rainbow Bridge N. M.**

Von der Wahweap Marina und von der Bullfrog Marina fahren täglich Ausflugsboote an das vom Navajo Mountain überragte Südufer des Lake Powell. Hier findet man die mit 90 m **zweithöchste Naturbrücke der Welt** vor. Touristen, die mit dem Ausflugsboot hierher kommen, müssen noch eine Viertelstunde wandern, bis sie vor dem mächtigen Felsbogen aus rotem Sandstein stehen.

Sehenswertes in der Umgebung

Page, AZ

Das Städtchen Page in Arizona (7000 Einw.) ist aus einer Siedlung hervorgegangen, die man Ende der Fünfzigerjahre für die am großen Staudammprojekt beteiligten Arbeitskräfte aufgebaut hat. Inzwischen ist sie zu einem lebhaften Versorgungsort für ein weites Umland und auch zu einem bedeutsamen Fremdenverkehrsort mit Hotels, Restaurants, Shopping Malls und Golfplatz herangewachsen. Beachtenswert ist das **John Wesley Powell Museum** (Öffnungszeiten: tgl. 10.00–18.00 Uhr), das sich mit dem legendären Erkunder des Coloradotals beschäftigt. Ferner lohnt der südlich außerhalb am US 89 gelegene **Big Lake Trading Post** einen Besuch, denn hier kann man altindianische Artefakte sowie modernes Kunsthandwerk der heutigen Indianer bestaunen.

★ **Antelope Canyon**

Von Page aus werden Ausflüge in den ca. 3,5 mi/5,5 km südöstlich außerhalb versteckten Antelope Canyon angeboten. Viele Südwest-Fans kennen diesen sog. Slot Canyon (geschlossener Canyon) von traumhaft schönen Bildern, die hier bei günstiger Sonneneinstrahlung von den bunt gebänderten und glatt geschliffenen Sandsteinformationen gemacht werden können. Der Canyon liegt auf dem **Hoheitsgebiet der Navajo** und kann nur im Rahmen von Führungen besichtigt werden. Leider ist ein Begehen des Felsenlabyrinths extrem gefährlich. Bei plötzlich auftretendem Hochwasser hat man hier keine Chance, sich noch in Sicherheit zu bringen. 1997 wurden etliche

Menschen von Sturzfluten mitgerissen, die nach einem in weiter Entfernung niedergegangenen Gewitter durch den Canyon schossen.

★ **Natural Bridges N. M.**

Etwa eine Autostunde südöstlich oberhalb der Hite Marina erreicht man via UT 95 ein Naturschutzgebiet, in dem von periodischen Sturzfluten drei eindrucksvolle Naturbrücken aus dem anstehenden Sandstein ausgewaschen worden sind. Der **Bridge View Drive** erschließt die schönsten Stellen in diesem Naturschutzgebiet.

> **? WUSSTEN SIE SCHON ...?**
>
> - ... dass die Rainbow Bridge von den in dieser Gegend lebenden Indianern auch heute noch als Heiligtum betrachtet wird? Aus diesem Grund sind hier Freiluft-Aktivitäten wie Felsklettern und Camping verboten.

Nordwestlich von Hite Marina erheben sich die bewaldeten und bis weit in den Mai dicke Schneehauben tragenden **Henry Mountains**, deren höchste Gipfel der 3512 m hohe **Mount Ellen** und der 3450 m hohe **Mount Pennel** sind. In dem noch wenig berührten Gebirge kann man viel Wild beobachten. Vom UT 95 zweigen mehrere Sträßchen in die Henries ab.

★ Moab

M 5

Region: Canyonlands
Einwohnerzahl: 6000
Höhe : 1219 m ü. d. M.
Telefonvorwahl: 801

Das von den Mormonen nach einem biblischen Königreich im Lande Zion benannte Städtchen Moab liegt am oberen Colorado River, der sich hier durch die einzigartige Canyonlandschaft des Colorado-Plateaus zwängt. Gleich um die Ecke liegen die imposanten Felsbildungen des ►Arches National Park, des Dead Horse Point State Park und des ►Canyonlands National Park.

Aktivurlaub

Moab hat sich in den letzten Jahren zu einem Brennpunkt des Fremdenverkehrs entwickelt. Aktivtouristen aus aller Herren Länder finden hier genau jene Szenerie vor, die sie aus diversen Westernfilmen und Werbespots kennen: leuchtend rote Sandsteinwände, glatt geschliffene Slickrock-Buckelpisten, steile Felshänge, schier unpassierbare Schluchten und tosende Stromschnellen.

Sehenswertes in Moab und Umgebung

Downtown

Lebhafter Betrieb herrscht auf der **Main Street**, die nicht nur eine viel befahrene Durchgangsstraße, sondern auch Hauptgeschäftsstraße und Flaniermeile ist. Neben den üblichen Souvenirs kann man indianisches Kunsthandwerk sowie wunderschöne Halbedelsteine, Mineralien und Fossilien (u. a. Saurierknochen) erwerben. – Das **Dan**

MOAB ERLEBEN

AUSKUNFT

Moab Information Center
Corner of Main and Center Street
Tel. (8 00) 6 35-66 22
www.discovermoab.com
Weitere Restaurants und Übernachtungsmöglichkeiten in Bryce Canyon (►S. 445) und Canyonlands (►S. 450)

ESSEN

► Erschwinglich

Center Cafe
92 E. Center St.
Tel. (8 01) 2 59-42 95
In dem hübschen Lokal wird man mit nicht alltäglichen Schöpfungen der zeitgenössischen amerikanischen Kochkunst verwöhnt. Eine wichtige Rolle spielen Wild und vegetarische Kost. Das Preisniveau ist gehoben.

ÜBERNACHTEN

► Komfortabel

Sunflower Hill B & B
185 N., 300 E. St.
Tel. (8 01) 2 59-29 74
Eine hübsche Unterkunft ist das Sunflower B & B. Hierbei handelt es sich um ein altes Bauernhaus, das um die Jahrhundertwende im Adobestil errichtet worden ist.

► Günstig

Landmark
168 N. Main St.
Tel. (8 01) 2 59-61 47
Fax 2 59-55 56
Das einfache Motel liegt an der Hauptdurchgangsstraße und überzeugt durch freundlichen Service.

O'Laurie Museum vermittelt Einblicke in die Natur- und Kulturgeschichte des Raumes Moab. Zu sehen sind Mineralien und Saurierfossilien sowie paläoindianische Artefakte und Werkzeuge der ersten hier siedelnden Mormonen.

✶ Moab to Monument Valley Film Commission Museum ►

Im Film Museum Moab erfährt man, dass die grandiose Felslandschaft Südost-Uahs schon in den Zwanzigerjahren als Filmkulisse diente. Damals drehte man hier »The Vanishing American«. Später wurden im Gebiet zwischen Moab und dem ► Monument Valley zahlreiche **Westernfilme** (u. a. mit John Wayne) gedreht, darunter auch Streifen wie »Rio Grande« und »The Comancheros«. Aber auch in anderen Filmen spielte diese Landschaft eine wichtige Rolle, so etwa in »Thelma & Louise« und »Indiana Jones and the last Crusade«. Schließlich entdeckten die Werbefilmer von Chevrolet und Marlboro die großartige Landschaft am Colorado.

Arches Vineyard

Etwa 3 mi/5 km südlich außerhalb kann man das **einzige Weingut** des Mormonenstaates besichtigen. Weinproben: Mo. bis Do. 11.00–19.00, Fr., Sa. 11.00–21.00 Uhr.

Hole 'n the Rock

Ca. 15 mi/24 km südlich kann man tgl. 9.00–17.00 Uhr eine große **Felsenwohnung** besichtigen, die ein Ehepaar in den Vierziger- und Fünfzigerjahren aus dem anstehenden Sandstein gehauen hat.

Ca. 3 mi/5 km nordwestlich von Moab zweigt der Potash Scenic Byway (UT 279) vom US 191 ab. Er führt zunächst an einem künstlichen See vorbei, der mit **radioaktiven Abwässern** aus dem Uranbergbau gefüllt ist. Die Straße folgt dann dem Colorado flussabwärts in die großartige Felslandschaft des Dead Horse State Park und des Canyonlands National Park.

★ **Potash Scenic Byway**

Ca. 5 mi/8 km nordwestlich von Moab erreicht man den Eingang zum viel besuchten ►Arches National Park .

★★ **Arches N. P.**

Ca. 7 mi/11 km weiter nordwestlich zweigt die UT 313 in südlicher Richtung ab. Sie führt zu der über 600 m hohen Abbruchkante einer Felshalbinsel im Dead Horse Point State Park. Von hier oben bietet sich ein **atemberaubender Blick** in die vom Colorado und seinen Zuflüssen geschaffene Canyonlandschaft.

★ **Dead Horse Point State Park**

Der UT 313 zieht vom Dead Horse Point State Park weiter zum Island in the Sky District Visitor Center des ►Canyonlands National Park und endet am Grand View Point.

★★ **Canyonlands National Park**

Etwa 2 mi/3 km nordwestlich von Moab biegt der Colorado River Scenic Byway (UT 128) in östlicher Richtung ab. Er folgt dem Colorado flussaufwärts. Vom **Negro Bill Canyon** lohnt eine Wanderung in ein Seitental, das von der über 70 m weiten Morning Glory Natural Bridge überspannt wird. Später kommt man zu den Fisher Towers, jenen über 270 m hohen **Felstürmen und -überhängen** aus dunkelrotem Sandstein, die aus vielen Westernfilmen und Werbespots bekannt sind. Weiter flussaufwärts überspannen die alte und die neue Dewey Bridge den Colorado. Der vom Colorado geschaffene Westwater Canyon zieht viele abenteuerlustiger **Wildwasserfahrer** an.

★ **Colorado River Scenic Byway**

★ ◄ Fisher Towers

◄ Dewey Bridge, Westwater Canyon

Die grandiose, aber schwer zugängliche Landschaft um Moab erkundet man am besten mit dem Jeep.

★ **La Sal Mountains**

Südöstlich von Moab erheben sich die La Sal Mountains, deren höchste Gipfel über 3700 m ü. d. M. aufragen. Der zweithöchste Gebirgszug Utahs ist vor rund 30 Mio. Jahren, also im Tertiär, durch **vulkanische Tätigkeit** entstanden. Als grüne Insel hebt sich das Massiv aus der Fels- und Steinwüste des Colorado-Plateaus. Von November bis Mai tragen die Gipfel weiße Hauben. In den Wäldern leben noch Schwarzbären, Wapitis, Berglöwen (Pumas) und andere Wildkatzen. Auch Maultierhirsche, Stachelschweine, wilde Truthähne und Adler kann man beobachten. In dem Hochgebirge, dessen in der Sonne gleißende Schneegipfel in der Mythologie der Indianer eine große Rolle spielen, waren um die Jahrhundertwende Goldgräber unterwegs. Von Moab aus erschließt die aussichtsreiche **Panoramastraße** »La Sal Loop« das Gebirge.

La Sal Loop ►

★ **Green River**

110 mi/177 km nordwestlich von Moab liegt die Ortschaft Green River am gleichnamigen Fluss, der hier von einem Brückenbauwerk des I-70 überspannt wird. Unbedingt sehenswert ist hier das **John Wesley Powell River History Museum** (Öffnungszeiten: tgl. 9.00–17.00 Uhr), das sich mit den waghalsigen Unternehmungen des einarmigen Bürgerkriegsveterans beschäftigt. Powell war der Erste, der die Flussläufe des Colorado und des Green River systematisch erkundete und damit einen wesentlichen Beitrag für die Erschließung des amerikanischen Südwestens erbrachte. Direkt am Fluss erstreckt sich der **Green River State Park** als grüner Erholungsraum.

★ Ogden

K 2

Region: Golden Spike Empire
Einwohnerzahl: 70 000
Höhe : 1370 m ü. d. M.
Telefonvorwahl: 627

Die Stadt Ogden, heute die drittgrößte des Bundesstaates Utah, liegt am Unterlauf der beiden Flüsse Ogden River und Weber River. Sie ist nur wenige Meilen vom Großen Salzsee entfernt und ist heute Mittelpunkt eines von der Landwirtschaft geprägten Umlandes. Ein wichtiger Wirtschaftsfaktor ist die U.S. Air Force, die hier einen großen Stützpunkt unterhält.

Sehenswertes in Ogden

Old Town

Das alte Zentrum von Ogden ist in den letzten Jahren wieder aufpoliert worden. Hauptachse ist die **denkmalgeschützte 25th Street**. Die Bauten des ausgehenden 19. Jh.s vermitteln noch ein wenig von jener Atmosphäre, als hier »leichte Mädchen«, Spieler und Pistolenhelden den Ton angaben. Architektonisch bemerkenswert sind das 1909 fertig gestellte Ogden Post Office (298 24th St.), das 1913 im sog. Chicago Style errichtete Eccles Building (385 24th St.), das 1924 erbaute

Zum Buffalo Roundup treffen sich die Cowboys der Gegend in Ogden.

Egyptian Theatre (439 Washington Blvd.) und das in den Dreißigerjahren im Art-Deco-Stil errichtete Municipal Building (2539 Washington Blvd.).

Am Westrand der Old Town steht der in den Zwanzigerjahren erbaute Bahnhof der Union Pacific Railroad. Er beherbergt das **Eisenbahnmuseum** des Staates Utah mit seinen Oldtimer-Lokomotiven und seiner großen H0-Modellbahnanlage. Im ebenfalls hier untergebrachten **Browning Firearms Museum** kommen Waffennarren auf ihre Kosten. Hier sind hauptsächlich Schusswaffen zu sehen, die der in Ogden geborene John M. Browning (1855–1926) konstruiert hat. Im anschließenden **Browning-Kimball Car Museum** sind wunderschöne Automobil-Oldtimer ausgestellt (Öffnungszeiten der drei Museen: Mo. bis Sa. 10.00–17.00 Uhr).

★ **Museen in der Union Station**

Im Norden der Stadt, zwischen Grant Ave. und Washington Blvd., zieht die Ogden City Mall mit ihren vielen Geschäften Besucher an. Eine Attraktion ist das **Treehouse Children's Museum**, in dem Kinder nach Lust und Laune herumklettern und sich spielerisch bzw. interaktiv mit den Errungenschaften der neuen Medienwelt beschäftigen können.

Ogden City Mall

Nördlich der 22nd St. schließt sich der Temple Square mit dem Tabernakel und dem Tempel der Mormonen an. Hier befindet sich auch ein Museum, das die Geschichte der Pionierzeit aus dem Blickwinkel der Mormonen aufzeigt. Daneben steht die rekonstruierte, ursprünglich in den Vierzigerjahren des 19. Jh.s errichtete **Miles Goodyear Cabin**. Sie ist das erste von einem weißen Siedler erbaute Haus im Staate Utah.

Temple Square

OGDEN ERLEBEN

AUSKUNFT

Ogden/Weber Convention and Visitors Bureau
2501 Wall Avenue, Suite 201, Ogden
UT 84401
Tel. (8 66) 8 67-88 24
www.ogdencvb.org

ESSEN

► Fein & Teuer

Timbermine
1701 Park Blvd.
Tel. (8 01) 39-21 55
Das Timbermine verspricht in einer nostalgischen Umgebung wie zur Goldgräberzeit eine große Auswahl an Gerichten. Besonders stolz ist man hier auf die Hausspezialität: das »Prime Rib«. Montag, Dienstag und Mittwoch werden den Gästen »Barbecue Nights« angeboten.

► Erschwinglich

Delights of Ogden
258 Historic 25th St.
Tel. (8 01) 3 94-11 11
Das kleine Restaurant ist in einem der ältesten Gebäude der Stadt untergebracht. In gemütlicher Atmosphäre genießt man hier feine Speisen. Mitunter blitzt der Einfluss der mediterranen Küche auf, denn manchmal gibt es eine vorzügliche Bouillabaisse und als Dessert ein tolles Tiramisu.

ÜBERNACHTEN

► Komfortabel

Holiday Inn
3306 Washington Blvd.
Tel. (8 01) 3 99-56 71, Fax 6 21-03 21
In dem Mittelklasse-Hotel fühlen sich Geschäftsreisende und Touristen wohl.

► Günstig

Hampton Inn & Suites Ogden
2401 Washington Blvd.
Tel. (8 01) 3 94-94 00, Fax 3 94-95 00
Die Zimmer sind modern und stilvoll. Von dem Hotel aus sind viele der Sehenswürdigkeiten Ogdens zu Fuß erreichbar.

✶ Fort Buenaventura State Park

Westlich des Stadtzentrums erreicht man das wiederaufgebaute Fort Buenaventura von 1846. An den Wochenenden von Ostern bis Anfang September zeigen Laienschauspieler, wie sich das Leben im frühen 19. Jh. abgespielt hat, als Pelzhändler und »Mountain Men« hier mit den Indianern handelten. Im **Visitor Center** sind interessante Kulturzeugnisse der indianischen Ureinwohner ausgestellt.

Ogden Nature Center

Im Norden der Stadt, an der 12th Street, befindet sich das Ogden Nature Center (Öffnungszeiten: Mo. bis Sa. 10.00–16.00 Uhr), wo verletzte Wildtiere (u. a. Waschbären oder Stachelschweine) gepflegt werden und man sich über die Tierwelt des Großen Beckens informieren kann.

Weber State University

Im Südosten der Stadt erstreckt sich der Campus der Weber State University. Beachtung verdienen das **Natural History Museum** (u. a. Saurier-Skelett) und die Kunstausstellungen der **Collett Art Gallery**.

Umgebung von Ogden

Hill Aerospace Museum

»Highlights« im Hill Aerospace Museum(Öffnungszeiten: Di. bis Fr. 9.00–15.00, Sa., So. 9.00–17.00 Uhr) auf dem Gelände der Hill Air Force Base sind eine B-17 (»Fliegende Festung«) und das Spionageflugzeug SR-71 »Blackbird«. Weitere **alte Militärflugzeuge** sowie Bomben und Raketen aus der Zeit des Kalten Krieges sind hier zu sehen.

Lagoon Amusement Park

Ca. 16 mi/26 km südlich von Ogden, bei Farmington, lädt der Lagoon Amusement Park Familien mit Kindern ein. Bereits im Jahre 1906 wurde hier die erste Achterbahn errichtet. In einem »Pioneer Village« verspürt man einen Hauch vom Wilden Westen. Für die rasanten Rutschen im **Wasserpark »Lagoon A Beach«** braucht man besonders starke Nerven.

Etwa 15 mi/24 km östlich von Ogden erreicht man den Ort **Huntsville** mit dem legendären **»Shooting Star Saloon«** (Öffnungszeiten: Mo. bis Sa. 12.00–1.00 Uhr früh, So. 14.00–24.00 Uhr). Der Saloon wurde Ende des 19. Jh.s eröffnet und ist damit das **älteste noch bestehende Lokal** seiner Art in Utah. In der Umgebung von Huntsville gibt es drei Skigebiete. Snowbasin, Nordic Valley (1600–2000 m ü. d. M.), dessen Angebot von Familien mit Kindern geschätzt wird, und Powder Mountain (2300–2700 m ü. d. M.), wo anspruchsvolle Skiläufer auf ihre Kosten kommen.

! *Baedeker* TIPP

Ogden Canyon

Östlich der Stadt hat der Ogden River ein wildromantisches Kerbtal geschaffen, das in die wunderschöne Bergwelt der Wasatch Mountains führt. Vor allem zur Zeit des Indian Summer, wenn die Bergwälder in allen Farben leuchten, ist eine Fahrt durch den Canyon ein Hochgenuss. Am Ausgang des Ogden Canyon, in Eccle's Dinosaur Park, erschrickt man vor lebensgroßen Dinosaurier-Nachbildungen.

Brigham City und Umgebung

Brigham City

Im Zentrum von Brigham City (1289 m ü. d. M.; 23 000 Einw.) lädt das **Tabernakel der Mormonen** zu einem Besuch ein. Der neugotische Sakralbau ist 1897 vollendet worden und gilt als einer der schönsten seiner Art in Utah. Im **Brigham City Museum** kann man Gegenstände aus der Frühzeit der Siedlung sowie Arbeiten einheimischer Künstler bewundern. Der um die Jahrhundertwende erbaute Bahnhof ist renoviert worden und fungiert heute als **Eisenbahnmuseum**. Gelegentlich fahren hier Museumsdampfzüge zur Golden Spike National Historic Site (s. unten) ab.

★ Inspiration Point

4 mi/6,5 km östlich von Brigahm City liegt die Ortschaft **Mantua**, von wo aus eine ca. 14 mi/23 km lange Forststraße zum 2872 m hohen Inspiration Point hinaufführt. Von hier oben überblickt man

10. Mai 1869: Die erste transkontinentale Eisenbahnlinie ist vollendet.

HOCHZEIT DER SCHIENEN

Utah, Promontory Point, am 10. Mai 1869. Zwei Lokomotiven rollen langsam aufeinander zu, die »Jupiter« der Central Pacific und die »119« der Union Pacific. Die eine aus der kalifornischen Hauptstadt Sacramento, die andere aus Omaha (Missouri). Als das kleine, die beiden trennende Schienenstück (vorerst nur symbolisch) mit einem großen goldenen Nagel verbunden wird, ist die letzte Lücke geschlossen und Nordamerikas erste transkontinentale Eisenbahnstrecke vollendet.

Für die wirtschaftliche Entwicklung der USA war dieser **historische Moment** von eminenter Bedeutung, denn die »Hochzeit der Schienen« revolutionierte das amerikanische Transportwesen und legte den Grundstein für den Aufstieg der USA zur größten Industriemacht der Welt. Die ersten Züge in die Gebiete westlich des Mississippi fuhren bereits im Jahre 1852. Als zu Beginn der 50er-Jahre der **Goldrausch** die Pioniere scharenweise in den Westen lockte, fasste die Regierung Pläne für eine transkontinentale Eisenbahn. Außerdem hoffte man, durch die neue moderne Verkehrsverbindung den Handel mit Asien befördern zu können.

Der Bau fordert viele Tote

Begonnen wurde das Projekt im Jahre 1863, als die Eisenbahngesellschaft Central Pacific im kalifornischen Sacramento mit Sprengungen, Tunnels und waghalsigen Brückenkonstruktionen dem schwierigsten Teil der Strecke in den Rocky Mountains zu Leibe rückte. Als **billige Arbeitskräfte** wurden rund 10 000 Bauernjungen aus China angeworben. Die Arbeiter aus den kantonesischen Bezirken Sinong und Sinwai fanden bei dem mörderischen Arbeitstempo zu Hunderten den Tod. Von denjenigen, die diese Tortur überstanden, kehrten nur die wenigsten zurück. Sie gründeten die Chinatowns der Westküste.

Nach dem Bürgerkrieg, d. h. ab 1865, ließ die Union Pacific den Schienenstrang von Omaha (Missouri) aus weiter in Richtung Kalifornien vorantreiben. Neben ehemaligen Sodaten heuerte die Eisenbahngesellschaft vor allem europäische Einwanderer an. Da für jede verlegte Schienenmeile eine **Prämie** ausgesetzt war, entbrannte ein gnadenloser Konkurrenzkampf zwischen den Bautrupps, der soviel Menschenleben gekostet haben soll wie der Bürgerkrieg.

Indianer wehren sich

Die Gleisbauarbeiter waren zudem den **Überfällen** der Indianer ausgesetzt, die sich erbittert gegen den frechen Diebstahl an ihrem Land zur Wehr setzten. Doch mit Hilfe der Eisenbahn gelang es den Weißen, die Prärieindianer zu unterwerfen. Die Schienenwege teilten und behinderten die Büffelherden. Zu Hunderttausenden wurden Büffel aus den Wagonfenstern der transkontinentalen Eisenbahnen heraus abgeschossen und somit die Lebensgrundlage der Indianer zerstört. In den Sechzigerjahren des 19. Jh.s. begann das **organisierte Massenschlachten**; es wurden »Büffelkanonen« gebaut und ausgezeichnete Schützen, wie der legendäre Buffalo Bill, angeheuert. Geschäftstüchtige Unternehmer veranstalteten Amüsier-Fahrten für »Jäger«.

Lukratives Geschäft für die Eisenbahngesellschaften

Für die Eisenbahngesellschaften war das Projekt ein äußerst lukratives Geschäft. Von der Regierung erhielten sie **Zuschüsse**, die je nach Schwierigkeitsstufe zwischen 16 000 und 48 000 Dollar je Meile schwankten. Das Baumaterial für die Schwellen wurde bereitgestellt, die Schienen aus Deutschland importiert. Großzügige **Landschenkungen**, ein bis zu 32 km breiter Streifen beiderseites der Gleise, machte die Gesellschaften zu Großgrundbesitzern. Durch getürkte Bauaufträge und andere **Betrügereien** ergaunerten die Eisenbahndirektoren zusätzlich Staatsgelder in Millionenhöhe. Im letzten Jahrzehnt des 19. Jahrhunderts gab es praktisch keinen Bundesstaat im US-amerikanischen Westen mehr, der nicht einen **Anschluss an beide Ozeanküsten** besaß. Die Kansas Pacific Eisenbahn erreichte im Jahre 1870 Denver, während eine Abzweigung in nördlicher Richtung den Anschluss an die Union Pacific Eisenbahn bei Cheyenne herstellte. Darauf folgten bald andere Linien: Die Atchison, Topeka und Santa Fé durch Süd-Colorado und New Mexico oder die Northern Pacific und Great Northern quer durch Dakota und Montana bis an die Küsten des Stillen Ozeans.

Jährlicher Festakt in Promontory Point

Promontory Point hatte den Anfang gemacht und ist deshalb auch alljährlich im Mai das Ziel von **Eisenbahnfans**, die hier die Erinnerung an das historische Ereignis wachhalten. Vor einigen Jahren ließ der National Park Service die zwei alten Pionier-Dampfrösser der ehemaligen Eisenbahngesellschaften detailgetreu nachbauen und sie über die Schienen des golden Zeitalters keuchen.

den Großen Salzsee und den gesamten Norden des Staates Utah. In der Ferne ragen Hochgebirgszüge in den Nachbarstaaten Nevada, Idaho und Wyoming auf.

★ Golden Spike National Historic Site

Hier, bei Promontory, wurde am 10. Mai 1869 um die Mittagszeit der letzte – goldene – Nagel (Golden Spike) für die **Eisenbahnlinie** von Ost nach West eingerammt. Die Schienenstränge der Union Pacific Railroad und der Central Pacific Railroad waren damit verbunden. Der damalige Festakt wird alljährlich am selben Tag und zur selben Zeit wiederholt. Die Golden Spike National Historic Site gehört heute zu den großen Kultstätten der **Eisenbahnenthusiasten**. Im Visitor Center wird die überragende Rolle der Eisenbahn bei der Erschließung des Wilden Westens dokumentiert. Ein kurzes Stück der alten Bahnstrecke ist rekonstruiert. Auf den Schienen stehen originalgetreue Nachbildungen jener beiden Dampflokomotiven, die sich im Jahre 1869 an dieser Stelle begegneten: eine »Jupiter« der Central Pacific Railroad und eine »119« der Union Pacific Railroad. Besichtigung: Memorial Day bis Labour Day tgl. 8.00–18.00, in der übrigen Zeit tgl. 8.00–16.30 Uhr.

Dampfendes Ungetüm aus der frühen Eisenbahnzeit

Logan und Umgebung

Das bedeutendste Baudenkmal Logans (1380 m ü. d. M.; 30 000 Einw.) ist der burgähnliche **Mormonentempel**, der jedoch nicht besichtigt werden kann. Das 1877–1884 errichtete Gotteshaus, für dessen Bau man Kalkstein aus dem Umland verwendet hat, steht an einem heiligen Ort der Shoshone-Indianer. Im späten 19. Jh. wurde das **Tabernakel** errichtet, das Stilelemente der byzantinischen Architektur zeigt. Bemerkenswert sind die Buntglasfenster sowie die Deckengemälde. Viele Besucher kommen, wenn die große Orgel erschallt.

Historic Main Street ►

Vom Tabernakel aus kann man die Historic Main Street, die alte Hauptstraße der Stadt, mit ihren Baudenkmälern aus dem 19. und frühen 20. Jh. erkunden. Beachtung verdienen nicht nur die St. John's Episcopal Church (1873) und das Cache County Courthouse (1883), sondern auch die altehrwürdigen Gebäude der Zion's Bank, der First Security Bank und der First Interstate Bank. Traditionsreiche **kulturelle Einrichtungen** sind das Capitol Theatre (1901) und das Lyric Theatre (1913). Im Cache Valley Historical

Museum erinnern Möbel und diverse Gerätschaften an die Pionierzeit. Im Norden von Logan erreicht man die 1888 gegründete Utah State University, deren ältestes Gebäude das »Old Main« mit seinem Glockenturm ist. Das **Nora Eccles Harrison Museum of Art** (Öffnungszeiten: Di. bis Fr. 10.30–16.30, Sa., So. 14.00–17.00 Uhr) beherbergt eine reiche Keramiksammlung.

◄ Utah State University

Ronald V. Jensen Historical Farm

Ca. 6 mi/10 km südwestlich von Logan erreicht man eine 1917 errichtete Farm (Öffnungszeiten: Juni bis Aug. 10.00–16.00 Uhr), die heute als museale Einrichtung betrieben wird. Hier wird u. a. gezeigt, wie seinerzeit Felder gepflügt, Stroh gedroschen und Schafe geschoren wurden.

✶ Logan Canyon

Nordöstlich der Stadt hat der Logan River eine wildromantische Schlucht in das vom Wasatch Cache National Forest bedeckte Gebirge gegraben, die von der als **»Scenic Byway«** ausgewiesenen U.S. 89 erschlossen wird. Von einigen Gipfeln in dieser herrlichen Landschaft bieten sich wunderschöne Ausblicke. Am Ende des Canyons erhebt sich der 2682 m hohe Beaver Mountain, der im Sommer Wanderer, Mountainbiker und Westernreiter anzieht und im Winter dank seiner Schneesicherheit ein viel besuchtes **Skigebiet** ist.

◄ Beaver Mountain

✶ Bear Lake

Vom Beaver Mountain windet sich die US 89 zum Bear Lake (1805 m ü.d.M.) hinunter, einem wunderschön gelegenen Bergsee, an dem mehrere Badeplätze und eine Marina angelegt sind. Touristische Brennpunkte sind **Garden City** am Westufer und **Laketown** am Südufer.

✶ Park City

K 3

Region: Mountainland
Einwohnerzahl: 10 000
Höhe: 2100 m ü. d. M.
Telefonvorwahl: 649

Der größte Wintersportplatz des Staates Utah ist Park City, das im Jahre 2002 einer der Schauplätze der Olympischen Winterspiele von Salt Lake City war. Die Stadt liegt in den schneereichen südöstlichen Wasatch Mountains.

Entstanden im Silberboom

Park City wurde in den Sechzigerjahren des 19. Jh.s gegründet, als man in der Umgebung reiche **Silbervorkommen** entdeckte. Nach Ausbeutung der Edelmetallvorkommen fiel die Stadt in einen Dornröschenschlaf und wurde zur Geisterstadt. In den Sechzigerjahren des 20. Jh.s erkannten rührige Unternehmer das eigentliche Potential von Park City, seine lange Schneesicherheit. Praktisch über Nacht wurde ein **Wintersportort** aus dem Boden gestampft, in dem sich alsbald die Top-Rennläufer der US-Nationalmannschaft einstellten.

Sehenswertes in Park City und Umgebung

Downtown Geschäftige Flaniermeile der Stadt ist die **Main Street**, die von einigen hübsch hergerichteten Bauten der Jahrhundertwende flankiert wird. Im kleinen **City Museum** (528 Main St.) kann man sich über die Entwicklung des Silberbergbaus und die damit verbundene Geschichte der Stadt informieren. Ebenfalls sehr lebhaft geht es in der parallel verlaufenden **Park Avenue** zu, wo man u. a. Arbeiten hiesiger Künstler erwerben kann.

PARK CITY ERLEBEN

AUSKUNFT

Park City Chamber of Commerce Convention & Visitors Bureau
PO Box 1630, Park City, UT 84060
Tel. (4 35) 6 49-61 00, Fax 6 49-41 32
www.parkcityinfo.com

Park City Visitor Information Center
750 Kearns Blvd.
Tel. (4 35) 6 58-45 41

VERANSTALTUNGEN

Furioser Auftakt
Schon zu Jahresbeginn kann Park City mit einer bedeutenden Veranstaltung aufwarten. Im Rahmen des im Januar stattfindenden »Sundance Film Festival« werden dem Publikum interessante Streifen vorgeführt. Ein weiterer Höhepunkt im Januar ist die »Ski Week«. Das beliebte »WinterFest« findet im Februar/März statt. Aus diesem Anlass entstehen in der ganzen Stadt fantasievolle Skulpturen aus Eis und Schnee.

ESSEN

► Fein & Teuer

Glitretind
auf dem Gelände der Stein Eriksen Lodge
Tel. (8 01) 6 45-64 51
Feinschmecker lassen sich hier verwöhnen. Die Küchencrew beherrscht viele Spielarten der zeitgenössischen internationalen Küche, wobei ein Betonung des fernöstlichen Einflusses nicht zu leugnen ist. Vom Glitretind bietet sich ein großartiger Ausblick auf die schneebedeckten Wasatch Mountains.

ÜBERNACHTEN

► Luxus

Shadow Ridge Resort
50 Shadow Ridge Dr.
Tel. (8 01) 6 49-43 00, Fax 6 49-59 51
In dem gut geführten Urlauberdomizil herrscht eine angenehme Atmosphäre. Viele Gäste sind sportlich ziemlich ambitioniert.

Stein Eriksen Lodge
7700 Stein Way
Tel. (8 01) 6 49-37 00, Fax 6 49-58 25
Die in einer traumhaft schönen Hochgebirgslandschaft gelegene Lodge verfügt über allen erdenklichen Komfort. Wer im Winter hierher kommen möchte, sollte rechtzeitig reservieren.

► Komfortabel

1904 Imperial Hotel
221 Main St.
Tel. (8 01) 6 49-19 04, Fax 6 45-74 21
Das im historischen Zentrum von Park City gelegene Haus ist liebevoll restauriert und zeitgemäß komfortabel eingerichtet worden.

Heber City

Ca. 17 mi/27 km südöstlich von Park City kann man Heber City (1700 m ü. d. M.; 4500 Einw.), den Hauptort des Wasatch County besuchen. Von hier aus lohnen Ausflüge mit der **Heber Valley Historic Railroad** (Museumseisenbahn) zum Deer Creek Reservoir und zum Vivian Park. Ca. 3 mi/5 km westlich von Heber City laden die **Thermalquellen** von Midway zum Baden ein. – Zu den beliebtesten Ausflugs- und Naherholungszielen im Großraum ►Salt Lake City gehören zwei landschaftlich besonders reizvolle Schutzgebiete: der am gleichnamigen Stausee gelegene **Deer Creek State Park** und die Hochgebirgswelt des **Wasatch Mountain State Park**.

✶ Skigebiete

Park City Ski Arena

Vom Stadtzentrum gelangt man per Lift in die Park City Ski Area. Der **größte Skizirkus** des Bundesstaates Utah erstreckt sich in einer Höhenlage zwischen 2100 und 3050 m ü. d. M. Mehr als 80 Abfahrtspisten werden präpariert. Über ein Dutzend Aufstiegshilfen können pro Stunde bis zu 20 000 Personen transportieren.

✶ Deer Valley

Deer Valley, südwestlich des Stadtzentrums, genießt den Ruf, eines der best ausgestatteten und **luxuriösesten Skigebiete der Welt** zu sein. Hier werden über 60 Pisten gepflegt.

Wolf Mountain, The Canyons

Wenige Meilen nordwestlich von Park City ziehen die Wolf Mountain Ski Area und das Skigebiet **»The Canyons«** Wintersportler in ihren Bann.

Auf diesen von »Champagne Powder« bedeckten Hängen wurden 2002 olympische Skiwettbewerbe ausgetragen.

★ Price

L 4

Region: Castle Country
Einwohnerzahl: 9000
Höhe : 1707 m ü. d. M.
Telefonvorwahl: 637

Die Stadt Price liegt im fruchtbaren Castle Valley, das im letzten Viertel des 19. Jh.s von Mormonen besiedelt wurde. Wenige Jahre später kamen mit der Eisenbahn Menschen aus aller Herren Länder in diese Gegend. Viele fanden Beschäftigung im hiesigen Kohlebergbau. Heute ist Price zentraler Ort für ein weites Umland.

★ **Price Prehistoric Museum**

In Price sollte man unbedingt das Prähistorische Museum (Öffnungszeiten: Mo. bis Sa. 10.00–17.00 Uhr) des College of Eastern Utah besuchen, das sich mit der **Natur- und Kulturgeschichte** des Castle Valley befasst. Neben Fossilien aus dem Erdmittelalter (u. a. Saurierknochen) und vom Ende der letzten Eiszeit (Mammutknochen) kann man Repliken prähistorischer Felszeichnungen, Artefakte der Fremont-Indianer sowie Kunsthandwerk der heute noch in dieser Gegend lebenden Ute-Indianer bewundern.

Sehenswertes in der Umgebung

Helper

Etwa 5 mi/8 km nordwestlich von Price liegt die 1883 am Ausgang des Price Canyon gegründete **Eisenbahnersiedlung** Helper. In dem vor dem Ersten Weltkrieg erbauten ehemaligen Hotel Helper ist das **Western Mining & Railroad Museum** untergebracht, das sich mit der Geschichte des Kohlebergbaus und der Eisenbahn in dieser Gegend befasst.

★ **Highway 191**

Nordöstlich von Helper überquert der 1919 gebaute Highway 191 das West Tavaputs Plateau. Die landschaftlich reizvolle Strecke folgt zunächst dem Willow Creek, führt dann über einen 2773 m hohen Pass zum Gray Head Peak und schlängelt sich schließlich durch den Indian Canyon hinunter nach **Duchesne**, einem größeren Ort in der Uintah & Oray Indian Reservation. Zwischen Helper und der Passhöhe erinnert ein Denkmal an Gouverneur Simon Bamberger, der seinerzeit die im Straßenbau eingesetzten Gefangenen mit besonderer Großmut bedachte.

? WUSSTEN SIE SCHON ...?

- ... wie die Stadt Helper zu ihrem Namen gekommen ist? In der ehemaligen Eisenbahnersiedlung waren Lokomotiven stationiert, mit deren Hilfe (engl. help) schwere Güterzüge über die steile Rampe des nordöstlich aufragenden Soldier Summit (2279 m) geschoben wurden.

★ **Gray Canyon**

Etwa 50 mi/80 km südöstlich von Price mündet der Price River in den atemberaubenden, vom Green River geschaffenen Gray Canyon , der mit dem Auto allerdings nur über weite Umwege erreichbar ist.

Ihren Namen hat diese etwa 60 km lange Schlucht von John Wesley Powell (► Berühmte Persönlichkeiten) erhalten, der den Flusslauf 1869 erforschte. Heute sind der Gray Canyon und der weiter flussaufwärts vom Green River eingesägte Desolation Canyon ein Eldorado für abenteuerlustige **Wildwasserfahrer**, die hier nicht nur imposante Naturdenkmäler wie die Gunnison Butte, sondern auch Felszeichnungen der Fremont-Indianer sehen können.

★ **Cleveland-Lloyd Dinosaur Quarry**

In einem ca. 31 mi/50 km südlich von Price gelegenen Aufschluss der sog. Morrison-Formation hat man seit 1928 zahllose Knochen verschiedener Saurierarten geborgen. Die Dinosaurier lebten vor rd. 150 Mio. Jahren, als diese Gegend ein warmes, von riesigen Farnen und Schachtelhalmen bewachsenes Feuchtgebiet war. Ein **Lehrpfad** informiert über die Dinosaurier und die verschiedenen Ökosysteme des Erdmittelalters ebenso wie über den Uranbergbau, der hier seit einiger Zeit betrieben wird. Im **Visitor Center** (Öffnungszeiten: Ostern bis Labor Day tgl. 10.00–17.00 Uhr) ist das Skelett eines gewaltigen Allosaurus aufgebaut.

Castle Dale

Knapp 31 mi/50 km südlich von Price liegt Castle Dale. In der City Hall ist ein **Museum** eingerichtet, das die Pionierzeit des 19. Jh.s und die wirtschaftliche Entwicklung (bes. Kohlebergbau) beleuchtet. Im **Museum of San Rafael** sind nicht nur eindrucksvolle Saurierfunde aus der Umgebung, sondern auch Artefakte der Fremont und Anasazi ausgestellt.

★ **Little Grand Canyon, Wedge Overlook**

Südöstlich von Castle Dale hat der San Rafael River einen »kleinen Bruder« des Grand Canyon in die Gesteinsschichten der San Rafael Swell gegraben. Der Höhenzug wurde vor etwa 65 Mio. Jahren (Tertiärzeit) herausgehoben. Vom **Wedge Overlook**, einem etwa 20 mi/32 km südöstlich von Castle Dale gelegenen Aussichtspunkt, hat man einen wunderschönen Blick in die tiefe Schlucht.

PRICE ERLEBEN

AUSKUNFT

Carbon County Chamber of Commerce
90 N. 100 E. 3, Price, UT 84501
Tel. (4 35) 6 37-27 88, Fax 6 37-81 82
www.carboncountychamber.com

ESSEN

► Preiswert

Mom's Kitchen & Pop's Ice Cream
90 E 100 S
Tel. (4 35) 6 13-09 75
Mom's Kitchen bietet neben der einfachen amerikanischen Küche auch Backwaren und Nachspeisen an.

ÜBERNACHTEN

► Komfortabel

Greenwell Inn Conv Center And Stes
655 E Main Street
Tel. (8 77) 6 78-9330
Neben den gut ausgestatteten einfacheren Hotelzimmern bietet das Hotel auch luxuriöse Suiten.

★ **Skyline Drive** Von der Ortschaft Ferron aus führt der 31 mi/50 km lange »Skyline Drive « durch den wilden **Ferron Canyon** in die geradezu alpin anmutende Gebirgswelt des Wasatch-Plateau. Bergwanderer und Skitouristen können die Annehmlichkeiten der Sky Haven Lodge nutzen und über 3300 m hohe Gipfel besteigen.

★ Provo

K 3

Region: Mountainland
Einwohnerzahl: 90 000 (Metropolitan Area: 180 000)
Höhe : 1378 m ü. d. M.
Telefonvorwahl: 378

Zweitgrößte Stadt Utahs ist Provo. Sie liegt knapp 50 mi/80 km südlich von ►Salt Lake City am Ostufer des Utah Lake, hat große Bedeutung als Schulstadt und ist Sitz einer von den Mormonen gegründeten Universität. Ein Großteil der Arbeitsplätze wird von Forschungs- und Bildungseinrichtungen bzw. Dienstleistungsbetrieben sowie von High-Tech-Unternehmen gestellt.

Geschichte Die Stadt liegt im alten Siedlungsgebiet der Ute-Indianer. 1776 kamen spanische Missionare in die Gegend. 1849 schickte Mormonenführer Brigham Young eine Gruppe von Siedlern in das Tal, das zuvor schon vom frankokanadischen Voyageur und Pelzhändler Etienne Provost entdeckt worden war. Nach diesem wurde die neue Siedlung benannt. 1875 erfolgte die Gründung der Brigham Young Academy, aus der inzwischen die **größte kirchliche Universität** der Welt hervorgegangen ist.

Studenten der Universität von Provo auf dem Campus

Sehenswertes in Provo und Umgebung

Das Stadtzentrum wird vom 1883 erbauten **Mormon Tabernacle** beherrscht. Am Town Square sind noch Bauten aus dem 19. und frühen 20. Jh. erhalten, so das Courthouse, der Knight Block sowie die ehemalige Bank of Commerce (heute Zion Bank). Einige Gehminuten weiter nordöstlich lädt das **McCurdy Historical Doll Museum** zum Besuch ein, in dem ca. 4 000 Puppen aus Deutschland, Frankreich, England und Amerika zu sehen sind.

PROVO ERLEBEN

AUSKUNFT

Utah County Travel Council
Historic County Courthouse
51 S. University Ave., Suite 110
Tel. (801) 370-8393
www.utahtravelcenter.com/cities/provo/information.htm

Utah Valley Convention and Visitors Bureau
111 S. University Ave.,
Provo, 84601 Utah
Tel. (801) 851-2100
Fax 851-2109
www.utahvalley.org

ESSEN

► Erschwinglich

Porter's Place
24 W. Main St.
Tel. (801)768-8348
Das Porter's gehört zu den beliebtesten Restaurants in Utah. Die Einrichtung erinnert an einen Saloon, an dessen Bar allerdings kein Alkohol ausgeschenkt wird. Zu den Spezialitäten des Hauses gehören saftige Steaks und frischer Fisch.

► Preiswert

Magelby's
1675 N. 200 W. St.
Tel. (801) 374-6249
In diesem freundlichen Lokal kann man gut und zu annehmbaren Preisen speisen. Zu empfehlen sind Fleischgerichte vom Angus-Rind, Pilz- und Fischgerichte. Der hausgemachte Apple Pie ist weit über die Grenzen der Stadt hinaus bekannt.

ÜBERNACHTEN

► Luxus

Hines Mansion
383 West 100 South
Das gemütliche Hotel im viktorianischen Stil liegt mitten in der Altstadt.. Von hier aus lassen sich die Sehenswürdigkeiten vor Ort schnell und zu Fuß erreichen.

► Komfortabel

Best Western Cotton Tree Inn
2230 N. University Parkway
Tel. (801) 373-7044, Fax 375-5240
Das Haus ist vor kurzem aufwändig renoviert worden.

Pioneer Museum

Im Pioneer Museum sind neben Gegenständen aus der Zeit der Stadtgründung auch Kulturzeugnisse der indianischen Ureinwohner ausgestellt.

Fort Utah

Am westlichen Stadtrand, nahe dem Provo River, hat man das einstige Fort Utah nachgebaut. Es steht genau dort, wo die Mormonen 1849 ihre erste Niederlassung gegründet haben.

✶ Sammlungen der Brigham Young University

Auf dem Campus der größten kirchlichen Hochschule der Welt sind mehrere Museen versammelt. Kulturzeugnisse der Ureinwohner Amerikas und auch Relikte alter Kulturen des Nahen Ostens kann man im **Museum of Peoples & Cultures** studieren. Das **Eyring Science Center** beherbergt eine gesteinskundliche Ausstellung und ein Planetarium. Im **Harris Fine Arts Center** sind nicht nur Bildwerke be-

In Downtown Provo hat man die Bauten der Jahrhundertwende recht hübsch restauriert.

kannter europäischer und amerikanischer Künstler, sondern auch wertvolle alte Musikinstrumente ausgestellt. Das benachbarte **Museum of Art** ist eine der größten Kunstsammlungen im amerikanischen Westen. Die Palette der ausgestellten Kunstwerke reicht von fernöstlichen Jade- und Elfenbeinschnitzereien über Töpferwaren und Keramik aus allen Erdteilen bis zu Gemälden von Rembrandt und Monet. Das **Monte L. Bean Life Sciences Museum** beschäftigt sich mit der Pflanzen- und Tierwelt Utahs. Spätestens seit dem Kinokassenfüller »Jurassic Park« gehört das **Earth Science Museum** zu den meistbesuchten Einrichtungen der Universität. Hier sind spektakuläre Fossilien aus der Jurazeit zu bestaunen (die Ausstellungen der Brigham Young University sind in der Regel Mo. bis Fr. 9.00–17.00 Uhr zugänglich).

Seven Peaks Water Park

Am östlichen Stadtrand zieht der Seven Peaks Water Park (Öffnungszeiten: Ende Mai bis Anfang Sept. tgl. 10.30–18.30 Uhr) mit seinen Schwimmbecken und Wasserrutschen viele Besucher an.

Springville Museum of Art

In der Vorstadt Springville lohnt das Museum of Art (Öffnungszeiten: Di bis Sa. 10.00–17.00, So. 14.00–17.00 Uhr) einen Besuch. In dem 1937 im Spanish Revival Style errichteten Zweckbau kann man sich einen Überblick über die **Kunst des amerikanischen Westens** verschaffen.

Utah Lake

Wer gerne Boot fährt, ist am größten Süßwassersee des Bundesstaates, am Utah Lake gut aufgehoben. Im Winter gibt es hier eine **Eisschnelllaufbahn** mit olympischen Ausmaßen. In der sumpfigen und schwer zugänglichen Uferzone an der Provo Bay kann man vielerlei Wasservögel beobachten, darunter auch Ibisse und Pelikane.

Provo Canyon, Mt. Timpanogos

Nordöstlich von Provo gelangt man in den wildromantischen Provo Canyon, dessen Hauptsehenswürdigkeit die **Bridal Vail Falls** (»Brautschleier-Wasserfälle«) sind. Der 3581 m hohe Mount Timpanogos, der sich nördlich der Schlucht erhebt, wird vom kühn angelegten **Alpine Loop Drive** erschlossen. Unterwegs bieten sich viele schöne Ausblicke. Am Nordhang des Berges ist die Timpanogos Cave (National Monument; Führungen Memorial Day bis Labor Day tgl. 7.00–17.30 Uhr) eine besondere Attraktion. Es handelt sich um drei

★ Timpanogos

miteinander verbundene **Karsthöhlen**, deren erste 1887 entdeckt worden ist. Unter Tage bietet sich eine märchenhafte Welt mit effektvoll beleuchteten Sinter- und Tropfsteinbildungen sowie funkelnden Höhlenteichen dar.

✶ **Sundance Resort & Institute**

Ca. 16 mi/26 km östlich oberhalb von Provo liegt das berühmte Sundance Resort & Institute in der Hochgebirgswelt des Mount Timpanogos. In der **luxuriösen Ferienanlage** kann man im Sommer herrliche Wanderungen unternehmen und sich im Winter auf mehr als drei Dutzend gepflegten Pisten und Loipen tummeln. Viele Besucher werden von anspruchsvollen künstlerischen Programmen sowie von den Theater- und Filmvorführungen des Sundance Institute angezogen, das Robert Redford 1980 ins Leben gerufen hat. Er machte sich seinerzeit für ein unabhängiges amerikanisches Theater bzw. Filmwesen stark. Seine Idee, die Faktoren Erholung, Aktivität im Freien und kulturelle Betätigung in Einklang zu bringen, scheint inzwischen Früchte zu tragen. Ein Ergebnis dieser Arbeit ist das renommierte **»Sundance Film Festival«**, das alljährlich im Januar hier oben und im benachbarten ►Park City stattfindet. Sehr erfolgreich ist auch das Projekt **»Sundance Summer Theater«**. In jeder Saison kommen im hiesigen Freilichttheater vier neu einstudierte Stücke zur Aufführung.

? WUSSTEN SIE SCHON ...?

- ... dass das Sundance Resort & Institute dem weltberühmten Schauspieler und Regisseur Robert Redford gehört? Er benannte seine Einrichtung nach dem Filmklassiker »Butch Cassidy & Sundance Kid«, in dem er Sundance gespielt hat.

✶ Salt Lake City

J/K 3

Region: Great Salt Lake Country
Einwohnerzahl: 170 000
Höhe : 1319 m ü. d. M.
Telefonvorwahl: 801

In einem ursprünglich eher siedlungsfeindlichen Hochtal zwischen dem Großen Salzsee und den Wasatch Mountains liegt Salt Lake City, die Hauptstadt von Utah. Hier befindet sich das religiöse Zentrum der Mormonen, die das karge Umland der Stadt binnen eines Jahrhunderts zu einer blühenden Landschaft verwandelt haben.

Wirtschaft

Die Rohstofflagerstätten der Umgebung haben Unternehmen der chemischen und der Metallindustrie angelockt. Die Stadt hat sich zu einem wichtigen **Handels- und Finanzzentrum** im amerikanischen Westen entwickelt. Auch der Fremdenverkehr spielt eine Rolle im wirtschaftlichen Leben der Stadt. Im Jahr 2002 wurden die Olympischen Winterspiele in Salt Lake City und in den nahen Wasatch Mountains ausgetragen.

24. 7. 1847	Mormonen gründen Salt Lake City.
1848	Salt Lake City wird Hauptstadt des neu gegründeten Mormonenstaates »Deseret« (Honigbiene).
1850	Utah mit der Hauptstadt Salt Lake City entsteht.
1896	Utah wird als 45. Bundesstaat der USA aufgenommen.
1900–1930	Die Einwohnerzahl verdreifacht sich.
2002	Olympischen Winterspiele

Es begann mit den Mormonen

Als Mormonen unter der Führung von Brigham Young nach eineinhalbjährigem Treck an den Jordan River gelangten und Salt Lake City gründeten, begannen die Siedler mit großem Fleiß das Land urbar zu machen. Es gelang ihnen mit Hilfe ausgeklügelter Bewässerungssysteme, eine **ertragreiche Landwirtschaft** aufzubauen. Vom Temple Square aus legten sie ein großzügiges Straßengitter an, das noch heute den Charakter der Stadt prägt. Sie gründeten einen eigenen Staat auf der Basis ihrer religiösen Vorstellungen mit Salt Lake City als Hauptstadt. Diesen Status beanspruchte man in Salt Lake City auch im Jahre 1850, als das nach dem Indianerstamm der Ute benannte Territorium Utah geschaffen wurde. Zum ersten Gouverneur des neuen Staatsgebildes ernannte man den Mormonenführer Brigham Young. Der **Goldrausch** im Westen und die Fertigstellung der ersten transkontinentalen **Eisenbahnstrecke** zog immer mehr Menschen in die Stadt. Nach der offiziellen Lossagung der Mormonen von der Polygamie im Jahre 1896 wurde Utah von den USA als 45. Bundesstaat aufgenommen. Salt Lake City blieb weiterhin Hauptstadt und wuchs seither zu einer **hochmodernen Großstadt** heran.

Utahs Hauptstadt wurde von Mormonen gegründet.

★ Downtown · Temple Square

Heiliger Platz der Mormonen

Der Temple Square ist der heilige Platz der Mormonen. Er kann täglich von 6.30 bis 22.30 Uhr begangen werden. Auf dem großen Areal stehen der Mormonentempel mit seinen charakteristischen Türmen und einem modernen Anbau, das Tabernakel, eine Versammlungshalle und mehrere Denkmäler. In den beiden **Besucherzentren** wird man umfassend über die Lehre der Mormonen und die Geschichte ihrer Bewegung aufgeklärt. Hier kann man sich auch zu Führungen anmelden, die täglich von 9.00 bis 20.00 Uhr stattfinden.

★ ◄ Mormon Temple

Ihren Tempel haben die Mormonen in den Jahren von 1853 bis 1893 nach ihrem eigenen Stilempfinden (sog. Mormonenstil) erbaut. An beiden Enden des grauen Granit-Sakralbaus erheben sich jeweils drei Türme. Der Mittelturm der Ostfassade trägt eine vergoldete Figur, die den von den Mormonen verehrten Engel Moroni darstellt. Der Tempel ist religiösen Handlungen der Mormonen vorbehalten und daher **für Touristen unzugänglich**.

★ ◄ Tabernacle

Das ovale Tabernakel, dessen Kuppel auf 44 Sandsteinpfeilern ruht, bietet 6500 Besuchern Platz. Dass die Akustik großartig ist, nimmt man spätestens wahr, wenn der weltberühmte **Tabernacle Choir** ein Konzert gibt oder die große Orgel mit ihren fünf Manualen und 10 857 Pfeifen erklingt. Chorgesang: Do. 20.00 (Probe), So. 9.30 (Gottesdienst). Orgelkonzerte: Mo. bis Sa. 12.00, So. 14.00 Uhr.

Die **Assembly Hall** (Versammlungshalle) wurde 1880 in neugotischem Stil errichtet. Hier finden **Lesungen und Konzerte** statt.

Vor der Versammlungshalle steht das **Pioneer Monument** zu Ehren der ersten Pionierfamilien. Das Seagull Monument (Möwendenkmal) erinnert an jene Möwen, die die Ernte des Jahres 1848 vor einer Insektenplage retteten und damit die weitere Existenz der jungen Mormonensiedlung sicherstellten.

> **! Baedeker TIPP**
>
> **Stadtbesichtigung**
>
> Das Stadtzentrum kann man vom Temple Square aus zu Fuß erkunden. Größere Distanzen überwindet man am besten mit den Autobussen der Utah Transit Authority. Der »Centennial Discovery Trolley« steuert alle wichtigen Sehenswürdigkeiten an.

Museum of Church History & Art

Das Museum of Church History & Art (45 N. West Temple St.; Öffnungszeiten: tgl. 9.00–17.00 Uhr) befasst sich mit der Geschichte der Mormonenkirche und zeigt Sakralkunst dieser Religionsgemeinschaft. Es ist auch jener **Pflug** ausgestellt, mit dem die Mormonen seinerzeit im Tal des Jordan River die ersten Furchen gezogen haben.

Genealogy Research Center

Ebenfalls an der Westseite des Temple Square kann man **das weltweit größte Zentrum für Ahnenforschung**, das Genealogy Research Center (35 N. West Temple St.; Öffnungszeiten: Mo. 7.30–18.00, Di. bis Fr. 7.30–22.00, Sa. 7.30–17.00 Uhr), aufsuchen. Die Mormonen glauben, dass Familien für immer bestehen, wenn deren Mitglieder ordentlich getauft sind. Aus diesem Grunde haben sie alle verfügbaren Daten ihrer Vorfahren gesammelt. Die ältesten Aufzeichnungen stammen aus dem 16. Jh. Auch Nicht-Mormonen können hier ihren Familienstammbaum vervollständigen.

LDS Church Office Building Der 128 m hohe Verwaltungsbau der Mormonenkirche (50 E. North Temple St.) ist auch heute noch eines der **höchsten Gebäude** der Stadt. Von den Aussichtsplattformen bietet sich ein guter Blick auf die Stadt, ins Tal des Jordan River und zu den im Osten aufragenden Wasatch Mountains.

Brigham Young Monument, Meridian Marker Eine zu Ehren von Brigham Young, dem Gründer der Stadt und ersten Gouverneur von Utah errichtete **Bronzestatue**, sowie der **Meridian Marker** mit den genauen Koordinaten der Stadt sind an der Kreu-

Salt Lake City (Downtown) Orientierung

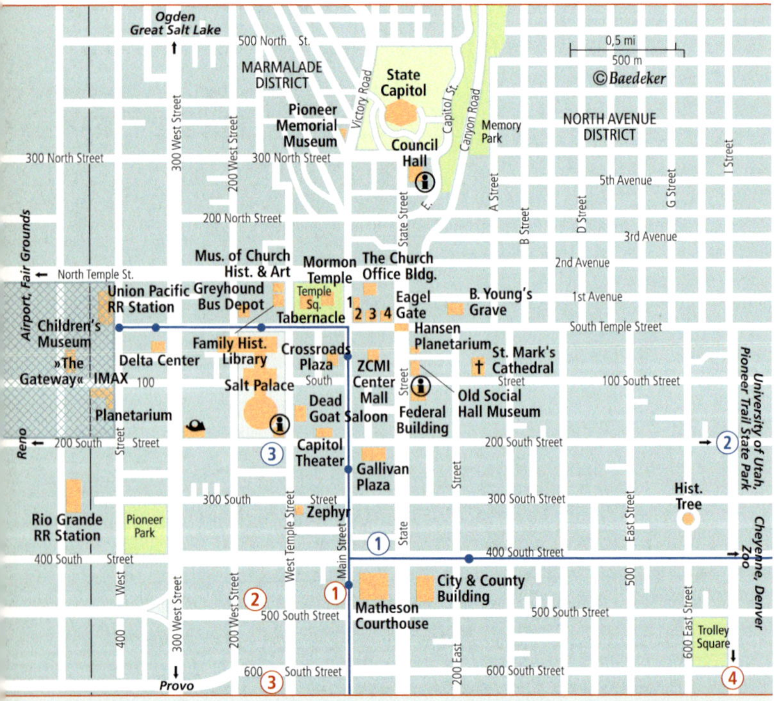

Übernachten

1. The Grand America Hotel
2. Sheraton
3. Red Lion
4. Skyline Inn

Essen

1. The New Yorker
2. Market Street Broiler
3. Marianne's

1 Brigham Young Monument/ Meridian Marker
2 J. Smith Mem. Bldg.
3 The Lion House
4 The Beehive House

TRAX Light Rail

SALT LAKE CITY ERLEBEN

AUSKUNFT

Salt Lake Convention & Visitors Bureau
Salt Palace Convention Center
90 South West Temple
Salt Lake City, UT 84101
Tel. (801) 521-2822
www.visitsaltlake.com/visitor/

Davis Area Convention & Visitors Bureau
Tel. (801) 774-8200, Fax 774-8335
www.davisareacvb.com

ESSEN

▸ Fein & Teuer

① ***The New Yorker***
60 Market St.
Tel. (801) 363-0166
Die derzeit beste Adresse der Stadt wird wegen der strengen Alkoholgesetze im Staate Utah im Stil eines Privatklubs geführt. Man kann jedoch ohne weiteres vorübergehendes Mitglied werden. In der Küche werden in erster Linie amerikanische und internationale Gerichte zubereitet. Sehr hohes Preisniveau.

▸ Erschwinglich

② ***Market Street Broiler***
260 South 1300 East
Tel. (801) 583-8808
Wer im führenden Fischrestaurant der Stadt speisen will, benötigt eine prall gefüllte Geldbörse. Dafür bekommt man aber auch einen frischen und bestens zubereiteten Fisch. Wer nichts für Wassertiere übrig hat, kann sich hier auch ein herzhaftes Steak oder ein Hähnchen grillen lassen.

▸ Preiswert

③ ***Marianne's***
149 W. 200 S. St.
Tel. (801) 364-0513
Hier gibt's deutsches Essen und deutsches Bier zu annehmbaren Preisen.

ÜBERNACHTEN

▸ Luxus

① ***The Grand America Hotel***
555 South Main St.
Tel. (801) 258-6000
www.grandamerica.com
Das beste und teuerste Hotel in Salt Lake City. Die 780 Zimmer sind mit exklusivem Mobiliar und allem erdenklichen Luxus ausgestattet.

② ***Sheraton City Centre Hotel***
150 W. 500 South St.
Tel. (801) 401-2000, Fax 531-0705
www.starwoodhotels.com/sheraton
Das Hotel bietet 362 gemütliche Zimmer, darunter 30 Suiten, ein Business Center, Tagungsräumlichkeiten, einen beheizten Außenpool sowie einen Innen-Whirlpool mit Sauna. Ein kostenloser Zubringerservice zum Salt Lake City International Airport ist täglich 6.00–23.30 Uhr verfügbar.

▸ Komfortabel

③ ***Red Lion***
161 West 600 South St.
Tel. (801) 521-7373, Fax 524-0354
www.redlion.com
Die 390 Zimmer des zentral gelegenen Hotels sind mit jeglichem Komfort ausgestattet.

▸ Günstig

④ ***Skyline Inn***
2475 E. 1700 S
Tel. (801) 582-5350, Fax 583-2482
www.skylineinn.com
Das Hotel liegt erhöht im Osten der Stadt, so dass man von hier aus das Tal überblicken kann.

SHOPPING

Zwei große Einkaufszentren in der Nähe des Temple Square sind der Komplex Crossroads Plaza (50 S. Main St.) und die Center Mall der Zion's Cooperative Mercantile Institution. Letztere nimmt für sich in Anspruch, das älteste Großkaufhaus Nordamerikas zu sein. Sie wurde 1868 von den Mormonen eröffnet. Ganz in der Nähe findet man das Ladengeschäft von Mormon Handicraft (105 N. Main St.), wo man Stoffe, vielerlei Handarbeiten und Devotionalien erwerben kann.

zung von South Temple Street und Main Street platziert. Hier hat die Stadtgründung einstmals ihren Ausgang genommen. Auf diesen Punkt bezieht sich auch das Nummernsystem der Straßen der Stadt.

Joseph Smith Memorial Building

Östlich vom Temple Square kann man das ehemalige »Hotel Utah« besichtigen, das von 1911 bis 1987 als luxuriöser Beherbergungsbetrieb geführt worden ist. Das geschichtsträchtige Bauwerk wurde vor einigen Jahren restauriert, heißt jetzt »Joseph Smith Memorial Building« (15 E. South Temple St.) und fungiert als **Begegnungszentrum** der Mormonen.

★ **Beehive House**

Weiter östlich ließ Mormonenführer Brigham Young seinerzeit das Beehive House (»Bienenstockhaus«, 67 E. South Temple St.; Öffnungszeiten: Mo. bis Sa. 10.00–16.30, So. 10.00–13.00 Uhr) als **Wohnhaus** für seine große Familie erbauen. Hier führte Young auch seine Amtsgeschäfte. Benannt ist das Haus nach einem am Türmchen angebrachten Bienenstock, den man auch im Wappen und im »Nickname« des Bundesstaates Utah (»Beehive State«) wiederfindet.

? WUSSTEN SIE SCHON ...?

- Erst 1896 sagten sich die Mormonen von der Polygamie los. Ihr Anführer Brigham Young hatte insgesamt 27 Frauen, von denen übrigens immer nur eine im Beehive House wohnte. Der große Rest der Familie wurde im 1855 errichteten Lion House (»Löwenhaus«, 63 E. South Temple St.) untergebracht.

An der Kreuzung von State Street und E. South Temple Street steht das **Eagle Gate** (Adlertor), das 1859 am Eingang zur **Farm des Mormonenführers** Brigham Young errichtet worden ist. Es wird bekrönt von einem riesigen Adler mit mehr als 6 m Flügelspannweite.

Brigham Young's Grave

Einige Gehminuten östlich vom Lion House liegt ein kleiner **Friedhof** (1st St., zwischen State St. und A Ave.), auf dem Brigham Young (1801–1877) und Mitglieder seiner großen Familie bestattet sind.

Hansen Planetarium

Im Hansen Planetarium (15 S. State St.; Öffnungszeiten: Mo. bis Do. 9.00–21.00, Fr., Sa. 9.00–24.00, So. 12.00–17.00 Uhr), werden sternenkundliche Vorführungen und Laser-Shows geboten.

Das spirituelle Zentrum der Mormonen

Südwestlich vom Temple Square erreicht man den Salt Palace (100 S. West Temple St.), der eine Sportarena und mehrere kulturelle Einrichtungen umfasst. Im **Salt Lake Art Center** finden diverse kulturelle Veranstaltungen statt. Die **Abravanel Concert Hall** (Symphony Hall) mit ihrer hervorragenden Akustik ist Heimstatt des berühmten Utah Symphony Orchestra.

Salt Palace

Das John W. Gallivan Utah Center (36 E. 200 South St.), ein riesiges **Freizeitzentrum** (u. a. Theater, Eislauf) nimmt einen ganzen Block zwischen Main Street und State Street ein (Öffnungszeiten: tgl. 9.00–22.00 Uhr).

John W. Gallivan Utah Center

Capitol Hill District · Avenues District

Das Kapitol (Öffnungszeiten: Mo. bis Sa. 8.00–18.00 Uhr), ein stattlicher Gebäudekomplex mit 87 m hoher Kuppel, ist 1915 im klassizistischen Stil vollendet worden. Er beherbergt das Repräsentantenhaus, den Senat und den Obersten Gerichtshof des Bundesstaates Utah. Die repräsentativen Räume sind reich ausgestattet. Beachtung verdient die 50 m hohe **Marmor-Rotunde**, deren Wandgemälde Szenen aus der Frühzeit des Staates zeigen. Sehenswert sind ferner der prachtvolle **Golden Room** (Empfangszimmer des Gouverneurs) und die **Hall of Governors**. Eine Ausstellung beschäftigt sich mit der Wirtschaftsgeschichte des Staates.

★ **Utah State Capitol**

Der Engel Moroni zeigte dem Bauernsohn Joseph Smith das Buch Mormon.

»THIS IS THE PLACE!«

Mitten in der schroffen Wüste, an einem Ort, den keiner haben wollte, tat der Mormonenführer Brigham Young am 24. August 1849 diesen berühmt gewordenen Ausspruch. Und seine Getreuen verwandelten die öde Gegend des Großen Salzsees binnen kürzester Zeit in ein Paradies des Fleißes und der Wohlanständigkeit. Sie nannten ihren Gottesstaat Deseret (nach dem Buch Mormon: die Honigbiene) und seine Metropole Salt Lake City.

Die »Kirche Jesu Christi der Heiligen der Letzten Tage« wurde in einer Zeit des **religiösen Umbruchs** gegründet und gilt als durch und durch amerikanische Erscheinung.
Joseph Smith (1807–1844), ein Bauernsohn aus dem Staat New York, entdeckte 1830 im Hügel Cumorah mit Hilfe des himmlischen Boten Moroni ein bis dato verschollen geglaubtes **Buch der Bibel**, das Buch Mormon. Der Text soll auf goldenen Tafeln im »reformierten Altägyptisch« eingraviert gewesen sein. Praktischerweise lag neben den Platten eine Art Wunderbrille, bestehend aus den Sehersteinen Urim und Thummin, die eine hurtige Übersetzung ermöglichten. Nach der ersten Drucklegung der Übersetzung nahm der Engel das Buch wieder mit.

Polygamie und Totentaufe

Die Mitgliederzahl der Sekte stieg im Staat New York in kurzer Zeit auf mehrere Tausend an. Da Joseph Smith unter anderem die Polygamie und die Totentaufe propagierte, hatte die Glaubensgemeinschaft von Anfang an auch entschiedene **Gegner**. Zudem erwies sich die neue Gemeinde als wirtschaftlich überaus befähigt und wohlhabend. So erstaunt es nicht, dass die Mormonen aus Furcht vor gewalttätigen Auseinandersetzungen gezwungen waren, von New York nach Ohio, von dort nach Missouri und schließlich nach Illinois zu flüchten, wo sie die **Siedlung Nauvoo** (dt. = »Schöne Stadt«) gründeten.
Doch drei Jahre später verließen die Mormonen auch diesen Ort. Hundert Männer mit geschwärzten Gesichtern hatten den Mormonenführer Smith und seinen Bruder Hyrum getötet.

Erneuter Aufbruch

Brigham Young (1801–1877), charismatischer **Nachfolger** und zweiter »Präsident, Prophet, Seher und Offenbarer der Kirche«, brach daraufhin im Jahre 1847 mit 150 Getreuen in

Mormonenführer Brigham Young rief 1849 am Salzsee den Beehive-Staat aus.

den unerschlossenen, damals noch mexikanischen Westen auf. Als der legendäre Wagentreck im Becken des Großen Salzsees angekommen war, machten sich die »Heiligen«, wie sich die Mormonen nennen, unverdrossen daran, in der trockenen, unfruchtbaren Erde Kartoffeln anzupflanzen. Mit wahrem Bienenfleiß verwandelten sie die Wüste in eine **blühende Kulturlandschaft**. Innerhalb kurzer Zeit folgten den ersten Siedlern ungefähr 15 000 Glaubensbrüder und -schwestern, und Young rief im März 1849 in dem ursprünglich riesigen Areal den **Beehive-Staat** aus, dessen Symol der Bienenkorb wurde. In den nächsten 30 Jahren riss der Zustrom nicht ab.

Der Bienenstaat

Mehr als 70 000 weitere Emigranten fanden den Weg ins Große Salzseetal. Die konsequente **Siedlungspolitik**, durch die Shoshonen und Ute nach 1861 mehr und mehr in Reservate abgedrängt wurden, sicherte die Macht der Latter-Day-Saints. Dennoch wurde das neue Territorium mit Brigham Young als Gouverneur erst 1896 in die Vereinigten Staaten aufgenommen.

Einer der Hauptgründe dafür war wohl die Tatsache, dass die Mormonen sich damals zur **Polygamie** bekannten, angeblich um die zahlreichen vaterlosen Familien vor der Verarmung zu retten. Brigham Young ging seine Anhängern sozusagen mit bestem Beispiel voran, denn er hatte 27 Frauen und 56 Kinder.

Eine weitere **Eigenart** der mormonischen »Christologie« bildet u. a. die Annahme, Jesus Christus habe zwischen Auferstehung und Himmelfahrt den amerikanischen Kontinent besucht. Starke Differenzen gibt es vor allem beim **Gottesverständnis**, denn nach Joseph Smith ist Gott nicht mehr als ein »erhöhter Mensch«, der auf einem Planeten namens Kolob residiert.

Da der Körper nach mormonischer Vorstellung die »irdische Behausung« des Geistes ist, wird er entsprechend gehegt. Alkohol und Tabak sind verboten, **maßvoller Genuss** ist angesagt. Angeblich gehören die »Heiligen« zu den gesündesten Volksgruppen der Vereinigten Staaten mit einer besonders langen Lebenserwartung.

Eine wichtige Rolle spielt das Familienleben, das in sog. »Heimabenden« gepflegt wird. Schulen und wissenschaftliche Einrichtungen in Utah haben einen guten Ruf, und das Bildungsniveau ist entsprechend hoch. Denn auch dies ist ein Glaubensgrundsatz: »Niemand kann in Unwissenheit selig werden.«

Council Hall ► Südlich unterhalb vom Kapitol steht die 1866 vollendete Council Hall, die ursprünglich als Rathaus und später als erstes Kapitol des Staates Utah diente. Inzwischen hat hier die **Tourismusbehörde** eine neue Heimstatt gefunden.

Pioneer Memorial Museum ► Im Pioneer Memorial Museum (300 N. Main St.; Öffnungszeiten: Mo. bis Sa. 9.00–17.00 Uhr) wird dargelegt, wie schwer es war, eine an sich siedlungsfeindliche Landschaft zu kultivieren.

? WUSSTEN SIE SCHON ...?

- ... dass der Marmalade District tatsächlich nach dem süßen Brotaufstrich benannt wurde? Hier pflanzten einst Siedler viele Obst- und Nussbäume, deren Früchte man zur Herstellung von Konfitüre verwendete.

Südöstlich vom Capitol Hill dehnt sich der **Avenues District** mit seinen großzügigen Wohnbauten aus, die zur Zeit des **Silberbooms** im Little Cottonwood Canyon entstanden sind. Hier lebten einstmals wohlhabende Minenbesitzer und Geschäftsleute.

★ Governor's Mansion ► Das schönste Baudenkmal des Viertels, die Governor's Mansion an der East South Temple Street (Nr. 603) wurde 1901 auf Veranlassung des Silbermagnaten Thomas Kearns errichtet und kostbar ausgestattet. Italienischer Marmor und aus Edelhölzern hergestellte Möbel sollten nicht fehlen. In den Dreißigerjahren vermachte Kearns' Witwe die Villa dem Staat. Sie ist heute die **offizielle Residenz des Gouverneurs von Utah** (Führungen nach Voranmeldung Mai bis Nov. Di. u. Do. 14.00–16.00 Uhr).

University of Utah · Emigration Canyon

University of Utah Am östlichen Stadtrand erstreckt sich der Campus der University of Utah. Die Hochschule ist bereits im Jahre 1850 von den Mormonen gegründet worden, musste aber wenig später wegen Geldmangels ihren Betrieb wieder einstellen. 1867 erfolgte die Gründung einer **Wirtschaftsakademie**. 1892 hat man diese Bildungsinstitution zur Universität erhoben. Auf dem Campus befinden sich einige interessante Museen und Sammlungen.

Utah Museum of Natural History ► In der ehem. Universitätsbibliothek ist ein Museum (Öffnungszeiten: Mo. bis Sa. 10.00–17.00, So. 12.00–17.00 Uhr), das Einblicke in die **Natur- und Landschaftsgeschichte Utahs** gewährt. Breiten Raum nimmt die Paläontologie mit reichen Fossiliensammlungen ein.

Utah Museum of Fine Arts ► Wer sich den schönen Künsten widmen möchte, ist im Utah Museum of Fine Arts (Öffnungszeiten: Mo. bis Fr. 10.00–17.00, Sa., So. 14.00–17.00 Uhr) richtig. Artefakte aus präkolumbischer Zeit, die man aus ganz Amerika zusammengetragen hat, sind hier ebenso zu bewundern wie ägyptische Altertümer und fernöstliches Kunsthandwerk. Europa ist vor allem mit Renaissance-Kunst sowie Kunstwerken des 17. bis 19. Jh.s vertreten.

★ Red Butte Gardens & Arboretum ► Am Fuß der Wasatch Mountains unterhält die Universität einen wunderschönen **botanischen Garten** mit Arboretum (Öffnungszeiten: April bis Okt. Di. bis So., Nov. bis März Mi. bis So. 10.00 Uhr bis Sonnenuntergang). Hier kann man sowohl die Pflanzenwelt der Rocky Mountains als auch die Flora der Beckenlandschaften des amerikanischen Westens studieren.

Fort Douglas

Östlich der Universität, am Wasatch Drive, liegt das Fort Douglas, das in den Sechzigerjahren des 19. Jh.s erbaut worden ist und heute als **militärhistorisches Museum** dient.

Hogle Zoo

Vor allem Familien mit Kindern bestaunen die exotische Tierwelt des Hogle Zoo (2600 E. Sunnyside Ave.) in der Nähe des Emigration Canyon (Öffnungszeiten: Sept. bis Mai tgl. 9.00–16.30, Juni bis Aug. tgl. 9.00–18.00 Uhr).

*** This is the Place State Park**

Weiter östlich kommt man zu jenem Platz, an dem der Mormonenführer Brigham Young 1847 ausgerufen hat: »This is the place!«. Hier steht heute ein imposantes Denkmal. Das ganze Gelände ist als historischer Park (Öffnungszeiten: tgl. 8.00–17.00 Uhr) ausgewiesen. Im **Visitor Center** informiert man sich über den entbehrungsreichen Zug der Mormonen, die seinerzeit vom Staate Illinois aus etwa 2100 km nach Westen wanderten und schließlich das »gelobte Land« am Großen Salzsee erreichten. Im Freilichtmuseum Old Deseret hat man Häuser und Werkstätten der Pionierzeit wiederaufgebaut. Im Sommer wird hier »Living History« geboten. Ferner können einige Meilen des **historischen Pioneer Trail** begangen werden.

Weitere Sehenswürdigkeiten im Stadtgebiet

Utah State Historical Society Museum

Das historische Museum (300 S. Rio Grande Street) ist im ehemaligen Bahnhof der Denver & Rio Grande Railroad untergebracht. Beachtung verdienen nicht nur die alten Planwagen und Handkarren aus der Pionierzeit, sondern auch das künstliche Herz, das ein Wissenschaftler der Universität von Utah im Jahr 1976 konstruiert hat (Öffnungszeiten: Mo. bis Fr. 9.00–17.00, Sa. 10.00–14.00 Uhr).

Trolley Square

Im Südosten von Downtown ist der Trolley Square (600 South St. & 700 East St.) ein beliebter Treffpunkt. Um einen alten Wasserturm und im nostalgischen Ambiente des 1908 errichteten Straßenbahndepots sind **nette Ladengeschäfte** und **gemütliche Lokale** angesiedelt.

Liberty Park, Tracy Aviary

Vogelliebhaber sollten das Tracy Aviary im gepflegte Liberty Park nicht verpassen. In der großen **Volière** kann man mehrere Hundert verschiedene Vögel beobachten.

Children's Museum of Utah

Welches Kind träumt nicht davon, einmal ein großes Flugzeug zu fliegen oder ein berühmter Star zu sein? Im Kindermuseum (840 N. 300 West St.; Öffnungszeiten: Mo. bis Sa. 9.30–17.00, So. 12.00–17.00 Uhr) können kleine Besucher im Cockpit einer Boeing Kapitän sein, Theater spielen, nach Herzenslust malen und vieles mehr.

Schnee überzuckert die Wasatch National Mountains.

Umgebung von Salt Lake City

Gardner Historic Mill

Einige Meilen südlich von Downtown ist eine alte Mühle am Jordan River ein beliebtes Ausflugsziel. Sie ist im 19. Jh. vom Mormonen und Polygamisten Archibald Gardner erbaut worden. Das ganze Gelände ist heute ein **Freilichtmuseum** (Öffnungszeiten: Mo. bis Sa. 10.00–18.00, So. 12.00–17.00 Uhr).

Wheeler Historic Farm

Nahe am Interstate Highway 215 liegt die Wheeler Historic Farm im **Cottonwood Regional Park**. In dem Freilichtmuseum (Öffnungszeiten: tgl. 13.00–17.00 Uhr) wird das ganze Jahr über viel geboten. Im Mittelpunkt des Geschehens steht das im viktorianischen Stil errichtete Haupthaus der Farm.

Cottonwood Canyon

Südöstlich von Salt Lake City hat ein reißender Gebirgsbach den wildromantischen Cottonwood Canyon gegraben. Im Sommer trifft man hier begeisterte **Bergwanderer**, und im Winter tummeln sich auf den von »Champagner-Schnee« bedeckten Höhen Tausende von **Skiläufern**.

Wintersport

Um Salt Lake City scharen sich die Wintersportorte mit **Pisten für alle Schwierigkeitsgrade** und mit mehreren Liftanlagen, z. B. Alta in der reizvollen und für ihren »Champagner-Schnee« bekannten Hochgebirgslandschaft der Wasatch Mountains oder Snowbird mit dem 3353 m hohen Hidden Peak, auf den man mit der **Snowbird Ski**

Tram (Bergbahn) hinauffahren kann, oder die hoch gelegenen Touristenorte Solitude und Brighton, die man durch den wildromantischen Big Cottonwood Canyon erreicht.

★ **Bingham Canyon Copper Mine**

Bei der Ortschaft Copperton, etwa 25 mi/40 km südwestlich von Salt Lake City, befindet sich einer der **größten Kupfertagebaue der Welt**. Durch Ausbeutung einer riesigen Erzlagerstätte ist das tiefste, jemals von Menschenhand geschaffene Loch der Erde entstanden. Die Grube, deren steile Wände terrassiert sind, hat einen Durchmesser von nahezu 4 km und ist über 900 m tief. Im Laufe der Jahre hat man hier viele Millionen Tonnen Kupfer und andere Metallerze gefördert. Dies geschah jedoch ohne Rücksicht auf die Umwelt. Aus der Grube gepumptes Schmutzwasser beeinträchtigt die Trinkwasserversorgung der nahen Großstadt Salt Lake City in erheblichem Maße. Die hier tätige Bergbaugesellschaft hat ein **Visitor Center** (Öffnungszeiten: April bis Okt. tgl. 8.00–20.00 Uhr) eingerichtet.

Great Salt Lake

Von seinen Ausmaßen her ist der Great Salt Lake zwar riesig, aber tief ist er nur 3–10 m. Aufgrund seines **hohen Salzgehaltes** kann man im Großen Salzsee ohne heftige Bewegungen schwimmen. Man »schwebt« quasi im Wasser. Nach einem Bad im Salzsee empfiehlt sich eine gründliche Dusche. Gute Badeplätze gibt es im 14 mi/22 km westlich von Salt Lake City gelegenen **Great Salt Lake State Park**, im Bereich der Erholungsanlage **»Saltair Resort«** sowie im **Antelope Island State Park**.
Im großen Salzsee gibt es zehn Inseln, die vielen Zugvögeln als Durchgangsstation dienen. Die größte dieser Inseln ist Antelope Island im südwestlichen Teil des Sees. Jene Tiere, die der Insel ihren Namen gaben, sind zwar ausgerottet, aber man hat dafür Büffel, Hirsche und Rehwild angesiedelt.

? WUSSTEN SIE SCHON ...?

- ... dass bei einer Testfahrt auf dem Bonneville Speedway schlappe 1001,646 km/h gefahren wurden? Gary Gabelich stellte diesen Rekord am 23. Oktober 1970 in seinem raketenförmigen und düsengetriebenen Spezialfahrzeug »The Blue Flame« auf.

Great Salt Lake Desert

Westlich und südwestlich des Großen Salzsees breitet sich die Große Salzwüste bis zur Staatsgrenze von Nevada aus. Große Gebiete dieser Salzwüste sind wegen **militärischer Nutzung** nicht zugänglich. Die Landschaft der unermesslich weit erscheinenden und strahlend weiß leuchtenden Salzebenen (Bonneville Salt Flats) ist teilweise so flach, dass man von einer Stelle unweit westlich des Grenzstädtchens Wendover die Wölbung des Horizontes der Erde wahrnehmen kann.

◄ Bonneville Salt Flats

Ca. 12 mi/20 km nordöstlich von Wendover erreicht man den Bonneville Speedway, der auf der völlig ebenen und betonharten Salzfläche der Bonneville Salt Flats verläuft. Seit dem Jahre 1904 werden hier **Geschwindigkeits- und Dauerfahrt-Rekordversuche** unternommen.

◄ Bonneville Speedway

★★ Vernal · Flaming Gorge · Uinta Mountains

L/M 3

Region: Dinosaurland
Einwohnerzahl: 7000
Höhe: 1625 m ü. d. M.
Telefonvorwahl: 801

Das Städtchen Vernal, Hauptort des Uinta County, ist eine der größten und ältesten Siedlungen in Nordost-Utah. Erst in den letzten Jahrzehnten konnte sich Vernal entwickeln. Erdölfunde sowie der Staudammbau am Green River und dessen Zuflüssen haben Vernal zu wirtschaftlicher Blüte verholfen.

Dinosaurland Capital

Spätestens seit dem durch Steven Spielbergs »Jurassic Park« ausgelösten Dino-Fieber ist der Fremdenverkehr zu einem wichtigen Wirtschaftsfaktor geworden. Schließlich ist der Raum Vernal mit seinen weltberühmten Saurierfundstätten (u. a. ►Dinosaur National Monument) das Mekka aller Paläontologen und Fossiliensammler.

Sehenswertes in Vernal und Umgebung

★ Utah Field House of Natural History

Hauptsehenswürdigkeit von Vernal ist das Utah Field House of Natural History, das Einblicke in die **Erd- und Landschaftsgeschichte** dieser Gegend und die damit verbundene Entwicklung der Pflanzen- und Tierwelt gewährt. Im Außenbereich sind lebensgroße Dinosaurier-Modelle aufgestellt. Ein zweiter Ausstellungsschwerpunkt befasst sich mit den **indianischen Ureinwohnern** dieser Gegend, wobei die Kultur der Anasazi ebenso beleuchtet wird wie die der Fremont und der heute noch ansässigen Ute-Indianer.

Am Fuß der Uinta Mountains werden Rinder gezüchtet.

VERNAL · FLAMING GORGE · UINTA MOUNTAINS ERLEBEN

AUSKUNFT

Vernal Area Convention Bureau
Uintah County Courthouse,
147 East Main St.
Vernal, Utah 84078
Tel. (4 35) 7 81-67 30
Fax 7 81-67 32
www.utahconvention.org/contact_us.html

Flaming Gorge National Recreation Area
Vernal, UT
Tel. (4 35) 8 85-33 15
www.grchamber.com/flaming_gorge_recreation_area.htm

ESSEN

▶ Erschwinglich

Dinosaur Brew Haus
550 East Main St., Vernal
Tel. (4 35) 7 81-07 17
Zu einem guten Bier werden hier die besten Hamburger, Steaks und Sandwiches serviert, auch Salate und Fischgerichte stehen auf der Speisekarte.

ÜBERNACHTEN

▶ Luxus

Landmark Inn Bed & Breakfast
288 East 100 South, Vernal
Tel. (4 35) 7 81-18 00, Fax 7 81-05 00
www.landmark-inn.com
Mit viel Liebe zum Detail eingerichtete Zimmer, wunderschöne Honeymoon-Suiten. Frühstück inklusive.

▶ Komfortabel

Best Western Dinosaur Inn
251 E. Main St., Vernal
Tel. (4 35) 7 89-26 60, Fax 7 89-24 67
Kleines Hotel in der Nachbarschaft des Sauriermuseums. Es empfiehlt sich als Stützpunkt für Ausflüge in die Umgebung.

▶ Günstig

Campingplatz Dinosaurland (KOA)
930 North Vernal Ave.
Tel. (4 35) 7 89-21 48
Der Campingplatz bietet neben den üblichen Annehmlichkeiten wie Duschen, Wäscherei und Picknicktischen auch einen Swimming-Pool, Volleyballplatz und Minigolf.

Western Heritage Museum

Mit der gewaltsamen Inbesitznahme des Wilden Westens durch die Weißen befasst sich das Western Heritage Museum, zu dessen Exponaten auch das Schießeisen von Sheriff Matt Dillon aus der Fernsehserie »Rauchende Colts« gehört.

Pioneer Museum

Dass auch die Mormonen an der Erschließung dieser Gegend mitgewirkt haben, zeigt die Ausstellung alter Fuhrwerke und Gerätschaften von gottesfürchtigen Siedlern aus der zweiten Hälfte des 19. Jh.s im Pioneer Museum.

Uintah & Ouray Indian Reservation

Westlich von Vernal, im Uinta Basin und auf dem östlichen Tavaputs-Plateau erstreckt sich das einige Hunderttausend Hektar große Reservat der Ute-Indianer. Touristen dürfen Gebiete abseits der

Durchgangsstraßen nur mit Genehmigung des Ute Indian Tribe Department in Fort Duchesne aufsuchen. Ca. 25 mi/40 km südwestlich von Vernal, bei Fort Duchesne, unterhalten die Ute-Indianer das **Bottle Hollow Resort**. Zu dieser Anlage gehört ein ethnografisches Museum (Öffnungszeiten: Mo. bis Fr. 9.00–16.00 Uhr), das sich nicht nur mit der Stammesgeschichte befasst, sondern auch Einblicke in die heutige Lebensweise der Stammesmitglieder vermittelt.

★ **Red Cloud Loop**

Etwa halbwegs zwischen Vernal und dem Staudamm in der Flaming Gorge zweigt der Red Cloud Loop in die großartige Hochgebirgswelt der östlichen Uinta Mountains ab. Dann schlängelt er sich südwärts bergab in Richtung Vernal und erreicht den **Dry Fork Canyon**, wo man auf einer Farm Felswand mit indianischen Felszeichnungen bestaunen kann.

★ **Flaming Gorge**

Ganz im Nordosten von Utah, bei der Ortschaft Dutch John, hat man 1964 einen 153 m hohen Staudamm fertig gestellt, hinter dem inzwischen ein rund 150 km langer **Stausee** entstanden ist. Der See fungiert als Flutregulator, Wasserspeicher und Energielieferant. Nebenbei ist eine National Recreation Area entstanden, die sich nicht nur bei Sportanglern und Wassersportlern, sondern auch bei anderen Freiluft-Aktivisten wachsenden Zuspruchs erfreut. Den Namen »Flaming Gorge« hat Major John Wesley Powell (► Berühmte Persönlichkeiten) im Mai des Jahres 1869 geprägt, als er die Wasserläufe des Colorado und des Green River erkundete. Hier, im Nordosten der Uinta Mountains, hat der Green River ein tiefes Kerbtal ins anstehende rote Sedimentgestein gegraben, das sich bei tief stehender Sonne wahrlich als »Flammende Schlucht« darbietet. An einigen Stellen ragen Felswände über 450 m hoch auf. Beim Staudamm beginnt der 7 mi/11 km lange **Green River Trail**, der einige großartige Aussichten erschließt. Unweit nördlich vom Staudamm lädt die **Sunny Cove** als hübscher Badeplatz zum Schwimmen ein. Ca. 3,5 mi/6 km westlich ihrer Abzweigung vom Highway US 191 erreicht die Staatsstraße UT 44 den **Red Canyon Overlook**, von dem aus sich ein großartiger Blick in die Schlucht bietet. Das **Visitor Center** (Öffnungszeiten: Ende Mai bis Mitte Sept. tgl. 10.00–17.00 Uhr) informiert über die Natur- und Siedlungsgeschichte dieser Landschaft.

Sattler haben in Vernal ein krisenfestes Handwerk.

! **Baedeker TIPP**

Uintas Scenic Byway

Eine der ältesten und eindrucksvollsten Panoramastraßen im Südwesten ist der 67 mi/108 km lange Highway U.S. 191, der von Vernal nordwärts über die östlichen Uintas in die Flaming Gorge National Recreation Area führt. Eine Fahrt auf dieser auch »Drive through the Ages« genannten Route ist gleichsam eine Zeitreise durch die Erdgeschichte.

Sheep Creek Canyon

Einige Meilen weiter nordwestlich, bei der Ortschaft Manila, erreicht man den erdgeschichtlich interessanten, aber wegen seiner plötzlich auftretenden Wildwasserfluten gefürchteten Sheep Creek Canyon. Hier zweigt eine 11 mi/18 km lange **Rundstrecke** (Sheep Creek Canyon Loop) vom UT 44 ab, die entlang einer imposanten Felslandschaft verläuft.

★★ Uinta Mountains

Am Sheep Creek Canyon beginnt eine ca. 20 mi/32 km lange Forststraße ab, die in die grandiose Hochgebirgswelt der Uinta Mountains hinaufführt. Sie endet am romantischen, 3048 m ü. d. M. gelegenen **Spirit Lake**, wo es eine Lodge und einen Campingplatz gibt. Die noch wenig erschlossenen Uinta Mountains sind der einzige Hochgebirgszug in den kontinentalen USA, der sich in west-östlicher Richtung erstreckt. Das von lichten Nadelwäldern, farbenprächtigen Wildblumenwiesen und grünen Matten bedeckte Hochgebirge mit seinen im Sonnenlicht gleißenden Schneefeldern und den wie Edelsteine schimmernden Bergseen erinnert sehr an die Alpen.
Etliche Viertausender, darunter der 4123 m hohe King's Peak (höchste Erhebung Utahs), bilden eine imposante Gipfelflur. Der Kernbereich der Uinta Mountains, der ihre höchsten Gipfel umfasst, steht als **»High Uintas Wilderness Area«** unter Schutz und ist für den Autoverkehr gesperrt. Bergwanderer und Westernreiter können hier noch Dickhornschafe, Hirsche, Bären, Biber, Adler und sonstige selten gewordene Tiere beobachten.

★ Mirror Lake Highway

Als landschaftlich sehr reizvolle Straße erschließt der Mirror Lake Highway (US 150) den Westen der Uinta Mountains. Die 56 mi/90 km lange Straße beginnt in **Kamas**, wenige Meilen östlich von ▸ Park City. Ca. 24 mi/39 km oberhalb von Kamas kommt man zu den wilden Wasserfällen des oberen Provo River. Nach weiteren 7 mi/11 km erreicht man den zauberhaften **Mirror Lake**. Von hier aus kann man erlebnisreiche Hochgebirgswanderungen unternehmen. Bergsteiger erklimmen den 3788 m hohen Mount Agassiz und den weiter nördlich aufragenden und 3804 m hohen Hayden Peak.

★★ Zion National Park

H/J 6

Region: Color Country
Gründungsjahr: 1919
Fläche: 594 km²

Der Zion National Park umfasst die großartige Fels- und Canyonlandschaft, die von den beiden reißenden Quellflüssen des Virgin River geschaffen worden ist. Sie haben sich im Laufe von Jahrmillionen tief in die mächtigen und fast horizontal gelagerten Gesteinsschichten des Markagunt-Plateaus eingegraben. Schroffe, oft mehrere hundert Meter hohe Felswände und -dome sowie aufgesetzte Tafelberge prägen das Landschaftsbild.

Farbenspiel Das Farbenspiel im Zion National Park reicht von weißgrauen und gelblichen bis zu rostroten und violetten Tönen. Geradezu überwältigend bietet sich die Szenerie bei tief stehender Sonne dar, wenn die roten Felswände richtig erglühen und die aufgesetzten Kalkhauben in strahlendem Weiß aufscheinen. Mitte des 19. Jh.s kamen Mormonen an den Oberlauf des Virgin River. Sie gaben dem Tal und den markanten Felsbildungen ihre biblischen Namen. Der Nationalpark gliedert sich in eine südöstliche **Zion Canyon Section**, in der die Hauptsehenswürdigkeiten zu finden sind, sowie in eine noch wenig erschlossene nordwestliche **Kolob Canyon Section**.

Die Towers of the Virgin sind die Wahrzeichen des Zion National Parks.

Zion National Park Orientierung

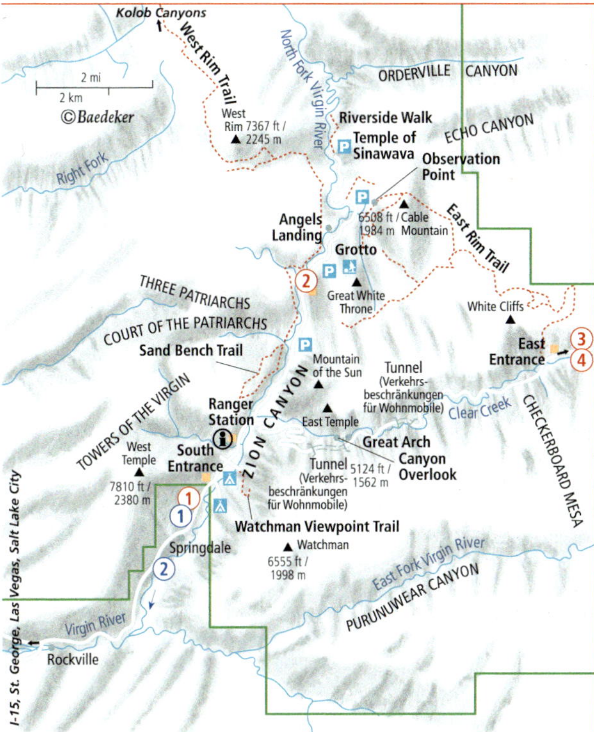

Übernachten
1. Flanigan's Inn
2. Zion Lodge
3. Best Western Thunderbird Resort
4. Arrowhead Country Inn

Essen
1. Flanigan's Inn
2. Switchback Grille

◂ Flora und Fauna

Cottonwood, Wacholder, Ponderosa-Pinien, aber auch lichte Fichten-, Pappel- und Eschenbestände sind typisch für diese Landschaft. In den Hochlagen treten Tannen und Douglasien hinzu. An trockenen Standorten wachsen Kakteen und vor allem der violett leuchtende Wüstenphlox. Im geschützten Talgrund haben die Mormonen allerlei Obstsorten kultiviert. Im Gelände kann man Dickhornschafe und Maultierhirsche beobachten. Allgegenwärtig sind die putzigen Erdhörnchen. Auch Berglöwen und Kojoten streifen durchs Gelände. Hoch in den Lüften schweben Greife, darunter auch Adler und Habichte. Gelegentlich kann man sogar einen Roadrunner (Rennkuckuck) beobachten.

★ **Zion Canyon**

Vom Südeingang bei Springdale führt eine Panoramastraße in den Zion Canyon hinein, den der nördliche Quellfluss des Virgin River ausgeräumt hat. Der Eingang in das schluchtartige Tal wird im Osten vom 1998 m hohen Watchman, im Westen vom 2380 m hohen West Temple und den Towers of the Virgin bewacht. Nach dem Parkeingang passiert man zunächst das **Zion Nature Center** und dann das **Visitor Center**, wo man sich über die geologischen Verhältnisse, die Pflanzen- und Tierwelt sowie über die Erschließung dieses Raumes informieren kann. Von hier führen Wanderwege auf den Watchman sowie in den Oak Creek Canyon.

Temple of Sinawa Scenic Drive ► Nach der Abzweigung des Zion-Mount Carmel Highway beginnt ein Scenic Drive, der 8 mi/13 km flussaufwärts bis zum Temple of Sina-

ZION NATIONAL PARK ERLEBEN

AUSKUNFT

Zion National Park
SR 9, Springdale, UT 84767-1099
Tel. (4 35) 7 72-32 56
www.nps.gov/zion/

ESSEN

► Erschwinglich

① ***Flanigan's Inn***
428 Zion Park Blvd.
Tel. (4 35) 7 72-32 44
www.flanigans.com
Bei Flanigan's kann man vor Gebirgs- und Felskulisse verschiedene Köstlichkeiten der Southwestern Cuisine probieren. Die Küche des Hauses verwendet fast nur Produkte aus der Region. Gemüse, Salate und Kräuter kommen aus dem eigenen Garten

② ***Switchback Grille***
1149 Zion Park Blvd.
Tel. (4 35) 7 72-37 00
Die Kreationen des Restaurants sind inspiriert von den Küchen der Welt.

ÜBERNACHTEN

► Luxus

① ***Flanigan's Inn***
428 Zion Park Blvd.
Tel. (4 35) 7 72-32 44
www.flanigans.com
Flanigan's bietet verschiedene Standards an Hotelzimmern und Suiten sowie zwei kleine Luxus-Villen. Alle haben einen wunderschönen Blick auf die Umgebung des Nationalparks.

► Komfortabel

② ***Zion Lodge***
Scenic Drive, Zion National Park
Tel. (435) 772-3213, Fax 772-2001
www.zionlodge.com
Die 121 Zimmer im Motel und in Blockhäusern sind idyllisch in einem Tal gelegen. Die 1925 erbaute Anlage ist die einzige Übernachtungsmöglichkeit direkt im Park.

④ ***Arrowhead Country Inn & Cabins***
P.O.Box 5561, Mt. Carmel
Tel. (4 35) 6 48-25 69
www.arrowheadbb.com
Das Arrowhead ist ein kleines Bed & Breakfast, das idyllisch und ruhig inmitten von Obstgärten gelegen ist. Es bietet sich als Ausgangspunkt für Wanderungen durch den Nationalpark an, nach denen man sich im Swimmingpool erholen und im Restaurant verwöhnen lassen kann.

► Günstig

③ ***Best Western Thunderbird Resort***
P.O. Box 5536, At the junction of Utah 9 and US 89, Near the East Entrance
Tel. (4 35) 6 48-22 03, Fax 648-22 39
www.bestwestern.com
Die 61 geräumige Zimmer im Südwest-Stil haben entweder eine Balkon oder eine Terrasse. Zur Anlage gehören ein großer Swimmingpool sowie ein 9-Loch-Golfplatz.

wa führt. Jäh abstürzende Felswände wie die Streaked Wall und eindrucksvolle Formationen wie der 2104 m hohe Beehive (Bienenkorb), der Mount Moroni, die Three Patriarchs, und der 2117 m hohe Lady Mountain bilden die Kulisse westlich der Straße. Östlich tun dies der Mount Spry, die Twin Brothers und vor allem der 2449 m hohe Mountain of the Sun.

Wo mehrere kleine Seitencanyons in den Hauptcanyon einmünden, steht die **Zion Lodge**, von der aus Wanderpfade die grandiose Felslandschaft erschließen. Ein Pfad führt zu den Emerald Pools (1436 m ü. d. M.). Diese idyllischen, von mehreren Wasserfällen gespeisten »Smaragdteiche« liegen zu Füßen des mächtigen, 2152 m hohen Castle Dome.

★ ◂ Emerald Pools

Weiter nördlich kommt man zum **Rastplatz Grotto**, der von dem 1807 m hohen Red Arch Mountain sowie dem 2056 m hohen Great White Throne beherrscht wird. Von dem Rastplatz steigt der teilweise in den Fels gehauene und nur schwindelfreien Bergwanderern zu empfehlende **West Rim Trail** sehr steil in den Refrigerator Canyon hinauf, wo ein weiterer abenteuerlicher Pfad zum 1765 m hohen Angels Landing abzweigt.

★ ◂ Angels Landing

Weiter nördlich umfließt der Virgin River eine 1554 m hohe, **»The Organ«** genannte Felsformation. Eine Attraktion ist der Weeping Rock. Dieser Felsüberhang ist dicht von Pflanzen bewachsen, was ihm auch den Beinamen »Hanging Gardens« (Hängende Gärten) eingetragen hat.

★ ◂ Weeping Rock

Vom Parkplatz am Weeping Rock kann man auch den wildromantischen Hidden Canyon und den Echo Canyon erwandern. Die beiden Schluchten treffen am 1980 m hohen **Cable Mountain** zusammen.

◂ Echo Canyon, Hidden Canyon

Der Scenic Drive endet am 1347 m hohen Tempel von Sinawa. Von hier aus kann man noch ein paar Kilometer weiter flussaufwärts wandern.

◂ Temple of Sinawa

★ **Zion – Mt. Carmel Highway**

Nördlich vom Visitor Center zweigt der Zion–Mount Carmel Highway (UT 9) östlich in einen imposanten, vom Pine Creek ausgeräumten Seitencanyon ab, der an seiner Nordseite vom 2350 m hohen **East Temple** und an seiner Südseite vom 2074 m hohen **Bridge Mountain** überragt wird. Das Bergsträßchen ist erst in den Dreißigerjahren gebaut worden. Es windet sich hinauf bis zu senkrecht aufragenden Felswänden. Durch einen unbeleuchteten Tunnel gelangt man in ein Hochtal. Vom Tunnelausgang führt ein kurzer Fußweg zurück zu einer Aussichtsplattform und zu einem Felsbogen. Der Blick in den Pine Creek Canyon ist atemberaubend.

Der Zion–Mount Carmel Highway (UT 9) folgt jetzt einem Waldtal. Statt schroffer Wände aus rotem Fels treten ziemlich helle und pastellfarbene **»Slickrock«**-Formationen in Erscheinung, die von der Erosion vielfältig gestaltet worden sind.

Checkerboard Mesa

Kurz bevor man den Nationalpark in Richtung Mount Carmel Junction verlässt, passiert man die Checkerboard Mesa. Der helle **Sand-**

★ **Checkerboard Mesa**

steinfels präsentiert sich als imposantes Kunstwerk der Natur. Wind und Wetter haben tiefe Erosionslinien in die Felswand graviert. Sie bietet sich inzwischen wie ein riesiges Schachbrett dar.

★ **Kolob Canyons**

Nordwestlich vom Zion Canyon breitet sich die großartige, aber noch wenig berührte Hochgebirgswelt der Kolob-Plateaus aus, in die Flüsse und Bäche tiefe Canyons gegraben haben. Hier sind praktisch alle Gesteinsformationen aufgeschlossen, die im Südwesten Utahs als Landschaftsbildner Bedeutung haben. So gesehen kann man eine Zeitreise durch verschiedene **Perioden der Erdgeschichte** unternehmen.

Nordwestlicher Parkeingang

Direkt an der I-15 befindet sich der nordwestliche Eingang in den Zion National Park. Im **Visitor Center** (Öffnungszeiten: tgl. 8.00–16.30 Uhr) kann man sich mit der Naturgeschichte dieses Raumes vertraut machen.

★ **Kolob Canyons Road**

Die 5 mi/8 km lange Kolob Canyons Road überwindet zunächst die **Hurricane Fault**, eine geologische Störungslinie, die den Westrand des Markagunt-Plateau markiert. Die Straße folgt dann dem Taylor Creek aufwärts und erreicht die »Finger Canyons of the Kolob« genannten Schluchten.

★ **Taylor Creek Trail**

Von dieser Straße zweigt der Taylor Creek Trail ab, ein **anstrengender Wanderpfad**, der durch die Schlucht des mittleren Taylor Creek hinauf zum Double Arch Alcove führt. Diese Felsgrotte wird von zwei Steinbögen überwölbt. Der Weg endet an einem Wasserfall, der jedoch nur bei Schneeschmelze bzw. nach starken Regenfällen »in Betrieb« ist.

Lee Pass

Nach der Abzweigung des Taylor Creek Trail windet sich die Kolob Canyon Road südlich zum 1853 m hohen Lee Pass hinauf.

★ **Kolob Arch**

Hier oben beginnt der beschwerliche **La Verkin Trail**, der um den 2455 m hohen Timber Top Mountain und um die 2348 m hohe Gregory Butte herum zum Kolob Arch hinaufführt. Dieser 24 m mächtige Felsbogen spannt sich 94 m weit über eine 100 m tiefe Schlucht. Damit gilt er als die größte von der Natur geschaffene Brücke der Erde. Am schönsten bietet sich der Felsbogen in der Morgensonne dar.

★ **Kolob Canyons Viewpoint**

Die Kolob Canyons Road zieht vom Lee Pass am Osthang des Timber Creek Valley aufwärts zum 1941 m hoch gelegenen Kolob Canyons Viewpoint, von wo aus man eine herrliche Aussicht genießen kann. Die Abendsonne lässt die roten Felsen förmlich erglühen.

★ Kolob Terrace Road ►

Ein zweites, jedoch im Winter nicht befahrbares Bergsträßchen erschließt die Kolob Canyons bzw. die Kolob-Plateaus von Südwesten (UT 9) her. Die erste Etappe, die am 1960 m hohen **Tabernacle Dome** vorbeiführt, endet an der 2102 m hohen Spendlove Knoll.

Umgebung des Zion National Parks

★ St. George

In dem Städtchen St. George, südwestlich des Zion National Parks, herrscht das ganze Jahr über ein **angenehmes Klima** mit milden Wintern und trockenen Sommern. Es ermöglicht nicht nur den Anbau von Baumwolle, sondern zieht auch sog. Snowbirds an, die hier überwintern oder ihren Lebensabend verbringen. 1861 siedelten sich auf Geheiß von Brigham Young rund 300 Mormonenfamilien an, die Baumwolle anbauten. Der Mormonenführer selbst war der erste »Snowbird«. Ab 1873 bis zu seinem Tode verbrachte er die Wintermonate in St. George. Nördlich des **Tabernacles** steht sein ehemaliges Winterquartier, das heute als **Museum** zugänglich ist.

★ Snow Canyon

Etwa 11 mi/18 km nordwestlich von St. George's erreicht man den abseits des UT 18 gelegenen Snow Canyon (State Park), der nach dem Anführer eines Siedlerzuges benannt ist. Über 150 m hohe Felswände aus rotem Navajo-Sandstein, helle Sanddünen und dunkles Vulkangestein haben eine **Wüstenlandschaft** geschaffen, die ihresgleichen sucht. Hier gedeihen Kakteen, Yuccas, Zwergeichen und vielerlei andere Gewächse. Im Frühling und nach längeren feuchten Perioden blüht die Landschaft in allen Farben. Der Snow Canyon ist Lebensraum von Maultierhirschen, Füchsen und Kojoten sowie von Klapperschlangen, hochgiftigen Gila-Monstern und Wüstenschildkröten. Die schönsten Aussichtspunkte hat man auf dem knapp 3 km lange Hidden Piñon Trail. Ein Wanderpfad führt zum eindrucksvollen **Johnson Arch**. Der Lava Caves Trail erschließt ein Höhlensystem, das entstand, als noch glutflüssiges Gesteinsmaterial aus einem erstarrten Lavafluss austrat. Felsritzungen und Artefakte zeigen, dass diese Höhlen bereits von indianischen Ureinwohnern als Behausungen genutzt worden sind. Abseits der Höhlen bietet sich ein spektakulärer Blick in den West Canyon.

In Jahrmillionen haben Erosionskräfte im Zion National Park bizarre Felsformationen modelliert.

REGISTER

a

b

VERZEICHNIS DER KARTEN & GRAFISCHEN DARSTELLUNGEN

BILDNACHWEIS

Affeck, Jack: S. 316
AKG: S. 41, 55, 57, 59, 63, 479
Baedeker Archiv: S. 135, 203, 253, 321, 371, 437
Bareth: S. 1, 129 (unten links), 165, 204, 300
Branscheid: S. 109, 125 (oben links), 202, 213, 249, 251, 278, 328, 337
Braunger: S. 310, 325
Burger: S. 49 (Mitte), 129 (oben), 131 (oben), 133, 134, 375, 391, 392, 404, 459
Diederich: S. 229
Dohnke: S. 410
Drechsler-Marx: S. 235, 242
Hackenberg: S. 19, 23, 25, 33, 36, 42, 48, 51, 53, 64/65, 81, 132/133, 138, 154, 183, 191, 306, 358, 373, 381, 384, 415, 416, 420, 423, 453, 456, 488, 495, 497, 505, U 2
Hamberger: S. 117 (oben links), 179, 295, 470
HB-Verlag/Hackenberg: S. 2, 4 (oben), 6, 7, 9, 12, 13 (oben, Mitte, unten), 14 (oben, unten), 16, 28, 34, 44, 46, 49 (oben rechts, oben links, unten), 50, 70, 104, 111, 114/115, 117 (unten links), 118, 120 (oben rechts, unten rechts, unten links), 121, 123 (unten links), 125 (unten), 127 (oben, unten links), 129 (unten rechts), 131 (unten links, unten rechts), 143, 147, 153, 157, 160, 162, 163, 168, 170, 173, 176, 188, 198, 200, 320, 322, 333, 342, 350, 351, 352, 354, 359, 362, 365, 367, 368, 372, 378, 396, 427, 431, 433, 435, 438, 442, 443, 448, 451, 461, 467, 475, 480, 486, 490, 496, 500, 502, 504, 511, Umschlagklappe hinten
HB-Verlag/Huber: S. 56, 215, 224
Laif/Heeb: S. 344
Linde: S. 65, 95, 115, 116, 127 (unten rechts), 146, 206, 220, 231, 233, 252, 262, 265, 269, 272, 275, 284, 308, 348, 355, 436, 466, 468, 473
LVCVA c/o The Mangum Group, Destination Sites GmbH: S. 345 (unten Mitte, unten rechts, oben links)
Mairs: S. 18
Marco Polo/Diederich: S. 345 (oben rechts)
Mauritius/O'Brien: S. 256, 483
Mauritius/Nägele: S. 291
Mauritius/Pearce: S. 14 (Mitte), 120 (oben links)
Mauritius/Vidler: S. 313
Mittmann: S. 32, 88, 101, 125 (oben rechts), 226, 334, 446, 506
Navajo Tribal Park Service/Dick Dietrich: S. 123 (oben links)
Prokop: S. 4 (unten), 20, 196, 340
Richter: S. 387
Roswell Daily Record: S. 408
Schumann: S. 151
Steffens/Baur: S. 10/11
Strobel: S. 465
Ullstein: S. 43
Archiv Wais & Partner (Wandmacher): S. 5, 76, 78, 91, 383
Zakrzewski: S. 117 (unten links, oben rechts), 123 (oben rechts, unten rechts), 139, 140, 156, 184, 199, 303, 370, 388, 395, 412

Titelbild: IFA-Bilderteam/Jon Arnold Images – Vermilion Cliffs

IMPRESSUM

Ausstattung: 250 Abbildungen, 48 Karten und grafische Darstellungen, eine große Reisekarte
Text: Georg Bareth, Heinz Burger, Rainer und Rolf Eisenschmid, Carmen Galenschovski, Reinold Hermanns, Wolfgang Liebermann, Helmut Linde, Wolfgang Rotzinger, Angelika Stehle, Andrea Wurth, Reinhard Zakrzewski
Bearbeitung: Verlagsbüro Wais & Partner (Eva Schürg, Isabelle D. Oster, Kirsten Erler)
Kartografie: Christoph Gallus, Hohberg; Franz Huber, München; Mairs Geographischer Verlag GmbH & Co., Ostfildern (Panoramakarte); MAIRDUMONT/RV-Verlag (Reisekarte)
3D-Illustrationen: jangled nerves, Stuttgart
Gestalterisches Konzept: independent Medien-Design, München (Kathrin Schemel)

Chefredaktion: Rainer Eisenschmid, Baedeker Ostfildern

4. Auflage 2006
Völlig überarbeitet und neu gestaltet

Sprachführer in Zusammenarbeit mit Ernst Klett Sprachen GmbH, Stuttgart,Redaktion PONS Wörterbücher

Urheberschaft:
Karl Baedeker Verlag, Ostfildern

Nutzungsrecht:
MAIRDUMONT GmbH & Co KG; Ostfildern
Der Name Baedeker ist als Warenzeichen geschützt. Alle Rechte im In- und Ausland sind vorbehalten. Jegliche – auch auszugsweise – Verwertung, Wiedergabe, Vervielfältigung, Übersetzung, Adaption, Mikroverfilmung, Einspeicherung oder Verarbeitung in EDV-Systemen ausnahmslos aller Teile des Werkes bedarf der ausdrücklichen Genehmigung durch den Verlag Karl Baedeker GmbH.

Printed in Germany
ISBN 3-8297-1085-2
Gedruckt auf 100% chlorfrei gebleichtem Papier

BAEDEKER VERLAGSPROGRAMM

- Ägypten
- Algarve
- Amsterdam
- Andalusien
- Athen
- Australien
- Bali
- Baltikum
- Barcelona
- Belgien
- Berlin
- Bodensee
- Brasilien
- Bretagne
- Brüssel
- Budapest
- Bulgarien
- Burgund
- Chicago • Große Seen
- China
- Costa Blanca
- Costa Brava
- Dänemark
- Deutsche Nordseeküste
- Deutschland
- Djerba • Südtunesien
- Dominikanische Republik
- Dresden
- Elba
- Elsass • Vogesen
- Finnland
- Florenz
- Florida
- Franken
- Frankfurt am Main
- Frankreich
- Französische Atlantikküste
- Fuerteventura
- Gardasee
- Germany (engl.)
- Gomera
- Gran Canaria
- Griechenland
- Griechische Inseln
- Großbritannien
- Hamburg
- Harz
- Hongkong
- Formentera
- Indien
- Irland
- Island
- Israel
- Istanbul
- Italien
- Italien • Norden
- Italien • Süden
- Italienische Adria
- Italienische Riviera
- Japan
- Jordanien
- Kalifornien
- Kanada
- Kanada • Osten
- Kanada • Westen
- Kanalinseln
- Kenia
- Köln
- Kopenhagen
- Korfu
- Ionische Inseln
- Korsika
- Kos
- Kreta
- Kroatische Adriaküste • Dalmatien
- Kuba
- Kykladen
- La Palma
- Lanzarote
- Lissabon
- Loire
- Lombardei • Mailand • Oberit. Seen
- London

- Madeira
- Madrid
- Malaysia
- Malediven
- Mallorca
- Malta • Gozo • Comino
- Marokko
- Mecklenburg-Vorpommern
- Menorca
- Mexiko
- Moskau
- München
- Namibia
- Nepal
- Neuseeland
- New York
- Niederlande
- Norwegen
- Oberbayern
- Österreich
- Paris
- Peking
- Polen
- Portugal
- Prag
- Provence • Côte d'Azur
- Rhodos
- Rom
- Rügen • Hiddensee
- Sachsen
- Salzburger Land
- San Francisco
- St. Petersburg
- Sardinien
- Schottland
- Schwäbische Alb
- Schwarzwald
- Schweden
- Schweiz
- Seychellen
- Sizilien
- Skandinavien
- Slowenien
- Spanien
- Sri Lanka
- Stuttgart
- Südafrika
- Südengland
- Südtirol • Dolomiten
- Sylt
- Syrien
- Teneriffa
- Tessin
- Thailand
- Toskana
- Tschechien
- Tunesien
- Türkei
- Türkische Mittelmeerküste
- Umbrien
- Ungarn
- Usedom
- USA
- USA • Nordosten
- USA • Südstaaten
- USA • Südwesten
- Venedig
- Vietnam
- Washington DC • Capital Region
- Weimar
- Wien
- Zypern

LIEBE LESERINNEN, LIEBE LESER,

ein herzliches Dankeschön, dass Sie sich für einen Baedeker Allianz Reiseführer entschieden haben. Er wird Sie zuverlässig auf Ihrer Reise begleiten und Sie nicht im Stich lassen.
Natürlich beschreibt er die wichtigen Sehenswürdigkeiten, aber er empfiehlt auch Hotels für den großen und kleinen Geldbeutel, gibt Tipps für Restaurants, Shopping und für vieles mehr, was eine Reise zum Erlebnis macht. Dafür haben die Redakteure und Autoren Sorge getragen. Sie sind für Sie regelmäßig in den Südwesten der USA gereist und haben all seine Erkenntnisse in diesen Reiseführer gepackt.

Trotzdem: Die Erfahrung zeigt, dass Fehler und Änderungen nach Drucklegung, für die der Verlag keine Haftung übernehmen kann, nicht ausgeschlossen werden können. Für Kritik, Berichtigungen und Verbesserungsvorschläge sind wir Ihnen außerordentlich dankbar. Schreiben Sie uns, mailen Sie uns oder rufen Sie an:

▶ **Verlag Karl Baedeker GmbH**
Redaktion
Postfach 3162
D-73751 Ostfildern
Tel. (0711) 4502-262, Fax -343
E-Mail: info@baedeker.com

Besuchen Sie uns auch im Internet unter www. baedeker.com. Hier finden Sie jeden Monat den aktuellen Reisetipp der Redaktion und das gesamte Verlagsprogramm. Hier können Sie auch lesen, wer Karl Baedeker war und wie er seinen ersten Reiseführer geschrieben hat. Mit seinen über 175 Jahren ist der Karl Baedeker Verlag der älteste Reiseführer-Verlag der Welt.

www.baedeker.com

ZU GEWINNEN: STADTREISE NACH LONDON

Unter allen Einsendungen verlost der Verlag am Jahresende – unter Ausschluss des Rechtswegs – eine Städtekurzreise für zwei Personen nach London.
Freuen Sie sich auf ein spannendes Wochenende in London. Natürlich ist ein Baedeker Allianz Reiseführer London auch dabei!